KB190678

청교도, 사상과 경건의 역사

Puritanism and Piety of the Heart

세움북스는 기독교 가치관으로 교회와 성도를 건강하게 세우는 바른 책을 만들어 갑니다.

세 움
클래식
0 5

종교개혁사 시리즈

청교도, 사상과 경건의 역사
Puritanism and Piety of the Heart

초판 1쇄 인쇄 2020년 12월 15일
초판 1쇄 발행 2020년 12월 20일

지은이 | 김재성
펴낸이 | 강인구

펴낸곳 | 세움북스
등 록 | 제2014-000144호
주 소 | 서울시 종로구 삼일대로 428, 낙원상가 5층 500-8호
           (낙원동 254-4)
전 화 | 02-3144-3500
팩 스 | 02-6008-5712
이메일 | cdgn@daum.net

교 정 · | 최필승
디자인 · | 참디자인

ISBN 979-11-87025-82-5 (03230)

세 움
클래식
05

종교개혁사
시리즈

청교도,
사상과 경건의 역사

김재성 지음

청교도의 경건에서
교회의 내일을 찾다

세움북스

Puritanism and Piety of the Heart

Dr. Jae Sung Kim

(Ph.D. Westminster Theological Seminary, USA)

Seum Books

Preface
저자 서문

우리는 역사로부터 배울 수 있는가?

이 책은 고난의 시대에 처한 한국 교회가 청교도 사상의 경건한 열심으로부터 영적인 해답을 찾고자 한 것이다. 청교도에게 답이 있다는 말은 비단 오늘날 전 세계가 어느 나라도 예외 없이 코로나바이러스가 몰고 온 엄청난 피해로 고통을 당하고 있기 때문에 하는 말은 아니다. 2020년도는 보이지 않는 가공할 전염병 코로나 병원균에게 수십만, 수백만 명이 당하고 있는 죽음의 공포를 벗어나기 어렵다. 장차 모든 것들이 더 변할 것이지만, 교회의 예배와 모임은 더욱 위축될 것이고 엄청나게 어려운 사태를 직면할 것이다.

교회 내부 문제들은 훨씬 더 심각하다. 기독교의 본질이 진보주의자들의 권력투쟁에 따라서 변질되고 말았다. 동성애자들의 파행은 교회가 지켜야 할 진리의 기준에서 보면 결코 가벼운 문제가 아니다. 아무리 포스트모더니즘과 현대 신학자들이 갖가지 이론들을 제기해서 성경을 파괴하려고 하더라도 결코 물러설 수 없다. 마치 청교도가 거짓된 로마가톨릭과 국가교회에 맞서서 경건한 열정을 발휘한 것을 본받아야만 한다.

현재의 복잡한 과제를 앞에 놓고 해결책을 고뇌하다 보면 자연스럽게 지나간 시대를 들춰보게 된다. 지혜로운 방안을 찾아보고 싶어서다. 그러나 과연 인간은 역사로부터 교훈을 얻을 수 있는가? 아니면 인간은 아무리 노력해도 진정한 교훈을 얻을 수 없는 것일까? 이성의 가르침에 의존하자고 부르짖었던 독일 철학자 헤겔(Georg Wilhelm Friedrich Hegel, 1770-1831)은 중요한 명제를 던졌다.

"우리는 지나간 역사를 공부하면서도
전혀 그 역사로부터 아무것도 배우지 않는다"
(We learn from the history that
we have never learned anything from the history.)

헤겔은 「역사 속에서 이성」이라는 강의를 1822년부터 1831년까지 모두 다섯 차례 했는데 그것을 사후에 출판한 것이 『역사철학』이다. 헤겔은 세상 사람과 국가에 대해서 비이성적인 판단을 한다고 주장하면서 통렬한 비판을 쏟아 놓았다.[1] 얼핏 피상적으로 듣게 되면, 이성의 전개 과정을 주장하려는 그의 명제가 마치 진리처럼 들린다. 사실 학교에서 수업 시간에 역사를 배웠는데도 아무 소용이 없으며, 개인의 체험에서나 국가의 역사에서나 지난날의 오류들을 제대로 기억도 하지 않는 것이 사실이다. 그래서 헤겔의 주장에 담겨 있는 함정을 잘 간파하지 못할 수 있다. 그의 말은 단지 이성만으로 세상의 삶을 꾸며가는 사람들, 즉 불신자에 대한 비판으로서는 옳은 말이다. 이성은 부패해서 오판하는 경우가 너무나 많기 때문에 그들에 한해서는 헤겔의 명제가 올바른 진단일 수 있다.

전 세계 사람들은 이미 환경파괴와 무절제한 이익 추구로 인해서 여러 차례 전염병으로부터 공격을 받았고 큰 고통을 치렀는데도, 아무런 대비책도 없이 당하고만 있다. 최근에도 여러 차례 전염병이 돌았고, 메르스(중동 호흡기 증후군, MERS-CoV)와 싸스(중증급성 호흡기 증후군, SARS-CoV)로 인해서 끔찍한 공포를 경험한 바 있다.

그러나 필자는 이 유명한 이성 중심의 철학자가 내린 진단에 대해서 무조

---

1 G. Hegel, *The Philosophy of History*, tr. J. Sibree (Colonial Press, 1899; Dover edition, 1956), 6.

건 동의할 수는 없다. 헤겔의 주장처럼 인간은 이성적인 성찰을 할 수 있을까? 그가 말하는 대로 인류 역사는 이성적인 전개 과정이라고 할 수 없는 전쟁과 독재와 폭거가 너무나 많이 발생했다! 이전 역사로부터 아무것도 배우지 못하는 인간의 이성을 가지고 어떻게 대비책을 세우며, 새로운 역사를 건설할 수 있다는 말인가!

그래서 필자는 인류 역사를 향한 하나님의 보이지 않는 섭리와 주권적 통치를 부정하는 헤겔의 이론은 결코 온전한 해답이라고 할 수 없음을 강조하고자 한다. 그의 주장은 불신자에게는 맞는 말이지만, 진리를 품고 살아가는 하나님의 백성에게는 합당하지 않다. 신자는 마음속에 성령의 도우심으로 그리스도 예수 안에서 계시된 하나님의 정의와 진리를 갖고 있기 때문에, 역사로부터 배울 수도 있고, 역사를 새롭게 창조해 낼 수 있다.

왜 이렇게 사람마다 어리석은 생각으로 가득하고, 시대마다 부패하고 혼탁한 불의가 판을 치며, 지식인마저도 세상을 바라보는 이성적인 분별력을 갖는 것이 불가능할까?

인류의 근본 문제는 결국 사람의 영적인 상태가 부패해 있기 때문에 총제적으로 인간성이 왜곡되어 있는 것이다. 근원적인 문제는 사람의 본성에 있는데, 사람의 생각만으로는 해답을 내놓을 수 없다. 전인격을 스스로 절제할 수 없는 데서 모든 참상이 빚어지는 것이다. 인류 역사의 비극과 실패의 궁극적 원인은 인격의 본질적인 오염과 부패에 담겨 있다. 부패한 사람의 행태와 모습은 결코 시대가 달라지고, 문화가 발전하며, 과학기술 문명이 눈부실 정도로 편리하게 되었다고 해서 별로 나아지지 않는다.

다윗도 노년에 이르러서 하나님께 아뢰기보다는 자기를 높이는 일에 열중하다가 끝이 났다(삼하 24장). 그 찬란한 아버지 다윗의 왕위를 쟁탈하려던 패륜아 압살롬(삼하 15-18장), 또다시 형의 전철을 밟은 아도니야의 참상(왕상 2장) 등은 차마 눈을 뜨고 읽을 수 없을 만큼 부끄럽고 참담하다. 예루살렘에다 성전을 지은 솔로몬도 역시 하나님께서 가장 싫어하신 우상숭배를 감행했으니(왕상 11장), 더 이상 다른 사례를 들어서 설명할 필요가 없다. 사람은 한평생 오직 자기 이익과 자기 명예만을 위할 뿐이다.

한국 교회는 어디로 가야만 하는가? 지금까지 해 오던 관행과 관습을 바꾸지 않으면 더이상 세상에 빛과 소망을 주는 교회가 될 수 없다. 한국 교회의 연합 단체나 교단 조직을 들여다보면 아직도 개혁해야 할 부분이 너무나 많다. 교회 부흥과 새로운 성장의 시대를 염원하는 열망이 간절하면서도, 그와 동시에 썩고 부패한 사람들을 고쳐야 한다는 열망도 비례해서 강렬하다.

물론 한국 교회의 개혁을 주장하면서 특히 조심해야 할 자세와 태도가 요청된다. 남에게만 돌을 던지는 태도를 가져서는 안 된다. 진실로 겸손히 반성해야 하되, 그 누구도 예외 없이 다 내려놓아야 한다. 지금까지 개척 교회를 세우고 헌신해온 초기 한국 교회 선배들, 선진들, 믿음의 조상들을 비난하려고 해서는 곤란하다. 오늘의 세대만 옳다고 말할 수 없기에 하는 말이다. 한국 교회는 불모지에서 장미꽃을 피우게 하려고 노심초사했던 초기 헌신자들의 터전 위에 세워졌다. 지금 거대한 나무로 성장하기까지의 노고를 무시하려는 태도는 버려야 한다. 다만 이제는 어떻게 할 것인가를 자문하면서, 다음 세대를 위한 대안모색에 나설 때이다.

한국 교회의 개혁에 대한 열망을 가로막을 수 없는 이유는 어느 누구도 예외 없이 모든 인간은 결과적으로 부패하게 되어있기 때문이다. 인간은 결국 자기 영광과 자기만의 이익에 눈이 어두워서 하나님을 잠시 이용하려고 하는 이기심과 탐욕의 노예로 전락하고 만다. 비록 일부라고 생각하고 싶지만, 한국의 어떤 대형교회의 행태는 기독교 신앙인으로는 도저히 이해가 안 된다. 수없이 지적되고 있지만 그런 교회의 관행을 고칠 수 있을지 비관적이다. 필자는 솔직하게 표현해서, 말문이 막힌다. 하나님께서 받으셔야할 영광을 사람이 가로채는 일을 하고 있기 때문이다.

하나님의 자녀는 유일한 계시의 말씀인 성경에 근거하여 교훈을 얻어야한다. 성경의 안목에서 인간 역사를 재해석하고 바라보아야만 참된 정의와 진리가 무엇인가를 분별해 낼 수 있다. 예수님께서는 성도인 우리는 '성경'안에서 '영원한 생명'을 얻게 된다고 말씀하셨다. 성경 안에서 우리는 예수님을 알게 된다. 성경 어느 쪽을 읽든지 간에 그 중심에는 주님이 실제의 통치자요, 주관자로 배면에 계신다. 주님은 역사의 창조자이시고, 주관자이시며 은밀하게 진행시키는 분이시다(요 5:39). 참된 신앙을 소유한 성도는 성경을 통해서 발견하는 예수 그리스도를 영원한 진리로 안내를 받는다. 이성만을 의존하는 사람은 결코 찾아낼 수 없다. 그들은 자신의 지식과 안목에만 빠져있기 때문이다. 그들의 영적인 실상은 생명이 없으며, 결국 죽은 자들이다. 오직 믿음을 선물로 받은 성도만 예수 그리스도 안에서 참된 지혜와 지식을 터득하게 해 주신다.

2020년 12월
저자 김재성 씀

Contents

목차

PART 1

영국 종교개혁과 초기 청교도 운동

Chapter 01
청교도 사상의 거룩한 경건

서론: 역사를 바꾼 청교도 사상

세상에서 가장 순수하고 깨끗한 기독교 신앙을 실천했던 청교도(Puritans)는 "가슴에서 나오는 경건"(piety of the heart), 곧 '경건한 열심'을 실행하고자 온몸을 바쳤다. 종교개혁 이전의 잉글랜드에서는 로마가톨릭이 각 지역교회를 장악해 왔으나, 청교도들은 성경적인 신앙생활을 촉구하면서 불복종 운동을 전개하였다. 하나님과의 언약을 맺은 백성으로서 철저하게 생활의 모든 부분을 갱신하고자 했는데, 결국 국가와 사회와 시민의 삶을 바꿔놓았다. 청교도들이 광범위하게 늘어나게 되자, 절대군주제를 신봉하던 찰스 1세(Charles Ⅰ, 1600-1649, 재위 1625-1649)의 부당한 탄압에 맞서서 청교도 혁명을 달성하게 되었다. 청교도들의 양심적인 열성과 애국적인 열정과 경건한 헌신은 그 이전의 국왕들에게 무조건 복종하던 종교와는 완전히 달랐다.

우리는 청교도 신앙의 깊은 뿌리에 흐르고 있는 청교도 사상에 주목하고자 한다. 청교도는 실천적인 교회 개혁 방안과 경건의 생활을 위한 교훈을 남겼고, 강력한 동맹 의식을 심어 넣어서 청교도 혁명을 위한 전쟁에서 승리하도록 만들어준 언약 사상을 발전시켰다. 청교도 사상의 뿌리에는 개혁주의 정통 신학, 곧 유럽에서 확립된 칼뱅주의가 자리하고 있다.

중세 말기에 로마가톨릭은 지역마다 그 사회와 문화의 무수한 이해관계가 서로 얽혀있는 제도적인 조직체에 불과했다. 교황청의 무능력, 수도승과 신부들의 무관심은 일반 성도들의 이탈을 가져왔다. 각 지역 교구에서는 그저 아무런 감동도 없이 미신적인 예식들의 집례만 있었을 뿐이었다. 가난한 자를 위한 구제 활동도 없었고, 지방 사투리로 선포되는 설교는 영적인 감동도 자유함도 주지 못했다. 수도원제도와 세속화된 성직자의 모습은 종교개혁의 필요성을 명시적으로 보여주고 있었다. 그러나 안타깝게도 종교개혁의 신앙을 갖고 살았던 유럽의 개신교회의 지도자들, 특히 잉글랜드와 스코틀랜드 성도는 소수 집단으로 짓눌리고 핍박을 받았다.

마침내 영국에서도 변화의 시간과 환경이 허용되어서 소수에 불과했던 청교도들이 엄청난 지지를 받으면서 역사의 주역으로 등장하였다. 청교도 운동(puritan movement)이 일어나면서, 정치적이며 사회적인 개혁이 확산되었다.[1] 수많은 정치적 사건과 죄악된 문제에 직면하여 청교도 운동은 가장 순수한 기독교를 꽃피우는 금자탑을 세웠다. 청교도 목회자와 성도의 가슴에 있었던 정통 기독교 신앙과 칼뱅주의 개혁신학을 토대로 하여 더 개혁된 교회와 거룩한 삶을 창출해낸 것이다.

청교도 운동에서 주목을 받았던 한 개인의 활동이나, 목회자들의 저술이나, 국가적인 사건들을 역사적 사실에 근거하여 해석하되 청교도의 신앙적인 사상(puritans' faithful thought)이라는 공통분모를 찾아야만 정확한 교훈을 얻을 수 있다.[2] 바로 놀랍도록 처절했던 삶의 현장에서 결코 무너지지 않았던 헌신의 배면에는 견고한 훈련으로 다져진 청교도 정신, 청교도 신앙, 청교도 사상이 있었다. 청교도 운동을 일으키고 유지시켜준 동력은 청교도 사상에서 나온 것이다.

이 책은 단순히 청교도의 파노라마와 역사를 추적하려는 것이 아니라, 그 근저에 있는 청교도 신앙과 사상에 주목할 것이다. 영국과 유럽의 근대사 일부분으로서 청교도의 역사를 연구한 책들은 지난 삼십 년 동안에 꾸준히 출간되었다.[3] 우리는 기본적으로 청교도 운동의 역사적 맥락과 상황을 정확하게 이해하기 위해서 이런 일반 역사학자들의 연구를 살펴보아야만 한다. 그러나 청교도 운동에 대해서 역사적인 접근으로 재구성했다 하더라도, 청교도 사상과 신학을 간과한다면 현대 교회를 위한 깨우침을 얻을 수 없다. 그저 역사적 사실에 대해서 정보와 지식만 많이 섭취하는 것으로 그칠 뿐이다. 그런 역사 공부는 창조적인 열매를 맺을 수 없다. 그냥 연대기를 외우는 수준과 다를 게 없는 것이다. 청교도 사상과의 상호작용을 살펴가면서 청교도 운동의 역사를 공부해야만 유익을 얻을 수 있다.

청교도 사상은 성경에 기초한 주요 교훈을 다 포함하고 있다. 청교도 운동이 전개되면서 다양한 신학 사상을 수용했기 때문이다. 삼위일체 하나님을 믿었고, 예수 그리스도의 구속사역을 강조했다. 그중에서도 가장 두드러진 신학 사상으로 드러난 것은 청교도 운동에서 꽃을 피우게 된 독특한 신학사상에서 드러났다. 필자는 청교도 사상을 연구하면서 몇 가지에 주목하게 되었다.

첫째, 청교도 사상은 초기 영국 교회 순교자들이 남긴 개혁 정신을 물려받아서 미신숭배나 다름없었던 로마가톨릭의 잔재를 철저히 청산하고, 주교제도를 통한 감독 정치를 거부하였다. 잉글랜드와 스코틀랜드 개혁 운동의 저변에는 장로교회 권징과 정치 제도를 적용하려는 순수한 교회론이 자리하고 있다.

청교도는 고난과 핍박을 견디면서도 오직 참된 교회의 회복이라는 고상한 정신을 잃지 않았다. 메리(Mary Ⅰ, 1516-1558, 재위 1553-1558) 여왕이 교회 체제를 다시 로마가톨릭으로 회귀하려 할 때 거부하다가 삼백 여 명의 청교도가 살해를 당했다. 엘리자베스(Elizabeth Ⅰ, 1533-1603, 재위 스코틀랜드: 1567-1625(섭정기포함), 잉글랜드: 1603-1625) 여왕의 체제하에서는 수백 여 명이 설교하는 직분을 박탈당하고, 감옥에 갇혔다. 제임스 1세와 찰스 1세 때는 아예 바다를 건너간 망명자들은 낯선 땅에서 다시 배를 타고 신대륙으로 옮겨야 했다. 1660년 왕정복고가 이뤄지자 다시 2천 명의 목회자가 국가교회체제(성공회, Anglican Church)를 거부하다가 쫓겨났다. 영광스러운 국가를 더 옹호하려는 자들은 "중용의 길"(*Via meida*)를 받아들이고 타협하라고 촉구했지만 과도한 권력의 조치 앞에서 청교도는 머뭇거리지 않았다.

둘째, 청교도가 보여준 가장 중요한 공헌은 거룩한 경건생활에 힘쓰면서 뜨거운 헌신으로 매진했다는 점이다. 청교도 사상가들은 이론적이고 사변적인 신학이 아니라 기본적으로 실천적인 신학을 추구했다. 윌리엄 에임즈(William Ames, 1576-1633)는 신학이란 "하나님을 향한 삶의 교리"(the doctrine of living to God)라고 규정했다. 믿음이란 하나님께 향한 가슴의 안정됨을 의미했고, 실천적 적용을 신학의 중심에 위치시키는 공헌을 하였다. 성경 해석, 설교, 교리문답, 영적인 글쓰기 등은 모두 실천적 경건과 일상 속에서 훈련된 삶에 초점을 맞춰져 있었다.

특히 엄격한 주일성수, 집회에 참석하여 설교말씀을 받아들이는 일, 신령한 묵상, 시편 찬송, 양심과 윤리적 실천, 기도와 금식, 성경과 경건 서적 읽기, 영적인 일기 쓰기, 자기 훈련을 위한 말씀 강연회와 설교적 교훈 실천 등이다.[4]

셋째, 청교도 사상은 언약 사상과 구원의 서정을 중요한 구조로 삼고 있다. 단순히 외형적인 장로교회 체제와 치리기관을 회복하자는 것이 아니라, 더 깊은 장로교회의 교리를 토대로 하고 있다. 최고의 청교도 사상은 언약신학의 찬란한 성취에서 빛을 발휘했다. 청교도 운동의 마지막 단계는 언약 사상으로 뭉쳐진 동맹이 체결되어서 청교도 혁명으로 결집되었다. 먼저 스코틀랜드에서 언약신학을 구체적으로 정치와 국가에 적용한 '국가언약'과 '엄숙동맹 및 언약'을 창출해냈다. 청교도 사상은 언약신학을 근간으로 하였지만 단순히 행위언약, 은혜언약, 구속언약(Pactum salutis; covenant of the Redemption) 등으로 정리되는 신학적인 토론에만 그치지 않았다는 것이 특징이다. 언약사상은 단일군주제의 폭정에 맞서는 〈청교도 혁명〉(the Puritan Revolution, 1640-1660, 일반역사 책에서는 시민전쟁이라고 부름)을 이룩하였다. 하나님과의 성도 사이의 언약은 개인구원의 차원을 넘어서서 정당한 저항권을 인식하는 국가언약으로 확장되어졌고, 절대주의 왕권에 맞서는 동력을 제공했다. 청교도 언약 사상은 통제 없는 왕권 통치에 맞서서 세 번의 시민전쟁에서 입헌 군주제를 주장했다. 청교도 사상은 마침내 최고의 문서로 집약되었는데, 『웨스트민스터 신앙고백서』와 표준문서들을 발표했다.[5]

넷째, 청교도 신학들은 알미니안주의(Arminianism)에 반대하여 개혁주의 정통 신학들이 고유하던 하나님의 뜻과 작정, 예정과 선택의 교리를 확고히 정립했다.[6] 잉글랜드 교회 안에는 알미니안주의가 확산했는데, 하나님의 예정과 택하심을 반대하고 자유의지를 주장하던 윌리엄 로드(William Laud, 1573-1645) 대주교의 강압 정책이 청교도로 하여금 분노하게 만들었다.[7] 1642년 일어난 '청교도 혁명'의 직접적인 원인은 찰스 1세의 왕권신수설(divine right of kings)에 근거한 절대통치와 대주교 윌리엄 로드의 강압적인 예배 정책이었다. 잉글랜드 국교회로 하여금 오직 예식서를 준수하라는 것이었다. 국교회의 정책에 서명하지 않았던 토마스 굿윈(Thomas Goodwin, 1600-1680)이 케임브리지 대학의 교수직을 1634년에 사임해야만 했고, 네덜란드로 건너가서 양심에 거리낌 없이 예배를 올렸다.

청교도는 '열정과 강력함'에서 일반적인 기독교와는 완전히 차원이 달랐다. 청교도는 '완벽한 개신교회'를 향하여 '전진하는 기질과 전투적인 성향'을 가졌고, 16세기와 17세기에 엄청난 정치적 대격변기를 거치면서 왕권과 로마 교황청이 대립하는 소용돌이 속에서 살았다.[8] 왕실의 권세가 급격하게 변하는 특정한 상황이 전개되고 있는 시점에서, 교회를 장악하려는 세력에 타협을 거부하면 곧바로 목숨을 잃거나 감옥에 갇히게 되었다. 그러한 상황 속에서 청교도는 타협하지 않았다. 거기에서 양심을 가진 수많은 성도가 청교도 목회자들을 도왔다. 여왕이나 군주로부터 독립된 교회를 세우고자 하는 열망은 자연스러운 현상이었다. 청교도 운동은 여러 차례 교황의 권세와 영향으로 인하여 부패한 교회를 개혁했던 유럽의 종교개혁자들과 똑같은 정신을 발휘하였다.

1. 어떤 관점에서 접근하고 있나?

청교도 연구를 함에 있어서 다뤄야 할 인물과 사건과 시대가 광범위하다. 16세기와 17세기 유럽을 배경으로 삼고 있고, 스코틀랜드, 잉글랜드, 아일랜드와 미국의 역사 전체가 청교도의 이야기다. 청교도 운동은 단지 교회와 신학의 논쟁만이 아니라, 정치, 사회, 경제, 문화, 생활에 관련되어 있다. 유럽의 근대를 여는 시기에 해당하기에, 단일 군주제의 절대 정치를 무너뜨리는 격동기의 인물들과 사건들이 핵심에 담겨 있다. 따라서 청교도에 접근하는 연구자의 관점에 따라서 엄청난 자료들에 대한 해석이 달라진다.

역사와 사상에 관한 연구는 결코 객관적 중립성이란 없다. 사람마다 자신의 안목에서 바라보는 관점을 갖고 있기에, 동일한 사항을 놓고서도 해석이 제각기 달라진다. 어떤 안목으로, 어떤 관점에서, 과연 어떤 시각으로 청교도 신학을 탐구하는가에 따라서 큰 차이가 난다. 로마가톨릭에 속한 교황주의자의 관점에서 보면, 청교도는 소란을 피우다가 분열해나간 분리주의 운동일 뿐이다. 그러나 이것은 결코 정당한 평가라고 할 수 없다.

개혁주의 신학자들은 모든 사건과 사물을 바라보는 관점(point of view, viewpoint, angle)이 각 사람의 배경이자 바탕으로 작동하는 전제(presupposition)로부터 나온다고 이해한다. 모든 관점과 이론에는 그 밑바닥 속에 전제가 담겨 있다.[9] 성경적 세계관과 개혁주의 신학적인 이해를 근거로 하여 볼 때, 그 누구라도 객관적이고 중립적인 의견을 제시하였다고 장담할 수 없다. 결코 공정한 중립성이란 있을 수가 없다. 어떤 사람이든지, 그가 역사가이든지 혹은 철학자이든지 혹은 설교자든지 간에 완전한 중립성이라는 것을 가질 수 없다는 말이다. 근거와 논리 이 두 가지 측면에서도 중립성이란 어디에서도 찾아볼 수 없다. 결단코 중립이란 없다. 사람은 다 치우쳐서 한쪽 시각으로만 보고, 그것을 정당하다고 주장하면서 합리화하려고 한다. 시대마다, 사람마다 가지고 있는 세계관(World-view)과 방법론(Method)도 역시 각 사람의 '전제'에서 나오는 것이다. 모든 사람은 자신의 종교적 전제를 갖고 있으며, 그

바탕에서 역사를 평가하는 안목을 작동시킨다. 역사가는 기억(memory)에서 관점이 나온다고 주장했지만, 그들에게 기억을 제공하는 경험과 인식도 결코 객관적이라고 말할 수 없다.[10]

엘리자베스 여왕의 통치 기간(1558-1603)을 전후로 하는 종교개혁의 시기에 영국은 국가적으로 큰 변화가 많았다. 사회의 단계적 변화와 문맥을 정확하게 분별해 내지 못하는 왜곡된 해석들은 혼란을 가중시키고 있다. 오직 자신의 입장에서만 영국의 종교개혁과 청교도 운동을 평가하기 때문에 참다운 청교도의 경건과 삶에 대한 해석이 충돌하고 있는 것이다.

영국 종교개혁과 그 본류에 있는 청교도 운동의 본질과 특징을 놓고서 관점이 다르기 때문에 해석들도 다르다. 전통적인 해석(traditionist)과 수정주의 해석(revisionist)과 후기 수정주의가(post-revisionist) 각기 서로 다른 관점을 갖고 있다. 가장 일반적이며 오래된 전통주의 해석은 당시 대중이 성경에 목말라 하고 있었으며, 복음적인 사상을 신속하게 수용했다는 점을 가장 중요한 요인으로 취급한다.[11] 주로 영국 옥스퍼드 대학교 교수진과 국교회인 성공회 고교회주의(high church)를 따르는 신학자들의 입장이다.

수정주의자는 청교도 운동을 부정적으로 평가한다. 주로 로마가톨릭에 속한 학자들이 주장하고 있다. 수정주의자는 전통적인 해석이란 로마가톨릭에 대해서 반감을 가진 학자들의 편견이라고 비판한다. 수정주의자에 의하면 당시 일반 백성은 로마가톨릭 신앙에 깊이 젖어 있었고, 억지로 종교개혁을 강요당했다고 주장한다.[12]

가장 최근에 나온 후기 수정주의는 영국 종교개혁의 특징을 위로부터 아래로 내려오는 국왕의 강압적인 조치에 의한 것이었고, 이에 대항하던 청교도들이 어려움을 많이 겪어야만 했음에 주목한다. 종교개혁은 매우 느리게 진행되었으며, 엘리자베스의 통치 후반기에 이르기까지 결실을 맺지 못했다고 해석한다.[13] 주로 케임브리지 대학교의 역사학과 교수진들, 애버딘, 세인트 앤드루스, 에든버러 등 주로 스코틀랜드의 여러 대학교에 속한 교수들과 미국 대부분의 역사가와 신학자가 후기 수정주의 관점을 주장하고 있다.

케임브리지 대학의 명예 교수였던 패트릭 콜린슨(Patric Collinson, 1929-2011) 박사의 설명에 의하면, 엘리자베스 여왕의 통치기간에 박해와 압박을 가하여 위로부터 내려온 고통에 대응하면서 청교도의 열매가 비교적 늦게 나왔다는 해석이 가능하게 된다. 메리 여왕의 박해로 300여 명이 순교했고, 1천여 명이 피신했으며, 2천여 명이 종교개혁을 따라서 결혼했다가 다시 이혼해야만 했다. 엘리자베스 여왕 때도 220명이 반역자로 처형을 당했다. 제임스 1세가 절대군주제에 근거하여 국가교회체제를 강요하자 이를 거부하던 수많은 사람이 신대륙으로 건너갔다. 찰스 1세는 프랑스 공주를 아내로 맞이하여서 훨씬 더 로마가톨릭 체제를 따르는 주교 정치를 시행하였다. 그의 압박에 저항하던 청교도는 언약문서에 서명하면서 분연히 맞서서 싸웠다. 순수한 시민들이 왕당파에 맞서서 전쟁에 연루되었고, 무려 25만여 명이 살상되었다. 결국 악한 왕을 제거하고자 올리버 크롬웰(Oliver Cromwell, 1599-1658)이 앞장서서 청교도 전쟁을 승리로 이끌었고, 1649년 찰스 1세를 참수하였다. 이처럼 매번 국왕들의 강압 조치로 인해서 종교개혁이 정체되었고, 정치와 뒤섞여서 고통과 어려움이 수반되었다. 신앙적인 이의를 제기하면 곧 국왕에 대한 불복종으로 간주하는 통치자들의 탄압이 극심했기에 청교도의 고난과 희생이 컸다. 국왕들이 위로부터 개입하는 바람에 영국 종교개혁과 청교도의 열매가 늦게 맺어졌다는 후기 수정주의 해석이 가장 타당하다고 본다.

로마가톨릭 쪽에서는 정반대의 관점을 갖고 있어서, 청교도의 순수한 헌신과 교회 개혁에의 열정을 항상 깎아내리고 비난한다. 반종교개혁 운동(Counter-Reformation)에 앞장선 로욜라와 예수회에서는 교황지상주의를 추구했으며, 그런 관점에서 마르틴 루터(Martin Luther, 1483-1546), 장 칼뱅(Jean Calvin, 1509-1564), 존 낙스(John Knox, 1514?-1572)를 비롯해서 종교개혁자들과 청교도에게 온갖 비난을 퍼부었다.[14] 한 예로 미하엘 멀렛(Michael A. Mullett)의 연구를 살펴보면, 수정주의자의 입장이 무엇인가를 확실히 파악할 수 있다. 교황 바울 4세(Paulus Ⅳ, 본명: Giovanni Pietro Carafa, 1476-1559, 재위 1555-1559)가 극렬한 개신교 탄압을 위해서 이단 재판소와 금서 목록을 만들고, 개신교를 근절하는 정책을 폈는데도 그의 간악한 범죄에 대해서는 전혀 비판을 하지 않는다.[15] 반종교개혁 운동이 확산된 후에, 로마가톨릭의 입장을 옹호하려는 연구서가 많이 출판되었다.

로마가톨릭 측에서는 종교개혁자들을 비판하는 일에 몰두해 왔다. 루터는 원래부터 반항아로 성장했다고 모략하고, 흡혈귀와 같다고 모독한다. 칼뱅에 대해서는 '모기를 짓밟아 죽인 코끼리'라고 모함한다. 칼뱅이 과연 '제네바의 독재자'라고 하는 모욕을 받아야 할 것인가? 그의 동시대에 프랑스 로마가톨릭 정권에서는 시민 중에 위그노라 불린 수만 명의 개신교 성도를 학살했다. 이탈리아와 스페인에서 종교개혁 당시 무자비하게 개신교 성도를 고문하였던 사건들은 전혀 반성하지도 않는다. 이와 동시에, 청교도의 개혁 운동을 비난하면서 당시 개신교회 성도에게는 전혀 기쁨도 없었고, 평안도 없었다고 비난하는 로마가톨릭의 주장은 전혀 근거 없는 모략이다. 부디 역사를 날조하려는 자들에 대해서 정확히 분별하고, 구분할 수 있는 수준의 지식을 한국교회의 성도들이 갖추었으면 하는 바람을 금할 수 없다. 국왕의 명령에 불복종하면서, 목숨을 바치는 일에 참가했던 청교도는 누가 강요한다고 해서 억지로 따라간 것이 아니다. 그들은 진리에 감동을 받은 후, 거룩한 열심을 발휘한 것이지, 누구의 선동에 따라서 허망한 영광을 추구했던 것이 결코 아니다.

아직도 여전히 16세기 유럽의 종교개혁과 잉글랜드 청교도 운동에 대해서 공격하고, 조그만 흠집이라도 찾아내서 비판하려는 자들이 많이 있다. 로마가톨릭 측에 소속한 자들도 있고, 잉글랜드 성공회에 충성하는 자들도 있다. 그래서 필자는 무례하고도 몰염치한 학자들에게 과연 역사적 사건들로 인해서 피해를 당한 사람들에 대해서 정확하게 알고 있는가를 묻고자 한다. 16세기와 17세기에 로마가톨릭과 잉글랜드 성공회에서 얼마나 많은 성도를 살해하고, 핍박하고, 권세로 짓눌렀던가! 아무리 정확한 사실과 역사적인 근거를 조사해서 정확하게 제시해도, 로마가톨릭의 성직자들의 부패와 비성경적으로 왜곡된 교리와 반종교개혁자들이 범한 잔혹한 살인과 학살을 애써 외면하거나 부인하려 한다.

교황 알렉산더 6세(Alexander PP. Ⅵ, 본명: Roderic Llançolide Borja, 1431-1503, 재위 1492-1503) 남긴 로마가톨릭의 교황제일주의와 방탕함을 어떻게 역사에서 지울 수 있는가! 그는 교회의 전통과 교황의 무오성을 주장하면서 금서 목록을 만들었고, 성경에 근거하여 이의를 제기하는 신학자들, 목회자들, 학자들, 성도들을 핍박하였다. 이루 다 셀 수 없이 많은 살상을 저질렀다.

잉글랜드에서도 로마가톨릭주의자 메리 여왕의 잔인한 살해로 얼마나 많은 사람이 처형되었는지에 대해서 정확한 숫자를 파악할 수는 없다. 다만 1553년 한 해에만 287명을 화형, 교수형으로 죽였다. 수를 셀 수 없는 성도가 감옥에 갇혔다가 죽었다.[16] 400여 명의 목회자는 해외로 도피했다. 그 후로도 계속된 박해가 진행되었기에 그 숫자는 훨씬 더 많을 것으로 추정된다. 1563년 판, 존 폭스(John Foxe, 1516-1587)의 책에 기록된 사례만 해도 312명의 순교자들이 나온다.[17]

로마가톨릭이 국가 권력과 결탁했던 프랑스에서는 '똘레랑스'(tolerantia, 관용)을 국민적인 정서라고 주장한다. 프랑스 국왕과 로마가톨릭 권세자들은 1572년 바돌로매의 날(St. Bartholomew's day; 8월 24일)에 미사참석을 거부하는 '위그노' 개신교 성도를 7만 명 이상 살해했다.[18] 동시대 잉글랜드를 통치했던 엘리자베스 여왕도 역시 국가교회만을 고수하면서 청교도를 국왕의 통치권에 반역적인 자들이라고 냉담하게 추방했다. 용감한 청교도들은 국왕의 통치를 받는 감독제 국가교회 체제에 순응한다는 서약서를 거부하였다. 냉혹한 압박에 굴복하지 않았던 청교도들은 양심을 지키고자 고난의 길을 강요당했다.

주교 제도의 감독 정치에 이의를 제기하면서, 보다 더 성경적인 목양 사역에 충실하려던 청교도의 노력은 마침내 새로운 창조적 변혁을 일으켜 인류 역사상 가장 거룩하고도 경건한 기독교를 구현하기에 이르렀다. 경건한 열심을 가지고 세상에서 하나님의 영광을 추구했던 업적들을 청교도라는 이름으로 밝히 드러냈다.

2. 청교도에게서 답을 찾다

영국의 강해 설교자로 유명한 마틴 로이드 존스 박사(David Martyn Lloyd Jones, 1899-1981)는 청교도에게서 시대의 해답을 찾았다. 그는 2차 세계 대전 후에 혼돈 속에 있는 영혼들을 위해서 가장 큰 영향력을 발휘했다. 그는 강해 설교(exegetical preaching)로 감동을 주었는데, 그의 성경 해석 원천은 청교도의 저서들에서 나온 것이다. 로이드 존스 박사는 사람의 생각을 중심으로 삼는 신학 사상이 아니라, 성경에 계시된 하나님을 중심으로 삼는 청교도 신학 사상을 강력하게 되살려내고자 노력했다. 그는 청교도에 관한 연구 세미나를 개최하는 한편, 역사적 교훈을 되새기는 기념비적인 강연을 남겼다.[19] 로이드 존스 박사는 영국의 복음적인 신학자들과 지도자들에게 청교도의 신앙을 본받으라고 외쳤다. 그는 영국의 복음적인 신앙인들에게 자유주의 신학으로 물든 영국 성공회와 결별해야 한다고 역설했다.[20]

런던에 있는 웨스트민스터 채플에서 오랫동안 감동적인 설교를 했던 마틴 로이드 존스 박사는 평생 청교도 신학을 연구했다. 그는 정규 신학대학원을 다니지 않았지만, 오직 청교도 저서를 수백 권 읽으면서 기독교 진리를 터득했고, 제2차 대전의 폐허 속에서 영혼들을 깨웠다. 그는 원래 병원에서 육신의 질병을 고치던 의사였는데, 워낙 학생들에게 감동을 주는 설교를 하는 것으로 알려지자, 노회에서는 그를 권유하여 설교자가 되도록 했다. 자신들을 '영혼의 의사'(the Physician of the souls)라고 불렀던 청교도처럼, '영혼의 의사'가 된 그는 오직 청교도 설교집과 경건 서적들을 모조리 섭렵해서 새로운 강해 설교의 금자탑을 이뤘다.

청교도에게서 답을 찾은 사람 중에서 기억해야 할 이들은 뉴잉글랜드 건국의 조상들이다. 미국 청교도 신앙은 그들의 후손들을 통해서 한국교회에 전달되었다. 그들은 평양신학교를 건립하고 한반도에 청교도 신앙을 심어놓았다. 한국 교회의 역사를 거슬러 올라가면, 청교도와 유사한 결단의 시기를 찾아볼 수 있다. 1937년, 일본 제국주의 식민지로 있을 때 '신사참배'를 강요

받았다. 모든 교회가 분연히 일어나서 싸워야 했지만, 주기철 목사의 순교에도 불구하고 일본의 압박에 굴복한 교회의 지도자들은 총회에서 이를 따르기로 가결하여 씻을 수 없는 오점을 남겼다. 청교도 신앙을 지켜오던 평양신학교의 새뮤얼 마펫(Samuel Austin Moffet / 마포삼열, 1864-1939) 선교사와 동료들은 1938년 자진 폐교를 결정했다. 조지 새넌 맥큔(George Shannon McCune / 윤산온, 1873-1941) 선교사는 숭실대학의 문을 닫았다.[21] 조선총독부의 조치를 따르지 않던 선교사들은 추방당하고 말았다.

세상과 적당히 타협하면서 교회를 세워나갈 것인가? 아니면, 철저하게 믿음을 지키며, 힘들고 어려운 길을 택할 것인가? 순수한 믿음의 길을 따라가기를 다짐하고, 이런 마음을 배우고 간직하기를 원한다면, 청교도 역사로부터 교훈을 배워야만 한다. 오늘날에도 우리를 혼란케 하는 동일한 문제들이 여전히 반복되고 있다. 우리가 성경에 담긴 역사적 교훈으로부터 아무것도 배우지 못하게 된다면, 오늘의 교회도 역시 가장 중요한 사명을 잃어버리고 혼돈에 휩쓸려 가고 말 것이다.

오늘의 한국교회가 성도에게 참된 신앙을 갖추도록 복음만을 선포하고 가르치며, 목회자가 영적인 도덕성을 회복하고 건전한 목회 방향을 설정하려면, 청교도 신앙 속에서 소중한 해답을 찾을 수 있다. 하나님의 영광을 위해서 회심을 강조하고, 직업에 귀천이 없이 소명의식을 갖고 최선을 다하면서, 신앙양심을 철저히 지키려 노력했던 영국의 청교도에게 그 해답이 들어있다. 청교도는 이 세상 속에서 검소하고 순수하며 거룩한 성자처럼 살려고 노력하면서도, 새로운 공동체 사회와 국가를 건설하고자 노력했다. 청교도들은 권력에 아첨하고 탐욕에 눈이 멀어서 애매모호한 기독교로 변질되어버린 영국 국가교회 체제를 거부하며 분연히 일어섰다.

청교도는 국왕이 교회의 머리가 아니라 오직 예수님만이 최고의 권위자이시다는 교회론을 근간으로 하여 참된 신앙을 생활 속에서 회복시키면서, 마침내 신대륙 뉴잉글랜드에 하나님의 나라를 건설했던 용감한 행동주의자들이었다. 그들은 말씀 탐구에 진력하면서 확고한 개혁주의 신학을 터득한 신학자들이 되었고, 언제나 자신을 돌아보고 지켜나가고자 노력했던 결과로 거룩한 삶을 영위하였다. 평양신학교와 총신대학에서 한국인으로서는 최초로 조직신학을 체계화한 박형룡 박사는 한국 교회가 물려받은 신학은 "유럽의 칼뱅주의 개혁신학과 영국의 청교도 신앙"이라고 역설하였다.[22] 한국 교회가 청교도 신학과 삶을 배우고 익혀야 할 이유는 가장 순수하고 열정적인 기독교 신앙의 꽃을 피웠기 때문이다.

청교도에게서 답을 찾은 사람은 세상을 변화시키는 힘을 얻는다. 청교도 신앙으로 세상에 빛을 비춰준 또 다른 사례가 바로 부흥운동의 주역 조지 휫필드(George Whitefield, 1714-1770)이다. 미국과 영국에서 18세기에 대각성 운동을 주도하면서 부흥운동에 앞장을 섰던 조지 조지 휫필드는 메리 여왕시대의 순교자 존 브래드포드(John Bradford, 1510-1555)와 청교도 신앙에 바탕을 둔 설교자였다.[23] 그는 자신이 왜 청교도를 존중하는가를 다음과 같이 설명했다.

> 청교도들은 환하게 밝히면서 타오르는 불꽃들이었다.
> 시골 창고에서나 들판에서나, 큰 길에서나 산 울타리에서나,
> 그들은 특별한 방식으로 기록하고, 권위를 갖고 설교했다.
> 비록 그들은 죽었을지라도, 그들의 저술들은 여전히 말하고 있다.
> 바로 지금 이 시간에 그들은 감동적인 어조로 동참하고 있다.[24]

휫필드가 청교도들의 저작물들은 세상의 끝 날까지 살아남을 것이라고 예측했는데, 참된 신앙을 추구하는 사람들이 그 속에서 진정한 기독교 신앙의 자양분을 얻어갈 것이기 때문이라고 했다. 오늘 한국 교회가 바로 그러한 상황에 직면하여 있다. 유럽 전 지역에서 교회가 문을 닫고 있는 이처럼 참담한 상황 속에서, 진짜 기독교인이 아니고서는 살아남을 수 없다. 주일학교에 사람이 없는 한국 교회의 내일은 어디로 갈 것인가를 생각할 때, 지금 살아 있는 우리라도 깨어 있어야만 한다. 그러기 위해서 청교도 신앙을 배우고 익혀야 할 때이다.

청교도를 긍정적으로 평가하는 사람들은 대체로 서로 상반된 두 가지 평가를 하고 있다. 하나는 청교도에 대한 매우 긍정적인 평가다. 왕권신수설이 시퍼렇게 살아있던 시대 속에서도 청교도는 단독 통치자이자 절대권을 가진 군주에게 저항하면서 인권과 민주주의 제도의 근간을 세웠다는 점을 높이 평가한다. 한 걸음 더 나아가 청교도는 미국으로 건너가서 뉴잉글랜드에서 건국의 조상들이 되었고, 그 바탕에서 민주 국가인 오늘의 아메리카를 건설했다는 것이다. 청교도에 대한 긍정적인 평가는 더 있다. 막스 베버는 『프로테스탄트의 윤리와 자본주의 정신』에서, 근면과 절약정신으로 갖고 살았던 청교도들은 마음속에 직업의 소명의식을 기본으로 품고 있었고, 하나님의 예정 교리를 신뢰하고 살았기 때문에 사치와 낭비를 하지 않았으며 결국에는 사회적인 자본을 축적하게 되었다고 본다. 그래서 오늘날 자본주의가 형성될 수 있는 토대가 마련되었다는 것이다. 필자는 베버의 분석요인들에 대해서는 동의할 수 없지만, 로마가톨릭 교구의 주민들과는 달리, 청교도의 사회적 기여에 대해서 긍정적인 모습을 그려냈다는 점에서는 타당한 역사적 평가라고 본다.

　그런가 하면, 정반대로 청교도에 대하여 혹평하는 부정적인 견해도 있다.[25] 뉴잉글랜드 청교도의 모습을 그린 소설작품, 『주홍글씨』에는 매우 편협하고 좁은 종교중심 사회가 그려져 있다. 소설에 나오는 청교도들은 어둡고 우울하며 검은 색 옷을 입고 있다. 겉으로는 경건한 것 같지만, 주인공 호손의 보이지 않는 모습 속에는 위선과 죄가 숨겨져 있었다는 것이다. 인간 사회에서 언제나 있을 수 있는 부조리를 고발했다는 면에서는 진한 교훈을 남긴 작품이다. 하지만 인간 사회를 들여다 볼 때 과연 어느 시대, 어느 사회, 어디에도 완벽한 에덴동산은 존재하지 않는다. 위선과 죄가 뒤엉켜 있는 것이 인간의 모순된 진면목이다. 사실은 청교도의 가장 특징적인 생활 내용이 바로 이러한 죄와 더불어 싸우면서 경건을 실천하고자 노력했던 점이다.[26]

3. 청교도 사상의 유산과 교훈들

청교도의 유산 중에서 일반적으로 드러난 가장 핵심적인 사상과 교훈들을 간추려 보면 무엇을 우리가 얻어야 할 것인가를 깨닫게 될 것이며, 오늘의 시대와 무엇이 다른가를 발견하게 될 것이다.

첫째, 청교도는 하나님에 향하여 영광을 돌리고 찬양하는 신앙인들이었다.

청교도의 마음에 담긴 신앙적 정서는 하나님을 향한 송영과 찬양이다. 토마스 왓슨(Thomas Watson, 약 1620-1686)은 다음과 같은 말을 남겼다.

> "하나님을 찬양하는 것이 신앙의 최고봉이자 순수함이다. 기도할 때, 우리는 사람처럼 행동하고, 찬양할 때, 우리는 천사처럼 행동한다"[27]

청교도는 유럽 대륙의 종교개혁자들이 먼저 걸어간 자취에서 참된 신앙의 자양분을 공급받았다. 참된 신학은 지식을 꾸며내는 것이 아니라 하나님을 찬양하고 영광을 올린다.

오늘날 많은 교회는 어디로 가고 있는가? 대중적인 호평을 받는 복음주의 교회라고 하는 곳에서도 하나님의 영광은 사라지고 말았다. 도리어 어떤 특정한 사역이나 업적이나 규모나, 심지어 어떤 창립 목회자를 자랑하고, 기념하고, 선전하고 있다.

둘째, 청교도는 오직 성경 말씀만을 전파했다.

청교도가 오랫동안 기도해오던 것은 국왕을 교회의 머리로 인정하도록 만든 교회규칙이 아니라, 성경에 따라서 제정된 표준문서였다. 그 꿈이 이뤄져서 마침내 『웨스트민스터 신앙고백서』(Westminster Confession, 1643-1647)를 작성했다. 그때 펴낸 『소요리문답서』 제2문항에 청교도들의 성경관을 담아놓았다; "(문)하나님께서 무슨 규칙을 우리에게 주시어 어떻게 자기를 영화롭게 하고 즐거워할 것을 지시하셨는가?" "(답)신구약 성경에 기재된 하나님의 말씀은 어떻게 우리가 그를 영화롭게 하고 즐거워할 것을 지시하는 유일한 규칙이다." 청교도는 오직 성경을 최고의 권위이자 원천으로 삼아서 교회와 복음의 심장을 지키는 일을 도모했다. 웨스트민스터 총회에 참가한 존 카터(John Carter, ?-1655)는 목사안수 위원들에게 성경을 얼마나 읽었냐는 질문을 받았는데, "구약성경을 히브리어로만 2번 읽었고, 헬라어 신약성경은 거의 매일 읽었습니다."라고 대답했다.

오늘날 교회에서는 성경을 그저 인용하는 참고서로만 사용하고, 성령의 감동으로 이뤄진 정확 무오한 하나님의 계시로 받아들이지 않는다. 자유주의 신학자들과 현대 신학자들과 포스트모더니즘이 개발한 잡다한 비평학과 해석학에 근거하는 이성적인 비판들로 인해서 성경의 교훈을 윤리와 도덕적인 이야기로 풀이되고 있다. 어리석은 인간의 합리성에 맞지 않는다고 생각되면, 성경말씀에 있는 그대로를 선포하지 않는다.

셋째, 청교도는 구원의 확신을 갖고, 한평생 선한 싸움을 살았다.

청교도는 구원을 회심 체험으로 축소시키지 않았다. 구원의 감격과 함께, 구원받은 자의 삶을 일상생활 속에서 매일 성취하고 일궈내고자 분투노력했다. 그들은 내면으로 강력한 신앙을 지니고 있으면서도 외적으로는 겸손하고 따뜻했다. 저명한 청교도 신학자 토마스 맨튼(Thomas Manton, 1620 - 1677)은 청교도가 구원을 어떻게 이해했는지 보여준다.

"복음의 총체는 이것이다. 회개하고 믿음을 가진 사람들은 누구든지 세상과 마귀와 육체 대신에 자신을 성부와 성자와 성령께 바친 자들이다. 하나님은 그들의 창조주요, 구속주요, 성화자로서, 성부께서는 자녀들과 화해하시고, 성자는 그들의 죄를 용서하시며, 성령께서는 그들에게 은혜를 베푸신다. 그들이 이 모든 전 과정을 유지하게 되면, 마지막으로 영화롭게 되며, 영원한 행복이 주어지게 될 것이다."

오늘날 현대 교회는 값싼 복음을 남발하고 있다. 구원을 너무나 좁게 해석하면서, 그저 입술로만 다 얻을 수 있는 것으로 가볍게 취급한다. 거룩한 성도가 되고자 성화의 삶을 유지하기 위해 노력했던 교훈들은 청교도의 경건생활에서 찾아야 한다.

넷째, 청교도는 순수한 교회를 목표로 하여 지속적인 개혁에 진력했다.

청교도는 매우 높고도 고상한 교회관을 실현하고자 했다. 엘리자베스 여왕이 제시한 조항들에 대해 서명을 거부하고, 성직자 가운을 착용하지 않았다. 영광스러운 그리스도의 몸 된 교회를 더럽히는 어떤 권세와도 타협하지 않았다. 그 후로 수천 명의 목회자가 고난의 길을 가야만 했다. 오늘날 전 세계 교회들은 계몽주의 이후로 세속화의 영향을 받아서 개인주의 신자들, 개교회주의라는 틀에서 벗어나지 못하고 있다. 교회는 그리스도의 순결한 신부가 되어야 한다.

다섯째, 청교도는 세상 속에 있던 성자들이었다.

청교도 주류는 칼뱅주의 개혁신학을 신뢰했고, 분리주의자들이 아니었다. 하나님의 진리를 세상에 적용하여 빛과 소금의 기능을 하려고 노력했던 장로교회와 회중교회 목회자들과 성도들이었다. 그들은 청교도 신앙을 사회 속에 구현하고, 정치적으로 복지 국가를 성취해 내고자 노력했다. 뉴잉글랜드에서는 새로운 헌법을 제정하고, 지역 사회에 속에서 각종 현안들을 처리하면서 더욱더 뚜렷하게 구체화 하였다.

오늘날 한국 교회에서는 성도의 사회적 책임을 도외시하는 경향이 있다. 세상을 등지고 금욕주의를 따라갔던 수도원 제도가 어떻게 실패했는가를 직시해야 한다. 교회는 세상 속에서 가장 중요한 기능을 수행해야 한다.

4. 청교도의 기원과 주요 지도자들

공식적인 기록으로 남아있는 '청교도'라는 이름은 1564년에 쓰여진 문서에 담겨 있는데, "새로이 개혁된 엘리자베스 여왕의 교회 내에서 중백의 가운을 착용하기를 거부하고, 상하구조의 교회 제도에 대항하며, 교회의 강령에 서명을 거부했던 열정적인 개신교인들"이라는 뜻으로, 처음에는 매우 경멸하는 의미로 쓰였다.[28]

청교도라는 이름을 갖게 된 것은 영국 교회가 보다 더 성경을 따르는 철저한 종교개혁을 원했기 때문이다. 1558년 엘리자베스 여왕이 매튜 파커(Matthew Parker, 1504-1575)를 캔터베리 대주교로 임명하고, 중도적인 종교 정책(Elizabethan Religious Settlement)을 시행해 나가려고 의회를 통과한 새 법령을 발표했다.[29] 이를 거부한 교회 지도자들과 성도들을 청교도라고 부르는데, 이들은 성경에 따라서 가장 거룩하고 순수한 교회를 세우고자 열망했던 사람들이었다. 영국 종교개혁의 시기에 국가 전체가 하나로 통일된 성공회 체제가 되었으나, 여전히 로마가톨릭의 예식과 예배와 조직이 강압적으로 유지되어나가자 이를 거부하고 보다 철저한 신앙 운동을 전개한 사람들을 일컬어서 청교도라고 부른다.

다시 말하면, 청교도는 유럽에서 일어난 제2차 종교개혁 운동에서 나온 용어로서, 영국의 종교개혁을 이끌었던 순수한 신앙 운동을 일컫는 단어이다. 유럽 전역에서 일어난 16세기 초반의 종교개혁은 루터를 중심으로 하는 독일 북부 지역과 츠빙글리(Ulrich Zwingli, 1484-1531)의 취리히 지역, 장 칼뱅이 영향을 발휘했던 제네바 등에서 정착되어 나갔다. 이런 영향을 받아서 잉글랜드와 스코틀랜드에서도 초기 종교개혁자들의 영향력이 확산되어 나갔다. 그러나 로마가톨릭의 잔재들이 남아 있었고, 과거로 회귀하려는 교회 지도자들의 안일한 대처 속에서 정치권력이 교회를 사실상 지배하려고 혈안이 되어 있었다.

지난 2천 년간의 기독교 역사에서 가장 순수하고 철저했던 성도들과 교회를 찾아본다면 바로 '청교도'라고 할 수 있다. 청교도 사상은 초기 지도자들의 정신을 이어받은 신학자들과 목회자들이 『웨스트민스터 신앙고백서』에서 최고로 종합되었고, 가장 탁월한 문서로 정리됐다. 미국으로 건너가서 꽃을 피운 '뉴잉글랜드 청교도들'은 조나단 에드워즈(Jonathan Edwards, 1703-1758)를 마지막으로 꼽는다. 그리고 난 후, 후기 청교도들은 변화된 정치 상황과 계몽주의 사상의 영향 속에서 변두리로 밀려나 버렸다.

청교도는 초기부터 수난과 압박에도 굴하지 않고, 국왕의 문서에 서명하지 않았다. 교회에서 쫓겨나고, 감옥에 갇히고, 외국으로 피신을 가야만 했고, 심지어 수없이 많은 피를 흘리고 쓰러져 간 이들도 많았다. 공통의 영적인 체험을 공유하고, 신앙의 통일성을 유지하면서 서로 긴밀한 관계성을 맺어나갔다.[30] 청교도는 종교개혁의 신앙을 계승한 목회자들과 신학자들과 성도들이었는데, 19세기에는 토머스 찰머스(Thomas Charlmers, 1780-1847)와 찰스 스펄전(Charles Haddon Spurgeon, 1834-1892), 20세기에 마틴 로이드 존스, 그리고 최근에는 제임스 패커(James Packer, 1926-2020)에 이르기까지 아직도 정통 기독교 교회의 핵심 구성원들로서 영향력을 발휘하고 있다. 지금도 청교도라는 이름을 계승하고 있는 신학 교육기관들, 교회들, 출판사들 그리고 가장 순수한 기독교를 추구하는 성도들이 전 세계에 흩어져있다. 그 숫자는 줄어들었지만, 지속해서 청교도 신앙 전통을 지키려는 사람들에 의해서 참되고 순수한 교회를 세워나가고 있다.

청교도의 시대는 개인적으로나 국가 사회적으로 정말로 어둡고 힘든 시대였다. 청교도 사상이 찬란하게 빛을 발하던 시대를 살면서 최고의 신학자로 평가를 받는 존 오웬(John Owen, 1616-1683)의 경우를 보면, 그의 자녀 10명이 모두 다 유아기에 사망했으며, 살아남은 딸 한 명도 오웬보다 먼저 세상을 떠났다. 공중보건 체계가 열악하던 시대였기에 누구도 예외가 없었다. 영국 국가교회 체제를 거부하는 비서명파(non-subscription) 목회자들에게 가해진 정치적인 박해와 고난은 대립된 사회에서 언제 죽음을 맞이할지 모르는 일이었다. 청교도 신앙을 갖는다는 것은 결코 쉬운 길이 아니었다. 좁은 길,

좁은 문을 향해서 나아가는 험난한 여정이었다.

　청교도(Puritans)는 '엄밀한 자들'(precisionists) 혹은 '더욱더 순수하고 거룩한 교회를 건설하고자 최선을 다해서 노력하는 경건한 자들'이다. 청교도주의(puritanism)는 16세기와 17세기에 칼뱅주의 개혁신학을 근간으로 하여 잉글랜드에서 독특하게 발전시킨 열렬하고 '뜨거운 개신교'를 지칭하는 단어이다. 그들은 단순히 교회를 더욱더 성경적으로 청결하게 하고자 노력하였을 뿐만 아니라, 정치 · 사회 · 문화 · 경제 등 당시 모든 분야를 총망라하여 하나의 새로운 흐름과 운동을 전개했다.[31] 주교, 감독직은 로마가톨릭의 잔재로 생각했고, 제네바와 같은 장로교회 체제로 대치하고자 했으며, 순결하고도 경건한 삶을 실천하고자 했다. 모든 청교도가 다 장로교회를 지지하는 것은 아니지만, 모든 장로교인들은 청교도였다.[32]

　청교도는 기독교 교회를 보다 철저하게 개혁하여 주교 체제 아래서가 아니라, 제네바와 같이 장로들에 의해서 치리되면서 성경적인 순수성을 회복하려는 노력을 기울였다. 영국 왕정 체제를 고수하려는 엘리자베스 여왕이 그녀의 독특한 종교 정책을 막무가내로 끌어나가자, 상하구조로 연결된 교회 체제를 거부하였다. 청교도에는 장로교회 제도를 추구하려는 그룹과 회중교회, 침례교회, 급진적인 그룹 등이 여기저기에서 일어났다.

　엘리자베스 여왕의 통치 초기 1559년에 영국 교회는 교회의 정치 체제로서 국왕을 최고 권위자로 설정하는 「수장령」(Acts of Supremacy)을 발표하여 로마가톨릭과 같이 상하구조로 된 주교 중심이었고, 예배형식과 교회의 목회는 1563년에 나온 「통일령」(Art of Uniformity)에 따라서 로마가톨릭의 요소들을 그대로 수용하고 있었다. 전통적인 로마가톨릭교회의 신학을 따르지 않았다는 점에서 엘리자베스의 영국 교회는 유럽의 개신교회들과 유사했지만, 주교 제도를 자신의 통치기반으로 삼았기에 사실은 장로교회, 회중교회, 독립교회 체제를 완강하게 탄압했다. 1570년대와 1580년대에 등장한 청교도들은 엘리자베스 여왕이 제시하는 통일된 규칙들에 대해서 '절반의 개혁'으로 평가하고, 성직자 예복 착용과 예배 시간에 하는 의식적인 요소들을 거부하였다. 그 결과로 많은 성직자들이 영국 국교회 체제에서 추방을 당하거나 감옥에 던져졌다.

메리 여왕의 통치 시대(1553-1558)에 유럽으로 피난을 갔던 성직자들이 돌아와서 성직자 가운을 입는 것에 반대하면서 저항에 부딪혔다. 이들은 영국 성공회의 예식과 예배 형태가 여전히 로마가톨릭교회에서 시행하던 것과 별 다른 차이가 없음에 일제히 거부반응을 나타냈다. 청교도들은 엘리자베스 여왕의 영국 교회가 절반 정도만 개혁된 교회라고 판단하였다. 메리 여왕의 잔혹한 핍박으로 토마스 크랜머(Thomas Cranmer, 1489-1556), 니콜라스 리들리(Nicholas Ridley, 1500-1555), 에드윈 샌디스(Edwin Sandys, 1519-1588), 휴 라티머(Hugh Latimer, 1485-1555), 존 브래드포드 등 4백여 명의 목회자와 지도자가 사형을 당했기에, 청교도는 결코 물러서지 않고 교회의 개혁을 진일보시켜야 한다고 주장했다.

청교도의 신학은 유럽 종교개혁자들과의 교류 속에서 형성된 것으로서, 칼뱅주의 신학자들의 중요한 교리들을 계승한 것이다. 개인 구원과 관련해서는 로마가톨릭교회의 고해성사를 중심으로 하는 구조를 완전히 버렸다. 청교도가 로마가톨릭의 체제와 신학 사상을 철저히 거부했던 것은 이미 유럽에서 「트렌트 종교회의 선언서」(1545)를 통해서 루터의 사상과 종교개혁자들을 완전히 정죄하려 했음을 잘 파악하고 있었기 때문이다. 청교도는 구원론을 정립함에 있어서 종교개혁자들의 일반적인 공식, 즉 "오직 믿음으로만"(sola fide), "오직 은혜로만"(sola gratia), "오직 성경으로만"(sola scriptura)에 완전히 동의하였다. 이런 원리들이 없이는 로마서 1장 17절을 근거로 하는 구원 교리를 정립할 수 없기 때문이다.

청교도란 개신교회의 하나의 특별한 부류를 의미하는데, 유럽에서 시작된 종교개혁의 후예들이면서도 루터파보다는 칼뱅주의와 연결된 사람들이다.[33] 영국의 종교개혁자들이 칼뱅주의에 더 호의적이었던 이유는 중요한 신학자들과 지도자들이 영국에 피신을 하면서 직접 전수해 주었기 때문이다. 크랜머의 초청으로 케임브리지 대학에 온 마르틴 부써(Martin Bucer, 1491-1551)는 스트라스부르그에서 온 저명한 신학자였다. 1551년 2월에 사망했다. 피터 마터 버미글리(Peter Martyr Vermigli, 1499-1562)는 옥스퍼드 대학교의 교수로서 활약했으며, 폴 파기우스(Paul Fagius, 1504-1549)는 케임브리지 대학의 헬라어 교수가 되었다. 칼뱅주의 개혁신학을 지지하던 폴란드인 요하네스 아 라스코(Johannes a Lasco, 1499-1560)는 한 때 5천 명이 넘는 피난민 교회를 인도했다.

청교도 주류는 열정적인 칼뱅주의 신앙의 소유자들이었다. 그들은 체험적으로 따뜻하고 서로 강인한 믿음을 공유하면서, 교회에서는 열정적으로 그리스도의 왕권을 드높이고 하나님 앞에서 양심을 균형 있게 지켜나가려고 노력했다. 청교도는 루터와 츠빙글리의 종교개혁을 한 단계 더 진전시킨 2세대 지도자들인 칼뱅, 테오도르 베자(Théodore de Bèze, 1519-1605), 하인리히 불링거(Heinrich Bullinger, 1504-1575), 부써, 그 밖에 칼뱅주의자들과 깊은 관계를 맺었다.[34] 1540년대 이후로 영국교회를 한층 더 개혁시키고자 노력했던 청교도는 한편으로는 교황청의 예전을 따라가지 않으려 했고 주교체제에도 순응하지 않으면서도, 다른 한편으로는 루터파의 미진한 종교개혁을 따라가려고 하지 않았다. 초기 청교도의 신학적인 특징에서부터 드러나는 것은 루터와 필립 멜랑히톤(Philipp Melanchthon, 1497-1560) 등 독일에서 형성된 루터파 신학자들의 영향이 거의 없다는 점이다.[35]

특히, 기독론과 성만찬 신학에 대해서는 압도적으로 칼뱅주의 신학을 받아들였다. 루터파 교회는 여전히 로마가톨릭교회적인 요소들을 그대로 시행하고 있어서 비성경적인 관습을 완전히 청산하지 못했다고 생각했다. 구체적으로 예를 들어보면, 청교도 신학의 최고봉이라고 알려진 존 오웬의 엄청나게 방대한 저술들 속에는 루터의 저술을 인용한 것을 거의 찾아볼 수 없다. 아주 드물게도, 옛 언약과 새 언약의 관련성을 풀이하면서 인용한 것이 전부다. 오웬은 압도적으로 칼뱅의 저술을 인용하여 자신의 성경 해석의 토대로 삼았다.

청교도는 하나님의 말씀에 따라서 더욱 강력하고도 뚜렷한 개혁교회를 추구하던 사람들이었다. 청교도들의 신앙은 점차 다양한 교리들에 대해서 체계적인 해설을 수립할 수 있을 정도로 발전하여 마침내 그 진수를 『웨스트민스터 신앙고백서』에 담아서 발표함으로, 당시 유럽 대륙에서 발전된 개혁주의 정통 신학을 계승하여 발전시켰다.

'청교도'는 영국 국가교회의 주교들에게 가장 치명적으로 불명예를 안겨 주었다. 각 지역의 교구 담당 신부와 주교는 여왕을 교회의 머리로 하는 국가교회 체제의 교회 규칙에 서명을 거부하고, 규정된 복장과 모자 착용을 거부하는 청교도를 불경건한 자들이라고 낙인을 찍으려 했다.

그러나 청교도는 결코 교회에 관련된 사상이나 신학적 입장만을 의미하지 않는다. 청교도는 단순히 교회 안에서만 살았던 사람들이 아니라, 사회와 국가의 다양한 구성원들로서 정치, 문화, 문학, 음악 등 전반에 관한 삶의 자세와 태도를 남겼다. 패트릭 콜린슨은 "청교도주의란 종교적인 것과 사회적 행동과 정치적인 것을 다 포괄하며, 독특한 하나의 개신교"라고 규정했다.[36]

영국 국교회 체제를 거부하는 사람 중에는 매우 다양한 사람들이 가담했었다. 청교도라고 해서 모두 다 같은 장로교회파와 개혁주의 신학과 교회정치를 옹호했던 것은 아니었다. 수백 명에 달하는 청교도 신학자와 지도자 중에서 정통 신학을 펼친 인물들로 각 시대를 대표하는 이들을 손꼽아 보면, 초기에는 리처드 그린햄(Richard Greenham, 1540?-1594), 리처드 로저스(Richard Rogers, 1551-1618), 토마스 카트라이트(Thomas Cartwright, 1535-1603)와 윌리엄 퍼킨스(William Perkins, 1558-1602), 최고의 절정기의 신학자들로는 토마스 굿윈, 존 오웬, 윌리엄 에임즈 등이 있다.

16세기 중반에서부터 시작해서 18세기 초반까지 청교도 목회자로 저술을 발표한 이들은 5백여 명에 이르며, 적어도 열 가지 이상의 그룹으로 나뉘어진다. 주류는 장로교회와 회중교회이지만, 일부는 온건파로 영국 국가교회 체제 안에서 활동하기도 했고, 침례교, 독립파, 알미니언주의자, 분리주의자들도 여럿이 있었다. 리처드 백스터(Richard Baxter, 1615-1691)와 같이 전혀 개혁주의 정통 신학을 받아들이지 않으면서도, 신학적인 영향력을 발휘한 인물들도 있다. 오웬과 격렬한 논쟁을 벌인 백스터는『웨스트민스터 신앙고백서』에 담긴 예수 그리스도의 형벌적 대속론과 값없이 주시는 칭의론에 동의하지 않았다.[37] 신율법주의자(neonomianism)인 백스터는 구원에 이르려면 신앙에의 순종, 즉 회개를 필수적으로 동반해야만 한다고 주장하면서 오웬만이 아니라 굿윈과 맨톤(Thomas Manton, 1620-1677)에 대해서도 거부했다. 따라서 이런 다양한 청교도들이 혼재해 있으므로, 선별하여 평가하는 안목이 필요하다.

크롬웰 사망 이후로 잉글랜드 정치가 혼란기를 수습하고, 다시 찰스 2세(Charles II, 1630-1685, 재위 1660-1685)의 왕정 체제로 복귀되면서 청교도의 입지는 위축되고 만다. 1662년에 발표된 「통일령」(the Act of Uniformity)에 의해, 『공동기도서』에 서명하지 않으며 영국 교회의 체제를 따르지 않던 2천여 명의 청교도 목회자가 추방되었다. 이때 존 번연(John Bunyan, 1628-1688)은 감옥에 갇히게 된다. 장로교회와 독립교회는 말할 필요도 없고, 온건한 성직자들도 이단으로 정죄를 당했다. 그 후로 청교도들의 사상은 교회와 국가와 교육기관에서 영향력을 발휘하지 못하게 된다.[38]

윌리엄(William III, 1650-1702, 재위 오라녜 공: 1650-1702, 네덜란드: 1672-1702, 잉글랜드·스코틀랜드·아일랜드: 1689-1702)과 메리(Mary II, 1602-1694, 재위 잉글랜드·스코틀랜드·아일랜드: 1689-1694)가 영국의 군주로 등장하는 '명예혁명'(1688년)이 이뤄진 후에야 비로소 관용정책이 발표되고, 다시 청교도에게 제한적이나마 자유가 주어졌다. 다양한 예배방식이 도입되고, 장로교회와 회중교회가 서로 통합되었고, 교회마다 자율성이 존중되었다.

주(註)

1 P. Collinson, "Puritans," *Oxford Encyclopedia of the Reformation*, ed. H. Hillerbrand (Oxford: Oxford University Press, 1996), 364–70. Randall Pederson, *Unity in Diversity: English Puritans and the Puritan Reformation, 1603-1689* (Leiden: Brill, 2014). Ian B. Cowan, *The Scottish Reformation: Church and Society in Sixteenth-Century Scotland* (N.Y.: St. Martin's Press, 1982), 1–20. 김재성, 『루터 VS 칼뱅』(세창출판사, 2018), "세상을 밝혀준 종교개혁 사상," 4–8.

2 김재성, 『종교개혁의 신학사상』(기독교문서선교회, 2017), 17–23.

3 주로 영국과 미국의 16세기와 17세기 역사학자들의 도서 목록을 살펴볼 것. John Coffey & Paul C.H. Lim, eds., *The Cambridge Companion to Puritanism* (Cambridge: University Press, 2008). Francis Bremer & T., Webster, eds., *Puritans and Puritanism in Europe and America: A Comprehensive Encyclopedia*, 2 vols. (Santa Barbara: ABC–Clio, 2006). Michael P. Winship, *Seers of God: Puritan Providentialism in the Restoration and Early Enlightenment* (Baltimore: Johns Hopkins University Press, 1996). idem, *Godly Republicanism: Puritans, Pilgrims, and a City on a Hill* (Harvard University Press, 2012). idem, *Hot Protestants: A History of Puritanism in England and America* (New Heaven: Yale University Press, 2019).

4 P. Collinson, "Elizbethan and Jacobean Puritanism as Forms of Religious Culture," in *The Culture of English Puritanism, 1603-1689*, C. Durston & J. Eales, eds., (London: Macmillan, 1983), 32–56.

5 C. Van Dixhoorn, "Reforming the Reformation: Theological Debate in the Westminster Assembly, 1643–52," (Ph.D. diss., University of Cambridge, 2004).

6 Kenneth Fincham, ed., *The Early Stuart Church: 1603-1642* (Stanford: University Press, 1993), 1–2.

7 J. I. Packer, *A Quest for Godliness* (Wheaton: Crossway, 1990), 125–134.

8 P. Collinson, *English Puritanism* (London: Historical Association, 1983), 16. J. Coffey & Paul C. H. Lim, ed., *Cambridge Companion to Puritianism*, 4.

9 Cornelius Van Til, *Christian Apologetics* (Phillipsburg: P&R, 1976, 2003), 128–135. John Frame, *Apologetics: A Justification of Christian Belief* (Phillipsburg: P&R, 2015), 249. K. Scott Oliphint, *Covenatal Apologetics* (Wheaton: Crossway, 2013), 16–18. J. V. Fesko, *Reforming Apologetics* (Grand Rapids: Baker, 2019), 136.

10 Carter Lindberg, *The European Reformations* (Oxford: Blackwell, 2002), 2: "Memory and historical identity are inseparable." Richard Hofstadter, *The Progressive Historians* (N.Y.: Knopf, 1968), 3. Gordon Leff, *History and Social Theory* (N.Y.: Doubleday Anchor, 1971), 115.

11 A. G. Dickens, *English Reformations*, 2nd ed. (University Park: Pennsylvania State University Press, 1991). A. G. Dickens, John M. Tonkin, Kenneth Powell, eds., *The Reformation in Historical Thought* (Boston: Harvard University Press, 1985).

12 Judith M. Richards, *Mary Tudor* (London: Routledge, 2009). Eamon Duffy, *Fires of Faith: Catholic England Under Mary Tudor* (New Haven: Yale University Press, 2009), idem, *Faith of Our Fathers: Reflections on Catholic Tradition* (2004). idem, *The Stripping of the Atlas: Traditional Religion in England 1400-1500* (New Haven: Yale University Press, 1992).

13 Patrick Collinson, *The Elizabethan Puritan Movement* (Berkeley: University of California Press, 1967). idem, *The Religion of Protestants: The Church in English Society, 1559–1625* (Oxford: Clarendon Press, 1982). idem, *Godly People: Essays on English Protestantism and Puritanism* (London: Hambledon Press, 1983). idem, *Richard Bancroft and Elizabethan Anti-Puritanism* (Cambridge University Press, 2013). *Belief and Practice in Reformation England: A Tribute to Patrick Collinson from His Students*, edited by Susan Wabuda and Caroline Litzenberger (Aldershot, Hants, 1998).

14 William Monter, *Frontiers of Heresy: The Spanish Inquisition from the Basque Lands to Sicily* (Cambridge: University Press, 1990).

15 Michael A. Mullett, *The Catholic Reformation* (London: Routledge, 1999), 213.

16 M. Richards, *Mary Tudor* (London: Routledge, 2009). Eamon Duffy, *Fires of Faith: Catholic England Under Mary Tudor* (New Haven: Yale 2008).

17 Foxe's *Book of Martyrs* (1536). 원래 이 책의 제목은 *The Actes and Monuments*이다.

18 Robert J. Knecht, *The French Religious Wars: 1562-1598* (Oxford: Osprey, 2002), 51-52.

19 D.M. Lloyd-Jones, *The Puritans: Their Origins and Successors* (Edinburgh: Banner of Truth, 1987). Iain H. Murray, *Lloyd-Jones: Messenger of Grace* (Edinburgh: The Banner of Truth, 2008), 8-9.

20 D. Martyn Lloyd-Jones, "Can We Learn from History?," in *Puritan Papers,* ed. J. I. Packer (Phillipsburg: P&R, 2005), 224.

21 Robert M. Kingdon, "Calvin and Calvinists on Resistance to Government," in *Calvinus Evangelii Propugnator: Calvin,* Champion of the Gospel. Papers from the International Congress on Calvin Research, Seoul, Korea (Calvin Studies Society, 2006), 54.

22 박형룡, "한국 장로교회의 신학적 전통," 「신학지남」 43권 3호 (1976):11-22. 김재성, 편저, 『한국 교회는 어디로』 (서울: 민영사, 2008), 309.

23 *George Whitefield's Journals* (1756; London: Banner of Truth, 1960). 491.

24 George Whitefield, *Works,* 4:306-7.

25 Leland Ryken, *Worldly Saints: The Puritans As They Really Were* (Grand Rapids: Zondervan, 1990), 1-23. 청교도들에 대한 갖가지 곡해와 악평에 대한 해명과 반박을 참고할 것.

26 Peter H. Lewis, *The Genius of Puritanism* (Carey Publication, 1975; Soli Deo Gloria: Reprint, 1997), 11.

27 I.D.E. Thomas, *The Golden Treasury of Puritan Quotations* (Chicago: Moody Press, 1975), 209.

28 P. Collinson, "Antipuritanism," in *Cambridge Companion of Puritanism,* eds. John Coffey & Paul C.H. Lim (Cambridge: University Press, 2008), 19.

29 P. Collinson, "Elizabeth I and the Verdicts of History," *Historical Research,* Vol. 76 (2003): 469-491.

30 Tom Webster, *Godly Clergy in Early Stuart England: The Caroline Puritan Movement,* c. 1620-1643 (Cambridge: University Press, 1977), 335.

31 D.M. Lloyd-Jones, "Puritanism and Its Origins," in *The Puritans; Their Origins and Successors* (Edinburgh: Banner of Truth, 1987), 237-59.

32 Diarmaid MacCulloch, *The Reformation* (N.Y.: Penguin Books, 2005), 383.

33 Anthony Milton, "Puritanism and the Continental Reformed Churches," in *Cambridge Companion of Puritanism,* 109-126.

34 Joel R. Beeke & Mark Jones, *A Puritan Theology: Doctrine for Life* (Grand Rapids: Reformation Heritage Books, 2012), 2.

35 John Coffey & Paul C.H. Lim, eds., *Cambridge Companion of Puritanism,* 2.

36 P. Collinson, *The Elizabethan Puritan Movement* (London: 1967).

37 Michael A. G. Haykin and Mark Jones. eds., *Drawn into Controversies: Reformed Theological Diversity and Debates within Seventeenth-Century British Puritanism* (Göttingen: Vandenhoeck & Ruprecht, 2011).

38 Carl Trueman, "Puritan Theology as Historical Event: A Linguistic Approach to the Ecumenical Context," in *Reformation and Scholasticism: An Ecumenical Enterprise,* ed. Willem J. van Asselt and Eef Dekker (Grand Rapids: Baker, 2001), 253.

Chapter 02
청교도들이 주도한 영국의 종교개혁

청교도 운동은 영국과 미국의 역사에서 종교개혁을 성취하고자 노력했다. 청교도 사상은 깊고, 청교도 이야기는 광범위하다. 영국에서는 로마가톨릭의 낡은 체제에서 벗어나던 독특한 정치 상황 속에서 교회의 개혁 운동을 이끌어 나갔다. 영국에서 출발하여 뉴잉글랜드로 이어진 청교도의 역사를 간략하게 정리하면 다음과 같다[1].

1) 첫 출현과 시련들, 1540년대-1603.
2) 불굴의 신앙, 1603-1630.
3) 개혁의 꿈을 성취한 빛나는 업적들, 1630-1660.
4) 쇠퇴기, 1660-1689.
5) 뉴잉글랜드 건국의 조상들, 1630-1740.

영국 땅에 청교도의 첫 씨앗이 뿌려진 것은 1540년대이다. 영국이 로마가톨릭이라는 낡고 오래된 옷을 벗어버리려고 다양한 종교개혁의 방안을 모색하고 있을 때, 교황주의 제도의 상징과도 같은 예복을 거부하는 신앙적인 열정을 가진 사람들이 나타났다.

영국의 종교개혁은 국왕과 여러 왕비들, 여왕들이 관련된 정치적인 대사건이었고, "폭풍의 연속"이었다.[2] 청교도는 "하나님을 온 마음을 다하여 사랑하고, 거짓된 것들을 온 마음으로 미워하는 자"였다. 당시 타락하고 부패했던 로마가톨릭과는 완전히 다르게, 청교도는 지속적으로 순수한 경건을 실천하려는 열망으로 살아갔던 사람들이다. 청교도는 성경과 양심에 위배되는 어떤 지시나 지침에 대해서 그저 적당히 타협하지 않았다. 청교도 신앙이 잉태된 저변에는 불의한 정치 지도자 국왕과 그 주변에서 타협을 모색하던 탐욕주의자들이 자리하고 있었다. 또한 청교도 사상이 수백 년 동안 영향력을 발휘할 수 있었던 것은 유럽 대륙의 역사적 사건들과 중요한 신학자들이 관련되어 있었기 때문이다.

인류 역사에서 16세기 유럽의 종교개혁은 교회의 갱신을 통해서 세상을 변화시켰다는 아주 중요한 의미를 지닌다. 교회가 세상을 엄청나게 바꿔버린 것이다. 변혁의 새바람이 각 지역에 확산되었는데, 영국에서는 매우 특이하게도 국왕의 탐욕을 부추기는 데 악용되었다. 루터와 츠빙글리가 봉건군주 체제하에서 부조리한 신앙을 철저히 해부하면서 유럽 사회에 엄청난 변화를 몰고 왔을 무렵에 영국 땅에서는 탐욕스러운 국왕이 교회를 이용하여 자신의 야욕을 채우는 일에만 전념하고 있었다.

1. 영국 종교개혁의 선구자들

영국의 종교개혁은 간절하게 하나님의 말씀을 사모하고, 교회의 개혁을 바라던 일반 성도들의 염원이 이뤄진 것이다. 그 발화지점은 왕실에서 벌어진 로마가톨릭과의 대립이었지만, 결코 국왕의 이혼 문제가 종교개혁의 근원이라고 할 수는 없다. 종교개혁의 전야에 영국 교회의 상황은 성직자들의 자질이 너무나 낮아서 그들에 대한 적개심이 크게 확산되어 있었다.[3] 중세 말기 로마 교황청이 이단으로 정죄한 위클리프(John Wycliffe, 1320-1384)와 그를 따르는 롤라드파(Lollardy)의 주장을 영국 종교개혁의 기원이자 뿌리로 보아야 한다.[4] 1533년 존 프리스(John Frith, 1503-1533)가 처형을 당했는데, 그의 주장은 대체로 루터의 개혁 사상과 일치했다.

1) 성경은 모국어로 번역되어야 한다.

2) 성상 숭배는 허락되어서는 안 된다.

3) 순례 행위는 심각하게 비판받아야 한다.

4) 평신도는 모두 제사장이다.

5) 교황은 권위를 과도하게 행사한다.

6) 성찬 빵에 그리스도가 임재하는 것은 순전히 영적이다. 화채설에 반대한다.

잉글랜드에서는 헨리 8세(Henry Ⅷ, 1491-1547, 재위 1509-1547)의 영향력이 종교개혁의 기원과 방향을 결정짓는 본질적인 요소가 되었다. 그는 1533년에 첫 아내 캐서린(Catherine of Arogon, 1485-1536)과의 결혼을 무효화 한다는 발표를 하였다. 다음 해에는 국왕을 교회의 최고 권위로 선언하는 「수장령」(Act of Supremacy)을 대담하게 발표하였다. 1536년에는 수도원을 해산시켰는데, 부패한 로마가톨릭을 거부하는 반성직주의가 팽배했기에 가능한 일이었다.[5]

헨리의 개인적인 야망과 그가 제기한 문제는 전혀 기독교의 개혁과는 거리가 멀었고, 신앙적인 동기에서 시작된 일도 아니었다. 형의 아내였던 캐서린을 왕비로 맞이하여 20여년 동안(1509-1533)을 살았지만, 왕위를 계승할 아들을 낳지 못했으므로 교황청에서 자신과 아내 사이의 이혼을 허락하여 달라고 청원했던 것이다. 그러나 로마 교황청은 충성스러운 스페인의 공주였던 왕비를 보호하기 위해서, 교황 클레멘스 7세(Clemens PP. Ⅶ, 본명: Giulio di Giuliano de' Medici, 1478-1534, 재위 1523-1534)는 그들의 이혼을 허락하지 않았다. 변덕스럽고 이기적인 헨리 8세는 이미 궁녀 앤 불린(Anne Boleyn, 1507-1536)과 부정한 관계를 맺고 있었고, 그 후 2명의 왕비를 처형하고 두 명의 왕비와 이혼했다. 헨리는 거의 대부분 로마가톨릭교회의 주요 교리들을 그대로 시행하였다. 화채설을 신봉하고 고해성사를 시행하며 성직자의 독신주의와 미사를 중시했다. 「수장령」을 반대하는 토머스 모어(Thomas More, 1478-1535)와 존 피셔(John Fisher, 1469-1535)를 처형하였고, 토머스 크롬웰(Thomas Cromwell, 1485-1540) 등의 시종과 공신들마저 제거한 후에 왕실에 대한 비판을 금지하면서 중앙집권체제를 강화하고 절대왕정을 확립하였다.

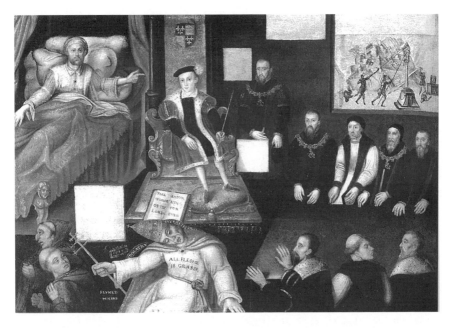

1570년대. 종교개혁의 밝은 희망이 담긴 그림. 런던 국립박물관. 침대에 누워서 손가락으로 에드워드 6세를 차기 왕으로 지목하는 헨리 8세. 그 우측에는 에드워드 세이무어 경과 주요 인물들이 단정한 모습으로 앉아있다. 그들 머리 위로 벽에는 로마가톨릭교회의 성상과 우상들을 부수는 모습이 보인다. 새 왕의 발 앞에는 목이 꺾어진 교황의 머리 위로 성경이 펼쳐져 있는데, "주의 말씀은 세세토록 있도다"(벧전 1:25)가 쓰여있다. 좌측 끝에는 혼비백산해서 도망을 가는 수도사들과 신부들, 우측 하단부에는 귀족들이 당황한 모습이다.

2. 청교도의 씨앗을 뿌린 순교자들

잉글랜드 종교개혁 운동은 갑작스러운 왕들의 사망에 따라서 정치와 맞물려있었기에 엄청난 세속권력의 강압에서 벗어날 수 없었다. 헨리 8세의 자녀들 시대는 에드워드 6세(Edward Ⅵ, 1537-1553, 재위 1547-1553), 메리 여왕, 그리고 엘리자베스 1세에게로 이어지면서 정치적인 대혼란이 연속되었다. 소수의 상류층은 특권을 유지하기 위해서 로마가톨릭교회 체제를 고수하려 했고, 대다수의 시민은 종교개혁을 열망했다. 여러 명의 최고 통치자들이 갑작스럽게 사망하면서, 종교개혁의 방향도 폭풍을 몰고 왔다.

청교도의 개혁 운동은 처절하고도 혹독한 희생을 바탕으로 하고 있다. 에드워드 6세 통치 기간(1547-1553년)에 추밀원(the Privy Council, 국왕의 통치에 관한 귀족대표 4인의 자문기관)이 통치를 맡아서 체계적으로 로마가톨릭교회의 뿌리를 제거하는 작업에 착수하는 한편, 교회마다 칼뱅주의 신학이 크게 증대되어서 영국 교회는 모국어로 기도서를 갖게 되었다.[6] 종교적인 의식 순서를 폐지하고, 성직자들의 독신주의를 금지했으며, 죽은 자들을 위한 미사와 기도를 하던 4천여 수도원에서 징수했다.[7] 교회를 물들이고 있던 우상숭배에 해당하는 성상들을 제거하기 시작했다. 완전히 파괴하기 어려운 동상은 머리를 부쉈다. 예배당의 벽화는 흰색으로 덧칠했고, 영어 성경 문구로 대체되었다. 유리창에 채색된 성경의 이야기들도 파괴하고, 투명한 유리로 대체되었다. 수많은 십자가상도 제거되었다.

1549년에 새로운 『공동기도문과 예식서』를 영어로 발표해서, 라틴어로 된 전통적인 로마가톨릭의 예배 방식을 대체하도록 했다.[8] 신부가 성도들을 등지고 제단을 향해서 죄를 용서받기 위해서 그리스도께서 희생적인 죽음을 반복적으로 시행하던 방식을 폐지하고, 성도들을 마주 보면서 설교하게 되었다. 그리스도께서 단번에 희생제사를 완성하셨다고 믿기 때문이다. 거대한 대리석으로 만들어진 제단은 파쇄됐다. 개신교회 목회자들은 자신들을 '성직자'(priest)가 아니라 '목회자'(minister) 혹은 '설교자'(preacher)라고 소개했는데, 이젠 더 이상 희생 제사를 집례하지 않기 때문이라 했다.

낡은 종교에 대항한 후퍼의 투쟁

존 후퍼(John Hooper, 1495-1555)는 청교도 신앙의 씨를 뿌린 선구자이자, 순교자이다. 옥스퍼드 대학에서 학사학위를 받고 시토회 수도원에서 수사로 지냈다. 1536년 헨리 8세가 수도원을 폐지함에 따라서, 후퍼는 토마스 애런델 경(Sir Thomas Arundell, 1502-1552)의 집사가 되었다. 후퍼는 유럽 대륙의 종교개혁을 파악하게 되면서 그저 조상들이 해온 방식대로 따라가는 길이 나뿐 신앙을 답습하는 것임을 깨닫게 되었다.[9] 그 해에 헨리 8세가 사망하였다. 후퍼는 스위스 취리히의 종교개혁자인 츠빙글리와 불링거의 『바울서신 주석들』을 읽고 난 후 개신교회의 복음적인 신앙으로 회심했다. 변화된 그의 견해가 교구 안에서 문제가 되자, 1544년경에 유럽 대륙으로 건너가서 피난처를 찾았다. 1546년에는 스트라스부르그를 거쳐서, 취리히에서 거주하기로 마음을 굳혔다. 잠시 영국으로 돌아와서 유산을 받았고, 두 차례 잠깐씩 투옥되기도 했다.

1547년 1월에 헨리 8세가 사망했다. 후퍼는 다시 취리히로 건너가서 직접 불링거를 만나기도 했고, 종교개혁에 심취하여 견문을 넓혔다. 그가 심한 질병에 걸려서 고통을 당할 때, 극진히 돌보아 준 간호사 앤 드 채르클라스(Anne de Tserclaes, 1519–1565)와 스트라스부르그에서 결혼하였다. 이 기간 동안에 후퍼는 개혁교회의 예배 방식에 깊은 영향을 받았다. 스위스 개혁교회에서는 로마가톨릭교회나 루터파와는 완전히 다른 모습이었다. 목회자들은 제사 예복을 입지도 않았고, 설교는 성경에 의존했으며, 성찬은 이차적인 관심 사항이었다. 한마디로 헨리 8세가 선포한 「6개 조항들」(Six Articles, 1539)과는 전혀 달랐다.

영국의 종교개혁은 에드워드 6세가 국왕에 등극한 1547년 1월 28일부터 새로운 국면에 접어들었다. 어머니의 집안에서 왕의 후견인이 되었는데 서머셋 공작(Edward Seymour, 1500–1552)이 종교개혁을 진행시켰기 때문이다. 후퍼는 1549년 5월에, 아내 앤과 어린 딸을 대동하고 다시 영국에 돌아왔는데, 루터파가 아니라, 칼뱅주의 신학에 확신을 갖게 되었다. 그는 런던에서 유명한 설교자가 되었다. 그는 죄의 사함을 대가로 돈을 받는 것을 금지했다.

캔터베리 대주교 크랜머도 한번 시작된 종교개혁의 흐름을 멈추지 않으려 했다.[10] 후퍼는 그를 도와서 영국 교회를 통치하는 구조를 바꿨고, 한층 더 개혁된 내용으로 공동기도문의 개정판을 1552년에 출판했다.[11] 미사를 비롯한 모든 로마가톨릭교회의 성례 제도가 폐지되었다. 로마가톨릭에서는 신부가 집례하는 성만찬에서 빵과 포도주가 그리스도의 진짜 몸과 피로 변화한다는 "화채설"을 가르쳤는데, 이로 인해서 미신적이며 기적적인 사건이 벌어진다는 교리를 가르치면서 성직자의 지위를 한층 높였기 때문이다.

후퍼는 영국의 죄악에 대해서 지적하기를 멈추지 않았다. 그가 취리히에서 체험했던 것들에 비해서 영국의 종교개혁은 여러 분야에서 미진한 부분들이 많았기에, 그것을 그냥 넘어가지 않고 계속해서 지적했다. 첫째로, 목회자들은 아직도 로마가톨릭의 신부 예복을 그대로 착용하고 있었고, 아직도 여러 성당에서는 촛불, 십자가, 제단을 제거하지 않았다. 둘째로, 일반 성도들은 주기도문을 하면서 무릎을 꿇고 있어야만 했는데, 성경적인 예배 방식이 전혀 아니기에 후퍼는 폐지하라고 주장했다. 로마 교회의 관례들에 대해서 후퍼는 분노했는데, 바로 그가 주장했던 내용들은 훗날 청교도 신앙의 핵심주제가 되었다.[12]

자신이 담당한 글로스터 교구를 방문해서 현지의 형편을 파악하던 중, 후퍼는 중세 말기의 로마가톨릭 성직자들이 얼마나 한심한가를 간파했다. 311명의 신부에게 시험을 치렀는데 168명이 십계명을 외우지 못하였다.[13] 31명은 성경 어느 부분에 나와 있는지를 말하지 못했다. 40명은 주기도문이 어디에 기록되어 있는지도 말하지 못했다. 31명은 복음서의 저자들이 누구인가에 대해서 답변하지 못했다.[14]

성직자 예복을 착용하는 것에 대해서 후퍼는 단호히 반대하였다. 성직자 예복이라는 것은 유대주의와 로마가톨릭에서 시행했던 것으로, 초대교회 시대에는 착용했다는 근거를 전혀 찾아볼 수 없다. 그러나 크랜머와 리들리 등은 온건한 태도를 보이며 성복을 착용하였다. 더구나 버미글리와 부써도 역시 후퍼의 손을 들어주지 않았다.[15] 버미글리는 개인적으로는 가운을 착용하지 않는 것을 더 선호했지만, 이 문제를 두고 시비를 나누고 싶지 않아서 각자 편의상 좋을 대로 자유를 주고 싶었다. 영국에서는 이미 종교개혁을 받아들였지만 많은 주교가 여전히 세력을 갖고 있었기에 로마가톨릭에서 오랫동안 해오던 방식에 따라가야 한다는 것이다. 한 목사가 교구 목회자의 지위에 오르려면, 반드시 성직자 예복을 착용해야 한다는 시행 규정에 대해서 후퍼는 강력하게 이의를 제기했다. 그러나 버미글리의 제자였던 후퍼는 선생님의 조언을 받아들이고, 나중에 성복을 입고 강단에서 설교사역을 담당했다.

훗날 후퍼의 성직자 의복착용 문제는 "아디아포라"의 영역으로 간주하기로 결정되었다. '아디아포라'(*adiaphora*, things indifferent)는 성경에 직접적으로 명쾌하게 금지하거나 명령하는 사항이 아니라면, 굳이 어떤 원칙을 정하지 않는다는 원리이다. 달리 말하면, 어떤 사항에 대해서는 이렇게 결정해도 되고 저렇게 해도 무방하다는 것이다.[16] 예를 들면, 기독교인으로서 고기를 먹어도 되는가? 경건한 성도로서 동물을 죽여서 만든 값비싼 가죽 옷을 입어도 되느냐는 것에 관한 결정 등이 '아디아포라'에 해당한다. 서로 비난하지 말고, 기독교인의 양심의 자유에 따라서 임의적인 선택 사항으로 남겨두자는 결정이다.

초기 영국의 종교개혁에 있어서 후퍼의 가르침과 담대함은 큰 영향을 끼쳤다. 혹시라도 우리가 성복 논쟁에만 집중한 나머지, 후퍼의 개혁신학을 가볍게 취급면 안 된다. 후퍼는 『그리스도와 그의 직분에 관한 선언』(*A Declaration of Christ and His Office*, 1547), 『거룩한 십계명의 선언』(*A Declaration of Ten Holy Commandments*, 1549, 1550), 『경건의 고백과 기독교인의 믿음의 항의』(*A Godly Confession and Protestation of the Christian Faith*, 1550) 등을 남겼다. 후퍼의 논문들에는 로마가톨릭과 근본적으로 대립하는 구원론이 자리하고 있다. 후퍼의 개혁 사상은 멜랑히톤의 『신학총론』과도 유사하다. 칭의란 오직 그리스도의 공로에 근거하며, 사람의 노력에 의존하는 것이 아니다. 성도의 올바른 행동은 칭의를 가져오는 근거가 될 수 없다고 했다. 종교개혁자들과 같이, 은혜로 말미암는 구원을 강조하면서도, 성도의 윤리적 책임까지도 역시 강조했다. 1553년 메리 여왕이 취임하고 다시 로마가톨릭으로 복귀하자 체포되어서 수년 동안 감옥에서도 타협을 거부하였다. 1559년 화체설을 부인한다는 죄목으로 화형을 당했다.

후퍼. 청교도 신앙의 씨앗이 된 순교자   1555년 2월 9일, 후퍼의 순교장면.

청교도 사상에는 순교신앙이 흐른다

　영국의 종교개혁 역사 속에는 수많은 성도와 목회자의 헌신이 깃들여 있
다. 한국교회에도 주기철 목사(1897-1944)와 손양원 목사(1902-1950) 등 순교
자들의 고결한 정신이 스며있다. 순교자들의 이야기는 민간에 전파되면서
강력한 전승(folklore)으로 퍼져나갔다.

　헨리 8세는 81명을 이단으로 정죄했다. 헨리의 큰딸 메리 여왕은 후퍼를
비롯하여 종교개혁에 가담한 목회자와 성도를 300여 명 이상을 처형했다. 수
많은 목회자가 목숨을 보전하기 위해서 유럽 대륙으로 피신해야만 했다. 메
리여왕이 통치하던 5년 동안은(1553-1558)는 그야말로 끔찍했다. 개혁에 앞장
을 섰던 중요한 지도자들은 순교했고, 남아있는 사람들은 다시 로마가톨릭
교회로 돌아간 세상에서 형식적으로 순응하는 척 했다.[17]

　후퍼는 1555년 2월 9일, 글라우케스터에서 이단으로 공개적으로 화형을
당했고, 존 로저스(John Rogers, 1500-1555), 휴 라티머, 니콜라스 리들리, 마일
스 커버데일(Miles Coverdale, 1488-1569) 등이 순교했다. 여왕의 간교한 책략에
반대한 토마스 크랜머는 감옥에 있다가 1556년 화형을 당했다.[18] 메리의 살

벌한 통치 행위와 그에 맞서서 싸운 종교개혁자들의 고통은 1563년에 나온 폭스의 『순교사화』(John Foxe, *Actes and Monuments*, 1536)에 담겨있다. 이 책은 성경과 함께 가장 많이 읽혀진 책이 되었다. 메리는 스페인의 왕자와 결혼을 했고, 또한 스페인에서 건너온 로마가톨릭교회의 도미니크 수도회원들이 옥스퍼드와 케임브리지 대학교를 장악했다.

옥스퍼드와 케임브리지 대학교 졸업생을 필두로 해서 천여 명의 목회자와 지도자가 신대륙이나 유럽으로 망명을 떠나야만 살아남을 수 있었다. 이들은 주로 독일 프랑크푸르트, 스트라스부르그, 스위스 제네바, 바젤 네덜란드 여러 도시에 머물렀는데, 수년 내에 다시 잉글랜드로 돌아오게 되면서 엘리자베스 여왕 시대에 청교도 운동을 일으키는 주요한 지도자들이 되었다.[19]

존 낙스와 그의 동료들은 유럽에서 목격하고 터득한 대로 고향으로 돌아가서 철저한 종교개혁을 진행하였다. 낙스가 제네바의 칼뱅에게서 전수받은 장로교회와 '당회'제도는 주교가 명령을 하는 것이 아니라 가장 신약성경에 합당한 것임을 확신하게 되었다.[20] 시편 찬송은 유럽 모든 개혁주의 교회가 예배 시간에 시행하고 있었기에 영국으로 유입되었다. 예배 시간이나 목회 사역에서 그동안 습관처럼 시행되던 것들에 대해서 무관심하지 않게 되었고, 철저히 성경에 따르고자 노력하게 되었다.[21]

메리 여왕의 완고함과 고집을 받드는 폴(Reginald Pole, 1500-1558) 추기경 휘하에서는 약 2천 여 명의 결혼한 사제가 아내와 헤어져야만 했고, 성상들이 다시 세워지고, 예복과 예식이 재구성되었다. 교회의 본당마다 제단이 화려하게 장식되고, 빵을 가져다가 놓은 성찬용 용기가 준비됐다. 메리가 암으로 사망하기까지 만 4년이 안 되는 통치 기간에 300여 명을 죽인 일은 공포와 무자비한 시대를 웅변적으로 증언한다. 런던의 개혁주의 교회들은 비밀리에 집회를 가졌다.[22]

메리 여왕의 박해로 1555년 10월 16일, 옥스퍼드의 순교자들, 리들리와 라티머. 감옥에 갇혀있던 크랜머(오른쪽 위쪽, 2년 후에 순교함). 이들 세 사람은 로마가톨릭의 미사가 결코 그리스도의 속죄사역이라고 인정하지 않았다. 중앙에 있는 화형대 오른쪽에 묶여있는 리들리는 헨리 8세의 궁정 설교자였고, 런던의 주교였다. 에드워드 시대에 오직 성경만을 가르치던 뛰어난 설교자였다. 왼쪽에 묶인 라티머는 옥스퍼드 신학대학에 호출당해서, 교황이 교회의 기초가 되는 베드로의 후계자라고 믿는가 하고 묻자, 오직 하나님의 아들 그리스도뿐이다고 대답했다. 위 그림에서, 라티머가 리들리에게 격려했다; "위로가 넘치기를 원하네. 우리는 오늘 하나님의 은혜로 잉글랜드를 밝히는 촛불이 될 것일세. 나는 결코 그 불을 끌 수 없으리라 확신하네"

이루 다 셀 수 없이 쓰러져간 순교자들

청교도 사상은 순수한 성경적인 교회 회복을 주장하다가 고난과 핍박당하던 성도들의 정서 속에서 강렬한 열망으로 빚어진 피와 땀의 열매이다. 청교도 연구자로 알려진 패커 박사는 청교도 신학이 경건의 생활화를 위해서 실천적인 교리를 구축하려 했었다고 지적했다. 그렇게 말할 수 있는 여러 가지 배경과 이유 중에 가장 주목할 요소는 고난과 역경을 이겨내려던 과정에서 자연스럽게 경건의 내면화라는 특징이 갖춰지게 된 점이다.[23]

영국의 종교개혁은 갑작스러운 국왕의 죽음들로 인해서 지연되고, 자극을 받았던 경우가 많았기에 우발적인 성격과 위로부터 아래로 강요된 특징을 지니고 있다.[24] 처음에는 반가톨릭주의에서 시작했지만, 헨리 8세의 변칙적인 이혼 과정에서 빚어진 사건들로부터 시작해서, 18세기 토마스 보스턴(Thomas Boston, 1676-1732)에 대한 총회 재판, 그리고 미국에서 일어났던 조나단 에드워즈의 대각성 운동까지를 계산하면, 거의 200년의 격동기, 전환기, 혼란기에 청교도 운동이 빛을 발휘했다. 거의 200여 년에 걸쳐서 영국에서는 로마가톨릭교회가 바뀌져서 국가교회, 즉 성공회체제(Anglican Church)로 전환하는 과정을 거쳤다. 이처럼 복잡한 전환 과정에서 등장한 청교도는 교회의 영적인 갱신과 신학적인 성숙을 간절히 염원했다. 국가교회 체제를 거부하던 청교도의 의식 저변에는 로마가톨릭 교회의 경건과는 전혀 다른 정서가 강하게 담겨 있었다.

메리 여왕의 재위 기간에(1553-1558) 살해당한 순교자들이 300여 명을 넘었다. 이들에 대한 존경심을 안고, 박해를 피해서 네델란드의 엠덴, 독일 프랑크푸르트, 스트라스부르크, 스위스의 취리히, 바젤, 제네바 등으로 피신 갔던 성직자만 800여 명에 이르렀고, 성도들도 수없이 건너갔다.[25] 특히 스트라스부르그에는 옥스퍼드 대학교에서 1547년부터 1553년까지 교수로 있었던 피터 마터 버미글리가 돌아가 있었기에 가장 중요한 피난처가 되었다.[26] 이

"피에 젖은" 메리 여왕 (1516-1558)

들은 먼저 희생을 당한 순교자들을 결코 잊을 수 없었다. 폭스의 『순교사화』는 모든 청교도의 신앙 형성에 있어서 로마가톨릭이 어떤 집단이라는 것을 각인시켜 주었다.[27]

청교도 운동 전야에 가장 큰 영향력을 발휘한 다섯 사람의 대표적인 순교 자를 살펴보고자 한다. 이들이 남긴 순교자로서 헌신은 모든 청교도의 가슴 에 깊이 남았고, 이들 선구자의 신학 사상이 차지하는 영향력으로 영국 교회 가 세워졌기에 결코 가볍게 지나칠 부분이 아니다.

수없이 쓰러져간 순교자 중에서 그 다음 세대인 청교도들과 연결되어 있 거나, 강렬한 영향을 끼친 주요 신학자를 살펴보자.

윌리엄 틴데일(William Tyndale, 1494-1536)

윌리엄 틴데일은 가장 위대하고 영향력이 큰 성경 번역가로서, 메리 여왕 의 박해로 순교한 초기 영국 종교개혁의 선구자였다.[28] 케임브리지 대학교를 졸업한 후, 독일로 향하여 비텐베르크 대학교에서 루터를 만나서 큰 영향을 받았다. 루터가 이미 독일어 번역성경을 출간했기에, 틴데일도 역시 성경의 가르침을 영국 사람들이 쉽게 이해하도록 번역하는 것을 목표로 삼았다는 것은 놀라운 일이 아니다. 그는 영국으로 돌아가지 못한 채, 개신교 성도들 의 망명 본거지인 앤트워프를 근거지로 삼고 성경번역에 몰두했다. 틴데일 은 친구처럼 접근한 영국 정부의 관리 헨리 필립스의 배신으로 빌보아 성에 투옥되었고, 앤트워프에서 화형을 당했다. 그가 처형을 당한 지 1년 후, 헨리 8세는 성경 번역작업을 허락했다.

영어 번역 성경의 선구자, 틴데일과 그의 순교장면.

존 프리스(John Frith, 1503-1533)

영국에서 기독교 인문주의 운동이 왕성했던 케임브리지 대학에서 수학하는 동안에 유럽 종교개혁자들의 글을 읽게 되었는데, 이단으로 정죄를 당해서 간신히 유럽으로 피신했다. 한편 반종교개혁의 기수이던 스티븐 가드너(Stephen Gardiner, 1483-1555)가 그 당시 교수단의 일원이었다. 프리스는 유럽 대륙으로 건너가서 틴데일을 만나서 구약성경의 번역을 도왔다.

1531년 다시 영국으로 돌아온 프리스는 또다시 토마스 모어(Thomas More, 1478-1535)의 박해로 인해서 체포되었다. 지역 목회자의 도움으로 다시 석방되어 유럽으로 건너갔다. 영국의 상황이 호전되었다는 소식에 종교개혁의 열망을 품고 귀국했으나 또다시 체포되었다. 1533년 7월 4일 사형을 당했다. 그의 죄목은 두 가지인데, 하나는 로마가톨릭이 가르치는 연옥을 부인한다는 것이고, 다른 하나는 성찬때 그리스도께서 육체적으로 임재하신다는 것을 부인한다는 것이다. 프리스의 성찬론은 스위스 종교개혁자들 츠빙글리, 외콜람파디우스(Johannes Oecolampadius, 1482-1531), 피터 마터 버미글리가 주장했던 것들이다. 토머스 크랜머가 그의 석방을 위해 힘썼는데, 훗날 프리스와 똑같은 성찬론을 표명하기에 이른다.

로버트 반스(Robert Barnes, 1495 - 1540)

영국 케임브리지 어거스틴파 수도회의 수사였다. 벨지움 루뱅대학으로 공부하러 가서, 루터의 종교개혁을 받아들였다. 케임브리지 수도회로 돌아온 후, 1525년 크리스마스 전날 밤 설교에서 교회의 계급구조에 대한 반발을 공개적으로 표명했다. 이단으로 판결을 받기 전에 공개적으로 참회를 하였기에 석방될 수 있었다. 유럽으로 피신하여『오늘날 교황주의자들이 대담하게 비난하는 교부들의 명언들』을 비텐베르크에서 출판했다. 반스는 헨리 8세의 이혼 문제를 자문하기 위해서 루터의 편지를 갖고 영국으로 귀환했는데, 그 편지에는 왕이 기대했던 해답이 들어있지 않았다. 루터는 영국 왕의 이혼보다는 구약 시대의 족장들처럼 여러 왕비와 함께 살아가는 것을 권했다. 국왕의 편에 서서 클레베의 앤(Anna von Kleve, 1515-1557)과의 결혼을 정당화하는 일에 헌신하기도 했으나, 1539년 헨리 왕은 「6개 조항들」을 선포했다. 철저하게 로마가톨릭교회의 성례전을 주지시키는 내용이었다. 이를 거역한 죄로 토마스 가라드(Thomas Garrard/Garret/Garrard, 1500?-1540), 윌리엄 제롬(William Jerome, ?-1540)과 함께 사형선고를 받았다.

존 브래드포드(John Bradford, 1510-1555)

필자의 은사 중에 한분인 윌리엄 바커(William Shirmer Barker, 1934-) 교수가 미국 밴더빌트 대학교에서 박사학위논문으로 연구한 제목이 "브래드포드의 경건"이었다.[29] 브래드포드의 저서가 종교개혁의 신학을 강력하게 일깨워 주었다는 사실을 기억조차 하지 못하는 경우가 많다. 대부분의 종교개혁사에서는 그의 이름조차 기록하지 않기 때문이다. 필자는 위대한 경건의 모델이자, 철저한 헌신의 삶을 살았던 브래드포드가 선한 영향력을 발휘했던 점과 유익한 저술들 통해서 훗날 청교도의 모델이 되었다는 사실을 널리 알려야만 하겠다는 생각을 일찍부터 가졌다. 또한 그가 만약 더 활동했더라면 하는 아쉬움을 금할 수 없다. 한창 왕성하게 활동할 나이에 순교했다.

런던에서 법학을 공부하여 인문학의 기초를 다진 브래드포드는 1548년에 케임브리지 대학교에 입학했다. 다음 해에 마르틴 부써를 만났는데 가장 가까이서 아끼고 따르는 측근이 되었다. 신학수업 기간에 브래드포드는 하나님을 향한 전적인 헌신으로 이름이 높았고, 동료들은 그의 자기희생을 보면서 "거룩한 브래드포드"(holy Bradford)라고 극찬했다. 크랜머의 초청을 받아서 1549년에서 1551년 사망할 때까지 케임브리지에서 큰 영향을 끼쳤다. 케임브리지가 영국 청교도의 산실이 된 이유가 바로 여기에 있었다. 브래드포드는 마지막 날까지도 부써의 가르침을 영국교회가 기억하라고 당부했다. 훗날 수많은 인재가 케임브리지 대학교의 탁월한 신학자들로부터 가르침을 받고 나와서 수많은 설교자로 활동했다.

브래드포드는 랭커셔와 체셔 지방을 담당하는 순회 설교자로서 때로는 예리하게 죄를 지적하고 훈계하였으며, 달콤하고도 부드럽게 그리스도의 십자가를 증거했고, 간절하게 이단과 오류를 반박하였다. 그리고 무엇보다도 전심으로 경건한 삶을 호소했다.

그러나 메리 여왕의 취임 직후 1553년에 모든 종교개혁자는 체포되거나 화형을 당했고 군중은 폭동을 일으키려는 움직임을 보였다. 그러나 브래드포드는 이들을 진정시켰다.[30] 브래드포드 역시 런던 타워에 갇혔는데, 옥중에서 죽음을 앞에 두고서 극심한 불안과 고통을 당하는 중에서도 방대한 분량의 목회적 서신들과 경건한 묵상집을 집필했다. 이들 문서에는 그의 종교개혁의 열정이 가득 담겨있다.

옥중에서 브래드포드는 40여 명에 이르는 분리주의자를 만났는데, 그들은 종교개혁자들을 향해서 도박도 반대하지 않고 게임을 즐기는 자들이라고 비판하였다.[31] 그들은 소위 자유의지주의자들(free will men)이었는데, 엄격한 생활방식을 고집했다. 브래드포드는 이런 자유의지주의자들은 교황주의자들보다 훨씬 더 악하고 치명적이라고 판단했다. 그들은 구원의 원인과 효과를 근본적으로 혼돈하고 있다는 평가를 내렸다. 브래드포드는 피상적인 생각을 탈피하라고 주문하면서 세 편의 논문을 작성했다. 『선택과 자유의지에 대한 논고』, 『선택에 대한 개략적 요약』, 『선택의 옹호』 등이다. 하나님의 선택이라는 교리는 오직 하나님의 은혜만을 구원의 유일한 근거로 강조하는 성경적인 가르침이다.

"믿음 없이는 하나님을 기쁘시게 할 수 있는 것이 아무 것도 없다.
선택의 교리는 하나님의 은혜를 의심하여 깊은 절망의 수렁에 빠뜨리고
하나님을 경멸하는 로마가톨릭교회의 가장 치명적인 맹독을 무력화시키는 것이다."[32]

이런 브래드포드의 예정에 대한 확신은 마르틴 부써의 영향으로 간주되고 있다.[33] 다른 내용에서도 부써의 교리적인 측면들을 따르고 있는데, "주 안에

서 아버지"라고 불렀다는 것은 이러한 두 사람의 관계를 반증하는 것이다.

1555년 6월 30일, 이미 공포되었던 헨리 8세의 「6가지 조항들」을 다시 강요하는 메리 여왕의 왕명을 거부한 죄목으로 크랜머, 라티머, 리들리 등과 함께 화형을 당했다.

"형제들이여, 선한 위로를 간직하기 바랍니다.
우리는 오늘 밤에 주님과 즐거운 만찬을 가질 것입니다."

존 브래드포드, 동료들은 "거룩한 브래드포드"라고 불렀다.

1550년대부터 1660년대까지 청교도 지도자들은 순교신앙의 계승자들로서 변함없이 고난의 길을 마다하지 않았다. 엘리자베스 여왕 시대에도 수없이 많은 청교도가 설교권을 박탈당하고 감옥에 던져졌으며, 제임스 1세와 찰스 1세 시대를 거치는 동안에도 수많은 청교도가 이웃 나라로 망명을 갔다. 일부는 신대륙으로 건너갔다. 1660년에 다시 왕정이 복고되어서 찰스 2세(재위, 1660-85)가 돌아오고 올리버 크롬웰의 시대가 끝이 나자, 성공회 체제가 굳혀졌다. 2천 명의 목사가 국가교회의 감독권을 거부하다가 강단에서 쫓겨났다. 청교도는 가정집에서, 들에서, 산모퉁이에서 예배와 기도를 올리고 말씀을 들었다.

청교도 신앙은 순수한 교회를 세우고 지켜나가려는 노력에 담겨있다. 온갖 협박과 고난에도 굴하지 않고, 불의와 타협하지 않았던 청교도 정신은 200여 년 동안 흘러내려 갔다. 이렇게 희생하면서 고상한 신앙을 지켜낸 이들은 수천 명이고, 자신의 저서를 남겨서 우리가 만날 수 있는 이들은 500여 명에 달한다. 그러나 많은 이들의 위대한 신앙이 그저 잊혀져 버린 것이 너무나 안타깝기만 하다. 죠엘 비키(Joel Beeke) 박사의 저서, 『청교도를 만나다』 (Meet the Puritans, 부흥과개혁사, 2010)에 소개된 분들을 참고하기 바란다.

토마스 애덤스(Thomas Adams, 1583–1652), 헨리 아인스워드(Henry Ainsworth, 1569–1622), 헨리 아이레이(Henry Airay, 1560–1616), 조셉 얼라인(Joseph Alleine, 1634–1668), 리차드 얼라인(Richard Alleine, 1611–1681), 빈센트 알솝(Vincent Alsop, 1630–1703), 아이작 암브로스(Isaac Ambrose, 1604–1664), 로버트 아스티(Robert Asty, 1642–1681), 리차드베이커경(Sir Richard Baker, 약 1568–1645), 윌리엄 베이츠(William Bates, 1625–1699), 루이스 베일리(Lewis Bayly, 1575–1631), 로버트 볼턴(Robert Bolton, 1572–1631), 사무엘 볼턴(Samuel Bolton, 1606–1654), 존 보이스(John Boys, 1571–1625), 앤 브래드스트리트(Anne Bradstreet, 1612–1672), 윌리엄 브릿지(William Bridge, 1600–1670), 토마스 브룩스(Thomas Brooks, 1608–1680), 앤서니 버지스(Anthony Burgess, ?–1664), 제레미아 버로우스(Jeremiah Burroughs, 약 1600–1646), 니콜라스 바이필드(Nicholas Byfield, 1579–1622), 토마스 카트라이트(Thoams Cartwright, 1535–1603), 조셉 카릴(Joseph Caryl, 1602–1673), 토마스 케이스(Thomas Case, 1598–1682), 스테판 차녹(Stephen Charnock, 1628–1680), 데이비드 클라크슨(David Clarkson, 1622–1686), 토마스 코빗(Thomas Cobbet, 1608–1686), 엘리사 콜스(Elisha Coles, 약 1608–1688), 존 코튼(John Cotton, 1584–1652), 토비아스 크리스프(Tobias Crisp, 1600–1643), 존 데버넌트(John Davenant, 1572–1641), 아서 덴트(Arthur Dent, 1553–1607), 에드워드 데링(Edward Dering, 약 1540–1576), 토마스 둘리틀(Thomas Doolittle, 1630–1707), 조지 다우네임(George Downame, 약 1563–1634), 존 다우네임(John Downame, ?–1652), 다니엘 다이크(Daniel Dyke, ?–1614), 존 엘리엇(John Eliot, 1604–1690), 에드워드 피셔(Edward Fisher, ?–1655), 토마스 포드(Thomas Ford, 1598–1674), 윌리엄 기어링(William Gearing, 약1625–1690), 리

차드 길핀(Richard Gilpin, 1625-1700), 토마스 구지(Thomas Gouge, 1605-1681), 윌리엄 구지(William Gouge, 1575-1653), 리차드 그린햄(Richard Greenham, 약1542-1594), 윌리엄 그린힐(William Greenhill, 1598-1671), 오바디야 그루(Obadiah Grew, 1607-1689), 윌리엄 거널(William Gurnall, 1616-1679), 조셉 홀(Joseph Hall, 1574-1656), 조지 해먼드(Goerge Hammond, 약1620-1705), 나다나엘 하디(Nathanael Hardy, 1619-1670), 로버트 해리스(Robert Harris, 1581-1658), 필립 헨리(Phlip Henry, 1631-1696), 올리버 헤이우드(Oliver Heywood, 1630-1702), 아서 힐더샴(Arthur Hildersham, 1563-1632), 로버트 힐(Rober Hill, ?-1623), 토마스 후커(Thomas Hooker, 1586-1647), 에제키엘 홉킨스(Ezekiel Hopkins, 1634-1690), 존 하우(John Howe, 1630-1705), 토마스 제이콤(Thomas Jacomb, 1623-1687), 제임스 제인웨이(James Janeway, 1636-1674), 윌리엄 젠킨(William Jenkyn, 1613-1685), 에드워드 존슨(Edward Johnson, 1598-1672), 벤자민 키치(Benjamin Keach, 1640-1704), 에드워드 로렌스(Edward Lawrence, 1627-1695), 존 라이트풋(John Lightfoot, 1602-1675), 크리스토퍼 러브(Christopher Love, 1618-1651), 윌리엄 라이퍼드(William Lyford, 1597-1653), 에드워드 마베리(Edward Marbury, ?-1655), 월터 마샬(Walter Marshall, 1628-1680), 코튼 매더(Cotton Mather, 1663-1728), 인크리스 매더(Increase Mather, 1639-1723), 리차드 매더(Richard Mather, 1596-1669), 매튜 미드(Matthew Mead, 1629-1699), 존 노튼(John Norton, 1606-1663), 에드워드 피어스(Edward Pearse, 약1633-1673), 윌리엄 펨블(William Pemble, 1591-1623), 에드워드 폴힐(Edward Polhill, 약1622-1694), 매튜 풀(Matthew Poole, 1624-1679), 존 프레스턴(John Preston, 1587-1628), 나다나엘 레이뉴(Nathanael Ranew, 약1602-1677), 에드워드 레이놀즈(Edwar Reynolds, 1599-1676), 토마스 리질리(Thomas Ridgley, 1667-1707), 랄프 로빈슨(Ralph Robinson, 1614-1655), 리차드 로저스(Richard Rogers, 1551-1618), 티모시 로저스(Timothy Rogers, 1658-1728), 헨리 스쿠더(Henry Scudder, 약1585-1652), 오바디야 세드윅(Obadiah Sedgwick, 약1600-1655), 사무엘 시월(Samuel Sewall, 1652-1730), 토마스 쉐퍼드(Thomas Shepard, 1605-1649), 존 샤우어(John Shower, 1657-1715), 헨리 스미스(Henry Smith, 1560-1591), 윌리엄 스퍼스토우(William

Spurstowe, 약1605-1666), 리차드 스틸(Richard Steele, 1629-1692), 솔로몬 스토다드(Solomon Stoddard, 1643-1729), 루이스 스틱클리(Lewis Stuckley, 1621-1687), 조지 스윈녹(George Swinnock, 1627-1673), 조셉 시먼즈(Joseph Symonds, ?-1652), 에드워드 테일러(Edward Taylor, 약1642-1729), 토마스 테일러(Thomas Taylor, 1576-1632), 로버트 트레일(Robert Traill, 1642-1716), 존 트랩(John Trapp, 1601-1669), 조지 트로세(George Trosse, 1631-1713), 랄프 베닝(Ralph Venning, 약1622-1674), 나다니엘 빈센트(Nathaniel Vincent, 1638-1697), 토마스 빈센트(Thomas Vincent, 1634-1678), 윌리엄 휘태커(William Whitaker, 1548-1595), 마이클 위글스워스(Michael Wigglesworth, 1631-1705), 존 윈스럽(John Winthrop, 1588-1649) 등이다.

1662년 왕정복고 후에 비서명파 청교도 목회자 2천여 명이 국교회로부터 쫓겨났다.

주(註)

1 Michael P. Winship, *Hot Protestants: A History of Puritanism in England and America* (New Haven: Yale University Press, 2018), 5-6.

2 Eamon Duffy, *Saints, Sacrilege and Sedition: Religion and Conflict in the Tudor Reformations* (London: Bloomsbury Publishing, 2012). Haigh, *English Reformation* (Cambridge: University Press, 2008), 176.

3 Alister McGrath, *Reformation Thought: An Introduction* (Oxford: Blackwell, 1999), 32-4, 226-7.

4 M. Aston, *Lollards and Reformers: Images and Literacy in Late Medieval Religion* (London: 1984). J. E. Davis, "Lollardy and the Reformation in England," *Archiv Für Reformationsgeschichte* 73 (1982):217-37.

5 A. G. Dickens, "The Shape of Anti-clericalism and the English Reformation," in *The Politics and Society in Reformation Europe: Essays for Sir Geoffrey Elton on his Sixty-Fifth Birthday* (N.Y.: St Martin's, 1987): 379-410.

6 Barrett L. Beer, *Rebellion and Riot: Popular Disorder in England during the Reign of Edward VI* (Kent: 1982), 242. Diarmaid MacCulloch, *Tudor Church Militant: Edward VI and the Protestant Reformation* (Allen Lane, 2000).

7 Eamon Duffy, *The Stripping of the Altars: Traditional Religion in England 1400-1580* (New Haven: Yale University Press, 1992), 100.

8 Francis Proctor & Walter Howard Frere, *A New History of the Book of Common Prayer* (Macmillan, 1908; Nabu Press, 2011).

9 W.M.S. West, "John Hooper and the Origins of Puritanism," *Baptist Quarterly* 15 (1953-54): 353.

10 Diarmaid MacCulloch, *Thomas Cranmer: A Life* (New Haven: Yale University Press, 1996), 405.

11 John Hooper, *The Early Writings of John Hooper*, ed. Samuel Carr (Cambrige: 1853), 534-536.

12 Bernard J. Verkamp, *The Indifferent Mean: Adiaphorism in the English Reformation to 1554* (Athens, 1977).

13 Charles Nevinson, ed., *The Later Writings of Bishop Hooper*. The Parker Society, (London: 1852), 132-151.

14 J. Gairdner, "Bishop Hooper's Examination of the Clergy, 1551," *English Historical Review*, XIX (1904), 98-121. Walter H. Frere and William M. Kennedy, eds., *Visitation Articles and Injunctions of the Period of the Reformation, vols I-III, Alcuin Club Collections* (London,1910); vol. II: 282-83.

15 C. Hopf, *Martin Bucer and the English Reformation* (Oxford: University Press, 1946), 132.

16 Horton Davies, *Worship and Theology in England*, vol. 1, From Cranmer to Hooker, 1534-1603 (Princeton University Press, 1970; Eerdmans, 1996). orrance Kirby, "Relics of the Amorites' or adiaphora? The authority of Peter Martyr Vermigli in the Elizabethan Vestiarian Controversy of the 1560s," *Reformation and Renaissance Review: Journal of the Society for Reformation Studies*, Vol. 6.3 (2004); 313-326.

17 Andrew Pettegree, *Marian Protestantism: Six Studies* (Aldershot: 1996), 87.

18 Newcombe, *John Hooper*, 207. Eamon Duffy, *Fires of Faith: Catholic England under Mary Tudor* (New Heaven: Yale University Press, 2009).

19 Patrick Collinson & Polly Ha, eds., *The Reception of Continental Reformation in Britain* (Oxford: 2010). Christina Hallowell Garrett, *The Marian Exiles: A Study in the Origins of Elizabethan Puritanism* (Cambridge: University Press, 1938). 저자는 약 8백 명의 지도자들이 남긴 자료에 대해서 조사했는데, 독일과 스위스에 머물면서 영국에 있는 아내들과 가족들과의 사이에 주고받은 편지들을 탐구하였다.

20 Jane Dawson, *John Knox* (New Haven: Yale University Press, 2015).

21 Andrew Pettegree, *Reformation and the Culture of Persuasion* (Cambridge: University Press, 2005),

54–65.

22 Brett Usher, "In a Time of Persecution: New Light on the Secret Protestant Congregation in Marian London," in *John Foxe and the English Reformation*, ed. David Loads (Aldershot, 1997), 233–251.

23 J. I. Packer, *A Quest for Godliness: The Puritan Vision for the Godly Life* (Wheaton: Crossway, 1990), 21–36.

24 P. Collinson, *The Elizabethan Puritan Movement* (Oxford: Clarendon Press, 1967), 12–13.

25 A. G. Dickens, *The English Reformation* (University Park: Pennsylvania State University Press, 1991), 339.

26 C. H. Garrett, *The Marian Exiles: A Study in the Origins of Elizabethan Puritanism* (Cambridge: University Press, 1938), 47–48.

27 Patrick Collinson, "John Foxe and National Consciousness," in *John Foxe and His World*, Christopher Highley, John N. King, eds., (Aldershot: Ashgate, 2002), 10 – 34.

28 *The Cambridge History of the Bible* 2: From the Fathers to the Reformation, ed. G. W. Lampe (Cambridge: 1969), 433.

29 William Shirmer Barker, "John Bradford's writings: an example of English Reformation piety," (Ph. D. Vanderbilt University, 1970).

30 John Foxe (1887 republication), *Book of Martyrs* (Frederick Warne and Co, London and New York), 160 – 61.

31 Carl Truman, *Luther's Legacy: Salvation and English Reformers, 1525-1556* (Oxford: Uni

32 John Bradford, *The Writings of John Bradford*, M.A. ed. Townsend, 2 vols. (Cambridge: 1848–53), I:308.

33 W. P. Stephens, *The Holy Spirit in the Theology of Martin Bucer* (Cambridge: University Press, 1970), 23.

Chapter 03
초기 청교도 운동과 쟁점들

엘리자베스 여왕의 취임 초기에 청교도 운동이 확산되었던 것은 그 이전 세대 순교자들의 희생과 헌신에 감동을 입은 성도들과 지도자들이 계속해서 순수한 교회를 세우고자 노력했기 때문이다. 열정적인 청교도의 헌신과 설교가 그 당시의 성도에게 깊은 감동을 주었다. 엘리자베스 여왕이 통치했던 45년 동안에 222명이 순교했으니, 청교도들의 삶은 결코 평탄하지 않았다.

1. 중용의 길이냐, 순수한 교회이냐?

청교도 운동은 어떤 특별한 천재나 영웅이 성취해낸 것이 아니다. 헨리 8세와 궁녀 앤 불린 사이에 태어난 엘리자베스는 세상의 이치를 충분히 깨닫고 파악할 수 있는 나이인 25세에 왕좌에 올랐다. 그녀는 자신의 어머니처럼 완고한 성격과 르네상스 지식인들이 갖춘 우월함을 겸비했다고 알려져 있다. 개신교의 희망을 한 몸에 받고 권좌에 오르고 난 후, 수많은 왕자와 귀족에게 청혼을 받으면서도 결코 어떤 사람에게도 허용하지 않는 정치적 수완을 보여주었고, 외국 가톨릭 국가들의 견제로부터 자신의 입지를 구축해 나갔다.

1559년에 엘리자베스 여왕은 '제3의 길'이라고 부르는 절충형 중도노선(via media)을 선포했다.[1] 칼뱅에게 영향을 받은 후 여왕이 통치하는 것에 대해서 비판하는 낙스의 태도와 설교에 불만을 품고 있었기에, 여왕은 제네바에서 돌아온 지도자들에게 교회의 고위직을 맡기지 않았다. 그녀가 취한 조치들에 대해서 개신교회 성도들은 극히 실망하고 말았다.

하나로 통일된 영국 국가교회 체제를 유지해야만 자신의 통치권이 강화될 수 있다고 믿었던 엘리자베스는 청교도 목회자들의 설교를 싫어했다. 할 수만 있으면 설교를 못 하게 만들고자 했다. 그러나 청교도는 설교를 통해서 하나님의 말씀을 받는 것이 가장 중요한 하나님의 은총의 수단이라고 받아들였다. 정상적인 상황에서 살아가는 기독교인은 설교야말로 하나님의 진리를 받아들이는 유일한 방식이다. 종교개혁자들에게 있어서 설교는 하나님으로부터 구원의 수단이었다. 당시 잉글랜드에서는 로마가톨릭의 예식에 따른 의식적인 방식들이 오랜 전통으로 고착되어 있었기에, 말씀에 근거한 충분한 설교가 없었다.[2] 설교가 하나님의 말씀에 충실하지 못하던 시대는 교회가 타락했다는 말이다. 거의 모든 교회에서 성공회 주교들과 청교도 성도들 사이에 대립과 갈등이 벌어졌다. 주교들은 청교도들이 설교에 대해서 공격하자 불공정한 일이라고 반발했다.

청교도 운동은 엘리자베스 여왕의 새로운 노선에 반기를 들고 일어난 개신교 신앙 운동으로서 끊임없이 순결한 교회를 추구하는 발자취를 남겼다. 엘리자베스 여왕은 모든 교회의 지위와 재산을 지배하고 소유하던 로마가톨릭으로부터 자신의 통치권을 확대하려는 차원에서 온건한 종교개혁을 추진했다. 그러나 여전히 국왕이 교회의 머리가 되어서 지배자로 군림하는 체제였기에, 보다 전진된 교회의 개혁을 원하던 사람들은 이를 거부했다. 청교도는 교회의 자치권을 무엇보다도 소중하게 실현하고자 했다. 청교도가 빛을 발휘하면서 지금까지 기억되는 이유는 핍박을 견디면서 순수한 교회를 지키고자 고난과 박해를 당하면서도 끝까지 포기하지 않고 성취했기 때문이다.

엘리자베스 여왕은 칼뱅주의 장로교회 제도를 싫어했는데, 자신의 통치 체제를 공고히 할 수 있는 주교 정치 제도를 고수하려는 속셈에서였다. 여왕은 1559년 4월에는 「수장령」을 통과시키고 여왕이 교회보다 우위에 있다는 사실을 인정하는 서약을 하도록 강요했다. 그렇게 하지 않는 자는 '최고의 통치자'를 향한 반역죄로 다스렸다. 1563년에는 「통일령」을 발동해 종교 정책의 세부사항들인 성직자들의 의복이나 예식 규정에 순응하지 않았던 주교들은 감옥에 가두었다. 유럽의 종교개혁에서 영향을 받은 개혁적인 지도자들은 로마가톨릭교회의 의식을 약간 수정한 정도에 그친 예식서에 복종할 수 없었다. 그런 가운데 이런 정치적인 현실과 타협하면서, 하나님으로부터 통치 권위를 부여받았다는 여왕에게서 지위를 부여받아 누리던 타협주의자들도 많았다. 켄터베리 대주교 존 휘트기프트(John Whitgift, 1530-1604)가 대표적인 타협주의자로서 「통일령」을 강조했다. 또한 국교회 체제에 순응했던 리처드 후커(Richard Hooker, 1554-1600)는 저명한 칼뱅주의 신학자로 명성이 높아졌다. 1563년에 주교들이 일련의 추가적인 개혁조치를 건의했으나 전혀 받아들여지지 않았다. 1566년 의회에서 다시 변경을 청원했지만 완고한 엘리자베스 여왕 때문에 좌절되고 말았다.

그러나 개혁파 교회를 세우고자 하는 교회 지도자들은 1560년대부터 1640년까지 잉글랜드 국교회 안에서 여왕이 제시한 규정들에 대해서 무조건 순응할 수 없었다. 이 시대의 세속 정치와 영국 국교회는 서로 충분히 체계적인 정립을 하지 못한 채 혼란을 거듭하고 있었다. 「통일령」에는 에드워드 6세 시대에 시행된 토마스 크랜머의 『공동기도서』를 개정하여 공포됐는데, 성상과 십자가상을 허용하였고 성직자 예복을 재차 강조했다. 성자들의 날을 지정하여 지키도록 하는 것도 포함되어 있었고, 예식을 따라서 의무적으로 진행되던 로마가톨릭의 예식주의가 깊이 배어있었으며, 암송해야 할 규정들도 들어있었다. 로마가톨릭의 잔재를 제거하기 원했던 개신교회 성도들은 전혀 동의할 수 없는 규정들이었다.

2. 청교도 운동의 발화지점

초기 청교도 운동의 중요한 응집력은 메리 여왕의 통치 기간에 유럽으로 피신을 갔던 목회자들과 신학자들이 돌아오게 되면서 높아졌고, 초기 청교도 운동은 큰 진전을 드러내게 된다. 그들은 이미 활발하게 진전된 유럽의 종교개혁을 체험하고 돌아왔기에, 구체제의 로마가톨릭교회의 신학과 목회 방법에 대해 완강하게 거부하였다. 엘리자베스 여왕의 통치 초반에 국가교회의 신학적 정체성과 구체적인 지침에 간여하게 되자 박해를 당하고 난 후에 되돌아온 목회자들이 그냥 두 손을 놓고 구경하지 않았다. 1560년대에 소수의 개혁파 목회지는 로마가톨릭교회의 예식을 그대로 시행하지 않으려 했다. 세례를 줄 때 십자가 모형을 들고서 의식을 거행하는 것과 결혼식을 거행하는 중에 종을 울리는 것과 예배를 진행하는 동안에 흰색으로 된 성직자 예복을 착용하는 것 등에 대해서 반대하였다.

이것은 곧바로 영국 성공회와 청교도 사이에 "성직자 예복 논쟁"(the Vestarian Controversy, 혹은 vestments controversy)으로 발전하였다.[3] 정확히 말하면, 제2차 성복 논쟁이라고 부르는 청교도 운동이 일어난 것이다. 앞에서 이미 살펴본 대로, 1551년에 일어난 존 후퍼의 거부 운동이 제1차 성복 논쟁이었고, 이번에 다시 일어난 것이다.

제2차 성복 논쟁은 훨씬 더 많은 목회자가 동참하였다. 이 논쟁은 1564년에 시작되어서 1566년에는 대단히 큰 사건으로 번지고 말았다. 1565년 1월 25일, 엘리자베스 여왕이 대주교 파커에게 강력한 경고 서한을 보냈다. 성직자들이 합당하게 의복을 착용할 것과 『공중기도서』대로 따라가야만 한다는 내용이었다. 여왕은 모든 주교를 그 휘하의 성직자들에게 서명할 것을 요구했다. 이 요구는 대부분의 주교를 곤경에 빠트리고 말았다. 주교는 교회의 치리자이면서 동시에 국왕의 명령을 따라야 할 공직자이기도 했기 때문이다. 그들은 수많은 비서명파 목회자가 훌륭하게 목회 사역을 감당하고 있음을 잘 알고 있었다. 특히 앵글랜드 북부 지방에 있던 로마가톨릭교회는 청교도 설교자에 의해서 대부분 압도당할 정도로 초토화되어버렸기 때문이다. 이때 스위스 취리히에서 보내온 조언을 보면, 여왕의 요구 사항들이란 복음의 본질에 해당하는 것은 아니기에 순응하라고 되어있었다.

불행하게도 여왕의 강압적인 요구 사항은 잉글랜드 교회를 두 편으로 갈라놓았다. 로렌스 험프리(Lawrence Humphrey, 1527?-1590)와 토마스 샘슨(Thomas Sampson, 1517-1589)은 매튜 파커 대주교에게 호출을 당했는데, 엘리자베스 여왕이 규정한 성직자 예복을 입지 않았기 때문이었다. 이들 두 사람은 피터 마터 버미글리의 제자들이었다. 성직 예복 논쟁은 영국 내부의 청교도 신학자들의 문제일 뿐만 아니라, 외국 신학자들도 개입하는 큰 문제로 등장하였다. 특히 영국 옥스퍼드에서 에드워드 6세의 통치기간 동안(1547-1553)에 교수로 가르치다가 메리 여왕의 등장으로 다시 스트라스부르그로 되돌아간 피터 마터 버미글리의 영향이 컸다. 그는 비록 영국을 떠났지만, 그냥 먼 산의 불구경하듯 바라만 보고 있을 수는 없었다. 버미글리가 크랜머의 초청으로 영국에 들어간 후로, 1549년의 옥스퍼드 성만찬 논쟁, 1550년에는 존 후퍼의 성복 논쟁, 1552년에는 크랜머의 기도서 재편집과 1553년에는 「42개 조항들」(Forty-two Articles of Religion)을 발표하는데 결정적으로 기여했었다. 이처럼 영국 종교개혁의 기초를 다지는 일을 하면서 말로 다 표현하기 어려울 정도로 큰 기여했지만, 메리 여왕과 로마가톨릭의 추방 명령으로 쫓겨나고 말았다.

피터 마터 버미글리. 옥스퍼드 대학에서 교수로 있으면서 영국 종교개혁에 기여하다.

마틴 부써, 케임브리지 대학 교수로 생애를 마치다.

토마스 샘슨은 메리 여왕 때 제네바에 피신해서 성경 번역에 참여하며 평생 로마가톨릭에 저항하였고, 옥스퍼드 대학에서 가르치던 중에 청교도 신앙을 고수하다가 대학교수직에서도 쫓겨났다. 로렌스 험프리(Laurence Humphrey, 1527?-1590)도 샘슨과 함께 제네바에 머물다가 귀국하여 옥스퍼드 대학교 교수로 활약하던 중에 이 논쟁에 가담했다. 샘슨과 험프리는 성복 착용을 거부한 주역으로서 활약하였는데, 두 사람은 케임브리지 대학 재학 시 피터 마터 버미글리로부터 깊은 영향을 받았었다. 더욱이 이들이 유럽에 피신했을 때도 함께 지내면서 깊은 교제를 나눴었고, 지속적으로 자문에 응하고 있었다. 버미글리의 개혁신학은 이처럼 초창기 여러 명의 청교도에게 지대한 영향을 끼쳤다.[4]

이 성직자 예복 논쟁은 하나님의 사역자로 부름을 받은 사람이 실제 생활에서 그것을 어떻게 적용하고 시행하느냐의 문제였다. 교회의 본질에 관련된 사항을 현장에서 시행하려 할 때 어떻게 해야만 하는가를 놓고서 본질적인 요소에 대한 고민을 표출하게 된 것이다. 그러나 실제 회의가 소집되었을 때 대주교 파커는 단 한 가지 「통일령」을 강제로 집행하려고 시도했다. 소수의 청교도 목회자는 생계의 위험을 무릅쓰면서도 「통일령」에 복종하기를 거부하고 담임 목회자의 직무를 더이상 수행하지 않겠다고 선언해 버렸다. 이런 목회자들을 따르던 일반 성도들은 분노하지 않을 수 없었다.

성직자 예복 논쟁이 제기된 지 십여 년 어간에, 청교도 목회자들이 상하 조직으로 구성되어진 성공회 교회의 정치 체제를 폐기할 것을 의회에 청원하였다. 청교도는 말씀으로부터 치리를 받고 교훈을 판단하는 장로회 체제가 신약성경에 나와 있는 기본적인 제도라고 주장하였다. 1573년 10월 6일, 요크 지방의 주교 매튜 헌톤이 "처음 시작할 때, 성직자 예복 논쟁은 모자와 중백의(the white surplice)와 어깨걸이 정도였으나 지금은 점차 확산되어서 주교, 대주교, 대성당, 조직 전체를 무너뜨리려고 한다"고 보고했다.[5] 성공회 교회정치 제도에 대한 공격은 성직자 예복 논쟁보다는 훨씬 더 중요한 질문으로서 거의 모든 신앙인의 생활에 관련을 맺고 있는 문제였다.

지속적으로 성공회 내부 문제에 대해서 시정을 요구하는 논쟁이 확산되어 갔다. 주일성수를 철저하게 지켜야만 한다는 장로교회 지도자들은 영국 성공회가 받아들인 알미니안주의자들의 교리와 예배 의식에 문제를 발견하게 되었다. 청교도가 성공회 집권층에 요구했던 것은 성례를 말씀에 근거하여 올바로 집례하자는 것이었고, 권징을 시행하려는 것이었으며, 설교에서도 자유권을 달라는 것이었다.

케임브리지 대학 교수 윌리엄 풀크(William Fulke, 1538 - 1589)는
성직자 예복을 착용하지 말라고 격려했다. 그림은 박사학위 모자와 가운.

청교도는 단지 성복 착용만을 거부한 것은 아니다. 열정적인 개혁자들은 그들의 교구 안에서 벌어지는 다양한 문제에 대해서도 이의를 제기했다. 예식 내용을 완전히 생략해 버리고, 설교에 더 많은 시간을 집중시키면서 시편찬송을 도입하였다. 일부 목사는 세례를 시행할 때 십자가의 성호를 긋던 관행을 생략해 버렸다. 일부에서는 결혼식에 반지를 교환하던 관례도 폐지했다. 오르간을 반주에 사용하지 못 하게 하기도 하고, 예수님의 이름을 언급할 때마다 고개를 숙이고 절하는 풍습도 없앴다. 무엇보다도 '중백의'라고 하는 예복을 거부하고, 성직자 모자를 사용하지 않기로 했다.

엘리자베스 여왕은 1565년 1월 대주교 매튜 파커를 불러서, 교회의 예배 규정을 거역하는 자들이 점점 더 많아지는데 어찌하여 방관하느냐고 심하게 비난했다. 런던과 대학교를 대상으로 예식 규정에 서명하도록 압력을 가했다. 모든 영국 교회의 성직자는 중백의를 걸치고, 모자를 써야만 한다는 규정을 엄격히 적용했다. 런던에 있던 서명 거부자들(nonconformist), 혹은 비서명자들이 주요 대상으로 거론되었고, 1566년 3월에는 37명의 런던 목사가 면직을 당했다. 성직자들의 예복 착용을 거부했기 때문이다.

샘슨은 불링거에게 자문을 구했는데, 1566년 5월 1일자 그의 답변서는 '폭탄을 담은 조개' 같았다. 그 편지에는 비서명파를 지지하는 문장이 들어있으리라 기대했는데, 반대로 대주교 파커와 엘리자베스 여왕의 편을 들어주는 내용이었다. 더욱 기가 막히는 것은 불링거가 이미 사망한 피터 마터 버미글리의 권위에 의지해 자신의 견해를 옹호하는 주장을 폈기 때문이다.[6] 후퍼가 16년 전에 성복을 거부하면서 버미글리의 신학에 근거하였었는데, 이번에는 전혀 반대의 견해로 인용된 것이었다.

또다시 왕권이 바뀌게 되자, 제임스 1세의 강화된 통치하에서 수많은 성도가 유럽으로 피신을 하였고, 일부는 다시 네덜란드를 떠나서 신대륙 아메리카에 정착했다. 청교도는 뉴잉글랜드의 정치와 사회에 근간을 이루는 정신으로 크게 영향을 끼쳤고, 훗날 세계선교가 확산되면서 지구촌 곳곳으로 전파됐다. 중국, 인도, 일본, 특히 한국에 온 19세기 초기 선교사들이 품고 있었던 개인의 경건한 삶과 교회관, 정치적인 가르침들이 크게 영향을 끼쳤다.

3. 청교도 운동의 특징과 주요 교리들

기독교 교회의 역사 속에서 청교도 사상은 놀라운 독특성을 갖고 있다. 청교도 운동과 청교도 지도자들이 출판한 저서들 속에는 몇 가지 중요한 신학사상의 특징을 보여주고 있다. 과연 어떤 면에서 청교도 신학이 개혁신학의 발전에 기여했는지 주목해서 살펴보면서 한국교회에 유익한 자양분을 공급받았으면 한다.

첫째, 청교도 운동을 주도했던 지도자들의 가슴 속에 있던 신학 사상은 쉽고 열정적이며 실제적으로 적용되는 설교를 통해서 영향력을 행사했다.

둘째, 청교도가 지속적으로 성경적인 설교를 뿜어낼 수 있었던 것은 그들의 성경 연구를 뒷받침하는 칼뱅주의 개혁신학

엘리자베스 여왕. 국교회주의를 강요했고, 청교도들에게 냉혹했다.

이 배경에 자리하고 있었음을 주목해야만 한다. 깊은 뿌리가 놓여 있었기에 시냇가의 나무처럼 무성하게 성장하여 열매를 맺을 수 있었다.

셋째, 청교도는 엄청난 고난과 핍박 속에서 굴하지 않고 성경적인 교훈을 지켜나가는 불굴의 믿음이 있었다. 순교자들의 피는 한 방울도 헛되지 않았다.

넷째, 논쟁과 토론을 통해서 거짓과 오류를 분별해 냈다는 점이다.

마지막으로 이러한 청교도 운동의 중요한 가르침들을 모아서 핵심 교리로 집약해 보면, 가장 복음적이며 성경적인 기독교 신앙의 체계를 구축했음을 알 수 있다. 이들의 신학은 잉글랜드를 넘어서 웨일즈와 스코틀랜드와 아일랜드에서 광범위하게 영향을 끼쳤고, 뉴잉글랜드와 네덜란드에 확산되었으며, 전 세계로 퍼져나가서 더 진일보된 교회를 세우도록 도움을 주었다.

실제적이며 체험적인 교리

첫째, 청교도를 자세히 들여다보면 하나님을 향한 삶의 교리, 생활의 교리(practical divinity)를 기본적으로 포함하고 있다는 특징이 가장 두드러진다.[7] 청교도는 추상적인 토론에 초점을 두었던 중세 시대 스콜라주의와는 완전히

다르며, 신학 논쟁을 통해서 정립된 유럽 종교개혁자들의 저술보다도 훨씬 더 실제적이고 구체적인 복음을 제시했다. 신앙이란 하나님께 마음을 두고 평안을 찾는 것이라고 규정하며, 매우 구체적으로 신앙의 내용을 풀이하되, 경건과 거룩한 삶을 추구했다.

16세기와 17세기에 걸쳐서 200여 년 동안 구체화된 청교도 신학이 기독교 신학의 발전사에서 가장 기여한 부분은 '체험적인 신학'을 '경험에 근거한 설교'(experimental preaching)로서 표출했다는 점이다. 다른 말로 표현하자면, "애정이 넘치는 신학, 혹은 사랑의 감격 속에 있는 신학"(affectionate theology)이다.[8] 청교도는 성경 주석, 교리문답서, 설교, 경건 서적들을 통해서 성도의 인품과 덕성을 고양시키고자 노력했다. 청교도 신학자와 목회자는 실제적이고 실천적인 교훈들(practical and edifying works)이 담긴 저술을 마치 거대한 물결처럼 쏟아놓았다.

'경건한 삶'(devoted life)에 관한 저술을 펴내서 영향력을 발휘한 청교도가 수백 명에 달하는데, 그중에서 한국 교회에 잘 알려진 이들은 윌리엄 퍼킨스, 윌리엄 에임즈, 존 코튼, 리처드 십스(Richard Sibbes, 1577-1635), 새뮤얼 러더포드(Samuel Rutherford, 1600-1661), 토마스 굿윈, 토마스 쉐퍼드, 존 밀턴, 리처드 백스터, 존 오웬, 존 번연, 토마스 왓슨, 존 플라벨(John Flavel, 1628-1691), 존 하우, 매튜 헨리, 앤 브래드스트릿, 에드워드 테일러, 토마스 보스턴, 조나단 에드워즈 등이다.[9] 최근 여러 청교도 신학자에 관한 연구가 집대성되면서, 500명 이상의 청교도 생애가 밝혀졌다.[10] 주요 지도자로서 저술들이 소개된 이름은 영어 사전에 나오는 알파벳 순서대로 정리하면 150여 명에 이른다.[11]

성경적 교훈과 교리를 실천적으로 재구성한 최고의 걸작이 청교도의 특징이라고 할 때, 그 대표작으로 평가를 받는 저술에 대해서 살펴보자. 과연 어떻게 해서 이러한 신학이 나왔는지 이해하기 위해서 청교도 신학자 가운데서 '가장 학식이 뛰어난 박사'(the Learned Doctor)라는 칭호를 가진 윌리엄 에임즈에 대해서 살펴보고자 한다. 한마디로 에임즈는 날마다 고난과 핍박을 당하면서도 바른 신앙을 지켜나가고자 노력하였다.

에임즈는 케임브리지 대학교에서 1598
년에 학사학위를, 1601년에 석사학위를 받
은 직후에 같은 대학에서 가르치기를 시작
했는데, 퍼킨스의 설교를 통해서 회심 체험
을 했고 목사로 안수를 받았다.[12] 영국 국교
회의 규정인 성직자 예복을 입는 것에 반대
하였고, 예배 시간에도 『공동기도서』를 사
용하지 않았다. 에임즈와 동료 목회자들은
곧바로 정부 당국의 제재를 받게 되었다.
1609년에 학교에서 행한 설교에서 놀음하

탁월한 청교도 신학자, 윌리엄 에임즈

는 것을 심하게 비난한 것이 문제가 되어서 그의 졸업장과 목사 직책이 모두
취소되었다.[13]

그리하여 1610년에 바다를 건너서 네덜란드로 피신해야만 했다. 그곳에
서 케임브리지 대학 선배인 존 로빈슨(John Robinson, 1576-1625)을 만나서 함께
'순례자들의 회중'을 지도하게 되었다. 로빈슨은 원래 영국 국교회에서 안수
를 받았지만, 분리적인 회중교회에 속한 지도자로서 네덜란드로 피신을 왔
던 교인들을 이끌어 가고 있었다. 영국에서 온 피난민들은 네덜란드에서 언
어와 문화의 차이로 많은 고통을 당하던 중에 1620년 메이플라워를 타고 미
국으로 건너가서 뉴잉글랜드 플리머스에 정착한 '순례자들의 조상'(Pilgrim
Fathers)이 되었다.

에임즈가 네덜란드에 건너오던 그 시기에 라이덴 대학교 교수이던 시몬
에피스코피우스(Simon Episcopius, 1583-1643)가 알미니안주의를 확산시키면서
격론이 일어났다. 로빈슨과 같은 입장을 가졌던 에임즈도 정통 칼뱅주의 신
학을 주장하였고, 도르트 총회(1618-1619)에도 참가했다.[14] 에임즈는 1622년
프라네커 대학교 교수로 취임하게 되었는데, 여기에서 놀라운 학문적 업적을
성취했다. 에임즈는 영국 종교개혁의 초창기에 앞장서서 청교도 신학을 확
고하게 세워나가면서 주도했던 중요한 신학자들의 저술을 집대성하여 1620

년부터 2년 동안 강의하였다. 이것을 라틴어로 집약해서 출판했고(Medulla Theologiae), 영어로 다시 번역되어서 1643년에 『신학의 정수』(the Marrow of Sacred Divinity, 크리스챤다이제스트 1992 역)로 출판되었다. 현대 영어로 재편집되어서 최근에 The Marrow of Theology로 발간된 바 있다.[15] 이 책에서 에임즈는 초기 청교도들의 저술을 종합하는 탁월한 재능을 발휘했다. 그가 주로 참고한 위대한 청교도는 리처드 그린햄, 리처드 로저스, 윌리엄 퍼킨스 등이다.

에임즈는 17세기에 교회를 감당할 설교자들에게 그리고 장차 뉴잉글랜드로 이민을 가서 하나님의 나라를 건설하려는 꿈을 가진 사람들에게 고전적인 청교도 신학 사상을 전달하고자 노력했다. 앞선 선조의 신학을 펼쳐놓으면서 마치 위대한 합창이 울려 퍼지듯이 명쾌한 선율을 조화시킨 것이다. 에임즈는 『양심의 사례들』(De Conscientia)라는 저서에서도 경건 생활의 실제적인 지침들을 제시하였다. 에임즈가 사망한 후에 그의 아내와 자녀들은 미국 매사츄세츠로 건너가서 뉴잉글랜드 청교도에 합류했다. 에임즈는 뉴잉글랜드 청교도에게 교과서와 같이 추앙을 받았으며 큰 영향을 끼쳤다.

에임즈는 "신학이란 하나님을 향한 삶의 교리 혹은 교훈"이라고 정의했다. 그는 신학을 믿음과 실천으로 나누었다. 전자는 외부적으로 발생한 의로움이요, 후자는 개인적으로 실행하는 부분이다. 신학의 중요한 주제로는 하나님을 아는 지식, 타락, 그리스도의 인격과 사역, 구속이 있는데, 구원의 적용에 강조점을 두었다. 중보자 그리스도께서 성취하신 것을 성도의 생활 속에서 점차 변화가 일어나는 것과 관련하여 집중적으로 설명했다. 신학적인 지식은 전적으로 계시에 의존하는 것이기에, 사람의 인식, 관찰, 실험, 귀납 등의 과정을 거쳐서 만들어지는 종류의 지식과는 확연히 구별된다고 주장했다. 신학은 인간의 삶과 관련된다고 하였다. 종교적인 지식을 지성 속에 위치시킨 것이 아니라 의지에 연결된 것으로 규정했다. 하나님의 뜻에 따라서 합당하게 살아가도록 소명을 받았다는 점을 풀이하는 것이 신학의 주제가되어야 한다는 것이다. 신학의 모든 주제는 회의적인 추론에서 나오는 것이 아니라, 의지로 실천할 수 있느냐가 가장 중요한 내용이 되는 것이다.

대부분의 청교도는 피터 라무스(Peter Ramus, 1515-1572)의 이분법을 채택해서, 이론과 실천이라는 구조를 단순하게 제시하였다. 프랑스 교육자이자 철학자인 라무스는 나바르 대학에서 아리스토텔레스의 철학에 반기를 들었고, 개신교로 개종한 후 성 바돌로매의 날 벌어진 대학살에서 희생을 당했다.[16] 에임즈도 역시 라미즘(Ramism, 라무스의 논리적 방법론을 따르는 학파를 일컫는 말)의 이분법을 채택해서 모든 신학의 주제를 두 가지 소제목으로만 대조하면서 간략하게 전개해 나갔다.

엘리자베스 여왕의 통치 시대에 교회에서 목회하던 사역자는 주로 케임브리지 대학에서 개혁신학을 소상히 파악한 인재들이었다. 케임브리지에서는 리처드 십스(Richard Sibbes)가 학장을 맡아서 온건한 청교도(moderate puritan)로 영향을 끼쳤고, 토마스 굿윈은 웨스트민스터 총회에서 중요한 신학자로 활약했다. 이들은 모두 다 교구 목양 사역에 뻬어난 설교자로서 영적으로 충만한 열성을 가지고 성도를 양육하려는 열심이 충만했었다. 상당수는 자신들의 교회를 칼뱅의 제네바 교회처럼 장로교회 체제로 성숙시키려는 꿈을 갖고 있었다. 또 다른 청교도는 기존의 성공회와는 달리 새로운 회중을 모아서 자유롭게 목회를 하고자 했다. 또한 상당수 목회자는 기존의 교구 제도 하에서 비록 전통적인 교회를 담당하더라도 더 신실하게 섬기고자 하는 열망을 갖고 있었다. 청교도는 신학의 저작물이 가정이나 개인적인 차원에서나 교회의 개혁과 사회의 도덕적 개혁과 경건의 부흥과 분리될 수 없다는 신념을 확고하게 갖고 있었다.

청교도는 각자 신학자로서 사역하고 있었지만, 그러한 학문적인 탐구와 정립을 한다고 해서 개인적인 영적 체험과는 동떨어진 지성의 작업이라고 생각하지 않았다. 교회와 사회의 개혁이 신학적인 정립 이후에만 가능하다고 판단하지도 않았다. 신학의 적용이야말로 모든 신학 작업의 중심에 놓아야 할 사항이라고 확신했다. 이러한 접근방식은 초기 종교개혁자들과는 달리, 매우 독특한 개혁신학의 새로운 형태를 출범시켰다. 경건 생활을 유지하도록 하는 권징을 실행하면서도 개인과 사회 공동체가 깊이 관련성을 맺고서 함께 노력해 나갔다.

거짓 교리에 대한 논쟁과 비판

청교도의 설교와 신학적인 저술 속에는 거짓 교훈에 대한 경고와 논쟁이 많이 담겨있는 것이 특징이다. 사도 바울과 다른 서신서의 저자들도 초대교회 당시의 문제들을 다루면서 성경적인 논의를 이어나갔음을 볼 수 있다. 사도 바울은 고린도 교회에 수많은 문제점을 고쳐주고 가르치면서 포용하려고 했지만 거짓 교리와는 타협할 수 없었다. 바울 사도는 심지어 분파주의자들도 받아들였지만, 그러나 율법주의(nomism)자들의 완고함과는 가차없이 결별했다.

청교도의 설교와 경건 서적에는 사도 바울의 포용적인 지침을 따라서 오류와 잘못을 분별하고자 했기 때문에 논쟁적인 요소들이 수없이 발견된다. 엘리자베스 여왕 집권 초기에 장로교회 제도를 가장 강력하게 주장하였던 토마스 카트라이트의 가장 가까운 동료 사역자 더들리 펜너(Dudley Fenner, 1558-1587)는 결국 케임브리지 대학에서 쫓겨 났지만, 『거룩한 신학』(Sacra Theologia, 1585)이라는 조직신학 개요서를 스위스 제네바에서 출판하여 청교도의 기본 원리를 제시하며 주교 체제가 성경에 합당하지 않다고 주장했다. 침례파 청교도 벤자민 키치는 성경의 비유와 은유에 대해서 상세히 풀이하였다.

매일 경건의 삶에 집중했던 청교도들이 무엇을 최고의 권위로 존중했는지 이해해야 한다. 스위스로 피난을 갔던 사람들이 영어 번역성경을 완성하여 『제네바 성경』(Geneva Bible, 1560)을 출판하였는데, 이 성경의 영향력은 말로 다 표현할 수 없을 정도였다.[17] 그 후로 51년이 지나서 1611년에 킹 제임스 번역본(the King James Version)이 나왔지만, 청교도는 오직 『제네바 성경』만을 고집하였다. 그 이유는 각 구절에 대한 종교개혁자들의 해석과 설명이 담겨있어서, 개혁신앙에 근거하여 말씀으로 말씀을 풀이하여 결정적인 도움을 주었기 때문이다. 청교도는 성경 연구에 엄청난 시간을 쏟았기에, 잘못된 교리에 대해서 명철한 분석을 제기할 수 있었다. 성경에 근거하지 않았던 로마가톨릭교회와의 차이점을 명확히 하고자 청교도는 중세 시대 말기에 새로 세워진 대학에서 아리스토텔레스의 논리학과 변증적인 회의론으로 만연되어 있었던 스콜라주의의 엄밀성을 비판하였다.[18]

다시 더 말할 필요가 없이, 『웨스트민스터 신앙고백서』는 청교도 신학의 정수가 집결된 최고의 헌장이다. 영국 의회는 국가 전체가 동의할 수 있는 개혁주의 정통 신학을 집대성하도록 강조해서, 엄청난 사명감을 가진 신학자들과 목회자들과 지도자들이 참여하였다. 로마가톨릭의 반펠라기안주의(Semi-pelagianism), 소시니언(Socinian)들의 반삼위일체론(Nontrinitarianism), 알미니안주의자들의 자유의지(free will), 예수회 설교자 벨라르민(Robertus Bellarminus, 1542-1621), 폴란드『라코비안 교리문답서』(Racovian Catechism, 1605. - 폴란드 형제단에서 발행)등을 염두에 두면서 오류를 시정하고자 교리 체계를 구성하였다.[19] 강력한 논쟁과 토론 가운데서 삼위일체론, 속죄론, 칭의론, 예정론 등의 교리를 신앙고백서에 담았다고 해서 청교도가 옹호하던 모든 신학과 교리가 독창적이었다고 말할 수는 없다.

유럽에서 정립된 칼뱅주의 개혁신학을 토대로 삼다

영국의 혼란스러운 상황에서 유럽 대륙의 칼뱅주의 개혁신학을 청교도가 재창조해 낼 수 있었다는 것이 참으로 다행이었다.[20] 영국의 종교개혁은 역사적으로 유럽 대륙의 개혁보다는 훨씬 늦게 발발했기 때문에, 먼저 앞서간 고난의 열매들을 사용할 수 있었다. 가장 선하고 좋은 것들은 갑자기 등장하지 않는다. 모든 신학의 발생 과정에는 결정적인 요인과 인물과 사상이 서로 관련을 맺고 있다. 청교도는 이미 유럽의 여러 곳에서 다양하게 정립된 신학 서적과 교회 개혁의 요소를 대대적으로 참고하면서 영국이라는 토양에 창조적으로 적용하였다.

칼뱅주의 개혁신학의 최초 입안자들은 츠빙글리, 외콜람파디우스, 부써, 피터 마터 버미글리 등이지만, 곧이어서 등장한 제2세대 신학자 칼뱅에 이르러서 스위스 제네바에 확고하게 정착되었다. 청교도는 유럽 대륙으로 건너갔다가 돌아온 신학자들에게서 훨씬 더 성경적으로 발전한 칼뱅의 신학과 그후 세대의 성취를 활용할 수 있었다. 물론 유럽의 종교개혁자 대부분은 기본적인 공통분모가 많았다. 루터가 가장 먼저 제기한 오직 은혜로만 주어지는 의로움이라는 구원론의 핵심 사항에 동의를 하였다.[21] 유럽 종교개혁자들은 로마가톨릭 전통보다는 성경의 권위를 더 높이고자 했고, 미사와 성만찬의 신비적인 요소를 공격하였다. 종교개혁자들은 초대교회의 신앙을 회복하고자 삼위일체 교회를 재천명했고, 그리스도의 양성 교리를 기본적으로 채택했다.[22]

청교도가 물려받은 유럽의 신학은 칼뱅주의 개혁신학이라고 하였는데, 루터의 신학보다는 훨씬 더 성경적으로 정립되었기에 옥스퍼드와 케임브리지 등 주요 대학에서 전파되었다.[23] 종교개혁자들은 여러 국가와 도시에 기반을 둔 교회에서 다양하게 활동하였기에, 서로 간에 다소 합의하지 못하는 신학적 차이를 드러내기도 했다. 16세기 종교개혁에서 가장 중요한 신학논쟁의 주제는 성례에 관한 것이었다. 스위스 개혁신학자들은 루터의 성만찬 교리에는 동의하지 않았다. 1529년 마르부르크 신앙회의(The Marburg Colloquy)에서 츠빙글리와 외콜람파디우스는 '상징'을 '기념'하는 것이라고 주장하였고, 루터파에서는 '공재설'(coexistentialism)을 고수하는 바람에 끝내 결별하였다. 칼뱅과 부써와 버미글리는 성만찬에서 그리스도가 영적으로 임재하는 것이라고 주장하였다. 청교도들이 활용한 개혁주의 신앙고백서들에 교회와 예식의 개혁이 중요시되어 있는데, 루터파 신앙고백서에 나와 있는 예식이나 예배 규정들 보다는 훨씬 개혁한 것이다.

츠빙글리는 로마가톨릭 신부로 서품을 받았지만, 성경을 통해서 교황주의자들의 오류를 발견하였다. 츠빙글리는 담대하게 개혁할 조항들을 제시하여 스위스 각 지역에 개혁신앙을 확산시켰다. 그는 모든 로마가톨릭 교리를 거부하고 하나님의 절대적 주권과 섭리를 강조하였다.[24] 칼뱅은 여러 차례 논쟁에서 칭의의 선물에 대하여 강조하면서, 예정 교리를 확고하게 주장했다.[25] 칼뱅은 택함을 받은 자들은 성화의 과정을 통해서 예정을 성취하고 수행하는 것이라고 강조했는데, 그의 후계자 베자는 더욱더 정교하게 하나님의 작정을 발전시켰다. 부써는 영국으로 망명하여 옥스퍼드 대학교에서『그리스도의 왕국』(De Regno Christi)을 저술했는데, 영국 왕 에드워드 6세가 의회에 교회 개혁방안 열네 가지를 제시하여 국가와 시민 전체의 거룩한 삶을 추구해야 한다고 주장했다. 칼뱅은 경건한 사회와 가정을 근간으로 하는 하나님의 나라가 구현되도록 교회의 당회가 제네바 시의회의 간섭이 없이 독립적으로 시행하게 하는데 성공했다. 청교도가 가장 많이 참고한 저술들은 칼뱅의 성경 주석과『기독교 강요』(Institutes of the Christian Religion, 1537-1559)다.

칼뱅주의는 유럽 종교개혁의 2세대와 3세대에 큰 영향력을 발휘했는데, 베자와 함께 제네바 아카데미를 이끌어 나간 신학자들과『하이델베르크 교리문답』을 작성한 자카리아스 우르시누스(Zacharias Ursinus, 1534-1583)와 카스파르 올레비아누스(Kaspar Olevianus, 1516-1590), 이탈리아에서 피신해 온 제롬 잔키우스(Girolamo Zanchi or Hieronymus Zanchius, 1516-1590)가 중요한 신학논쟁에서 정교한 체계를 제시했다. 이처럼 청교도 신학자들은 유럽 개혁신학자들의 주요 저술에 정통했기에 차분하게 이러한 자료들을 활용해서 당시 영국 교회를 위한 지침을 만들어낼 수 있었다.

에드워드 6세 치하에서 종교개혁의 흐름을 받아들이기로 결정한 후, 걸출한 칼뱅주의 개혁신학자들이 영국에 들어와서 큰 영향을 끼쳤다. 마틴 부써가 옥스퍼드 대학교에 와서 가르치고 있었고, 버미글리는 케임브리지 대학에서 활약하면서 큰 영향을 주었다. 그 결과로 캔터베리 대주교 토마스 크랜머가 노년기에는 성만찬에 대한 입장을 바꿔서 개혁주의 신학을 받아들이게 되었다. 온건한 성공회 지도자 존 쥬엘(John Jewel, 1522-1571)은 엘리자베스 여왕의 통치 초기에 개혁신학의 입문서를 발간했다.

청교도 신학자로 걸출한 인물들이 나온 것은 엘리자베스 여왕 시대 말기에 이르러서이다. 케임브리지 신학자 윌리엄 퍼킨스가 청교도 사상을 체계화시키는데 가장 중요한 역할을 담당했다. 그의 제자 윌리엄 에임즈는 네덜란드로 피신하여 1622년부터 1633년까지 프라네커 대학의 교수로 활동했다. 최고의 청교도 신학자로 손꼽히는 존 오웬은 옥스퍼드 대학교의 총장이자 올리버 크롬웰의 신학적인 조언자로 활약했는데, 1660년대 이후로는 국교에 반대하는 독립교회를 이끌었다.

청교도가 강조한 교리들

유럽의 갈뱅주의 개혁신학을 수용하여 정착시킨 주요 교리는 다음과 같다. 존 오웬이 요약한 바에 따라서 청교도 신학 사상에 담긴 공통분모이자 핵심교리를 재구성해 보면 다음과 같다.[26]

1) 가장 중요한 핵심 교리는 모두 성경의 최종 권위에 의존한다는 확신에서 나왔다.[27] 성경 읽기와 성경 강해설교가 모든 공적인 예배와 신앙생활의 핵심이 되었다. 개인 성도들의 경건 생활을 진작시키기 위해서 성경 읽기, 기도, 시편찬송, 묵상, 금식, 자기 훈련을 강조하였다.

2) 하나님은 세상의 창조주이시며, 통치자요, 심판자이시다. 그분을 아는 것은 불충분하지만, 믿음을 받음으로써 가능하다. 하나님은 성부, 성자, 성령 세 위격으로 계시지만, 오직 한 분이시다. 하나님의 존재와 축복은 피조된 세상으로부터 완전히 구별된다.

3) 예수님은 참된 하나님이자 참된 사람이시며, 신성과 인성을 모두 다 가지신다.

4) 로마가톨릭 교회에서 맛보지 못하던 구원의 확신 교리를 정착시켰다. 개혁주의 예정 교리를 가슴에 품고 있으면서 하나님께서 구원에 이르도록 선택하신 백성이라는 체험적 확신을 나누었다. 구원의 교리를 정립하면서 칼뱅과 유럽 대륙의 개혁주의 교회들처럼, 무조건적인 예정 교리를 강조했다. 17세기에는 청교도들 사이에 선택, 자유의지, 그리스도의 속죄 범위 등에 대해서 치열한

논쟁이 있었다.

5) 모든 사람은 본성적으로 부패했고 죄를 범했다. 성령의 역사하심으로 거듭나고 회개하지 아니하면, 선행이나 노력으로는 구원에 이를 수 없다. 청교도 신앙에서 매우 중요한 부분은 로마가톨릭 교회의 공로 사상과 자발적인 노력으로 구원에 이르려고 업적을 세우려는 것을 폐지한 것이다. 미사, 신앙고백, 고해성사, 신조들, 면죄부, 성지순례, 죽은 자를 위한 기도, 성자들에게 비는 기도, 연옥설 등을 거부했다.

6) 칼뱅과 유럽의 개혁교회와는 달리, 청교도는 모든 국민이 엄격한 주일성수에 참여할 것을 추구했다. 거룩한 생활과 하나님께 영광을 돌리는 것이야말로 사람의 제일 되는 목적이다.

7) 하나님은 경배를 받으심이 마땅하며, 예배의 의무를 무시하거나 방해하는 자는 구원을 얻지 못한다.

8) 국왕을 머리로 하는 교회 정치와 권징 체제를 세우려던 '에라스티안이즘'(Erastianism)에 청교도는 완강히 반대하고, 장로교회 체제와 당회의 치리를 받는 권징 조례를 채택했다. 청교도의 일부인 침례교도와 분리주의자들은 회중교회 체제를 원했고, 조지 폭스(George Fox, 1624-1691)처럼 퀘이커파도 있었다.

9) 믿는 자는 최후에 부활할 것이며, 심판 날이 도래할 것이다. 일부는 영생을 얻게 될 것이고, 일부는 영벌에 처할 것이다.

한국교회가 이러한 청교도 사상을 다시금 재확인하고 오늘의 시대에 활발하게 되살려낼 수 있다면, 우리는 지나간 역사의 교훈을 얻는 것이다. 지나간 역사로부터 보석을 찾아낸 것과 같다. 청교도 신앙을 기억한다는 것은 가장 순수한 기독교를 따라가는 것이다. 동시에 오늘의 삶에서 창조적인 계승을 하게 되는 것이다. 청교도가 추구했던 궁극적 해답은 성경에서 나왔으며, 그 핵심은 오직 예수님의 교훈과 삶이다. 오직 예수님의 복음만이 위로와 평안의 근거가 된다.

주(註)

1 P. Collinson, *The Elizabethan Puritanism Movement* (London: Clarendon Press, 1990).

2 Horton Davies, *Worship and Theology in England*, 5 vols.; vol. 1: From Cranmer to Baxter and Fox, 1534–1690 (Princeton University Press, 1970). vol. 2: From Andrews to Baxter and Fox, 1603–1690 (1975). vol. 3: From Watts and Wesley to Maurice, 1690–1895 (1961). 모두 다섯 권으로 종교개혁 이후 영국 개신교 교회의 예배 변천사를 집대성한 것이다.

3 John H. Primus, *The Vestments Controversy: An Historical Study of the Earliest Tensions within the Church of England in the Reigns of Edward VI and Elizabeth* (Kampen, J.H. Kok, 1960).

4 Frank A. James III, "Peter Martyr Vermigli: Probing his Puritan Influence," in *Practical Calvinism, An Introduction to the Presbyterian and Reformed Heritage* (Ross-shire: Mentor, 2002), 149–161.

5 William Murdin, ed., *A Collection of State Papers Relating to Affairs in the Reign of Queen Elizabeth* (London: 1759), II.262.

6 Torrance Kirby, "Relics of the Amorites' or adiaphora? The authority of Peter Martyr Vermigli in the Elizabethan Vestiarian Controversy of the 1560s." Reformation and Renaissance Review: *Journal of the Society for Reformation Studies*, Vol. 6.2 (December, 2005): 313–326. idem, "Peter Martyr Vermigli's Epistle to the Princess Elizabeth on her Accession (1558): a panegyric and some pointed advice," *Perichoresis* 5.2 (2007): 3–21.

7 Charles E. Hambrick-Stowe, *The Practice of Piety: Puritan Devotional Disciplines in Seventeenth-Century New England* (Chapel Hill: University of North Carolina Press, 1982).

8 Dewey D. Wallace, Jr. "Puritan polemical divinity and doctrinal controversy," in *Cambridge Companion of Puritanism*, 206. Charles Cohen, *God's Caress: The Psychology of Puritan Religious Experience* (N.Y.: Oxford University Press, 1986).

9 Kelly M. Kapic & Randall C. Gleason, eds., *The Devoted Life: An Invitation to the Puritan Classics* (Downers Grove: IVP, 2004), 53.

10 Francis Bremer & Tom Webster, eds., *Puritans and Puritanism in Europe and America*, A Comprehensive Encyclopedia, 2 volumes (Santa Barbara, CA: ABC-CLIO Inc., 2006).

11 Joel R. Beeke & Randall J. Pederson, *Meet the Puritans: With a Guide to Modern Reprints* (Grand Rapids: Reformation Heritgae Books, 2006).

12 Margo Todd, "Providence, Chance and the New Science in Early Stuart Cambridge," *The Historical Journal*, Vol. 29, No. 3 (Sep. 1986), 697–711.

13 W. B. Patterson, *King James VI and I and the Reunion of Christendom* (1997), 279.

14 Keith L. Sprunger, *Dutch Puritanism: A History of English and Scottish Churches of the Netherlands in the Sixteenth and Seventeenth Centuries* (1982), 133.

15 William Ames, *Marrow of Theology*, tr. J.D. Eusden (Durham: 1968), 77, 80. Keith L. Sprunger, *The Learned Doctor William Ames: Dutch Background of English and American Puritanism* (Urbana: University of Illinois Press, 1972).

16 Walter J. Ong, Ramus, *Method, and the Decay of Dialogue: From the Art of Discourse to the Art of Reason* (Harvard University Press, 1958).

17 Bruce Metzger, "The Geneva Bible of 1560," *Theology Today*, vol. 17 (1960): 339–352. David Daniell, *The Bible in English: history and influence* (New Haven: Yale University Press, 2003), 300.

18 Leonard J. Trinterud, "The Origins of Puritanism," *Church History* 20 (19510: 37–57. 이 논문은 중세 말기 신비주의에서 청교도 신앙의 근원을 연결시키고 있어서, 대단히 왜곡된 해석이다.

19 Chad Van Dixhoorn, *Confessing the Faith* (Edinburgh: Banner of Truth, 2014). idem, *The Minutes and Papers of the Westminster Assembly, 1643-1653* (Oxford: University Press, 2012).

20 Carter Lindberg, *The European Reformations* (Chichester: John Wiley & Sons, 1996; 2010), 306.

21 김재성, 『루터와 칼빈』 (세창미디어, 2018), 김재성, 『종교개혁의 신학사상』 (기독교문서선교회,

2017). 김재성, "츠빙글리의 성경관과 스위스 종교개혁의 특징들," 『한권으로 읽는 츠빙글리 신학』 (세움북스: 2019), 169.

22 Matthew Barrett, ed., *Reformation Theology* (Wheaton: Crossway, 2017), 147, 189.

23 Joel R. Beeke, *The Quest for Full Assurance: The Legacy of Calvin and His Successors* (Edinburgh: Banner of Truth, 1999), 82.

24 김재성, "츠빙글리의 종교개혁과 오백주년의 교훈들" 『국제신학』 제21권 (2019): (2019):51-90.

25 김재성, 『개혁신학의 광맥』 (이레서원, 2016), 162.

26 Lloyd-Jones, "Can We Learn from History?", 239-240.

27 John Coffey & Paul C.H. Lim, Cambridge Companion of Puritanism, 4.

Chapter 04
청교도의 교회 개혁과 장로교회

　16세기 잉글랜드 청교도는 국가교회 체제를 거부하고, 성경적 교회 체제를 세워나가고자 하면서 국가로부터 독립된 교회, 가장 신약성경에 부합한 구조를 갖춘 장로교회를 추구했다.[1] 한마디로 청교도는 성숙함을 보여주었는데, 지혜, 의지, 참을성, 창조성 등에서 월등한 능력을 발휘했다.[2] 청교도는 위대한 신앙인들이었으며, 꿈을 갖고 있되 구체적이고 실제적인 영적 거장들이었다.

　500여 년 전 잉글랜드나, 지금 한국교회나, 과연 교회는 어디로 가야만 하느냐는 질문을 놓고서 고심을 하고 있다. 어떤 교회가 되어야만 하는가라는 질문은 항상 현재 진행형이다. 오늘도 교회에 속한 사람이라면, 이런 질문 앞에서 냉정하게 자신을 살피고 되돌아보아야만 한다. 전체 한국 교회 중에서 장로교회가 차지하는 비중이 절대적이며, 직접적으로, 혹은 간접적으로 다른 교단과 교파에도 영향을 주고 있다. 따라서 한국 장로교회가 어떤 모습으로 역할을 감당해야 하는가의 문제는 매우 중요한 국가적 과제이기도 하다. 500여 년 전 잉글랜드와 스코틀랜드 청교도는 참된 신앙을 지켜내기 위해서 순교자들이 피를 흘렸고 고난을 견뎌냈다. 마침내 청교도의 교회는 가장 순수하고 정직한 공동체로 도약하여, 혼란에 빠졌던 나라에 소망을 불어넣었다. 안타깝게도 현대 교회는 청교도의 거룩한 유산에서 멀리 떨어져 버렸기 때문에 교회의 세속화를 직시하면서 분별력을 가져야 한다.

　청교도가 얼마나 어려운 상황에서 신실하게 교회 개혁에 나섰던가를 살펴보면서, 우리도 지금 교회를 위해서 모든 노력을 기울여야만 한다. 날마다 최선을 다해서 노력하지 않으면 성도와 시민의 지지를 얻을 수 없기에 비상한 각오를 새롭게 하는 계기가 되기를 소망한다.

1. 위기에 빠진 교회를 구한 청교도

유럽에서 천 년 동안이나 세상을 지배하던 로마가톨릭이 무너진 이유는 성경을 벗어나서 각종 이교도 사상을 포함하는 혼합된 신학 사상과 성자들의 유품들과 성상을 숭배하며, 허무맹랑한 구원 사상을 퍼트렸기 때문이다. 면죄부 판매와 그 근거를 제공하던 연옥설은 과장의 극치였다. 거기에다가 부패한 교황청과 조직 체계가 빚어낸 죄악은 도저히 묵과할 수 없는 구조적인 문제점을 드러냈다. 16세기에 루터, 츠빙글리, 칼뱅 등 종교개혁자들이 부패한 교회를 바로 세우기 위해서 온갖 노력을 기울였다. 또한 잉글랜드와 스코틀랜드에서도 청교도는 거룩한 열정을 바쳐서 로마가톨릭주의와 잉글랜드 국가교회에 맞서서 수난을 당했다. 청교도는 오직 하나님의 말씀에만 근거한 교회를 세우고자 노력했고, 뉴잉글랜드 청교도는 미국에서 위대한 성취를 남겼다.

최근에 들어와서 기독교의 진리 체계에 대항하는 포스트모더니즘(postmodernism)이 확산되었고, 이성 숭배와 개인 쾌락주의에 빠졌다. 포스트모더니즘과 현대 신학은 종교개혁의 성취와 교회의 아름다운 덕목을 모두 다 해체해버렸다. 지난 한 세기 동안에 유럽 교회의 현대 자유주의 신학자들이 뿌린 변질된 신학의 씨앗으로 기독교 진리에 대한 참담한 도전과 교회의 변질이 초래되었다. 대표적인 예를 들면, 독일 신학자 루돌프 불트만(Rudolf Karl Bultmann, 1884-1976)은 성경에서 신화를 제거한다고 하면서, 예수 그리스도의 부활을 역사적 사건으로 믿지 않았다. 현대인에게는 성경에 나오는 모든 초자연적인 내용은 역사성이 없으므로 의미도 없다고 주장했다. 이것은 성경 해석학이 아니라 불신앙적인 이데올로기였다. 필자는 불트만의 제자로 독일 마르부르크(Marburg) 대학교에서 박사학위를 받은 린네만(Eta Linnemann, 1926-2009) 교수의 진솔한 반성이 담긴 신앙 〈증언서〉를 이미 『교회를 허무는 두 대적』에 부록으로 게재한 바 있다.[3] 구약학자 폰 라드(Gerhard von Rad, 1901-1971)는 창세기 1장에서 11장까지를 단지 유대인만의 민족적인 신앙고백이라고 격하시켰다. 아브라함 이전의 성경 기록에 대한 사실성과 역사성을 믿지 못하는 것은 칼 바르트(Karl Barth, 1886-1968)도 역시 마찬가지였다. 모두가 성경을 버리고, 제멋대로 하나님에 대해서 각색했다.

포스트모더니즘이라는 현대판 우상이 최고 지성인이라는 교수들의 두뇌를 지배했다. 성경의 하나님은 진노와 저주의 심판자이지만, 예수 그리스도는 사랑의 하나님이라는 새로운 개념을 가져왔다는 것이다. 그러나 그들이 말하는 사랑의 하나님이라는 개념도 역시 부정확하다. 거룩하신 하나님께서는 죄와 타락을 결코 묵과할 수 없다. 하나님께서는 죄를 심각하게 취급하시고, 그의 아들을 보내사 우리의 구원을 위해서 대신 속죄를 담당하게 하셨다.

이성마저도 마비되어버린 자들은 마침내 교회 안의 모든 가치를 해체했다. 동성애자도 정당하게 받아들이는 교회로 변질해버렸다. 무너진 서구 유럽의 교회들은 극도의 개인주의 사상에 젖어서 기독교 신앙에 근거한 공동체의 가치를 모두 다 허물어버렸다. 영국 성공회, 독일 루터파 교회, 열정적인 감리교회에서도 동성애자는 떳떳하게 교회 안에서 직분을 맡게 됐다. 윤리와 도덕적인 기준에도 부합하지 않는 극도의 진보주의가 기독교를 점령해버렸다. 비평학에 사로잡혀서 하나님의 말씀으로서의 성경을 믿지 않는 자들은 이제 더이상 교회에 나갈 의미가 없어지고 말았다. 인격적인 하나님과의 교통이 없는 인생은 제멋대로 방종하고, 방탕과 쾌락에 빠지고 말았다. 인간의 학문적인 오만과 타락은 그 끝을 알 수 없을 정도가 되었다.

이러한 불신앙과 세속화의 영향이 몰려드는 중인데, 한국 교회는 지금 어떻게 대책을 수립해서 막아내고 있는가? 이번에 체험한 바와 같이 코로나바

이러스가 수많은 사람에게 전염되듯이, 철저하지 않으면 교회가 해체되는 과정을 겪게 될 것이다. 기독교 복음이 전혀 전파되지 않았던 한국 땅에서 눈물과 땀을 바쳐서 복음화의 제물로 헌신하신 분들의 노고가 헛되지 않기를 진심으로 기원해 본다.

한국 교회는 지금 서구 유럽 교회의 몰락을 목격하면서 과연 어디에서 무엇을 하고 있는가? 전국 어디를 가든지 교회의 간판에 '대한 예수교 장로회'라는 교단의 명칭을 흔히 볼 수 있다. 그 이유는 한국 최초의 신학교가 1901년 평양에 세워진 장로교회 신학교였고, 거기에서 배출된 목회자들이 독립운동에 서명한 애국지사들이었다. 한국교회 대부분의 성도는 장로교회 선교사들이 전해준 신앙 유산을 물려받았다. 한국에 들어와서 장로교회를 세운 선교사들은 주로 미국 장로교회의 신학을 전수해 주었는데, 그들의 마음에 담겨있던 것이 '청교도 신앙과 교회 체제'였다. 뉴잉글랜드 장로교회는 청교도 신앙을 근간으로 하고 있었기에, 『웨스트민스터 신앙고백서』와 표준문서들(대요리문답, 소요리문답, 예배모범과 정치규례)을 전수해 주었다. 한국교회가 물려받은 정통 기독교 신앙은 저 멀리 거슬러 올라가면 미국에 장로교회를 세우고자 유럽을 떠났던 조상들의 신앙에 뿌리를 두고 있음을 발견하게 되는데, 영국 청교도의 사상과 생활에 맞닿아 있다.

2. 청교도 운동의 중심에 섰던 장로교회 지도자들

청교도의 핵심적인 개혁 정신은 성경에 따라서 기독교를 완전히 바꾸는 데 노력을 끊임없이 지속했다. 중세 말기 로마가톨릭의 감동 없는 예식을 철폐하고, 미신적이고 형식적인 예전을 거부하기에 이르렀다. 이런 정신을 압축해 보면, 전혀 다른 경건의 실천이라고 말할 수 있다.[4] 청교도가 생업에 힘쓰며 활동하면서 개인적인 경건에 심취하고자 노력했던 정신과 마음은 과연 어디에서 유래되어 온 것인가?

청교도 운동이 실제적인 경건을 강력하게 실행하는 것으로 큰 자취를 남겼는데, 그것은 장로교회 신학 사상이 그 밑바탕을 제공하면서 시작된 것이었다.[5] 칼뱅의 경건한 신학이 충분히 제공된 상태였기에, 청교도 장로교회가 경건의 생활화에 도달하도록 강조할 수 있었다.[6] 칼뱅은 경건을 매우 중요한 기독교의 실천적 생활로 규정하면서, 하나님을 아는 지식에 뿌리를 두고 하나님에 대한 경외와 경배를 지향하는 태도와 행동을 포함한다. 칼뱅에게서 경건이란 경험적 신앙을 통해서 자신이 그리스도 안에서 받아들여지고, 하나님의 은혜로 말미암아 그리스도의 몸에 접붙여진 것을 증명한다. 경건의 최고 목표는 하나님께 영광을 돌리는 것이다.

경건한 청교도가 나오게 된 16세기 영국의 종교개혁의 진행과정과 맥락이 다른 유럽 국가와는 상당히 달랐다. 윌리엄 틴데일, 존 후퍼, 토마스 크랜머, 존 브래드포드, 토마스 베콘(Thomas Becon, 1567년 사망) 등 순교한 초기 종교개혁자들이 남겨준 복음적인 신앙을 그대로 물려받았기에, 청교도는 처음부터 더 깊은 내면의 신앙 체험을 추구하면서도 장로교회의 제도 정착에도 앞장섰다.[7]

청교도는 왕정 체제하에서 살았고, 국가권력은 국왕과 소수의 귀족들이 장악하고 있었다. 그런 가운데서도 청교도는 불평하거나 폭동을 일으키지 않고, 개인 기도와 경건 생활에 힘쓰며 묵상하는 시간을 하루에 30분 이상 할애하여 집중적으로 개인의 내면을 하나님의 말씀에 비춰서 정화했다. 예배 중심으로 살아가면서 이웃 성도들 사이에도 서로 건전한 덕을 세우고자 노력했고, 가정에서의 책 읽기, 성경 읽기와 경건 서적을 읽고 나누는 훈련을 받으면서 경건에 이르기를 연습했다. 개인 성도는 물론이고, 전체 공동체가 주일성수와 금식 일자를 반드시 지켰다.

청교도의 변혁적인 힘은 서서히 열매를 맺었는데, 메리 여왕 박해 때의 순교자 브래드포드의 저술을 많이 활용했다. 베콘은 정교한 일상의 경건 시간표를 작성하였다.[8] 에드워드 데링은 개인적이고 위로하는 목회를 착수해서 1576년 그가 죽을 때까지 '영혼의 행복'을 중점에 두고 사역했다. 토마스 카트라이트, 토마스 윌콕스(Thomas Wilcox, 1549?-1608), 조지 기포드(George Gifford, 1548?-1600), 존 업달(John Updall)과 그 외에도 장로교회의 지도층 목회자들이 앞장서서 1580년대와 1590년대에 보다 더 내적인 경건의 종교로 청교도 운동을 이끌어갔다. 윌콕스는 『의심의 교리를 다루는 강좌』(Discourse touching the Doctrine of Doubting, 1598)와 다른 저서에서 확신의 문제를 다뤘는데, 영적인 상담 기술을 가장 발전시킨 선구자가 되었다.

　장로교회가 견고한 칼뱅의 신학을 근간으로 하여 제시하는 것은 중세시대의 낡고 형식적인 의식과는 차원이 다르다. 중세 말기 로마가톨릭교회의 의식과 예식은 성도의 가슴에서 나오는 열정이 없었다. 미신과 값싼 요행술을 조장했던 것 중 하나가 성자들에게 비는 기도였다. 그러나 청교도 경건과 실제 행동 방안은 성경에 근거하여 발견한 것으로, 전 인격과 마음을 다 바쳐서 살아가는 삶을 제시했다. 리처드 로저스는 확실한 장로교회 신학을 바탕으로 해서, 전체 청교도 운동의 경건한 삶을 제시한 모델이자, 최고의 저술로 꼽히는 책을 펴냈다. 로저스의 『일곱 가지 논제들』(Seven treatises, 1603)인데, 1517년에 '동부 성공회 장로교회 노회'가 소집되어서 참석자들이 토론을 하던 중에 영감을 받아서 쓴 것이다. 이 책 서문에서 로저스는 20여 년 동안 이 주제에 관해 앞장서서 관여했다고 적었다. 로저스의 책은 영적인 지침을 적어놓은 교과서로서 600쪽이 넘는다. 이 책에 담긴 대부분의 실제 교훈은 1580년대 후반에 전국적으로 확산된 청교도의 독특하면서도 풍성한 경건 생활의 특성을 나타낸다. 우리는 이 책에서 따로 이 부분을 자세히 살펴볼 것이다.

　장로교회의 선언 가운데서, 초기에 깊어진 경건의 범위를 넓히는 것은 보상과 같았다. 경건의 훈련은 결코 개인적인 선택 사항이 아니라, 국가적으로 개혁을 구조화하는 작업이었다. 청교도의 경건한 특성과 스코틀랜드 장로교회의 각성이 네덜란드 개혁교회에 영향을 끼쳐서 새로운 개혁 운동이 1620년대와 1630년대에 시작되어 1650년대와 1660년대에 정점에 달하게 된다. 이 시대에 네덜란드 신학자들은 영국의 청교도 운동으로부터 깊은 영향을 받았다. 케임브리지 대학에서 수학하고 네덜란드로 건너간 윌리엄 에임즈는 청교도 신학자 중에서 대표적인 수재로서 유럽 개혁교회에 영향을 미치는데 결정적인 가교역할을 담당했다. 그러나 청교도의 영향으로 독일에서 일어난 필립 야곱 스페너(P. J. Spener, 1635~1705)의 경건주의 운동이 촉발되었다고 하는 것은 지나친 상상이고 근거없는 가설이다.[9]

청교도의 신앙과 생활은 장로교회의 신학과 교리 체계를 근간으로 하여 교회 조직과 실제 생활을 구축해 나갔다. 전 세계적으로 살펴보면, 장로교회는 두 사람의 걸출한 신학자와 동시대에 협력적인 동지들의 업적을 기초로 삼고 있다. 한 사람은 제네바의 칼뱅이고, 다른 한 사람은 스코틀랜드의 존 낙스이다. 장로교회의 체제와 운영 방안을 정립할 때 이들 두 사람의 공헌은 결정적이었다. 장로교회의 신학적인 내용은 거의 대부분 장 칼뱅의 제네바 교회에서 실행된 바를 참고했다. 칼뱅은 역동적인 신앙을 촉진시키기 위해서 당회의 치리를 복권시켰다.

 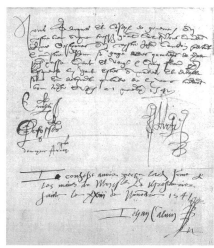

기독교 교회 역사에서 장로교회 제도를 처음으로 제네바에 도입한 장 칼뱅과 그의 친필 서신.

스코틀랜드에 장로교회를 세운 최초의 지도자 존 낙스.

장로교회의 제도적 측면은 낙스가 만든 『제1치리서』(The First Book of Discipline, 1560)에 담겨 있다. 그리고 장로교회의 결정적인 조항은 청교도가 만들어낸 『웨스트민스터 신앙고백서』와 표준문서들에 담겨 있다. 지금 세계적으로 정착된 세 단계의 장로교회 정치 제도, 즉 당회, 노회, 총회로 연결되는 장로교회의 국가적인 체계와 구조는 스코틀랜드에서 존 낙스가 정착시켰다.

청교도는 칼뱅주의 개혁신학을 받아들였을 뿐만 아니라, 낙스의 장로교회 체제를 받아들여서 새로운 내적 역동성을 창출해 냈다. '새로운 청교도'는 "내적이며, 자기 관찰적인 경건"(a move toward an inward, introspective piety)이라는 새로운 영역으로 관심의 대상이 완전히 전환하는 운동이었다.[10] 그것을 교회 조직으로 담아내는 장로교회가 잉글랜드에서 로마가톨릭교회의 오류들을 씻어내고 국가교회인 성공회와의 갈등 속에서 정착하기까지 너무나 많은 고통의 시간이 흘렀다.

일부 청교도는 영국을 떠나서 신대륙에 정착한 뒤, 하나님의 언약 사상을 철저히 신뢰하는 사회를 건설하면서, 전체가 참여하는 장로교회와 회중교회를 세웠다.[11] 17세기 뉴잉글랜드 청교도는 건국의 아버지들로서 미국을 가장 빛나는 하나님의 나라로 건설하였다. 또한 미국의 국력이 향상해 나가면서 세계 여러 지역으로 선교를 확산시켰다. 한국 교회는 찬란한 역사와 성경적 진리를 실천해 나갔던 청교도의 신학과 실천적인 성취를 자양분 삼아서 더욱 신실한 하나님 나라를 구현하기를 소망한다.

3. 청교도 개혁 운동과 장로교회

영국 청교도의 핵심적인 교회 개혁의 과제는 두 가지로 집약되었다. 첫째로는 외적인 교회 체제를 성경대로 구축하면서 주교 중심의 운영구조를 개편하는 일이었다. 둘째로는 내적으로 위대한 청교도의 경건을 실현하는 작업을 동시에 수행하는 일이었다. 경건하면서도, 인격적인 중심을 세우려는 운동은 종교개혁의 심화 과정으로서 청교도가 기여한 매우 중요한 부분이다.

청교도는 로마가톨릭 체제를 거부한 뒤에도 여전히 국가교회 체제를 강요하려는 엘리자베스 여왕에 맞서서 교회 내의 교회를 지향하는 개혁운동을 지속했다. 16세기 중반에 청교도는 엘리자베스 여왕이 '교회의 최고 통치자'(the Supreme Head of the Church)로 군림하는 것에 반기를 들었다. 청교도의 일부는 온건하게 그 체제 안으로 들어가서 성경에 충실한 복음을 전파했지만, 비서명파 청교도는 세속 군주가 교회의 최고 통치자라는 조항을 받아들이지 않았다. 대부분의 청교도는 비서명파 청교도에 속해 있었고, 주교제도의 대안으로 장로교회 체제를 도입하려고 했다. 장로교회 체제는 이미 칼뱅이 제네바에서 1541년부터 시행해 왔고, 존 낙스가 1560년부터 스코틀랜드에 적용시킨 제도였다.

수많은 청교도 사상의 수많은 주제 중에서 교회론이 본질적인 내용을 이루고 있다. 청교도는 교회를 깨끗하게 성경 말씀대로 세우려 노력했다. 주교 제도를 근간으로 하는 감독제 형태로 영국 국가교회 체제를 구축하려는 엘리자베스 여왕과 그 주변의 성직자들은 '에라스티안이즘'을 강요했다. 스위스 취리히 신학자 에라스투스가 주장한 것으로 하나님이 세우신 통치자가 교회와 종교를 지배하는 제도를 말한다. 엘리자베스 여왕의 아버지 헨리 8세 이후로 지금까지 영국에서는 국왕이 교회의 최고 통치자라는 체계를 그대로 유지하고 있다.

로마 교황청에서는 11세기부터 이탈리아의 교황이 모든 조직의 최고 권력자이자, '그리스도의 대행자'라고 강요하고 단일 조직으로 통일된 명령체계를 정비했다. 1534년 영국에서는 헨리 8세가 「수장령」(the Acts of Supremacy)을 공포하고, 국왕이 교황의 자리를 차지했다. 영국에서는 교회의 최고 통치자가 교황에서 국왕으로 대체되었다. 청교도 신학자들은 교황이나 국왕이 아니라 성경대로 오직 예수 그리스도만이 '교회의 머리'되심을 믿었다.

장로교회 청교도는 경건하고 거룩한 생활에 힘쓰고 일상에서도 근면과 성실로 모범을 보였다. 가정생활에서 자녀들을 양육함은 물론이고, 기도와 묵상과 예배를 중심 과제로 실현하면서 경건의 능력을 보여주었다. 청교도는 국왕의 절대 권력 체계와 귀족 중심의 봉건제도 하에서 차츰 입헌 군주제를 제시하여 인권을 존중하게 하였고, 장로교회의 신앙 지침을 『웨스트민스터 신앙고백서』에 담아서 펴냈다. 장로교회의 신학과 목회 지침, 경건의 유산은 다른 여러 나라로 확산되었고, 전 세계 곳곳에 세워진 교회를 통해서 지속적으로 계승되고 발전되어 내려왔다.

　토마스 카트라이트와 그의 동료들은 영적인 훈련과 권징을 매우 중요하게 제시했다. 장로교 신학은 스위스 제네바의 칼뱅에게서 시작되어서 스코틀랜드 존 낙스를 거쳐서 국가 언약으로 확산되었다. 장로교회의 신학은 도덕적 변화와 갱신의 방안으로 율법을 준수하고, 의무에 성실할 것에 대하여 확실하게 차별된 경건의 훈련방안을 제기했다. 이미 앞에서 설명한 것과 같이 메리 여왕의 박해 때 순교한 주요 신학자들에게서 나온 영향력이 엄청났다.

　칼뱅주의 개혁신학에서 제시한 구원론은 구원을 베푸시는 하나님의 은혜와 믿음을 강조하면서도 행동으로 드러내는 성화를 강조하였다. 따라서 칼뱅주의 장로교회에서는 행동으로 따라야 할 의무 조항을 요구할 수 있었기에 루터의 이신칭의 교리에서 부족한 행위 부분들을 충분히 보충하였다. 칼뱅주의 장로교회 청교도는 믿음과 행위, 복음과 율법, 구약과 신약, 개인구원과 공동체 구원, 신학과 실천이 균형을 이루는 신학의 구조를 인지하게 되었다.

　청교도 지도자 중에서 초창기 인물은 모두가 장로교회 신학을 가지고 있었던 것은 아니다. 예를 들면, 존 프리스, 리처드 트레이시(Richard Tracy, ?-1569), 윌리엄 풀크(William Fulke, 1538-1589), 조시아스 니콜스(Josias Nichols, 1555?-1639) 등은 그리스도의 화해를 위한 죽음을 구원에 있어서 가장 신뢰해야 할 중요한 요소로 강조했다. 물론 이들도 상호대조적인 다른 주제들도 동의하고 가르쳤지만, 더 강조한 부분이 오직 그리스도의 성취에 있었다는 점이 약간 차이가 있다. 그러나 대부분의 청교도는 초기 영국 종교개혁자들의 가르침을 계승하여 예수님 자신이 성취하신 것에서만 내재적인 칭의의 정당성을 부여하면서도, 성화의 실천을 합당하고도 균형있게 강조했다. 카트라이트의 제자, 존 뉴스팁(John Knewstub, 1544-1624) 의 선언에 보면, "칭의, 성화 그리고 생활의 참된 거룩성이 우리에게 특징적으로 주어진 하나님의 값없이 주시는 은혜의 사역들이다."라고 하였다.[12]

　청교도는 신명기 설교에서도 결코 율법주의에 휩쓸리지 않으면서도 합법적인 생활을 강조했다. 청교도의 핵심적인 강조는 이 땅 위에서의 부패한 삶을 향하신 하나님의 분노하심이었다. 이것은 곧바로 교회가 권징의 집행을 부당하게 해서는 안 된다는 것과 연결되었다. 성도는 도덕적 의무와 자기 절제를 촉구하는 설교를 가장 많이 듣게 되었다. 기독교인의 중생이라는 것과 별개로 하는 청교도의 설교 주제가 개인 행동의 변화에 관한 것이었다. 윌콕스와 그의 동료 수십여 명이 강조한 바를 살펴보면, 청교도는 보다 정확하게 절제되고 통제된 생활 습관을 가장 고상한 덕목으로 받아들였다. 물론 이러한 하나님의 실천적 조건들과 죄에 대한 심판에 대해서 경고하면서 청교도가 깨어있는 생활을 강조할 때는 개인과 국가와 공동체 전체에게 은혜로 주신 언약의 약속과 위로가 함께 전파되었다.[13]

영국 교회는 개혁되어야 할 내용이 너무나 많았다. 새로 왕위에 오른 여왕은 성경에 따라서 로마가톨릭교회의 미신적인 내용을 완전히 개혁하는 조치를 해야만 했는데, 오직 자신의 권력을 공고히 하는 방향으로만 권력을 사용했다. 청교도는 실수하는 것과 거짓 교리를 가르치는 것과의 차이를 확실히 구분했다. 잘못된 가르침이나 결정의 오류는 얼마든지 다시 수정하고 교정할 수 있다. 그러나 성경에 어긋나는 거짓된 교리는 결코 수용해서는 안 된다.[14] 이단과 가짜와는 선을 확실히 그어야 한다. 이러한 입장은 마틴 로이드 존스 박사가 당시 복음주의 운동을 향해서 적용한 원칙이기도 하고, 오늘날 한국교회에도 매우 중요한 교훈을 준다.

종교개혁자들이 로마가톨릭교회의 교황을 적그리스도라고 비판한 것과 같이, 청교도도 여왕의 포고를 결코 받아들일 수 없는 거짓이라고 판단했다. 청교도는 여왕 휘하의 권세자들이 펼치는 교회론의 왜곡에 대해서 받아들일 수 없다고 분명히 선을 그었다. 1558년에 엘리자베스 여왕은 아버지 헨리 8세가 선포한 것과 비슷한 내용으로 「수장령」(Act of Supremacy)을 발표했다. 추밀원에서는 교황의 지배권을 박탈하고 여왕의 주장에 따라서 영국 교회의 최고의 지도자(Supreme Head)로 인정하였다. 모든 성직자와 왕족, 귀족은 「수장령」에 대한 서약을 하도록 강요받았다.[15] 1559년부터 엘리자베스 여왕은

자신이 의회를 통해서 발표한 「수장령」에 순응하지 않는 주교들을 징계하기 시작했다.[16]

그러나 청교도 중에서 장로교회의 신학과 체제를 지지하는 자들은 여왕이 교회를 지도하는 최고의 지위에 오르는 것에 대해서 불만이었다. 이미 장 깔뱅은 헨리 8세가 「수장령」을 발표하자 이것은 신성모독이라고 비판하였다. 케임브리지 대학 출신으로 철저한 청교도로서 앞장에 섰던 지도자는 토마스 샘슨이었다. 그는 성경에서는 교회의 머리를 오직 그리스도 한 분뿐이라고 규정했다는 점을 내세우면서 엘리자베스의 종교 정책에 저항했다. 그는 1551년에 개신교회로 회심했는데, 이로 인해서 메리 여왕의 박해를 피해서 제네바로 갔고, 거기서 제네바 성경 번역에 참여했었다. 런던 브레드 스트릿에 있는 '올 할로우스' 교회에서 그의 후임자로 사역하던 로렌스 사운더스(Laurence Saunders, 1519 – 1555)는 화형을 당했다. 메리 여왕의 박해로 순교자가 된 존 브래드포드가 회심하도록 감화를 끼쳤다. 샘슨은 엘리자베서 여왕의 통치 초반에 성복 논쟁이 일어났을 때 로렌스 험프리와 함께 앞장서서 착용 거부 운동을 했는데, 샘슨은 순교자 휴 라티머의 조카와 결혼했다. 이처럼 용감한 행동을 할 수 있었던 것은 앞선 세대의 박해와 순교를 목격했기 때문이다. 그리고 존 낙스가 스코틀랜드를 개혁할 때도 역시 여왕 앞에서 담대하게 외쳤기에 가능했었다.

4. 토마스 카트라이트, 장로교회의 토대를 구축하다

잉글랜드 초기 청교도 운동에서 최초로 장로교회의 개념을 소개한 신학자는 케임브리지 교수로 있던 토마스 카트라이트다. 카트라이트의 생애는 장로교회의 씨앗을 뿌리는 일에 바쳐졌다. 그는 청교도 운동의 초창기에 해당하는 시대에 성장하고 활동하였다. 그가 용감하게 나서서 엘리자베스 여왕의 정책에 반기를 들었기 때문에, 거듭되는 정치적 박해로 인해서 여러 차례 감옥에 갇히기도 하고, 유럽으로 피신하여 목숨을 보전하기도 했다. 청교도 초기 역사에서는 수많은 지도자는 이런 고초를 겪었고 편안한 날이 없었다고 할 만큼 파란만장했다. 영국 국가교회와의 대립된 그룹으로 취급되면 가혹한 정치적 탄압을 피할 수 없었다. 카트라이트는 처음 학창 시절부터 시련을 겪었는데, 케임브리지 대학교에 재학 중이던 시기가 바로 메리 여왕의 통치 기간이었다.[17] 종교개혁 진영에 대한 탄압이 극심해서 학업을 중단하였다가 5년 후 엘리자베스 여왕이 즉위한 후 학교에 돌아와서 학업을 마쳤다.

카트라이트는 1564년 9월 18일 여왕이 케임브리지를 방문했을 때, 여왕을 환영하는 연극을 공연한 인문학 교수 토마스 프레스톤(Thomas Preston, 1537-1598)과 신학 논쟁을 벌였는데, 영국 국가교회의 예식과 조직에 대한 반대 입장을 피력하여 지속적인 관심을 끌었다.[18] 1569년에 신학부 교수로 임명을 받은 후, 케임브리지 대학교에서 로마 가톨릭과 같이 성공회의 상하구조로 된 운영체제와 교회법에 대해서 강력히 비판하

토마스 카트라이트(Thomas Cartwright)

였다. 영국에서는 최초로 「장로교회의 이상」에 대해서 연속강의를 했는데, 청교도 운동의 기수가 되었을 뿐만 아니라, 학생들에게 막대한 영향을 끼쳤다. 카트라이트는 잉글랜드 국가교회와 사도행전에서 설명된 신약성경의 교회를 비교하였다. 그는 국가교회의 체제와는 달리, 모든 목회자의 동등함을 주장했다. 국가교회의 성직자들이 실력도 없었고 영향력도 없어서 그야말로 최악의 상태에 있었기 때문에 다수의 사람이 동조했다.

1570년에 대주교 휘트기프트와의 충돌에서 카트라이트는 로마가톨릭교회 제도로 회귀하거나 여왕의 지배권 아래로 교회가 들어가는 것에 대해서 성경에 어긋난다고 강력하게 이의를 제기했다. 카트라이트는 장로교회 정치 제도의 핵심을 여섯 가지 조항에 담아서 문서로 학장에게 제출했다.

1. 대주교와 대집사들(arch-deacons)의 명칭과 기능은 폐지되어야 한다.

2. 합당한 목사들의 직분은, 통상 주교들과 집사들의 것인데, 사도적 교훈에 따라서 훨씬 더 축소되어야 한다. 목회자들은 하나님의 말씀을 선포하고 기도하는 일을 해야 하고, 집사들은 가난한 자들을 돌보는 임무를 해야 한다.

3. 교회의 통치를 주교의 대표자와 대집사들에게 위임해서는 안 된다. 모든 교회는 자체 교회의 목회자들과 노회에 의해서 통치를 받아야 한다.

4. 목회자는 넓은 지역을 담당해서는 안되며, 각각의 목자는 특정한 회중을 담당해야만 한다.

5. 목회를 위해서 지원하는 자는 그 누구도 청탁해서는 안 된다.

6. 목회자는 단 한 사람 주교의 권위로 지명되어서는 안 되며, 청중에 의해서 공정하고 공개적으로 선별되어야만 한다.

여왕의 명령에 따라서 영국 국교회의 대주교로서 청교도에게 탄압 정책을 강화하던 휘트기프트는 1570년 12월 11일 카트라이트의 교수직을 박탈했다.[19] 카트라이트는 제네바로 건너가서 베자를 만났는데 제네바에서 환대를 받았다. 유럽의 종교개혁자들과 교회들을 방문한 후 1572년에 귀국하였다. 카트라이트는 곧바로 「제2차 청원서」(The Second Admonition, 1572)를 제출했는데, 서명을 강요하는 것이 부당하는 것을 주장하였다. 휘트기프트는 이 청원에 곧바로 응수했다. 1573년에 다시 카트라이트가 휘트기프트의 답변에 대항하는 질의서(A Reply to an Answer to ... an Admonition to the Parliament)를 제출했다. 카트라이트와 청교도는 성경에 근거하여 교회의 규정을 개혁하고자 했으므로 휘트기프트와는 출발점이 달랐다. 카트라이트는 휘트기프트의 문제점을 또다시 비판하는 두 가지 논문을 발표했다. 영국 교회의 상하 구조와 교회법에 대해서 줄기차게 비판하던 카트라이트는 존 필드(John field, 1545-1588)와 토마스 윌콕스가 제기한 청원서에 동의하는 내용이었다.[20]

카트라이트와 휘트기프트는 피터 마터 버미글리의 개혁 사상에서 깊은 영향을 받은 신학자들이다. 이 두 사람의 글에는 버미글리의 사상을 인용하는 대목이 많이 나온다. 휘트기프트는 성직자는 반드시 여왕이 공표한 문서에 서명을 해야만 한다고 주장하면서 버미글리가 후퍼에게 보낸 초기 편지들을 인용했다. 카트라이트도 역시 자신의 비서명자로서의 입장을 옹호하면서 버미글리가 개인적으로 보내온 서신들을 인용하였다. 이처럼 영국 국가교회와 청교도는 한 근원에서 출발하였지만 전혀 다른 결론에 도달하였다.[21]

또다시 체포되는 것을 피해서 카트라이트는 네덜란드 안트워프와 미델부르크에서 영국 이민 목회자로 사역했다. 1576년에 챤넬 섬에 있는 위그노들을 방문하였다. 1585년에 비밀리에 런던으로 되돌아왔는데 1590년에 고등법원에 소환되어 감옥에 구금되었다가 풀려났으나, 다음 해 다시 플릿 강변의 감옥에 갇힌다. 1595년부터 1598년까지 노르망디 근처의 영국 섬에서 머물다가 워익에서 1603년에 명예롭게 생애를 마쳤다.

카트라이트의 교회론은 제네바와 같은 장로교회 제도를 도입하자고 주장했다. 그가 남긴 『교회 치리서』(Book of Discipline)에 담겨 있는데, 목사와 장로로 구성된 당회 제도를 세우고 지역 교회의 치리를 자율적으로 시행하자고 강조했다. 이 책은 당대 청교도들에게 광범위하게 영향을 끼쳤고, 훗날 윌리엄 에임즈가 극찬을 했다. 카트라이트는 이 책에서 장로교회를 가장 성경적이며 보편적인 교회라고 소개했다.

장로교회는 당시 영국 국가교회 체제를 갖춘 성공회 제도에 대한 거부였다. 지금 읽으면 다소 아이러니하게도 교회의 독립성을 주장하던 자들이 '장로교회의 이상형'이라고 인용되고 있다. 그 이유는 다시 한번 강조하지만, 카트라이트가 살던 시대에는 '독립적'이라는 의미가 장로교회 체제를 세우기 위해서 노력하던 자들에게 적용하던 형용사였기 때문이다. 그러나 카트라이트는 지역 교회의 독립성을 주장하면서도 국가 체제로부터 완전히 벗어나 있는 '독립파'(브라운주의자들) 혹은 '분열주의'를 격렬히 비판했다.[22]

엘리자베스가 자신의 통치 기반을 공고히 하기 위해서 전체 교회를 하나의 성공회 체제로 묶어두려는 야심을 드러내자 이에 대하여 강력한 반기를

든 이들이 바로 청교도이다. 교회론에서 핵심 문제는 권력의 향배, 즉 최종 결정하는 권위를 누가 가지느냐의 여부였다. 대학에서 강의하는 교수들이나 왕궁에서 설교하는 목회자들이 영국 교회 체제를 비판하더라도 그들은 그저 광야에서 외치는 소리처럼 외롭기 그지없었다.

우리는 이처럼 경건하고 학문에 뛰어난 청교도가 당시에 교구 담당자들과의 관계성을 유지하면서도 자신들의 목표를 잃지 않았던 점을 생각해야만 한다. 기본적으로 영국 교회 안에서는 서명파와 비서명파로 나누어져서 갈등과 싸움이 전개되어 갔다. 대학교 안에서도 양측으로 나누어져서 서로 팜플렛을 만들어서 설득하고자 노력했기에, 사람을 상대할 때마다 의심의 눈초리로 바라보았다. 도덕적인 망설임은 너무 쉽게 사회적인 배척을 하도록 사람들을 자극하였다.[23] 이들은 지나간 사건에 대해서도 서로 달리 해석하면서 논쟁을 했고, 이러한 상황이 주요 지도자들의 기록물 속에 그대로 남아있다. 로저스, 퍼킨스와 스테판 에거톤(Stephen Egerton, 1551-1621) 등이 남긴 일기와 설교에 당시의 정황이 잘 담겨있다.

청교도 운동의 초기 지도자들과 토마스 카트라이트의 중요한 동지들이 진행한 개혁 운동에 대해서 자세히 살펴보아야 한다. 케임브리지 대학에서 카트라이트를 제거하는 것으로 영국 교회의 문제가 다 해결되는 것이 아니었다. 그의 동지들과 제자들이 훨씬 더 강력하게 교회 개혁 운동을 전개했다.

5. 필드와 윌콕스의 청원서

장로교회 제도가 영국에 심겨지기까지 선구자적인 목소리를 발휘한 두 사람이 존 필드와 토마스 윌콕스이다. 영국 성공회는 국가의 권세를 하나님에게서 부여받았다는 세속 군주의 지배를 당연하게 체계화하고자 압박을 가했다. 엘리자베스 여왕은 이 두 사람의 청원서를 자신의 통치에 위험요소로 간주했기에 지속된 개혁을 요구하는 의회의 소집을 무력화시키려 했다.

이들은 토마스 카트라이트의 제자들로서 런던의 소장파 목사들이었는데, 의회에다가 「교회권징의 개혁을 위하여 의회에 보내는 청원서」(*Admonition to the Parliament for the Reformation of Church Discipline*, 1571)를 제출했다.[24] 여기에서 주교 제도 폐지와 상하 체제의 교회 정치 제도를 철폐하라고 요구했다.[25] 이 문서에서 정확하게 장로교회 제도가 명시적으로 강조된 것은 아니지만, 주교 제도는 로마가톨릭교회로 간주되어지는 요소가 많으므로 거부하고 수정을 해야만 한다는 주장이 담겨 있었다. 그러한 배경에는 상하 구조로 된 명령과 복종의 체계로 교회를 묶어서는 안 되며, 목회자의 평등성을 주장하고자 했던 것이다.

엘리자베스 여왕의 취임 초반이던 1560년대에 영국 교회의 개혁을 염원하던 청교도는 전혀 준비하지 않는 주교들에게 실망했다. 새로운 주교가 선출되어도 교구의 변화가 거의 없었고, 지난날의 체제와 구조를 더욱 방어하려는 성향이 있었다. 케임브리지 대학에서 수학한 젊은 청교도 목회자와 상류 귀족의 젊은 세대 자녀는 변화를 위해서 노력하지 않는 주교들의 의지에 실망했다. 청교도는 주교 제도 자체가 감독 체제로 작동하고 있음을 거부하게 되었다. 이미 제네바와 스코틀랜드의 장로교회를 알고 있기 때문이었다.

필드와 윌콕스는 감옥에 던져졌고, 장로교 정치 제도를 주장하던 토마스 카트라이트는 제네바로 피신했다. 두 사람은 감옥에서 일 년 동안 고생하던 중에, 귀족들이 청원하여 풀려나게 되었다. 이들 두 사람은 영국 국교회 체제가 여전히 많은 문제점을 갖고 있다며 공개적으로 저항한 용감한 청교도가었다. 이 사건으로 필드는 1571년부터 1579년까지 무려 8년 동안 설교권을 박탈당했으나 여전히 미진한 영국의 교회 체제 속에 로마가톨릭교회의 요소가 너무나 많이 남아있음을 일반 성도들이 분명하게 인식하도록 하는데 큰 도움을 주었다.[26]

존 필드는 장로교회의 정착을 위해서 매우 중요한 역할을 감당했던 청교도 신학자이다. 그는 옥스퍼드 대학교를 졸업하던 1566년에 예외적으로 어린 나이지만 21세에 목회자로 안수를 받았다. 당시 영국에서는 24세가 되어야만 목사 안수를 주었다. 그는 엘리자베스 여왕에게 영국교회에 남아있는 로마가톨릭교회 요소를 배제하고 성경적인 예배를 회복하도록 해야 한다고 주문했다. 성경의 절대권위를 주장하는 종교개혁의 신학을 따라가도록 해야만 하며, 교회의 치리 제도에서도 목사와 장로로 구성된 당회가 스스로 치리하는 목회적 자치권을 회복해 마땅하다고 했다. 이런 주장은 필드가 가장 먼저 책으로 펴냈지만, 이미 널리 퍼져 있었다. 그러나 여왕은 이 문서에 담긴 내용을 전면적으로 격렬하게 거부했다.

1570년대와 1580년대는 교회론을 놓고서 엘리자베스 여왕의 국가교회 체제와 청교도가 첨예하게 대립하던 시기였다. 1572년에는 의회에 청원서가 제기되었다. 영국 여왕의 통치를 인정하면서도, 그 안에서 국가교회 체제와는 완전히 다른 조직으로 장로교회가 결성되는 매우 중요한 시기였다.

1572년에 영국 한 지역 교구 내에 세워진 교회들이 참여하여 '완드스워뜨 노회'(Wandsworth classis)가 결성되던 해였고, 그곳에서 잉글랜드에서 최초의 장로교회가 탄생하였다. 그 후로 약 15년 동안 국가교회 안에서 장로교회를 세우려는 청교도들 사이에 내부적인 교회 개혁의 투쟁이 지속되었다. 존 필드와 뜻을 같이하는 청교도의 열정을 국가교회가 따라갈 수 없었다.

1574년 청교도 신학자 월터 트래버스(Walter Travers, 1548?–1635)가 『교회 권징 해설』(Ecclesiasticae Disciplinae Explicatio)을 출간했다.[27] 트래버스는 '장로교회 진영의 목이다'(the neck of the presbyterian party)라고 평가를 받았는데, 당시에는 청교도가 자신들의 교회 체제를 장로교회 제도로 확고하게 인식하지 못하고 있을 때로 매우 중요한 기여를 했다. 케임브리지 대학 출신으로 제네바에서 베자를 만났으며, 토마스 카트라이트가 엔트워프에 있을 때 목사 안수를 받았다. 철저한 칼뱅주의 개혁신학의 입장에 서서, 로마가톨릭에 대해서 신랄하게 비판했다. 그의 저술은 귀족들에게 호응을 얻었고, 1581년에 런던 탬플 교회에서 강의했는데, 1586년 3월 대주교 휘트기프트가 금지시켰다. 1594년부터 1598년까지 더블린 트리니티 대학의 학장으로 봉직했다.

트래버스의 저술에 반대해서 살리스버리의 주교 존 브리지스(John Bridges,

1536-1618)는 『국가교회 체제의 옹호』(Defense of the Govenment Established)를 작성해서 1,400부를 살포했다. 리처드 후커(Richard Hooker, 1554-1600)는 『교회 정치의 규정들』(Of the Laws of Ecclesiastical Polity)를 발표하여 영국 국가교회 체제를 옹호하였다.[28]

로렌스 채더턴(Laurence Chaderton, 1536-1640)도 역시 케임브리지 대학을 졸업한 청교도 신학자로서 장로교회 체제를 지지하였으며 훗날까지 널리 존경을 받았다. 그는 제임스 1세가 취임하자 영국 교회 문제를 협의하기 위해 소집된 햄프톤 궁전 회합에 참여한 4인 신학자의 한사람이었고, 킹제임스 번역본 작업에 참여하였다.[29]

1575년 12월에 캔터베리 대주교에 에드문드 그린달(Edmund Grindall, 1519-1583)이 임명되었다.[30] 그의 초기 활동에는 청교도가 제기한 문제들이 해결될 듯 한 희망이 있었다. 그는 메리 여왕 때 피난을 갔다가 돌아왔기 때문이다. 런던의 주교였던 그린달은 하늘의 왕보다 땅 위에 있는 왕을 두려워한 나머지 여왕의 농간에 놀아나는 처지에 놓이고 말았다. 그를 추락하게 만든 것은 제대로 된 설교를 하지 못하는 성직자를 처리하는 방식을 놓고서 소집된 설교 관련 회의에서였다. 여왕은 설교보다는 '예언을 하는 자'들을 탄압하고, 청교도 설교자들이 아예 설교를 못하게 하려고 횟수를 제한했다. 취리히에 있던 성직자 훈련기관에서 유래된 '예언활동'(Prophesying)은 이름과는 달리 로마가톨릭에서 사역하던 성직자들이 설교기술과 성경해석 방법을 배우고 연습하기 위해서 훈련하던 모임이었다. 이 모임에는 평신도도 참석해서 공적인 장소에서 발표력을 증진시키고자 했다. 정규 훈련으로 발전해나가면서 각 지역의 주교들이 필요성을 느끼고 환영했다. 그러나 여왕은 이것을 무질서라고 착각하고 오해하였다. 이미 데링의 설교를 통해서 자신의 통치에 대해서 불쾌하고 당혹스러운 비판을 받았기 때문에 설교를 좋아하지 않았다.

그린달은 교회 안에서 설교의 중요성을 설명하고자 긴 편지를 작성했다. 4세기에 테오도시우스 황제(Flavius Theodosius, 347-395)를 설득했던 밀란의 주교 암브로스가 편지를 보냈던 것을 인용하면서 여왕에게 6,000자의 편지로 호소했지만 소용이 없었다. 암브로스는 성공했었지만, 1577년 봄에 그린달은 가택 연금되었다가 병으로 사망했다.

엘리자베스 여왕은 완벽한 교회 개혁을 추구하는 청교도를 제지하기 위해서 1577년 5월에 장로교회를 압박하는 명령을 발표했다. 전 지역에서 장로교회에 속한 수많은 목회자에게 교회에서 사역할 수 없다고 규정하는 자격정지 명령을 내렸다. 주교들의 폭압적인 태도와 로마가톨릭교회의 약화 과정이 뒤섞인 가운데 힘차게 활성화되고 있던 장로교회를 중지시켜 보려는 권력층의 공격이 집요했다. 1583년 존 휘트기프트가 캔터베리 대주교가 되면서 교회 정치는 완전히 바뀌었다. 케임브리지에서 수학할 때 그의 스승은 존 브래드포드였는데, 메리 여왕의 박해로 순교했다.

휘트기프트의 신학은 대체적으로 칼뱅주의 개혁신학이었지만 국가적으로 여왕의 명령에 충성하려는 입장을 취하고 있어서 청교도에게는 엄청난 폭풍을 몰고 왔다. 그는 철저히 청교도를 짓밟고 출세의 길로 올라갔다. 케임브리지에서 토마스 카트라이트를 추방할 때도 결정적인 권한을 행사했고, 트래버스와 논쟁을 통해서 엘리자베스 여왕을 만족시켰다. 「통일령」을 만들고 모든 성직자는 세 가지 조항에 서명해야만 한다고 선포했다. 첫째와 셋째 조항은 국왕의 수위권을 인정하는 것이고, 에드워드 시대에 제정된 「39개 조항」 내용이라서 그리 큰 문제가 없었다. 그런데 둘째 조항에서 『공동기도서』(the Book of Common Prayer)가 하나님의 말씀에 위배되지 않는다는 것과 이를 지켜나간다는 조항이라서 청교도의 목을 죄는 내용이었다.

스테판 에거톤은 1584년에 휘트기프트의 세 가지 조항들에 대해 서명을 하지 않았다. 비록 국가교회 내에서의 목사직은 정지당했지만, 에거톤은 「장로교회 치리규정」(Book of Discipline)을 발간하여 적극적으로 홍보하다가 프릿 감옥에서 삼년 동안이나 갇혀있었다. 후에 런던 블랙프리아르스(Blackfriars)에 있는 성 안나(St. Anne) 교회의 담임목사로서 줄기차게 교회 개혁을 추구했다. 그의 교회를 훗날 웨스트민스터 총회에서 신앙고백서를 작성할 때 사회자로서 전체 회무를 주관하면서 크게 기여한 윌리엄 고그(William Gouge, 1575-1653)

가 물려받았다.

1584년 3월에 이르기까지 완강하게 호통을 치는 휘트기프트의 정책에 반대하는 목회자들이 여러 곳에서 격한 반응을 불러일으키자, 일부 귀족이 (Lord Burghley, Francis Walsingham) 중재안을 제시했다. 그동안 교회의 평안을 해치지 않았던 목사에게는 조건부 서명안을 받아주자는 것이다. 이 서명안은 청교도에게 교회 개혁의 필요성이 더욱더 중요하다는 인식을 갖게 하였다. 존 필드와 다수의 목사들이 실제로 교구를 담당하는 목사직을 잃게 되었다. 필드를 비롯한 청교도는 그린달의 완화조치를 거부하고 싸움을 지속하면서, 성공회 체제 안에서 은밀하게 장로교회를 세우는 일에 앞장을 섰다.

이처럼 영국에서 최초의 장로교회 노회가 결성된 이후로 약 10여 년이 지나는 동안에(1573-1583), 대략 세 부류의 기독교 운동이 영국 사회에 퍼져나갔다.[31] 첫째는 노회 혹은 지역연합회라고 부르는 곳에 모여든 형제들이 「공공기도서」에 대해서 토론하는 회합이 있었다. 워익셔, 에섹스, 노폭, 노스햄튼셔, 케임브리지셔, 옥스퍼드셔(Warwickshire, Essex, Norfolk, Northhamptonshire, Cambridgeshire, Oxfordshire)등 여러 지역에서 이런 회합이 진행되었다. 둘째로 더 많은 수의 노회가 각 지역 교구 안에서 결성되었다. 그중에 알려진 곳이 데드햄(Dedham, 런던에서 동북쪽으로 72마일)지역인데, 존 로저스가 중심인물로 널리 알려진 청교도 지도자였다. 셋째로는 런던에서 「교회 치리서」(A Book of Discipline)가 1584년에 제시되었다. 이 문서는 성공회 체제로 회귀하게 된 1644년까지는 다시 나타나지 않았지만, 곧바로 회람되었다. 1588년에 회집된 워윅셔 총회(Warwickshire Assembly)에서 500여 명이 넘은 목회자가 이 치리서에 서명하였다.[32]

이처럼 여러 곳에서 장로교회가 확산되자, 엘리자베스 여왕은 1577년 5월에 장로교회를 압박하는 명령을 발표했다. 대주교 휘트기프트는 각 지역에 위원회가 모든 목회자에 대해서 열 가지 조항과 관련하여 검사에 착수했다. 전 지역에서 장로교회에 속한 수많은 목회자에게 교회에서 사역할 수 없다고 규정하는 자격정지 명령을 내렸다. 주교들의 폭압적인 태도와 로마가톨릭의 약세화 과정이 뒤섞여 있으면서, 힘차게 활성화되고 있던 장로교회를 중지시켜 보려고 총공격을 가한 것이다. 이러한 상황에서도 굴복하지 않고 꿋꿋하게 사역했던 장로교회의 정신이 지금은 다 어디로 사라져 버린 것인가 의문이 든다.

1582년부터 1589년 사이에 80회 이상의 목회자 모임들이 있었는데, 오늘날 장로교회의 노회 수준이었었다. 상당수의 목회자는 존 필드와 접촉을 하고 있었지만 장로교회의 원리와 실행 방식에 따르기로 결심하는 것을 두려워하고 있었다. 휘트기프트는 법정에서 많은 대적을 양산하였으면서도, 여전히 이중적인 서명 정책을 강력하게 시행하므로써 여왕의 신임을 얻었다. 이 싸움으로 1584년과 1586년에 소집된 의회 석상에 그가 소환되었는데, 교회의 개혁을 절실하게 요청하는 제안을 여왕이 개입하여 무너뜨렸다. 1588년에 존 필드가 사망하고, 의회에서도 교회 개혁안이 통과하지 못하면서 교회의 정치체제에 대한 논쟁이 가열되었다. 주교제도를 거부하는 청교도는 영국 교회를 전복시키려는 위험한 음모를 갖고 있으며, 치안을 방해하는 죄로 다스려지게 되었다. 그 이후로 엘리자베스 여왕의 나머지 통치 기간에는 장로교회의 조직이나 모임이 완전히 중지되어 버렸다.

6. 청교도 귀족들과 성도들

청교도 운동의 핵심 요소는 교회의 순수성을 유지하는 치리 제도의 확립이었는데, 교황이나 왕권의 통치를 받는 교회가 아니라 독립적인 장로교회 체제를 통해서만 가장 효과적으로 적용할 수 있다고 확신했다.[33] 독립적인 치리권을 갖는 교회를 세우려는 청교도 운동이 영국 국가교회 체제 속에서도 뿌리를 내릴 수 있었던 것은 장로교회 체제를 옹호하던 귀족들과 성도들이 있었기에 가능했다. 우리는 이러한 매우 중요한 요인을 과소평가하거나 잊어서는 안 된다. 청교도 지도자들이 처참하게 사형을 당하거나 감옥에 체포되어 있었더라면, 결코 교회가 형성되지 못했을 것이다. 그러나 하나님의 도우심과 섭리 가운데 청교도 운동이 살아남을 수 있었다. 수많은 청교도의 복권과 출옥을 위해서 각 지방의 귀족들이 앞장을 서서 매우 열정적이고 적극적으로 아낌없이 성원하였다. 청교도 운동이 성공을 할 수 있었던 배경에는 귀족들과 평신도들의 열렬한 지원이 있었다. 패트릭 콜린슨 교수는 청교도에게 가장 최고의 선택을 할 수 있도록 자신감과 용기를 불어넣어 준 것은 바로 엘리자베스 여왕의 주변에서 신임을 받았던 수많은 귀족으로부터 동정심을 얻고 있다는 확신이었다고 강조하였다.

영국의 거의 모든 귀족도 한번 종교개혁을 체험한 이후로는 결코 로마가톨릭교회로 회귀할 수 없다는 판단을 하게 되었다. 엘리자베스 여왕의 시대에 이르기까지 너무나 짧은 기간에 많은 사람이 죽임을 당했기에 정치적인 안정을 도모하고자 했다. 더구나 뛰어난 청교도 목회자의 설교를 통해서 대중들이 감화를 받고 있었기에 이러한 사회의 흐름을 유지하고자 했다. 엘리자베스는 카톨릭주의와 칼뱅주의를 양극단이라고 판단하고 자신의 권위를 유지하기에 유리한 정치적인 계산으로 국가교회 체제를 고수하고자 했다.

엘리자베스 통치가 시작된 후 영국은 정치적으로 많은 어려움을 겪고 있었다.[34] 1569년부터 스페인의 무적함대가 나타나서 영국을 계속해서 침공했는데, 가톨릭 측의 위협이었다. 이 해에 메리 스튜어트(Mary Stuart, 1542-1587)를 지지하는 노퍽(Norfolk)의 공작 토마스 하워드(Thomas Howard, 4th Duke of Norfolk, 1536-1572)가 가톨릭 반란을 선동해서 엘리자베스의 왕위를 전복시키려는 시도가 있었다. 결국 그녀는 오랫동안 가택 연금에 있다가, 스페인의 위협이 가중되면서 왕위가 위태롭다는 판단에 따라 처형되고 말았다. 그 외에도 1570년에 엘리자베스 여왕에 대한 파문과 폐위를 선포한 교황의 교서(Regnans in Excelsis)가 발표되었다. 1571년에는 리돌피(Ridolfi)의 음모가 발각되었고, 프랑스에서는 1572년 성 바돌로매의 날에 개신교 성도들에 대한 대학살이 있었다.

로마 교황청에서는 유럽 전 지역에서 개신교회를 말살하려는 모략을 확산시켰다. 특히 '칼뱅주의자' 엘리자베스를 제거하기 위해서 네덜란드에 있는 로마가톨릭 신학교에 온 영국 출신들을 이용하고자 했다. 교황 비오 5세(Pius V, 본명: Antonio Ghislieri, 1504-1572, 재위 1566-1572)는 자신의 권한이 모든 나라에 적용된다고 주장하면서 왕실이 수위권을 내세우는 것은 악마의 종이라고 규정했다. 로마에 있는 영국인 대학생 중에서 예수회 소속 회원을 영국으로 은밀하게 파견하여 여왕을 살해하고자 했다. 여왕은 1585년에 예수회를 영국에서 추방했다. 외국의 음모에 대한 영국인들의 분노를 만천하에 알리는 계기가 되었고, 영국 내 가톨릭 측으로부터의 공격을 차단하는 효과를 낳았다.

여왕의 가장 큰 신임을 얻고 있던 최측근 귀족 더들리(Robert Dudley, 레스터의 백작, 1532-1588)가 가장 앞장서서 청교도 신학자들을 돕고 있었고, 베드포드와 헌팅돈의 백작들이 후원했다.[35] 레스터의 더들리 백작은 토마스 카트라이트와 존 필드를 가장 든든하게 후원하던 최고위층 인사였다. 이들은 직접적으로 여왕에게 대적하지 않으면서 외교와 군사 문제에 자문을 했고, 때로는 그들의 재력을 사용하기도 했으며, 주교들에게 표적이 된 수많은 청교도 지도자를 보호하였다.

그 밖에도, 존 하이햄 경(Sir John Heigham, 1540?-1626), 로버트 제르민 경(Sir Robert Jermyn, 1539-1614), 에드워드 레우케노르 경(Sir Edward Lewkenor, 1542-1605) 등이 정치계에서 영향력을 발휘하였는데, 이들은 경건한 신앙인으로서 열정적으로 교회의 개혁에 관여했으며 어려움을 당하는 청교도에게 도움을 주었다. 존 모어(John More, ?-1592)의 설교에 있는 것처럼, 군주들과 목회자들이 서로 후원하는 동지애를 갖고 있었다. 또한 모어는 로마서 10장에서는 설교와 구원이 긴밀하게 연결되어 있어서 성도는 말씀을 들음으로써 믿음을 갖게 된다는 것을 역설했다.

휘트기프트가 총주교에 취임한 후로 비서명파 목회자들에 대하여 맹렬히 공격할 때 서폴크(Suffolk)의 귀족 열 두 사람이 추밀원에다가, 비서명파 목회자들을 정죄하지 말 것을 청원하였다. 이것은 악한 진영과 선한 쪽과의 사이에 벌어진 광범위한 투쟁이었다. 서폴크의 귀족들은 엘리자베스 여왕의 최고 귀족의회에 어찌하여 새로운 세례명을 가진 악한 자들이 청교도의 이름을 가진 사람들과 함께 있느냐고 탄원했다. 그런 사람들의 이름과 이단이 얼마나 혐오의 대상이 되고 있는가에 대해서도 지적했다. 비서명파 목회자들이야말로 죄인들의 짐 아래서 얼마나 슬퍼하며 애통해 하던 이들이었던지를 기억하라고 요청했다. 그들이야말로 우리의 청교도인데, 하나님 앞에서 그리고 세상 앞에서 그들을 지켜주지 못하는 것은 우리 자신을 지키지 못하는 것이며 이것보다 더 나쁜 일은 없을 것이라고 주장했다.

이처럼 영국에서 최초의 장로교회 노회가 결성된 이후로 약 10여 년이 지나는 동안에(1573-1583), 교회의 확실한 개혁을 추진해 나가야 한다는 지지자들이 늘어났다. 런던이나 시골이나, 남자나 여자나, 상류층이나 중산층이나 가릴 것이 없이 교구 목회자의 설교를 통해서 성경적인 안목을 터득하였다. 대략 세 부류의 기독교 운동이 영국 사회에 퍼져나갔다.[36]

청교도 목회자들이 칼뱅주의 개혁신학을 골자로 하여 전파하는 구원의 메시지는 사회의 변화를 이끌어 냈다. 청교도 교인은 '제네바 성경'을 구입해서 읽고 공부하였다.[37] 탄식과 통곡으로 간절히 기도했고, 운율이 있는 시편 찬송을 노래했으며, 엄격한 주일성수를 실천에 옮겼다. 경건한 설교를 담은 책자를 항상 가지고 다니면서 열심히 읽고, 집에 돌아가서 자녀에게 가르쳤다. 또한 자녀에게는 구약성경에 나오는 이름을 지어주었고, 어떤 부모들은 장차 태어날 아이의 이름을 지어놓았다; '구출'(Deliverance), '겸손'(Humiliation), '찬양'(Praise God) 등의 이름을 가진 아이들이 많았다. 경건한 성도는 더 좋은 설교를 듣기 위해서 다른 지역의 교회에 나가는 것을 마다하지 않았고 가장 중요한 일로 삼았다.[38] 부름을 받으면 어느 곳에서나 설교를 들으려고 달려갔고, 하루 종일 금식하면서 기도에 전념했다.

상당수의 청교도 성도는 추밀원에 그들의 설교자들을 석방해달라고 요청하는 청원서에 서명하였다. 비서명파 청교도 목회자들이 사역을 할 수 없도록 위협을 받고 있었기 때문이다. 데드햄(Dedham) 교구에서는 이미 그들 내부적인 결속이 단단하게 유지되었기에 가장 활발하게 이런 구명을 탄원하려는 모임이 많았다. 많은 사람은 죽음의 문턱에 이르렀을 때에 자신이 아무런 쓸모가 없는 종이었다는 것을 알게 되었는데, 말씀의 설교자들을 후원하기 위해서 관대하게 유산을 내놓았다. 대다수가 그렇게 하지는 않았지만 지방의 작은 도읍에서는 이런 일들이 자주 발생하였다. 중류층 시민들은 경건한 군주와 목회자들이 함께 힘을 모아서 공중의 질서유지와 선정을 성공적으로 유지해 나가는 것에 흔들렸다. 엘리자베스 여왕의 통치 말기에 이르게 될 무렵에는 경건의 중심도시들로 알려진 곳들이 있었다. 베리 세인트 에드문드(Bury St Edmunds, 런던에서 동북쪽, 콜체스터에서 가까운 북쪽 도시), 밴버리(Banbury, 런던에서 북쪽으로 103킬로미터, 옥스퍼드에서 북동쪽으로 34킬로미터), 콜체스터(Colchester), 노쓰햄튼(Northhampton), 그리고 런던의 여러 교구가 여러 사람으로부터 높은 평가를 받았다.

엘리자베스 시대의 청교도는 장로교회를 정착시키기 위해서 불철주야 노력했었다. 일부 도시를 제외하고는 엘리자베스 여왕의 탄압에서 벗어날 수 없었기에 대부분의 초기 지도자들의 생애 동안에 성취한 부분은 매우 미미했다. 그러한 절반의 성공 사례 한 가지를 살펴보고자 한다.

청교도 중에서 장로교회가 가장 성공한 지역으로 알려진 곳 중에 하나는 덴바이였다(Denbigh, 런던에서 서북쪽으로 223마일). 웨일즈 북쪽에 있는 작은 도시로 13세기 덴바이 성채(Denbigh Castle)가 포함된 지역이다. 덴바이 중심부에는 그 시대에나 지금이나 여전히 잘 알려지지 않은 교회 건물 하나가 남아있다. 원래 교회 이름은 '성 다윗교회'(St. David Church)였는데, '레스터의 교회'로 불리고 있다. 레스터의 초대 공작 로버트 더들리는 덴바이 지역 주민을 위해서 거대한 교구 예배당을 지으려고 했었다.[39] 높은 성벽 근처에 1578년에 건축 공사를 시작했는데, 이 건물은 그저 평범한 교회가 아니라 개혁주의 진영 전체의 성전이자, 설교가 울려 퍼지는 거대한 공간이었다. 프랑스 개혁주의 위그노가 사용하던 것을 참고해서 설계를 하였고, 런던에 있는 개혁주의 외국인 교회들도 검토해서 만들어진 것이다.[40] 그런데 공작이 경제적인 어려움을 겪는 바람에 공사가 5년간 진행되다가 1584년에 중단되었다. 거대한 돌을 구입해서 운반해 오는 것은 막대한 자금이 필요했다. 이 해에 더들리의 세 살 된 아들마저 사망했다. 개인적으로나 정치적으로나 원대한 꿈을 갖고 있던 더들리에게는 엄청난 충격이었다. 거기에다 뜻밖에도 더들리 공작이 1588년에 사망하게 되자 이 계획은 날아가 버렸다. 그에게는 후손이 없었기에 이 지역은 국왕의 소유로 넘어가고 말았다. 이미 기초 공사와 성전 벽은 다 마쳤기에 지붕만 덮으면 끝이 나는 단계였지만, 그 누구도 나머지 공사에 대해서는 장담을 할 수 없는 처지에 놓이고 말았다.

위에 소개한 이야기처럼 엘리자베스 여왕의 통치 시기에 살았던 경건한 청교도가 가졌던 원대한 꿈과 이상도 이와 비슷한 처지에 놓이게 되었음을 발견하게 된다. 청교도는 감독정치 체제 안에서 장로교회의 권징을 시행하고자 노력했으나 실패했다. 이러한 구조를 갖추게 하려고 노력한 대표자가 존 필드였다. 하지만 그는 젊은 나이에 사망하고 말았다. 그러나 엘리자베스 여왕이 장로교회 체제가 뿌리를 내리지 못하도록 제압했다 하더라도 청교도의 꿈이 완전히 사라진 것은 아니었다.[41]

엘리자베스 여왕의 통치 말기에 이르게 되면서 각 지역에서는 지방 군주과 설교자 사이에 긴밀한 연합이 성공한 곳이 많았다. 비록 어떤 특정한 권징을 강조하는 장로교회의 치리 제도에 대해서 거부하는 사람들이라도, 대부분은 종교개혁의 진일보를 원하고 있었다.

맺는 말

엘리자베스 여왕의 통치 시대에 성공회 국가교회와 주교 체제를 순결하게 정화시키고, 성도 한 사람 한 사람의 경건한 삶이 성숙하려고 노력했던 모습이 청교도의 실천적 노력이었다. 그 핵심적인 신앙의 진리는 유럽의 칼뱅주

레스터의 교회전경. 예배당 건물을 완공하는 날이 언제 오려나?

의 개혁신학을 토대로 삼은 것이고, 장로교회 체제는 칼뱅과 낙스의 업적을 받아들여서 정착시켰다. 모두 다 성경의 가르침에 충실한 교회와 경건이기 때문이다.

그러나 영국 청교도와 장로교회가 단순히 교회 안에서만 머무르지 않고, 입헌 군주제를 거쳐서 개인의 존엄성을 보장하는 민주주의를 발전시키는 사회적 변화를 가져왔다. 스코틀랜드 장로교회의 영향이 지대하였기에 『웨스트민스터 신앙고백서』를 창출해 낼 수 있었다.

지금 직면한 문제는 오늘날 영국에서는 16세기와 17세기 청교도의 아름다운 성취가 무색하리만큼 그 후예들이 초라해졌다는 점이다. 유럽 모든 국가에서 기독교 교회가 크게 위축되고 말았다. 성공회를 비롯한 잉글랜드에서는 활발하게 모임을 개최하는 교회는 현저히 줄어들고 말았다. 엘리자베스 여왕 시대의 청교도 신앙을 유지하고 있는 교회는 거의 찾아볼 수 없게 되었고, 스코틀랜드에 분리파 장로교회가 소수로 남아서 명맥을 유지하고 있을 뿐이다. 작은 문제들로 지속적인 신학 논쟁을 하고, 주도권 투쟁과 대립으로 점철되다가 현저하게 소규모 교단으로 줄어들고 말았다. 영국 국가교회 성공회가 모든 면에서 압도하는 까닭에 장로교회는 크고 작은 압박 속에서 불리한 경쟁관계에서 이겨낼 수 없었다.

더구나 다양한 사상의 영향력이 증대되면서 서서히 허물어지고 말았다. 지금 영국 성공회는 신학적 관용주의 정책이 오랫동안 시행되어 오면서 알미니안주의와 유니테리언이즘(unitarianism, 성부유일신론)에 물든 성직자들이 많고, 각종 자유주의 신학과 포스트모더니즘이 뒤섞여 있으며, 절대다수의 국민으로부터 외면을 당하여 형식적인 체제를 유지하고 있을 뿐이다.

이것은 지난 500년간의 흐름을 간추린 것이다. 순교의 피가 흐르는 주님의 몸된 교회가 쇠퇴하게 된 것은 비극이요 슬픔이다. 바벨론 강가에서 눈물을 흘리던 예레미야의 애가를 생각하게 된다. 부디 우리의 후손에게 역사를 통해서 배울 수 있는 안목을 열어주어야 한다. 과연 우리는 역사로부터 무엇을 배울 수 있는가?

주(註)

1 Peter Toon, *Puritans and Calvinism* (Sengel: Reiner Publications, 1973), 27-29.

2 J.I. Packer, *A Quest for Godliness: The Puritan Vision of the Christian Life* (Wheaton: Crossway, 1990), 22.

3 김재성, 『교회를 허무는 두 대적』 (킹덤북스, 2012), 308-320. Dr. Eta Linnemann's Testimony.

4 P. Collinson, "Toward a Broader Understanding of the Early Dissenting Tradition," in *The Dissenting Tradition: Essays for Leland H. Carlson*, eds., C. Robert Cole and Michael E. Moody (Athens: 1975), 12-15.

5 Theodore Dwight Bozeman, *The Precisianist Strain-Disciplinary Religion & Antinomian Backlash in Puritanism to 1638* (Williamsburg: University of North Carolina, 2004), 66: "The emergent spirituality upon the pietistic, personal core, continuous with the evangelical religion of William Tyndale or Thomas Cranmer, which had informed the Puritan impulse from the start, and presbyterians made initial contributions to it."

6 Joel Beeke, *Puritan Reformed Spirituality: A Practical Biblical Study From Reformed and Puritan Heritage* (Webster: Evangelical Press, 2006), 20.

7 Dewey D. Wallace, Jr., *Puritans and Predestination: Grace in English Protestant Theology, 1525-1695* (Chapel Hills: University of North Carolina Press, 1982), 53.

8 M. M. Knappen, ed., *Two Elizabethan Puritan Diarires, by Richard Rogers and Samuel Ward* (Chicago: 1933). Alexandra Walsham, *Providence in Early Modern England* (Oxford: 1999), 149.

9 F. Ernest Stoeffler, *The Rise of Evangelical Pietism* (Leiden: 1965), 24-49.

10 Nicholas Tyacke, "The 'Rise of Puritanism' and the Legalizing of Dissent, 1571-1719," in *From Persecution to Toleration: The Glorious Revolution and Religion in England* (Oxford: University Press, 1991), 24.

11 E. Brooks Holifield, *The Covenant Sealed: The Development of Puritan Sacramental Theology in New England, 1570-1720* (New Haven, Yale University Press, 1974), 38.

12 Patrick Collinson, *The Elizabethan Puritan Movement*, 456.

13 Theodore Dwight Bozwman, "Federal Theology," *Church History* 61 (1992): 403.

14 D. Martyn Lloyd-Jones, "Can We Learn From the History?" in *Puritan Papers*, vol. 5, 237.

15 Peter Marshall, *Heretics and Believers: A History of the English Reformation* (New Heaven: Yale University Press, 2017), 428.

16 Christopher Haigh, *English Reformations: Religion, Politics, and Society Under the Tudors* (Oxford: University Press, 1993), 240.

17 A. F. Pearson, *Thomas Cartwright and Elizabethan Puritanism 1535-1603* (Cambridge University Press 1966).

18 Jayne Elizabeth Archer, Elizabeth Goldring, Sara Knight, eds., *The Progresses, Pageants, and Entertainments of Queen Elizabeth I* (Oxford: University Press, 2007), 92.

19 Michael P. Winship, *Hot Protestants: A History of Puritanism in England and America* (New Haven: Yale University Press, 2018), 40.

20 J.F.H. New, *Anglican and Puritan: The Basis of their Opposition 1558-1640* (Standford: University Press, 1964), 59-60.

21 Peter Lake, *Anglican and Puritans? Presbyterian and English Conformist Thought from Whitgift to Hooker* (London: 1988).

22 M. P. Winship, *Hot Protestants: A History of Puritanism in England and America*, 40.

23 John Craig, "The Growth of English Puritanism," in *Cambridge Companion to Puritanism*, 43.

24 J. Field & T. Wilcox, *An Admonition to the Parliament* (1572): W. H. Frere and C. E. Douglas, eds., *Puritan Manifesto: a Study of the Origin of the Puritan Revolt* (London: 1954), 21.

25 Francis J. Bremer & Tom Webster, eds., *Puritans and Puritanism in Europe and America: A Comprehensive Encyclopedia* (Santa Barbara: ABC–Clio, 2006); 274 – 5.

26 J. Field & T. Wilcox, "A View of Popish Abuses yet remaining in the English Church" in *An Admonition to the Parliament* (1572); W. H. Frere & C. E. Douglas, eds., *Puritan Manifestos: A Study of the Origin of the Puritan Revolt* (London: 1954), 21.

27 S. J. Knox, *Walter Travers: Paragon of Elizabethan Puritanism* (London: Methuen, 1962).

28 John E. Booty, "Richard Hooker," in William J. Wolf, ed., *The Spirit of Anglicanism* (Edinburgh: T&T Clark, 1979), 13–14. W.J. Torrance Kirby, *Richard Hooker's Doctrine of the Royal Supremacy.* Studies in the History of Christian Thought, vol. XLIII. (Leiden and New York: E.J. Brill, 1990).

29 Francis J. Bremer, & Tom Webster, *Puritans and Puritanism in Europe and America: A Comprehensive Encyclopedia*, 51.

30 P. Collinson, *Archbishop Grindall, 1519-83*: The Struggle for a Reformed Church (London: 1983).

31 Patrick Collinson, John Craig, and Brett Usher, eds., *Conferences and Combination Lectures in the Elizabethan Church: Dedham and Bury St Edmunds, 1582-1590* (Woodbridge: Boydell and Brewer, 2003), 89–90.

32 Hywel R. Jones, "The Death of Presbyterianism," 165.

33 Polly Ha, *English Presbyterianism, 1590-1640* (Standford: University Press, 2011), 14.

34 Carter Lindberg, *The European Reformations*, 314–315.

35 P. Collinson, *English Puritanism*, 27.

36 Christoper Hill, *Society and Puritanism in Pre-Revolutionary England* (London: Secker and Warburg, 1964). William Haller, *The Rise of Puritanism* (N.Y.: Columbia University Press, 1938).

37 Peter Lake, *Moderate Puritans and the Elizabethan Church* (Cambridge: University Press, 1982).

38 Patrick Collinson, *Godly People: Essays on the English Protestantism and Puritanism* (London: Hambledon, 1983).

39 L. Butler, "Leicester's Church, Denbigh: an experiment in Puritan Worship," *Journal of British Archaeological Association*, Vol. 37 (1974): 40–62.

40 Simon Adams, *Leicester and the Court: Essays on Elizabethan Politics* (2002), 295–6.

41 W. H. Frere & C. E. Douglas, eds., *Puritan Manifestoes* (London: SPCK, 1907).

Chapter 05
청교도의 경건 생활과 훈련 방법들

청교도 운동의 가장 중요한 특성은 경건의 실천이자 개혁 교리들을 실제적으로 적용하였다는 점이다. 청교도 사상의 핵심 중에 하나로 반드시 주목해야 할 부분이다. 청교도의 정신 자세가 완전히 남달랐는데 가정에서의 경건생활, 묵상의 실천, 양심의 판단에 따르고자 노력함, 희생적인 열성, 경건한 책 읽기, 신령한 일기 쓰기 등 자기 훈련들을 실천하고자 노력했다.

먼저 어떤 계기가 있었기에 청교도는 이처럼 내면의 경작을 위해서 노력하게 되었을까? 청교도 운동의 전개 과정에서 드러내는 중요한 전환점에 대해서 생각해 보아야 한다. 1550년대 말기부터 시작된 청교도 운동은 항상 똑같은 교리와 주장을 한 것이 아니라, 시대 상황에 따라서 집중했던 내용과 방법과 방향이 약간씩 달라졌다. 마침내, 엘리자베스 여왕의 통치 말기에 이르자, 청교도의 특징 중에서 가장 중요한 부분이라고 생각되는 경건의 실제 훈련 방법들이 집중적으로 교회에서 가르쳐졌다. 바로 그 때 여왕의 가혹한 정치적인 탄압이 가중되어서 청교도는 더 이상 거대한 국가교회 체제 안에서 활동할 수 없게 되었다. 도무지 강력한 왕권의 술책에 맞서서 비서명파 목회자들이 생존할 수 없는 상황이 되고 말았다. 1583년부터 강화된 감독 정치 체제를 인정하지 않는 목회자는 국교회로부터 거의 대부분 추방되거나 감옥에 던져졌다. 엘리자베스 여왕이 자기 뜻대로 교회가 빨리 움직이지 않자 새로운 켄터베리 대주교 자리에 휘트기프트를 임명했다. 그때부터는 휘트기프트가 내놓은 세 가지 조항에 서명하지 않은 목회자는 더이상 국가교회 안에서 설교할 수 없게 되었다.

1. 청교도 운동의 중요한 변곡점

1583년부터는 국가교회 조직 안에서 장로교회를 세울 수 없게 되었다. 이러한 압박 속에서 청교도는 더 이상 권세자와의 대결에서는 살아남을 방법이 없었다. 바로 이러한 상황에서 한층 원숙해진 청교도 지도자들은 군주와의 대결보다는 오히려 곤경에 처한 성도를 돕고, 경건한 헌신과 실제적으로 목양하는 방안을 연구하기 시작했다. 청교도의 독특한 체험적 자기 헌신과 경건 훈련의 방법들이 바로 이 시기에, 즉 1583년 이후로 집중해서 출판되었다. 참으로 청교도다운 특징적인 여러 모습과 경건한 삶의 훈련들이 나타나게 된 것이다. 이제야말로 청교도 운동의 무르익은 열매가 나타나기 시작하였다.

엘리자베스 여왕의 통치에 접어들어서 발화한 청교도 운동은 초반기의 내용과 활동과는 다르게 발전하게 되었는데, 1580년대 말부터 1590년대에 이르러서는 실천적이며 구체적인 헌신의 특징을 드러냈다. 청교도적인 특색이 가장 잘 드러나는 것 참된 기독신자의 삶에 충실하고자 노력을 하는 경건운동을 드러냈다. 이 기간에 국가교회 내에서 장로교회가 노회를 조직하는 운동은 불명예스럽게도 쇠퇴기를 맞이하였고, 1640년까지는 강직한 왕들의 제지로 침체기에 접어든다.

엘리자베스 여왕은 1583년 존 휘트기프트를 캔터베리 대주교에 임명하고, 국교회 내에서 장로교회가 확산되는 것을 끝까지 저지하고자 했기 때문에 온건한 청교도 운동이 전개될 수밖에 없었다.

첫째, 여기까지 오는 동안에도 엘리자베스 여왕은 1569년에서 1572년 사이에 로마의 압박을 견뎌냈었다. 그러는 동안에 청교도에 대해서는 철저한 탄압을 할 수 없었다. 우선 로마가톨릭에 대응해야 하는 일이 급선무였다.

영국에서 로마가톨릭의 미사에 참석하기를 거부하는 운동이 전개되자 교황 비오 5세는 엘리자베스를 이단이라고 정죄하는 교서(regnans in Excelsis, 1570)를 발행했는데 이것은 도리어 역작용을 일으키고 말았다. 잉글랜드에서는 여왕에게 충성해야 한다는 애국심이 발동하게 만들었다. 여왕을 폐위하기 위한 반란 음모가 적발되어서 노퍽의 공작 토마스 하워드가 1572년 단두대에서 처형당하고, 웨스트모어랜드와 노썸벌랜드의 백작들도 권세를 잃었다. 가톨릭을 지지하는 자들은 스페인의 침략을 도모하여 여왕의 종교정책을 무력화하려 하였으나 비참하게 실패하고 말았다. 엘리자베스 여왕의 고위 정치자문 위원 중에서 윌리엄 세실(William Cecil, 1st Baron Burghley, 1520-1598)이 매우 현명하고 조심스럽게 참모역할을 했다.

청교도는 잉글랜드 정부가 더이상 로마가톨릭으로 기울어가지 않게 됨으로써 희망을 갖게 되었지만 이후로도 15년 이상 잉글랜드 국교회와 장로교회 지도자들 사이에는 내부적인 교회 투쟁이 지속되었다.

청교도의 후견인 역할을 했던 귀족들은 1584년 11월 의회가 소집되자 하원의원 선출에 최선을 다했는데, 그리 많은 숫자가 선발되지 못했다. 여왕은 이런 분위기에 편승해서 자신의 권력을 강화했고, 휘트기프트의 강압적인 조치들은 청교도의 강한 반감을 불러일으켰다. 여왕을 살해하려는 음모가 폭로되자 모든 귀족은 여왕 사수를 위해서 결의동맹을 맺었다. 이런 애국주의가 네덜란드를 넘어서서 스페인과의 전쟁으로 치달았다. 이 전쟁에서 영웅으로 전사한 사람은 레스터 백작의 조카 필립 시드니(Philip Sidney, 1554-1586)였다. 청교도의 신앙을 가진 위대한 군인은 참되고 경건한 순교자로 존중을 받았으며, 1587년 2월 8일 장엄한 장례식이 거행되었다. 청교도의 희생은 많은 사람에게서 선의의 동조를 이끌어 낼 수 있는 계기가 되었다. 청교도는 여왕을 보호하려는 무리이고 국가를 전복할 위협이 없다는 것을 보여주면서, 종교개혁과 반카톨릭주의에 앞장을 서도록 홍보하는 효과를 보았다.

둘째, 나이 많은 엘리자베스 여왕은 자신의 친척 스코틀랜드의 메리를 참수하는 승부수를 던졌다. 엘리자베스 여왕이 후계자 없이 사망하자 훗날 제임스 1세로 부임하게 되는 스코틀랜드의 친족으로 오촌 간이다. 프랑스로 시집을 갔다가 미망인이 되어서 1561년에 돌아왔다. 다시 헨리 스튜어트와 재혼하여 제임스 1세를 낳았다. 1586년 엘리자베스의 암살모의에 가담한 죄목으로 체포되어서 다음 해 사형 당했다.[1]

이처럼 엄중한 시기에 사역하면서 고통을 당했던 청교도 목회자가 부지기수였는데, 한 사람의 사례를 들어보자. 존 모어는 케임브리지 대학에 수학하는 동안에 토마스 카트라이트로부터 깊은 영향을 받았다. 놀위치의 사도(the apostle of Norwich)라고 불리면서 세인트 앤드류스에 있는 교회의 목회자로 엄청난 사람들에게 감동을 주어서 회심자가 많았다. 그곳에서 평생 목회하면서 주일에는 세 번 혹은 네 번 설교했고, 주중에는 매일 설교했다.[2] 그는 1573년에 성복착용을 거부하였는데, 군주에게는 불복종하는 것이지만 하나님께는 복종하는 것이라고 주장했다. 그 결과로 모어와 그의 동료들은 1576년부터 수년 동안 설교할 수 없게 되었다. 1578년에는 서명한 뒤에 다시 설교하게 되었다. 그러나 1584년에 발표된 휘트기프트의 세 가지 조항에는 노퍽 지방의 60여명 설교자들과 함께 서명을 거부하는 이유서를 제출했다. 이들은 모두 다 현직에서 추방당했다.

셋째, 이처럼 청교도의 힘과 결집력이 현저히 약화되는 사건을 맞이하게 된다.

영국 역사에서는 청교도에게 매우 수치스러운 사건으로 간주되고 있는, '마프레이트 스캔들'(Marprelate Controversy, 1588-1589)이 벌어졌다. 청교도가 철저한 압박을 당하고 있던 중 1588년부터 다음 해 사이에 영국 국가교회의 감독 체계를 "타락하고, 오만하며, 하찮고도, 교황적이며, 악성이고, 죄를 범하기 쉬운 고위 성직자"라고 비판하는 글이 팜플렛으로 제작되어서 살포되었다. 저자는 마틴 마프레이트(Martin Marprelate)로 되어 있었다. 때로는 마틴 마르프기레이트(Martin Mar-prelate)로 서명하기도 했고, 마르 마틴(Marre-Martin)으로 표기하기도 했다. 익명의 저자가 내놓은 것 중 하나는 솔즈베리의 부주교 존 브리지스를 공격하는 내용이었다. 브리지스가 국가교회를 옹호하자 휘트기브트와 함께 그들을 비난한 것이다. 리차드 반크로프트(Richard Bancroft, 1544-1610)가 이를 반박하는 설교에서 청교도를 공개적으로 비난했다. 수많은 학자가 추정되는 연구를 거듭 발표해 오다가 최근 연구에서 실제 저자는 트록몰턴(Job Throckmorton, 1545-1601)이고, 펜리(John Penry, 1563-1593)가 도움을 주었던 것으로 규명되었다.[3] 이처럼 비신사적인 행태로 인해서 청교도는 큰 곤경에 빠진다.

청교도가 정치적으로 더욱 불리하게 된 것은 영국 해군이 1588년에 스페인 무적함대를 침몰시킨 점도 있다. 반크로프트는 소책자의 뿌리를 캐내어 가던 중에 장로교회가 연관되어 있다고 판단하여 극우파 청교도를 심문했다. 1591년 런던의 고등법원에는 조사를 받는 청교도가 늘어났다. 결국 노회를 확장시키지 못하게 되고 말았다.[4] 박해와 여러 사건에 연루되면서 청교도 운동은 분리주의자들과는 결별하게 되었다. 과격한 반정부주의자들이었던 브라운주의자들(Brownists)은 1593년 최악의 시기를 맞이했는데, 헨리 바로우(Henry Barrow, 1550-1593) 존 그린우드(John Greenwood, 1556-1593), 존 펜리(John Penry)가 선동죄로 처형되었다. 1593년 의회에서는 분리주의자들에 대한 처벌을 강화하는 입법을 통과시켰다.

청교도 운동이 분리주의자들에 대한 정치적 박해 상황에 맞물리면서 어려움을 겪게 되자, 진정한 기독교의 모습을 보여주려는 경건의 생활화에 전력을 기울이게 된다. 청교도 운동은 국가교회의 체제를 바꾸기 보다는 역동적이며 성공적인 힘을 발휘할 수 있는 영역으로 개혁의 방향이 바뀌게 된다. 엘리자베스 여왕의 집권 후반기에는 청교도 운동은 개인적이고 내적인 영역에 집중하는 모습을 띠게 된다. 정체되고 굳어진 청교도의 운동을 갱신하려는 의도에서 내놓은 경건 서적이 봇물이 터지듯 출판되었다. 이러한 경건 서적은 엄청난 성취를 이룩하게 된다. 이러한 노력으로 인해서 기독교 역사에서 처음으로 권징과 훈련에 주안점을 두는 경건한 실천 운동이 일어났다.[5]

넷째, 1590년대 잉글랜드에는 경제적인 침체와 굶주림으로 대중적인 불안과 혼란이 극심했다. 여왕과 귀족들은 청교도를 분리주의자들의 명백한 파괴적 행위와 연계시키려 했기에, 청교도 상류층은 궁정정치 현장에서 큰 힘을 발휘하지 못했다. 그들은 조용히 청교도 목회자들의 후원자가 되었고, 성도들의 활동을 보호하고자 힘을 쏟았다.[6]

엘리자베스 여왕의 통치 후기에 집요한 국교회 정책이 강요되면서 주교는 하나님께서 세우신 교회의 구조에서 필수적인 부분이라고 생각하는 경향이 확산되었다. 리처드 후커와 랜슬롯 앤드류스(Lancelot Andrewes, 1555-1626)가 앞장서서 국가교회의 감독제를 옹호하는 글을 발표했다.[7] 휘트기프트는 잉글랜드 상황에 적합한 것이라고 주장했다. 교회 정치 제도에 대한 신약성경의 가르침은 가장 완전하고 확실하게 장로교회라고 확신하는 청교도는 위기에 직면했다. 청교도에게 있어서 장로교회 이외에 다른 교회 제도를 받아들이는 것은 하나님의 말씀에 대한 불순종을 의미했다. 교회론은 곧바로 구원의 교리와 연관되어 있기에 치명적이다. 청교도는 장로교야말로 '하나님의 법'(jure divino)에 의해서 명령된 것이라고 확신했다. 그러나 반대로 휘트기프트는 "나는 그리스도의 교회를 위해 성경이 기술하거나 명령하는 확실하고 완벽한 교회정치 형태를 발견하지 못했다. 그것이 만약 교회의 구원에 있어서 필수적인 문제였다면 의심의 여지 없이 시행해야 했을 것이다"라고 선언했다.[8] 국교회주의자들은 주교 제도를 하나님의 명령이라고 주장하면서 감독 정치를 가지고 청교도를 압박했다. 감독 제도에 지나친 긍정도 하지 않았던 여왕은 로마가톨릭을 적그리스도로 규정하는 것을 싫어했으며, 설교보다는 위엄있는 예식과 행사를 좋아했다.[9] 그녀는 교회 합창음악에는 관심이 깊어 많은 재정을 투입해서 황실예배에 성가대 찬양을 참여하게 하였고, 최고의 작곡가들에게 최상의 음악을 계속해서 작곡하도록 격려했다. 교회 안에서 찬양은 거의 제네바 방식으로 시편 찬송을 불렀다.

영국 국가교회의 실상은 어정쩡한 개혁에 그치고 말았다. 로마가톨릭에서 해 온대로 주교 제도를 유지하고 있었기 때문에 성상파괴주의도 아니었고, 성례에 관한 신학적인 입장을 세우지도 않았다. 영국 국가교회가 과연 개신교회에 속하는지 참으로 의구심이 든다. 그들은 자신을 로마가톨릭이라고 부르면 싫어하면서도 "앵글로 가톨릭교회"(Anglo-Catholic, Anglo-Catholicism)라는 이름을 만들었다. 이러한 현상은 지금까지도 계속되고 있다.

잉글랜드 가톨릭교회는 건물과 장식의 아름다움을 하나님께 예배하는데 방해가 된다고 생각하지 않았다. 이들은 기도와 설교를 동일하게 취급했다. 기도에 특별한 가치를 부여했다. 최상의 기도 형태는 성례전에서 드러났는데, 개혁파 교회의 목사들과는 달리 영국 국교회 주교들은 기독교 전통의 보호자요, 특별한 권위를 하나님으로부터 부여받았다고 생각했다. 그런 대표적인 모습을 목격할 수 있는 곳이 런던에 있는 웨스트민스터 사원이다. 1561년부터 40년 동안 가브리엘 굿맨(Gabriel Goodman, 1528-1601)이 담당 목회자로 있으면서 청교도를 거부하였다. 이러한 국교회의 후견인들로는 왕실 목사 윌리엄 세실 경, 그의 아들 로버트(Robert Cecil, 1563-1612), 버글리 경이 있었고, 리처드 닐(Richard Neile, 1562-1640)과 랜슬롯 앤드류스와 윌리엄 로드가 물려받았다.

휘트기프트의 강력한 압박이 가해지던 1590년대 초반 청교도는 영혼을 추구하고 다른 대안을 모색하는 시기에 접어들도록 강압적인 조치를 받고 있었다. 특히 청교도의 열렬한 후원자인 레스터의 백작과 워익의 백작들도 1588년 사망했다. 그들은 1565년에서 1566년 사이에 격론을 벌이던 성복 논쟁에서 최후에 법정에서까지 청교도를 도왔던 후원자들이었다.

상황이 이렇게 달라지자 청교도는 국가적인 교리 문제를 잠시 내려놓을 수밖에 없었다. 국가교회 체제가 아니고서는 아무것도 할 수 없게 되자 온건한 청교도 운동에 나선 것이다. 청교도 지도자들은 여왕이나 대주교와의 논쟁은 접어두고 각자의 교구와 지역과 동네와 가정에서 한 사람씩 변화시키고 영적으로 개발하는 일에 매진하게 된 것이다.[10]

1590년대 말경에 이르기까지, 각 지역 교회의 풍성한 실천 방법들이 10여 명의 청교도 지도자들에 의해서 제시되었다.[11] 성경 읽기, 묵상, 설교를 듣는 군중 모임, 예배를 위해서 성도와의 개별적인 모임, 상호 권면과 교화, 가정의 경건과 교리문답서 공부, 주일 성수와 금식하는 날 시행 등으로 경건한 생활을 풍요롭게 가꾸는 방법을 구체적으로 제시했다.

종교개혁의 후반기에 접어들면서 16세기 후반부와 17세기 초반에 가장 놀라운 청교도의 성취가 나타나게 되었다. '새로운 내적인 역동성'이요, 이것은 '새로운 청교도운동'이라고 부른다. 이런 실제적이고, 체험적인 경건의 연습과 실천 방법은 영국의 청교도가 가장 큰 영향을 끼치는 시기를 만들어냈다.

2. 경건한 실천 목회자 리처드 그린햄

청교도 운동이 새로운 방향으로 전환하여야할 절박한 시점에서 그 물꼬를 열어놓은 한 목회자가 주목을 받았다. 그의 사역은 그야말로 청교도의 핵심적인 특징을 가장 잘 보여주는 한편의 드라마와 같다. 리처드 그린햄(Richard Greenham, 1535?-1594)은 청교도 운동의 초기에 가장 큰 영향력을 끼친 중요한 설교자 가운데 한사람이다. 외부적으로 알려진 신학자는 윌리엄 퍼킨스(1558-1602)였지만, 내부적으로 실제 모범적인 방법을 23년 동안 담임 목회자로서 현장에서 몸소 실천한 목회자는 그린햄이었다. 칼뱅주의 청교도의 대표적인 지도자였던 그린햄의 설교와 논문, 지도력을 따라서 수많은 청교도가 동일한 방법을 채택했다. 영국의 교구 목회자들의 총대표자로서 가장 감동적인 실천 신학자로서 '현명한 영혼의 의사'(a wise spiritual physician) 라고 높은 평가를 받고 있다.[12]

그린햄의 개혁주의 신학에는 하나님을 아는 지식, 즉 칼뱅주의 신론이 광범위하게 자리하고 있다. 구원에 있어서 하나님의 예정에 대한 강조와 하나님의 전능하신 능력, 신적인 모든 결정권이 핵심을 차지하고 있으며, 이를 목회 사역에도 적용했다. 그는 장로교회 신학을 가진 목회자가 현장에서 실천적으로 적용하는 성공 사례를 보여주었다. 그는 천국과 지옥을 다스리는 하나님의 권능과 자기 자신의 힘으로는 구원을 얻을 수 없는 인간의 무능력을 강조했다.[13] 그의 신학적인 강조점과 태도는 청교도의 대표적인 강령이 되었다.

또한 그가 당시 현장에서 주장했던 것은 다른 목회자들에게 공감을 얻었다; 1) 「수장령」이 발표되자 서명을 거부했고, 2) 성복 착용을 한다면 로마가톨릭교회의 사제직이 지속된다는 인식을 주게 된다고 하여 반대하였으며, 3) 청교도 가운데 최초로 가장 엄격한 주일성수를 주장했으며,[14] 4) 경건을 생활화한 최초의 영국 청교도였다.[15] 그와 함께 청교도 운동을 추진한 동지들은 로렌스 채더턴, 리처드 로저스, 윌리엄 퍼킨스 등이다.

그의 주교 콕스(Richard Cox, 1500-1581 the bishop of Ely)는 여왕의 문서에 서명하지 않던 그를 호출했다. 서명파와 비서명파 어느 쪽이 교회를 분열시키는 죄를 범했느냐고 매우 곤란한 질문을 던졌다. 그린햄은 양쪽 모두가 화합하는 정신으로 행동을 선택했다고 한다면 그 어느 쪽에도 죄가 없다고 답했다. 그 후로 주교는 더이상 그를 괴롭히지 않았다. 서명파든지 청교도든지 모두다 가장 관심을 갖고 있었던 것은 초대교회 시절에 과연 성도들은 어떤 실천 방법을 지켰으며, 교회의 원리로 삼아야 할 것들이 무엇인지 깊이 고민하고 있었다.

그는 1564년에 케임브리지 대학교를 졸업했고 1567년에 석사학위를 받았다. 자신의 교구 드라이 드레이톤(Dry Drayton) 지역 안에 신학교를 세웠다. 케임브리지 대학교에서 북쪽으로 돌멩이를 던지면 닿을 수 있는 곳이라고 알려졌는데 실제는 8킬로미터 정도 떨어진 곳이다. 수많은 젊은이를 길러냈는데, 그가 식탁에서 제자들에게 강의한 내용이 지금까지도 목회 지원생들에게 교훈을 주고 있다.

1570년에서 1590년까지 드라이 드레이톤에서 사역했던 그린햄은 '가장 모범적인 경건한 목회자'(the paradigmatic godly pastor)로 높이 추앙을 받았다. 그의 교구는 서명한 청교도를 위해서도 완벽한 모델이었다. 이처럼 그를 흠모했던 런던의 목회자 헨리 홀랜드(Henry Holland, 1556-1603)가 4년 동안 그의 논문, 친구들에게 보낸 편지, 설교 등 그의 지혜와 가르침을 수집했기에 지금 우리도 읽을 수 있게 되었다.[16] 우리는 청교도의 독특한 교리와 경건의 기본 원리를 그의 저서에서 확인할 수 있다.

그린햄은 목회란 "자기 자신과 지역 주민에게 십자가에 못 박힌 그리스도를 전하는 것"이라고 규정했다.[17] 목회 사역이란 하나님의 말씀을 전하는 것이며, 순전히 하나님의 영광과 우리 형제들의 구원을 열망하는 것이라고 규정했다. 이 세상에 그리스도를 알리는 길은 하나님의 말씀을 설교하는 것 외에는 없다. 이러한 그의 설교는 『영적인 꽃들의 정원』(A Garden of spiritual flowers)이라는 제목으로 1609년에 출판되었고 몇 차례 재판이 나왔다. 그의 안식일에 관한 해설도 역시 많은 독자에게 알려졌다. 그의 설교에는 청교도의 생활 모습과 신앙의 관점이 어떠했는지를 보여주는 생생한 내용들이 담겨 있다.

그린햄은 기독교 신자의 삶을 '순례자'(a pilgrim)로 보았다.[18] 이러한 관점 때문에, 그는 청교도의 목회적인 경건의 설계자라고 하는 높은 평가를 받고 있다. 수많은 난관을 극복해 나가야 하고, 하늘에 있는 도성에 도착하기까지 인도해 주는 길을 잃지 않으려면 시련을 이겨내야만 한다. 눈물의 골짜기를 통과해야하고, 인생은 유한한 생명을 마감해야 한다. 엄청난 고통에 둘러 싸여 있어서 편안한 날이란 별로 기대할 수 없다. 그린햄은 두려움에 빠진 영혼들을 위한 상담과 해답을 제시하였다. 첫째, 우리가 교만에 빠지거나 집중하지 않으면 혼돈에 빠진다. 둘째, 하나님의 임재하시는 능력으로 우리가 기도하는 것이고, 하나님께 봉사할 수 있게 되는 것이므로 자랑할 일이 아니다. 셋째, 때로는 그리스도인들의 영혼에도 죄악이 파고들어 온다. 우리는 회개하고 죄를 고백해야만 한다. 우리는 하나님의 자녀라는 확신을 가져야 한다. 넷째, 영혼에 의심이 들어올 때는 타락한 본성의 상태를 인정하라. 은밀한 죄는 고통의 씨앗이 된다. 목회자도 훈련을 받아야만 한다.

목회자로 교회를 돌보는 동안에 카트라이트는 남자 성도의 70%가 글을 읽지 못하는 것을 안타까워했는데, 특히 여성이 문맹자라는 것에 항상 마음이 쓰였다. 그는 거의 모든 자유 시간을 필요한 사람들과 기꺼이 나누었다. 그린햄은 매일 아침 새벽 4시에 일어나서 연구하고 설교를 준비했다. 주중에 그는 월요일, 화요일, 수요일 그리고 금요일에 새벽 동트는 시간에 소속 교구 내 성도들이 설교를 듣고 일터로 향하도록 간단한 모임을 주도했다. 오전에 다시 연구하는데 집중했고, 오후에는 병환 중인 가진 성도를 심방했고, 들판에서 일하는 성도를 찾아가서 현장에서 이야기를 나눴다. 주일에는 두 번 설교했다. 목요일 아침에는 교구의 자녀들을 위해서 교리를 가르쳤고, 다시 주일 저녁 시간에도 계속했다.

그린햄은 열정적으로 힘을 다해 설교했는데, 설교가 끝난 다음에 그의 옷은 마치 물에 빠졌다가 나온 사람처럼 온 몸에서 나온 땀으로 흠뻑 젖어 있었다.[19] 그는 설교하러 강단 위로 올라가기 전에 그의 온 몸이 두려움에 흔들거리고 매우 깊이 찌르는 듯한 고통을 겪으면서, 자주 사탄의 공격이 있다는 것을 체험했다.

고통을 당하는 영혼들의 상담목회자였던 그린햄은 기근이 들었을 때는 적은 양의 음식으로 연명하기도 했고, 가난한 자에게는 콩을 조리해서 판매하도록 알려 주었으며, 한 가정에 일주일 동안 꼭 필요한 분량만을 사도록 권고했다. 호의호식하면서 살아가는 생활을 거부했다. 그는 세상과는 잘 어울리지 못했다. 그의 지푸라기를 값싸게 사려는 시장상인과 흥정하는 데 어려움을 겪기도 했고, 아내가 추수하는 인부들의 품삯을 주기 위해서 이웃에게 돈을 빌려야 했었다. 그럼에도 불구하고 그의 성도들은 그를 존경했다.

그린햄은 평안을 도모한 목회자였다. 그가 목회하던 시절에 영국 시골 사람들은 곡식을 가꾸지 않아서 갈라진 땅들이 많았다. 씨를 뿌리는 시간이 필요했고 무르익을 때까지 기다려야 했다. 그린햄의 영향을 받은 목회자 중에는 청교도의 핵심 지도자로 사역을 감당한 아서 힐더삼, 헨리 스미스, 리처드 로저스, 윌리엄 퍼킨스 등이 있다.[20] 그린햄은 철저한 주일성수를 강조하는 글을 발표해서 수천 명의 청교도가 영적인 감동을 받았다.[21] 마지막으로 런던에서 2년 동안 목회한 후 1594년에 60세로 행복한 죽음을 맞이했다. 그는 흑사병으로 사망한 것으로 알려졌다. 훗날 리처드 백스터는 경건의 실천가로 그린햄을 최고의 목회자로 뽑았다.[22]

그린햄은 기회가 있는 대로 동료의 초청을 따라 케임브리지 대학교와 근처 마을에서 강의하거나 설교했다. 그가 세운 학교에서는 영적인 인도를 받고자 모인 학생들이 한동안 머물러 있었다. 옥스퍼드로 간 헨리 스미스, 리처드 로저스와 스테판 에거톤이 머물던 학생이었고, 훗날 존 윈스럽의 가정을 지도하는 에스겔 컬버웰(Ezekiel Culverwell, 1554?-1631)이 거쳐 갔으며, 옥스퍼드셔의 존 도드(John Dod, 1549?-1645)도 그린햄의 자문을 받았다. 이들은 모두 다 청교도 운동의 최전선에서 활약했던 지도자들이었다.

3. 리처드 로저스의 영적 훈련과 경건 지침서

리처드 로저스는 에섹스 지역의 데드햄(Dedham) 지역의 대표적인 목회자로 매월 성만찬을 나누었고, 매주 성경 강연회를 개최했으며, 가난한 자와 병약한 자에게는 주일마다 봉사와 위로를 제공했다. 주변의 이웃들과 가난한 자들은 문맹자였다. 로저스는 교회 안에서 주일인데도 똑바로 행동하지 않는 자들을 바르게 가르쳐주고, 설교자에게는 최대의 존경심을 표하도록 하면서 매우 중요한 영향력을 발휘했다.[23] 그러나 이웃집에 사는 사람이라도 속물과 같은 사

리처드 로저스(Richard Rogers). 경건과 헌신의 실제적인 방안을 지도함.

람이라면, 서로 인사조차 나누지 않았다.[24] 그런가 하면 존 뉴스텁은 동료 로저스와는 완전히 다르게 그 어떤 사람이라도 만나면 서로 반갑게 인사를 하고 매우 정중하며 상냥하게 대화를 나눴다. 청교도는 이 두 사람 중에서 어느 쪽인가를 더 좋아했을지도 모를 일이다. 필자는 기질이나 성경으로 보건데 매사에 분명한 사람인 로저스를 따라가고자 했을 것 같다. 한편으로는 필

자는 뉴스텁처럼 부드럽고 온화한 성품의 목회자가 되기를 기도하면서 살아가고 있다.

로저스는 휘트기프트가 강요하던 세 가지 조항에 서명을 거부하면서 다른 26명의 목사와 함께 청원서를 제출했다. 휘트기프트는 모든 청원자를 면직시켰다. 그러나 귀족 로버트 로스 경(Sir Robert Wroth, 1540?-1606)이 중재에 나선지 8개월 후 그들의 설교권이 회복되었다. 우리는 청교도 목회자들을 매우 정중하게 대했던 귀족들과 지주들과 시민들에 대해서도 잊어서는 안된다.

로저스는 사사기 주석에서 103편의 설교를 남겼는데 매우 실제적이고 체험적이다. 74번째 설교에서 로저스는 "우리가 주 예수 그리스도의 교리를 집중해서 제시할 때 평이하고도 쉽고도 강력하게 우리를 가르치는데, 주님께서 우리의 마음을 성령의 권능과 은혜로 밝혀주시고 그분을 섬길 수 있도록 그전에 우리가 갖고 있지 않았던 또 다른 심령을 내려주신다"고 설명했다.

기독교인으로서 어떻게 살아가야 하는지에 대한 대답을 원하는 성도에게 로저스는 가장 심혈을 기울여서 해답을 준비하여 제시했다. 성도들은 아주 구체적이고 상세한 지침을 요구했다. 그러나 로저스의 시대에는 그 어느 곳에서도 경건한 삶에 관한 지침을 제공하는 서적을 찾아볼 수 없었다. 로마가톨릭교회에서 내놓은 것들은 성경에 근거한 것이 아니었고, 아주 막연하게 미신적인 행동을 요구하는 것이라서 전혀 도움이 되지 않았다. 로저스는 날마다 은혜 아래서 하나님과 생활하는 안내서를 출판했는데『일곱 가지 논제들』로 풀이했다.[25] 첫 출판에는 6백 쪽에 달했는데, 현대 영어로 재출간 된 것은 8백여 쪽에 달한다.

첫째 논제는 하나님의 참된 자녀에게 요구되는 표식들을 다루었다. 회개에 관해서 설명하고, 참된 구원에 이르는 믿음을 어떻게 구별하는가를 제시했다. 둘째 논제는 경건한 생활이란 하나님의 은혜 가운데서 믿음으로 하나님의 계명을 지키는 것으로 그 표식을 드러낸다고 풀이했다. 셋째 논제는 참된 경건의 성장에 도움을 주는 세 가지 은혜의 수단을 가르쳤다. 하나님의 말씀 설교, 성례들 그리고 공적인 기도이다. 이 부분은 이미 칼뱅과 개혁신학자들이 가르친 것과 동일하다. 여기에다가 개인적인 은혜의 방편들로서 일곱 가지를 추가했는데 1) 매사를 주의 깊이 살피는 경성함(watchfulness) 2) 묵상 3) 그리스도인의 전신갑주 4) 다른 성도와의 경건한 대화 5) 가족과의 경건한 예배 6) 기도 7) 경건 서적 읽기 등이다.[26] 그 밖에도 추가적인 수단으로는 하나님의 섭리에 대한 반응이다. 일상적이지 않은 축복에 대한 엄숙한 감사의 시간 그리고 통상적이지 않은 고통 속에서 일정 기간 금식기도이다. 다섯째 논제는 하나님과 동행하는 생활에 장애물들을 다뤘다. 사탄, 자기 자신만을 사랑하는 것에서 벗어나기, 세상의 부패함과 사악함 등이다. 여섯째 논제는 믿는 자들의 특권에 대한 사랑스러운 설명과 어떻게 우리가 그것을 즐길 것인가를 풀이했다. 일곱째 논제는 반대자에게 주는 대답들이다.

로저스의 『일곱 가지 논제들』에는 개혁신학의 핵심 교리들과 체험적이며 경건의 연습을 특징으로 하는 기독교 신앙이 담겨 있다. 영적인 분별력을 갖추고 날마다 세상을 향하여 나아가서 하나님의 나라와 그의 의를 구하는 생활을 제시했다. 성도가 거룩한 생활을 영위하기 위해서 싸워야 할 대상은 죄악이요, 주요 전쟁터는 자신의 마음 밭이다.

미국 뉴욕 맨하탄에 있는 콜롬비아대학교 인문학 교수였던 윌리엄 할러(William Haller)는 청교도 문학에 심취하였는데, 『일곱 가지 논제들』를 아주 높이 평가했다.

> "영국 칼뱅주의를 표현한 것으로 행동 강령의 중요한 해설서로는 처음 나온 책이다. 더 폭넓게 평가하자면, 청교도의 영적이고도 도덕적인 생활의 개념을 제시한 책이다. 이 책으로 인해서 광범위하게 문학이 시작되었으며, 생활의 모든 분야에 영향을 주었다는 것은 결코 과장이 아니다."[27]

로저스는 '정확하신 하나님'을 섬기기 때문에 하나님을 향해서 살아가도록 가르쳤다.

첫째, 우리는 날마다 우리의 죄에 대해서 겸손해야만 한다. 하나님의 율법에 의해서 우리의 생활을 시험하게 될 것이기 때문이다.

둘째, 우리는 날마다 그리스도 안에서 하나님의 약속에 의해서 그 죄 용서가 확실하다는 소망을 든든히 붙잡아야 한다.

셋째, 우리는 날마다 우리의 가슴이 주님만을 사모하도록 준비해야 하고, 그것에 맞추도록 지켜야 하고, 그것을 바라야만 한다.

넷째, 우리는 날마다 모든 악한 것들과 죄에 맞서서 강하고 단호하게 싸워야 하며, 하나님을 거역하는 것을 가장 두려워해야 한다.

다섯째, 우리는 날마다 하나님을 공경하고 사랑하는 마음을 불러일으켜야 하고, 어떤 환경에서나 그분을 즐거워하며, 모든 의무 가운데 그분만을 기쁘시게 하고자 최선을 다하고, 모든 경우에도 헌신하여 주님의 재림을 바라보아야 한다(살후 3:5).

여섯째, 우리는 날마다 받은바 은혜에 대해서 감사하고, 여전히 확실한 소망에 대해서도 감사해야 한다.

일곱째, 우리는 날마다 모든 경우에 깨어서 경성하며, 흔들림 없이 항상 기도해야 한다.

여덟째, 우리는 날마다 하나님과의 평화를 지키고 유지하여야 하고, 그와 함께 자리에 누워야 한다.

로저스처럼 청교도는 개혁주의 신학에 근거한 성경적 설교에 치중하면서 체험적인 가르침을 제시하였다. 사도 바울은 성도에게 신중하며 경건함으로 세상에서 선하고 깨끗할 것을 권면했다(딛 2:11-14).

4. 청교도의 경건 훈련 방법들

필자는 미국 미시간 주에 있는 청교도 가정과 펜실베니아 주에서 조상들의 신앙을 지켜나가고 있는 교회를 여러 번 방문했었다. 청교도 신앙을 계승하고 있는 신학대학원과 교회에 출석해서 예배도 드렸고, 또 몇 차례 설교와 강의를 한 적도 있었다. 청교도 가정을 둘러볼 때마다 놀라웠던 것은 각 가정마다 책장이 비치되어 있었고, 청교도 설교자들의 책과 경건 서적이 빼곡히 채워져 있었다. 진열된 책은 결코 과시형 비치용이 아니라, 항상 가까이에 두고 읽어 보는 신앙 서적들이었다. 지금도 청교도 후예들은 여전히 교양과 덕성을 함양하기 위해서 신실하게 책 읽기를 실천하고 있다. 16세기와 17세기에는 그 어느 시대보다도 청교도 운동의 메시지가 담긴 경건 서적이 엄청나게 출판되었다.

예수님은 말씀과 사역으로 죄인들을 위한 구원을 성취하셨다. 기독교는 교리와 생활을 나누지 않으며, 외적인 행동과 내면의 믿음을 분리하지 않는다. 예수님께서 몸소 사랑을 실천하셨다는 점은 이 세상의 그 어느 종교나 철학과도 다르다. 바로 이러한 실천적인 경건이 가장 뚜렷하게 드러난 운동이 고난 속에서 거룩한 청교도주의자들에 의해서 놀라운 금자탑을 이뤘다.

청교도의 가장 큰 특징 중에 가장 돋보이는 것은 경건한 생활에 집중하면서 영적인 성장을 도모한 점이다(벧후 3:18). 구체적으로 실제적인 경건의 훈련 방법을 제시하여 일상생활에서 이를 중요한 과제로 삼아 실천했다. 경건 연습은 믿음의 능력을 발휘하는 일이다. 청교도가 생활 속에서 가장 열정적으로 집중하던 방법으로는 책 읽기와 기도와 명상이었다. 경건 연습은 믿음을 견고히 유지하기 위해서 필수적이다.

오늘날 세속화된 세상 속에서 한국 교회가 활기차게 살아 움직이는 힘을 발휘하려면 경건 연습이 필요하다. 매일 습관 속에서 피나는 훈련이 없다면 결코 경건의 열매를 맺을 수 없다. 한국 교회는 숫자로 나타나거나 건물이나 교단 조직 등 외형적인 모습으로 볼 때는 힘이 있는 것 같지만 내실을 점검해 보면 허술한 부분이 많다. 각 성도가 그리스도의 강한 전사가 되지 못하고 현실을 그냥 묵과해 버린다면 무기력한 상황을 결코 타개할 수 없다. 교회와 모임마다 성경을 포함해서 책읽기와 기도와 명상이 부족하다. 한국 교회는 교회에서 모이는 공적인 기도 모임이 많이 있으므로, 책 읽기와 묵상 실천을 상세히 살펴보자.

움직이는 도서관. 책을 가득 싣고 다니는 청교도.

경건 서적 읽기

청교도는 머리가 아니라 가슴으로 열심을 품고 살았다. 뜨거운 가슴이 유지되려면 은혜를 받아야만 한다. 그 은혜를 받는 수단으로 성경 읽기와 경건 서적 읽기, 설교 듣기와 설교문 읽기, 기도, 묵상을 강조하였다. 특히 청교도는 하나님에 대해서 배우려는 마음을 갖고 살았다. 배운다는 것은 단순히 지식으로 흡입하는 것에 그치지 않고, 생활 속에서 경건을 연습하는 것으로 구체화 되었다. 책 읽기는 경건 연습으로 중요한 부분이었으며, 신앙 성장을 위해서 매우 중요한 요소로 생각했다. 모든 청교도는 경건 서적을 읽는 것을 가장 일반적인 생활 일부이자 일상적인 경건 방식으로 받아들였다. 경건한 서적을 읽는 것은 거룩한 생활을 터득하게 하고 진리를 깨닫게 하는 자양분을 제공한다.

종교개혁자들은 오직 성경을 주장했기에 개혁주의 교회는 말씀의 종교가 되었다. 한마디로 '책의 종교'가 된 것이다.[28] 로마가톨릭의 우상숭배, 유물신앙이라는 구습과 미신과 전통을 벗어던지고, 말씀 안에서 확인된 내용에 따라서 신앙을 배우고 공급받았다. 바로 이러한 '책의 종교'라는 특성이 훨씬 더 확장되어서 일반 성도에게 성경에서 발견한 진리를 실제적으로 가르쳐주는 '경건 서적'이 나온 것이다. 결국 청교도는 시대의 요구를 채워주는 창조적인 생산을 만들어냈다.

일반 성도가 수많은 책을 소유하고 손쉽게 구입을 할 수 있었던 것은 1440
년에 구텐베르크의 활자 기술이 발전되어서 대량 생산이 가능했기 때문이
다. 대학의 확장과 함께 지식인층의 증가가 일어나던 1490년대에 급속히 확
산된 출판업은 새로운 산업이자 부를 창출하는 직업으로 각광을 받았다.
1490년에는 전체 유럽의 주요 도시 200곳에 출판사가 세워졌다. 16세기에 출
판된 책들은 대략 2천만 권 정도로 추산되는데 유럽의 기독교를 바꿔놓는데
결정적인 역할을 했다.[29] 출판된 책은 성도에게 확신을 제공했기 때문이다.
또한 책을 통해서 회심을 체험하게 된 성도들은 정치, 경제, 문화를 바꾸는
데 심대한 영향을 끼쳤다. 수많은 사람이 성경을 읽게 되었고, 바로 그 책을
통해서 설득하는 설교에 호응하였다.[30]

새로운 출판 기술의 발전으로 설교집과 경건 서적의 출판이 쉬웠다. 엘리
자베스 여왕의 통치하에서 청교도가 출판한 책들은 엄청난 영향을 끼쳤다.[31]
청교도 저술 가운데서 가장 큰 영향을 끼친 책은 목회자에게 지침을 제공하
는 퍼킨스의 『예언의 기술』(The Art of Prophesy)이다. 이 책에는 목회신학이 담겨
있어서 설교를 준비하는 목회자의 훈련에 필수적인 교재였다. 물론 이 책은
목회자에게 주는 지침이기도 하지만, 일반 성도의 영적인 훈련을 책임 맡은
설교자에게 귀중한 영적 훈련의 규칙도 담겨 있어서 실제적으로 도움을 주
었다.

오랫동안 로마가톨릭교회에서는 성도들의 영적인 훈련을 위해서 아우구
스티누스(Sanctus Aurelius Augustinus Hipponensis, 354-430)의 책과 버나드(Bernard of
Clairvaux, 1090-1153)의 저서를 교본으로 삼았었다. 특히 버나드의 책은 신비
주의적인 요소가 많았음에도 불구하고 중세 말기에 이르기까지 많은 영향을
끼쳤다. 에라스무스(Desiderius Erasmus, 1466?-1536)가 참여했던 것으로 알려진
중세 후기 경건 운동(devotio moderna)에서는 토마스 아 켐피스(Thomas A Kempis,
1380-1471)의 『그리스도를 본받아』(The Imitation of Christ)를 가장 많이 읽었다.
1640년까지 무려 60판이 인쇄되었다. 토마스 아 켐피스의 책은 수도원에서

나 합당한 태도를 주입하는 내용인데, 탈세속화를 주문하면서 분리주의적인 생활 방식을 강조하는 것이기에 종교개혁자들은 이와는 전혀 새로운 경건을 추구했다. 또한 청교도는 수도원 제도를 폐지하는 데 동의하고 있었기 때문에 경건 훈련을 전혀 새로운 차원에서 모색하였다. 청교도의 경건 서적은 중세 말기나 종교개혁의 초기보다도 훨씬 더 많이 출판되었다.

케임브리지 대학을 졸업한 후 런던에서 목회한 존 다우내임은 웨스트민스터 총회에 참석하여 활약했던 청교도 지도자였다.[32] 그의 수많은 저술 중에서,『경건에 대한 지침서』(Guide to Godliness, or a Treatise of a Christian Life, London, 1622),『그리스도인의 영적 전쟁』(The Christian Warfare Against the Devil, World and Flesh, 4 parts, London, 1609‐18)등이 가장 널리 알려졌다.

아서 덴트도 케임브리지 대학을 졸업한 뒤, 1579년에는 석사학위를 받았다. 그는 성복 착용을 거부하고, 에섹스 지방의 27명 목사와 함께 청원서를 제출하였는데, "공동기도서에는 성경에 배치되는 것이 전혀 없다"는 조항에 서명을 거부했기에 큰 곤경을 당했다. 덴트의 많은 저술 중에서 존 번연에게 결정적으로 영향을 준 저서가 있는데,『평범한 사람이 하늘에 이르는 길』(The plaine mans path-way to heauen : wherein euery man may clearly see, whether he shall be saued or damned : set forth dialogue wise, for the better understanding of the simple, London: imprinted for Robert Dexter, 1601)이다. 이 책은 리처드 백스터에게도 영감을 주어서 1674년에『가난한 사람의 집 안에 있는 책』(The Poor Man's Family Book)이 나오게 되었다.

옥스퍼드셔에 있는 드레이톤(Drayton)에서 뛰어난 목회자로 활약한 헨리 스쿠더(Henry Scudder, ?-1659)는 케임브리지 대학 출신으로 1643년에 웨스트민스터 총회에 참석하는 장로교회 신학자로 선출되었다.[33] 그의 여러 저서 중에서『거룩한 안전과 평안 속에서 기독교인들의 일상생활』(The Christians Daily Walk in Holy Security and Peace)은 백스터와 존 오웬이 극찬한 책이다.

존 도드는 케임브리지 대학교 출신으로 뛰어난 설교자로 활약했으며, 리처드 그린햄의 양녀와 결혼하여 12명의 자녀를 두었는데 아내가 사망하자 재혼했다. 그의 저서『주기도문 강해와 십계명 해설』(A Plaine and Familiar

Exposition on the Lord's Prayer)이 호평을 받았다. 독일 신학자 요한 게하르드(Johann Gerhard, 1582-1637)의 『영혼 지키기』(*The Souls Watch: or a Day-Book for the Devout Soul*) 도 많은 도움을 주었다.

경건 서적의 최고봉은 옥스퍼드 대학 출신의 루이스 베일리(Lewis Bayly, 1575-1631)가 쓴 『경건의 연습』(*The Practice of Piety: Directing a Christian How to walk that He May Please God*)이었다.[34] 초판은 언제 나왔는지 확실하지는 않지만 1611년에 나온 책이 확인되었고, 곧 이어서 12판이 인쇄되었고, 유럽의 여러 언어로 번역되었다. 독일어, 프랑스어, 화란

루이스 베일리 (Lewis Bayly).
『경건의 연습』의 저자.

어, 이탈리아어, 폴란드어, 헝가리어 등 여러 유럽 국가에 보급되었다. 베일리의 생애는 그 자체가 청교도 운동의 범위를 보여준다. 그는 영국 국교회에 소속해 있었기 때문에 내부에서 반대파로 몰려서 생애 말기에는 수개월간 감옥에 구속되어 있었다.

베일리의 『경건의 연습』은 종합적인 기독교 신학을 제시한다. 각 장의 제목은 그야말로 조직신학의 주제들이다. 하나님의 속성들과 본질, 그리스도 안에서 하나님과의 화해되지 않은 인간의 불행, 그리스도 안에서 하나님과 화해한 기독교인의 상태 등이 나와 있다. 하지만 가장 중심이 되는 것은 기독교인이 믿음의 교리에 대해서 개인적인 명상을 하도록 제시했다. 베일리는 서문에서 "하나님을 아는 지식이 없다면 참된 경건이란 없다. 또한 사람이 자기 자신을 아는 지식이 없다면 그 어떤 좋은 실천도 없다"라고 시작한다. 경건 연습으로 제시된 실제적인 방법들은 명상과 기도에 헌신하라는 것인데, 낮 동안에 가정에서 다양한 삶의 상황 속에서 공적인 예배를 준비하면서 최선을 다하는 것이다. 엄격한 안식일을 지키는 것, 주일에 성찬을 받기위해서 금식하는 것, 기도, 묵상 수행 등이 개인적인 실천 방법이었다. 질병에 걸렸을 때와 죽음에 이르렀을 때, 미혹을 받을 때 등등 다양한 상황 속에

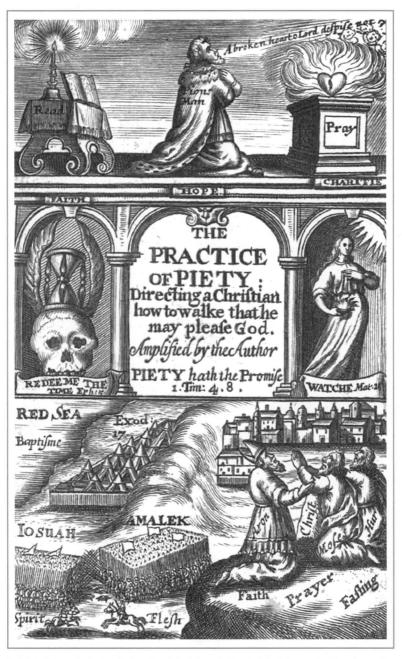

『경건의 연습』표지. 맨 위쪽에 왼쪽에는 성경 읽기, 중앙에는 찢겨진 심령으로 기도하는 성도, 오른쪽은 기도, 아론과 훌이 모세의 양팔을 붙들고 이스라엘의 승리를 위해서 기도하는 모습. 여호수아와 아말렉 사이의 전투(출애굽기 17장 10절), 믿음, 기도, 금식.

서 항상 신실함을 해답으로 제시했다.

청교도의 영적인 성품에 있어서 중요한 것은 가정을 지키는 경건으로써 아침 기도, 저녁 기도, 식사 기도에 힘쓰는 일이었다. 청교도는 인쇄된 기도문을 반복적으로 읽도록 하는 것이 아주 대표적인 모습이었다.

청교도는 '가슴의 종교'를 향한 그들의 열망을 모두 함께 나누었다.[35] 그들은 아우구스티누스 신학에서 규정된 인간의 본성과 하나님의 은혜에 대한 이해를 근간으로 삼았는데, 이것은 수천 년 기독교의 역사를 통해서 청교도 시대까지 흘러내려 온 것이다. 청교도는 그들의 시대에 로마가톨릭의 변질을 완전히 털어내 버리고 오직 그리스도의 거룩한 가슴을 품으려 했는데, 사회질서를 유지하면서 성도가 활용할 수 있는 영적인 훈련을 받아들였다. 청교도의 실제적 신학의 뚜렷한 기여는 성직자와 성도 사이에 차별화된 경건을 제거해 버리는 작업에 돌입했다는 점이다. 청교도는 로마가톨릭 성직자들이 수도원 안에서만 헌신해야 순수한 헌신이라고 하는 개념을 무너뜨리고 세상 속으로 들어가서 일상 생활 가운데서 경건을 제시했다. 세상으로부터의 구별된 삶은 청교도의 가장 두드러진 모습이었는데, 경건한 가정에서와 경건한 개인의 헌신적인 실천을 통해서 성취를 하려고 하였다. 경제 활동을 하고, 창조적인 시민 생활에 참여하면서, 책 읽기와 묵상과 기도 생활에 힘을 기울였다. 청교도 신학이 추구한 것은 혁신적으로 소명 교리를 체계화했고 루터와 다른 종교개혁자들이 정립한 만인 제사장의 교리를 실행하고자 하였다.

집중적이며 규칙적인 묵상 실천

성경에는 묵상하는 장면과 교훈이 많이 나온다. 따라서 한국 교회에 낯설다고 해서 그냥 지나칠 일이 아니다. 청교도의 묵상훈련에 대해서는 완전히 새로운 평가를 해야만 한다. 한국 교회에서는 묵상 훈련이 거의 전무하다. 이는 로마가톨릭의 왜곡된 명상 훈련에 대한 거부감이 크기 때문이고, 동양 종교에서도 외형적으로 비슷한 노력을 하고 있기 때문이다.[36] 물론 묵상을 사람의 생각에 따라서 잘못하게 되면 잡다한 상념에 빠지기도 하고, 신비적인 영성 훈련으로 인도될 수 있다.

영국 복음주의 신학자 피터 툰(Peter Toon) 박사는 기독교 신자의 묵상은 성경에 기초해 있고, 또한 초대 교부의 신앙에서도 발견된다는 것을 제시하였다. 교부들은 성경 연구와 생활 속에서 헌신적인 훈련을 도모했는데, 곧 묵상에 힘썼다. 특히 동양 종교 중에 힌두교와 불교에서 명상을 하고 있는데, 그들은 자아중심으로 빠져들어 간다. 그러나 이것은 기독교의 묵상과는 다른 것임을 피터 툰 박사는 비교해서 밝혔다. 기독교인은 내주하시는 성령님의 인도 가운데서 예수 그리스도와의 교통에 힘쓰고자 한다. 기독교 신자는 하나님의 계시 속에서 생각하고, 마음과 가슴을 열어서 하나님께서 펼치신 것을 살펴본다.[37]

청교도의 묵상은 초월 세계에 대한 망상을 하는 것이 아니다. 청교도의 묵상은 불교나 힌두교에서 권장하는 막연한 '정신 지배'(마인드 콘트롤)을 단련시키는 방법도 아니요, 그런 무의미한 시간 낭비도 아니다. 불교와 힌두교에서는 마음을 비우라고 말하고 있지만 결코 인간의 마음은 비워지지 않는다. 도리어 청교도의 묵상은 살아계신 하나님, 인격적이며 인자하신 하나님께로 가까이 나아가서 귀를 기울이는 시간이다.[38] 청교도에게서 묵상을 배우게 되면 경건 훈련을 제대로 파악하게 될 것이다. 우리가 성경적인 묵상을 반복적으로 연습해서 경건한 습관을 몸에 지니고 다님으로써 험악한 죄악 세상에서 승리하는 삶을 살게 되는 것이다.[39]

성경적인 묵상(meditation)은 죄를 멀리하고 조용한 반성의 시간을 갖는 것이다. 묵상은 기도의 예비 단계이자 보조적인 작업이라고 할 수 있다. 시편 1편 2절에 "여호와의 율법을 즐거워하여 그의 율법을 주야로 묵상하는 자가 복이 있는 사람이라고 하였다. 성경에는 곳곳에서 묵상을 언급하고 있는데 하나님께서는 여호수아에게 묵상하라고 명령하셨다(수 1:8). 이삭의 묵상(창 24:63), 다윗의 침상 묵상(시 63:6), 새벽의 묵상(시 119:148)을 찾아볼 수 있으며 그 밖에도 시편에 자주 등장한다(시 4:4, 77:10-12, 104:34, 119:16, 48, 59, 78, 97-99).

묵상이란 생각하는 시간과 반성하는 시간을 갖는다는 것을 전제로 한다. 청교도는 하나님의 영원한 작정, 인간의 의지, 하나님의 말씀에 대한 묵상에 집중했다. 이런 시간을 통해서 지성과 마음을 단련했다.

철저한 장로교회의 지도자였던 에드먼드 캘러미(Edmund Calamy, 1600-1666)는 당대 목회자들에게 가장 영향력을 발휘한 목회자였다.[40] 그는 웨스트민스터 총회(1643)에 처음부터 참석하여 대표적으로 활약한 신학자 중의 한사람이었고, 1647년에는 교리 문답서 작성에도 참여했다. 그는 이 기간에 작은 휴대용 성경을 편집하여 군인들이 손쉽게 사용할 수 있도록 하였다.[41] 케임브리지 대학을 졸업한 후에 비서명파 목사가 되었고 알미니안주의를 철저히 배격하였다.

경건의 연습으로서 묵상생활에 철저했던 청교도 신학자 에드먼드 캘러미.

그의 후손들이 4대에 걸쳐서 같은 이름을 가지고 목회를 감당할 만큼 캘러미는 청교도의 대들보 같은 존재이다. 캘러미 가정은 프랑스에서 건너 온 위그노의 후손으로 알려져 있다. 집안에서 이미 박해를 견디면서 오랫동안 개혁신앙의 유산을 지켜오고 있었고, 그런 기도와 헌신의 터전에서 걸출한 장로교회 목회자 집안을 이루게 된 것이다. 국가교회 체제를 지지하는 죠셉 홀의 주장을 반격하면서, 캘러미는 장기의회(the Long Parliament, 1640-1653)의 개회 예배에서 영국 국가 교회 내에서 장로교회 정치 체제를 허용하도록 강력하게 주창하였다. 그러나 그는 찰스 1세를 사형하는 일에 반대했을 정도로 남에게는 넉넉한 관용을 베풀면서도 자가 자신이 높아지려고 허세를 부리지 않았다. 다만 진리를 거스르는 주교 앞에서는 추호의 망설임도 없이 타협하지 않았다.

캘러미의 『신적 경건의 기술』은 우리가 다루고자 하는 청교도의 묵상 생활에 대해서 상세하게 가르치고 있는 탁월한 교과서이다. "그리스도에 대한 묵상을 하게 되면 그리스도에 대한 사랑으로 불타오르게 되며, 하나님의 진리를 묵상하게 되면 그 진리에 따라서 변하게 되며, 죄에 대해서 묵상하게 되면 죄를 미워하게 만든다"라고 말했다.[42] 그리스도를 존중하고, 그리스도에게 순종하기를 원하는 사람이라면 그리스도를 마음에 품고서 깊이 묵상해야만 실천에 옮길 수 있다. 그 밖에도 대부분의 청교도 신학자는 묵상의 실천을 강조했는데 중요한 청교도 신학자의 저술이 많다. 리처드 그린햄, 토마스 후커, 토마스 화이트(Thomas White, 1550-1624) 등이 묵상을 강조한 것을 그들의 저술을 통해서 확인할 수 있다.[43] 토마스 후커는 『그리스도를 향한 영혼의 준비』에서 묵상을 지속하게 되면, "첫째는 진리의 탐색에서 더 깊은 경지에 나아갈 수 있고, 둘째로 심령에 감동이 일어나는 효과가 있다"고 하였다.[44]

두 종류의 묵상

청교도는 매일 의무적으로 묵상을 실천하도록 강조했다. 청교도는 은혜의 수단으로 성경 읽기, 설교 읽기, 경건 서적 읽기, 설교 듣기, 기도, 그리스도에 대한 묵상을 강조했다. 은혜의 표지는 회개, 믿음, 겸손이라고 했다. 이 표지들은 하나님에 대한 사랑, 동료 그리스도인들과의 관계, 이웃 사람과의 관계를 강화시켜 준다.

청교도는 임시적 묵상과 계획적 묵상을 강조했다. 임시적 묵상은 그야말로 즉흥적이고 짧은 시간을 할애해서 하늘에 대해서 묵상하는 것이다. 캘러미의 『경건의 연습』에 보면 계획적인 묵상은 엄숙하며 정해진 시간을 엄수하는 것이라고 하였다. 임시적 묵상은 언제 어디서나 사람들 속에서도 실천할 수 있기에 쉽다. 윌리엄 스퍼스토우, 토마스 테일러, 에드워드 버리(Edward Bury, 1616-1700), 헨리 러킨(Henry Lukin, 1628-1719) 등 많은 청교도 신학자는 임시적 묵상에 대해서 강조했고 많은 저술을 남겼다.

임시적인 묵상은 편리하게 실행할 수 있지만 억제하지 않고 방치하게 되면 로마가톨릭에서 가르치는 영성처럼 미신적으로 흐르게 된다. 사람은 묵상하면서 상상력을 사용하게 되는데 말씀의 통제를 받아야만 한다. 온건한 청교도였던 조셉 홀은 묵상의 대상을 오직 성경의 내용에만 국한해서 집중해야 한다고 주장했다. 홀의 『신적 묵상의 방법』은 다른 청교도에게 큰 영향을 끼쳤다.[45] 아이작 암브로스, 토마스 후커 그리고 다음 세대에 속하는 존 오웬과 캘러미 등에게 유익한 지침이 되었다.

계획적 묵상은 일과에서 정해진 시간에 실천했다. 하루에 가장 중요한 시간을 따로 떼어서 스스로를 모든 주변 사람으로부터 격리시킨다. 조용히 골방에 들어가서 은밀한 중에 묵상하기도 하고, 혼자 걸으면서도 할 수 있는데, 엄숙하게 하늘의 일에 대해서 묵상하면서 영혼이 반성하는 시간을 갖는다.

계획적 묵상 시간에 중점적으로 생각할 원천은 성경, 기독교의 실천적 진리, 섭리적 사건과 경험, 설교이다. 토마스 화이트는 설교를 많이 듣는 것보다는 한 편의 설교를 듣더라도 묵상하면서 되새김질하는 것이 중요하다고 말했다.

정해진 시간에 하는 계획적 묵상은 두 부분으로 구성된다. 하나는 직접적 묵상이요, 다른 하나는 반성적 묵상이다. 직접적 묵상이 지성적인 행위라고 한다면, 반성적 묵상은 양심의 행위라고 할 수 있다. 직접적 묵상은 지식으로 지성을 깨우치는 것이지만, 반성적 묵상은 마음속을 선으로 가득 채우는 것이다.

두 종류의 묵상은 경건의 연습에 필수적이다. 두 가지 묵상에는 머리와 가슴이 작동하는데 머리만 사용하고 가슴으로 반성하는 적용을 하지 않으면 큰 효과가 없다. 토마스 왓슨은 "연구는 진리를 찾아내는 것이요, 묵상은 진리를 영적으로 진보시키는 것이다"라고 했다. 전자는 금을 찾는 것이요, 후자는 금을 캐내는 것이다. 묵상은 얼어붙은 마음을 녹이는 것이요, 마음이 사랑의 눈물을 흘리게 만든다.[46]

묵상의 시간과 장소

청교도는 성경을 주야로 묵상한다(시 1:2)는 말씀에 따라서 하루에 두 번 이상을 하도록 하되 최소한 하루에 한 번은 실천해야 한다고 가르쳤다. 매일 아침과 저녁으로 하나님의 진리를 묵상한다면 하나님을 더욱 깊이 알게 될 것이라고 강력하게 추천하였다.

가장 좋은 시간은 이른 아침이다. 정신이 맑아서 허다한 유혹에서 자유로우며 방해받지 않는 시간이다. 그러나 사람에 따라서는 저녁 묵상이 더 좋을 수도 있다. 청교도는 그들이 기쁜 일로 즐거울 때, 고통이나 시험이나 두려움으로 어려움에 빠지게 될 때, 죽음에 가까이 다가서게 될 때, 설교나 성찬에서 가슴에 감동이 있을 때에, 주일이 가까울 때에도 묵상 시간을 가졌다.[47] 주일에는 더 충분한 묵상 시간을 가질 수 있어서 더없이 좋은 날이었다.

웨스트민스터 총회에서 작성된 「예배모범」은 다음과 같이 권하고 있다.

> "회중의 엄숙한 공적인 모임 사이에 혹은 그 모임이 마친 후에 비어있는 시간에
> 성경 읽기와 묵상과 설교를 음미하는 시간을 갖는 것이 좋다."[48]

그러면 어떻게 묵상을 실행했는지 살펴보자.

토머스 화이트의 책에는 최소한 한 번에 30분 이상을 할애해서 묵상을 하도록 권면했다. 오늘날 모든 것이 빠르게 움직이는 세대에는 이러한 묵상이 비현실적이라고 할지 모르겠지만 아침에 일찍 일어나서 조용히 묵상으로 준비하는 것은 더없이 좋은 삶으로 안내할 것이다.

청교도는 묵상을 주로 어디에서 했을까? 묵상을 위해서는 방해를 받지 않는 고요하고 자유로운 장소 혹은 공간을 찾아야 한다. 사람이 없고, 조용하며, 소음이 없고, 쉼을 얻을 수 있는 곳을 찾아서 지속적으로 묵상을 한다. 청교도는 주로 아주 작은 방에 들어가서 묵상 시간 동안에 의자 위에 앉거나 혹은 일어서 있었다.[49] 그러나 몸이 불편하거나 휴식이 필요한 경우에는 누워 있더라도 상관이 없었다. 그러나 모든 청교도가 저택을 소유한 것이 아니

었기에, 격리된 방을 가진 사람은 많지 않았다. 그런 경우에는 혼자서 밖으로 나가서 거리를 산책하면서, 혹은 천천히 길을 걸어가면서 묵상하는 방법도 좋다고 권유했다. 어디에서 하든지 묵상은 가장 좋은 길잡이 되었다.

묵상의 단계와 내용

묵상의 목표는 영혼과 지성과 몸을 "예수 그리스도의 얼굴에 있는 하나님의 영광"을 향하도록 하는 것이다(고후 4:6). 이러한 목표에 도달하기 위해서 청교도는 묵상의 3단계를 실행하도록 가르쳤다. 캘러미의 『신적 묵상의 기술』에 보면 몇 가지 지침이 나온다.[50]

먼저 첫 단계에서는 묵상에 임하는 준비가 필요하다. 묵상이 아무런 의미도 없고, 효과도 없이 끝나게 되면 허무하게 시간을 낭비하는 꼴이다. 그래서 첫 준비 단계로서 마음의 준비가 요청된다. 맨 처음 해야 할 일은 마음을 온갖 잡다하고 혼란스러운 세상으로부터 분리시키는 것이라고 청교도는 권면했다.

이 단계에서는 마음에 있는 죄악을 분별하여 깨끗이 씻어낸다. "내가 주께 범죄하지 아니하려 하여 주의 말씀을 내 마음에 두었나이다"(시 119편 11절)를 고백하면서 죄책과 오염에서 깨끗하게 하는 일이다.

진지한 마음으로 최상의 심각성을 발휘해서 하나님의 임재하심 가운데서 모든 것을 드러내는 것이다. 마치 벌거벗은 채로 드러나는 것을 생각하면 된다. 어리석게 말하지 않도록 조심하고 탈선한 생각을 바로잡는다.

리처드 백스터의 『성도의 영원한 안식』에 있는 "하늘의 묵상. 하늘에서 심령을 지키고 얻는 지침"에는 3단계가 소개되어 있다.[51]

1단계: 주제를 정하는 단계. 교리나 사건을 기억 속에서 불러낸다.

2단계: 떠오른 이미지 혹은 주제에 대해서 완전히 이해가 될 때까지 분석하고 깊이 생각한다.

3단계: 주제에 의지와 감정이 동의가 되면 엄청난 기쁨에 젖거나 아니면 깊은 슬픔에 젖게 된다.

리처드 백스터의 3단계는 반종교개혁 운동을 일으킨 이그나티우스 로욜라(Ignacio de Loyola, 1491–1556)의 『영적인 연습』(Saints Everlasting Rest, 1650)에 나오는 영혼의 세 가지 기능인 기억, 이해, 의지 등이다. 이것을 변형시켜서 청교도 묵상의 3단계를 만들어냈을 것이라는 비평과 대조적 분석이 있다. 이런 면에서 청교도 신학자들이 권면한 3단계는 비슷하면서도 리처드 백스터와는 서로 다를 수 있다. 백스터의 신학은 청교도 시대 칼뱅주의 정통 신학과는 너무 거리가 멀다. 백스터의 개념에는 감각적인 세상에 대한 긍정적인 접근이 기본적으로 자리하고 있다. 그는 감각은 잠정적으로 위험하다고 하면서도 예배에서 일부 기능을 한다고 보았다. 이성은 보이지 않는 하나님에 관한 것을 설명해 주는 피조물로부터 나온 감각적인 상상을 사용한다는 것이다. 묵상에서 언어의 한계와 유용성은 늘 복합되어 있다고 백스터는 설명했다.

청교도는 묵상의 내용으로 성경을 읽고서 어떤 구절을 선택해서 집중하거나 비교적 쉬운 교리를 정해서 집중하라고 권면했다. 삼위일체 교리보다는 하나님의 속성들을 묵상하는 것이 좋고, 한 번에 한 가지 주제를 묵상할 것을 추천했다. 하지만 성경적인 내용이나 하나님에 관한 것이거나 조직신학의 주제에 집중하더라도 청교도가 당시에 일어나고 있는 사건들과 관련해서 묵상 주제를 정하는 것이 일반적이었다. 자만심을 가진 다거나 자존심이 상하는 문제로 인해서 고통을 당할 때가 많았는데 이런 것은 신학적인 주제와의 연계성 속에서 깊이 생각할 것이 많았다. 묵상의 결론 부분에서는 자기 자신 속에 있는 약함이나 더러운 부분을 생각하고 점검하였다. 그리스도 안에서 성숙하고 자라게 되면서 그들은 죄에서 벗어나게 될 수 있었다. 청교도는 묵상의 마지막에는 생각한 모든 것을 확고한 결심으로 매듭지었다. 조나단 에드워드가 가장 즐거이 했다는 것이 바로 묵상을 통한 결정이었다. 이 확신들은 죄와 더불어 싸우도록 마음에 심각성을 새겨 주었다.

묵상을 마칠 때는 기도와 시편 찬송을 부르도록 조언했다. 묵상은 기도의 시작에 해당하고, 묵상의 마지막은 기도가 된다. 묵상할 때 도와주신 것을 하나님께 감사드리고 결심한 것을 실천할 수 있도록 간구했다.

시편 찬송은 곡조가 붙은 기도문이다. 묵상을 마치면서 마음을 다해서 하나님께 노래를 부르는 것은 위로와 평안을 가져다주었다. 한국 교회에서는 시편 찬송을 거부하는 경향이 있는데, 가장 큰 이유는 기계적인 번역의 실수 때문이다. 곡조와 운율이 한글로 번역된 가사와 서로 맞지 않기에 편안하게 부를 수 없는 실정이다. 부디 좋은 번역을 첨부해서 시편찬송이 익숙하게 되어 가난하고 고단한 심령을 채워줄 수 있기를 바란다.

현대 기독교인에게 주는 묵상의 유익들

청교도가 실천했던 묵상 훈련은 그리스도 안에서 자라나기 위함이었다. 묵상은 구원받은 성도가 성화의 과정에서 사용할 가장 중요한 실천방법 중에 하나다.

첫째, 오늘날 그리스도인들이 묵상을 정기적으로 실행한다면 주님과 연합하여 살아가는 삶에서 가장 큰 혜택을 누리는 성도가 될 수 있다. 묵상을 하면서 성도는 그리스도와 교통을 하게 되고 긴밀한 관계성을 유지할 수 있으며 그로 인하여 기쁜 마음으로 주님을 노래할 수 있게 된다.

둘째, 묵상은 그리스도인이 객관적인 말씀과 성령의 역사하심 가운데 균형감각을 유지할 수 있도록 도와준다. 묵상은 지성적인 통찰과 감성적인 사랑을 불러일으킨다. 사람은 이 두 가지가 균형을 이뤄야만 믿음의 역사를 이어나가는 동안에 실수하지 않는다.

셋째, 말씀과 성령에 의존하는 성도는 완전히 변화되어 하나님의 충만을 맛보며 체험하는 시간을 갖게 될 것이다. 인격의 성숙과 변혁은 오직 성령의 역사하심으로만 가능하다. 그것은 외적인 행동이나 말을 바꾸는 정도가 아니다. 습관을 바꾸는 것, 술이나 담배나 좋아하는 세상적인 것과 오락 등에서 손을 떼는 것도 여간 힘든 것이 아니다. 어찌하면 내가 새로운 사람이 될수 있을까? 외적인 것에 초점을 맞추게 되면 번번이 실패하게 된다. 그러나 하나님을 사모하고 열망하게 되면 내적인 변화가 일어난다. 날마다의 생활 속에서 외적인 변화도 함께 체험하게 될 것이다. 묵상은 우리의 심장을 세상 적인 것으로부터 영적인 것으로 돌이켜서 하나님 한 분에게만 집중하도록 만든다.

Michael P. Winship, *Hot Protestants: A History of Puritanism in England and America*(Yale University Press, 2019), 311.
청교도는 결코 쉬운 생활을 하지 않았다. 이 그림들은 청교도를 비난하고자 만들어낸 헛소문들이다.

맺는 말

청교도는 영적인 훈련의 거장들이었다. 그들이 세속에 물들지 않으면서 영국 국가교회의 체제에 굴복하지 않고 온갖 시련과 협박과 옥에 갇히는 수 모를 견뎌낼 수 있었던 것은 어둠 속에서도 무너지지 않는 강한 훈련을 받았 기 때문이었다. 눈물과 땀을 흘리면서 훈련된 일꾼이 되지 않으면 결코 강력 한 힘을 발휘하는 용사가 될 수 없다.

오늘날 한국 교회가 이단에 휩쓸리고 각종 사이비 종교에 성도들을 빼앗 기는 것은 견고한 신앙의 토대를 구축하도록 훈련받지 못했기 때문이다. 현대 교회가 경건의 연습에 매진해서 일어서야만 할 때이다.

청교도들의 모범 사례는 여전히 현대 교회에 큰 교훈을 주고 있다. 대부분의 성도는 그저 수박 겉핥기 식으로 신앙생활을 하는 경우가 많다. 성경의 깊은 내용을 이해하지 못하고 있으며 하나님을 아는 지식이 너무나 얕다. 하나님의 말씀 안에서 예수 그리스도를 아는 지식이 자라가게 되면 죄를 미워하고 세상에 부끄러울 것이 없는 일꾼으로 담대히 일어나게 된다.

부록: 청교도 저서 중에서 경건의 훈련과 묵상에 관련된 참고도서 목록

한국 교회는 묵상 훈련이 너무 부족해서 앞으로 이 분야에 대한 깊은 연구가 필요하다.

a'Brakel, Wilhelmus,(1635–1711), *The Christian's Reasonable Service*, Vol. 4 (Morgan: Soli Deo Gloria, 1992).

Alleine, Richard. *Vindiciae Pietatis. A Vindication of Godlinesse*. London, 1663.

Ambrose, Isaac. "Of the Nature and Kinds of Meditations." in *The Compleat Works Of that Eminent Minister of God's Word*, Mr. Isaac Ambrose, 135–155. London: for R. Chiswel, B. Tooke, T. Sawbridge, 1689.

Allestree, Richard,(1619–1681). *The Whole Duty of Divine Meditation Described in All Its Various Parts and Branches: With Meditations on Several Places of Scripture*,(London: Printed for John Back, 1694).

Ball, John(1585–1640). *A Treatise of Divine Meditation*,(Crossville: Puritan Publications, 2016).

Bates, William,(1625–1699). *The Whole Works of the Rev. William Bates* Volume 3, (Harrisonburg: Sprinkle Publications, 1990).

Baxter, Richard. *The Saints' Everlasting Rest*. Ross–shire, Scotland: Christian Focus unabridged reprint, 1998,

Bayly, Lewis,(1575–1631). *The Practice of Piety*,(Coconut Creek: Puritan Publications, 2014).

Boston, Thomas,(1676–1732). *The Complete Works of Thomas Boston*, Volume 4, (Wheaton: Richard Owen Roberts Publishers, 1980).

Bridge, William,(1600–1670). *The Works of the Rev. William Bridge*, Volume 3, (Beaver Falls: Soli Deo Gloria, 1989).

Brooks, Thomas,(1608–1680). *The Works of Thomas Brooks*. Volume 1,(Edinburgh: Banner of Truth Trust, 1980).

Burroughs, Jeremiah(1599–1546). *A Treatise of Earthly-Mindedness*,(Ligonier: Soli Deo Gloria, 1991).

Bury, Edward. *The Husbandmans Companion: Containing One Hundred Occasional Meditations, Reflections, and Ejaculations, Especially Suited to Men of that Employment. Directing them how they may be Heavenly-minded while about their Ordinary Calling*. London: for Tho. Parkhurst, 1677.

Byfield, Nicholas(1579–1622). *The Promises of God*,(Coconut Creek: Puritan Publications, 2013).

Calamy, Edmund,(1600–1666). *The Art of Divine Meditation*,(Crossville: Puritan

Publications, 2016).

Clarkson, David, (1622—1686). *The Works of David Clarkson*, Volume 2(Edinburgh: Banner of Truth Trust, 1988).

Culverwell, Ezekiel, (1554—1631). *Time Well Spent in Sacred Meditations*, (London: T. Coates, 1635).

Edwards, Jonathan(1703—1758). *The Works of Jonathan Edwards*, (Edinburgh: Banner of Truth Trust, 1969).

Fenner, William. *Christs Alarm to Drovvsie Saints*. London: for John Rothwell, 1650,

Fenner, William. *The Use and Benefit of Divine Meditation*. London: E.T. for John Stafford, 1657.

Gerstner, John. *The Rational Biblical Theology of Jonathan Edwards*, 3 Volumes (Powhatan: Berea Publications, 1991).

Gouge, Thomas, (1605—1681). *Christian Directions, Showing How to Walk with God All the Day Long Drawn Up for the Use and Benefit of the Inhabitants of Sepulchres Parish*, (London: R. Ibbitson, 1661).

Greenham, Richard(1542—1594), *The Works of the Reverend and Faithful Servant of Jesus Christ Mr. Richard Greenham*, (London: H. H., 1612).

Gurnall, William, (1617—1679). *The Christian in Complete Armour*, (Edinburgh: Banner of Truth Trust, 1989).

Hall, Joseph, (1574—1656). *The Art of Divine Meditation Profitable for All Christians to Know and Practice: Exemplified with a Large Meditation of Eternal Life*, (London: Humfrey Lownes, 1606).

Heywood, Oliver(1630—1702), Heart Treasure, (Morgan: Soli Deo Gloria, 1997).

Howe, John. "Delighting in God" in *The Works of John Howe*. (Coconut Creek, FL: Puritan Publications, 2012).

Hooker, Thomas. *The Application of Redemption*. The Ninth and Tenth Books. London: Peter Cole, 1657.

Janeway, James, (1636—1674). *Acquainted with God*, (Coconut Creek: Puritan Publications, 2012).

Jollie, Thomas, (1629—1703). *A Treatise on Heavenly Mindedness*, (Crossville: Puritan Publications, 2015).

Lukin, Henry. *An Introduction to the Holy Scriptures*. London, 1669.

Manton, Thomas. "Sermons Upon Genesis XXIV.63" in *The Works of Thomas Manton*. London: James Nisbet & Co., 1874, 17:263—348. Also see in vols. 6—9 on Psalm 119 sermons no. 16, 54, 87, 102, 105, and 166.

McMahon, Matthew, Editor. *Light from Old Paths*, Volume 1(Coconut Creek: Puritan Publications, 2014).

Owen, John, (1616—1683). *The Works of John Owen*, (Edinburgh: Banner of Truth Trust, 1998), 7:262—497.

Ranew, Nathaniel, (1602−1678). *Solitude Improved by Divine Meditation*, (Morgan: Soli Deo Gloria, 1995).

Rogers, Richard. *Seven Treatises Containing Such Direction As Is Gathered Out of The Holy Scriptures*. London: Felix Kyngston for Thomas Man, 1603.

Rous, Francis, (1579−1659). *Meditations of Instruction, of Exhortation, of Reproof Endeavoring the Edification and Reparation of the House of God*, (London: Printed by I. L., 1616).

Scougal, Henry. *The Works of Henry Scougal*, (Morgan, Penn.: Soli Deo Gloria, 2002).

Scudder, Henry. "On Meditation" in *The Christian Man's Calling*. (Philadelphia: Presbyterian Board of Publication), n.d., 102−109.

Spurstowe, William. (1605−1666). *The Spiritual Chemyst, or Divine Meditations on Several Subjects*, (Coconut Creek: Puritan Publications, 2012).

Spurstowe ,William, (1605−1666). *The Wells of Salvation Opened*, (Coconut Creek: Puritan Publications, 2012).

Steele, Richard, (1629−1692). *A Remedy for Wandering Thoughts in the Worship of God*, (Harrisonburg: Sprinkle Publications, 1988).

Swinnock, George, (1627−1673). *The Works of George Swinnock*, Volume 1 (Edinburgh: Banner of Truth Trust, 1992), 2:417−29.

Taylor, Thomas. *Meditations from the Creatures*. London, 1629.

Tubbe, Henry, (1617−1655). *Meditations Divine and Moral*, (London: Printed for Robert Gibbs, 1651).

Ussher, James. *A Method for Meditation: or, A Manuall of Divine Duties, fit for every Christians Practice*. London: for Joseph Nevill, 1656.

Ward, Samuel, (1577−1640). *The Holy Fire of Zeal, and Other Works*, (Coconut Creek: Puritan Publications, 2012).

Watson, Thomas, (1620−1686). *Heaven Taken by Storm*, (Morgan: Soli Deo Gloria, 1992).

Watson, Thomas, *The Saint's Spiritual Delight, and a Christian on the Mount, or the Withdrawing Room of Mediation*, (Coconut Creek: Puritan Publications, 2013).

White, Thomas, (d. 1672). *Instructions for the Art of Divine Meditation*, (Coconut Creek: Puritan Publications, 2013).

주(註)

1   Antonia Fraser, *Mary Queen of Scots* (London: Weidenfeld and Nicolson, 1994).

2   John More, *Three Godly and Fruitful Sermons* (Cambridge: 1594).

3   Joseph Black, *The Martin Marprelate Tracts: A Modernized and Annotated Edition* (Cambridge: University Press, 2008). Leland H. Carlson, *Martin Marprelate, Gentleman: Master Job Throckmorton Laid Open In His Colours* (San Marino: Huntington Library, 1981).

4   Collinson, *Elizabethan Puritan Movement*, 403−31.

5   Stephen Foster, *The Long Argument: English Puritanism and the Shaping of New England Culture, 1570-1700* (Chapel Hill: University of North Carolina, 1991), 65−107.

6   P. Clark, *English Provincial Society form the Reformation to the Revolution: Religion, Politics and Society in Kent* (1500−1640) (Hassocks, 1977), 250.

7   P. Lake, "Lancelot Andrews, John Buckeridge and avant garde confirmity at the court of James I," in *The Mental World of the Jacobean Court*, ed. by L. L. Peck (Cambridge: 1991), 113−33.

8   P. Lake, *Anglicans and Puritans? Presbyterianism and English Conformist Through from Whitgift to Hooker* (London: 1988).

9   S. Doran, "Elizabeth I's Religion: The Evidence of Her Letters," *Journal of Ecclesiastical History*, Vol. 50 (2000): 699−720.

10 Foster, *The Long Argument*, 66−68, 115−119.

11 P. Collinson, "Toward a Broader Understanding of the Early Dissenting Tradition," in *Dissenting Tradition: Essays for Leland H. Carlson*, eds., C. Robert Cole & Michael E. Moody (Athens: 1975), 12−15. Peter Clark, *English Provincial Society from the Reformation to the Revolution: Religion, Politics, and Society in Kent, 1500-1640* (Hassocks: 1977), 166.

12 Joel Beeke & Mark Jones, *A Puritan Theology*, 929.

13 Lief Dixon, "Richard Greenham and the Calvinist Construction of God," *The Journal of Ecclesiastical History*, Vol. 61 (2010):729−745.

14 Kenneth Parker, *The English Sabbath; A Study of Doctrine and Discipline from the Reformation to the Civil War* (Cambridge: University Press, 1988), 1−7.

15 K. L. Parker & E. Carlson, eds., *Practical Divinity: The Works and Life of Rev. Richard Greenham* (Aldershot: Brookfield, 1998).

16 Henry Holland, *The Works of the reuerend and faithfull seruant of Iesus Christ M. Richard Greenham* (London: 1601; 2010).

17 Theodore Dwight Bozeman, *The Precisianist Strain: Disciplinary Religion & Antinomian Backlash in Puritanism to 1638* (Williamsburg: University of North Carolina Press, 2004), 70.

18 O. R. Johnson, "Richard Greenham and the Trials of A Christian," in *Puritan Papers*, vol. 1, ed. Martin Lloyd−Jones (Phillipsburg: P&R, 2000), 71.

19 Geoff Tomas, "Richard Greenham and The Counselling of Troubled Souls," −Greenham was a pastoral counsellor of uncommon skill− *Banner of Truth*, vol. (2001), "he was so earnest, and took such extraordinary pains, that his shirt would usually be as wet with sweating, as if it had been drenched with water, so that he was forced, as soon as he came out of the Pulpit to shift himself…."

20 Randall J. Pederson, "Richard Greenham and William Perkins," in *Protestants and Mysticism in Reformation Europe*, eds., Ronald K. Rittgers and Vincent Evene (E.J. Brill, 2019), 349−368.

21 J. I. Packer, *Among God's Giants: Puritan Vision of the Christian Life* (Kingsway Publications, 1991), 51.

22 John H. Primus, *Richard Greenham: the portrait of an Elizabethan pastor* (Macon: Mercer University Press, 1998), 8.

23 P. Colkinson, J. Craig and B. Usher, eds., *Conferences and Combination Lectures in the Elizabethan Church: Dedham and Bury St Edmunds, 1582-1590*, Church of England Record Society

(Woodbridge: Boydell Press, 2003), 124–8.

24 M. M. Knappen, *Seeking A Settled Heart The 16th Century Diary of Puritan Richard Rogers* (Lulu Press, 2007), 36.

25 Richard Rogers, *Seven treatises containing such direction as is gathered out of the Holy Scriptures, leading and guiding to true happiness, both in this life, and in the life to come* (London: Felix Kyngston, 1603; reprint, EEBO Editions, 2010).

26 Irvonwy Morgan, *The Godly Preachers of the Elizabethan Church* (Epworth Press; 1965), 29.

27 William Haller, *The Rise of Puritanism* (New York: Columbia University Press, 1938; Philadelphia: University of Pennsylvania Press, 1972), 36.

28 Andrew Pettegree, *Book in the Renaissance* (New Heaven: Yale University Press; Reprint edition, 2011).

29 Lucien Febvre & Henri–Jean Martin, *The Coming of the Book: The Impact of Printing 1450–1800* (London: Verso, 1997), 58.

30 Andrew Pettegree, *Reformation and the Culture of Persuasion* (Cambridge: University Press, 2005), 10.

31 Elizabeth L. Eisenstein, *The Printing Press as an Agent of Change* (Cambridge: University Press. 1980). idem, *The Printing Revolution in Early Modern Europe* (Cambridge: University Press, 2nd, rev. ed. 2005).

32 "John Downham," *Dictionary of National Biography* (London: Smith, Elder & Co. 1885 – 1900). "Members of the Westminster Assembly," *The Westminster Assembly Project*. Retrieved 6 January 2011.

33 https://www.apuritansmind.com/puritan–favorites/henry–scudder–d–1659/

34 Lewis Bayly, *The Practice of Piety* (Morgan: 1842).

35 Charles Lloyd Cohen, *God's Caress: The Psychology of Puritan Religious Experience* (N.Y.: Oxford University Press, 1986).

36 John Davis, *Meditation and Communion with God: Contemplating Scripture in an Age of Distraction* (Dowers Grove, IL: Intervarsity Press, 2012), 15.

37 Peter Toon, *From Mind to Heart: Christian Meditation Today* (Grand Rapids: Baker, 1987). idem, *Meditation as a Christian: Waiting upon God* (London: Collins Religious Division, 1991), 18–19.

38 조엘 비키 박사는 미국에 건너 온 네델란드 이민자들의 후손으로서, 청교도 신앙을 수호하도록 신학교(Puritan Reformed Theological Seminary)를 세우고 청교도 연구와 출판에 탁월한 성과를 발휘하고 있다. Joel Beeke, *A Puritan Theology: Doctrine for Life* (Grand Rapids: Reformation Heritage Books, 2012), 889–908. 똑같은 내용이 동일 저자의 다른 책에 이미 발표된 바 있음. J. Beeke idem, *Puritan Reformed Spirituality* (N.Y.: Webster, 2006), ch. 4. 그 밖에도 청교도 묵상에 대해서 실천적인 부분과 훈련에 대해서 보다 신학적으로, 성경적으로 자세히 연구한 저서들은 그리 많지 않다. Simon Chan, "The Puritan Meditation Tradition, 1599–1691" (Ph.D. dissertation, Cambridge University, 1986). Edmond Smith, *A Tree by a Stream: Unlock the Secrets of Active Meditation* (Ross–shire: Christian Focus, 1995).

39 William Bates, *The Whole Works of the Rev. W. Bates*, Vol 3 (Harrisonburg, VA: Sprinkle Publications, 1990), 125.

40 Samuel Dunn, *Memoirs of the Seventy-Five Eminent Divines*, Whose Discourses Form the Morning Exercises at Cripplegate, St. Giles in The Fields, and in Southwark (London: John Snow, 1844).

41 Alan C. Clifford, *Atonement and Justification: English Evangelical Theology, 1640–1790 : An Evaluation* (Oxford: Clarendon Press, 1990), 26.

42 Edmund Calamy, *The Art of Divine Meditation* (London: for Tho. Parkhurst, 1634), 26–28

43 Richard Greenham, *Godly Observations in Works of Richard Greenham* (London: Felix Kingston for Robert Dexter, 1599). Thomas Hooker, *The Application of Redemption: The Ninth and Tenth Books* (London: Peter Cole, 1657). Thomas White, *A Method and Instructions for the Art of Divine Meditation with Instances of the several Kinds of Solemn Meditation* (London: Parkhurst, 1672).

44 Thomas Hooker, *The Souls Preparation for Christ* (1632); "It is a settled exercise for two ends: first to make a further inquiry of the truth: and secondly, to make the heart affected therewith."

45 Frank Livingstone Huntley, *Bishop Joseph Hall and Protestant Meditation in Seventeenth Century England: A Study with the texts of The Art of Divine Meditation (1606) and Occasional Meditations (1633)* (Binghamton: Center for Medieval & Ealry Renaissance Studies, 1981).

46 Thomas Watson, "A Christian on the Mount; Or A Treatise Concering Meditation," in *The Sermons of Thomas Watson* (Ligonier: Soli Deo Gloria, 1990), 197–291.

47 Thomas Manton, *The Complete Works of Thomas Manton*, Vol. 17 (Lightning Source Inc., 2002) 298.

48 "Directory for Public Worship" in *Lukas Vischer, Christian Worship in Reformed Churches Past and Present* (2003): 78–79..

49 Francis Bremer & Tom Webster, eds., *Puritans and Puritanism in Europe and America*, Vol. 1, (Santa Barbara, CA: ABC–CLIO Inc., 2006), 509.

50 Calamy, *The Art of Divine Meditation*, 164–168.

51 Richard Baxter, *Saints Everlasting Rest* (1650), "Directory for the getting and keeping of the Heart in heaven... Heavenly Meditation." (Regent College Publishing; Abridged edition, 2004), 547–658.

Chapter 06
청교도의 주일성수와 예배 원리

청교도의 가장 특징적인 모습은 엄격한 주일성수와 교회 중심의 예배 생활에 있었다. 로마가톨릭과 영국 성공회가 각각 오랫동안 국가교회 체제로 조직되어서 지역마다 주교들이 지배하던 시대에 전체 국민이 소속되어 있었다. 무조건 교회에 나가서 유아세례를 받아야만 주민으로 인정을 받았던 시대였다. 그런데도 당시 잉글랜드 전체 인구 가운데 교회 출석률은 겨우 5% 내외로 떨어져 있었다.[1] 결국 신앙의 자유와 참된 교회에 대해서 바르게 생각하는 사람이 5% 이내였다는 의미가 된다. 이런 상황을 개선하려는 방법으

청교도들의 예배 모습

로 올리버 크롬웰은 청교도 혁명을 통해서 신앙의 자유를 역설하였는데 그 무렵 영국 국가교회는 그야말로 허상만 남았다고 성토했었다.[2] 청교도의 엄격한 주일성수는 바로 이러한 배경에서 성경을 국가에 적용하고자 하는 대안으로 나온 것이다.

청교도는 국왕의 권위보다 성경의 권위를 높이고 오직 말씀에만 철저히 의존하면서 모든 교훈을 꼼꼼히 챙겨서 보려는 자세로 임하였다. 거의 모든 생활 영역에서 신앙적이며 영적이든 일상생활에 관한 것이든, 가정에서든 공적인 장소에서든, 청교도는 명백하게 성경이 지시하는 것이 무엇인지 민감하게 판단했다. 종교개혁자들이 교황의 권위에 맞서서 성경의 절대 권위를 높였듯이 청교도의 성경관은 국왕과 국가교회의 권위에 대한 도전으로 간주하였다. 이러한 청교도의 자세는 종교개혁자 칼뱅의 성경관과 핵심 교리를 계승한 것이며 실제로 대립하는 국가권력에 대항하여 계시의 권위를 더 높이 강조한 것이다.

1. 5%가 교회 출석, 주일성수 강조

최근에 영국 전체적으로 주일예배 출석 비율이 현저히 저조해졌다는 보도들이 많았다. 그러나 16세기와 17세기 유럽에서는 전혀 다른 상황이었다. 국가교회 체제라서 모든 시민은 교회 소속으로 살아야만 했었다. 당연히 주일예배 참석을 기대했었지만 불과 5%의 시민만 참석하고 있었다니 실로 충격적인 상황이었다.

주일성수를 강조했던 청교도는 성경을 통해서 절대 규범을 제정하게 되었다. 청교도 신학자와 목회자는 대부분 당대 최고의 성경 해석자들이었다. 이들은 성경을 잊어버린 로마가톨릭의 모든 변질된 목회 사역을 거부하였다. 전혀 다른 종교로 타락해 버린 교회를 회복하고자 한 것이다. 주일성수를 주장했던 청교도 운동은 성경을 주장하는 혁명적인 사역이었다.[3]

성경은 하나님의 음성이다. 하나님을 존중하는 태도는 곧 성경에 대한 자세로 결정된다. 하나님께 순종하고 봉사한다는 말은 성경에 복종한다는 의미이다. 하나님의 축복을 받는 대상이 될 것인지 아니면 저주의 대상이 될 것인지, 어떻게 결정이 되는지에 대해 성경은 낱낱이 증언한다. 기독교가 지금까지 지상에서 영향을 끼치고 있는 이유는 성경의 감화력 때문이지, 어떤 로마가톨릭교회의 전통이나 어떤 성자의 가르침 때문이 아니다. 사람들은 하나님의 말씀을 듣고 감동을 받았다.[4]

영국에서 오직 하나님의 말씀을 최고의 권위로 설정하는 안목을 제기한 신학자는 초기 종교개혁의 기초를 놓은 윌리엄 틴데일(William Tyndale, 1494-1536)이다.[5] 그는 옥스퍼드 대학교에서 학사, 석사학위를 받은 최고의 어학자로서 히브리어와 헬라어 원어에서 영어로 성경을 번역하다가 체포되어서 화형을 당한 순교자이다. 그는 단순히 성경을 번역하는 일에 그친 것이 아니라 자연스러운 개혁 운동의 최선봉에 섰던 지도자였다. 억울하게도 일찍 희생을 당하고 말았지만 그의 노력은 헛되지 아니하여 그가 남긴 영어 번역이 거의 다 '킹 제임스' 성경에 들어가 있다.

수많은 난관을 넘어서서 1522년 틴데일이 번역한 최초의 신약성경이 외부에서 인쇄되어 영국에 도착했다. 성경에서 흘러나오는 생명의 물이 비록 숫자는 많지 않았지만 진리에 목말라하던 성도들을 깨우고 지성인들에게 영적인 자극을 주었다. 틴데일의 친구 존 로저스도 순교를 하였는데, 재판관은 그에게 "당신은 성경에 의해서는 아무것도 입증할 수 없다. 성경은 죽었다. 그렇지 않으면 당신이 살아 있다는 것을 밝혀내야만 할 것이다"라고 외쳤다. 그러자 로저스가 즉각 소리를 질렀다. "아니요, 아니요, 성경은 살아 있소이다."

엘리자베스 여왕이 등극하면서 절충형 개신교회를 표방하는 「영국 교회의 통일령」이 1559년에 발표되었다. 이에 개신교 지도자들은 이를 거부하면서 일제히 일어나서 하나님의 말씀만이 최종 권위를 가진다고 주장하였다. 엘리자베스 여왕의 시대부터 그 이후로 거의 100여 년 동안 청교도는 성경만이 그리스도의 복음을 계시하는 책일 뿐만 아니라 교회의 예배와 통치에 필요한 모든 것을 포함하고 있다고 주장했다.

청교도가 성경에 대해서 확신이 있었던 것은 다음과 같이 요약할 수 있다.

첫째, 성경은 교회의 믿음과 행동에 대해서 완벽한 지침이다.

둘째, 그리스도는 자신의 교회와 내부 규정을 확정하는 데 있어서 절대적인 권위를 갖는다. 그리스도는 자신의 뜻을 오직 성경 안에서만 알게 하셨다.

셋째, 교회 안에서 사람들이 추가해야 할 규정을 세우려 한다면 성경이 무엇을 가르치고 있는지 깊이 생각하고 정해야 한다.

2. 성경을 적용하는 규범적 원리들

청교도가 유독 주일성수를 강조하게 된 것은 성경을 통해서 세워야 할 가장 중요한 원리임을 확신했기 때문이다. 무너진 교회를 세워나가는 방법을 당시 사회에서 개발해 낸 것이 아니고 성경을 열심히 읽으면서 찾아낸 것이다. 특히 청교도는 하나님과의 언약, 그리스도 안에서 새언약을 맺었다고 강조했다. 언약 사상은 바로 청교도의 주일성수를 정립하는 과정에서 깊이 뿌리를 내린 배경적인 신학이 되었다.[6]

성경의 명료성과 충분성을 강조하면서도, 여전히 청교도의 생활 현장에는 정치사회적인 문제가 너무나 많았다. 영국 종교개혁의 현장에서는 절대 통치를 주장하는 왕권과의 충돌이 심각하였고, 사람의 생사가 달린 심각하고 위급한 여러 문제가 발생하였다. 청교도는 성경에 원칙적으로 따라가는 규범적 원리(the regulative principle)들과 비본질적인 것들 혹은 차이가 크지 않은 것들(*adiaphora*)을 구별하는 지혜를 발휘하였다. 성례를 일 년에 몇 번이나 시행하느냐, 어떤 곳에서, 몇 시에 예배를 드려야 하느냐 등은 성경에 나와 있지 않기 때문에 이런 문제들에 대해서는 서로의 차이를 허용하였다.

청교도는 성직자 예복 착용 문제를 놓고서 논쟁을 하기도 했고, 주일성수의 개념에 대해서도 역시 주의를 기울였다. 그러나 구체적으로 성경에 나오지 않는 것들은 근본적인 원리들이 아니며, 결코 중요한 영적인 가르침이라고 받아들이지 않았다. 기록된 말씀이 강조하는 것은 '규범적 원리들'(the regulative principle)이라고 청교도는 규정했다. 청교도는 결국 성직자 예복착용은 각 목회자의 선택에 맡겼다. 그러나 주일성수의 조항은 상세하게 내용을 규정했다. 『웨스트민스터 신앙고백서』와 표준문서들에 담긴 내용들이 바로 규범적 원리들의 요약이다. 성경의 본질에 관해서 깊은 통찰력을 갖고 있기에 가능했다. 청교도에게 있어서 성경은 하나님의 음성이다. 그것이 비록 일부분에 나오는 내용이라도 성경에 담겨있으면 하나님의 말씀이다. 성경의 내용은 하나님의 영원한 진리이다.

청교도는 성경에서 본질로 다루고 있는 것이 무엇인가를 간파하고자 노력했다. 인류 구원을 위한 하나님의 마음은 성경에서만 찾아볼 수 있다. 『소요리문답』 제3번에 보면 "성경은 본질적으로 무엇을 가르치는가?"라고 묻는다. "사람이 하나님에 대하여 믿어야할 것과, 하나님께서 사람에게 요구하신 의무가 무엇인가에 대한 것이다"고 정리하였다. 달리 말하면, 성경은 하나님이 누구이신가를 알도록 하고, 믿음을 가지도록 가르쳐준다. 물론 타락한 이성의 능력을 초월하는 신비적이며 영적인 진리이므로, 오직 성령의 역사하심을 통해서 분별력을 갖게 해 주신다. 이로 인해서 인간들은 자신에 대해서 불신하게 되고, 자신의 본성적인 무능력을 고백하게 되며, 진리에 대하여는 어두움 속에 빠져 있음을 자각하게 된다.

특히 성경이 가르치는 것은 '구원에 필수적인 것들'이며, 청교도는 규범적인 원리로 간주하였다. 청교도는 구원에 관련된 것들은 본질적인 것이라고 보았다.

개혁된 교회는 오직 성경에 명시적으로 규정되거나 명령된 사항만을 따라간다는 결정했다.

첫째, 성경에 허락되지 않은 것인데도 교회 안에 들어와 있는 모든 것은 다 불법적이다.

둘째, 신약성경 안에서 보이는 교회의 구조는 모든 시대의 기독교인이 영원토록 따라가야 할 규정이다.

엘리자베스 여왕 통치 시대에 존 휘트기프트와 리처드 후커가 가장 앞장 서서 성경적 원리를 옹호하였다.

그러나 영국 국교회주의자들은 이러한 기본원리들을 공격하였다. 성공회 에서는 "성경이 금지하지 않는 것은 허용한다. 허용되어진 것은 불법적인 것 들이 아니다. 불법적인 것이 아니라는 말은 합법적으로 시행된다는 뜻이다." 그러나 존 오웬은 이러한 영국 성공회의 공격에 대해서, "내가 셀 수도 없이 여러 차례 주장했고, 백번을 다시 말하지만, 이러한 주장들은 말꼬리 잡는 것이고 궤변이다(captious and sophistical)" 라고 했다.

청교도는 성경에 계시된 바 구원에 관한 교훈과 엄격한 규정을 철저히 준 수하여야 할 것을 주장했다. 복음과 신앙의 문제는 구원에 이르는 본질적인 주제라서 오직 성경의 규정 외에는 가르쳐서는 안 된다. 구원에 필수적인 가 르침은 성경의 권위에만 의존해야 하는 바 예수 그리스도의 인격과 사역에 관한 진리이다(고전 1:31).

종교개혁자들이 제기한 로마가톨릭교회의 문제점들을 시정함에 있어서, 청교도들에게는 다양한 방안들이 강구되었다. 끊임없는 논쟁이나 토론에 빠 질 수밖에 없는 주제가 '아디아포라'(성도의 자유에 속한 일들)였다.

청교도는 구원에 필수적인 것을 본질적인 규범으로 제정한 동시에 기독 교인과 교회에 허용적으로 주어진 자유함에 대해서 '아디아포라'의 영역이라 고 인정하였다. 원래 이 개념은 독일에서 루터파 인문학자 필립 멜랑히톤이 사용하였었다. 성경에 명시적으로 금지하지 않는 것에 대해서는 기독교인의 개인 신앙 양심에 따라서 이렇게 해도 되고 저렇게 해도 되는 자유를 인정하 려는 취지에서 사용된 용어였다.

그러나 비본질적인 것이라고 해서 성도가 마음대로 살아가도록 방치해 버린다거나 소홀히 취급하게 되면 결국에는 그리스도의 명령을 각자 제멋대로 결론짓는 실수를 범하게 된다. 비본질적인 것이라고 해서 마냥 자유를 허용할 수만은 없는 노릇이다. 그냥 마음대로 살아가는 것이라고 한다면, 만일 어떤 사람이 자신의 의지적 결정에 따라서만 살다가 죽는 경우에 그는 결코 구원에 이를 수 없게 되는 것이다. 기독교 신앙을 갖고 본질적인 것을 준수하고 받아들이며 지켜나가는 성도들에게 비본질적인 것에 대한 자유가 허용되어야 하는 것이다.

청교도 시대에 가장 논쟁이 치열했던 아디아포라의 영역 중에 하나가 교회의 정치 형태에 관한 것이었다. 청교도는 예수님이 세우신 교회의 조직 체계가 단지 영국 성공회와 같이 하나의 통일된 상하관계로만 있을 수 없다고 판단하였다. 어떤 상황에서는 교회의 예배라든가 조직 체계가 다를 수도 있다는 것이다. 물론 교회 형태에 관하여 기독교인들의 자유로운 결정에 따르도록 하는 한정적인 영역을 보장한다고 하더라도, 어디까지나 교회라는 곳에서는 성경에서 명백히 금지하는 것을 실행하지 않아야만 한다.

이제 청교도 시대가 400여 년이 지나간 시점에서 되돌아 볼 때 그들이 고뇌했던 문제들은 여전히 남겨진 과제로 대두되고 있다. 과연 교회 안에서 어떤 것을 본질적인 것으로 규정해야 할 것이며, 어떤 것이 비본질적이므로 자유로이 허용하느냐에 대한 결정은 결코 쉽게 해결되지 않기 때문이다. 예배의 요소 중에서 과연 어떤 악기를 허용할 것이며, 어떤 음악까지도 사용할 것인가 등등 성경이 어디까지 허용할 것인가 여부가 현대 교회에 던져진 질문으로 남아있다.

휘트기프트와 리처드 후커는 엘리자베스 여왕의 영국 성공회 체제가 성경의 권위를 절대적으로 받아들이지 않고 있다고 강력히 비판하였다. 후커는 본질적인 것과 비본질적인 것으로 양분하는 방법을 제시했다. 후커는 구원에 필요한 것은 모두 본질적인 것이라고 규정했다. 구원을 받는 데 있어서 필수적이지 않은 것은 비본질적인 것에 속한다. 이들 두 사람의 청교도 지도자는 교회의 조직 체계, 성례의 시행 방식, 권징 등은 구원에 본질적인 것이 아니라고 보았다. 하나님께서는 어떤 명백한 치침을 주시려고 시도하신 적이 없는 것들이다. 성경에 계시된 많은 진리 속에는 구원에 필수적이라고 볼 수 없는 것도 상당히 많다.

성경에 특정화되지 않은 것에 대해서 청교도들이 가졌던 아디아포라에 대한 분별 의식은 언제나 다음과 같은 사항을 놓고서 심사숙고하여 시행됐다.

> 첫째, 모든 세세한 행동은 하나님의 영광에 관련시켜서 점검하고 시행해야만 한다(고전 10:31, 롬 14:7-8).
> 둘째, 다른 사람의 영적인 안목에 걸림돌이 되거나 부적절하게 여겨지는 것은 삼가도록 한다(롬 14:21, 고전 10:23). 모든 행동은 덕을 세우도록 해야만 한다.
> 셋째, 우리의 양심에 평안을 유지하거나 순결함을 지키는 데 있어서 거리끼는 행동은 하지 않는다(롬 14:14).

엘리자베스 여왕 통치하에 살던 청교도는 성경에 위배되지 않는 교회, 순결한 교회를 가장 고귀한 기관으로 세워나가려고 노력했다. 성경의 질서에 따르지 않는 교황이나 여왕의 통치 아래서 치리를 받거나 임직자로 세워지거나 예배를 올리지 않으려고 노력했으며, 현세 권력의 압박에도 타협하지 않고 거부했다(갈 5:1, 골 2:20).

기독교의 본질에 관한 것은 구원에 이르는 지식이기에 확정적인 원리를 제정했다. 다른 사람을 정죄하기 위해서 본질적인 규범을 확정한 것이 아니다. 청교도들이 규범적 원리를 제정한 것은 오직 성경의 권위를 높이고자 했기 때문이다. 이런 원리에 대해서 지속적으로 복음주의 교회와 개혁교회 사이에 논쟁이 일어나고 있지만, 청교도는 현학적인 토론을 원했던 것이 아니라 하나님을 두려워하는 마음으로 가득 차 있었다.

청교도는 규범적 원리에 위배되지 않는 한 기독교인의 자유에 대해서 허용했다. 성도는 하나님의 말씀을 두려워했기에, 오직 하나님의 영광만을 세워나가도록 노력했다. "내가 주의 모든 계명에 주의할 때에는 부끄럽지 아니하리이다"(시 119:6).

　오늘 날에도 한국 교회에서는 전국적인 총회와 지역적인 노회, 각급 교회의 당회에 이르기까지 수많은 사항을 다루는 회의를 개최하고 있고, 수많은 문제를 결정하고 있다. 과연 우리가 어떤 결정을 하고 있는가? 규범적인 것을 세워나가면서, 그리스도인에게 비본적인 문제에 대한 자유를 허용하고 있는가? 청교도의 지혜가 다시금 필요한 시점이다.

3. 엄격한 주일성수

　청교도는 잉글랜드와 스코틀랜드에서 기독교인만이 아니라 모든 주민이 지키고 참여하는 주일성수, 주일을 거룩하게 생활하는 문화를 새롭게 창출했다. 예배의 자유와 성도의 교제와 선한 사역을 위해서 일체의 경제 활동, 사업, 일상생활을 전면적으로 중단하고 오직 하나님께 예배하는 일에만 전적으로 헌신하는 사회를 건설했다. 청교도는 일주일에서 마지막에 해당하는 토요일이 아니라 예수님께서 부활하신 날이자 매주 첫 번째 날에 해당하는 '일요일'을 온전히 신앙적인 날로 갱신하고자 전력했다.

　청교도의 주일성수 규칙을 집약한 『웨스트민스터 신앙고백서』에 규정된 바를 살펴보자.

제21장 예배와 안식일에 대하여

1. 본성의 빛(light of nature)은 하나님이 계시다는 것을 보여 준다. 그 하나님은 만물에 대하여 통치권과 주권을 행사하신다. 그는 선하시며, 만물에 선을 행하신다. 그러므로 인간은 마음을 다하고, 성품을 다하고, 힘을 다하여 그를 경외하며, 사랑하며, 찬양하며, 부르며, 신뢰하며 그리고 섬겨야 한다. 그러나 참되신 하나님을 예배하는 합당한 방법은 그 자신이 친히 정해 주셨으므로 그 자

신의 계시된 뜻 안에서 한정되어 있다. 그러므로 사람들의 상상이나 고안, 또는 사탄의 지시에 따라 어떤 가견적(可見的)인 구상(具象)을 사용하거나, 성경에 규정되어 있지 않은 다른 방법을 따라서는 하나님을 예배할 수가 없다.

2. 종교적 예배는 성부와 성자와 성령 하나님께 드려야 하며 또한 오직 그에게만 드려야 한다. 천사나, 성자들이나, 다른 어떤 피조물들에도 드려서는 안 된다. 그리고 아담의 타락 이후로는 중보가 없이 드릴 수가 없고, 또한 다만 그리스도 이외의 어떤 다른 중보로도 드릴 수가 없다.

3. 감사함으로 드리는 기도는 종교적 예배의 한 특별한 요소로서 하나님께서 모든 사람에게 요구하신다. 기도가 열납되도록 하기 위해서는, 성자(聖子)의 이름으로, 성령의 도우심을 받아, 하나님의 뜻을 따라서 사려분별과 경외심과 겸손과 열심과 믿음과 사랑과 인내를 가지고 하되, 만일 소리를 내어 하는 경우에는 알 수 있는 말로 해야 한다.

4. 기도는 합당한 것들과 모든 종류의 생존하는 사람이나 장차 생존하게 될 자들을 위해서 하되, 죽은 자들이나 사망에 이르는 죄를 지은 것으로 알려진 자들을 위하여는 하지 말아야 한다.

5. 경건한 마음으로 성경을 읽는 것과 흠 없는 설교와 하나님께 순종하여 사려 분별과 믿음과 경외심을 가지고 하나님의 말씀을 정성껏 듣는 것과 마음에 은혜로 찬송 부르는 것과 그리스도께서 정하신 성례를 합당하게 집행하고 값있게 받는 것은 하나님께 드리는 통상적인 종교적 예배의 모든 요소이다. 이것들 외에도 종교적 맹세와 서원과 신성한 금식과 특별한 경우에 드리는 감사 등은 몇 차례 적당한 시기에 거룩하고 종교적인 방식으로 실시해야 한다.

6. 지금 복음 시대에서 기도나 기타의 다른 종교적인 예배 행위는 그것이 시행되

는 장소가 고정되어 있는 것이 아니고, 어떤 장소를 향하여 드릴 필요가 없으며, 그 장소 여하에 따라서 기도나 예배 행위가 더 잘 열납되는 것도 아니다. 하나님께는 어디에서나 영과 진리로 예배드려야 한다. 각 가정에서, 매일 그리고 은밀한 중에 개별적으로 드릴 수도 있고 더욱 엄숙하게 공적인 모임들에서 드릴 수도 있으나, 하나님께서 자기의 말씀이나 섭리에 의하여 기도나 예배를 드리도록 요구하신 때에 경솔하게 행하거나 고의적으로 소홀히 하거나 저버려서는 안 된다.

7. 일반적으로 하나님께 예배하기 위하여 일정한 시간을 정하는 것은 자연의 법칙에 합당한 것이다. 그래서 하나님은 그의 말씀을 통하여 적극적이고 도덕적이며 영구적인 명령으로써, 모든 시대의 모든 사람에게, 특별히 이레(七日) 중 하루를 안식일로 택정하여 하나님께 거룩하게 지키도록 명하셨다. 그날은 창세로부터 그리스도의 부활까지는 한 주간의 마지막 날이었으나, 그리스도의 부활 이후로는 한 주간의 첫째 날로 바뀠다. 성경에는 이날이 주의 날(主日)로 불린다. 이 날은 세상 끝날까지 기독교의 안식일로 지켜야 한다.

8. 그러므로 안식일은 주님께 거룩하게 지켜야 한다. 이를 위해서 사람들은 그들의 마음을 합당하게 준비하고, 그들의 일상적인 일을 미리 정돈한 연후에, 그날에 하루 종일 그들 자신의 일과 그들의 세상적인 일에 대한 말이나 생각 그리고 오락을 중단하고 거룩하게 안식할 뿐만 아니라, 모든 시간을 바쳐서 공적으로 개인적으로 하나님께 예배하는 일과 부득이해야 할 필요가 있는 일과 자비를 베푸는 일을 해야 한다.

청교도의 시대에는 엄격한 주일성수를 통해서 모든 성도가 예배 참석을 매우 중요하게 여겼다. 또 다른 부분에서 청교도의 주일성수 신학을 살펴보자. 이번에는 주일성수를 준비하도록 강조한다. 웨스트민스터 『대요리문답서』에서 교육을 실행했다.

문 116. 제 4계명에서 요구되는 것은 무엇인가?

답. 제 4계명이 모든 사람에게 요구하는 것은 하나님께서 말씀 가운데 지정하신 날, 특히 7일 중에 하루 온종일을 거룩하게 지키는 것이다. 이는 창세로부터 그리스도의 부활까지 일곱째의 날이고 그 후부터는 매주 첫날이 되어 세상 끝날까지 이렇게 계속하게 되어있으니 이것이 기독교의 안식일인데 신약에서 주일이라고 일컫는다.(신 5:12-14; 창 2:2-3; 고전 15:12; 행 20:7; 마 5:17, 18; 사 56:2, 4, 6, 7; 계 1:10)

문 117. 안식일 혹은 주일을 어떻게 거룩히 지킬 수 있는가?

답. 안식일 혹은 주일을 거룩하게 함은 온종일 거룩히 쉼으로 할 것이다. 죄악된 일을 그칠 뿐만 아니라 다른 날에 합당한 세상일이나 오락까지 그만두어야 하되 부득이한 일과 자선 사업에 쓰는 것을 제외하고는 시간을 전적으로 공적으로나 사적으로나 예배하는 일에 드리는 것을 기쁨으로 삼을 것이다. 그 목적을 위하여 우리 마음을 준비할 것이며 세상일을 미리 부지런히 절제하고 조절하며 적절히 처리하여 주일의 의무에 보다 더 자유로이 또는 적당히 행할 수 있어야 할 것이다. (출 20:8, 10, 16, 25-28, 16:22, 25, 26,29; 느 13:15-22; 렘 17:21, 22; 마 12:1-13; 사 58:13, 56:23; 행 20:7; 고전 16:1, 2; 시 92편; 레 23:3; 눅 23:54; 느 13:19)

이러한 청교도의 주일성수 개념은 유럽 대륙의 종교개혁자들과도 상당히 다른 것이다.[7] 출애굽기 20장 8-11절에 나오는 넷째 계명을 청교도는 중요한 본문으로 설교했다. 종교개혁자들은 이 구절을 유대인들의 대표적인 안식일로서 규정하고, 장차 주어질 은혜를 미리 맛보게 하는 '휴식'과 메시아를 대망하는 '믿음'을 강조했다. 칼뱅은 안식일 규정을 임시적이요, 예표적인 것으로 해석했다. 구약시대의 희생제사로 구성된 안식일 규정은 장차 올 예수님에 대한 예표였다. 이제 예수님이 오셔서 친히 모든 희생사역을 완성하셨으므로, 제자들은 부활의 날을 맛보는 축복으로 안내 받았다.[8] 칼뱅은 예수 그리스도께서 성령에 의해서 우리 안에 역사하심으로 오직 기독교 신자만이 새로운 안식일로 부활의 날을 준수하는 것이 타당하다고 풀이했다.

첫째로, 우리의 전 생애를 통해서 우리는 자신의 일로부터 지속적인 휴식을 목표로 하고 있는데, 이를 위해서 성령에 의해서 우리 안에 주님께서 사역하신다.

둘째로, 각 사람마다 하나님의 사역에 대해서 묵상하는데 진력하도록 최선을 다해서 집중해야만 한다. … 우리 모두는 말씀을 듣고, 성례를 시행하며, 공적인 기도를 하기 위해서 교회에 의해서 지정된 합법적인 질서를 준수해야만 한다.

셋째로, 우리는 그런 항목들이 우리에게 압박을 주지 않도록 해야 한다.[9]

종교개혁자들은 교회를 하나의 몸으로 간주하여 신성한 권위와 예배에 집중하는 안식일 준수를 채택하였다. 교회사를 살펴보면 초대교회 시대에도 부활의 날을 성도들은 매우 중요하게 지켰다. 하나님을 향한 봉사와 예배, 가난한 자들에 대한 구제와 필요한 사람들을 돕는 일에만 참여했다. 청교도는 구약성경에 나오는 안식일 규정이 임시적이고, 예표적인 성격을 갖고 있어서 유대인에게 한정된 규정이었지만 하루를 정해서 예배하도록 하고 나머지 6일 동안은 세상의 임무에 충실하는 것을 원리로 채택하였다. 그들이 이 세상에 살아있는 동안에는 항상 준수해야 할 거룩한 임무라고 강조했다. 십계명은 어느 시대나 어느 장소를 불문하고 영원토록 도덕적인 기준이다.

칼뱅은 주일에 어떤 일을 하면서 새롭게 휴식할 것인가에 대해서 자문하였고, 당회에서도 성도들의 행동을 지도했다.[10] 1542년부터 1609년 사이에 스위스 제네바 당회에서는 주일에 일을 한 사람에 대해서 징계하는 문제를 논의했다. 나무의 가지치기를 한다거나, 레이스를 끈으로 묶는다거나, 소고기를 판매하거나, 배를 내린다거나, 새를 사냥한다거나, 가구들을 옮기는 일에 대해서 판단을 내렸다. 제네바 당회는 성도들이 주일날에 여가 활용을 하는 일에 대해서도 엄격히 대응했는데 영적인 안식에 부절적한 행동을 금지했다. 예를 들면 사냥, 춤추는 것, 파티를 즐기는 것, 테니스를 치는 것, 당구하는 것, 볼링을 하는 것 등이다. 주일을 노동이나 상업적인 행동을 통해서 탐욕을 채우고 돈을 더 버는 데 사용하지 않도록 가르쳤다. 사회공동체를 위해서 봉사하고 섬기는 일에 앞장서도록 지도했다. 종교개혁자들은 주일의 모든 조항은 오직 믿는 자들만을 위한 날이라고 해석했다. 주일성수의 원리와 내용을 보면 유럽 대륙의 종교개혁자들과 청교도 사이에 큰 차이가 없다고 말할 수 있다.[11]

그러나 잉글랜드 청교도는 주일성수라는 것은 교회에 출석하는 성도만이 지켜야할 조례가 아니라 그 지역에 살고 있는 모든 사람이 지켜야할 날이라고 강조했다.[12] 주일성수의 범위를 사회 전체로 확장시킨 청교도의 철저하고도 독특한 주일예배 개념이 거의 한 세기 동안 강력하게 사회적인 풍습처럼 시행되었다. 훗날 뉴잉글랜드 청교도는 아예 사회적인 행동 조항으로 확장시켰다. 1671년 매사츄세츠 주에서 제정된 조항을 살펴보면 미국에 이주한 초기 청교도는 기독교 신자만이 아니라 모든 시민에게 예배에 관련이 없는 불필요한 행위와 상업적인 일, 오락, 스포츠 등을 금지했다.

니콜라스 바운즈(Nicholas Bound, ?-1613)의 『안식의 참된 교리』(*True Doctrine of the Sabbath*, 1595)에 보면 그들의 앞 세대에 해당하는 후퍼 주교, 라티머, 에드먼드 버니(Edmund Bunny, 1540-1619) 등의 글에서 심각하게 주일성수를 지켜왔음을 증언하고 있다.[13]

청교도 역사 속에서 가장 중요하게 여기던 주일성수의 내용을 살펴보자. 민속 노래를 할 때 사용했던 파이프를 연주하는 것, 춤추는 것, 카드놀이, 주사위 놀이, 볼링, 테니스 게임, 매사냥, 동물 사냥 등을 삼가고, 시장을 보러 가는 것과 축제를 금지했다. 이런 가르침이 초기 청교도에게 큰 영향을 끼쳤던 리처드 그린햄의 『안식의 토론』(*Treatise of the Sabbath*)에 강조되었다.[14]

청교도에게는 공식적으로 교회에서 진행하는 예배가 가장 중요한 순간이었다. 시편 87편 2절에 따라서 예배를 통해 하나님을 높이고 경외하기를 소망했다. 예배에서는 하나님의 특별하신 임재하심을 맛볼 수 있다. 이 땅 위에서 하늘 나라의 맛을 느낄 수 있다.

청교도는 주의 날, 거룩한 날을 온전히 지킨다는 점에서 교회의 예배가 최우선이었다. 다른 모든 일은 거룩한 주일성수가 기초되어야만 바르게 유지될 수 있다. 주일성수는 개인적인 일이나 공적인 일이나 모두 다 비밀스러운 하나님의 도움을 통해서 올바르게 성취되는 기초가 된다. 가정에서 하나님께 봉사하고 기도하며 자녀를 가르치는 임무를 수행하는데 있어서도 주일을 거룩하게 지키는 의무를 성실하게 준행하는 것을 기본으로 삼았다.

다음은 청교도 성경 주석가로 유명한 매튜 헨리가 마가복음 2장 27절에 대해서 설명한 것이다.

> 안식일은 거룩하고 신성한 규정이다. 의무이자 단조롭고 고단한 일이라고
> 생각하지 않고, 특권이자 혜택이라고 받아들이고 생각해야만 한다.
> 첫째로, 하나님은 이날을 우리에게 의무를 부과하려고 계획하신 게 아니다.
> 따라서 우리는 이날을 우리 스스로를 위해서 사용해서는 안 된다.
> 둘째로, 하나님은 이날을 우리에게 혜택을 주시려고 계획하신 것이다. 따라서
> 우리는 발전하고 진보해야만 한다.
> 우리는 영혼을 돌보는 일에 더 힘을 기울여야 한다. 안식일은 휴식하는 날이다.
> 거룩한 일을 하는 날에 맞춰서 지내야 하고, 하나님과 교통을 하는 날이고,
> 찬양과 감사의 날이다. 세상의 사업으로부터 휴식을 취해야 하는 날이다.
> 공적으로나 개인적으로나 모든 시간을 여기에 적용해야만 한다.
> 우리는 선한 주인을 섬기고 있다.
> 그분의 모든 규칙은 우리들의 혜택을 위해서 제정된 것이다.

이처럼 안식일에 대한 이해를 주일성수로 접근했던 청교도의 특징을 다음과 같이 재편성해 볼 수 있겠다.

첫째, 안식일 준수는 그냥 모든 행동을 정지하는 상태로 휴식을 한다는 것이 아니라 적극적인 참여와 행동이라는 점이다. 주님의 날은 게으름을 피우는 날이 아니다. 청교도는 "게으름은 날마다 범하는 죄악이다. 주의 날에는 더 열심히 일해야 한다"고 설교했다.[15]

둘째, 주일을 거룩하게 성수하는 것은 하기 싫은 사람들로 하여금 억지로 하라는 것이 아니라 즐겁게 특권을 누리라는 것이다. 은혜로운 하나님의 사역 가운데서 즐거움을 누리는 축제의 하루다. 온종일 기쁨 가운데서 즐거워하는 날이다(사 58:3).

예배의 핵심적인 요소도 역시 즐거움, 기쁨, 희락이다. 리처드 백스터는 성도들에게 주일에는 우울한 분위기에 빠져서는 안 된다고 지적하였다. 활발하게 영적인 활동에 참여하지 못하는 성도는 자신이 어디에서 문제가 있는가를 돌아보아야만 한다.

셋째, 주일성수는 의미 없는 노동이 아니라 은혜의 방편이다. 이점에 대해서 모든 청교도는 동의했다. 뉴잉글랜드 조나단 에드워즈가 강조한 부분이기도 하다. 조지 스윈녹(George Swinnock, 1627-1673)은 기독 신자의 안식일에 주어지는 은혜를 "영혼을 위해서 시장에 가는 것과 같아서 영원한 광채가 당신에게 비춰지는 날이자, 한 주간의 황금 시간으로서 모든 날의 여왕이 되는 날이며, 주님이 함께 하셔서 축복을 받는 날"이라고 표현했다.[16]

넷째, 주일성수는 하나님의 축복을 남용하는 자에게 징벌과 채찍을 가져오는 날이기도 했다. 영적인 침체와 퇴보, 물질적인 손해는 하나님의 선하신 선물을 경멸하게 만든다. 토마스 풀러(Thomas Fuller, 1608~1661)는 청교도 혁명이 일어났던 시민전쟁을 하나님의 채찍이라고 지적했다. 런던에 대형 화재가 일어난 것에 대해서도 역시 주일을 거룩하게 지키지 않는 자들에 대한 하나님의 진노라고 토마스 브룩스(Thomas Brooks, 1608-1680)가 말한 바 있다. 청교도는 주일을 "영혼을 위해서 시장에 장보러 가는 날"(market day for the souls)이라는 표현을 자주 사용했다.

이러한 청교도들이 아무런 감정이나 감격도 없이 그저 무작정 절대 의무감에 짓눌려서 엄숙한 예배자로 살았다는 식으로 비판하는 것은 결코 역사적인 근거가 희박하다. 필자는 주일성수에 힘썼던 청교도를 '엄격주의'에 빠져 있었다고 비난하는 현대인의 기준에 결코 동의할 수 없다. 도리어 청교도는 경외심, 신실함, 담대함, 열정을 갖고서 예배에 참여하면서 높은 기대감, 즐거움, 진지함, 집중력을 갖고 있었음에 주목하고자 한다. 무엇보다도 예수 그리스도에 대해서 생각하는 가운데 그를 통해서 베풀어 주시는 하나님 아버지의 사랑을 더욱더 깨달아 알고자 했다. 청교도는 주일 의식에 매달렸던 것이 아니라 하나님 자신에 대한 더 고상하고 높은 지식을 추구했다.

리처드 십스. 청교도 운동의 초기에 윌리엄 퍼킨스, 존 프레스톤과 함께 많은 영향을 끼친 신학자, 설교자.

청교도의 예배에 대한 인식 속에는 '자유함'과 '고착됨'이 함께 담겨 있었음이 드러난다. 한편에서는 리처드 십스와 같이 『공동예식서』를 따라가자는 그룹도 있었고, 오웬과 같이 성경을 제외한 모든 문서는 불법적이라고 거부하는 부류도 많았다. 예배의 완전한 원리를 향한 논의는 끊임없이 지속되었다.

웨스트민스터 『대교리문답서』 118번을 보면 집안의 가장은 주일성수를 준비할 책임이 있었다.

문. 118. 왜 가장과 기타 윗사람에게 안식일을 지키라고 특별히 명령하였는가?

답. 특별히 가장과 기타 윗사람에게 안식일을 지키라는 명령이 주어진 것은 그들 자신에게 안식일을 지킬 의무가 있을 뿐 아니라 그들의 통솔 아래 있는 사람들도 반드시 안식일을 지키게 할 의무가 있기 때문이며 그들의 일로 아랫사람들이 안식일을 지킬 수 없도록 방해하는 일이 흔히 있기 때문이다.(출 20:10, 23:12; 수 24:15; 느 13:15, 17, 17:15, 17; 렘 17:20-22)

우리가 청교도의 경외심과 경건에서 잊어버리는 것이 있다. 그들은 이미 전날부터 교회에서 보내게 될 '위대한 날'을 준비했다. 미리 영혼이 일하는 날을 대비해서 마음을 먹고 준비하는 것이 중요하다. 교회당에 나가서 적어도 예배 시작 전에 30분 이상 자신의 자리에서 기도하면서 마음을 준비하고 심령을 말씀으로 다스리는 일에 힘썼다는 사실이다.

4. 청교도 예배

성경에 따르는 주일성수의 핵심은 예배 중심의 교회 생활이다. 최근 청교도에 관한 연구가 새롭게 활발해지면서 청교도 운동의 능력과 힘이 단순히 교회 안에서만 발휘되었던 것이 아니라 정치, 교육, 경제, 과학 등 여러 분야로 확산되었음이 드러나고 있다. 하지만 그 원천에는 지속적으로 예배생활에서 원동을 찾아보려는 관심들이 새롭게 나타나고 있다.

청교도의 독특한 생활 모습은 예배에 남다른 열정과 헌신을 다했고, 그것은 엄격한 주일성수라는 역사적 흔적을 남겼다. 청교도는 마리아 찬양으로 시작하는 로마가톨릭의 예배를 거부하였다. 청교도의 신앙심은 두 가지 내용으로 압축해 볼 수 있는데, 하나는 개혁신앙에 기초한 자기 확신으로 가득 찬 자부심을 품고서 엄격하고 조용하고 총명한 모습을 갖고 있었고, 다른 한편으로는 겸손히 자기를 낮추면서 회개하고 감사하는 자세를 유지하고자 노력했었다. 창조주 하나님 앞에서는 한순간에 흙먼지로 돌아갈 자신을 깨달아서 엎드리면서도 세상에 나가서는 불의한 국왕의 목에 칼을 겨누고 싸워서 마침내 제압하고자 하는 정의감으로 가득 차 있었다. 이러한 청교도의 신앙적 확신은 영국 국내의 정치를 바로잡는 시민전쟁으로 나가는 데까지 확산되었고, 자신들의 권리를 주장할 줄 아는 비판적 사회의식을 결집하게 되었다.

청교도가 예배의 본질에 대해서 정립한 원리와 정신은 성공회 국가교회주의자들과는 확연히 다르면서도 실제적으로 은혜를 체험하는 것에 대해서 깊이 공감하는 내용이었다.

예배의 외적인 요소들

예배의 형식과 외적인 요소에 관해서는 청교도만이 아니라 오늘의 예배 신학자들의 관심 사항이다. 청교도가 당시의 군주제라는 정치 사회적 상황 속에서 실제적이면서도 신앙적으로 깊은 열정을 발휘했던 예배의 정신들에 대해서는 보다 깊이 근원적인 고찰을 해야만 한다.

첫째, 청교도 예배에서 성경적인 권위

일반적으로 최초 종교개혁자로서 로마가톨릭의 모순을 지적했던 루터가 규정한 예배 규칙에는 여전히 전통적인 요소가 많아 남아 있었다. 달리 말하면 성경이 명시적으로 지시하지 않는 사항들에 대해서는 로마가톨릭교회의 요소를 허용하였다. 그러나 루터보다 한 세대 후에 등장한 칼뱅은 전혀 다른 원칙을 제정했다. 칼뱅은 성경에서 언급하지 않았던 예배의 요소와 내용은 결코 예배의 항목으로 받아들이지 않았다.

이 말을 달리 한 번 더 강조하자면 루터의 원리를 공식적으로 따르고 있었던 영국 성공회에서는 종교개혁을 했다고는 하지만 예배의 요소와 관련해서는 성경의 절대 권위를 아직도 완전히 적용하지는 못했었다. 반면에 청교도는 칼뱅의 교훈에 따라서 엄격하게 예배내용을 규정하고자 노력하였다. 칼뱅은 제네바에서 새로운 개혁교회 예배 규정을 실행하고 있었는데 일부는 그가 스트라스부르그에 있을 때 마틴 부써가 시행하던 것을 채택하여 재정립한 것이다.

독일 개혁교회, 스위스 제네바와 영국 청교도는 기독교의 예배에 대해서 공감대를 형성하고 있었는데, 예배란 복음의 진리를 수용하고 그에 대해서 반응을 표현하는 것이라는 점이다. 하지만 이 원칙을 어떻게 적용하느냐에 있어서는 각각 지역마다 관련된 성경 구절에 대한 해석에서 차이가 있었다. 예배는 진실한 마음으로 하나님을 찬양하고 노래하며, 감사하고, 기도를 드리며, 죄를 자복하고, 하나님의 약속에 대해서 신뢰를 표현하며, 말씀을 듣고 읽고 설교를 경청하는 것이다.

종교개혁자들은 두 가지 성례만을 인정하는 점과 본질에 대해서 공감하였고, 예배에서 설교의 중요성이 차지하는 점에 대해서도 일치하였다. 회중의 예배를 이끌어 가는 목회자의 직분에 대해서도 공감하였다. 각 교회는 사도적인 원리를 따라서 성도를 온전케 하는데 유익하며(고전 14:26), 질서있고 합당하게 진행되어야 한다는데에도 공감하였다(고전 14:40). 그러면서도 국가적인 차이에 따라서 국가교회 체제이든지 독립적인 교회 제도든지 예배자를 양육하는 데 필요한 것은 책임을 감당하도록 하면서도 자유롭게 채용할 수 있다는 점에 대해서도 동의하였다.

청교도는 1560년대 엘리자베스 여왕 통치 시대에 이르러서 영국 초기 개혁자들이 제정한 『공동기도서』를 거부하는 운동을 전개하였다. 여기에는 성직자가 입어야하는 사제가운, 결혼반지 교환, 십자가 성호를 긋는 세례 방식, 성만찬 강대상 앞에서 무릎을 꿇는 것 등이 의무 조항으로 들어있었기 때문이다. 청교도는 이런 예식적인 내용을 답습하는 것은 성경의 지침과는 전혀 상관없는 것이기에 교회에서 예배 시간에 시행할 정당성이 없다고 판단했다.

주일성수의 엄격한 규정을 준수한 청교도의 예배 정신은 모두 성경에서 나왔다. 민수기 28장 1절에서 10절에 근거하여 구약시대에 하루에 두 번 제사를 드리듯이 주일에 두 번 예배를 올리는 것으로 규정하였다. 바른 교훈은 강하게 지켜나가야 함을 청교도는 강조했다(딤후 1:13). 모든 예배의 근거는 성경에서 명확하게 밝혀진 대로 규정하였다. 베드로가 사도들 가운데서 설교했다는 점을 근거로 설교를 중요시 했고(행 1:15), 성경의 본문을 순서대로 선포하게 되었다(고전 14:31).

한걸음 더 나아가서 로마가톨릭교회가 중요하게 시행하던 연중행사들을 철폐했다. 성탄절과 부활절을 비롯해서 모든 절기를 폐지하는 것을 의미한다. 무릎을 꿇는 행위, 매주 시행되던 성례, 입교의 절차에 대해서도 거부했다.

둘째, 예배의 새로운 규칙제정

청교도는 초기 성공회에서 제정한 『공동 기도서』의 규정들을 폐지했다. 엘리자베스 여왕 시대와 그 후 스튜어드 왕가의 통치 시대에 청교도는 『공동 기도서』와 같은 예배 규정을 강력하게 반대했다. 청교도 시대에는 개인 기도와 공중 기도가 로마가톨릭에서 전수해온 내용이 많았다. 그러니 여전히 성도에게 어떻게 기도해야 할 것인가를 가르치는 문제는 난제가 아닐 수 없었다.

1640년대에 『웨스트민스터 신앙고백서』를 작성하면서, 예배모범을 제정하였다. 일부 독립적인 교회는 완전히 자유로운 방식을 채택하였다. 무엇보다도 성령께서 예배를 인도하시고 임재하신다는 것을 어떻게 정립하느냐에 대해서 많은 논의를 했다. 심지어 청교도 사이에서도 이견이 있었다. 리처드 백스터는 규정된 예배 원칙에 의존하는 것이야말로, 무작정 성령의 인도라고 생각하는 혼란된 개념을 벗어나는 것이라고 확신했다. 이미 칼뱅과 낙스가 예배 규정을 제정하면서도 목회자가 기도하는 내용에서는 유연하게 즉흥적인 내용을 허용했었다.

예배의 내부적 실재들: "예배는 경건이다"

예배의 내적인 실재는 과연 무엇이라고 청교도는 이해했는가? 청교도가 남겨준 문서들을 살펴보면 내적인 원리에 대해서는 한결같이 동일한 인식을 하고 있었음이 드러난다. 예배란 무엇인가에 대해서 존 오웬이 남긴 글에서 무엇을 염원했는지가 담겨 있다. 예배는 참된 경건의 행위라는데 강조점이 있으며, "창조의 세계로부터 나오는 영광스러운 소득을 가지고 하나님을 영화롭게 높이는 것이다"라고 규정하고 있다.

스코틀랜드 신학자 스윈녹은 "예배는 경건이다"라고 규정했다. 경건의 원리는 창조주 하나님께 모든 만물이 합당한 존경을 돌려드리는 정신에 기초한다. 만왕의 왕께 우리가 의존하고 있음을 인정하는 것이며, 우리에 대한 통치를 인식한다는 고백과 함께 존귀를 돌려드리는 것이다. 마음 속에서 우러나오는 존경심과 경외심이 하나님을 향한 봉사와 모든 규정에 대한 순종으로 표현된다.

청교도가 예배에서 사용한 단어는 매우 정교했다. 하나님과의 교통을 위해서 의미를 가지는 내용들이었다. 예배로의 부르심, 찬양, 명상, 찬송, 기도, 말씀으로부터 나오는 교훈을 받음 등이다.

예배는 우리 주님께서 말씀하신 바에 따라서 "진리 안에서 그리고 성령 안에서" 진행된다(요 4:24). 청교도는 이 구절의 의미를 두 가지로 받아들였다. 하나는 가슴으로 깊은 곳에서부터 경배를 드린다는 것이요, 다른 하나는 예배는 하나님의 뜻과 사역의 계시된 절제에 대한 반응이라야만 한다는 것이다. 성령은 이런 것들을 우리의 가슴에 적용해서 알게 하신다.

따라서 예배는 반드시 성경 말씀에 합당해야만 하고 단순해야만 한다고 청교도는 주장했다. 여기서 단순성이라는 것은 성경만이 모든 진리의 중요한 기준이라고 말하듯이 가슴에 담겨진 중요한 기준이 되었다. 청교도는 이미 로마가톨릭교회와 영국 성공회의 예배가 쓸데없이 복잡하게 펼쳐지는 성직자의 행위들이라고 비판했다.

〈복음적인 예배의 본질과 아름다움〉이라는 글에서 존 오웬이 강조한 것은 삼위일체 하나님의 경륜적 사역을 통해서 예배를 드린다는 원리이다. 그의 강조는 모두 다 에베소서 2장 18절에 근거한 것이다.

"하나님을 향한 예배는 반드시 질서 있게, 품행이 단정하게, 영광스럽게, 아름답게 올려져야 한다는 것을 본질로 확정시켜야만 한다. 그 예배와 봉사에 대해서 판단하시는 분은 오직 하나님 한 분뿐이시다. … 삼위일체 하나님은 우리들의 구원의 사역 가운데 경륜적으로 사역하시면서, 예배자의 심령 속에서 교통하신다. … 만일 우리가 그리스도의 말씀에 따라서 나아가지 않거나, 성령의 능력 가운데서 실행하지 않거나, 아버지 하나님께로 나아가지 않는다고 한다면, 우리는 예배의 규칙들을 모두 다 어기고 있는 것이다. 그리스도에 대한 살아있는 믿음에 따라서 시작하고, 성령의 도움 가운데서 들어가며, 성부 하나님의 받아주심으로 예배가 영혼의 사역이 되는 것이다."

예배의 구체적인 행위들

청교도가 예배의 내용으로 규정한 것은 다음과 같다.

"시편을 찬양하면서 올리는 경배 송가, 고백과 영광과 간구를 포함하는 기도, 설교, 임직 예식 등을 포함하는 성례들, 교회 권징의 시행과 교리문답을 교육하는 내용이다."

이러한 구체적인 예배의 내용들을 통해서 청교도는 하나님께서는 자기 백성을 만나기 위해서 그의 아들의 이름 안에서 찾아오시되, 주로 성령의 사역이 함께 하는 설교를 통해서 찾아오신다고 확신했다. 설교는 가장 엄숙하고 고귀한 행위이며, 인간의 모든 행동을 시험하는 최고의 순간이다. 청교도는 설교자의 직분을 가장 높고 고상한 직분이라고 존중하였고, 설교자의 권위는 기록된 하나님의 말씀을 해석하여 청중에게 공개적으로 전달하면서, 때로는 격려하기도 하고 꾸짖기도 하는 위치라고 보았다.

리처드 후커의 글에서도 그냥 성경을 읽어만 주는 것은 결코 청교도의 마음에 흡족하게 받아들이지 않았다. 토마스 굿윈은 성경에서 문자적 의미가 아니라 영적인 의미를 깨우치도록 할 때 하나님의 계시가 특별하게 전달된다고 가르쳤다. 리처드 백스터는 설교 시간에 세밀한 주의를 집중해서 귀로 듣는 말씀을 마음에 적용하라고 가르쳤다. 게으른 청중도 문제이지만 위대한 진리를 전달하는데 게으른 설교자는 더욱더 질타를 받았다.

청교도에게 있어서 "예배는 경건이다"

스코틀랜드 신학자 스윈녹(George Swinnock)

주(註)

1 John Morrill, "Puritan Revolution," in *Puritanism*, 82.

2 *Speeches of Oliver Cromwell*, ed. W.C. Abbott, 4 vols. (Cambridge, MA: 1937–47), vi:368–9.

3 J. I. Packer, *A Quest for Godliness*, 98.

4 Patrick Collinson, *The Religion of Protestants: The Church in English Society, 1559-1625* (Oxford: Oxford University Press, 1982), 236, 243.

5 Astley Cooper Partridge, *English Biblical translation* (London: Deutsch, 1973), 38 – 39, 52.

6 Steve Bright, "Sabbath Keeping and the New Covenant," *Christian Research Journal*, Vol. 26/2 (2003), http://www.equip.org.

7 김재성, "칼빈과 청교도의 주일성수," 『칼빈과 개혁신학의 정수』 (합동신학대학원 출판부, 1997), 209–228.

8 John Calvin, *Institutes of Christian Religion*, II.viii.29.

9 Ibid., 34.

10 Scott M. Manetsch, *Calvin's Company of Pastors: Pastoral Care and the Emerging Reformed Church, 1536–1609* (New York: Oxford University Press, 2013), 131.

11 R. Scott Clark, "The Law and the Sabbath," Conference on The Law of God and the Christian. Escondido, CA: Westminster Seminary California. Retrieved 9 September 2013.

12 Richard B. Gaffin, Jr., "Westminster and the Sabbath". In *The Westminster Confession into the 21st Century*, vol. 1. ed. J. Ligon Duncan, III (Ross–Shire, Scotland: Christian Focus, 2004), 123 – 124.

13 W. B. Whitaker, *Sunday in Tudor and Stuart Times* (London: Houghton Publishing Co. 1933). James T. Dennison, Jr. *The Market Day of the Soul: The Puritan Doctrine of the Sabbath in England* (Lanham: University Press of America, 1983). *Early Writings of John Hooper* (Cambridge: Parker Society, 1843).

14 Kenneth L. Parker, *The English Sabbath: A Study of Doctrine and Discipline from the Reformation to the Civil War* (Cambridge: University Press, 1988), 41–91.

15 John Dod and Robert Cleaver, *A Plain and Familiar Exposition of the Ten Commandments* (London: 1628), 143. J.I. Packer, *A Quest for Godliness*, 238, n.12.

16 *Works of Swinnock*, I:258.

Chapter 07
청교도의 말씀 강좌와 권징 제도

　청교도의 교회 갱신과 부흥은 성경을 읽고 연구하는 지역 교회의 중요행사가 지속되었기에 가능했었다. 곧 말씀 강좌와 권징 제도를 통해서 철저한 훈련과 영적 성장을 도모하면서 성도에게 은혜를 공급하였기에 영적인 능력이 시들지 않고 유지될 수 있었다. 심지어 청교도가 연합하여서 시민전쟁을 하게 되었을 때도 목회자의 설교를 통해서 힘을 얻었고 전투에서 승리할 수 있었다. 이 두 가지가 오늘날 한국 교회에서는 거의 사라지고 말았다. 따라서 다시 교회의 본질을 회복하기 위해서는 청교도의 두 가지 모습을 되살리려는 노력이 필요하다.

　한국 교회에서는 부흥 사경회를 매년 개최하여 집중적으로 하나님의 은혜를 충만하게 받는 행사를 하고 있다. 그러나 평양 신학교에서부터 시작된 '사경회' 혹은 '부흥회'라고 하는 집회가 연중행사로 진행되면서 집중적인 말씀 집회가 대부분 교회의 최대 행사였다. 말씀의 은혜에 젖어들던 모임에서는 치유의 기적이 나타났었고 회심하는 사람이 늘어났다. 말씀을 연구하고 공부하는 제자반 훈련은 1970년대 이후에 대학교육이 보편화되면서 한국교회의 모델로 자리를 잡았다. 교회의 진정한 부흥은 오직 하나님의 말씀에 기초할 때만 지속될 수 있으며 교회가 나가야 할 방향을 올바로 터득하게 된다.

　순결한 교회와 철저하게 헌신하는 청교도 신앙은 저절로 만들어지는 것이 아니었다. 말씀에 젖어들도록 반복적인 훈련을 받은 청교도는 몸에 밴 습관처럼 자연스럽게 열심을 다하여 하나님과 교회를 섬겼다. 강력한 훈련과 말씀의 다스림이 있어야만 죄악에 물드는 심령을 지킬 수 있게 된다. 권징 제도는 스위스 종교개혁에서 나온 것으로 로마가톨릭이 전혀 교회답지 않게 부패한 것을 시정하고자 했던 교회의 회복 방안이었다.

성경 말씀의 선포와 성례의 합당한 시행과 정당한 권징의 실시는 종교개혁자들이 제시한 참된 교회의 세 가지 표지다. 청교도는 참된 교회를 세우고자 종교개혁의 세 가지 표지를 계승하였고 한 걸음 더 발전시켜서 지상 교회에 적용하고자 노력했다.

1. 성도들의 온전한 성장을 위하여

그리스도께서는 교회를 세우고자 사도와 선지자와 복음전하는 자와 목사와 교사를 세우셨다(엡 4:11). 교회를 세워나가기 위한 원리로서 특수한 은사들을 주셨고, 그들의 사역 내에서 통일과 사랑으로 성도들이 감화를 받게 하였다. 신약성경에서 다양한 말씀의 사역이 발견되어지는데 교회의 기초석으로 임명을 받은 사도들과 선지자들의 수고가 있었다(2:20). 그리스도께서는 친히 교회의 지속적인 성장을 위해서 '목사들과 교사들'이 활동하게 하셨는데 바로 청교도의 설교와 성경 강좌가 주요한 성취 수단으로 활용되었다.

청교도 목회자는 목양자이자 신학자요 교수(pastor-and teacher-theologian)와 같았다. 목사와 신학자 이 두 가지 기능을 다 감당하고자 연속적인 신앙 강좌 혹은 강의식 말씀 공부(lectureships) 사역이 큰 영향력을 발휘했었기에 1560년에서 1640년까지 청교도 운동이 확산될 수 있었고, 마침내 1644년부터 한 세대 동안 최고의 절정기를 맞이하였다.[1]

청교도는 권징과 치리 제도를 시행하여 예방과 교정에 힘썼다. 권징과 치리의 궁극적 목적은 응징이나 보복에 있지 않고, 영혼을 회복시키며 살리는데 있었다. 청교도 중에서 장로교회는 권징에 민감해서 치리 제도를 확고히 정착시켰다. 교회에 출석하는 성도가 참된 믿음을 갖추도록 하고자 가짜 믿음에 대해서는 출교 처분을 하여 단호히 격리시켰다(고전 5:4). 그렇지 않으면 모든 공동체가 영향을 받기 때문이다. 하나님의 말씀에 무관심한 자, 방탕하고 무절제한 자, 돈에만 집착하는 자 등 주요한 문제가 발생하면 3일 동안 온 교회가 기도한 후에 공적으로 제명과 추방, 내적이며 외적인 징벌 등에 대해서 기도를 병행하면서 결정했다.

하원 의회에서 결정한 바에 따라서 정치적으로 지원을 받게 된 청교도 설교자들은 1641년 9월 6일부터 자유롭게 주일 강단에서 성도를 가르칠 수 있는 자유를 회복하였다. 이틀 후에 올리버 크롬웰의 제안에 따라서 국회는 이를 공포하였다.

> "잉글랜드와 웨일즈 지방 각 교구에서는 어디에서나 정통주의 목사를 세워서 그
> 분으로 하여금 그동안 설교가 없던 주님의 날에 설교를 반드시 해야만 하며, 그
> 동안 강좌가 없던 주중에도 반드시 강좌가 개설되도록 규정하는 것이 합법적임
> 을 선언한다."[2]

그 이후에 각 교회마다 강좌 개설과 시작에 대한 청원서가 의회에 봇물처럼 쏟아졌다. 1641년 9월부터 1643년 7월까지 런던 시내 교회에서는 처음에 27개 강좌가 허락을 받더니 점차 늘어나서 75개 강좌(1641)에 이르렀고 1642년에는 93개 강좌가 개설되었다. 물론 의회가 모든 강좌나 강사를 다 허락한 것은 아니다. 하지만 지속적으로 늘어나면서 주로 케임브리지 출신이 많았고, 그 밖에 옥스퍼드를 비롯한 유수한 대학 출신 강사들이 지역 교회로부터 1년에 20파운드를 받기로 하고 전임 사역자로 채용되었다. 17명의 강사가 있었는데 의회의 초빙으로 다시 19명이 충원되었다. 하지만 대교구의 목사는 1년에 80파운드를 받았다는 기록이 남아 있다.

의회에서도 매일 이른 아침에 예배당(the Abbey church)에 모여서 당대 최고의 7명의 청교도 설교자(Edmund Staunton, Philip Nye, Stephen Marshall, Herbert Palmer, Jeremiah Whitaker, Thomas Hill)의 강좌를 들었다. 그동안 옥스퍼드나 케

임브리지의 신학도 중에서 과반수가 약간 넘을 정도로 50-59%가 청교도였다. 1662년에 이르기까지 성공회 목회자들의 교회는 점차 청교도 설교자로 채워졌다.

런던의 목회자 및 말씀강좌 담당자들: 1640-1662년 [3]

연도	설교자 및 목회자	퓨리턴	연도	설교자 및 목회자	퓨리턴
1640	73	42	1652	57	46
1641	75	53	1653	59	47
1642	93	72	1654	62	46
1643	88	79	1655	60	45
1644	75	71	1656	65	48
1645	77	73	1657	64	48
1646	66	62	1658	62	48
1647	67	61	1659	64	49
1648	67	58	1660	67	56
1649	59	51	1661	48	40
1650	53	48	1662	42	35
1651	58	49			

1640년대에는 청교도 목사나 강사가 부족해서 여기저기에서 불평이 많았다. 이들은 주일 두 번 설교하고 금요일에 한 번 강좌를 준비했다. 목사 안수를 아직 받지 않았던 강사들은 케임브리지 대학교의 임마누엘 칼리지와 크라이스트 칼리지 졸업생이 많았는데 대부분 오래가지 않아서 상당수가 청교도 목사가 되었다. 케임브리지 대학교에 재학한 사람이 569명으로 이 가운데 330명이 청교도였고, 옥스퍼드 출신은 195명인데 110명이 청교도 목회자가

되었다.

위의 도표에서 1643년 이후부터는 현저하게 강사의 숫자가 줄어드는데, 교회의 금요 강좌가 없어졌기 때문이 아니라 대부분이 목회자로 인정이 되어서 주일 두 번의 설교와 금요 강좌를 동일한 목사가 맡았기 때문이었다.

또한 1645년에 청교도는 완전히 승리했음에도 불구하고, 소수의 성공회 목회자들이 남아서 자신들을 지지하는 성도들의 교구 목사로서 사역을 감당하고 있었다는 점이다. 이것은 장로교회가 완전히 모든 교구를 국가교회 체제로 장악하지 않고 일부 교회는 독립적인 회중교회 목사의 지도하에 있었으며, 상당한 부분 목회자 선택의 자유를 보장했었다는 점을 반영하는 것이기도 하다. 다수의 성공회 목회자들이 장로교회로 회심하여 전향하는 일도 있었다.

오늘날 우리에게는 다소 아이러니하게 보이는 부분이 남아 있다. 장로교회가 국회의 다수를 점유하고 있는 상황에서 그러한 환경을 조성하기까지 엄청난 피를 흘렸는데도 불구하고 상당한 종교적 관용을 베풀고 정의를 지키려 했었다는 점이다. 로드 대주교의 영향력 하에서 장로교회와 회중교회가 당했던 어려움은 이루다 표현하기 어려웠는데도 조지 홀과 존 피어슨 같은 성공회 신부들이 여전히 자기 교구를 섬기도록 허용되었다. 그리고 이들은 나중에 다시 한번 왕정복고 운동이 성공하여 전 영국이 성공회 체제로 회복될 때 그러한 운동의 전면에 나서게 된다. 1658년 크롬웰은 의회의 요청을 받아들여서 성공회의『공동기도서』에 따르는 예배를 금지하는 명령을 내린다. 그럼에도 불구하고 몇 교회에서는 예외적으로『공동기도서』에 의존하는 성공회 예배가 여전히 허용되었다.[4]

리처드 백스터의 자서전에 의하면 1630년대 많은 청교도는 교회 정치에 대해서 어떤 이의제기도 하지 못하고 침묵을 강요당하고 있었다. "우리는 조용히 주교가 하는 대로 내버려두고 우리의 임무와 삶을 유지하는 것이 최선책이라고 생각했었다. … 적어도 우리에게 맹세하도록 강요하는 테러가 발생할 때까지는 그렇게 생각하고 있었다"고 술회한 바 있다.[5] 1643년 총회에서 로드 대주교는 만장일치로 「통일령」을 공포하려 했으나 5명의 반대자가 이의를 제기하여 뜻을 이루지 못했다. 이들 5명은 대부분 일상적으로 교회에서 신앙 강좌를 인도하던 청교도였다. 이들 용감한 5명의 청교도는 성 미카엘 크룩트 레인 교회의 강사이자 독립파 회중교회의 지도자였던 토마스 굿윈, 로드 대주교에 의해서 거의 20년간 목회하던 곳에서 쫓겨났다가 다시 1641년에 성 마가렛 뉴 피쉬 교회로 돌아온 시드라흐 심슨(Sydrach Simpson, 1600-1655), 스테파니 교회와 성 가일스 교회에서 1646년 사망할 때까지 섬겼던 제레미야 버로우스(Jeremiah Burroughts), 심슨의 후임 목사가 된 윌리엄 브릿지(William Bridges) 등이다.

이런 청교도의 투쟁이 남긴 기념비적인 업적이 신학적으로 반영된 것이 『웨스트민스터 신앙고백서』와 『대·소교리문답』으로(1643-48) 이 문서의 작성에 있어서 각 파의 대표(장로교회, 성공회, 회중교회, 독립교회, 대륙의 개혁교회 등)는 자신들의 입장을 대변하고자 노력했기에 어떤 주제에 대해서는 서로 갈등을 빚고 합의하기 어려운 경우도 허다했다. 그리고 각 교구에서 장로교회와 독립파 회중교회 목사들 사이에 갈등과 대립이 강단에서 자주 목격되었다.[6] 이러한 때에 명석한 지식의 소유자이자 신학자요 지도자였던 존 오웬의 적극적인 노력으로 갈등이 많이 해소되어 나갔다.

청교도 설교자가 성경을 펼치고 증거할 때 감동을 받는 성도들.

2. 열정을 담은 성경 강좌

거의 대부분 한국 교회에서도 성경 사경회, 심령 부흥회, 특별 집회 등으로 성도들의 심령에 부흥과 갱신을 촉구해 왔었다. 이런 특별 집회의 원형은 청교도의 말씀 강좌 사역에서 찾아 볼 수 있다.

첫째, 청교도가 말씀 사역의 최우선 순위로 집중했던 '강좌사역'이 광범위하게 영향을 끼쳤다. 오늘날의 방식으로 쉽게 풀이하자면 연속적인 성경 공부반 혹은 제자 훈련 또는 직분자 교육반이라고 풀이할 수 있을 것이다.

초기 청교도 지도자들 가운데서 케임브리지 대학교 히브리어 교수로 재직하던 토마스 카트라이트는 워빅에서 그리고 런던의 트레버스와 챠더톤에서 설교 강좌를 열었다. 앤서니 길비(Anthony Gilby, 1510?-1585)와 그의 후임자 아서 힐더삼은 런던에서, 훗날 윌리엄 에임즈는 데드햄(Dedham)에서, 윌리엄 퍼킨스와 폴 베인스(Paul Baynes, 1573?-1617)는 케임브리지에서 성경 강좌를 이어갔다. 리처드 십스, 플레처(Richard Fletcher, 1545-1596), 그린햄, 도드 등 우리에게 유명한 이들은 말할 필요도 없고, 이루 다 셀 수 없을 정도로 많은 성경 강좌가 주일 예배로서가 아니라 다른 날에 교회에서 펼쳐졌다.[7]

기본적으로 청교도의 설교와 말씀 강좌 사역에서 기억해야 할 것은 칼뱅주의 신학 사상이다. 청교도의 기본 신학 사상에는 두 가지 내용이 결합되어 있었는데 하나는 엘리자베스 여왕의 「통일령」에 반발하여 순수한 성경적인 교회를 회복하려는 것이고, 다른 하나는 유럽의 종교개혁자 장 칼뱅의 신학, 칼뱅주의 혹은 개혁신학에서 발견되는 은혜의 경륜을 성경 해석의 근간으로 삼았다는 점이다.

첫 번째 부분은 당시 통치자 엘리자베스의 권위에 도전하는 정치적인 사항이 결합되어 고난과 핍박의 요인이 되었다.[8] 하지만 두 번째 개혁주의 사상은 보이지 않는 힘으로 작동했다. 칼뱅주의자들은 영국 성공회가 알미니안주의와 결탁되어 있는 것에 탄식하고 있었기 때문이다. 칼뱅주의 신학에 기초한 성경해석과 설교를 도모했다는 측면은 뉴잉글랜드로까지 확산되어

나갔다.

교리와 실천 면에서 모든 청교도는 칼뱅주의자였다 하더라도,
모든 칼뱅주의자가 청교도라고 간주할 필요는 없을 것이다.[9]

청교도 목회자들은 신학적인 안목을 철저하게 하나님의 주권을 인정하며 은혜와 생명의 언약을 지키시는 구원의 경륜을 따라서 성경을 표준으로 삼으려 했다. 오늘날 신학 교수의 식견을 갖추고서 강단에 올라가서 목양자로서 성도의 영혼을 양육하는 데 헌신했다. 그들의 구체적인 모델은 바로 제네바의 장 칼뱅이다. 청교도에 대한 그의 영향력은 엄청나게 컸다. 칼뱅의 주요 저서들은 영어로 번역되어 그 누구의 책보다도 가장 많이 보급되었다.

둘째, 개혁신학을 근간으로 하는 성경 강좌를 지속하면서 청교도의 신앙 공동체는 말씀에 의지하는 영적인 안목을 형성하도록 모든 성도를 자극하였다. 이것이 청교도 신앙의 도구가 되었던 강단의 연속 강좌와 설교 형식의 강의에 주목하지 않을 수 없는 이유다.

뉴잉글랜드 보스턴에서 걸출한 설교 사역을 감당했던 존 코튼은 "매주 목요일 정기적으로 강해 설교를 하였고, 매주 세 번씩 설교했다. 주중에 주로 수요일과 목요일에 이른 아침 모임에서 설교했다. 토요일 오후 세 시에 다시 모여서 설교 강좌를 열었다. 그리고 날마다 자기 집에서는 경건을 사모하는 소그룹 성도들에게 성경을 가르쳤다."[10]

셋째로, 모든 청교도는 설교 사역의 중요성에 공감하면서 그 목적을 이루기 위해서 강좌 사역에 집중하였다. 로마가톨릭에서 벗어나기 위해서 단지 일시적인 수단으로 채택하려 했다기보다는 참된 개혁교회가 각 교구 안에 정착되기 위해서 최선을 다하려 했던 것이다. 청교도가 남긴 글에서 이와 같은 강좌 사역에 회의적이거나 반감을 표시하는 것을 찾아볼 수 없다. 청교도적인 경건의 특질이 담긴 이런 강좌들이 진행되는 가운데 더욱 깨어있는 시대의 지혜가 확대되어 나갔다.

존 해링톤 경(Sir John Harrington, 1561-1612)이 쓴 『엄격한 테일러씨』에 보면,

"성경 새 번역을 가져왔고, 자신의 생애 동안에 위대한 종교개혁을 보여주고자 했다. 그는 온화하게 말하고 품위 있게 행동했다. 그는 일주일에 세 번 강좌를 열었고, 두 번 설교를 했다."[11]

거의 모든 청교도는 이런 경향을 공유하고 있었음을 보여 준다. 성공회 주교 존 얼(John Earle, 1601-1665)이 바라본 한 여성도의 모습에서도 비슷하였다.

"그녀는 기도보다는 설교와 설교자와 강좌를 더 좋아했다. 그런데 주중에 시행되는 것들이 주일보다 교화에 더 유익하다고 생각했다."

넷째, 열정이 담긴 청교도 설교자들과 박사들의 강좌는 무관심하던 사람들을 깨웠고, 차츰 성도에게 영향을 끼치게 되었다. 대부분의 청교도 목회자는 설교를 출판하였는데 그 책자들이 널리 배포되면서 경건의 영향력이 확산되었고, 대부분 동시대를 살아가던 사람들 사이에 저명한 인물로 부각되었다. 윌리엄 퍼킨스의 책은 신학적이면서도 양심적인 삶을 지적한 부분에서 널리 알려졌고, 프레스톤은 청교도 운동의 조직력을 극대화 시키는 방면에서 상호 연대와 교류를 증진하여 큰 영향력을 발휘하였다.

경건한 청교도 설교자들은 때때로 성도에게서 아무런 변화가 나타나지 않는 것에 크게 실망하기도 했다. 설교를 통해서 하루아침에 모든 사람이 바뀔 수 없는 것을 알지만 낙심에 빠지는 경우도 있었다. 청교도 신앙 강좌의 내용이 일부 듣는 이의 입장에서 볼 때는 다소 심기가 불편하고 열매를 맺을 수 없는 것으로 치부되는 것도 있었으나 그 효과에 대해서 의심할 여지는 전혀 없었다.

대표적인 초기 청교도 신학자 리처드 로저스는 1571년에 케임브리지 대학교를 졸업하고, 1574년에 석사학위를 마쳤고, 1577년부터 에섹스에서 신

학자로 성경 강좌를 담당하였다. 로저스는 토마스 카트라이트가 주도하는 장로교회 운동에 동참하여 「권징의 헌장」에 서명을 했고, 엘리자베스 1세와 제임스 1세의 「통일령」에는 서명하지 않았다. 도리어 그의 중요한 저서는 1603년에 출판한 성경에 따르는 일곱 가지 주제를 담은 책인데(Seaven treatises containing such directions as is gathered out of the Holie Scriptures), 이것을 간추려서 『기독교의 실천』(The Practice of Christianity, 1618)으로 여러 번 재출간했다. 이 책의 서문에는 로버트 퍼슨스와 갸스파르 로아르테가 작성한 기독교인의 생활을 실천적으로 격려하는 내용이 추천되어 있다.

3. 청교도의 전적 헌신: 권징과 치리의 확립

엘리자베스 여왕 시대의 청교도 연구에 있어서 세계적으로 최고의 권위자로 인정을 받는 콜린슨 교수는 청교도 가운데서 장로교회가 보다 권징과 치리에 역점을 두었다고 지적한 바 있다. 성경에 따라서 질서를 유지하고, 하나님의 가르침에 충실하고자 네 가지 직분인 목사, 박사, 장로와 집사 등을 세웠다.[12]

청교도 시대만이 아니라 그 이전 종교개혁의 시대나 그 후로 지금까지도 기독교 세계 내에서 목사와 박사의 직책은 각기 서로 다른 차이가 있으며 맡겨진 기능도 달랐다. 목사 혹은 목회자는 설교를 담당하고 성례를 집행하며 기도회를 이끌었다. 박사 혹은 교사는 건전한 교리를 지키고자 성경을 해석하였다. 목사와 박사가 모두 다 설교를 감당하였지만 그들의 설교 내용면에서는 다소 차이가 있었다. 목사가 한 강좌를 맡아서 평이하게 성경 본문을 해설하는 데 중점을 두었다고 한다면 박사는 또 다른 강좌를 맡아서 본질적으로 교리를 다루었다. 장로교회는 권징을 강조하고 있어서 지역 교회의 목사에게 맡겨진 임무가 무척 힘들고 벅차게 되었다. 성도의 일상적인 경건을 확인해야만 했기에 목사의 직책을 맡게 되는 이는 참된 교회 내에서 항존직으로 인정되어야만 했었다. 물론 목사가 박사 혹은 신학적인 교사로의 임무를 동시에 수행하여 강좌를 담당하는 경우도 있었다.

청교도라고 해서 모두 다 철저한 권징과 치리를 강조하는 장로교회는 아니었다. 청교도의 상당수는 엄격한 권징 사역보다는 부드럽고 온건한 복음적인 목회 사역에 더 관심이 많아서 그런 방편으로서 성경 강좌를 진행했다. 청교도 신학자는 이런 직분을 지지했고 권징보다는 설교가 참된 교회의 가장 중요한 속성이라고 보았다. 신학자가 한 지역 교구에 재직하는 경우 설교도 할 수 있었는데 담임목사보다 더 잘하는 경우가 많았다. 하지만 신학자가 어느 한 지역에 거주할 수 없는 경우나 혹은 재직하기를 거부한 경우는 특정한 기회에만 설교를 감당하기도 하였다.

청교도와 성공회의 차이를 분명하게 드러내는 것이 권징과 치리를 확고히 세우는 것이었고, 이것들은 모두 말씀 설교와 성경강좌에 연계되어 있었다.

청교도 신학자 에드워드 데링은 케임브리지 대학교를 졸업한 뒤 장로교회를 주장하는 토마스 카트라이트의 지지자로서 중추적인 지위에서 활동했다.[13] 그는 오랫동안 성공회 체제에 익숙해서 살았던 지도자였는데 학창시절에는 엘리자베스 여왕의 방문을 환영하는 글을 헬라어로 작성하였었다.

그러나 1570년 2월 5일, 궁정 예배 시간에 여왕의 면전에서 직선적으로 용감하게 선포했다. 그는 자신의 모든 출세와 성직자로서의 고위 권리를 내던져 버리고 담대하게 당시 영국 교회를 포위하고 있는 죄악의 목록을 열거했다. 생활 속에서 개인 재산만을 늘리려는 탐욕과 간교한 책략, 매사냥과 동물사냥에 빠진 세속화된 귀족들과 성직자들을 질타하면서 그 모든 책임이 여왕에게 있다고 맹렬하게 도전했다.

"이런 모든 매춘이 자행되는 동안에 당신도 그 자리에 있었다는 것은 무엇을 의미하는 것이오. 하나님이 요구하신 것을 시행할 권한을 당신의 손에 주셨는데 당신은 여전히 그냥 그 자리에 앉아있으면서 하나도 관심 있게 돌아보지 않았소. 이런 사람들이 목록표를 작성한 대로 그냥 하도록 방치했었소. 짐작건대 당신이

에드워드 데링. 1570년, 엘리자베스 여왕 앞에서도 회개해야할 죄의 목록을 거침없이 외친 초기 청교도 설교자. 그 후로 여왕은 청교도 설교자들을 싫어하게 되었음.

일반적으로 모든 것을 볼 수 있는 것에는 이들이 손을 대지 않았나 봅니다. 따라서 당신은 모든 사람이 제멋대로 하도록 하는 것이 아주 잘하는 것이라고 만족하고 있소이다."[14]

이 사건을 계기로 많은 것이 달라졌다. 그는 성공회 제도를 거부하고 청교도로 전향했다. 물론 설교자로서 자격을 박탈당하고 곤경을 겪었다.

데링은 교회라는 곳은 한 설교자의 목소리에 의해서 함께 모이는 회중이라고 규정했다. 성공회의 조직 체제를 거부했던 그는 노년기에 런던에서 가장 큰 교회 중에 하나로 알려진 성 바울 교회에서 "신학 강좌"를 담당하였다. 1572년에 성공회 주교 샌디스(Edwin Sandys, 1519-1588)가 그를 인정하고 이런 특수 직책에 임명하였다. 하지만 그는 끊임없이 한 주제에 대해서 강조하였는데 자기에게 더 많은 강좌를 열어 달라는 것이 아니라 모든 교회마다 거룩한 설교자가 발견될 수 있게 해야만 한다고 주장했다. 그는 성례가 아니라 진지한 말씀 선포가 없다면 우리가 믿음을 가질 수 없다고 단호히 선언했다.

성공회에서는 그저 교구별로 조직을 운영하는 것으로 만족했고 말씀 강좌를 개최하는 일에는 전혀 관심이 없었다. 성공회 신부 중에는 상당히 많은 교육을 받아서 지식수준이 높은 성직자도 있었지만 설교에 대해서 그리 큰 중요성을 부여하지도 않았다. 청교도가 성공회 교구 성직자들의 무지함과 설교 사역을 잘하지 않는다고 비판을 하자 성공회 측에서는 설교를 잘 할 정도의 능력 있고 교육을 받은 목회자를 원한다면 더 많은 십일조와 기부금이 필요하다고 응수했다. 성공회의 경건이 보여주는 것이란 교구의 목회자들이 극히 제한적인 자원을 사용하는 수준에 머물러 있었다.

청교도 중에서도 장로교회는 권징에 중점을 둔 책망과 경고의 설교가 많았다. 모든 청교도 신학자는 설교를 통해서 성도를 설득해 나가는 것이 목회적 기능을 감당하는 데 있어서 본질적인 것으로 생각했다. 신학자도 역시 목회자가 설교에서 훈계하는 것과 박사가 깊이 파고들어 가서 성경 본문을 해석하는 것은 서로 본질적으로 차이가 없다고 가르쳤다.

4. 청교도의 거룩한 삶과 경건훈련

청교도 운동에서 말씀 강좌가 널리 확산되었던 것은 그 배경에 성도를 철저하게 지도하여 거룩한 삶으로 인도하려는 장로교회 목회자들의 열망이 있었기 때문이다.

첫째, 영국의 장로교회는 그 초기 역사부터 권징에 대해서 크게 관심을 갖고서 목회 활동을 펼치고 있었다.[15] 말씀으로부터 주어지는 강력한 감동과 압박이 성도에게 지침이 되었다. 그저 성도의 회심과 부흥이 목표였다면 심령대부흥회에서 감격스럽게 눈물을 흘리고 나면 끝이 날 것이다. 그러나 일시적인 부흥을 통해서 회심하게 하려는 것만이 아니라, 지속적으로 종교개혁의 열망을 품고 세상 속에서 삶을 영위해 나가기 위해서는 정착된 프로그램이 필요했다. 그것이 바로 '성경강좌'였다.

장로교회란 장 칼뱅이 제네바에서 시행하던 바에 따라서 지역 교회 회중 가운데서 선출된 평신도 장로들이 당회를 구성하여 성도들의 신앙 상태를 살펴보고 교회의 순결을 지켜나가는 제도를 의미한다. 청교도는 신학적으로만이 아니라 교회의 실제 목회에서 칼뱅의 영향을 크게 받았다. 처음에는 존 낙스를 통해서 칼뱅의 당회 제도와 목회 방법이 스코틀랜드에 정착했고 차츰 잉글랜드 전체로 확산되었다. 낙스의 『권징의 책』(the book of Discipline)과 크랜머의 『기도서』(Prayer Books), 1603년의 「교회헌장」(Ecclesiastical Canons)에서 신앙고백과 회개의 형태가 참된 교회의 표지로 제시되었다. 영국에서 칼뱅의 신학과 제네바 교회의 권징과 치리가 영향을 발휘하게 된 것은 종교개혁을 더욱 확실하게 추진하고자 했기 때문이다.

잉글랜드에서는 카트라이트가 선봉에 서서 장로교회의 치리 제도가 가장 성경에 합당하다는 점을 홍보했다. 그는 국가에서 주교를 임명하는 영국 성공회 체제가 성경에 맞지 않는다는 확신을 가졌다. 교회의 지도자는 오직 교회 안에서 결정하자는 장로교회와 노회가 1574년경에 세워졌는데, 사실 선도자 카트라이트는 10년 동안을 추방당해 있었다.

장로교회가 추구하는 권징과 치리의 목표는 세 가지로 요약할 수 있다.[16]

1. 말씀에 순종함으로써 하나님께 영광을 돌리는 것
2. 교회의 신앙과 생활의 순결함을 지키는 것
3. 실수한 성도의 갱신과 회복

하나님께서 선포하시고 권징 사항을 지시해 놓으셨다. 성도의 일상생활을 점검하고 회개하고 견고하게 믿음에 서게 한 후에야 성찬과 세례에 참여하게 하는 방식을 적용했다(계 3:3).

엄격하게 목양 사역을 하다 보니까 큰 잘못이 없음에도 불구하고 오해를 낳기도 했다. 철저하고 엄밀한 신앙생활을 강조하는 것은 좋았으나, 청교도들에게는 완전한 지위와 자유가 주어져 있지 않았던 종교적 혼란과 다툼의 시기였기에 일반 성도와 성공회 측으로부터 왜곡된 비난과 심판을 많이 받았던 것이다.

당시 청교도들 중에서 장로교회 목회자들의 설교가 권징을 염두에 두고서 추상같은 책망과 엄격한 훈계를 많이 포함하고 있었다는 점에 대해서 주목하지 않을 수 없다. 권징과 치리가 시행되는 동안에 연약한 믿음을 가진 성도는 게으르고 타락한 삶에 대해서 경계하게 된다. 교회 안에는 어린 아이과 같은 신앙을 가진 자들이 있어서 보호하려면 사악하고 거짓된 믿음을 가진 자들을 추방하고 격퇴시켜야만 하는 것이다. 이런 청교도 목회자의 요구와 지적에 대해서 청교도 평신도들의 저항이 전혀 없었던 것은 아니다.[17] 그러나 선포된 말씀의 효과에 대한 증언은 청교도 설교와 일기에 많이 남아있다. 경건한 설교자와 평신도 청교도는 쉬지 않고 더 많은 말씀의 강론을 청구했다.

둘째, 청교도 운동의 초기 지도자로서 잊지 말아야 할 사람이 잉글랜드 장로교회의 선구적인 지도자 토마스 카트라이트이다. 그는 엘리자베스 여왕보다 두 살이 어리지만 같은 시대를 살아가면서 갈등과 대립하다가 역시 같은 해에 생애를 마감했다. 케임브리지 대학교를 졸업하고 교수로 재직하던 중 1564년 엘리자베스가 방문했을 때에 설교를 할 정도로 많은 영향을 끼쳤다.[18] 그러나 여왕의 「통일령」을 지지하던 프레스톤에 맞서서 논쟁을 한 계기로 인해서 학교에서 쫓겨 나고 말았다. 1569년에 다시 교수직에 임명을 받았으나 존 휘트기프트가 총장으로 임명되면서 갈등을 빚어서 또다시 쫓겨나야만 했었다. 정치가 윌리엄 세실이 중재를 서서 다시 복구되는 등 고난과 영광을 반복적으로 경험하였다.[19]

이런 시기들을 보내면서 카트라이트는 잉글랜드 교회의 상하 조직으로 구성된 정치 체제를 반대하였는데, 과연 초대교회가 그러한 조직체인가 대해서 이의를 제기하며 잉글랜드 교회 법률에도 비판을 가했다. 휘트기프트에게 추방을 당한 후 제네바에 가서 테오도르 베자를 만났다. 그 후 다시 케임브리지 대학교의 히브리어 교수가 되었다. 그러나 정치적인 반대자로 몰려서 체포를 당할 위기에 처하자 이를 피하기 위해 벨지움의 안트워프(Antwerp)와 미델베르크(Middelburg)에서 피난자들의 교회를 인도하기도 했다. 1585년에 50세가 된 카트라이트가 당국의 허가 없이 런던을 방문하다가 체포되어 감옥에 투옥되었다가 지도자들의 청원으로 다시 풀려났다. 그러나 여왕에 의해 또다시 체포되어 투옥된 2년여 동안 건강을 상실하고 말았다.

카트라이트는 장로교회의 주창자로서 단연코 분리주의나 독립교회 운동에 반대하였다. 1590년에 이르자 영국 내에서 그의 주장에 동의하는 목회자가 약 500여 명에 달했다. 그는 국가와 교회의 엄격한 분리에 대해서도 거부하면서 하나의 청교도 조직을 구성하는 데 앞장을 섰다.

셋째, 장로교회가 급속히 확산되어갈 무렵에 성공회 내부로 차츰 알미니안주의가 스며들었다. 잉글랜드에서 동쪽으로 바다 건너편에 있는 네덜란드에서 활동한 알미니우스(James Arminius, 1560-1609)가 제기한 인간론 중심의 사상이 차츰 성공회 지도자들에게 호소력을 갖게 되었다. '신인협력설'(Synergism)이라는 로마가톨릭교회의 입장과 아주 유사한 구조로 된 구원론 체계를 제시했기 때문이다.

케임브리지 대학교 출신의 토마스 풀러를 예로 들어보자. 그는 로마가톨릭교회가 남겨준 아주 옛날 방식으로 목회하던 성공회 신학자 중에 한 사람이었는데 그럼에도 불구하고 스스로를 정통 개혁신학에 입각하여 칼뱅주의를 따른다고 하였다. 그런데 그는 칼뱅주의와 알미니안주의의 차이점에 대해서 분별력이 없었다. 또한 그 시대의 한계에 머물러 있었으니 로마가톨릭에서 성공회로 일부 변신을 했지만 여전히 성례를 의식적으로 시행하는 일에만 집중하였다.

풀러는 널리 알려진 저술을 남겼지만 교회 제도적인 측면을 보면 에라스티언주의를 따라가고 있었고, 엘리자베스 여왕의 권위와 통치 속에도 하나님의 나라가 임하고 있다고 주장했다. 정치적 권세를 장악한 자들에게 교회가 복종하는 관계였다. 성공회가 취하고 있었던 압도적인 경향과 흐름이라는 것은 그저 이름만 달라졌을 뿐이지 로마가톨릭교회와 크게 차이가 없었다. 종교개혁을 따르는 청교도 목회자들처럼 더 많은 설교를 제공하려는 것이 아니라 더 단정하고도 예법을 준수하는 의식의 집례와 더 정교하게 진행되는 예식 거행만이 중요한 목회 사역이라고 판단하여 전통에서 벗어나지 못했다.

맺는 말

말씀과 치리의 사역은 교회 안에서 결코 따로 분리할 수 없다. 성도들의 교화와 경건한 생활의 진보를 위해서는 듣는 것과 행하는 것이 병행되어야만 한다. 치리와 권징을 무시하고 소홀히 하게 되면서 현대 교회는 세속적 물질주의와 성공주의를 철저히 배격하지 못하고 말았다. 안타깝게도 치리와 권징은 극히 일부분에만 해당하고 있어서 기독교 신자로서 책망을 받고 책임져야 할 일에 대해 민감성을 놓치고 말았다.

청교도의 말씀 강좌는 오늘날에도 지속적으로 요구된다. 변화를 받은 사람으로서 청교도 설교자는 한 순간의 열정으로 그치는 부흥회에 힘쓰는 것이 아니라 오래 지속되기 위해서는 성경 강의와 신학 강좌가 필요하다. 때로는 이런 강좌 설교를 통해서 호된 꾸지람과 고통스러운 질타가 있었다. 한 사람의 전도자로서 청교도 목사는 새로운 삶에 대해서 호소했고 그 결과 경건에 기초한 새로운 사회가 펼쳐지기 시작했다. 낡은 종교에 젖어있던 마음들과 허울만 남은 순종의 습관들은 청교도의 말씀 앞에서 여지없이 허물어져 내렸다.

청교도의 설교는 회심을 창출해냈고 그리고 개인적으로 회심하는 것으로 끝나는 것이 아니라 사회적인 변혁을 초래하였다. 하나님께서 제공하시는 은혜와 구원의 경륜이 생동적인 믿음의 변화와 구원의 감격을 가져다주었다. 경건한 사람은 두려움에서 벗어나서 하나님의 뜻이 이 땅 위에 이뤄지기를 소망하면서 개혁을 이뤄나가고자 노력했다. 참된 기독교인은 날마다 거룩하게 생활하면서 참된 행복을 향해 거룩한 성경을 읽고 다 같이 모여서 말씀을 듣고자 했다.

청교도 신학자는 자신들이 주도했던 성경 강좌를 통해서 지역 사회 내 소수가 모이는 집회에서는 이상적인 지도자의 모습으로 각인되었다. 그러나 이들은 동시에 엘리자베스 여왕에게 반기를 들어 핍박을 당하고 고난을 겪고 있었다. 청교도의 또 다른 이미지는 결코 세속 정치의 위협에 굴복해서 타협하지 않는다는 것이다. 청교도에게 타협이란 전혀 없었다. 예식이나 이미 주어진 의식을 따라가지 않았고 설교를 포기하지 않았다.

설교와 성경 강좌는 경건한 목회자에게 주어진 최우선적인 임무이자 기능이었다. 강단 위에 높이 서서 선지자와 같이 하나님의 말씀을 선포했다. 그

곳이 하나님의 도구로서 자신의 역할을 감당하는 자리였다.

권징과 치리 제도는 청교도의 핵심적인 특징이었다. 존 오웬은 장로들이 행사하는 출교의 권한이 정당한 사도적 교회의 모습이라고 강조했다. 사도들이 지상 교회의 열쇠를 받아서 주님의 이름으로 출교와 회복의 권한을 행사하였고, 결과적으로 지상의 교회들도 장로들의 결정에 따라야 했다. 리처드 백스터는 교회의 머리이신 예수 그리스도에게 순결한 교회가 되기 위해서 목회자가 지속적으로 권징을 시행할 것을 주지시켰다.

오늘날에는 종교개혁자들과 청교도의 치리와 권징 제도가 거의 사라지고 말았다. 세례와 성찬의 시행을 위해서 분별하는 마음으로 가르치는 것은 남아 있지만 그 외에 사항들은 약화되었다. 교회 내에서 대립적인 세력들이 서로 치리권을 발동하는 경우도 있어서 예수 그리스도의 위임을 받은 결정이라고 주장하기에 부적합한 사례도 있다. 하지만 청교도와 장로교회가 추구했던 교회의 순결은 결코 간과할 수 없는 것이요 하나님께서 세상의 교회에게 주신 영원한 과제이다. 그 누구도 교회의 순결을 외면해서는 안되며 회피할 수도 없다.

주(註)

1 Paul S. Seaver, *The Puritan Lectureships: The Politics of Religious Dissent, 1560-1662* (Standford: Stanford University Press, 1970), 30–36.

2 William Haller, *Liberty and Reformation in the Puritan Revolution* (New York: Columbia University Press, 1955), 24–25. Christopher Hill, *God's Englishman: Oliver Cromwell and the English revolution* (London, Weidenfeld & Nicholson, 1970).

3 P. S. Seaver, *The Puritan Lectureships*, 275.

4 Robert Semple Bosher, *The Making of the Restoration Settlement: the influence of the Laudians, 1649-1662* (New York, Oxford University Press, 1951), 9–12, 16–23, 40–44.

5 Richard Baxter, *Autobiography of Richard Baxter* (London: J.M. Dent & Sons, 1925), 19. Haller, *Liberty and Reformation in the Puritan Revolution*, 112–118.

6 George Yule, *The Independents in the English Civil War* (Cambridge: 1958), 134.

7 Patrick Collinson, *The Elizabethan Puritan Movement* (Oxford: Oxford University Press, 1990), 333–345.

8 R. G. Usher, ed., *The Presbyterian Movement in the Reign of Queen Elizabeth* (London: 1905), 39–41. H. Gareth Owen, "A Nursery of Elizabethan Nonconformity, 1567–72" *Journal of Ecclesiastical History*, Vol. XVII (1966): 65–76.

9 Alan Simpson, *Puritanism in Old and New England* (Chicago: University of Chicago Press, 1955), 1–11. Perry Miler, *Orthodoxy in Massachusetts, 1630-1650* (Cambridge: Harvard University Press, 1933), 73–147.

10 Peter Heylyn, *Cyprianus Anglicus* (London: 1671), 64.

11 Irvon Morgan, *The Godly Preachers of the Elizabethan Church* (London: Epworth Press, 1965), 25.

12 Collinson, *The Elizabethan Puritan Movement*, 22–25.

13 Francis J. Bremer & Tom Webster, *Puritans and Puritanism in Europe and America: A Comprehensive Encyclopedia* (2006), 74.

14 Edward Dering, *A Sermon preached before the Queenes Maiestie* (London: 1570). cf. John Craig, "The Growth of English Puritanism," in *Cambridge Companion to Puritanism*, 38.

15 D. Downham, "Discipline in the Puritan Congregation," in *Puritan Papers*, volume One, 1956–1959, ed. D. Martin LLoyd–Jones (Phillipsburg: P&R, 2000), 284.

16 *Ibid.*, 285.

17 Christopher Haigh, "The Taming of Reformation: Preachers, Pastors and Parishioners in Elizabethan and Early Stuart England," *Church History* vol. 85 (2000): 572–588. 저자는 상당히 많은 지역에서 청교도 설교자와 칼뱅주의 예정론에 대한 거부감이 있었고, 알미니안주의자들과 서명파 주교들이 앞장서서 새로운 길을 모색했다는 주장을 하고 있다. 그러나 필자는 이 논문에 대해서 많은 사람이 원하고 바라는 길이 과연 올바른 기독교의 복음을 전하는 것이냐를 진지하게 생각하지 않는 입장에서 나온 글이며 영국 성공회 측의 비판이라고 본다.

18 Andrew F. Pearson, *Thomas Cartwright and Elizabethan Puritanism 1535–1603* (Cambridge University Press 1925, Reprint edition), 10.

19 Gideon Hagstotz, *Heroes of the Reformation* (Albany, Ore.: Ages Software, 1998), 44.

Chapter 08
열정적인 청교도의 체험적 설교

청교도 사상은 설교를 통해서 전파되었다. 청교도 시대는 설교를 예배의 중심에 두었고 모든 성도가 감동을 나누는 분위기가 유지되어 나갔다. 청교도 설교자들이 독특한 실천적 열매들을 창출했다고 높이 평가를 받는 이유가 여기에 있다. 기독교 교회의 역사 속에서 16세기 말과 17세기 청교도보다 더 뛰어난 목회 사역자들은 없었다. 청교도는 목회 사역에서 탁월한 경건의 능력과 신실함으로 수많은 사람에게 감동을 주었고 청교도 성도는 세상에 나아가서 근면하게 직업의 소명의식을 갖고 최선을 다해서 하나님을 받들고자 노력했다.

청교도 신앙은 기독교인의 걸출한 스타일이요 대표적인 경건의 모델을 이뤄냈다.[1] 청교도 목회자는 영국 국가교회의 탄압 속에서도 굴하지 않고, 하나님께서 자신의 교회를 최우선적으로 돌보시는 목양 사역을 자신에게 맡겨진 최고의 임무로 간주했다. 자신들의 경건생활과 참된 지식을 터득하려는 연구와 열정적인 설교를 통해서 하나님께서 은혜를 제공하신다는 확신과 비전을 가졌다.[2]

그와는 반대로 영국 국가교회의 목회자가 전개하는 설교는 유식하고 지성적이며 수사학적인 기교를 추구했다. 자꾸만 반복하는 구절도 많았고 초대 교부들의 문장을 인용하고자 노력했으며 심지어 세속적인 자료들을 활용해서 설교했다.[3] 국가교회 목회자는 신부로 있다가 약간의 변화를 수용하였기에 설교 방법이 완전히 낭독이요 아리스토텔레스의 변증법적인 진술이었다.

스콜라주의 방식으로 진리를 풀이하는 습성을 가지고 있었기에 성경본문의 참된 의미를 전달하는 데 실패했다. 문장만 화려한 국교회의 설교는 재치 있는 말솜씨를 발휘하든지 현란한 장식으로 포장되든지 둘 중 하나였다.[4]

1. 청교도 설교: 경건한 삶을 인도하는 탁월한 지도력

청교도의 빛나는 시대가 어두운 세상을 바꿀 수 있었던 것은 그들이 개인적으로 경건생활에 힘쓰고 오직 한 마음으로 성경의 교훈을 따라서 살려고 했기 때문이다. 그러한 영적인 힘을 제공하기 위해서 말씀을 연구하는 일에 진력하고, 하나님의 백성을 돌보는 일에 헌신하며, 성도들의 가슴을 향해서 복음의 신비를 풀어내고자 노력했다. 청교도 설교자는 한마디로 특별한 스타일을 드러냈다. 기본적인 목양자의 모델이 되는 설교자가 있었기에 모든 사람으로 하여금 경건한 헌신 가운데로 인도해 낼 수 있었다. 필립 브룩스(Phillips Brooks, 1835-1893)가 간파한 대로 설교는 인품과 인격에서 진리가 묻어나오는 것이요 결코 웅변이나 말재주가 아니기 때문이다.[5]

청교도는 설교를 가장 중요한 임무로 간주했다. 이점은 장 칼뱅의 설교관과 똑같다. 예수 그리스도와 사도들의 가장 중요한 임무는 말씀을 증거하는 일이었던 것에서 나온 설교의 철학이다.[6]

청교도는 개인적 경건을 최우선 과제로 삼을 때 "너 자신을 삼가고 지키라"(행 20:28)고 하신 부탁을 경건의 본질로 삼았다. 또한 "이 모든 일에 전심전력하여 너의 성숙함을 모든 사람에게 나타나게 하라 네가 네 자신과 가르침을 살펴 이 일을 계속하라 이것을 행함으로 네 자신과 네게 듣는 자를 구원하리라"(딤전 4:16)는 사도의 교훈을 근간으로 해서 경건의 연습에 매진했다.

청교도는 지독한 훈련과 고생을 감수하면서 살았다. 「영국 국가교회의 통일령」에 서명하기를 거부했던 청교도는 1559년부터 시작된 엘리자베스 여왕의 통치 기간 내내 극심한 고통을 겪었고, 마침내 1662년 왕정복고가 이뤄지자 단번에 2천 명이 강단에서 쫓겨나는 고통을 겪었다. 청교도의 목회적 환경이 이처럼 어려웠는데, 더구나 가정생활과 경제적인 형편은 너무나 열악했으니 전체 목회자 중에서 십분의 일 정도만 충분한 생활비를 공급받을 수 있었다. 안팎의 무진 고난을 견뎌내면서 깊은 고뇌와 삶의 고통을 삭여낸 진리를 펼쳐낼 때 성도들이 감동을 받았고 그 지도력에 따랐다. 모든 청교도는 오직 참된 경건 생활과 소명의식을 가지고 사명감에 충만하면서도 언제나 말씀 앞에 목마른 세상 속의 성자들이었다.[7]

존 로저스는 데드햄에서 드라마틱한 방식으로 청중을 이끌었다. 이야기식 설교의 대가는 존 플라벨이었고, 깊은 논리로 설득력을 발휘한 것은 최고의 신학자 존 오웬이다. 리처드 십스는 목회자가 지속적으로 연구하고 배워야만 산다고 강조했다. 윌리엄 퍼킨스가 남긴 『설교자로의 소명』에서는 겸손이 강조되었다. 『웨스트민스터 신앙고백서』 작성에 참여한 후기 청교도는 예배의 개혁과 교회의 권징을 표준문서들로 정리하여 헌장으로 남기게 되는데 이것은 무려 100년 동안을 거쳐 오면서 피와 눈물과 땀을 바친 희생의 산물이요 오래된 꿈이 성취된 것이다.

청교도 목회자는 하나님을 향해 예식적인 접근을 하는 방식에서 깨어나지 못하고 있던 영국 성도들에게 경건한 목양 사역과 설교를 통해서 잠에서 깨어나게 하였다. 당시 영국에서는 충분한 설교가 없었다. 칼뱅과 개혁주의 신학자들이 말한 바와 같이 설교야말로 구원의 중요한 도구가 된다. 청교도는 설교야말로 기독교인으로 하여금 정상적으로 자라나는 환경을 제공하는 것이라고 확신했다. 충분한 설교가 없다는 것은 교회가 타락했다는 것을 보여주는 중요한 증거였다. 청교도의 핵심적인 모습은 설교를 회복하여 교회의 모습을 초대교회와 같이 생동감 넘치는 공동체로 바꿨다는 데 있다.

그러나 건전한 성경신학의 뿌리가 없다면 설교는 그저 말쟁이가 일시적으로 설득력을 발휘하고 싸구려 감동을 주는 것에 그치고 만다. 또한 이와 반대로 깊은 신학 사상의 토대가 든든하다고 하더라도 듣는 청중으로 하여금 졸음에 취하게 한다면 전혀 현실성이 없다는 비판을 받기 마련이다. 청교도의 핵심 설교를 들여다 보면 놀랍게도 체험적 설교이자 실제적인 체험을 제시하고 있다.

그러한 설교 중심의 예배와 교회 사역을 정착시키는 과정은 결코 쉽지 않았다. 엘리자베스 여왕이 1558년에 왕좌에 올라서 영국 국가교회 체제인 성공회를 표방한 이후 청교도는 보다 확실한 종교개혁의 성취를 위해서 투쟁하였다. 청교도의 지위는 위태로운 상태의 연속이었다. 초기 청교도의 대표적인 설교자 에드워드 데링은 1570년 2월 엘리자베스 여왕 앞에서 직선적으로 교회의 재산 증식, 돈에 눈이 먼 탐욕적 생활, 국가의 교활한 계략, 매사냥과 동물 사냥에 빠진 귀족들의 죄악상을 질타했다. 청교도는 강단 설교를 통해서 엄청난 영향력을 발휘했는데 그러한 사역이 이루어지기까지 수많은 희생이 뒤따랐다.

2. 목양사역: 설교냐 성례냐?

청교도 목회자는 목회 활동에 대해서 분명한 특징을 드러냈다. 첫째 참된 진리를 찾는 교리 연구, 둘째 개인적인 경건의 추구, 셋째 열정적인 강해 설교, 넷째 영혼을 돌보는 가정심방과 상담과 조언 등을 목양적 활동으로 감당했다.[8] 청교도는 경건을 추구하면서 학식이 넘치는 설교자였고 영혼을 지키는 목동으로서 성공적인 변혁을 이끌어 냈다.[9]

유럽 대륙에서 교황과 종교회의의 권위에 반대하여 종교개혁자들이 오직 성경의 권위를 강조하였듯이 청교도의 모든 사역도 성경에 근거한 목회 활동을 정립해 나갔다. 청교도는 말씀 중심의 사역에서 무엇보다도 설교에 집중하였다. 로마가톨릭에서 청교도로 회심한 에드워드 데링은 "설교를 통해서 말씀을 들을 때 하나님의 심판이 참된 성도의 가슴 속에서 깊이 찌르는 날카롭고도 힘있는 칼과 같다"고 하였다.[10] 중세 로마가톨릭에서는 은혜의 전달 수단으로서 일곱 가지 성례를 강조하였으나, 청교도는 기본적으로 말씀의 설교를 유효적인 수단으로 대체시켰다.[11] 이런 전환 과정에서 청교도는 성례들을 폐지한 것이 아니라 신학적으로 재규정하였다.

강단 설교에 목숨을 건 청교도의 사역은 생존이 걸린 문제였다. 캔터베리 대주교 매튜 파커의 주도로 그동안 여러 번 개정해 온 영국 교회의 기본 헌장을 절충형으로 만들어서(1563), 1571년에 「39개 조항」을 선포하였다. 이것은 칼뱅주의 개혁신학을 받아들였던 에드워드 6세 치하의 개혁된 교회를 세웠던 조항들에서 크게 후퇴한 것으로 엘리자베스 여왕 시대에 애매모호하게 타협하고 재조정한 것이었다.[12] 교회의 회복을 염원했던 청교도는 미지근하게 개혁된 영국 성공회에 대해서 침묵할 수 없었다. 심지어 성공회에서 발표한 「39개 조항」 중에서 19조항에는 매우 분명하게 설교와 성례에 관해서 받아들일 수 없는 개념으로 제정하여 놓았다. "보이는 그리스도의 교회는 믿음의 사람들로 구성된 회중인데, 그 안에서 하나님의 참된 말씀이 선포되고 그리스도의 제정에 따라서 성례들이 적합하게 시행된다"고 되어있었다.[13] 그러나 실제 교회 현장에서는 이 조항이 말하는 설교와 성례 두 가지 기능이 균형을 이루고 있지 못하고 있었다. 청교도는 이에 반발하여 개혁된 교회 안에서 말씀 선포의 중요성을 회복하여 나갔다.

온건한 성공회 주교 쥬엘은 설교와 성례라는 두 가지 기능에 대해서 원론적으로 강조한 바 있었다. 교회가 존경받는 기능을 수행하려면 성경을 아는 지식이 첫 번째로 중요하다. 쥬엘은 주님으로부터 사도들이 복음 전파를 위해서 땅끝까지 가야만 하고 전파하고 가르쳐야만 하듯이, 그리스도의 사역자들은 이 권위를 부여받았다고 강조했다. "이 열쇠로 하나님의 나라에 들어가는 길이 우리 앞에 보이고 문이 열리게 된다. 복음의 말씀과 율법과 성경의 해설이 핵심이다." 반면에 성례는 부수적인 중요성을 지니고 있다고 평가했다. 성례들은 "거룩한 상징들이고 예식들이며 동시에 은총의 예표들이다. 성찬에서 주님은 참으로 자신을 믿는 자에게 몸과 피를 주시는 바 이것은 우리들의 영혼을 자극한다."[14]

신학적으로 볼 때 설교와 성례의 균형을 유지한다고 선언하였으므로 외견상으로는 문제가 없어 보인다. 그러나 실제 교회 현장에서는 로마가톨릭의 예식주의가 그대로 살아 있었다. 교회의 전통이라는 것은 참으로 고치기 어렵다. 청교도와 영국 성공회 정통주의자들 사이에 신랄하고 매서운 논쟁이 진행되었고, 형식적인 균형에서 벗어나서 설교의 중요성이 성례보다는 상대적으로 높다는 쪽으로 진행되었다. 양쪽 진영에서는 서로 다른 기대를 갖고 교리적 논쟁에서 공감대를 조성해 나갔다. 엘리자베스 여왕의 통치 후반부에 영국 성공회 후커가 설명한 것은 약 반세기가 지난 후 『웨스트민스터 신앙고백서』에 의해서 완전히 수정되었다. 장로교회의 주창자 토마스 카트라이트는 예배의 중심에 설교를 위치시켰는데 이처럼 설교와 성례 사이의 균형을 이루려는 방식은 수천 개의 교회 안에서 신실한 자들과 그들의 경건을 향상시키기 위해서 매우 중요한 의미를 갖고 있었다.

지금도 여전히 각 지역 교회에서 목회 사역을 감당하는 목사의 핵심 임무는 무엇이 되어야 하는가? 어떤 것이 가장 중요한 책무인가? 기도 시간을 엄수하는 것인가 아니면 설교를 준비하고 감당하는 것인가? 성례를 집례하는 것인가 아니면 말씀을 선포하는 것인가? 이 두 가지는 모두 다 중요하고 필수적인 것이라고 볼 수 있지만, 어떻게 시행할 것인가의 과제는 결코 선택사항이 아니다. 청교도의 피눈물 나는 희생과 수고가 없었다면 우리는 지금도 가짜 기독교에 속아서 그저 예식에 참여하고만 있었을 것이다.

3. 설교 없는 목회가 가능한가?

엘리자베스 여왕 시대에 영국 국가교회 체제는 옛 질서의 급격한 변화를 피할 수 없었다. 이미 교회는 새로운 개혁을 원하고 있었고 더 나아가서 순결하고 올바른 교회를 건설하려는 열망이 젊은 세대로부터 분출하고 있었다. 영국 교회를 여왕의 통치 수단으로 이용하려는 권모술수에 속아서 많은 귀족이 혼란을 겪고 있을 때 비서명파 청교도 목회자들은 오직 구원의 복음만을 선포하고자 사투를 벌였다. 더욱더 확실하게 개혁된 교회를 향해서 나가고자 했던 청교도는 각종 탄압과 핍박에도 뒤로 물러서지 않았다.

에드워드 통치 시대에 피난을 갔던 수백여 명에 달하는 교회의 지도자가 유럽 대륙으로부터 되돌아오고 메리 여왕의 박해를 공모하던 자들은 일선에서 후퇴하였다. 이런 가운데 설교와 성례의 균형을 정하는 문제는 신학도의 교육에서도 매우 중요한 의미를 지니고 있었다. 이런 문제는 엘리자베스 여왕의 통치 기간 동안 계속되었다. 그녀의 국가교회 체제가 청교도들의 자유와 독립성을 전혀 인정하지 않았기에 발생하는 갈등이었다.

웨일즈 지방에서 명망이 높았던 청교도 존 펜리는 케임브리지 대학에 입학을 허가 받았지만 옥스퍼드에서 석사학위를 받았다. 대법정에 나가서 대주교 휘트기프트와 정면으로 대립하면서 "하나님과 사람이 보기에 저들은 목마른 자의 희망을 완전히 포기하도록 생명력을 빼앗아 가는 자들이다" 라고 비판하여 투옥되었다. 다시 풀려난 후 런던에서 목회사역을 하다가 체포되었는데 여왕의 통치에 위협적이고 불경스러운

존 펜리, 엘리자베스 여왕 시대의 순교자.

문서를 남겼다는 이유로 교수형에 처해졌다.[15]

국가교회 체제의 성례주의와 개혁주의 교회의 설교 중심 목회는 첨예하게 대립하였다. 논쟁이 지속되자, 영국 국가교회 쪽에서는 두 가지를 방안을 제시했다.

첫째는 정통 영국 성공회 목회자들이 설교의 중요성을 인정한다 하더라도 목회자의 일과에서 기도하는데 부과된 것들과 성례를 통해서 은혜가 전달된다는 것을 포기할 수 없다는 것이다.

둘째는 교회의 강단이 논쟁적인 설교자들에게 정복을 당하게 되면 국가와 교회 사이에 평화가 위협받게 될 것이고, 그로 인해서 영국 국가체제 교회는

설교의 중요성에 도전하게 될 것이라고 하였다.[16] 이런 논지가 엘리자베스 여왕의 통치 시대에 확대되어 나갔다. 영국 국가교회 쪽에서는 전체 교회의 운영상 통일성이 크게 훼손된다고 비판하였고, 청교도 쪽에서는 말씀 중심의 단순성을 강조하면서 서로 각자의 방향으로 양보 없이 갈등하게 되었다.

엘리자베스 여왕의 통치 말기에 대주교에 임명된 에드워드 그린달과 그의 지지자들은 청교도를 엄밀한 자들(Precisians)이라고 비난 하면서 논쟁이 지속되었다. 엘리자베스 여왕의 『설교의 책』(1572)에서는 설교할 은사가 없는 경우에는 생략하고 성경 본문을 읽는 것으로 대체할 것을 권장하는 서문을 담아서 해결 방안으로 제시하였다. 당대 최고의 학문을 터득하려고 많은 지식을 섭렵하면서 대학에서 교육을 받은 청교도는 이미 열정적으로 설교를 하고 있었기에 그런 조치를 그냥 묵과할 수 없었다. 그 당시에 영국 성공회 내부에서는 실제 교구에서 목회 사역을 하지 않으면서도 모든 지배권을 행사하는 로마가톨릭의 잔재가 여전히 남아 있었다. 토마스 왓슨은 매우 감동적인 설교의 금언을 남겼다.[17]

"목회자들이 사람의 심장이라는 문을 두드린다.
성령이 열쇠를 갖고 와서 그 문을 연다"

청교도 설교자는 견고한 지성과 훈련된 학자로서 강단에 올라갔다. 역사적인 자료들이 보여주는바 그들은 고통스러운 준비 과정을 거쳐서 철저히 교회를 온전하게 하는 자극제로서 말씀을 선포했다. 청교도는 기본적으로 지성적인 학식만을 가지고는 죽은 영혼을 살려낼 수 없음을 잘 인식하고 있었다. 그래서 그들은 기도에 열심을 내었고 오직 성령의 인도하심과 도우심에만 의존했다.[18]

4. 셰익스피어보다 인기가 높았다!

오늘날에도 인기 연예인의 순위가 발표되어서 전 세계적으로 흥미를 끈다. 그런데 만일 16세기와 17세기에 대중으로부터 존경과 사랑을 받는 사람 중에서 가장 인기 있는 사람을 뽑는다면 누구였을까? 과연 여러분들은 청교도 설교자의 영향력과 인기를 상상이나 할 수 있겠는가? 최고의 청교도 신학자로 영향을 남긴 존 오웬이 1616년에 태어났는데 바로 그 해에 셰익스피어 (William Shakespeare, 1564-1616)가 사망했다. 청교도 설교자는 런던의 지식층을 포함해서 셰익스피어보다 훨씬 더 인기가 높았다. 청교도 설교의 강력한 힘과 영향을 말해주는 보고이다. 장엄한 인간의 비극적인 역사를 되살려낸 셰익스피어의 이야기들은 역사의 뒤안길로 사라지고 최고의 설교자이자 신학자인 오웬이 등장한 것이다. 매우 의미심장한 하나님의 섭리가 역사 속에서 선명하게 보이지 않는가!

청교도 설교자들은 '열정적으로'(enthusiasm) 말씀을 선포했다.[19] 영국 국가교회 설교자들은 게으르고 전혀 절박함이 없으며 거룩한 열심마저도 없었고 설교자의 고전적인 지식을 제시하는 정도였다. 설교는 배우가 대본을 읽는 것처럼 무미건조했고 강력한 힘이 함께 하는 성령의 역사가 빠져 있었다. 영국 국교의 설교는 도덕적인 권면이거나 철학적인 강의들로서 아리스토텔레스의 논리학에 맞춰져 있었다.[20]

청교도 설교는 매 주일 교회마다 기본적으로는 성경을 순서대로 연속적으로 해설하는 강해 설교였다. 청교도는 하나님의 말씀을 넓은 관점에서 바라볼 때 나오는 지식을 전달해주고 또한 아주 좁은 현미경적인 고찰을 통해서 얻어진 지식을 사용해서도 본문의 의미를 풀어냈다. 그들의 설교에는 성경신학과 조직신학의 모든 주제가 동원되었는데 칼뱅주의 개혁신학의 영향이 지대했다.

종교개혁의 유산을 물려받은 청교도는 성경의 유기적 통일성을 깨닫게 되었다. 성경은 그냥 아무것이나 이것저것 단편적인 이야기를 모아놓은 책이 아니다. 의미도 없고 계획도 없이 그냥 여러 사건과 많은 사람에 대한 것을 담아놓은 책이 아니라 하나의 일관성 있는 묶음이라는 것을 파악하게 되었다.[21] 성경의 중심에는 한 분 하나님이 계셔서 모든 것을 진행하신다. 수많은 인간저자들이 기록했지만, 성경의 진정한 저자는 주님 한분이시다. "너희가 성경에서 영생을 얻는 줄 생각하고 성경을 상고하거니와 이 성경이 곧 내게 대하여 증거하는 것이로다"(요 5:39). 주님은 하나님의 말씀이요 그 말씀의 주된 선포자이시다. 그래서 성경은 영생을 주시는 생명의 주님 예수님의 책이다.[22] 하나님의 말씀이 최종 권위를 가진다는 확신에 근거하여 설교는 오직 그리스도에 초점을 맞추는 말씀 선포가 되어야 한다고 청교도는 확신하였다.

청교도 설교자 존 메이어(John Mayer, 1583-1664)는 "모든 말씀의 설교자는 오직 하나님께서 그들의 입에 넣어주신 것만을 말해야 하고, 말하는 동안에도 하나님께서 말씀에 따라서 선포하도록 설교자를 지켜주신다"고 적었다.[23] 이것은 칼뱅이나 유럽의 종교개혁자들이 주장한 것과 동일한 것이다. 성경은 단지 성례와 권징을 어떻게 집행해야 하느냐를 가르쳐 주는 정도로 취급하지 않고, 훨씬 더 중요하게 취급하였다. 성경은 선택된 자에게 주시는 하나님의 약속으로 그 안에는 은혜로 인해서 생명을 주시는 믿음이 담겨 있다. 성령의 작동은 사람의 노력과 기대에 따라서 좌우되는 것이 아니요 하나님의 말씀이 선포되어질 때 효과를 발휘한다. 근면하게 말씀을 듣는 자는 구원의 은혜를 받는다. 청교도 사상은 의회나 대학교에서 토론되었던 것이 아니라 수천 개에 이르는 각 지역 교회의 강단에서 선포되었다.

그 이전 기독교 교회의 역사 속에서 찾아 볼 수 없었고 그 후에도 좀처럼 쉽게 찾아볼 수 없는 놀라운 풍경이 펼쳐졌다. 진지하고 심각하게 일반 성도가 하나님의 말씀에 집중하는 장면이다. 하나님께서 진행하는 구원의 경륜에 대해서 목회자들이 선포하였다.

청교도 설교자는 강단에 올라가면서 마치 첫 설교를 하듯이 신중하고 마치 마지막 설교를 하듯이 최선을 다하였다. 청교도 자신들이 진실한 구도자로서 하나님을 기쁘시게 하려는 목적을 인생의 최우선 과제로 삼았다. 합당하게 안수를 받은 목회자가 강단에서 선포하는 설교는 하나님의 말씀이라고 확신했다. 웨스트민스터 총회의 의장이었던 윌리엄 고그는 다음과 같이 말했다.

> 설교자는 하나님이 보낸 사람이다. 하나님의 말씀의 규칙에 따라서 따로 구별되어 복음의 사역자가 된 것이다. 자신이 복음의 비밀을 이해하고 다른 사람에게 알려주도록 능력을 발휘하는 사람이 된 것이다. 설교자는 하나님의 이름이 있는 곳에서 세워지게 된다. 고린도후서 5장 20절에서 구원을 선포하는 일을 한다. 사람을 감동하게 만들어서 믿고 구원을 얻게 한다.[24]

또한 공동체의 특성이 반영된 내용이 설교의 적용에서 언급되었는데 그 지역의 최신 뉴스와 같았다. 한 시간 이상 지속된 설교가 보통이었고 때로는 한 시간 반 동안 말씀을 들었다. 참석지 않아서 아무것도 듣지 못한 사람은 결국 지식이 없는 사람이 되어서 지역 사회에서나 시대의 문제의식에서나 뒤처지게 되었다. 청교도의 강단 설교는 대중 전달의 절정이었다. 설교자를 통해서 성도는 자신이 살고 있던 교구를 넘어서 더 넓고 큰 세상의 소식을 들을 수 있었다.

5. 실제적이요 체험적인 설교

청교도 설교자는 열정에 가득 차 외쳤기 때문에, 주일마다 성도들은 살아 있는 하나님의 말씀을 듣게 되었다. 청교도 설교의 독특한 특성을 배워서 현대 교회가 다시 말씀의 감격에 젖게 되기를 진심으로 기원한다.

로마교황청이 영국의 모든 교회를 지배하던 시대에는 신부가 라틴어로 된 예식서를 읽어 내려가면서 속죄 제사를 반복하는 것이 미사의 주요 내용이었다. 청중은 무엇이 지금 진행되고 있는지, 어떤 순서를 하고 있는지 전혀 이해하지 못하였다. 성직자는 죄인들을 대신해서 제단을 향해서 속죄 행위를 재현했기에 성도는 신부의 등을 쳐다보고 있었다. 성도들은 완전히 배제된 채 의식을 진행하는 미사는 그야말로 죽은 예배였다. 그에 비해서 철저하게 성경을 깊이 연구하고 기도 가운데 성령의 능력을 충만하게 체험한 청교도가 품어내는 설교는 전혀 새로운 분위기를 만들어냈다. 쉬운 말로 잘 알아들을 수 있도록 준비된 설교는 열정적으로 토해내는 설교자의 진지함과 신실함이 더해져서 성도의 심령을 깨웠다. 성경의 말씀은 청교도의 입에서 살아났다. 설교의 효과는 단지 교회 안에서만 그치지 않고 그 큰 영향이 교회 밖으로까지 미쳤다.

청교도의 설교가 빛을 발휘할 수 있었던 것은 설교 중심의 강단 사역에 목숨을 건 사명자들이 최선을 다한 결과였다. 청교도 시대의 요람이었던 케임브리지 대학에서는 단순히 최고의 학자들을 배출해서 각 지역에서 파송한 것이 아니다. 1560년부터 1640년대까지 잉글랜드에서는 성경 원어와 강해를 습득하도록 하는 혁신적이고 놀라운 교육 체계가 수립되었다. 엘튼(G. R. Elton) 교수는 튜터 왕실 가문의 통치기간에 정권의 혁명이 일어났다고 평가했고 일반인의 생활에서도 놀라운 변혁이 일어났다고 평가했다.[25] 일반 성도 사이에 청교도가 끼친 영향력은 엄청났다. 청교도는 정치인들 사이에서는 소수자였지만 지방과 평신도 사이에서는 지지와 존경의 대상이었기에 결코 권력자들도 무시할 수 없는 존재였다. 엘리자베스 여왕이 국가교회 체제 안에서 불분명하게 세워나가는 성공회와는 다르게 청교도는 편하고 쉬운 길을 버리고 말씀을 따르고자 했다. 그들은 역동적이고도 영적인 지침을 불어넣으면서 설교 사역을 통해서 새로운 삶의 방식을 제공하였다.[26]

어떻게 해서 청교도의 설교가 감화를 주었을까? 청교도 설교에는 어떤 특징이 있었던가? 앞에서 누누이 지적한 바와 같이 청교도 신학의 실제적인 성격이 개혁신학의 발전에 큰 기여를 했다고 했는데 바로 이런 특성이 설교에도 반영되었기 때문이다. 청교도 운동의 핵심은 말씀의 사역자가 제공하는 말씀에 기초한 영적인 생활 속에 녹아 있다. 청교도 설교자는 하나님과 영혼을 향한 강렬한 사랑이 그들의 심장 중심부에 자리하고 있었고, 이러한 바탕에 최고의 권위로서 하나님의 말씀에 대한 전적인 신뢰가 결합되었으며, 최종적으로는 성령의 인도하심에 대한 확신 속에서 설교 시간에 열정을 뿜어냈다.

청교도 설교자로서 가장 큰 영향을 끼친 윌리엄 퍼킨스는 『예언의 기술』(The Art of Prophesying)을 출판했는데 거의 모든 청교도 설교자의 필독 서적이자 교과서였다. 여기서 퍼킨스는 논리적인 전개와 조직적인 구성을 강조했다. 이런 구조가 청교도 설교의 특징이 되었다. 퍼킨스는 설교자가 반드시 다음과 같이 해야 한다고 결론을 맺었다.

1. 성경 본문을 정경의 문맥에 따라 특별히 읽으라
2. 성경 자체만을 가지고, 그 본문의 의미와 내용을 파악하라
3. 자연적인 감각으로 유익한 교리들을 여러 가지로 수집하라
4. 만일 설교자가 은사가 있다면 올바로 수집한 교리들을 적용하라.
   사람의 생활과 방식에 맞게 단순하고 쉬운 말로 적용하라.[27]

청교도 설교자는 성경에 대해서 존중하고 깊은 확신이 있었기 때문에 교리의 여러 요소를 과도하리만큼 자세하게 풀이하면서도 먼저 성경적인 근거에 주의를 기울였다. 청교도는 지루하고 장황하게 교리를 풀이하는 것을 좋아했던 것이 아니다. 성경이 증거하는 것을 사례대로 따라가면서 살펴볼 때마다 어떤 특정한 본문의 배경 속에 전체 성경의 무게가 담겨 있음을 확인했기에 교리를 가르치지 않을 수 없었다. 여기서 청교도의 강해 설교라는 것은 주석(commentary)과는 다르다. 강해 설교는 본문에 대한 정보를 제공하는 것으로 그치는 것이 아니다. 그 본문에서 압도적인 메시지를 찾아내고 청중이 행동에 옮기도록 교훈을 주는 것이다.[28] 조나단 에드워즈가 바로 이러한 설교로 뉴잉글랜드 청교도의 마지막 불꽃을 발휘하여 대각성 운동을 창출해냈

다. 그는 듣는 청중으로 하여금 영적인 '애정, 애착, 감동'(affections)을 일으키는 것을 설교자의 사명으로 알았다고 강조했으며, 특히 설교의 마지막에서 이런 적용 부분을 많이 남겼다.[29]

청교도 설교자는 청중이 살아계신 하나님을 향한 진지함을 느끼게 해 주었는데 주된 내용은 하나님과의 관계에서 사람이 가져야 할 새로운 관점에서 나온 것이다. 개혁주의 신학자들이 제시한 바에 기초해서 창조주와 피조물 사이의 관계성을 인식하도록 하면서, 사람이 세상과의 관계를 맺을 때 그리고 다른 사람과의 관계에서도 변화된 삶을 유지하도록 감화를 주었다.[30]

청교도는 체험적 설교를 통해서 큰 감동을 끼쳤다는 점은 매우 중요한 특징이다. 바로 이처럼 실제적으로 개인의 경험 속으로 적용하도록 제시하였기에 청교도 설교자는 일찍이 기독교 역사에서 찾아볼 수 없는 위대한 복음 전파자들이었다. 청교도 설교자는 그리스도인의 삶에서 어떻게 나아가야 하는지를 실제적이며, 경험적이며, 성경적이며, 교리적인 설교를 제시했다.

또 다른 용어를 사용해서 청교도 설교의 특성을 풀이하자면 '실험적'(experimental) 설교라고 규정한다. 이 단어는 '시험하다' 혹은 '시도하다'라는 의미를 가진 라틴어 '엑스페리멘툼'(experimentum)에서 나온 것이다. '실험적'이라는 단어와 유사한 단어가 '경험적'(experientia)이라는 용어인데 '경험을 통해 얻은 지식', '경험을 통해 찾거나 알다'라는 뜻으로 사용되었다. 이러한 개념을 풀이하면서 청교도 설교 연구에 큰 기여를 남긴 조엘 비키 박사는 이미 칼뱅에게서도 발견된다고 소개했다. 칼뱅이 '경험적'이라는 단어와 '실험적'이라는 단어를 서로 바꿔가면서 사용했다는 것이다.[31] 실험적 설교라는 것은 청교도가 기독교 진리를 어떻게 경험하는지에 대한 문제를 다룬다는 특징을 포함한다. 체험적이라는 것은 실제적이고 개인적이라는 의미가 포함된다.

청교도 목회자들은 성도들이 있는 곳에 찾아가서 하나님께 영광을 돌렸다.

6. 복음 설교를 통해 전달된 성경 전체의 교리

청교도의 설교 내용은 완전히 성경 본문이었지만, 그 안에서 기독교 기본 교리를 종합적이고 체계적으로 증거했음에 주목해야 한다. 청교도들이 성경 본문 중심의 강해 설교에 힘썼고 실제적인 적용과 응용에도 탁월했다는 점을 누누이 강조하였는데, 복음전파가 포함된다는 점이 특징으로 기억되어야 한다. 그들은 복음의 제시를 하면서 교훈적이며 교육적인 내용을 담아서 풀이했는데, 이 때는 칼뱅주의 개혁신학자들이 체계화한 조직신학이 총동원되었다. 물론 청교도는 항상 쉽고 평이하게 복음을 전하였지만 그들의 신학적 기초는 탄탄했다. 오늘날 전도 설교와 같이 복음을 제시하였는데 그 내용은 종합적인 교리 체계가 얽혀있다. 이러한 입장은 리처드 백스터가 강조한 것이기도 했는데, 그에 관한 연구 논문을 제출하여 옥스퍼드 대학교에서 박사 학위를 마친 패커는 청교도 설교자의 성경해석에 대해서 몇 가지 중요한 특징을 제시하였다.[32]

첫째, 청교도는 복음을 가감 없이 전파했다. 죄와 그에 대한 심판의 문제를 선포하는 데 결코 주저함이 없었고, 그러한 문제를 지적한후에 예수 그리스도를 제시했다. 부드럽게 좋은 소리를 전파하려 하면 다른 복음이요 거짓 복음이 되고 만다.

죄를 다룬 설교와 글이 많이 남아 있다. 토마스 굿윈은 『죄의 죄악됨』(*The Sinfulness of Sin*), 제레미야 버로우스의 『사악함의 죄』(*The Evil of Evils, or the Exceeding Sinfulness of Sin*)라는 책은 537쪽에 달하는 방대한 분량이다.[33] 겉표지에는 1) 그 어떤 재난들보다 더 커다란 것은 죄악 속에 있는 사악함이다. 2) 죄는 하나님께 가장 대립하는 것이다. 3) 죄는 인간의 선함과 반대된다. 4) 죄는 일반적으로 모든 선한 것에 반대된다 5)죄는 모든 다른 사악함의 독소이거나 악이다. 6) 죄는 그 안에 무한성을 갖고 있다 7) 죄는 사단에게 순응하는 사람을 만든다.

개혁주의 신학에서 제시한 바와 같이 모든 사람에게 복음을 전파하는 일에 대한 사명감을 청교도는 갖고 있었다. 단지 일부 계층에 속한 사람에게만 증거한 것이 아니었다. 모든 성경에는 예수 그리스도가 담겨 있으므로 믿지 않는 자에게 전도하는 것처럼 복음을 제시했다. 옥스퍼드 대학교를 졸업하고 런던에서 목회한 로버트 볼튼(Robert Bolton, 1572-1631)은 "자유롭고 편안하게, 모든 사람에게, 그 누구도 예외 없이, 주일마다, 쉽든지 어렵든지, 복음을 전하였다." 청교도가 그리스도에게 집중해서 펴낸 책은 너무나 많다. 토마스 굿윈과 필립 헨리와 존 오웬의 저서가 알려져 있다.

둘째, 청교도에게 있어서 '복음'이라는 것은 종합적으로 기독교를 요약한 것이다. 특히 이때의 '복음'은 은혜 언약의 교리 전체를 포괄적으로 의미하는 것이다. 『웨스트민스터 신앙고백서』가 작성된 이후로는 언약 교리가 정교하게 체계화 되었다. 최초로 『웨스트민스터 신앙고백서』 7장에는 세 가지 언약이 제시되었는데 구속언약, 행위언약, 은혜언약이다. 대부분의 청교도는 창세기 3장 15절에 나오는 은혜언약에 대해서도 잘 알고 있었다. 언약신학은 『하이델베르크 교리문답서』(*Heidelberger Katechismus*, 1563)에 담겨 있었고, 낙스, 롤록(Robert Rollock, 1555-1599), 하위(Robert Howie, 1565-1645) 등의 스코틀랜드 신학

자들을 거쳐서 윌리엄 퍼킨스가 충분히 파악하여 청교도에게 강조하였다.[34]

이처럼 총체적 복음을 전파한다는 것은 하나님의 구원 경륜을 가감 없이 설명하는 것이다. 토마스 맨튼(Thomas Manton, 1620 – 1677)은 "복음의 총체는 참된 회개와 믿음에 의해서 육신이나 세상이나 마귀를 버리고 자신을 하나님 아버지와 아들과 성령에게 창조주와 구속주와 성화자에게 헌신하는 것이다. … 복음의 총체는 마가복음 15:15–16에 담겨 있다"라고 풀이했다.[35]

오늘날의 설교에서는 복음적인 설교라고 하면서도 죄, 속죄, 용서 등 중요한 진리(교리들)에 대해서는 거의 언급이 없다. 이런 설교가 많은 이에게 호평을 받는 것은 신학의 진공상태가 빚어낸 결과다. 교리가 없는 설교는 생명력이 빠져버린 바람이 힘없이 부는 것에 불과하다. 복음은 예수 그리스도의 인격과 사역을 중심 주제로 설정하며 성경의 모든 내용과 연결된다. 성경은 하나의 체계로 구성된 통일된 복음이다. 하나의 복음 안에는 하나님의 성품, 삼위일체, 구원의 계획, 은혜의 전체적인 사역, 언약의 약속들 등 기독교 교리의 총체가 담겨 있고, 서로 연결되어 있다. 이것을 연결하는 신학 작업을 터득하게 되면 오묘한 복음의 진수를 맛보게 된다. "깊도다 경건의 비밀이여." 이런 중요한 진리들이 상세히 설명되지 않는 설교라고 한다면 복음을 다 전하지 않는 것이다.

그리스도를 통하여 하나님과의 인격적 관계가 회복된다는 기쁜 소식이 복음이다. 복음 설교는 항상 전체 성경의 맥락을 하나님과의 인격적 관계에 초점을 맞추는 것이다. 이것을 전체 계시된 진리의 중심부에 두고 성경에 담겨진 것들을 측면마다 검토하는 것이다. 복음을 전파하는 것은 하나님의 뜻을 소개하는 것이다. 청교도는 설교마다 복음적인 설교를 하고자 했다.

성경은 하나님의 창조에서부터 시작한다. 우리가 복음 설교를 하려면 창조주 하나님에 관하여 계시된 진리를 담대히 증거해야 한다. 계시된 말씀의 기초를 놓으신 분은 분명히 하나님이시다. 바울사도가 아테네에 가서 이교도에게 복음을 선포하면서 너희가 알지 못하는 신은 하늘과 땅과 만물을 지으신 창조주 하나님이라고 증거했다. 창조주를 아는 지식에 이르려면 죄와 구원에 대한 인식이 전제되어야만 한다. 죄가 무엇인가를 분명히 알지 못하고서는 결코 하나님이 누구인가를 배울 수 없다.

셋째, 복음을 강조할 때는 깊이 있게 인간의 근본 문제를 다뤘다. 청교도는 인간이 궁지에 몰린 문제를 심층 분석했다. 인간에게는 죄로 인해서 죄책이 주어졌고, 죄로 인해서 오염이 되었으며, 죄의 굴레를 쓰게 되었다. 사람에게 연약함이 있다거나 나쁜 습관이 있다는 것은 죄의 멍에를 의미하는 것이 아니다. 하나님께 대항하고 반항하는 태생적인 태도에 의해서 총체적으로 지배를 받는 상태가 곧 죄의 멍에를 쓰고 있는 상태이다.

청교도는 죄악성을 분해하여 사람의 부패함과 무능력이라고 풀이했다. 하나님의 안목에서 볼 때 사람은 스스로 개선하여 자신의 과오를 변화시킬 수 없다. 바로 여기서 복음설교자의 활발한 사역이 필요하다고 판단했다. 근원적으로 자기 절망의 늪에 빠진 인간이 그곳에서 나올 수 있는 길은 그리스도에 대한 믿음뿐이라는 것을 증거하는 일이다.

죄의 문제를 분석하면서 청교도는 지금 하나님의 분노가 작동하고 있으며 장래에도 하나님의 정죄가 있을 것이라고 말했다. 지금 여기서만 하나님과의 관계가 잘못되어질 뿐만 아니라 영원토록 뒤틀려질 것임을 상기시켰다.

하나님께서 은혜를 주시는 목적은 오직 그분만을 영원토록 찬양하고 영광을 돌리게 하려는 것임을 청교도는 확실히 이해했다.[36] 우리에게 구원을 주시는 것은 이 목적을 달성하기 위함이다. 하나님께서 우리를 구원해 내시는 것은 우리 자신을 위해서가 아니라 하나님 자신의 이름을 위해서이다.

청교도는 그리스도 한 분만으로 충분하다는 점을 강조했다. 살아계신 구속주께서 하신 온전한 구원 사역은 아무리 격찬해도 부족하다. 청교도는 그리스도의 내려오심, 즉 낮아지심을 강조했다. 그분은 하나님의 본체이며 그의 위대하심과 긍휼하심은 측량할 수 없다.

청교도는 영광의 위대함이 그 위에 머물러 있는 십자가의 사랑을 극찬하였다. 죄인을 향하여 초청하시는 친절하심 속에는 하나님의 오래 참으심과 관용이 함께 하고 있다. 요한계시록 3장 20절에 문밖에서 기다리신다는 말씀을 인용했다.

이런 것들이 청교도의 복음 설교에 특징을 이루는 내용이다. 실로 청교도에 의해서 전파된 복음 설교는 지금도 여전히 사용되어야만 할 기독교 신앙의 본질적인 내용이다.

넷째, 청교도는 복음의 요구 사항을 제시했다. 복음은 모든 듣는 자들에게 그리스도를 믿으라고 호출한다. 믿음은 하나님의 진리로서 기쁜 소식에 동의하는 것이요 신적인 본성을 가지신 예수 그리스도를 구세주로 받아들이는 것이다. 믿음은 공로가 아니다. 그러나 빈손을 뻗어서 구세주를 붙잡는 것도 아니다. 왕이요 선지자이며 제사장 이신 그리스도께서는 주님이요 구세주이신데 중보자로서 직분을 수행하심으로 죄인이 받아야 할 형벌을 대신 감당하시고 구원 사역을 성취하셨다. 예수 그리스도를 구세주와 제사장으로 받아들이는 것이 복음적인 신앙이요 왕좌에 모시는 것이 복음적인 회개이다.

하나님께서는 믿음을 요구하시고 예수님은 전혀 만난 적이 없는 사람에게도 믿는 자가 되라고 하셨다. 루터와 칼뱅을 비롯하여 종교개혁자들은 오직 믿음으로 주어지는 칭의에 대해서 강조하였다(롬 1:17). 우리는 개혁주의 신학자들과 청교도의 도움으로 믿음과 칭의 사이의 관계에 대해서 잘 이해하게 되었다.[37] 구원은 하나님의 은혜가 기초이자 출발점이며 죄인에게는 믿음을 통해서 시인하고 고백하게 한다(엡 2:8). 믿음은 구원의 조건이 아니라 칭의를 가져오는 통로이자 수단이다(롬 3:20, 28). 성경 어디에서도 믿음이 칭의를 가져온다고 말하지 않는다. 칭의의 근거와 열매를 서로 바꾸면 큰 혼란이 초래된다. 칭의의 유일한 근거는 오직 예수 그리스도와 그분의 의로움뿐이다.

맺는말

청교도는 값없이 주시는 복음과 주권적인 하나님의 은혜를 선포했다. 청교도는 "영혼의 회심과 구원에 대하여 간절한 목마름"이 있었기 때문에 열정적인 설교를 쏟아 냈다.[38] 청교도는 하나님을 영화롭게 하려는 목적과 예수 그리스도를 존귀하게 섬기고자 하는 두 가지 동기를 가지고 설교를 외쳤다. 하나님의 영광을 드러내는 길은 그의 말씀을 신실하게 선포하여 죄인으로 하여금 회개토록 하는 방법뿐이다.

요즘 설교자들은 과연 얼마나 그리스도의 이름을 광대하게 전파하려는 열 망으로 가득 차 있는지 알 수 없다. 깊은 기도와 철저한 연구를 하지 않고서 도 강단에 올라가는 설교자가 있는 것은 아닌지 안타까운 생각이다. 청교도 는 최고의 성경 원어 지식을 갖추고 있었을 뿐만 아니라 복음의 중심 교리들 에 대하여 깊고 폭넓은 연구를 통해서 강해 설교를 준비했다.

지금까지 교회의 예배를 성경 말씀과 설교 중심으로 개편시킨 것은 16 세기 종교개혁의 영향이었고, 청교도로부터는 지속적인 교회 개혁 과정에 서 실제적이고 체험적인 복음 설교를 배울 수 있었다. 이러한 기여와 발전 은 청교도의 희생과 고난과 인내의 산물이었다. 안타깝게도 지금 이 순간 현 대 영국 교회에는 청교도처럼 살아있는 설교자가 거의 전무한 실정이다. 성 경 말씀에 근거하여 예수 그리스도의 구속 사역을 설교하는 교회가 사라지 면서 또다시 도덕적 권면이나 하는 수준으로 떨어지고 말았다. 그런 설교를 듣게 되면 교회의 모습은 변질되고 만다. 성경에 기록된 하나님의 음성을 듣 지 못한 채 그저 교회에 나와서 앉아있는 사람은 영적인 깨달음을 얻지 못한 다. 설교가 흐릿해지면 영혼이 죽어 버리게 된다. 마치 금붕어가 맑은 어항 안에서만 생존할 수 있듯이 우리 영혼은 성경 말씀이 제공되어야 살아갈 수 있다. 교회가 참된 말씀을 전해주지 않으면 사람들은 아무런 생각 없이 그저 동물적인 본성대로 움직이게 된다. 최고의 지식인 목회자들을 배출하는데도 요즘 영국 성공회의 모습은 적막하기만 하다.

주(註)

1 Joel R. Beeke & Randall J. Pederson, *Meet the Puritans: With a Guide to Modern Reprints* (Grand Rapids: Reformation Heritage Books, 2006). 이 책에는 청교도 150명의 생애가 소개되어있다.

2 Sinclair Ferguson, *Some Pastors and Teachers* (Edinburgh: Banner of Truth Trust, 2017), 167, "Puritans: Ministers of the Word".

3 J. W. Blench, *Preaching in England in the Late Fifteenth and Sixteenth Centuries. A Study of English sermons 1450-1600* (Oxford: Blackwell, 1964), 71-2.

4 A. F. Herr, *The Elizabethan Sermon* (N.Y.: Octagon Books, 1969), 89-102.

5 Phillips Brooks, *Lectures on Preaching* (N.Y.: E. P. Dutton & Company, 1878), 5; "preaching is bringing of truth through personality."

6 Joseph Pipa Jr. "Puritan Preaching," in *Practical Calvinism*, ed. by Peter Lillback (Ross-shire: Mentor, 2002), 165.

7 Leland Ryken, *Worldly Saints: The Puritans as They Really Were* (Grand Rapids: Zondervan, 1986), 99.

8 Paul Cook, "A Life and Work of a Minister According to the Puritans," in *Puritan Papers*, vol. 1: 177-189.

9 Sinclair Ferguson, *Some Pastors and Teachers*, 169.

10 Edward Dering, *XXVII Lectures on Hebrews 5:8-9*, for Readings, upon Part of the Epistle to the Hebrews (1576) in John F. H. New, *Anglican and Puritan*, 125, n.68.

11 Lloyd-Jones, *The Puritans*, 380.

12 *The Book of Common Prayer*. with an introduction by Diarmaid MacCulloch (London: Everyman's Library, 1999, rev. ed. 1662). John Henry Blunt, *The Reformation of the Church of England – its history, principles and results* (A.D. 1514 – 1547) (London: Rivingtons, 1869), 444 – 45. D. MacCulloch, *The Reformation in England* (Edinburgh: Banner of Truth Trust. 1972).

13 *Creeds fo the Churches*. ed. John H. Leith (Louisville: Westminster John Knox Press; 3 ed. 1982), 273.

14 John Jewel, *An Apology of the Church of England*, ed. J. E. Booty (Ithaca: Church Publishing Inc., 1963), 27-8.

15 Benjamin Brook, *The Lives of the Puritans*, Vol. 2, (London: James Black, 1813), 48-69. John Waddington, *John Penry, the Pilgrim Martyr* (London: 1854).

16 Horton Davis, *The Worship of the Puritans* (Philadelphia: Westminster, 1948; Soli Deo Gloria, 2nd ed. 1997), 182-203.

17 I.D.E. Thomas, *The Golden Treasury of Puritan Quotations* (Chicago: Moody Press, 1975), 209.

18 J. I. Packer, *A Quest for Godliness: The Puritan Vision of the Christian Life* (Wheaton: Crossway Books, 1990), 283-4.

19 J. Beeke, *A Puritan Theology: Doctrine for Life* (Grand Rapids: Reformation Heritage Books, 2018), 686.

20 Lloyd-Jones, *The Puritans*, 381-83.

21 David H. Jussely, "The Puritan use of the *Lectio Continua* in Sermon Invention (1640-1700)" (Ann Arbor: UMI Dissertation Services, 2007), 130.

22 B. B. Warfield, "'The Terms 'Scripture' and 'Scriptures' as Employed in the New Testament," in *The Inspiration and Authority of the Bible* (Grand Rapids: Baker, 1960), 229-41. John Frame, *Systematic Theology* (Phillipsburg: P&R, 2013), 574.

23 John Mayer, *Praxis Theologica* (London: 1629), 127.

24 William Gouge, *Commentary on Hebrews* (Grand Rapids: Kregel Publications, 1980), 101.

25 G. R. Elton, *The Tudor Revolution in Government (*Cambridge: Cambridge University Press, 1953).

Lawrence Stone, "The Educational Revolution in England, 1560—1640," *Past and Present* XXVIII (1964): 41—80. Michael Walzer, *The Revolution of the Saints* (Cambridge: Harvard University Press, 1965).

26 John F. H. New, *Anglican and Puritan: The Basis of Their Opposition, 1558-1640* (Standford: Standford University Press, 1964).

27 William Perkins, *The Art of Prophesying with The Calling of the Ministry: A Needed Tool for All Pastors* (라틴어판, 1592; 영어판 1606; Fearless Eagle Publishing, 2014), 204. Leland Ryken, *Wordly Saints: The Puritans as They Really Were* (Grand Rapids: Zondervan, 1986), 100.

28 William Taylor, *The Ministry of the Word* (Grand Rapids: Baker, 1975), 157.

29 Jonathan Edwards, *Some Thoughts Concerning the Present Revival of Religion in New England* (1742), Works, I:391, "I should thing myself in the way of my duty to raise the affections of my hearers as high as I possibly can."

30 I. Morgan, *The Godly Preachers Of The Elizabethan Church* (London: Epworth Press, 1965), 33.

31 Joel Beeke, *Reformed Preaching: Proclaiming God's Word from the Heart of the Preacher to the Heart of His People* (Wheaton: Crossway, 2018), 23—42. idem, *Puritan Reformed Spirituality* (N.Y.: Webster, 2006), ch. 19, "The Lasting Power of Reformed Experiential Preaching"

32 J. I. Packer, "The Puritan View of Preaching the Gospel," in *Puritan Papers*, Vol. 1, 1956—1959 (Phillipsburg: P&R, 2000), 269.

33 Jeremiah Burroughs (1599 – 1646), *The Evil of Evils: The Exceeding Sinfulness of Sin* (Soli Deo Gloria Publications; Reprint Edition edition, 2012). Phillip Simpson, *A Life of Gospel Peace: A Biography of Jeremiah Burroughs. Reformation Heritage* (Grand Rapids: Reformation Heritage Books, 2011).

34 Andrew A. Woolsey, *Unity and Continuity in Covenantal Thought: A Study in the Reformed Tradition to the Westminster Assembly* (Grand Rapids: Reformation Heritage Books, 2012), 3.

35 Thomas Manton, *The complete works of Thomas Manton*, vol. 2:102. Derek Cooper, "The Ecumenical Exegete: Thomas Manton's Commentary on James in Relation to its Protestant Predecessors, Contemporaries, and Successors," (Ph.D. thesis, Lutheran Theological Seminary at Philadelphia, 2008), 23.

36 Joel Beeke, *Living for God's Glory: An Introduction to Calvinism* (Orlando: Reformation Trust Publishing, 2008), 257.

37 Beeke, *Puritan Reformed Spirituality*, 420.

38 Richard Baxter, *Reliquiæ Baxterianæ: or, Mr. Richard Baxter's Narrative of the Most Memorable Passages of His Life and Times* (1696)1:12.

Chapter 09
청교도 사상의 설계자, 윌리엄 퍼킨스

1. 온건한 청교도

참으로 흥미로운 것은 '청교도의 아버지'(the father of Puritanism)라고 불리는 퍼킨스가 온건한 청교도로서 영국 국가교회의 체제에 순응했다는 사실이다. 중요한 점은 퍼킨스가 교회의 정치에 대해서는 아무런 언급을 하지 않았다는 것이다. 청교도의 주류는 장로교회였고 비서명파로서 지속적으로 교회의 개혁을 주장하면서 고난을 겪던 목회자들이었다. 청교도 사상은 초기 순교자들과 희생자들이 주장한 바탕 위에

윌리엄 퍼킨스(William Perkins, 1558-1602)

형성되었는데, 퍼킨스는 영국 성공회의 체제와 교회의 규칙을 수용하는 선에서 시대의 소용돌이를 대처했다. 비록 국가교회 체제 안에 있었지만 그는 여왕의 징벌권에 대해서는 찬성하지 않았다. 국가교회 체제를 거부하던 독립적인 교회들에 대해서 우호적인 동정심을 가졌다.

그는 케임브리지 대학에서 청교도의 사상을 배웠는데, 특히 로렌스 채더턴 교수에게서 큰 영향을 받았다. 케임브리지 대학에서 학사(1581)와 석사학위(1584)를 받은 직후 퍼킨스는 뛰어난 칼뱅주의 신학자이자 교수로서 활동

했다. 안타깝게도 신장결석으로 건강에 손상을 입어 44세의 나이로 생을 마쳤다.[1]

퍼킨스의 신학적인 공헌은 개혁주의 교리를 경건 생활에 적용하도록 발전시킨 부분이다. 그는 기본적으로 영혼의 회심과 그로 인하여 경건 속에서 성숙하기를 소망했다. 하나님의 말씀에 대해서 높이 존중하는 계시 중심의 신학을 펼쳤다. 성경의 충족성을 확고하게 신뢰하면서 성육신하신 그리스도와 구원 사역을 전달하는 것을 권위 있는 메시지라고 강조했다. 따라서 설교자는 성경을 정확하게 연구하고 광범위하게 알아야만 한다. 퍼킨스의 설교 자료를 살펴보면 거의 모두 본문을 중심으로 하면서 전체 구속사를 역사적으로, 문법적으로, 신학적으로 다루고 있다.

퍼킨스는 가장 중요한 언약신학자로서 청교도 신학의 독특한 영역을 발전시켰다. 그의 신학의 기초에는 칼뱅과 베자와 불링거가 함께 용해되어 있다. 그의 언약 사상은 후대에 가장 큰 영향을 끼쳤다. 이와 관련된 내용은 너무나 많기 때문에 여기에서 다루지 않고, "청교도의 언약 사상"이라는 곳에서 퍼킨스의 신학을 살펴보기 바란다.

퍼킨스와 동료 케임브리지 신학자들과 졸업생들은 일반 학문을 결코 무시하지 않았다. 케임브리지 대학교에서 교수로 강의하면서 약 40여 권이 넘을 정도로 다작을 남겼는데, 대부분의 저술은 그가 서거한 후에 출판되었다. 퍼킨스는 어린 시절에 오른손에 장애를 갖게 되어서 왼손으로만 글씨를 썼다. 그럼에도 불구하고 그의 설교와 저술은 칼뱅이나 베자, 불링거 등에게 뒤지지 않을 정도로 널리 퍼져나갔다. 그가 주장한 핵심적인 교리들은 모두 다 칼뱅과 베자, 잔키우스, 우르시누스 등을 수용한 것들이다. 따라서 종교개혁자들이 주장했던 다섯 가지 기본 교리들(five solas)인 오직 은혜로만, 오직 믿음으로만, 오직 성경으로만, 오직 그리스도로만, 오직 하나님의 영광을 위하여 등을 확고하게 옹호하고 강조했다.

청소년기에는 조심성도 없었고 마냥 술을 즐기면서 흐트러진 생활을 하였으나, 케임브리지 대학교에서 큰 체험을 하게 된다. 한 여인이 길에서 자기 자녀를 훈계하면서 "혀를 조심해라. 그렇지 않으면 술취한 퍼킨스에게나 가라"고 비난하는 소리를 들은 후에 정신을 바짝 차렸다.[2] 이 이야기가 사실인지 아닌지는 확인할 길이 없지만, 1581년에서 1584년 사이에 그가 회심하게 된다. 퍼킨스는 자신의 나쁜 행동을 비난하는 그 소리를 하나님의 음성으로 들었고 이내 고쳐야겠다는 결단을 내렸다. 하나님께서는 퍼킨스의 형편없는 행동이 사람들의 조롱거리가 되었음을 깨닫게 하여 강력한 결심과 회심을 통해서 새사람이 되게 하셨다.

퍼킨스의 신학 형성에 영향을 준 사람은 케임브리지 대학의 선배이자 교수였던 로렌스 채더턴이다. 채더턴은 퍼킨스에게 개인적인 자문을 많이 해 주었으며 평생 절친한 동지 관계를 유지했다. 케임브리지 대학교에서는 훗날 걸출한 청교도 지도자들인 그린햄과 로저스와 교분을 나누면서 함께 청교도 운동을 주도하였다. 그린햄은 케임브리지 대학 근교에 있는 케임브리지셔 교구에서 청교도 사상의 근간이 되는 철저한 교회 개혁을 주장했다. 로저스는 1570년대에 케임브리지 대학에서 그린햄의 설교를 듣고 감동을 받았다. 그 후로 로저스는 장로교회 정치 체제를 가장 성경적인 대안으로 주장하면서 1580년대에 에섹스 주에서 청교도 설교와 강의를 통해서 영향을 끼쳤다. 로저스는 은혜의 확신을 체험적으로 시험해 볼 수 있는 재점검을 강조했다. 습관에 따라서 미지근한 신앙을 갖고 있었던 성도는 『일곱 가지 논제들』을 통해서 날마다 열정적인 헌신에 매진해야 할 것과 강력한 영적인 실천에 대한 강조를 배우게 되었다.

초기 청교도의 탁월한 신앙 지도자 중에서 그린햄이 제시하고, 로저스가 방법론을 구체화한 체험적이며 실천적인 경건 생활이 거의 모든 청교도의 특징으로 모든 설교자에게 확산되었다. 퍼킨스는 칼뱅주의 개혁신학과 청교도의 실천적인 경건 생활을 융합하였고, 그다음 세대로 이어지도록 학교에서 결정적인 영향을 끼쳤다.[3] 퍼킨스는 체험적 개혁주의 신학을 했다고 볼 수 있는데 운명론에 빠지지도 않고, 인간 스스로 할 수 있다는 자발주의에 빠지지도 않은 채, 선포적이며 체험적으로 예정 교리를 가르쳤다. 그가 가르친 예정 교리는 그리스도 중심적이어서 안정감이 있으며, 칼뱅주의 신학에서 영향을 받았다.

퍼킨스를 '청교도의 대부'라고 말하는 이유는 그로부터 영향을 받은 설교자들이 다음 세대의 주역이 되었기 때문이다. 1580년대와 1590년대에 케임브리지 대학에서 신학을 공부한 거의 대부분은 청교도 운동의 동지가 되었다. 퍼킨스는 로렌스 채더턴으로부터 영향을 받기도 했지만, 서로는 청교도 운동의 동지로서 활약했다. 존 뉴스팁, 존 도드, 아서 힐더삼, 윌리엄 에임즈, 리처드 십스, 존 프레스톤 등이 영향을 받았다. 훗날 토마스 굿윈이 케임브리지에서 수학할 때도 여전히 퍼킨스의 영향이 살아있었다. 네덜란드에서는 존 로빈슨, 기스베르투스 보에티우스(Gisbertus Voetius, 1589-1676)와 차세대 종교개혁자들이 영향을 받았다.

뉴잉글랜드 청교도도 실천적 경건 생활에의 헌신에 깊은 영향을 받았다.[4] 퍼킨스의 제자들이 바다를 건너갔기 때문인데 존 코튼을 위시해서 존 윈스럽, 로저 윌리엄스(Roger Williams, 1603-1683), 리처드 매더(Richard Mather, 1596-1669), 윌리엄 브레스터, 토마스 후커, 새뮤얼 모리슨, 토마스 쉐퍼드 등이다.

퍼킨스는 성경 강해자요 신학자요 목회자로서 청교도 운동의 기본 설계자가 되었다. 교회의 개혁을 위해서 그는 지성과 경건, 저술과 영적인 돌봄에 헌신하였고, 탁월한 설교자로서 청중을 감화시키는 소통 능력을 발휘했다. 칼뱅주의 개혁신학을 정통 신학으로 확고히 정착시키는데 주력하면서 알미니안주의와 로마가톨릭 신학에 맞서서 싸웠다. 청교도는 국가교회로부터 분리를 주장하고 있었는데 퍼킨스는 일단 국가교회에 속해 있으면서 세워진 교회를 청결하게 하는 데 중점했다.

이런 점은 동시대를 함께 살면서 칼뱅주의 개혁신학을 함께 호흡하고 주장하던 토마스 카트라이트가 평생 장로교회 체제를 세우고자 노력한 것과 대조되는 부분이다. 교회 정치문제에 대해서 직접적으로 투쟁하기 보다는, 교회 안에서 목회적으로 부족한 부분과 영적으로 결함이 있는 것과 영적인 것을 파괴하는 무지함을 일깨워 주고자 노력했다. 아마도 자신의 스승이자 온건파 청교도로서 엘리자베스 여왕의 조건을 받아들였던 채더턴의 영향을 받은 것으로 추정된다. 채터턴은 개혁주의 신학을 받아들이면서도 온건한 청교도의 노선을 견지한 학자였는데 장로교회를 분명히 지지하고 옹호하였다.

그러나 퍼킨스는 온건한 청교도이면서 장로교회에는 가입하지는 않았고, 비서명파와 분리주의자들에 대해서 영국 교회를 세우는 일이 아니라며 비판적이었다.[5] 동시에 엘리자베스 여왕이 「통일령」을 강압적으로 시행하는 것에 대해서도 반대했다. 휘트기프트가 장로교회를 지지하던 분리주의자 프란시스 존슨(Francis Johnson, 1563-1618)을 투옥하자, 퍼킨스는 목청을 높여서 존슨을 옹호했다. 이 사건으로 두 차례나 위원회에 소환되어야만 했다.[6]

퍼킨스는 당시 자신이 설교하고 가르치던 영국의 기성 교회에 대해서 날카로운 비판을 서슴지 않았지만, 엘리자베스가 취임한 이후로 1559년 공포된 「통일령」에 따른 영국 성공회 국가교회 체제에 대해서 인정하고 받아들였다.[7] 잉글랜드 국교회 체제가 과연 칼뱅주의자로서 합당한 교회관이라고 생각했던 것일까? 혹자는 비판적으로 말할 수 있다. 이 무렵까지 영국 교회는 적어도 한 세대 동안에 걸쳐서 하나님의 말씀에 따라 개혁되어지고 있었다. 만일 퍼킨스의 이러한 태도와 교회관을 칼뱅의 제네바와 비교해 보면 퍼킨스의 사회 비판이 비교적 온건하다고 말할 수 있을 것이다. 하지만 이 두 지도자를 단순히 대조시키는 것은 매우 위험한 발상이다. 칼뱅의 제네바는 교황주의자들이 호시탐탐 정치에 가담하여 매년 실시되는 선거에서 정권을 넘어트리려는 상황이있기 때문에 보다 철저히 개혁신학을 세우는 한편, 로마 가톨릭교회의 선행사상에 대해서 비판하지 않으면 안 되었다. 하지만 퍼킨스는 적어도 케임브리지 대학 사회에서 적어도 개신교를 인정하는 시대에 학문을 전개했다.

눈에 보이는 교회의 갱신을 촉구하던 퍼킨스의 강조점이 부흥 운동과 같은 것이 아니냐는 해석도 나와 있다. 신학적으로 믿음과 관련하여 인간의 '자발적인 참여' 혹은 '자원주의'(voluntarism) 사상이 혹시 있지 않았느냐는 질문도 제기되고 있다. 인간의 자유의지가 발동해서 이룩해야 한다고 주장하는 것처럼 보이기 때문이다. 이것은 기존의 교회를 갱신할 때 제기되는 매우 중요한 신학적인 문제가 아닐 수 없다.[8] 퍼킨스는 당시 사회 전체를 향해서 설교했다. 모든 영국 사람이 스스로를 하나님 나라의 백성이라고 생각하던 시대였다. 따라서 퍼킨스나 그의 케임브리지 동료들이 열심을 냈다고 했을 때는 그 시대적 상황에서 평가해야 한다.

그런데도 켄달(R. T. Kendall)과 일부 신정통주의(neo-orthodoxy) 학자들은 칼뱅과 퍼킨스의 신학적 차이를 단순히 비교하면서 후기 칼뱅주의자들은 자발적인 부흥운동으로 치우쳤다고 비판하고 있다. 국가 체제로부터 비분리적이면서도 성공회에 무조건 복종하지는 않았던 그룹 지도자들은 하나님이 사람의 심령을 움직이셔서 그 반응으로 일어나는 기대를 갖고서 의지와 마음의 결단을 촉구하였다. 따라서 이런 설교는 설득적인 과정을 특성으로 한다. 초기 종교개혁자들과 후기 칼뱅주의자들과의 차이를 '자발주의'에서 찾으려는 사람은 칼뱅의 설교에서도 그러한 반응의 기대를 갖고서 결단을 촉구하는 내용이 많이 있음을 유의해야 한다. 은혜의 수단으로서 설교와 반응에 대해서는 '보이는 종교개혁'을 가져다주시는 하나님 안에서 그 첫 번째 해답이 들어있음은 주지의 사실이다.

2. 잉글랜드 국교회의 결핍을 개선하려는 노력들

전체적으로 볼 때 퍼킨스의 신학적 공헌은 값없이 베풀어주시는 은혜로 인한 구원을 기본으로 받아들이는 개혁주의 성도에게 믿음과 경건의 삶 가운에서 반응하고 자신들의 마음을 점검하라고 촉구했다는 점이다. 퍼킨스는 참으로 의롭다함을 받은 성도라고 한다면 거룩함에 있어서 성장할 것이라는 점을 확실히 믿었다. 거룩함에 이르는 길을 가도록 사람의 의무 조항들을 지키는 데 힘쓰라고 퍼킨스는 강조하면서도, 인간의 마음, 의지, 감정의 능력에 나오는 것이 아니라 오직 그리스도와 성령의 능력으로 가능하다고 보았다.

또다시 조직신학의 용어를 채택하자면 퍼킨스가 강조한 경건에의 성장이란 성화를 말한다.[9] 기독교인이라고 주장하는 사람이라면 거룩함을 반드시 이루어 나가야만 한다. 그리스도 안에서 세례를 받은 자는 육체의 정욕을 십자가에 못을 박고 성령 안에서 걸어가야 한다. 거룩하게 사는 길은 매우 심각한 삶의 방법이다. 육체를 어거하고, 육체적으로 살아가려는 방식을 다스려 나가는 영적 투쟁이 있다.

당시의 시대 상황에 대해서 퍼킨스가 조용히 입을 다물고 타협하였던 것은 결코 아니다. 적어도 퍼킨스가 보기에 '개혁주의 진영의 사람들' 사이에 아직까지도 참된 경건이 너무나도 현저히 결여되어 있었다. 그는 이런 사람들을 심하게 꾸짖었다. 안정과 평온만을 추구하는 사람을 향해서 자극적인 논쟁과 논박의 글을 서슴지 않았다. 퍼킨스의 비평적인 논조의 문서들에 영향을 입어서 케임브리지 신학자들도 시민을 자극하는 글을 발표하였다.

교회 안에 있는 성도에게 채찍을 드는 것은 그들이 예배나 예식이나 정치가 없어서가 아니었고 참된 경건이 없었기 때문이었다. 1599년에 접어들면 안정된 영국 성공회 체제가 무려 40년 동안 발전해 왔던 시기였다. 그러나 퍼킨스는 갈라디아서 설교에서 당시 주류 사회의 모순을 신랄하게 비판하였다. 그 무렵 상당수가 "놀이와 게임을 즐기고, 술을 즐겨 마시고, 화려한 옷을 입는데 정신을 팔고 있었고" 거룩하게 살려는 노력은 현저히 줄어들었다.[10] 1593년도 스바냐서 설교에 보면 무려 35년 동안이나 하나님의 말씀을 충실하게 가르쳤지만 대다수의 영국 사람에 의해서 무시를 당하고 있다고 탄식하였다.

하나님의 친절하신 은혜를 어떻게 다 보답할 수 있을 것이냐고 영국 사람에게 묻고 있다. 이러한 태도는 이스라엘 백성이 범한 배은망덕 보다 더 큰 죄악이라고 꼬집었다. 만일 교회에 대한 이러한 비판이 너무나 가혹하다고 생각하는 사람이 있다면 더 분명하게 밝혀서 그러한 생각을 근본적으로 고쳐야 한다고 주장했다. 당시 영국 사람들의 공통적인 죄악은 하나님의 뜻을 무시하고, 예배를 등한시하며, 기독교를 무시하고, 여러 가지 방식으로 하나님을 조롱하고, 주일을 마음대로 남용하고, 부당한 거래를 일삼는 것이었다.

눈에 띄는 확실한 종교개혁이 일어나지 않는다면 나라를 치시는 하나님의 심판은 분명히 피할 길이 없으리라고 퍼킨스는 경고하였다. 가시적인 종교개혁을 위해서는 브라운주의자들처럼 무조건 영국 국교회로부터 떨어져 나가는 것만이 능사가 아니라고 보았다. 분리주의자에게만 개혁된 모습이 있다고 볼 수도 없었다. 영국은 마치 희어져 추수할 밭과 같은데 그곳에 알곡과 가라지가 섞여 있는 것이다. 퍼킨스는 참된 밀을 수확하시는 추수자의 최종 판단이 있으리라고 믿으면서 무작정 기성 교회를 비판하고 정치적으로 떨어져 나가는 것만이 참된 알곡이 되는 것은 아니라고 보았다. 진정으로 그들이 추구해야 할 것은 다른 사람이 아니라 바로 자기 자신에게서 확인해야 할 열매이기 때문이다.

"신학은 축복으로 영원히 살아가는 생활의 학문이다.
축복된 생활은 하나님을 아는 지식으로부터 나오며,
따라서 그것은 우리를 아는 지식으로부터 나온다.
왜냐하면 우리 자신을 들여다봄으로써 하나님을 알 수 있기 때문이다."[11]

이 구절은 퍼킨스의 가장 유명한 저서 『황금 사슬』(Golden Chain; or the description of theologie : containin the order of the cause of salvation and damnation, according to God's Word, 1600)에서 나온 것인데 자주 인용되는 문구다. 그가 『황금 사슬』이라고 하는 것은 로마서 8장 28절에서 30절에 나오는 연쇄적인 진리들인 하나님의 뜻, 예지, 예정, 소명, 칭의, 영화로 연결되는 것을 의미한다. 그런데 필자는 단번이 이 구절의 출처를 알아볼 수 있다. 퍼킨스의 중요한 저술로 알려진 『황금사슬』의 첫 서두에 나오는 이 유명한 신학의 정의는 칼뱅의『기독교 강요』첫 구절이 그대로 메아리치고 있는 느낌이다. 칼뱅은 『기독교 강요』첫 구절에서 "우리가 가지고 있는 모든 참된 지식은 두 부분으로 구성되어 있는데 하나님을 아는 지식과 사람을 아는 지식이다. 이 둘은 서로 긴밀히 연결되어 있어서 무엇이 앞이고 무엇이 뒤에 온다고 말할 수 없을 정도이다"라고 했다.[12] 종교개혁자들의 신학을 그대로 물려받았던 퍼킨스의 저술에는 이러한 유사 구절들이 많이 들어있음을 쉽게 발견할 수 있다.

한 가지 퍼킨스의 다른 점이 있다면 칼뱅은 이 두 가지 지식을 비교적 느슨하게 풀어서 연결시키고자 했는데, 반면에 퍼킨스는 이 둘을 내적으로 긴밀하게 연결시켰다는 점이다. 우리 내부로부터 참된 자아를 파악하는 지식은 하나님을 아는 지식과 연계되어 출발한다. 여기서 우리는 퍼킨스의 깊은 인격과 내적으로 깊이 침투하는 경건을 발견하게 된다. 칼뱅이 원하던 경건이 보다 객관적으로 드러나는 것이라 할 수 있다.[13]

신학은 '학문'이라는 일반적 특성을 갖고 있어서 전통적으로 연구해온 것과 유사하다. 하지만 신학이 관심을 갖고 있는 대상은 '영원하게 축복된 삶'에 관한 것이다. 여기서 퍼킨스는 신학의 두 가지 강조점을 설명한다. 학문적 연구와 함께 신학은 사람의 가슴 속 깊은 곳에 자리하고 있는 것을 관심의 대상으로 삼는다는 말이다.

신학의 목적이란 '영혼을 구원하는 것'이기 때문에 메시지를 전달하는데 있어서 기술은 숨겨야 한다고 퍼킨스는 신학생들에게 강조했다. 아주 평이한 설교가 강단에서 흘러나와야 하되 겉치레를 최소화하도록 노력할 것도 주문하였다. 설교는 마땅히 영적이라야 하고 은혜스러워야 한다. 단순해야 하고 정확해야 한다. 설교 시간에 이루고자 하는 목표는 인간의 지혜를 감추고 성령의 역사를 드러내고 보여주는 것이다. 그럼에도 불구하고 퍼킨스는 무식한 설교에 대해서 강력하게 비판하였다. 예술과 철학과 다양한 독서를 권면하였다. 이런 학문성과 다양한 휴머니즘에 대한 강조는 특히 취리히와 스위스 개혁교회가 강조했던 것이기도 하다.[14] 열성적인 영적 수사학과 가슴으로 느끼는 열정적인 경건의 조화가 당시 신학생들의 과제였다.

퍼킨스의 성경에 대한 집착은 대단했다. 그는 인간의 지혜란 성경에서 찾아야만 하고 그 진리로 모든 것을 평가해야 한다고 보았다. 모든 교리와 예배에 관한 질문은 성경의 절대적 기준과 최고의 판단에 따라야 한다. 종교가 인간의 지식을 배제시키는 것이 아니다. 도리어 인간을 도와주고 발전시켜 주면 완전함에 이르게 한다. 하지만 인간의 지식에 대해서 지나치게 과신하지 말 것을 주문하였다.

> 이제 [대학 사회 안에 있는] 우리는 자주 자기기만에 빠질 때가 있다.
> 우리는 스스로 시간이 지나면서 자라가고, 그 깊이가 더해가고,
> 그 지식이 늘어나고, 명예와 존경도 커지는 것이라고 생각한다...
> 이 모든 것은 우리의 자긍심을 부추겨서 미혹하는 것이며,
> 우리 자신의 가치를 높이라고 헛된 의견들로 미끼를 던지는 것이다.[15]

따라서 퍼킨스처럼 청교도는 인간의 지식에 대하여 존중하는 마음을 가지고 있었지만 한편으로 그러한 지식은 한계가 있음을 분명히 인정하였다. 물론 퍼킨스와 그의 케임브리지 동료들이 교육과 이성의 가치에 대해서 엄격하게 한계를 정하였을 때, 그 제한성이라고 하는 것은 에덴 동산에서 인류의 조상 아담과 이브가 타락함으로서 인간의 자연적인 본성이 죄성에 연루되었기 때문이라고 이해를 갖고 있었다.

『황금 사슬』에서 퍼킨스는 아주 솔직한 어투로 은혜를 떠난 인간 본성에 대해서 상당히 잘 설명하고 있다.

> 인간의 마음은 아담으로부터 물려받은 것이다. 무지함, 즉 욕망을 가지고 있으나 도리어 하나님의 사건들에 대해서는 왜곡된 지식을 갖고 있다. 인간은 비록 생각은 하지만 무능력으로 인해서 영적인 사건들에 대해서는 이해를 할 수 없게 되었다. 헛된 인간 마음속에는 진리를 거짓으로 생각하고 거짓은 진리로 생각한다.[16]

그 결과로 인간의 지식은 더이상 영광을 받을 수 없게 되고 말았다. 따라서 인간의 마음은 반드시 거듭나야 한다. 그렇지 않으면 아무리 고상한 인간의 이성이나 학문이나 철학이나 사상이라도 그 속에 교묘하게 감추어진 거짓을 피할 길이 없다. 오직 성령으로 거듭나는 길 외에는 인간의 부패한 본성을 고칠 길이 없다.

그렇다고 해서 퍼킨스가 하나님의 절대적 주권을 약화시키거나 축소시키고자 한 것은 결코 아니다. 그의 경건의 범위가 인격의 내부에 집중했다고 해서 그가 인간을 초월하여 계신 그리스도의 차원을 무시하는 것도 아니다. 은혜와 위로와 확신 가운데서 자라기 위해서 그리스도의 말씀과 성례를 통해서 초월적인 그리스도의 축복을 받아야 한다고 보았다.

퍼킨스는 오직 예수 그리스도의 순종만이 하나님 앞에서 성도의 의롭다 하심을 마련하였다고 확신한다. 사람의 도덕적인 의로움이나 순종을 결코 주장하지 않았다. 퍼킨스는 은혜와 공로를 결합시키는 그 어떤 신학도 반대했다.

우리는 우리 속에 있는 어떤 것으로 인해서 구원을 받는 것이 아니기 때문에, 전적으로 자신을 부정하라, 자신에게서 벗어나라고 가르침을 받았다. 우리 스스로의 순종에 의해서 의롭다하심을 받는 것이 아니다. … 그리스도의 순종만이 우리들의 순종의 기초가 되어야 한다. 왜냐면 그리스도는 우리를 위해서 모든 의로움을 성취하셨다. 순종의 모든 의무 가운데서 우리는 죄의 종이 아니라, 의의 종이 되었다. … 그리스도의 순종만이 우리들의 순종의 기초가 되어야 한다. 온갖 위험과 유혹 속에서도 … 그리스도의 순종하심은 우리들의 숨을 장소다. … 따라서 우리 모두는 하나님의 진노의 비바람과 폭풍우 속에서도 믿음으로 피할 장소로 날아가자. 거기서 살다가 죽자.[17]

3. 신학을 실제적인 설교에 적용하다

퍼킨스는 엘리자베스 여왕 시대에 전개된 청교도 운동을 가장 탁월하게 용해시켜서 실제적인 신학으로 창조해 냈다. 철저한 칼뱅주의자요 개혁주의 신학을 근간으로 하면서도 보다 실제적인 적용을 목표로 했다. 앞에 인용한 구절에서 그는 자신이 이해한 신학이란 '삶의 학문'(Science of life)이자 '생활의 과학'이라고 규정했다. '학문'이라는 단어가 돋보이는데 전통적으로 최고 학문으로 간주하면서 깊은 연구를 추구하는 학문성을 그 독특한 특징으로 한다는 점을 인정했다. 동시에 이런 과거의 입장을 존중하면서도 다른 한편으로는 그런 전통적인 개념에만 머물지 않고 신학은 '영원히 축복 가운데 살기 위하여' 관계된 것들을 추구하는 것이라고 정의했다. 신학은 대학교나 신학원의 좁은 울타리를 넘어서 성도의 가슴 속 깊은 곳에 영향을 미치는 문제를 다루는 것이라고 구체화했다. 개혁신학은 성경에 근거한 본질적인 내용을 계승하면서도 이처럼 시대마다 신학자와 목회자와 성도의 연구와 체험을 통해서 새롭게 추가되고 섬세하게 보충되었다.

퍼킨스가 기여한 가장 훌륭한 공헌 가운데 하나는 학문을 설교에 도입했다는 점이다.[18] 탁월한 그의 학문은 어려운 신학적 논쟁을 가지고 무식한 대중이나 유식한 사람이라도 다 이해할 수 있도록 성경적으로 적절하게 설명했다. 뛰어난 학문적 소양을 쌓은 신학자 퍼킨스가 빚어지는 과정을 보면 일종의 신학적 전환을 발견하게 된다. 그가 케임브리지에 입학했을 무렵 그곳은 아직 중세적인 학문을 강조하고 있었다. 기본적으로 스콜라주의에 의존하고 있었다. 학위를 받으려면, 토론과 선언과 같은 스콜라적 형식을 알고 있어야 하고 사용할 줄 알아야 했다. 아리스토텔레스의 철학과 그것을 채택한 신학이 최고의 지식이라고 존중을 받고 있었다.[19] 그러나 점차 휴머니즘의 영향으로 말미암아 아리스토텔레스의 철학을 헬라어로 읽으면서 고대 헬라 세계관의 관점에서 해석하고, 다른 철학자들과 비교하는 등 새로운 각도에서 접근하는 추세가 형성되었다.

이런 휴머니즘의 변화가 도래한 것은 프랑스 칼뱅주의자 피터 라무스의 방법론, 즉 플라톤 철학에서 나오는 대화 혹은 대담의 방법으로 학생을 깨우치는 방법론을 채택하면서 시작되었다. 하지만 퍼킨스의 방법론에 많은 영향을 미친 라미즘(Ramism)은 오늘날에는 그 근원이 중세 말기에 휴머니즘 신학자였던 루돌프 아그리꼴라(Rudolf Agricola, 1443-1485) 가 개발한 수사학의 일부인 것으로 알려져 있다. 아그리꼴라는 아리스토텔레스를 매우 싫어하였던 인물이다.[20] 그렇다고 해서 라무스가 개발한 이분법적 방법론에 따라서 신학을 전개한 청교도가 반드시 아리스토텔레스의 논리학에 반대하는 사람들이라고만 생각해서는 곤란하다. 그러나 중세 신학을 벗어나서 개혁주의적으로 새로운 방법론을 모색하는 사람들은 신학의 내용으로서가 아니라 방법으로서 라미즘을 선호했음은 사실이다. 퍼킨스는 신학 내용에 있어서만큼은 칼뱅의 제네바에서 나온 것을 더 선호했다.[21]

퍼킨스는 신학생들에게 설교학과 주석학을 가르쳤다. 그의『예언의 기술』은 새로운 학문의 모델이었다.[22] 그는 학생들에게 스콜라적인 접근 방법에서 발전시킨 신학의 개념, 내용, 구조만을 이해하는데 그치지 말고 성경을 순서적으로 읽으라고 강조했다. 문법적으로, 수사학적으로, 논리적 분석과 함께 다른 학문의 도움을 참고해서 접근하라고 강조했다. 따라서 상당히 휴머니즘적인 접근도 강조했다. 당시 케임브리지에 수학하던 신학생들은 항상 기도로 시작하였고, 성경 연구에 시간을 집중했다. 먼저 원어로 읽고 본문의 의미와 뜻을 살폈다. 그리고 교리를 찾아냈고, 그리고 다시 한번 설교자로 사역할 때 이런 과정을 반복하였다. 아볼로와 같이 성경에 능한 사람이 되는 것이 목표였다.

사람의 명성은 사후에 남겨진 저술을 통해서 더욱 강렬해질 수 있음을 보여주는 경우가 바로 퍼킨스다. 그가 남긴 저술은 유럽 여러 나라로 퍼졌으니 스위스에서는 오십 판 이상 출판되었고, 독일에서도 알려졌고, 스페인어, 프랑스어, 이탈리아어, 헝가리어, 체코어 등으로도 번역되었다. 특히 퍼킨스의 갈라디아서 강해, 마태복음 산상설교 강해, 히브리서 11장 강해, 유다서,

계시록 1-3장, 예정론에 관한 논의, 구원의 서정, 믿음의 확신, 사도신경, 주기도문, 예배, 성도의 생활과 소명, 목회와 설교, 로마가톨릭교회의 오류들, 양심에 관한 사례들 등은 본문을 강해하는 설교들이다. 그의 모든 저술은 종교개혁자들의 신학을 계승한 것이며 성경에 기초한 강해이자 문자적 해석들이다. 퍼킨스의 저서는 아주 실제적이고 체험적인 칼뱅주의라고 평가를 받는다.

퍼킨스와 16세기 후반 청교도 설교자들은 제일 되는 은혜의 수단이란 설교자를 통해서 성도에게 들려지는 하나님의 말씀이라는 확신을 가졌다.[23] 퍼킨스가 중요하게 된 이유는 영국 국교회 체제 안에서는 능력 있는 설교자가 전무했기 때문이다. 영국 국가교회에서는 『설교의 책』(Books of Homilies, 1547, 1571)을 각 교회에 배포하여 주일 강단에서 단순히 읽어주라고 지침을 내렸다.[24] 청교도는 이러한 국교회의 정책에 반발하여 주석적이고 복음적인 설교를 매주 예배 시간에 맞춰서 열심히 준비했다. 성경을 깊이 연구한 뒤에 알아들을 수 있는 평이한 언어를 사용하여 열정적으로 선포하되 성도들의 평범한 일상생활에 관련된 설교를 하게 된 것이다.

청교도의 설교는 대략 60분에서 90분 정도의 분량을 외워서 선포했다. 그냥 지루한 낭독이 아니라 심장과 의지에 도달해서 하나님을 향하여 매일 살아가야 하겠다는 다짐이 나오게 했다. 오늘날 인쇄되어서 출판된 청교도의 설교들을 우리가 읽어 보면 결코 논리적인 신학 사상의 발표가 아니다. 17세기 후반 대부분의 청교도 설교의 구조는 퍼킨스가 제시한 것과 같은 방식을 따르고 있었다. 먼저 본문을 읽고, 다음에 본문의 서론적인 배경을 설명하고 교리를 점검하는 데 상당한 시간을 할애한 뒤, 회중의 생활 속에 적용하고 활용하는 결론으로 끝이 난다.

오늘날까지 퍼킨스가 영향을 끼치게 된 중요한 부분은 그가 단순한 조직신학자로 그치지 않고 설교의 중요성을 강조했다는 데 있다. 그는 무엇보다도 성경을 가장 권위있는 하나님의 말씀으로 존중했다. 열심히 정확하게 성경을 연구하도록 강조했고, 지혜롭게 해설하는 설교를 통해서 체험적 진리와 자기 점검을 하도록 가르쳤다. 그러한 퍼킨스의 강조가 17세기 청교도 운동의 핵심 가치로 자리매김하게 되었다. 그는 회심 체험을 매우 강조했는데 케임브리지 학생 대부분이 영향을 받았으며, 윌리엄 에임즈가 감화를 받아서 목회자로 헌신하게 되었다.

퍼킨스는 그리스도의 사랑을 느끼지 못하거나 믿음 생활을 하다가 박해라든가 다른 시험에 빠져서 다시 죄를 범하는 자에게 조언을 해주고자 노력했다. 퍼킨스는 네덜란드 종교개혁자 쟝 타핀(Jean Taffin, 1529~1602)의 경건한 삶에 대한 조언들을 활용했다. 청교도 목회자에게는 죄와 축복과 성화의 증거들에 대해서 자기점검을 하는 신앙 훈련이 필요하다고 강조했다.[25] 최고의 방법은 그리스도의 사역에 대해서 묵상하고 인내심을 가지고 은혜의 수단들이 된다고 생각되는 실천적인 연습을 지속하는 것이다.

퍼킨스는 설교 시간에 자신이 케임브리지 대학의 신학자이자 교수로서 살아오면서 체험했던 일들을 활용했다. 그의 생애 중에서 절정기라고 말할 수 있는 시기인 1592년에 다음 세대 청교도 전체의 설교자들에게 가장 영향력 있는 교과서 『예언의 기술』(The Art of Prophesy)를 출판했다.[26] 이 책은 그가 사망한 후에 5년이 지난 1607년에 영어로 나왔고 저작 전집도 이어서 출판되었다 (1612-12). 『예언의 기술』에는 구원에 있어서 하나님의 주도하심과 인간의 책임 사이에 긴장 관계를 다루고 있는데 청교도가 실제적인 신학의 핵심으로 삼았던 실천적인 행동을 중요하게 다루었다.

거의 모든 청교도는 이 책에 제시된 퍼킨스의 방식을 본받았다. 청교도 설교자는 성경 본문에 대한 설명에 이어서 중심되는 교리를 집중적으로 풀이하고 믿음의 실제적인 적용으로 끝매듭을 지었다. 적용에는 1) 긍정적 교리적 적용, 2) 부정적 교리적 적용, 3) 긍정적 실제적 적용, 4) 부정적 실제적 적용 등 여러 가지 형태가 있음을 지적하고 있다. 또한 퍼킨스는 청중들에게 성경적인 구원 이야기를 잘 이해하도록 해설하는 데 주력할 것을 요청했는데, 무엇보다도 성령의 역사하심을 강조하며 순종하는 생활을 할 수 있도록 힘을 불어넣는 원천은 성령의 감동이라고 했다.

많은 사람이 감동을 받고 있는 또 다른 저술을 살펴보자. 퍼킨스는 1588년에 펴낸『사람이 은혜의 상태에 있는지 아니면 저주의 상태에 있는지에 관한 선언에 대한 논증』(*A Treatise Tending unto a Declaration, Whether a man be in the Estate of Damnation, or in the Estate of Grace*)에서 탁월한 설교를 펼쳤다. 이 설교에 담긴 내용은 지금까지 우리가 신학 연구를 해 오면서 칼뱅주의 개혁신학자들이야말로 가장 인간의 본질을 성경적으로 정확하게 분석했다는 확신을 주고 있는 것을 볼 수 있다. 그런데 그런 분석의 핵심은 바로 인간의 근본 문제가 죄에 있다고 판단했다는 점이다. 현대 교회의 문제는 목회 현장에서나 목회자의 생활 속에서나 자신이 쉽게 범하는 죄의 문제를 심각하게 취급하는 사람이 별로 없다는 것이다. 이것은 개혁신학의 주장과 현실 생활의 적용 사이에 괴리 현상이어서 안타까움이 크다.

퍼킨스는 죄의 문제를 가장 철저하고 깊이 있게 다루었다. 성도들의 가슴에 열정을 불러일으키고 어떤 감흥을 솟구치게 하는 갖가지 동기, 소원, 욕망, 탄식, 그리고 죄악을 파헤쳤다. 이것을 모두 다 떨쳐버려야만 영생의 길로 인도하는 목표를 발견하게 된다. 죄의 문제를 심각하게 생각하는 성도가 되어야만 구원의 길로 나아갈 수 있기에 죄의 문제는 결국 우리를 바른 길로 이끌어 주는 분별력을 가져다 줄 수 있다. 청교도는 일상에서 경건한 생활을 강조하였는데 그 대상은 아주 단순하게 죄와 대결하는 것이라고 강조했다. 문제는 오늘날 21세기 교회 강단에서 죄에 대한 지적과 죄와의 영적인 싸움에 대한 강조가 사라지고 있다는 사실이다.

케임브리지 대학교를 중심으로 확산된 청교도 사상은 칼뱅주의를 스콜라적인 방식으로 정립한 베자의 영향을 크게 받았으면서도 문자적 성경해석에 근거하여 설교에 중점을 두었다.[27] 그 당시 학생에게 퍼킨스는 대학교수회 의장으로 엄격한 스콜라적 훈련을 실시하고 있었는데 그 배경에는 피터 라무스의 영향이 컸다.[28] 로마가톨릭교도에서 개신교도로 회심한 라무스는 모든 학문적인 주제를 매우 실제적으로 재구성하도록 가르쳤다. 한 주제에 대해서 단순하게 논리를 전개하는 방식인데 주로 변증적 방법과 수사학적인 내용을 이해하기 쉽게 표현했다.

퍼킨스는 라무스의 방법론으로 재구성된 자료를 설교하는데 활용했다.[29] 회의적인 이론들을 설명하려 했던 중세 신학에서 벗어나 실제적인 적용에 접목시켰다. 퍼킨스는 케임브리지 대학교에서 이러한 분석 방법론을 설교적 적용에 사용하라고 강조하면서 학생들을 훈련시켰다. 무엇보다도 청교도는 양심을 지키는 법을 강조하였다. 퍼킨스는 청교도에게 특징으로 드러나는 '결의론'(casuistry) 혹은 '자기 점검과 성경적인 분석'을 탁월하게 가르쳤다. 많은 사람에게 죄의 심각성을 인식하게 하고 자신의 설교를 통해서 지도하는 노력을 기울였다.

목사 안수를 받은 직후에 퍼킨스는 케임브리지에 있는 감옥에서 죄수들에게 설교하는 일을 시작했다.[30] 매 주일 작은 방으로 죄수들을 모아서 설교했는데 큰 반향을 일으켰다. 교수로 학교에서 강의하고 저술하는 일에 전념하면서도 감옥을 정기적으로 찾아갔다. 감옥이 그의 교구였다. 특히 신앙 양심을 지키기 위해서 혹은 개인적인 실수를 범하여 케임브리지 감옥에 갇혀있게 된 죄수에게 그의 방문은 큰 위로와 유익을 주었다. 설교를 들었던 사람들은 마치 오네시모가 사도 바울의 지도를 받아서 치유를 받고 새롭게 변화된 것과 같았다고 토마스 풀러는 평가했다. 영혼을 사랑하는 마음으로 이들을 품어주는 설교는 하나님의 축복이 되었다. 또한 퍼킨스의 목회적 돌봄이 매우 감동적이었는데, 감옥을 방문하여 창문으로 상대방을 바라보면서 격려하고 죽음에 대해서 두려워하지 말라고 위로를 하였다. 범죄의 대가로 사형을 앞에 둔 죄수가 곧 지옥에 떨어질 것에 대해서 두려워하자 퍼킨스는 예수 그리스도의 보혈을 통해서 하나님이 용서해 주셨다고 하면서 용기를 주었다. 기회가 주어지면 서로 손을 잡고 하나님의 은총으로 강하게 이겨내기를 바라는 기도를 해 주었다. 가련한 죄수들은 눈물을 펑펑 쏟으면서 자신들의 죄가 십자가 위에서 해결되었음에 대해서 받아들였고 내적인 위로로 가득 채워졌다. 사형수들도 자신들의 죽음을 담담히 받아들이면서 지옥에서 구원 받은 자신의 영혼을 위해서 죽으신 예수님의 보혈을 흠모하였다. 퍼킨스

의 명성은 감옥 사역에서 담장을 넘어 대학교와 외국으로까지 차츰 퍼져나
갔다.

퍼킨스의 설교는 청중의 계급과 숫자가 다르듯이 다양한 색깔로 구성되었
다. 학자나 학생에게만 필요한 것이 아니라 학식이 없는 시골의 성도가 받아
야 할 것으로 생각하는 것들이나 시대 상황의 필요에 따라서 구성했다. 그는
성경 본문에서 율법과 복음을 대조시키기에 능했고 총체적으로 간절하면서
도 통렬하게 비판하는 신랄함이 들어있었다. 그러나 그는 설교에서 하나님
의 주권과 인간의 책임이 서로 대립된다는 식으로 설교하지 않았고 상호 조
화가 필요하다는 관점에서 다루었다.

4. 언약신학과 예정과 구원의 확신

퍼킨스는 구원론을 알기 쉽게 설명하고자 예정 교리를 설명하는 『황금 사
슬』이 가장 유명한 저서이다. 『황금 사슬』은 로마서 8장 28-30절을 의미하
는데, 택함받은 자의 가슴 속에 구원의 황금사슬이 은혜롭게 성취되도록 하
시는 하나님의 언약을 성도에게 확인시켜주시는 것을 의미한다.[31] 하나님의
뜻-예지-예정-소명-칭의-영화라는 주요 진리가 순서대로 다뤄졌다. 훗
날 이것을 '구원의 서정'이라고 불렀다. 퍼킨스는 황금 도표를 만들었고 베자
의 이중 예정론을 영어로 출판하였다.[32] 그는 서구 유럽의 신학자들이 매우
중요하게 취급한 은혜언약의 개념을 개혁주의 구원론의 중심 구조로 가르쳤
고 이중 예정론과 함께 핵심으로 삼았다.[33]

퍼킨스의 『황금 사슬』은 유럽 개혁주의 신학자들의 저술에 기초해서 작성
되었다. 칼뱅은 『기독교 강요』 3권에서 하나님의 선택과 유기를 철저히 신뢰
하도록 강조했다. 테오도르 베자는 한 걸음 더 나아가 타락전 선택설(supra-
lapsarianism)에 근거한 예정론 체계와 구조를 제시했다. 베자가 체계화 한 바

에 따라서 퍼킨스도 예정론을 철저하게 같은 구조와 체계로 강조했다. 또한 퍼킨스는 잔키우스, 우르시누스, 올레비아누스 등 유럽의 개혁신학자들에게 의존해서 예정론을 펼쳐나갔다.

퍼킨스의 신학적인 공헌을 전체적으로 평가해 볼 때 가장 주목해야 할 내용 가운데 하나는 확고한 구원론과 그 적용이다. 그는 영국 사람에게 '개혁주의 성도'로서 값없이 주신 은혜의 구원론을 정립시켰다. 로마가톨릭교회에서 가르쳐온 바 하나님의 은혜와 인간의 선행을 함께 조화시키려는 그 어떤 신학도 반대하였다. 그는 성도들이 철저하게 하나님의 은혜의 맥락에서 경건과 믿음의 삶 가운데 있는지 자신들의 가슴과 반응을 점검해 보라고 촉구했다. 하나님 앞에서 우리의 의로움을 준비하신 그리스도의 순종에 대한 인식이 없이 인간의 자발적인 순종만으로 무엇을 이루려는 도덕적인 추론을 퍼킨스는 과감하게 거부했다. 인간 중심적으로 오직 내부적인 요소들만을 들여다보면서 스스로 무엇을 이루려는 공로 사상과 선행의 신학을 거부한 것이다.[34]

퍼킨스는 예수 그리스도의 구원 사역을 핵심으로 가르쳤다. 오직 그리스도에 대한 믿음과 그리스도의 보혈만이 믿는 자의 유일한 소망임을 선포했다. 이것은 퍼킨스가 종교개혁자들처럼 은혜로 주어지는 칭의만을 주장하는 개혁주의 구원론의 정립을 추구했다는 말이다. 구원의 길은 선한 행동을 열심히 추구해서 의로움을 얻을 수 있는 것이 아니요 그리스도께서 흘리신 보혈만을 의지하는 오직 믿음만을 통해서 주어진다.

"우리를 위하여 신실하신 그리스도께서 율법의 모든 것을 성취하셨고, 의의 율법을 최종적으로 성취하신 것을 믿으라고 촉구하신다."

이런 맥락에서만 순종과 선행이 나온다.

"신실한 자들은 순종에 묶여버린다 … 그러나 이것은 만족을 성취하기 위한 것이 아니라 믿음의 근거가 되기 때문이요, 하나님을 향한 자신들의 감사를 표시하기 위한 것이다."[35]

참으로 의롭게 된 자는 거룩한 생활면에서도 성장한다. 퍼킨스가 강조한 것은 이 성화의 과정에서 좀 더 광범위하게 증진시키는 데 대한 인간의 책임도 크다는 점이다. 물론 그 과정에서 인간이 해야 할 자기와의 싸움은 아직도 옛사람의 모습 속에 남아있는 죄를 멀리하고 예수 그리스도로 인해서 부어진 새사람의 모습으로 살려는 노력이다. 그런데 이것은 어떤 근거로 가능한 것인가? 전적으로 성령의 권능이요 그리스도의 능력에서 나오는 것이지, 인간 내부의 있는 의지, 각오, 생각, 열정에서 나오는 것은 결코 아니다. 따라서 모든 공로는 그리스도에게 돌려져야 한다. 도리어 인간의 능력이라는 것들, 즉 의지, 각오, 열정, 생각 등은 하나님의 은총으로 인해서 가장 먼저 근본적으로 거룩하게 되어야 할 요소들이다. 인간이 본래 가지고 있던 것만으로는 이런 변화를 가져올 수 없다. 하나님만이 그리고 하나님의 은혜만이 이런 인간의 무능력과 부패함을 변화시켜서 새로운 기능을 하도록 하실 수 있다.

퍼킨스의 『황금 사슬』에는 예수 그리스도를 중심으로 펼쳐진 예정 교리가 확고하게 정리되어 있다. 베자의 예정론을 활용해서 펴낸 퍼킨스의 『황금 사슬』에는 하나님의 작정 교리가 보다 평이하고도 명쾌하게 풀이되어 있다. 베자는 칼뱅의 신학을 정통으로 확립하면서 당시 루터파 신학자 안드레아(Jacob Andreae, 1528-1590)와의 논쟁에서 그리스도의 죽으심은 오직 택함을 받은 자들을 위한 것이라고 주장했다. 퍼킨스는 이런 논쟁의 근저에 있는 신학적인 입장들과 주장들을 대조시켰다.[36]

첫째, 펠라기우스주의자들(Pelagianist)들은 사람 속에서 예정의 원인을 찾았다. 하나님께서는 인간이 자유의지로 제공된 은혜를 받아들일 것인지 아니면 거부를 할 것인지를 예지하심에 따라서 생명과 죽음을 규정하신다.

둘째, 루터파(Lutheran)에서는 하나님의 순수한 긍휼하심에 따라 사람들을 선택하신다. 그러나 하나님께서는 일부가 하나님의 은혜를 거부할 것으로 아시기 때문에 그들을 거절하신다.

셋째, 반펠라기우스주의자(Semipelagians)들이 로마가톨릭교회에서는 하나님의 예정을 일부분은 하나님의 은총에, 일부분은 사람의 준비와 공로적인 행위를 미리 예지하시는 것에 둔다.

넷째, 개혁주의 신학자들은 하나님께서는 자신의 긍휼하심으로 일부 사람을 구원하시고, 인간의 죄악 때문에 나머지 사람을 저주하신다. 예정은 전적으로 하나님의 뜻으로 결정된다.

펠라기우스주의자들은 인간의 자유의지가 원인이라고 주장하고, 루터파는 단순한 하나님의 예지만을 주장한다. 로마가톨릭에서는 반펠라기우스주의에 기울어져서 하나님의 은총과 인간의 공로를 뒤섞어 놓았다. 따라서 로마가톨릭 신학자 벨라르민은 예정론을 반대했다. 이런 가톨릭 사상으로 오랫동안 목양 사역을 수행해온 영국 국교회도 역시 예정론을 거부하였다. 케임브리지 대학에서는 피터 바로(Peter Baro, 1534-1599), 윌리엄 베렛(William Barrett, 1561-1630)등이 예정론을 거부했다.

개혁주의 신학자들은 역사 속에서 하나님의 목적을 이뤄나가는 데 있어서 예정론을 지켜내기 위해서 예수 그리스도가 십자가 위에서 흘리신 보혈의 범위와 의도에 대해서 집중적으로 논의했다. 속죄의 범위는 전인류이고, 효력은 오직 제한적이라는 입장을 주장하는 로마가톨릭과 루터파와 알미니우스파와의 논쟁을 피할 수 없었다. 로마가톨릭에서는 보혈의 범위는 모든 인류의 죄를 포함하지만 유효성은 오직 택함을 받은 자에게 한정된다고 주장했다.[37] 칼뱅의 저술에서는 속죄의 범위를 명확하게 풀이한 구절이 많지 않다. 칼뱅은 하나님의 작정에 의해서 구원을 주시는 예정론을 철저하게 옹호했고, 따라서 그리스도의 속죄 범위도 특정한 사람들을 위한 것이라고 해석된다.[38] 16세기에 칼뱅과 초기 종교개혁자들은 이런 문제로 논쟁을 하지 않았다. 하지만, 후기 종교개혁자들 사이에서는 그리스도의 속죄 범위에 대한 개혁주의 신학의 입장이 무엇이냐를 놓고서 베자와 알미니우스파가 첨예하게 서로 갈라졌다.

현대 신학자들의 일부는 칼뱅과 칼뱅주의자들의 견해가 다르다는 비판을 하고 있으며, 칼뱅의 그리스도 중심적인 신학이 예정론이 베자와 그 후대의 개혁주의 정통 신학자들과는 다르다는 비판이 나오게 된 것이다. 이러한 비판에 동조하는 학자는 그리 많지는 않고, 훨씬 더 많은 학자는 칼뱅과 칼뱅주의자들의 통일성 속에서 다양성을 인정하고 있다.[39]

로마가톨릭에서 주장하는 신인협력설을 강하게 반대하는 퍼킨스의 신학의 근저에는 모든 인간이란 본성 속에 그 어떤 거룩함도 갖고 있지 않다는 확신이 들어있다.[40] 그는 가톨릭의 인간론을 정면으로 거부했다. 즉, 인간은 비록 죄인이지만 그 내부에 자연적인 성향(natural disposition)을 가지고 있으며, 이것은 하나님의 보전하시는 은혜에 의해서 활동하게 되므로 하나님의 영과 함께 인간 자신의 회개가 함께 역사하게 된다는 주장을 거부하는 것이다. 퍼킨스는 더욱 분명히 말한다. "인간의 영혼은 약해진 것이 아니라 죄 가운데서 죽어 버렸다. 그리하여 그 자체적으로는 더이상 회개 할 수 없으며, 무덤에 묻혀있는 몸이 마지막 부활에 스스로 살아날 수 없는 것과 같다."[41]

퍼킨스는 동시대를 살아가는 성도들을 향해서 이처럼 견고한 개혁주의 신학 위에서 성화를 강조하고 교회의 가시적인 개혁을 촉구하여 경건과 거룩한 삶이 가장 근본적이며 결정적이라는 청교도 신학의 강조점을 분명하게 인식하도록 했다. 그리스도인이라고 주장하려면 반드시 경건과 성화를 위해서 노력해야만 한다는 것이다. 갈라디아서 5장 25절에서 바울은 "우리가 성령으로 살면 또한 성령으로 행해야 한다"라고 가르친다. 그런데 아직도 우리가 하나님의 자녀라고 고백하면서 비난받을 짓을 하고 있다면 그것은 성령을 따라서 살지 아니하고 육체를 따라서 살아가고 있기 때문이다. 자신의 생활이나 대화에서 아무런 변화를 만들지 못하면서 그리스도인이라고 자처하는 사람도 많고, 세상에서는 전혀 능력을 발휘하지 못하면서 오직 교회 안에서만 성자로 행세하는 사람도 많았다. 그리스도 안에서 세례를 받은 사람은 육체를 죽이고 성령 안에서 살아가야 한다.

칼뱅이 그리스도인의 생활에 관한 교리에서 강조한 '육체의 정욕을 죽임'(mortification)의 개념이 퍼킨스의 구원론, 특히 성화를 강조하는 부분에 너무나 분명하게 들어있다.[42] 그런데 이런 육체의 죽임은 오직 믿음에서만 나오는 것이다. 하나님께서 나를 위해서 죽으셨다는 것만 믿는 것이 아니라 나도 역시 그를 위해서 살도록 나 자신을 죽이기 위해서 부름을 받았다는 것도 포함해서 믿는 것이다. 이런 믿음이 있는 사람에게는 더이상 죄가 왕으로 지배하지 못한다. 영적으로 죽어있는 사람에게서 이런 영적인 생명이 살아나게 되는 것은 오직 성령으로 그리고 성령에 의해서만 가능하다. 성령은 새로운 지식의 빛 가운데로 걸어가게 하고, 성령은 그 영혼을 전반적으로 지배하여서 새로운 감격과 이끌림을 불어 넣어주며, 그로 인해서 하나님의 뜻에 따르게 되어진다고 강조했다.

퍼킨스는 전적으로 헌신된 기독교를 강조했다. 다소 지적이요 수동적인 의미에서 이런 성도의 삶을 풀이하고 있는 것처럼 보이지만 성령이 그리스도의 약속을 파악하도록 우리의 마음을 조명하여 주신다는 확신을 가졌다. 그러한 성령의 조명은 전 인격을 통해서 점진적으로 역사하게 된다.

성령의 선물로 주어진 믿음이 역사한다고 할 때 과연 그 믿음은 인간의 어느 부분에 있느냐는 논란이 있었다. 의지에 있느냐, 아니면 마음에 있느냐의 논의가 있었다. 마음으로 믿어서 의에 이른다는(롬 10:9-10) 바울 사도의 교훈도 상기하면서 퍼킨스는 그리스도 안에서 하나님의 확실한 말씀과 약속에 믿음의 기초를 두고자 했다. 그리하여 참된 믿음은 지식이 되어져야 한다. 로마가톨릭에서 가르치는 '미비된 믿음'이란 단지 교황과 로마 교회의 가르침을 믿는 믿음이어서 이러한 지식이 결여되어 있고 결과적으로 실패하고 만다.[43]

또한 로마가톨릭에서 사랑을 믿음의 형식으로 만들어 버리는 위험을 피하라고 성도에게 경고하였다. 사랑에 대한 가톨릭의 견해는 하나님을 향한 경건한 감정에서 나오는 선행을 시행할 수 있다는 것이며 결국 인간의 반응을 허용하는 것이다. 사랑으로 역사하는 믿음이 인간 내부에서 나온다는 것은 모순이다. 은혜의 원천을 전적으로 하나님께 두지 않고 인간의 내부에서 나오는 사랑이라고 하여 결국 하나님의 은혜를 부분적으로 만들어 버리는 것이다.

퍼킨스는 그러한 로마가톨릭의 형식적인 사랑을 거부하였다.[44] 사랑은 믿음으로부터 나온 효과 혹은 영향이다. 본질상 이 둘은 서로 다르다. 믿음은 우리 마음속에 들어있으며 마치 파이프와 같이 그리스도로부터 생수를 받아들이고 유지한다. 그리스도의 혜택들을 이해하는 것은 믿음이다. 물론 파이프 자체로는 아무것도 할 수 없다. 사랑은 행동의 시계와 같다고 볼 수 있다. 그 안에 있는 생수를 다른 사람에게 나누어주는 것이다. 믿음에 사랑이 결부되어 여러 행동이 나오며 모든 선한 의무를 실천하게 된다.

이러한 퍼킨스의 해설은 칼뱅이 로마가톨릭의 선행론을 거부하고 칭의론을 정립한 신학과 정확하게 일치한다.[45] 로마서 10장 3절에서 바울 사도가 지적한 바와 같이 유대인들이 잘못한 것은 하나님의 의를 모르고 자기 의를 세우려고 힘써 하나님의 의를 복종치 아니한 것이다.

믿음과 사랑은 반드시 결합되어 있어야 한다. 하지만 함께 결합시키되 사랑의 행위를 마음속에 새겨진 참된 믿음을 드러내는 일부로서 간주해버리는 것은 잘못이다. 말씀으로 오직 하나님께만 속한 전권이 귀에 들려지고 성령이 가슴에 내주하심으로 역사한다.

퍼킨스에 따르면 성령은 믿음의 두 가지 원천적인 행위를 우리 마음에 새겨놓았다.[46] 첫째는 마음을 비춰주는 것이다. 둘째는 의지의 작동이다. 첫 번째를 위해서 성령은 인간의 본성이 알 수 있는 것보다 훨씬 더 깊이 율법의 지식을 비춰주신다. 그로 인해서 죄인들은 자신의 양심과 생활과 더러운 모습을 보게 된다. 그리고 이어서 동일한 성령이 그리스도 안에서 영원히 약속된 생명과 의로움을 심각하게 생각하고 이해하는 안목을 열어주신다. 이것이 이루어진 뒤에 성령의 두 번째 사역이 임하는데 의지를 자극하는 것이다.

인간은 죄와 그리스도의 죽으심의 혜택들에 대한 이성적인 판단을 하게 되어 두려워하게 되고 그리스도를 따르고자 열망하게 된다. 성령은 그리스도 안에서 하나님과 화목에 대한 열망을 가지도록 인간의 마음을 자극한다. 그리하여 은혜를 주심으로 인간이 그리스도 안에서 영생과 자신의 죄악에 대한 용서와 제거에 대해서 기도하려는 마음을 가진다. 성령이 성도의 마음속에 부어져서 죄의 용서와 제거에 대한 충만한 확신을 가지게 되고 그 마음속에 인을 쳐주신다.

그리스도인 생활의 본질에 대해서 퍼킨스가 강조한 바에 따르면 하나님의 사랑의 모든 단계마다 그 이면에는 그리스도가 자리하고 있다. 이것을 『황금사슬』이라는 제목의 책에서 성령에 의한 구속의 적용을 유효적 소명−칭의−성화−영화의 순서로 풀이하였다. 여기서 성화를 매우 주목하여 다루었는데 그리스도의 죽으심과 부활이 '물리적 원인'이 되어서 모든 믿는 자를 위하여 성취했다고 풀이하였다. 성령은 '유효적 원인'으로서 성도의 성화를 위하여 그리스도의 권능을 적용시킨다. 그리스도와 성령은 선택된 자들 가운데 역사하여 새롭게 하며, 죄를 멀리하고 거룩함을 추구하게 한다.[47] 이런 아리스토텔레스적인 용어들도 역시 칼뱅의 구원론에 사용된 것으로 퍼킨스의 잘못된 선택이라는 선입견을 가져서는 안 된다.

그리스도와 성도 간의 비밀스러운 연합(mystical union)에 대해서 설명하면서 퍼킨스는 영적인 관계성과 같은 모든 은택을 거론한다. 물론 이 긴밀한 연합에는 성화도 포함되어 있는데, 그리스도 보혈의 공로로부터 나오는 것을 믿는 자에게 주어지는 것은 오직 성령의 주권적인 사역으로 인해서 적용된다. 정말로 이 연합은 마음의 경건함이나 선행에 관한 그 어떤 논의에서나 절대적으로 핵심적이며 성화에서 그 첫 단계의 모습이 드러나기 전에 일어난다.

"죄인의 회심 속에 그리스도가 실제로 주어진다. 그리고 그의 모든 은혜가 우리에게로 주어진다. 거기엔 실제적인 연합이 있으며, 모든 믿는 자가 그리스도와 하나가 된다. 이 연합의 축복으로 인해서 그리스도의 십자가와 고난이 마치 우리가 자신을 십자가에 못 박았던 것과 같이 우리의 것으로 돌려진다.”

그리스도는 '유효적 소명' 가운데서 죄인과 연합한다. 그리고 믿음의 선물을 받게 된다. 유효적인 소명 가운데서 하나님은 그리스도로 인하여 주어진 구원을 성령을 통해서 보내신다. 그리하여 감히 그리스도가 나의 구세주라고 고백하게 하신다.[48] 이 연합에는 삼위일체가 긴밀하게 간여하는데, 성부는 부르시고, 성자는 성취하시고, 성령은 적용하여 모든 필요한 것을 채우신다.

퍼킨스의 신학에서 혹은 청교도 신학에서 자주 거론되고 있는 구원의 확신을 살펴보고자 한다. 반응적인 행위(reflex act)을 하고 있는 신자들은 그리스도 안에 있는 자신의 새로운 생명을 확신하는 바 이것은 성화라는 창문을 통해서 들여다볼 수 있다.

"어떻게 한 사람이 하나님 앞에서 자신이 의롭다함을 얻었음에 대해서 알 수 있을까? 성도는 하늘에 올라가서 하나님의 비밀스러운 뜻을 면밀히 조사해 볼 필요가 없다. 오히려 자신의 가슴 속으로 내려와서 자신이 성화 되었느냐 안 되었느냐를 찾아보아야 한다.”[49]

갈라디아서에 대한 설명에서 퍼킨스는 확신의 근거들에 대해서 분명하게 풀이한 바 있다. 첫 번째 확신의 근거는 일반적인 복음의 약속이다. 이것은 믿음으로 개인적인 확신이 된다. 두 번째 확신의 근거는 성령의 증거로서 우리가 하나님의 자녀라는 정신을 갖도록 증거하고 있다. 세 번째 확신의 근거는 삼단논법적 증거다. 일부는 복음에 기초하고 있고, 일부는 개인의 체험에 근거하고 있다.[50] 이러한 확신의 근거에 대한 퍼킨스의 설명은 베자와 잔키우스를 그대로 따르고 있다고 볼 수 있으며, 이후에 『웨스트민스터 신앙고백서』를 작성할 때 칼뱅의 입장을 따르고 있음을 확인하였다.[51] 결국 퍼킨스의 강조점은 청교도 신학의 핵심적인 기초를 닦았고 후대의 학자들은 다소의 설명만을 추가하고 있음을 볼 수 있다.

현대 신학자들이 놓쳐서는 안 될 가장 중요한 부분이 청교도의 언약 사상인데 퍼킨스가 그 초석을 놓았다. 퍼킨스는 청교도 언약 사상을 이해하되 언약의 통일성과 다양성을 파악하여 제시하였다. 그는 훗날『웨스트민스터 신앙고백서』의 언약 사상으로 발전하게 되는 과정에서 중요한 디딤돌 역할을 했다.[52]

퍼킨스는 은혜언약과 행위언약의 개념을 명확하게 제시했다.

"행위언약은 하나님의 언약 중에서 완전한 순종의 조건과 함께 맺어진다. 이 언약은 도덕적 율법 안에서 표현되었다."[53]

십계명은 도덕법의 압축이자 행위언약의 강령이라고 했다. 반면에 "은혜언약은 하나님께서 값없이 그리스도와 그의 혜택들을 약속하신 것이며 죄인들의 회개와 믿음으로 그리스도를 받을 것을 사람이 다시 기대하는 것이다."[54]

언약신학을 통해서 퍼킨스는 구원의 확신이 주어짐을 강조했다. 성도가 자기 자신의 성화 과정에서 구원의 확신을 갖게 된다는 표현을 하지만, 인간의 선행의 공허함에서가 아니라 그리스도의 공로에 의지하여 두려움을 벗어나도록 하기 위한 강조였다.

"자신의 행동에 대한 존경심에서가 아니요 자신이 율법을 성취함으로가 아니라, 죄인을 용서해 주시는 하나님의 은총에서 평안함을 얻는다. 영혼의 구원을 위해서는 하나님의 의로운 통치에 호소하는 것이 아니라, 하나님 은총의 통치에 호소하는 것이다. 하나님의 심판과 진노에 대항하여 그리스도의 공로에 반대되는 행동을 한 죄인이기 때문이다."

죄인들은 모든 믿는 성도와 함께 그리스도 안에서 은혜의 언약을 맺은 하나님으로서, 은총의 하나님이 말씀하시는 설교의 말씀을 통해서 '은총의 통치'에 관해서 배운다. 퍼킨스는 『황금 사슬』에서 은혜언약은 오직 그리스도와 그의 은택에 대한 약속에 의해서 그리스도를 받아들이고 자신의 죄를 회개하는 사람에게 주신다고 설명한다.

"이 언약 안에서 우리가 하나님께 드리는 것은 없으며 오직 받는 방법으로 참여한다."[55]

퍼킨스의 언약 개념에는 쌍무적 관계와 조건성이 정확하게 지적되어 있다. 칼뱅의 언약사상에서 표현된 것과 같이 퍼킨스도 언약 파기의 실제 가능성을 염두에 두었다. 오직 성령의 역사가 마음속에서 일어날 때 이 언약과 관련하여 선포된 말씀이 설득력을 얻게 되고, 한 인격이 그리스도의 자비를 감격하게 됨으로서 믿음에 대한 열매가 맺어지는 효과가 있게 된다.[56] 성령을 받은 사람으로서 선택받은 자는 첫째로 성경에서 말씀하시는 그리스도의 음성을 구별할 줄 안다. 한 걸음 더 나아가 그들이 구별한 말씀에 대해서 동의하게 되며, 자신이 긍정한 말씀을 믿게 된다. 마지막으로 믿는 자에게는 성령의 인치심이 함께 하여 확실하게 만든다.

요약하자면 퍼킨스는 '행동지침' 혹은 '죄의 목록'을 만들어서 성도의 연약한 믿음을 좀 더 강화시키려는 의도를 가지고 있었다. 선택받은 사람은 믿음, 회개, 순종의 생활을 통해서 하나님을 따라가는 좀 더 책임 있는 수행자가 되기를 기대했다. 그리고 그 중심에 있는 그리스도를 따르도록 요청하였다.

예정과 선택 교리를 주장하는 퍼킨스는 사람의 의미 있는 책임성과 언약의 조건적 성격에 대해서도 확고하게 체계화시켰다.[57] 개혁주의 신학자들은 하나님의 작정과 그 작정의 시행을 구분했다. 예정은 사람이 구원에 이를 것인지, 정죄를 당할 것인지에 관한 하나님의 작정이다. 퍼킨스는 그 작정이야말로 "모든 만물의 첫 째이자 근원적인 원인이다"고 규정했다.[58] 그 작정이 시행되는 데는 수단들이 있는데 하나님께서 그의 의지를 유효화하신다. "선택 안에서 의지의 자유 혹은 둘째 원인의 특성과 자연 등을 제거할 수는 없다." 모든 만물은 창조와 타락을 포함해서 그 목적을 이루는 수단이다.

퍼킨스에게 선택자들과 관련된 하나님의 작정은 온당하게도 기독론 중심적이다. 퍼킨스가 『황금 사슬』의 제15장에 제목을 달았는데 "선택과 그 기초가 되는 예수 그리스도"이다.

> "선택의 기초는 예수 그리스도이다. 그는 영원 전부터 성부로부터 중보자의 직분을 수행하도록 부름을 받았다. 그분 안에서 구원을 받게 될 사람들은 택함을 받게 될 것이다."[59]

언약은 작정의 시행을 위해서 수단이 된다. 작정하심 가운데서 그리스도 안에서의 선택받은 택한 백성들은 그리스도에 의해서 구속함을 받게 될 것이다. 그리고 언약 안에서 그리스도와 함께 연합될 것이다. 아담이 그를 따르는 무리의 대표가 되는 것과 같이 그리스도는 모든 택한 백성의 뿌리요 근거이다. 그리스도 자신이 언약의 본질이므로 그리스도 안에서 택함받은 자에게는 은혜언약이 참으로 지켜질 것이다. 택함받은 자는 복음을 알도록 부르심을 받는다.[60]

선택과 은혜언약은 서로 긴밀하게 연결된다. 퍼킨스는 모든 사람이 택함을 받았다면 전인류가 구원을 받았을 것이며 그 누구도 언약에 대해서 관심조차 갖지 않았을 것이라고 지적했다. 언약 파기자들은 관심도 없고 책임감도 없다. 믿음은 언약과 선택의 뚜렷한 표식이다. 모든 불신자들은 그리스도 안에서 제시된 은혜를 경멸하며 복음을 듣지 못한 자들과 차이가 없다. 그들은 그리스도 밖에 있으며 언약 밖에 있다. 택함받은 자들은 교회를 구성하며 참된 이스라엘이다. 유기된 자들은 언약의 외적인 특권들에 참여하지만 아무런 증거를 갖지 못한다. 택한 백성은 성령에 적용하심에 의해서 언약도 받

고 언약이 그들 가운데서 확증되는 축복도 받는다.[61]

퍼킨스는 참된 기독교의 진리를 세우려는 목표를 가지고 있었다. 그는 장로교회 체제를 세우는 일에는 침묵하면서 목회자의 임무는 복음을 전하는 일이라고 했다.[62] 하지만 칼뱅의 신학과 개혁주의 전통을 확고하게 지지하고 소개하고자 노력했다.

5. 죄와 싸워야 할 의무

퍼킨스의 신학은 경건한 삶과 성화의 과정에서 행동적인 측면을 매우 강조하고 있으며 그것은 당시의 상황에서 나온 산물이다. 퍼킨스는 당시 개신교가 참된 신앙의 힘을 잃어버리고 입으로만 신앙고백을 하는 것에 대해서 염려했다. 개혁주의 교회의 성도들이 주권적 은총의 구원론에 입각하여 믿음으로 얻게 되는 칭의 교리를 확신하였다면, 그는 성화와 생활을 더 강조한 것이다. 소위 개혁신앙을 가진 사람들 사이에 사라져 버린 참된 경건에의 열정이 무엇보다도 고려해야 할 주제였다. 생활의 변화가 없다면 신앙이라는 것은 입술의 말장난에 불과한 것이다.

퍼킨스와 칼뱅을 비교하는 것은 두 사람의 신학적 강조가 동일하기 때문이다. 인간의 마음은 하나님의 은혜에서 벗어나 있어서 하나님에 대한 무지와 결핍의 상태에 있다.

> "마음으로 생각하는 것이 항상 헛된 것들이라서 사람의 지혜는 영광을 받아야 할 것이 전혀 없다."[63]

마음은 반드시 중생해야만 하고 그것은 하나님의 은혜로 이루어진다. 이러한 개혁신학의 기본적인 공감대가 담겨있다. 우리가 이해해야 할 것은 칼뱅의 상황과 퍼킨스의 상황이 달랐다는 점이다. 이점은 결코 과소평가해서는 안 되는 부분이다. 칼뱅은 인간의 공로를 높이는 로마가톨릭의 신학과 싸워야만 했다. 칼뱅이 제네바 교회를 1538년 떠나갔다가 3년 만에 다시 돌아오면서 강조한 내용을 참고하면 도움이 된다. 칼뱅의 시대에는 로마가톨릭에서 가르쳐 준 교리의 잘못을 교회 안에서 성경적으로 회복하는 일에 열심이었다. 그래서 칼뱅의 논쟁의 대부분이 로마가톨릭의 선행론의 위험성에 대한 비판에 집중되고 있고, 개인의 노력과 주의를 요청하기보다는 교회 내의 치리를 통해서 이를 회복시키고자 함을 엿볼 수 있다.[64] 칼뱅은 1541년 다시 제네바로 돌아오면서 제네바의 부도덕과 나쁜 그리스도인들에 대해서 생활의 무질서를 고치라고 촉구한다.[65] 그것은 교회의 치리를 통해서 가증스러운 신자를 가려내는 일이었다.[66]

그러나 퍼킨스가 선포한 메시지의 대상은 어느 정도 개혁주의 신앙을 가졌다는 사람들이었고, 잉글랜드 교회는 불완전하지만 1559년에 통일된 형식으로 개신교를 받아들였다. 영국 국교회는 퍼킨스가 책을 쓰고 강의할 무렵에는 어느 정도 말씀에 따라서 한 세대를 개혁해 나온 상태에 있었다. 하지만 개혁된 사람이라고 하는데도 참된 경건이 별로 발견되지 않았다는 것을 퍼킨스는 발견했다. 퍼킨스의 고민은 칼뱅의 시대와는 사뭇 달랐다. 퍼킨스는 이런 개신교 성도를 향해서 꾸짖었다. 케임브리지 대학의 동료들도 잘못 정착해 가는 잉글랜드 교회와 사회를 향해서 불평하는 논문들과 저술들을 발표했다.[67]

퍼킨스의 관심은 예배 내용이나 예전들이나 교회 정치의 문제점에 있기보다는 경건의 부족에 대해서 집중되었다. 갈라디아서에 대해서 첫 설교를 하던 해는 개혁교회가 영국에 정착한 지 어느덧 40년이나(1559–1599) 되었는데, 개혁된 모습이 전혀 보이지 않는다고 탄식하였다. 대다수의 사람은 놀이를 즐기고 술을 마시고 의상과 외모를 꾸미는 것에만 관심이 있었고 경건하게 살아가는 것에 대해서는 거의 관심이 없었다.[68] 퍼킨스는 이미 이와 비슷한 내용으로 매우 뛰어난 부흥을 일으키는 설교를 한바 있었다. 그는 스바냐서에 대해서 1593년에 설교를 했는데, 그 때도 대다수의 영국 사람이 하나님

의 말씀이 신실하게 가르쳐지고 있다는 사실에 대해서 무관심하다고 질타한 바 있었다.[69]

> 이제 영국 사람들아, 하나님께서 지난 35년 동안이나 친절하심을 베풀어 주셨는데 여러분들은 어떻게 보답하고 있는가? 이스라엘 사람들이 범했던 죄악보다 더 크고 더 많은 죄악으로 갚으려고 하며, 최대한 불친절하기로 작정하지 않았는가 … 만일 그 누구라도 이런 사실에 대해서 의심이 든다면, 그래서 내가 우리의 교회에 대해서 지나치게 비판적으로 말하고 있다고 생각한다면 나는 우리나라의 비참함을 폭로하는 것을 특별히 공정하게 다루고자 노력할 것이다. 따라서 그들이 밑바닥에까지 치유되기를 소망한다.

퍼킨스는 '영국 사람들의 공통적인 죄'로 '예배와 하나님의 뜻'을 무시하는 문제를 지적하였다. 또한 '기독교의 신앙을 무시하는 것, 여러 가지 신성모독, 주일의 남용, 사람들 사이의 거래에서 속이는 부정' 등을 꼽았다. 퍼킨스는 분명히 눈에 보이는 개혁을 하지 않는다면 이 나라에 대한 하나님의 심판이 분명히 시행될 것이라고 선포했다. 보이는 개혁이란 분리주의자들처럼 기존의 교회를 떠나는 것이 아니다. 퍼킨스는 다른 사람의 마음을 살펴볼 필요가 없으며 우리 자신의 마음을 주목해야 한다고 말했다.

청교도 설교의 대표적인 모습을 보여주는 퍼킨스는 본질적으로 개혁주의 교리에 충실하면서도, 그 태도에 있어서는 비판적이요 부흥을 불러일으키기 위해 목청을 높여서 부르짖었다. 그는 다른 일반적인 청교도 설교자와 마찬가지로 가슴 속에서 하나님께서 움직이시는 반응을 기대하면서 성도들의 의지와 마음에 호소하였다. 청교도는 부흥에 열심을 내는 개신교인이었다.[70] 물론 개혁적인 열망을 가진 성도가 자신의 믿음과 관련해서 열심을 내도록 어떻게 성령의 인도하심 가운데서 이끌어 내느냐가 큰 과제였다.

퍼킨스는 영국 국가교회 체제 안에서 사역했기 때문에 개혁자로서 그리고 부흥을 이끌어 내려는 지도자로서 어떻게 이끌어가야 하는가는 매우 중요한 문제였다. 퍼킨스는 하나님의 언약백성의 회원들로서 구성된 사회를 향해서 설교하였다. 그가 설교한 대상은 외형상으로 전 국민이었는데 그들 모두는 기독교 신자로서 교회의 회원으로 간주되던 사람들이었다. 말씀의 설교를 통해서 그리스도에게로 부름을 받는 하나님의 자비하심의 영역 속에 있는 사람들이었다. 퍼킨스는 설교야말로 반응을 불러일으키는 은혜의 수단으로서 하나님께서 보이는 종교개혁을 달성하게 하는 가장 기초적인 방식이라고 보았다.

청교도는 설교의 본질이란 설득력 있는 강의의 한 형식이라고 생각했다. 영국 개혁주의 신학자들과 초기 종교개혁의 신학자들 사이에 차이점이 있다고 생각하는 사람이라 하더라도 칼뱅이 제네바에서 성도의 반응을 기대하면서 설교했다는 점을 인정할 것이다. 리처드 십스의 설교에서도 퍼킨스의 언급과 같은 내용이 담겨 있다.

퍼킨스는 죄를 알려주는 목록과 항목을 조심스럽게 성도에게 만들어보라고 촉구한다. 갈라디아서 5장 19절에서 21절에 나오는 바울 사도의 설명을 보면 우리가 죄를 짓는 조건과 환경에서 벗어나도록 교훈을 얻을 수 있다.[71] 이런 목록을 만들어서 조심하라고 촉구하는 것은 결코 율법주의에 빠진 자들의 엄격함이나 선행의 구조적 강조로 볼 수 없다. 은혜 아래 있는 자들의 의무에 대한 강조이기 때문이다. 퍼킨스는 성도에게 자신의 죄를 적어보는 것이 유익하다고 말하였다. 특별히 하나님의 명예를 더럽히고, 자신의 양심을 상처 나게 만드는 죄악들이란 무엇인가를 주목해볼 필요가 있다. 기성 교회 안에 거짓된 성도들이 얼마든지 많이 있기 때문이다. 보이는 교회가 필요하듯이 마찬가지로 보이는 개혁을 향한 구체적인 항목이 도움을 줄 수 있다.

이런 성화에의 노력은 인본주의나 도덕주의자에게서 나오는 개인적인 노력과는 구별되는 것이다.[72] 성도가 목록을 만들어서 가지고 다니는 것은 내부적으로 영적인 이유가 분명히 있기 때문이다. 예민한 영혼을 가진 사람은 선포된 말씀에 대해서 반응하는 데 있어서 자신들의 실패에 대해서 또렷한 인식을 가지고 민감하게 대응하며 책임감을 느낀다. 그런 내적인 변화는 외적인 회개를 가져오고 외적인 선행이 나오게 된다. 성화의 목록을 가지고 있는 동기는 마치 '겨자씨'를 가지고 있는 것과 같다고 퍼킨스는 생각했다. 그 씨앗을 자극하는 것과 은혜의 시작이 되기 때문이다.

6. 도덕적 판단과 양심

퍼킨스는 청교도의 실천적 경건을 제시하는 데 크게 이바지 했다. 어느 시대에나 사람들의 마음속에는 욕망과 성공을 향한 의지와 욕구가 가득 차 있다. 때로는 긍정적인 동기가 되기도 하지만 대부분의 경우는 심지어 성공했다 하더라도 다시금 시행착오를 겪으면서 무너지는 경우가 허다하다. 자만심과 오만함을 다스리지 못하기도 하고 극단적인 이기심을 채우려고 할 뿐이어서 쾌락과 뒤엉켜 버리기 쉽기 때문이다. 그래서 성공과 행복을 이루려는 사람이 가장 심각하게 대처해야 할 문제가 죄이다. 그런데 죄를 범해도 스스로 정당화하고 핑곗거리를 만들기에 급급할 정도라서 가히 양심이 마비된 시대를 살아가고 있다. 지금 세계에는 쾌락과 마약, 성추행과 방탕함, 술에 취하고 술을 권하는 풍조가 만연해 있다. 이 문제를 어떻게 풀어야 할지 청교도에게 들어야 하고 퍼킨스에게서 도움을 받아야만 한다.

퍼킨스는 기독교인의 도덕성을 강조하여서 개인과 사회의 건전한 발전에 큰 영향을 주었다. 퍼킨스는 모든 성도가 일상생활에서 직면하는 문제를 거론하면서 가장 주목할 만한 윤리적 갈등 요소에 대처하도록 기준을 제시하였다. 그에 의하면 기본적으로 사람은 가정과 교회와 국가의 일원이라는 세 가지 차원의 역할이 주어져 있다.

첫째, 사람은 다른 사람과의 관계를 떠나서는 자신의 정체성을 정립할 수 없다. 그 기본은 가정에서 출발한다. 우리 각자에게는 집안에서 내려오는 이름과 역할이 주어져 있다. 둘째, 모든 사람은 창조주 하나님과의 관계 속에서 피조물로서 살아간다. 교회와의 관련성이 맺어져 있는바 성도로서 의무와 특권을 함께 누리도록 되어있다. 셋째, 사람은 국가라는 큰 범주 속에서 자신의 생활을 영위하도록 구성되어 있어서 권위를 존중하며 질서를 유지해야 한다.

다른 사람과의 관련성을 맺고 있는 까닭에 돈을 바르게 사용해야 하며 진실과 거짓을 구별하는 데 명석해야 하며 전쟁에 대한 성도의 태도가 올바르게 정립되어야 하고, 여가를 선용해야 한다. 사회생활에서 합당한 의복을 착용하도록 하고, 맹세와 약속에서도 신의가 있어야 하며, 정치와 휴가를 사용할 때도 항상 합법적인 행동과 신중한 결정을 해야 한다고 퍼킨스는 강조했다.

오늘날의 교회에서는 퍼킨스가 강조한 양심(conscience)의 예술이 완전히 무시당하고 있다. 양심이 견고하게 지켜야 할 원칙들은 모두 다 하나님의 말씀에서 나오는 권위에 대하여 철저히 헌신하려는 마음에서만 유지될 수 있다. 사람의 생각이 흔들려서 이쪽이나 저쪽으로 오락가락 갈대처럼 흔들려서는 안 된다. 기독교 신자는 생활의 모든 부분에서 하나님께 신실해야만 한다. 오직 하나님의 말씀에 근거한 양심이라야 윤리적 결정을 내리려 할 때는 주관적이거나 상황에 따라간다거나 즉흥적인 기분에 맞춰서 흔들리지 않게 된다. 하나님이 제정해 놓으신 율법을 소홀히 여기면 양심의 원리를 지켜나갈 수 없다.

우리에게는 다소 낯설게 느껴지는 '양심'이라는 주제가 청교도에게는 매우 중요한 문제였고, 특히 퍼킨스의 탁월한 공헌으로 인하여서 청교도의 신앙적 핵심으로 자리매김하게 되었다.[73] 도덕적 판단의 권능을 가지고 무엇이 옳은지 그른지를 분별하고, 의무와 공과를 자동적으로 판별해내는 하나님의 음성으로서 이성적 기관인 양심을 가지고자 노력했다.

청교도는 양심이라는 단어에는 라틴어 *con-scientia*에서 나왔는데 이 단어는 합성어였다. '공통', '함께'(common) 라는 단어와 '지식'(science)이라는 낱말의 결합으로 이루어져 있다. 청교도에게 있어서 양심이란 공동의 지식이자 함께 다른 사람과 나누는 지식이요 결합된 지식으로 결국은 하나님에 대한 지식과 같은 종류의 것으로 생각하였다. 청교도의 궁극적 관심은 하나님이 었기 때문에 하나님 앞에서 양심을 바르게 지키고 살아가는 문제를 깊이 생각하여 '하나님을 즐거워하고 영화롭게 하는 것'을 신앙생활의 핵심으로 고백하게 되었다. 양심은 하나님 앞에 서 있는 자아에 대한 지식을 중요하게 인식한다. 그래서 하나님의 말씀 앞에 복종하려 하며 하나님의 율법의 판결에 대해서 순종하며 은혜를 통해서 의롭다하심을 받고 용납되는 것에 감격한다. 양심은 하나님의 의롭다고 선포하시는 말씀이 울려 퍼지는 법정과도 같다고 생각하였다. 양심은 하나님이 인간을 만드실 때 다양한 형상을 주신 것 가운데 하나라고 보았다. 하나님의 강력한 말씀을 사모하는 가운데 실행되고 움직여지는 양심은 성령의 조명을 받게 된다. 양심이라고 하는 토양 속에서만 참된 믿음과 소망, 평화와 기쁨 등이 성장해 나간다고 확신하였다.

청교도는 성공회 국가교회 체제에 대해서 '비타협주의자'의 입장을 가지고 있었다. 청교도는 세상의 유혹을 물리치며 "의를 전파하는 노아"로서 살고자 했다(벧후 2:5). 또한 "고통당하는 의로운 롯"과 같은 마음으로 도덕적 예민성을 갖고자 했다(벧후 2:7). 하지만 오늘날 복음적인 신앙인은 '착함'과 '순수함'에 대해서 얼마나 관심을 갖고 민감하게 대처하여 나가고 있는가? 이 시대의 도덕적인 문제점을 파악하고 필요한 민첩함을 발휘하도록 목회자나 설교자가 사회적 대안 제시에 노력하고 있는가? 그리스도인은 매일 그들의 양심과 교류하도록 노력해야 한다. 그 양심을 사회적인 문제, 국가적인 공공의 분야에서도 발휘하는 것이다. 하지만 양심론의 문제점을 비평하는 일부 현대 신학자들은 이들 청교도의 민감성에 대해서 "율법주의적인 태도의 체계화이자 의무들의 법전화"라고 너무나 단순하게 경시한다.[74] 물론 우리는 윤리적인 판단을 하면서 율법주의적으로 기울지 않도록 조심해야 한다. 하지만 우리가 그리스도인의 자유를 남용하거나, 우리가 살아가는 원칙을 받아들이는 데 있어서 머뭇거리거나, 분명하게 생각하지 않고 적당히 처리하려고 한다거나, 성경적인 삶의 길에 대해서 적극적인 대처가 없다면 그것은 더욱 큰 문제가 아닐 수 없다.

루터와 칼뱅의 강조에 근거하여 양심론을 가장 탁월하게 발전시킨 퍼킨스의 결의론은 그의 신학과 분리해서 생각할 수 없다. 그 시대는 아직 심리학이나 정신 분석학이 발전되지 않았기 때문에 인간 내면의 결정 과정에 대해서 신학자들의 연구가 많았다. 오늘날 현대 윤리신학에서 무조건 '결의론'을 배제하는 경향이 있는데 이는 너무 성급한 결정이다. 그리고 결의론에 대해서는 전혀 잘못된 오해를 하는 현대 윤리신학자들은 다음과 같이 비판한다. 결의론자들은 문자로 기록된 추상적 법률에 기초하지 않고 어떤 특정한 상황에서 우리 자신 속에서 발견되는 그리스도와의 살아있는 만남에 따라서 양심의 문제로 어떤 것을 결정하려 하였다. 사실 결의론자들은 '율법주의'와 '방종주의'라는 양극단을 배제하고자 노력했다.

예를 들면 현대인이 필수적으로 사용하는 자동차를 운행하다 보면 속도 제한이라는 규칙에 따라야 한다. 그러나 비상 상황에서는 제한 속도를 지키지 않아도 된다는 논리적 판단을 하게 된다. 소수의 사람은 제한속도를 지키지 않는 것을 아예 당연하게 생각한다. 그들을 우리는 방임주의자 혹은 방종파라고 말한다. 이때 법을 어기면서 어떤 사람은 아주 나쁜 의도를 가지고 억지와 다를 바 없는 논리를 펴면서 자신을 합리화하는 것을 보게 된다.

반면에 정해진 규칙을 어기는 것은 어떤 경우에도 위법이라는 율법주의자들의 입장이 있다. 오용의 가능성을 피하기 위하여 사람들이 작동시키는 그들의 도덕적 판단은 엄밀하게 율법에 근거해야 하는 것일까 아니면 상황에 근거해야 하는 것일까? 어떤 율법이라도 초월해야 하며 사랑에 근거해야만 가장 옳은 결정일까? 사랑은 법을 초월한다고 주장하는 또 다른 극단을 보게 된다. 현대의 상황윤리주의자의 주장이 바로 율법주의자의 반대편에 있는 것이다.

오늘날 로마 문자를 사용하는 영어권에서 '결의론'이라는 단어는 17세기에 가지고 있던 아주 폭넓은 의미를 상당 부분 잃어버렸다. 이 단어는 많은 의미를 함축하고 있어서 단순히 윤리적이며 도덕적인 신학의 영역에서만 다루어졌던 것이 아니라, 실천신학, 조직신학, 심리학, 변증학 등 여러 분야에서 사용되었던 말이다. 물론 이 단어는 16세기와 17세기에 종교개혁자들과 후진들에 의해서 쓰여지기 시작했고 언제부터 도덕적인 의미와 수도원적인 수양 신학의 의미가 서로 분리되었는지는 확실하지 않지만 로마가톨릭의 상층부에 의해서 제지를 당했던 개념이다.

최근에 칼 바르트는 결의론의 신학적 정립에 대해서 평가하면서 종교개혁자들이 주장한 은총의 신학으로부터 16세기말에 이르러서 나타난 크나큰 이탈이라고 주장한 바 있다.[75] 그리고 이러한 유감스러운 변질에 대한 자신의 평가를 뒷받침하기 위해서 칼뱅을 인용하였다. 그러나 칼뱅이 신학에 담긴 진술이나 논쟁과 퍼킨스가 남긴 저술의 강조점 사이에는 전혀 다른 두 가지 별개의 의도와 동기가 숨어있음을 간과해서는 안 된다.

종교개혁자 칼뱅의 시대에도 역시 양심을 매우 중요하게 생각하였다. 칼뱅은 개념상으로 양심은 인간의 내부에 있는 하나님의 음성이며 오류가 없는 하나님의 인도하심이라고 인정한다. 그러나 실제적으로는 인간의 다른 본성들처럼 부패했고, 비록 중생했다 하더라도 십계명과 같은 율법과 기독교 신앙의 위대한 명령들에 의해서 지도를 받아야만 된다. 그래서 교리문답과 같은 문서에서 십계명, 주기도문, 사도신경에 기초하여 개혁주의 윤리를 공부하도록 하였다.

그러나 칼뱅의 시대와 퍼킨스의 시대는 상당히 다른 상황과 입장에 놓여 있었다.[76] 퍼킨스가 살던 16세기 말기에 이르면 다시 로마가톨릭의 공로 사상이 되살아나고 성공회의 국가체제가 억압하는 분위기였으며 종교개혁자들의 열심히 식어 버리는 변절의 시기를 맞이하게 된다. 기독교 신자들의 자유는 모두 다 좋은 것이지만 이 자유는 어느 정도의 영적인 성숙을 이루어야만 가능한 것이다. 반율법주의(antinomianism)가 널리 횡행하게 되고 게으름과 방종이 널리 퍼져나가게 되고 말았다. 그리하여 16세기 말기에 이르면 보다 더 교육적이요 훈련을 강조하는 설교와 저술이 많아졌다. 개혁주의 윤리 사상이 무엇보다도 우선적으로 강조되었다. 성도의 책임 있는 행동을 증진시키고 배양시키기 위해서 노력해야 하는 것이 모든 목회자의 급선무로 인식되었다. 그래서 퍼킨스가 양심의 문제를 강조하고 저술하게 되었다. 퍼킨스가 실행을 강조했다고 해서 모든 종교개혁자들의 사상으로부터 이탈하여 새로운 사상을 세워나가고자 시도한 것이 아니다. 윤리적인 사고와 실제적인 목회 활동을 강조하는 것은 루터, 멜랑히톤, 칼뱅, 피터 마터 버미글리 등의 신학으로부터 격리된 것이 아니었다.

청교도라고 이름 붙여진 퍼킨스의 선배들은 주교 체제를 거부하고 장로교회의 체제를 세우고자 노력하는 가운데 양심의 문제를 강조한 목회자들이 많았다. 퍼킨스는 스스로 온건한 청교도라고 생각하였다. 그는 교회 정치 제도의 문제점을 밝히기보다는 오히려 교회를 세우는 일에 더 관심이 많았다. 퍼킨스는 폭스, 윌콕스, 데링, 그린햄 등의 청교도적인 입장에서 양심의 문제를 풀어나가고자 노력했다. 양심의 문제를 들고 멀리서 퍼킨스에게 찾아와 자문하는 사람들은 그린햄의 흔적이 남아있음을 발견할 수 있었다. 그 시대에 고통당하는 영혼들을 향하여 경건한 목회자들이 쓴 편지가 많이 출판되었는데 그러한 문서 중에 하나가 바로 장로교 청교도 설교자 토마스 윌콕스가 1589년에 저술한『큰 편지들』(Large Letters)이다.

청교도는 구원받은 자의 성화에 대해서 민감했다. 도덕적인 문제들을 거론하는 저술도 많이 나오기 시작하였다. 춤, 놀음, 유흥적인 일들에 대해서 기독교 신자가 어떤 태도를 취해야 하는지를 자세히 설명하였다. 성도들은 바른 행동에 대해서 심각하게 생각하였다. 자녀들은 학교에서 세속적인 고전 문학을 읽고 거기서 윤리적인 원리들을 발견하고 있었다. 청교도는 기독교인의 삶을 어떻게 살아야 하는가에 대한 책을 읽고 싶어 했었다. 이 주제로 퍼킨스가 초기에 쓴 책은『사람이 은총의 상태에 있는지 아니면 저주의 상태에 있는지에 관한 선언에 대한 논증』이다. 이 주제를 다룬 청교도 최고의 걸작이다. 퍼킨스는 은총의 표시들이 어떻게 인식되는가에 대해서 설명하면서 양심의 청결과 용감한 정신을 가지고 이 세상의 고통과 슬픔을 견디고 이겨내는 것이라고 풀이한다. 상처 입은 영혼을 가지고서 고통을 당하는 사람들은 "슬픔이 아주 커서 그들이 진 짐을 견딜 수 없을 정도이며, 그것은

외부로부터 오는 그 어떤 것으로도 지워지거나 완화시킬 수 없다"라고 이야기 한다.[77]

퍼킨스의 체계적인 저술『양심의 강론』(A Discourse of Conscience, 1596) 은 결의론과 밀접하게 연관을 맺고 있다. 양심은 삼단 논법의 수단을 가지고 결정한다. 퍼킨스는 살인자의 마음을 예로 들어서 설명한다. 그의 마음에 있는 이론적인 이해력으로 인해서 모든 살인범은 처형한다는 자연법을 알고 있다. 그가 가진 실제적인 이해력도 역시 그에게 너는 살인마라는 것을 말해준다. 그의 마음속에 있는 삼단논법에 근거하여, 이미 전제와 소전제가 살인마라는 것을 그 사람 스스로에게 받아들이게 한 만큼, 결론으로 그의 양심은 살인마는 처형당해야 한다는 것을 자동적으로 받아들이게 된다. 하지만 불행하게도 인간의 타락으로 인해서 양심의 활동이나 판단력이 오염되어 마음속에 주어진 전제와 결론 모두 다 부정해버린다. 어떤 일을 결정할 때 하나님이 원하시는 바에 대해서 이성을 통해서 대변하는 하나님의 음성을 듣고 있으면서도 우리의 양심은 이성이 말하는 바를 극단적으로 넘어서 버리는 예민한 기관이다.

양심은 하나님으로부터 주어지는 만큼 오직 하나님만이 참된 진리로 양심을 인도하실 수 있다. 하나님은 말씀으로 양심에 가르치신다. 인간의 법률이나 규칙이나 의무 조항은 모두 다 하나님의 말씀에 기초할 때만 양심을 지배할 수 있다. 말씀은 이 죄악된 세상에 살고 있는 사람들을 인도해 주시는 하나님의 선물이다. 인간은 오직 하나님의 말씀이 명령한 것만을 해야만 하며 그렇지 않은 것은 하지 말아야 한다.

보다 본격적인 양심론은 1606년에 나온『양심의 경우들』(Cases of Conscience) 인데 이 책에서 그는 평신도들의 영적인 의사로서 평이한 설명에 주력하였다. 따라서 이 책은 동료 목회자에게만이 아니라 널리 읽혀지고 알려지게 되었다. 동시대의 그리스도인에게 지침을 제시한 이 책에서 퍼킨스는 설교자들이 복음의 위대한 원리를 선포하는 것만으로는 불충분하며, 행위의 문제를 사소하게 취급하고 있다고 지적하였다.[78] 이 책에서 퍼킨스는 로마가톨릭의 성례론이 강조하는 온갖 율법적인 요소들과 그 정당성에 대해서는 전혀 언급조차 하지 않았다. 오히려 단순한 복음만을 강조한다. 인간은 세 가지 중요한 진리를 깨닫고 바른 윤리적 실천에 나서야 할 것을 강조한다. 인간 자신에 대한 것, 하나님과의 관련 속에 있는 인간 그리고 다른 사람과의 관련을 맺고 있는 인간이다.

첫째, 인간 자신에 대한 바른 인식을 강조한다. 인간이 구원을 얻기 위해서 해야할 일이 무엇이며, 어떻게 그 구원의 확신을 가질 것이며, 타락했을 때에 하나님의 호의를 어떻게 다시 회복할 수 있는가에 대해서 논의한다. 그는 구원의 확신을 가장 중요한 양심의 문제로 다루었다. 어떻게 구원의 확신을 가질 수 있는가를 논의하면서 퍼킨스는 너무나 지나치게 주관적인 감정을 강조하는 듯이 비춰져서 경건주의자들의 극단으로 치우치게 하지 않았나는 비판을 받기도 한다. 그러나 전체적인 강조점은 하나님의 주권이라는 맥락 속에서 다루고 있음을 잊어서는 안 될 것이다. 그리스도와 연관을 맺고 있는 그리스도인에게 전달되는 기쁨과 확신을 알지 못하는 사람들에게는 이런 확신의 교리라는 것은 항상 특별한 것으로 생각될 뿐이다.

퍼킨스는 이런 확신을 갖는 여러 가지 경우를 매우 상세하게 열성을 다해서 풀이했다. 만일 인간이 그리스도 안에서 자신들에게 주어진 하나님의 호의를 확신한다면 자기 자신이 지금 어떤 상황에 처해 있든지 승리하는 인생을 살 수 있는 것이다. 첫 서두에 인용한 바와 같이 신학이란 "영원토록 축복 가운데 사는 삶의 학문"이라고 퍼킨스는 정의하였다. 그만큼 그의 신학은 실제적이었다. 그의 전체 신학, 즉 그리스도인의 생활에 관한 교리로서 신학은 그리스도 안에서 하나님의 호의를 확신하는 것에서부터 나오는 착한 양심에 기초하고 있다.

둘째, 기독교 윤리란 하나님과의 관계에서 설정된다. 그리스도 안에서 맺어진 하나님과의 관계성의 기초는 하나님의 존재하심, 그리스도의 신성, 성경의 권위, 예배의 본질 등을 통해서 설정된다. 그리하여 이런 하나님과의 관계성을 설명하는 능력을 갖추기 위해서 퍼킨스는 당대 신학도들이 그저 목회적인 수행 능력만을 배우는 데 그치지 말고 좀 더 나아가서 최고의 학문을 배우기를 촉구하였다. 그리고 그것으로 도덕화시키고 윤리적인 실천을 겸양하라고 지도하였다. 현대 기독교 신자에게 '하나님의 존재하심'에 대해서 물어본다면, 매우 추상적이요 피상적인 답변을 듣게 된다. 그러나 퍼킨스는 신학과 윤리의 핵심은 바로 하나님에 대한 지식에 있다고 보았다. 그러나 하나님에 대한 이론적인 지식을 제시하는 것이 아니었다.

> 나의 목표는 하나님이 계시다는 것을 보여주는 것이며, 영혼의 심각하고도 위험스러운 내적 부패로 인하여서 하나님과 그의 섭리를 본성적으로 부정하는 마음과 양심을 제거해 버리거나 고쳐주려는 것이다. 영혼이 떠난 몸이 죽은 것이라고 한다면 하나님으로부터 떠나있는 사람의 견해는 영혼의 심장이 떨어져 버린 것과 같은 영향을 받고 있는 것이다.[79]

셋째, 인간은 다른 사람과의 관련성은 덕의 본질과 관련되어 있다. 다른 사람과의 관계에서 힘써야 할 덕목은 "하나님의 영의 선물이며, 중생의 일부분으로 이것으로 인간은 잘살게 되었다"라고 하였다. 그가 강조하는 인간의 마음에 기초한 신중함(prudence)은 여섯 가지 덕목에서 나온다고 주장하였는데, 의지와 관용과 온유함과 자유로움과 의로움과 꿋꿋함이다. 사실 이 외에도 더 많이 풀이할 수 있었지만, 그의 설교는 여섯 가지에 대한 풀이로 그치고 있다. 퍼킨스의 설명은 다소 아리스토텔레스 윤리학의 덕에 관한 가르침을 참고하고 있는 듯이 보이지만 사실은 성경적인 풀이에 힘쓰고 있다. 그리스도인의 덕목은 이교도의 덕목과는 다르다. 이교도의 덕목들도 하나님이 유지시켜 주시는 은총을 받은 것이 사실이지만 그들은 성령의 중생하심을 받지는 못하였다. 퍼킨스는 덕목을 이루기 위하여 아리스토텔레스의 윤리학에서 강조하는 수단 혹은 방법을 거부한다. 예를 들면 아리스토텔레스는 아량(magnanimity)을 덕목의 하나라고 주장하면서, 겸양을 회피하고 자신의 직무를 벗어나려는 시도를 극복하는 것이라고 했다. 그러나 퍼킨스는 이런 것은 거론조차 하지 않았다.

퍼킨스는 신중함을 매우 강조하였는데 그것은 오직 하나님에 대한 두려움에서 시작된다. 하나님의 면전에서 살아가는 한 사람으로서 그분에게 순종하고 복종하며 거짓됨으로부터 진리를 분별하고 모든 일에 있어서 단호하게 최선을 추구하는 것이다. 그는 신중함을 실천하기 위하여 아홉 가지 규칙을 제시하였다. 첫째, 인간은 이 세상의 모든 일 가운데 자신의 구원과 자신의 죄의 용서를 위해서 최선을 다해야 한다. 둘째, 인간은 영적인 대적들의 간교함에 대처해야만 하는데, 사탄은 미혹하는 데 있어서 간교하고 강하기 때문이다. 셋째, 모든 사람은 자신의 능력을 넘어서서 무슨 일을 하지 않도록 자신의 능력을 측정해야 한다. 이것은 하나님이 우리를 부르심에 대해 상응하는 행동을 규정하는 데, 그리고 선하고 참된 행동만을 선택하는 데 있어서 필요하다. 일곱째, 즐거움과 유익을 주는 일은 오직 덕이 있고 진실함에 속한 일들이다. 신중함을 유지하려면 철저한 검증을 통해서만 인간의 공정성을 신뢰할 수 있다. 여덟째, 우리는 이 시대의 정신을 따라가지 말아야 하는데, 다만 하나님의 말씀에 일치하고 선한 양심을 지키는 한에 있어서만 우리 자신을 이 시대의 흐름에 허용해야 한다. 이것은 기독교 신자가 항상 직면하는 문제인데 우리는 모든 문제에 있어서 믿음에 근거하여 대처해야만 한다.

일반적으로 말하듯이 청교도가 어두운 색깔의 옷을 입고 금욕주의자로 살았다고 비판하는 것은 그들의 실제적인 신앙심을 모욕하는 말이다. 물론 퍼킨스는 성도에게 방종의 위험성과 세상의 종노릇 하지 말라고 경고하였다. 그러나 퍼킨스가 그리스도에 의하여 우리를 위해서 획득된 자유함 때문에 하나님의 은혜를 기쁨으로 누려야 한다는 것을 강조했다는 사실도 잊어서는 안된다. 물론 이 기쁨은 항상 그리스도 안에 있으며 하나님의 영광을 고려하고 이웃에게 선행을 행하는 것이라야만 하였다.

끝으로 퍼킨스는 실제적인 신학자였다. 그는 차갑고 아무런 감정도 없이 교리를 서술하거나 죄의 문제를 다루지 않았다. 도리어 따뜻하고 실제적인 신학을 제시하여 영국 국민 전체가 보다 책임 있는 신자로 살아가기를 소망하였다. 그는 결의론이나 윤리적인 질문들을 던져서 기쁨과 봉사와 사랑을 강조하였고 개혁신앙에 입각한 통찰력을 발휘하라고 촉구하였다.

성경신학에 근거하여 하나님께 영광을 돌려드리고자 균형 잡힌 판단과 깊은 목회적 직관 그리고 그 시대의 필요를 채워주려는 민첩성을 발휘하였다. 그의 탁월한 저술들은 국가교회 안에서나 청교도 중에서 최고의 경지에 이르렀음을 보여주었다. 이미 앞에서 살펴본 바와 같이 퍼킨스에 관한 박사학위 연구 논문이 많다는 것은 그의 저서가 17세기부터 오늘까지 큰 영향력을 발휘하고 있음을 입증하는 것이다. 퍼킨스의 제자 중에서 윌리엄 에임즈, 존 코튼, 보에티우스가 각각 다음세대의 청교도로서 가장 주목받는 신학자가 되었다. 토마스 굿윈이 케임브리지 대학에 입학했을 때는 이미 퍼킨스가 죽은 후 10년이 지났는데도, "그의 설교는 온 도시를 가득 채우고 있다"라고 말할 정도였다.

주(註)

1   이 책에서 퍼킨스의 시대적 환경을 고려하겠지만, 주로 신학사상에 초점을 맞추려 하기 때문에, 그의 생애에 대해서는 다루지 않는다. 퍼킨스의 생애와 사상을 다룬 연구논문들을 참고하기 바란다. 퍼킨스의 저작전집 서문에서 브레워드가 약 1백 쪽에 걸쳐서 생애를 다루었다. Ian Breward, "Introduction," *The Work of William Perkins* (Appleford: Courtenay, 170). Thomas Fuller, *Redevivus; or, The Dead Yet Speaking*, volume 2 [London: William Tegg, 1867], 145–56. J. R. Tufft, "William Perkins, 1558–1602," (Ph.D. diss., Edinburgh, 1952). Ian Breward, "The Life and Theology of William Perkins," (Ph.D. diss., University of Manchester, 1963). Charles Robert Munson, "William Perkins: The Theologian of Transition," (Ph.D. diss., Case Western Reserve, 1971), 5–62. V. I. Priebe, "The Covenant Theology of William Perkins," (Ph.D. diss., Drew University, 1967). Mark Randolph Shaw, "The Marrow of Practical Divinity: A Study in the Theology of William Perkins," (Westminster Theological Seminary, 1981). idem, "William Perkins and the New Pelagians: Another Look at the Cambridge Predestination Controversy of the 1590s," *Westminster Theological Journal*, Vol. 58 (1996):267–302. Donald K. McKim, *Ramism in William Perkins' Theology* (N.Y.: Peter Lang, 1987). C. C. Markham, "William Perkins' Understanding of the Function of Conscience," (Ph.D. diss., Vanderbilt University, 1967). Joshep A. Pipa, Jr. "Willaim Perkins and the Development of Puritan Preaching," (Ph.D. diss., Westminster Theological Seminary, 1985). Paul R. Schaefer Jr., *The Spiritual Brotherhood on the Habits of the Heart: Cambridge Protestants and the Doctrine of Sanctification from William Perkins to Thomas Shepard* (Grand Rapids: Reformation Heritage Books, 2011). James Eugene Williams Jr., "An Evaluation of William Perkins' Doctrine of Predestination in the Light of John Calvin's Writings," (Th.M. thesis, Dallas Theological Seminary, 1986).

2   Joel Beeke, & R. Pederson, "William Perkins", in *Meet the Puritans* (Grand Rapids: Reformation Heritage Books, 2006).

3   M. P. Winship, "Weak Christians, backsliders, and canal gospelers: assurance of salvation and the pastoral origins of Puritan practical divinity in the 1580s," *Church History* 70 (2001), 462–72.

4   C. E. Hambrick–Stowe, *The Practice of Piety: Puritan Devotional Disciples in Seventeenth-Century New England* (Chapel Hill: University of North Carolina Press, 1982), 43.

5   James Herbert, "William Perkins's "A Reformed Catholic : A Psycho–Cultural Interpretation", *Church History*, Vol. 51 (1982): 7 – 23

6   Daniel Neal, *History of the Puritans*, vol. 1, (New York: Harper & Brothers, 1843), 213.

7   Paul R. Schaefer, "The Spiritual Brotherhood on the Habits of the Heart: Cambridge Protestants and the Doctrine of Sanctification from William Perkins to Thomas Shepard," (Ph.D. diss., University of Oxford, 1992), 29.

8   Collinson, *Religion of Protestants*, 247–64. Rosemary O'Day, *The English Clergy: The Emergence and Consolidation of a Profession, 1558-1642* (Leicester: Leicester University Press, 1979), xii.

9   Perkins, "The Nature and Practice of Repentance," I:468.

10   Perkins, "Galatians," II:372. Patrick Collinson, *The Religion of Protestants* (Oxford: Clarendon, 1982), 199–225.

11   Perkins, *Golden Chain in Works* (Cambridge: 1608–9), I:11.

12   Paul R. Schaefer, "Protestant 'Scholasticism' at Elizabethan Cambridge: William Perkins and a Reformed Theology of the Heart," in *Protestant Scholasticism*, eds., by Carl R. Truman & R. S. Clark (Carlisle: Paternoster, 1999), 156.

13   F. Ernest Stoeffler, *The Rise of Evangelical Pietism* (Leiden: Brill, 1965).

14   Collinson, *Elizabeth Puritan Movement*, 126.

15   Perkins, "A Cloude of Witnesses Leading to Heavenly Canaan," III:2:9.

16   Perkins, *Golden Chain*, I:20.

17 Perkins, "Galatians," 107.

18 Paul R. Schaefer Jr., "Protestant 'Scholasticism' at Elizabethan Cambridge: William Perkins and a Reformed Theology of the Heart," in *Protestant Scholasticism*, eds., by Carl R. Truman & R. S. Clark (Carlisle: Paternoster, 1999), 154–164.

19 Mark Curtis, *Oxford and Cambridge in Transition, 1558-1640* (Oxford: Clarendon, 1959), 89–94. William Costello, *The Scholastic Curriculum in Early Seventeenth Century Cambridge* (Cambridge: Harvard University Press, 1959), 35–38.

20 M. A. Nauwelaerts, *Rodolphus Agricola* (Den Haag; Kruseman, 1963); Gerda C. Huisma, *Rudolph Agricola: A Bibliography of printed works and translation* (Nieuwkoop: De Graaf, 1985); E. H. Waterbolk, *Een hond in het bad. Enige aspecten van de verhouding tussen Erasmus en Agricala* (Groningen: J. B. Wolters, 1966).

21 Donald K. McKim, *Ramism in William Perkins' Theology* (New York: Peter Lang, 1987), 167.

22 Perkins, "The Art of Prophesying," II:731–62. Teresa Toulouse, *The Art of Prophesiyng: New England Sermons and the Shaping of Belief* (Athens, GA: University Press of Georgia Press, 1987), 14–23.

23 Joseph A. Pipa, "William Perkins and the Development of Puritan Preaching." (Ph.D. dissertation, Westminster Theological Seminary, 1985), 86.

24 Charles E. Hambrick–Stowe, "Pratical Divinity and Spirituality," in *Puritanism*, 195.

25 Jean Taffin, *The Marks of God's Children*, tr. P.Y. De Jong (Grand Rapids: Baker, 2003).

26 William Perkins, *The Art of Prophecying, or A Treatise concerning the sacred and only true manner and method of preaching* (London: Printed by Iohn Legatt, 1631). cf. T. Toulouse, *The Art of Prophesying: New England Sermons and the Shaping of Belief* (Athens: University of Georgea Press, 1987), 20.

27 Thomas D. Lea, "The Hermeneutics of the Puritans", *Journal of the Evangelical Theological Society*, Vol. 39 (1996): 271–284.

28 Donald K. McKim, *Ramism in William Perkins' Theology* (N.Y.: Peter Lang, 1987).

29 Charles E. Hambrick–Stowe, "Pratical Divinity and Spirituality," in *Puritanism*, 195.

30 Benjamin Brook, "William Perkins", in *The Lives of the Puritans*, 2, (London: Soli Deo Gloria, 1994), 129.

31 Perkins, *Golden Chain*, in *Works of Perkins*, 1:70.

32 Dewey D. Wallace Jr., *Puritans and Predestination: Grace in English Protestant Theology, 1525-1695* (Chapel Hill: University of North Carolina Press, 1982), 69–70.

33 William Perkins, *A Puritan's Mind* (2012); https://www.apuritansmind.com/puritan– favorites/ william–perkins/

34 Richard Muller, "Perkins' A Golden Chaine: Predestinarian System or Schematized Ordo Salutis?" *Sixteenth Century Journal*, Vol. 9 (1978): 69–81.

35 Perkins, *Golden Chain*, I:81.

36 Perkins, *Golden Chaine*, I:175–176. Joel Beeke, "William Perkins on Predestination, Preaching, and Conversion," in *Practical Calvinism*, ed. by Peter Lillback (Ross–shire: Mentor, 2002), 183–213.

37 Peter Lombard, *Sentences*, "sufficient for all, effectual for the elect." (*pro omnibus ... sufficientiam; sed pro electis ... ad efficaciam*).

38 W. Robert Godfrey, "Reformed Thought on the Extent of the Atonement to 1618," *Westminster Theological Journal*, Vol. 37, no. 1 (1975): 133–71. Peter L. Rouwendal, "Calvin's Forgotten Classical Position on the Extent of the Atonement: About Efficiency, Sufficiency, and Anachronism," *Westminster Theological Journal*, Vol. 70, no. 2 (2008):317–35. G. Michael Thomas, *The Extent of the Atonement; A Dilemma for Reformed Theology from Calvin to the Consensus (1536-1675)* (Carlisle: Paternoster, 1997). Roger Nicole, "Moyse Amyrout (1596–1664) and the Controversy on Universal Grace: First Phase (1634–1637) (Ph.D. diss., Harvard University,

1966).

39 R. T. Kendall, *Calvin and English Calvinism to 1649* (Oxford: University Press, 1979). idem, "The Puritan Modification of Calvin's Theology," in *John Calvin: His Influence in the Western World*, ed. W. Stanford Reid (Grand Rapids: Zondervan, 1982), 199－214. Basil Hall, "Calvin against Calvinism," in *John Calvin*, ed. G. E. Duffield (Appleford, U.K.: Sutton Courtenay Press, 1966), 19－37. Holmes Rolston III, *John Calvin versus the Westminster Confession* (Richmond: John Knox, 1972). William Chalker, "Calvin and Some Seventeenth Century English Calvinists," (Ph.D. diss., Duke University, 1961).

켄달의 주장을 비판하면서, 퍼킨스의 예정론에 대해서 긍정적으로 해석하는 저술들은 다음과 같다: Joel R. Beeke, *The Quest for Full Assurance: The Legacy of Calvin and His Successors* (Edinburgh: Banner of Truth, 1999). Richard A. Muller, *Christ and the Decree: Christology and Predestination in Reformed Theology from Calvin to Perkins* (Grand Rapids: Baker, 1986); idem, *The Unaccommodated Calvin: Studies in the Foundation of a Theological Tradition* (Oxford: Oxford Univ. Press, 2000). idem, *After Calvin: Studies in the Development of a Theological Tradition* (New York: Oxford Univ. Press, 2003); idem, "The Placement of Predestination in Reformed Theology: Issue or Non-Issue?" *Calvin Theological Journal*, Vol. 40 (2005):184－210. idem, "The Use and Abuse of a Document: Beza's Tabula Praedestinationis, The Bolsec Controversy, and the Origins of Reformed Orthodoxy," in *Protestant Scholasticism*, eds., by Carl R. Truman & R. S. Clark (Carlisle: Paternoster, 1999), 31－60. Paul R. Schaefer, "Protestant 'Scholasticism' at Elizabethan Cambridge: William Perkins and a Reformed Theology for the Heart," in *Protestant Scholasticism*, eds., by Carl R. Truman & R. S. Clark (Carlisle: Paternoster, 1999), 147－164. Dewey D. Wallace, Jr., *Puritans and Predestination: Grace in English Protestant Theology 1525–1695, Studies in Religion* (Chapel Hill: University of North Carolina Press, 1982). Paul Helm, *Calvin and the Calvinists* (Edinburgh: Banner of Truth, 1982); idem, *John Calvin's Ideas* (Oxford: Oxford Univ. Press, 2006); idem, "Westminster and Protestant Scholasticism," in *The Westminster Confession into the 21st Century*, ed. Ligon J. Duncan (Fearn, Scotland: Christian Focus, 2004), 2:99－116. Mark R. Shaw, "William Perkins and the New Pelagians: Another Look at the Cambridge Predestination Controversy of the 1590s," *Westminster Theological Journal*, Vol. 58 (1996):267－302.

40 퍼킨스의 사상과 칼뱅의 설명은 거의 동일하다. Calvin, Institutes, II.2.15.

41 Perkins, "The Nature and Practice of Repentance," I:468; "The soule of man is not weak, but stark dead in sin, and therefore it can no more prepare it self to repentance, than the body being dead in the grave can dispose it self to the last resurrection."

42 Michael Horton, *Calvin on Christian Life: Glorifying and Enjoying God Forever* (Wheaton: Crossway, 2014), 20.

43 김재성, 「칼빈과 개혁신학의 기초」(수원: 합동신학대학원 출판부, 1997), 177－207.

44 Perkins, 'Symbol', I:124. .

45 Calvin, *Institutes*, III.1.2. 제네바 교리문답. "믿음은 복음을 통해서 하나님이 그리스도로 인하여 우리의 아버지와 구주가 되시는 자비하심에 대한 확고하고도 분명한 지식이다."

46 Perkins, 'Symbol', I:124.

47 Perkins, *Golden Chain*, I:83.

48 Perkins, *Golden Chain*, I:78.

49 Perkins, "The Foundation of the Christian Religion", I:6; "How may a man know that he is justified before God? He need not ascend into heaven to search the secret counsel of God, but rather descend into his own heart to search whether he be sanctified or not."

50 Perkins, *Works* I:124.

51 Joel Beeke, *Assurance of Faith*, 108.

52 김재성, "하이델베르크 교리문답과 『웨스트민스터 신앙고백서』의 언약사상" 「한국개혁신학」 40 (2013):40－82.

53 Perkins, *Golden Chain*, 1:32.

54 Perkins, *Golden Chain*, 1:71.

55 Perkins, *Golden Chain*, I:70.

56 Perkins, *Exposition of the Symbol*, 1:306.

57 Andrew A. Woolsey, *Unity and Continuity in Covenantal Thought: A Study in the Reformed Tradition to the Westminster Assembly* (Grand Rapids: Reformation Heritage Books, 2012), 489.

58 Perkins, *Treatise of Predestination*, 2:689. Perkins, *Golden Chain*, 1:15−16.

59 Perkins, *Golden Chain*, 1:24.

60 Perkins, *Golden Chain*, 1:110.

61 Perkins, *Golden Chain*, 1:73.

62 Woolsey, *Unity and Continuity in Covenantal Thought*, 494.

63 Perkins, *Golden Chain*, 1:20.

64 김재성, 『나의 심장을 드리나이다: 칼빈의 생애와 사상』 개정판 (킹덤북스, 2012), 370.

65 Calvin, *Theological Treatises*, The Library of Christian Classics, ed. J.K.S. Reid (Westminster John Knox Press, 1954), 56−72.

66 Theodore Beza, *The Life of John Calvin*, tr. Francis Gibson (Philadelphia: 1836), 25−6, n.1.

67 Patrick Collinson, *The Religion of Protestants* (Oxford: Clarendon, 1982), 199−225.

68 Perkins, "Galatians," II:372.

69 Perkins, "A Faithful and Plain Exposition upon the Two First Verses of the Second Chapter of Zephaniah," III:2:423.

70 Rosemary O'Day, *The English Clergy: The Emergence and Consolidation of a Profession, 1558-1642* (Leicester: Leicester University Press, 1979), xii.

71 P. R. Schaefer, "Protestant 'Scholasticism' at Elizabethan Cambridge: William Perkins and a Reformed Theology of the Heart," 162.

72 Paul R. Schaefer, "The Spiritual Brotherhood on the Habits of the Heart: Cambridge Protestants and the Doctrine of Sanctification from William Perkins to Thomas Shepard," (Ph.D. diss., University of Oxford, 1992; Grand Rapids: Reformation Heritage Books, 2013), 39.

73 J. I. Packer, "The Puritan Conscience," *Puritan Papers*, vol. 2, 1960−1962 ed. J. I. Packer (Phillipsburg: P & R, 2001), 239. C. C. Markham, "William Perkins' Understanding of the Function of Conscience," (Ph.D. dissertation, Vanderbilt University, 1967). Charles Cohen, *God's Caress: The Psychology of Puritan Religious Experience* (New York: Oxford, 1986). Ian Breward, "William Perkins and the Origins of Reformed Casuistry," *Evangelical Quarterly*, Vol. 40 (1968):3−20.

74 W. R. Forrester, *Christian Vocation: Studies in Faith and Work* (Lodon: Lutterworth, 1951), 65; "system of legalistic attitude or codification of duties"

75 Karl Barth, *Church Dogmatics*, tr. G. T. Thompson (Edinburgh: T. & T. Clark, 1936ff), III.iv: 8: "By the end of the 16th century, matters had gone so far that the Puritan William Perkins was willing and able to write a book De Casibus Conscientiae in which he gave a systematic account of the correct individual decisions enjoined upon the Christian."

76 I. Breward, "The Casuistry of William Perkins," in *Puritan Papers*, vol. 2, 1960−1962, ed. by J. I. Packer, 220.

77 Perkins, *Works*, 2:1.

78 Ibid. 2:2, "I will only walk by the banks of it, and propound the heads of doctrine that thereby I may at least occasion others, to consider and handle the same more at large." 퍼킨스의 뛰어난 제자 윌리엄 에임즈도 역시 비슷한 주장을 하고 있다. W. Ames, *Conscience with the Power and Cases Thereof* (1643), preface: "through the neglect of this husbandary, a famine of godliness had followed in many places, and out of that famine a grievous spiritual plague."

79 Perkins, *Works*, II:49.

Chapter 10
청교도의 예정론과 선택 교리

1. 선입견과 오해에서 벗어나라

잉글랜드 청교도는 로마가톨릭의 예식을 반대하고 국교회의 주교체제로 된 감독 정치에도 역시 강하게 반발했다는 점을 기억해야만 한다. 청교도의 교회론은 확실한 장로교회의 권징과 설교 중심의 예배 회복에 중점을 두었기 때문이다. 스코틀랜드에서는 낙스가 선포한 장로교회 권징 조례를 따랐고 잉글랜드에서도 엘리자베스 여왕의 통치 기간에는 대부분이 장로교회의 형태를 따라갔다. 낙스는 평신도 대표로 참석하는 귀족들에게 격려하면서 당회와 노회, 총회에 참여하는 제도임을 강조하여 각 지방에서도 많은 지지를 확보할 수 있었다. 일부 청교도 중에는 회중교회와 독립교회, 극단적인 분리주의자들도 있었지만, 잉글랜드에서 케임브리지 대학출신이나 옥스퍼드 대학을 졸업한 청교도는 거의 다 장로교회를 지지했다는 점을 앞에서 설명한 바 있다.

그러면 청교도는 단순히 장로교회라는 형식과 정치 제도만을 받아들였을까? 아니다. 예배와 행정 조직을 장로교회로 채택했다는 말은 곧 그 교회의 내적인 본질에 해당하는 신학 사상과 성경 중심의 교리 체계를 따랐다는 말이다. 잉글랜드와 스코틀랜드 청교도는 유럽의 개혁신학자들이 정리한 기독교 신앙을 토대로 삼았다. 초기 잉글랜드 종교개혁자들은 메리 여왕의 박해를 피해서 직접 건너가서 유럽의 현장을 체험하고 돌아왔다. 또한 그 당시에는 손쉽게 책을 구입할 수 있기 때문에 지식인은 얼마든지 유럽신학자들의 해설을 확인할 수 있었다. 존 낙스가 유럽의 여러 도시를 거쳐서 칼뱅을 만나 3년동안 함께 지냈다는 것은 결코 우연이 아니다. 그는 장로교회 체제가 스위스 제네바에서 칼뱅에 의해서 회복한 사도행전의 교회 모습이라는 것을 확인할 수 있었다.

장로교회가 칼뱅의 제네바 교회를 모델로 세워지게 되었지만 그가 제시한 신학 사상과 성경 해석을 토대로 많은 종교개혁자가 함께 지혜를 더했다. 그래서 우리는 칼뱅의 저술과 사상에서 영향을 받아서 체계화된 신학 사상을 통칭해서 '칼뱅주의', 혹은 '개혁신학'이라고 부르는데, 여기에는 수많은 신학자의 저술과 토론이 포함되어 있다.[1]

유럽의 칼뱅주의 개혁신학자들은 성경에 기초해서 하나님의 절대주권, 창조, 섭리, 예정과 구원론, 인간론, 기독론, 교회론을 정립하였다. 특히 아우구스티누스의 신학 사상에 깊은 영향을 받았다. 인문주의 법학도로 성장한 칼뱅은 탁월한 학문의 은사를 받아서 초대 교부들의 신학 사상을 섭렵하고, 동시대 루터와 츠빙글리에게서 정리된 바를 집대성하여 『기독교 강요』를 펴냈다. 이 책에는 기독교의 핵심 교리들인 서른세 가지의 주제에 대한 성경적 해설과 토론이 담겨 있다. 그중에서도 중요한 것들은 하나님과 우리 자신에 대한 지식, 성경의 필요성과 신빙성, 삼위일체, 창조, 섭리, 하나님께 반역하여 타락한 인간, 율법, 구약과 신약과의 관계, 그리스도의 위격, 그리스도의 사역, 믿음, 회개, 성화, 칭의, 선행과 확신, 그리스도인의 자유, 기도, 선택이 주는 위로, 최후 부활, 참된 교회, 교회정치, 성례, 교회와 국가와의 관계 등이다.[2]

이처럼 많은 주제 중에서 무엇이 가장 중요한가를 토론하는 것은 아무런 의미가 없다. 모든 것을 다 성경에서 가르치고 있기 때문이다. 이처럼 많은 교훈 중에서 중심교리가 무엇이냐를 물을 수도 없다. 그러면 어떤 한 교리만을 강조하게 된다. 다만 우리가 무엇부터 시작해야만 하는가는 분명하다. 칼뱅주의 개혁신학자들은 하나님이 주도하신다는 점은 명확하게 강조했다. 만물을 지으신 이가 항상 모든 것을 주관하시는 까닭에 하나님이 하시는 사역이 강조되었고, 하나님의 절대주권 사상이라는 표현도 나오게 되었다. 죄인을 구원하시는 하나님의 뜻과 계획을 작정이라고 성경은 말하고 있고, 예정하심 가운데는 선택과 유기가 담겨 있다.

그러나 예정에 관한 교훈은 로마가톨릭에서 전혀 가르치지 않았다. 값없이 주시는 은혜로 인해서 믿음으로 의롭다하심을 얻는다(엡 2:8, 롬 1:17)고 가르치면 루터처럼 파면되고 말았다. 중세 시대에 로마가톨릭은 세미펠라기언이즘에 빠져 사람의 공로와 선행적인 노력을 강조했기 때문이다.[3] 칼뱅이 로마가톨릭 신학에서 벗어난 후, 여전히 구습을 따르는 자들을 만나 논쟁하게 되는 주제가 하나님의 예정에 관한 것이었다. 하나님의 절대주권에 따라서 구원받을 자들에 대한 예정을 인정하게 되면, 로마가톨릭에서는 자신들의 신학 구조를 전면적으로 개편해야 하는 상황에 몰리게 된다. 그러다 보니 로마가톨릭 신학자들은 루터를 비롯해서 칼뱅과 개혁주의 신학자들을 향해서 극렬히 비난하고, 험담하고, 모함하기를 그치지 않았다. 종교개혁자들의 날카로운 저술은 유럽 전체를 지배해 온 로마가톨릭 신학의 허상을 벗기는 작업이었기에 엄청난 압박과 핍박이 가해졌다. 마침내 교황청에서는 군대를 동원하여 전쟁을 벌이고, 각 나라의 왕권을 발동시켜서 개혁주의 교회를 짓밟았고 응징하며 탄압하는 일을 서슴지 않았다. 말로 다 표현할 수 없는 권력자들의 폭정 아래서 이루다 셀 수 없는 순교자들이 목숨을 바쳤다.

2. 예정과 선택에 대해서 어떻게 알고 있는가?

예정과 선택 교리를 오해하는 성도와 목회자가 많다. 성경 말씀에서 전체적으로 가르치는 것이 무엇이냐를 차분하게 살펴보아야 하는데 예정과 선택 교리가 나오면 무조건 거부하려는 이들도 있다. 대체로 예정과 선택 교리를 자세히 공부했다는 이들도 거의 없고, 강의를 들어본 일도 없는 이들이 대다수이다. 이런 현실이니 대다수 성도는 예정론이 성경에 어디에 나오는지도 도무지 모른다. 그러니 그저 잠간 설교에서 전달하는 짧은 언급에 따라서 고정 관념을 형성하고 그대로 굳어지는 경우가 많다.

필자가 예정론과 그 외의 유사한 사상들(운명론, 숙명론, 기계적 결정론)과의 차이를 설명한 바 있는데 얼마나 제대로 이해하는 이들이 있을까 걱정이다.[4] 한국 교회의 강단에서 자주 강조하는 것이 '성도의 결단', '성화의 노력', '열정적인 부르짖음'이기 때문에 결국은 인간의 노력, 의지적인 헌신, 자발적인 결정 등을 강조하는 설교에 익숙해져 있다. 이렇다 보니, 성도들은 자신도 모르는 사이에 '자유의지'를 더 중요시하게 되고, 예정과 선택 교리를 거부하게 되어 무지한 선입견에 사로잡히고 만다. 더구나 열린 마음으로 성경의 교훈을 받으려 하지 않기 때문에 도무지 오해를 벗겨 줄 방법이 없다.

부디 로마서 8장 28절에서 30절과 9장 12절에서 18절을 주의깊게 살펴보시라. 에베소서 1장 4절에서 11절을 차분하게 공부하시라. 로마가톨릭에서나 알미니안주의자들이나 현대 신학자들이 어찌해서 명백한 성경의 가르침인 예정의 교리를 부인하려드는가!

그 반대의 경우에도 마찬가지다. 예정론은 모든 기독교 진리가 연결되는 으뜸 조항이 아니다. 예정론은 우리 인간들의 모든 사사건건을 해결해 내는 '만능 열쇠'가 아니다. 자동 응답 장치도 아니다. 성경의 수많은 교훈과 진리 가운데서 하나님의 예정 교리가 중심 진리라고 하거나 기독교의 모든 진리 체계 가운데서 핵심이라고 주장해서는 안 된다.

개혁신학자들이 하나님의 절대적인 주권과 인간의 자유의지를 다뤘지만, 그 누구도 오직 예정론과 선택 교리가 가장 중요한 기독교의 핵심교리라고 주장한 적이 없다. 혹자는 칼뱅에 대해서 비판하면서 "예정론에 사활을 건 신학자"라고 말하는데 이것은 정말 잘못된 평가이다.[5] 칼뱅의 신학 체계 안에서 보면 인간은 자율성을 잃어버린 채, "하나님의 예정에 묶여진 기계"로 취급되고 있다는 식으로 비난하는 자들도 있다.[6] 필자는 어떤 목회자가 강단에서 '감리교회는 자유의지를 가르치고, 장로교회는 예정론을 가르친다'는 이분법적인 대조를 하는 설교를 들은 적이 있는데 이는 정말로 신학적 무지를 드러낸 주장이다. 칼뱅은 한번도 예정 교리만이 최고의 중심 교리라고 주장한 적이 없다.[7] 우리가 중점적으로 살펴보고자하는 테오도르 베자도, 청교도 신학자들도, 그 누구도 예정론을 최고 원리라고 하거나 가장 중심되는 교리라고 가르친 적이 없다. 지금 장로교회에서 가르치는 교재들, 주로 신앙고백서들을(『제네바 교리문답서』, 『하이델베르크 교리문답서』, 『벨직 신앙고백서』, 『도르트 신경』, 『웨스트민스터 신앙고백서』 등)을 찾아보면 쉽게 확인할 수 있다. 다만 칼뱅주의 정통 개혁신학자들은 예정론을 심각하게 다뤄야 할 상황이 초래되었을 때는 결코 소홀히 취급하지 않았다.

청교도의 제일 관심 사항은 국가교회를 성경대로 깨끗하게 개혁하는 것이었다. 국교회는 절반 정도 개혁된 교회였다. 모든 것이 개혁되어 가는 과정이라고 하지만 어설프고 뒤죽박죽이었다. 그들이 선택한 대안은 독일의 국가교회로 자리를 잡은 루터파 교회가 아니라 스코틀랜드, 독일 남부 하이델베르크, 스위스와 네덜란드의 개혁교회와 장로교회 모델이었다. 청교도들의 대다수는 감독제 주교 제도를 거부하고 장로교회 체제로 바꾸기를 원했고, 소수는 회중교회와 독립교회를 세우고자 했다.

장로교회와 개혁교회는 단순히 교회 운영의 제도와 목회 방식만을 중요시하는 체제가 아니었다. 칼뱅의 제네바 교회와 낙스의 스코틀랜드 장로교회는 칼뱅주의 개혁신학을 토대로 하여서 세워진 교회 제도이다. 그러한 개혁주의 신학을 받아들이게 되면 성경대로 먼저 하나님의 주권 사상과 성자 예수 그리스도의 구속 사역과 은혜로 구원을 베푸시는 성령의 적용사역을 강조한다. 하나님의 뜻에 따라서 죄인들 중에서 구원받는 택한 백성을 결정하시는 예정에 따라서 선택을 받는 자와 유기되는 자가 나뉘게 된다.

장로교회에서 가르치는 구원론의 핵심 내용에서 볼 때 죄인을 건져주시는 하나님의 은혜가 없이는 그 누구도 회심하거나 부름을 받을 수 없다. 본질상 영적으로 전인격적으로 타락한 인간에게는 오직 하나님의 은혜로운 건져내심 밖에는 다른 근거를 찾아볼 수 없다. 예정 교리를 버리게 되면 경건

과 성화의 삶을 강조하는 청교도 신앙은 근거를 잃어버리게 되므로 이 교리
가 중요했다.[8] 예정과 선택의 교리를 버리는 것은 복음의 전체 본질을 내던
져 버리는 것과 같다고 보았다.

"믿음과 선행은 하나님의 선택의 효과들이요 열매이다."[9]

청교도는 기본적으로 기독교의 정통 진리를 존중하고 어디에서나 성경의
중심 진리를 강단에서 선포하고 가정에서도 가르쳤다. 기독교의 교훈과 중
심 진리체계를 성경에 따라서 정립한 개혁주의 정통신학자들은 하나님의 영
광스러운 뜻과 경륜을 가르치고자 힘썼다(행 20:27). 영원하신 하나님의 은혜
로우신 구원의 계획이 예수 그리스도 안에서 성취되었음과 성령을 통하여
죄인에게 믿음으로 주어져서 구원의 적용이 일어났음을 가감 없이 전하는
것이다.[10]

우리는 성경을 읽으면서 로마서 9장 13절에서 하나님께서 태어나기도 전
에 야곱을 선택하시고 에서를 버리셨다는 사실을 알게 된다. 토기장이가 그
릇을 빚으면서 사용할 용도에 따라서 만들어 내듯이, 하나님께서는 자신의
목적을 이루시고자 두 가지 부류의 그릇을 빚어낸다는 것이 바울 사도의 깨
달음이었다(롬 9:19-24). 여기에서 하나님의 예정 교리를 깨달은 아우구스티
누스는 은총의 신학을 강조하였다. 중세 시대를 거치면서 아우구스티누스파
스콜라주의자 토마스 브래드워딘(Thomas Bradwardine, 1290-1349)과 리미니의
그레고리(Gregory of Rimini, 1300?-1358)에게서도 예정교리가 발견된다.[11] 휴머
니즘의 시대를 거친 후, 마침내 루터와 칼뱅을 비롯한 종교개혁자들이 성경
을 연구하여 하나님의 뜻과 작정, 예정과 선택을 포함하는 구원론을 제시했
고 그리스도의 구속 사역이 성취한 혜택들을 성령께서 적용한다는 것을 종
합적으로 재구성하였다.

그러나 모든 기독교인이 로마서 9장과 에베소서 1장에 나오는 바 그대로
의 예정의 교리를 믿는 것이 아니다. 성경 비평학이 나오면서 지금 갖고 있

는 본문에 대해서 각종 이론적인 추정들이 의구심을 불러일으키기 때문이다. 17세기 초에는 알미니우스가 제기한 예정 교리에 대한 의구심은 점점 더 이성에 근거한 주장이 더해지게 되었다. 즉, 알미니우스는 만일 하나님의 예정을 받아들이게 된다면 아담의 타락에 대한 궁극적 책임이 하나님에게 돌아가게 된다는 제롬 볼섹(Jerome Bolsec, ?-1584)의 주장에 동조했다. 하나님이 모든 일을 예정한 일이라면 사람의 범죄에 대해서 직접적인 책임은 물을 수 없다는 논리다.[12] 이러한 인간 중심적인 사고방식은 인간의 자율권이 극대화되는 계몽주의 시대를 거치면서 하나님의 예정에 대한 거부감이 확산되었다. 20세기에는 스위스 바젤 대학의 칼 바르트와 네덜란드 자유대학교의 베르카우어(Gerrit Cornelis Berkouwer, 1903-1996)가 예정교리를 거부하면서 칼뱅과 17세기 정통 신학자들의 연속성 문제를 놓고서 뜨거운 논쟁이 일어났다.[13]

3. 초기 종교개혁자들과 영국 신학자들의 예정론

유럽과 영국의 종교개혁자들이 성경을 연구하면서 오랫동안 로마가톨릭에서 가르치지 않았던 중요한 진리들이 밝혀지고 되살아났다. 그중에 하나가 삼위일체 하나님을 회복한 것이고, 특히 루터가 예수 그리스도의 십자가를 구속 사역의 중심 진리로 강조하면서 기독론의 중심축이 '아기 예수'에서 중보자 사역으로 옮겨졌다. 또한 종교개혁자들은 구원론의 전체 구조를 새롭게 제시하였는데 로마서에서 가장 중요한 자료들을 발견하였다. 중세 말기에 가톨릭에서 강조한 구원의 교리는 타락한 인간이 스스로의 자각과 결단으로 하나님의 은혜와 협력하여 구원을 이룬다는 신인협력설이었다.[14]

예정과 선택의 교리는 거대한 로마가톨릭의 공로주의와 인간 중심의 교리에 맞서서 구원의 확신 문제를 처리하는 쪽으로 발전해 나갔다. 로마가톨릭에서는 신자가 고해성사를 통해서 죄를 용서받지만 종부성사를 받기 이전에는 결코 구원의 확신을 갖지 못하게 되어 있다. 예정론의 발전 과정에서 칼뱅은 구원의 확신을 갖는 근거라고 하는 큰 기여를 하였다. 영원하신 하나님의 구원 계획과 역사 속에서 그 계획의 집행을 어떻게 이해할 것인가에 대해서 성경이 주는 해답이 바로 예정과 선택이다. 중세 시대에서 종교개혁을 일으킨 유럽에서 자유의지와 예정에 대한 논쟁은 점점 더 대조적으로 다뤄졌다. 그 기본적인 배경에는 펠라기우스의 오류를 지적하고 퇴출시킨 아우구스티누스의 예정론이 자리하고 있다.[15] 아우구스티누스의 저술에서 영향을 받은 루터는 에라스무스가 주장하는 자유의지론에 맞서서 펠라기우스주의를 거부했고 그 대안이 예정과 선택 교리였다. 루터 이후 멜랑히톤이 예정론을 강조하였으나 1577년 『콩코드의 공식』(*Formula of Concord*, 1577)에서는 엄격한 예정의 교리에서 후퇴하였다.[16] 츠빙글리는 하나님의 주도적인 우선 사역을 깨달았다. 그의 후계자 불링거가 작성한 『제1스위스 신앙고백서』(*the Frist Helvetic Confession*, 1536)에 보면 예정은 구원에 있어서 인간의 의지의 중요성 안에서 당연한 결과이기에 필수적인 항목으로 다뤄졌다. 모든 사람이 죄를 범하여 사망 가운데 던져졌으나 인류 구원을 위해서 예수 그리스도 안에서 시행된 하나님의 은혜로우신 구원행동이 먼저 진행되었다(창 3:15).

　루터는 칭의론을 강조하면서 하나님의 주도적인 결정과 선택에 대해서 역설했다.[17] 스위스 종교개혁자들도 츠빙글리를 위시해서 피터 마터 버미글리, 불링거, 칼뱅, 후기 정통주의 신학자들에 이르기까지 하나님의 영원한 구원 계획에는 결코 우연이란 없으며, 오직 인격적인 하나님의 의도와 의지가 계획된 바대로 택함받은 자들을 중심으로 실행된다고 강조했다. 종교 개혁자들은 완전히 예전의 교리 구조를 폐기하고, 오직 하나님의 은총만이 절대적인 근거이며 하나님께서 먼저 구원의 사역을 시작하시고 그리스도 안에서 마치셨다고 강조했다. 결코 타락한 인간은 구원에 이르는 공로를 수행할 수 없으며, 오직 하나님의 은혜로우신 주권과 통치를 강조하게 되었다.

　초대 교부 아우구스티누스의 예정 교리에 근거하여 가장 견고하게 가르치고 지키고자 했으며 체계화한 신학자는 단연 장 칼뱅이다. 칼뱅은 그의 초기 저술인 『제네바 교리문답서』(*Genevan Catechism*, 1537)에 간략하게 예정론을 제시했다. 피기우스(Albertus Pighuis, 1490?-1542), 제롬 볼섹, 카스텔리오(Sebastian Castellion, 1515-1563)등과 논쟁을 통해서 하나님의 예정에 인간의 믿음이라는 선결 요소가 개입하여 '신적 예지'에 근거한 예정을 거부하고 신인협력설이 틈타지 못하도록 노력했다.[18] 그의 후계자 베자도 역시 견고하게 하나님의 단독 사역(divine monergism)으로서 예정론을 가르쳤다.[19] 중세 말기에 신학을 경험했던 피터 마터 버미글리도 역시 동일하게 하나님 주권에만 의존하는 예정론을 펴냈다.[20] 취리히의 불링거도 역시 하나님의 단독 결정이라는 개념으로 예정론을 다뤘다.[21]

중세 시대에 로마가톨릭에서는 인간의 본성에 대한 이해로서 반펠라기우스주의를 받아들이고, 구원론에 있어서는 신인협력설을 견고히 정립했다. 반펠라기우스주의는 원죄로 인한 부패를 받아들이지는 않지만 아담의 타락으로 인간의 도덕적 본성이 약화되었다고 주장한다. 따라서 인간은 은혜로 인해서 강화되어야만 한다고 가르쳤다. 하나님에게 반응하는 최초의 행위는 인간의 자유의지가 결정하지만 그 후에 은혜의 도움을 받아야 신자들이 믿음과 선행을 할 수 있다는 구조이다.[22]

반펠라기우스주의는 주후 529년 오렌지 종교회의(The Council of Orange)에서 정죄를 당했다.[23] 이 공의회는 초대교회의 가장 중요한 회의 중에 하나로서 종교개혁자들은 로마가톨릭이 교부들의 신앙을 버린 증거를 드러내는 회의라고 지적하였다. 오렌지 공의회에서는 기독교 신자의 일생동안에 처음부터 마지막까지 오직 은혜만이 필수적이라고 선언하였다. 아우구스티누스의 신학을 정통으로 확인하면서 하나님의 단독 사역을 공포했다.

그러나 로마가톨릭에서는 차츰 반펠라기우스를 받아들였다. 구원과 관련해서 반펠라기우스주의는 장차 나타날 인간의 믿음에 근거해서 하나님의 예정이 결정된다고 주장했는데 사람의 종교적 노력을 불러일으키는데 활용되었다. 사람이 먼저 기도를 간절히 드린 결과로서 하나님의 은혜가 주어지게 된다면 무조건 사람이 힘써 기도를 더 해야만 한다는 강조가 나오게 된다. 그것은 더 이상 은혜가 아니다. 이런 사상은 사람의 공로와 선행을 먼저 요구하는 것이라서 하나님의 주도적인 단독 사역과 절대주권을 곡해하게 된다. 인간의 자유의지가 작동해서 선행을 먼저 수행해야만 하나님의 은혜가 따라오는 것이므로, 인간 자율주의가 대두될 수 있는 것이다.[24]

　칼뱅주의는 아우구스티누스에 따라서, 구원은 오직 은혜로만 얻는다는 입장에 섰다. 루터와 칼뱅을 비롯한 종교개혁자들은 특히 칼뱅주의자들은 타락한 인간의 의지는 죄에 묶여 있어서 은혜가 아니고서는 하나님을 찾을 수 없다고 주장했다. 칼뱅주의에 반대하는 알미니안주의가 나오게 된 배경에는 바로 반펠라기우스주의가 있다. 알미니안주의는 반펠라기우스주의와 아주 유사하지만 인간의 반응이 있기 이전에 은혜의 필연성을 인정한다. 또한 알미니안주의는 원죄의 타락과 스스로 구원을 일으키는 데 대한 인간의 무능력을 인정한다. 하지만 알미니안주의는 '충분한 선행하는 은혜'가 모든 사람에게 주어져서, 그들로 하여금 '자유의지'를 실현하게 한다고 주장한다. 자유의지가 작동하기에 스스로 협력할 수 있다고 믿었기에 알미니우스는 하나님께서 특별한 사람들만 선택하셨다는 것과 택함 받은 자들에게만 유효적 소명을 주시고 구원에 이르게 한다는 칼뱅주의 구원론을 거부했다. 선택이란 믿음과 선행 가운데서 하나님의 은혜와 협력하게 될 자들을 미리 아시는 하나님의 예지에 기초한다는 것이다. 반펠라기언주의와는 약간 차이가 있지만 결국에는 신인협력설에 해당한다.[25]

　중세 말기에 살았던 성도들은 로마가톨릭에서 제시하는 성례에 참여하고 약간의 선행과 공로를 세웠다고 하더라도 과연 구원을 받았느냐는 확신이 없어서 혼란스러웠다. 루터가 참된 믿음을 고백한다면 값없이 주시는 은혜로 의롭다 하심을 받고 결국 구원을 받는다는 복음을 재발견하였다. 이것은 종교개혁의 토대를 마련하는 중요한 진리였고, 로마가톨릭에서 정죄를 당하게 되면서 엄청난 반향을 불러일으켰다. 루터의 칭의 교리는 츠빙글리, 불링거, 부써, 버미글리, 칼뱅 등 모든 유럽의 종교개혁자가 공감했고, 각 지역에서 동조하는 개혁자들이 일어나서 로마가톨릭과 결별하였다.

　청교도 목회자는 하나님의 선택 교리가 강력하게 선포하여 구원의 확신을 갖도록 촉구했다. 성경에 근거한 개혁신앙에의 신념을 갖게 하는 길은 하나님의 주권과 작정에 근거한 예정이 시행되는 것을 알려주는 것뿐이었다. 구원의 확신을 갖도록 해 준 예정 교리야말로 청교도 신학자들이 그들보다 앞선 16세기 유럽의 종교개혁자들인 루터와 칼뱅을 비롯한 여러 신학자들로부터 계승한 핵심적인 교리가 되었다.

청교도와 영국 개혁신학이 시작되기 훨씬 전부터 예정과 선택 교리는 성경을 깊이 연구한 종교개혁자들에 의해서 강조되었다.[26] 아우구스티누스의 유산에서 예정 교리를 확인했다. 펠라기우스와 반펠라기우스주의는 인간의 자율성과 자유의지를 극대화해서 복음의 부름에 반응하는 믿음과 회개를 강조하였다. 오직 그리스도의 사역에 의존하는 은혜의 신학을 강조한 종교개혁자들은 구원의 교리에서 하나님의 예정을 견고한 확신으로 다루었다.[27] 예수 그리스도 안에서 하나님의 은혜로우신 선택에 근거하여 타락한 죄인들에게 믿음의 선물이 주어짐을 강조하였다.

1555년 메리 여왕에 의해 순교한 존 브래드포드가 하나님의 선택과 예정에 대해서 결정적인 공헌을 했다. 이미 앞에서 소개한 바와 같이 그는 여러 저술을 통해서 로마가톨릭의 교리를 비판하였고, 일반 성도도 이해할 수 있을 만큼 쉽고도 충분하게 설명하였다. 브래드포드는 하나님의 예정은 성도에게 하나님의 은혜에 대한 확신을 주며 실제적으로 삶에서도 중요하다고 강조하였다.

칼뱅주의 예정론은 이미 영국에 일반적으로 소개되어서 널리 받아들여지고 있었다. 칼 트루먼(Carl R. Trueman)은 윌리엄 틴데일, 존 프리스, 로버트 반스, 존 브래드포드, 존 후퍼 등 초기 영국 종교개혁자들이 하나님의 은혜로 주어지는 구원에 대하여 강조했음을 제시했다. 초기 영국 종교개혁자들에게 예정 교리를 확고하게 인식하도록 큰 영향을 준 사람은 마틴 부써와 피터 마터 버미글리였다. 부써가 케임브리지 대학에 교수로 들어온 후에 수많은 제자들이 개혁신학을 정립하게 되었는데 그중에서도 가장 아끼던 제자가 브래드포드였다. 그래서 브래드포드가 쓴 『선택의 기초』는 부써의 논조와 거의 유사한 내용으로 가득 차 있다.[28] 트루먼 교수는 자신이 박사학위 논문에서 이러한 내용을 면밀히 조사한 후 브래드포드의 저서에 담긴 개혁신학의 영향은 부써로부터 온 것임을 입증했다.[29] 브래드포드는 일반적으로는 멜랑히톤의 영향을 많이 받았고 『신학총론』을 영어로 번역하기도 했다.[30] 하지만 예정 교리에 관해서 만큼은 부써의 저술에 나오는 것을 받아들여서 예정이 하나님의 뜻에 연결되어 있음을 강조했다(롬 8:28).

4. 청교도들의 예정론과 「램버트 조항들」

영국 종교개혁의 과정에서 초기 청교도 운동의 신학적인 체계가 어떻게 형성되었는지 앞에서 살펴보았다. 예정 교리를 영국 종교개혁에서 어떻게 수용하고 있었는가를 살펴보는 중요한 문서가 「램버트 조항들」(the Lambeth Articles, 1595)이다. 우리는 이 문서에서 초기 청교도 운동의 신학적인 뼈대를 확인하게 된다. 윌리엄 퍼킨스와 그의 동료들의 청교도 사상을 이해하는데 있어서 이보다도 더 중요한 문서가 없는데 거의 주목을 하지 않아서 안타까울 뿐이다.[31] 영국 런던의 대주교가 거처하는 템즈 강변의 거대한 궁전이 바로 램버트 궁전(the Lambeth Palace)으로 이 문서는 주교의 선언이라는 의미가 함축되어 있다.

엘리자베스 여왕의 통치 후반기 1583년 이후로 켄터베리 대주교 휘트기프트를 내세워서 청교도의 입지가 훨씬 좁아졌음에 유의해야만 한다.[32] 내외적으로 외교와 군사 방면에서 많은 경험을 하게 된 여왕은 대내적으로 왕권 강화를 앞세워서 장로교회 청교도를 강단에서 추방했다. 하지만 청교도 운동은 여왕의 국가권력이 동원하는 압박 조치를 받아서 새로운 경건 운동으로 심화되어 나갔다.

주교의 감독 정치를 통해서 문제를 풀어가려는 국교회와 이에 맞서서 더 순결하고 깨끗한 교회를 세우려는 청교도는 결국 하나님의 선택과 예정의 교리에 대해서 합의할 수 없었다. 이것은 교회를 개혁하느냐 마느냐를 놓고서 벌이는 보이지 않는 영적 전쟁이었다.

1595년 4월 29일에 윌리엄 베렛이 케임브리지 대학교 채플 시간에 행한 설교는 개혁주의 정통 신학에 대한 공개적인 도전이었다. 그는 로마가톨릭의 반펠라기우스주의를 신봉하고 있었기에 칼뱅주의 개혁신학이 주장하는 구원교리, 특히 오직 은혜에 근거한 무조건적인 선택 교리를 비판했다. 곧이어서 예정 교리에 대한 논쟁이 촉발되었다. 이 시기에 함께 케임브리지 대학교에서 교수로 재직하던 피터 바로(Peter Baro, 1534-1599)는 베렛을 지지하는 입장을 취했다. 프랑스 태생으로 케임브리지 대학에서 20여년을 가르친 바로는 영국 국교회 안에서 최초로 알미니안주의를 공개적으로 가르친 최초의 인물이다.[33] 이처럼 케임브리지 대학 교수진 사이에서는 로마가톨릭에 우호적인 전통주의자들이 여전히 훨씬 많은 다수를 차지하고 있었다. 피터 바로는 인간의 자유의지가 예정과 협조적으로 조화를 이룬다고 하면서 성도의 견인에 대해서도 의심하는 주장을 했다. 견인의 신앙을 갖게 되면 구원의 확신을 가지게 된다.[34] 「램버트 조항」들이 발표된 후 이에 반대하는 바로는 1596년에 교수직을 사임했다.

청교도 쪽에서는 베렛이 개혁주의 신학의 합의와는 정면으로 배치되는 교리를 신봉한다는 점을 들어서 즉각 고발했다. 대주교 휘트기프트는 즉각 이런 상황을 해결하도록 학장 윌리엄 휘태커(William Whitaker, 1548-1595)에게 지시했다. 세 번이나 케임브리지 대학의 학장을 역임했던 로저 고드(Roger Goad, 1538-1610)도 개혁주의 정통 신학을 지켜나가고자 이 논쟁에 앞장을 섰다. 이 논쟁으로 칼뱅주의 예정론이 담긴 「램버트 조항들」이 만들어졌는데, 이 문서를 거부하는 사람들은 로마가톨릭에서 배워온 신인협력설과 자유의지에 대한 신념을 버리지 않았다.[35]

「램버트 조항들」을 작성하는 일에 앞장 선 휘태커는 케임브리지 대학을 졸업하고 1586년부터 교수가 되었다. 그 당시 대다수 교수는 휘태커가 칼뱅주의에 기울어져 있음을 알고 반대했다. 케임브리지 대학이 이 정도였으니 일반 교구에서는 청교도들의 개혁운동이 훨씬 더 어려울 수 밖에 없었다. 겨우 대주교 휘트기프트가 지지를 해서 휘태커가 교수진에 참여할 수 있었다. 그는 강의 시간에 칼뱅과 베자의 신학 서적들을 사용했으며 학생들에게 좋은 평판을 받았다.

잉글랜드 종교개혁 초기에 하나님의 예정이라는 교리가 선포된 적이 있었다. 영국 국교회의 신학적인 체계가 반영된 경영 세칙, 「39개 조항」(1556)의 제 17조항을 보면 영생에로의 예정은 하나님의 영원한 목적이요 그리스도 안에서 하나님의 주권적 선택에 기초한 것이라고 상당히 직접적으로 언급되어 있었다.[36] 영국 국교회의 신앙적인 기초가 되는 문서인 「39개 조항」은 불링거의 『제1스위스 고백서』(the First Helvetic Confession, 1536)를 많이 참고한 것인데, 로마가톨릭의 오류를 지적하는 한편 개혁교회의 차별성을 부각시킨 내용이 담겨 있다.

「램버트 조항」들은 케임브리지 대학교 내에서의 문제로 그치는 것이 아니라 영국에서 칼뱅주의 정통 신학의 최고 수준의 표지판과 같았다.[37] 적어도 영국 모든 신학자와 목회자가 동의하는 문서에 예정 교리를 근간으로 하는 구원론을 체계화 할 수 있었다고 하는 것은 청교도의 영향과 노력이 얼마나 대단했는지를 단적으로 보여준다. 대주교 휘트기프트와 케임브리지 신학자들은 칼뱅주의 신학을 기본적으로 공유하고 있었다. 국가교회의 총감독자 휘트기프트가 메리 여왕 때 화형을 당한 존 브래드포드의 제자였음에 주목해야 한다. 휘트기프트가 동의하는 문서에서 하나님의 절대주권사상을 강조하는 예정 교리가 채택되었다는 것은 이제 영국 교회에서는 더 이상 로마가톨릭의 성례 중심적인 목회를 따르지 않기로 확정되었음을 의미한다.

그러면 이제 영국 교회는 어떤 종교개혁을 채택할 것인가의 논의가 남게 된다. 앞서 지적했지만 영국 교회 지도자들은 루터의 개혁은 너무 미진한 부분이 많다고 이미 평가했다. 그래서 청교도는 칼뱅의 종교개혁과 칼뱅주의 정통 신학을 가장 성경적인 대안으로 받아들이고자 했다. 그러나 문제는 국가교회를 고수하는 엘리자베스 여왕과 그 주변의 귀족들, 고위 성직자들이다. 그들은 가급적이면 로마가톨릭에서 시행해 왔던 중앙집권제의 요소를 버리지 않으면서 목회 내용에서만 가톨릭의 잔재를 청산하기를 원했다. 이것이 바로 절충형 개혁 방안이다. 여기에 대해서 청교도는 결코 동의할 수 없었다.

영국 청교도의 신학 사상은 메리 여왕의 박해로 희생당한 선조들에게서 받은 깊은 영향이 남아 있었다. 따라서 케임브리지 대학에서는 마틴 부써의 신학과 칼뱅의 저서들이 중요시 되었다. 17세기 초에 알미니안주의가 대두되면서 세분화된 교리 체계가 다양하게 논의되었다. 휘태커가 1595년에 생애를 마치게 될 때는 윌리엄 퍼킨스가 매우 중요한 영향력을 발휘하고 있었다. 칼뱅 사후에 등장한 베자의 예정론이 퍼킨스의 강의와 저서를 통해서 널리 알려져 있었다. 퍼킨스는 개혁된 시민들이 보다 분명한 인격적 성화와 내적인 경건을 통해서 하나님의 은혜에 대한 확신과 위로를 얻기를 소원했다.[38] 퍼킨스의『황금 사슬』(1600)에는 예정과 선택 교리를 주제로 해서 베자의 예정론 도표를 활용한 것인데, 개혁신학과 성도의 경건이 그리스도 안에서 성취되었음에 대한 실제적인 안내가 도표로 제시되어 있다.[39]

청교도들 사이에서는 타락전 선택설과 타락후 선택설(infra-lapsarianism)이 모두 다뤄지고 있었고, 폭넓은 칼뱅주의가 확산되고 있었다.[40] 타락전 선택

런던 주교가 거주하는 램버트 궁전.

설과 라미즘이 케임브리지 대학에서 일반적으로 가르쳐지고 있었고, 「램버트 조항들」은 모두 다 이러한 입장을 반영하고 있다.[41] 이 문서에 서명한 사람들은 대주교 휘트기프트, 리처드 플레처, 런던의 주교 리처드 본(Richard Vaughan, 1550?-1607), 뱅골의 새로운 주교 등이다. 여왕의 개입으로 의회가 공식적인 문서로 채택하지는 않았지만, 「램버트 조항들」은 그 누구도 부인할 수 없는 권위를 갖게 되었다.

예정과 칭의에 관하여 케임브리지 대학의 신학자들은 9개 조항을 제정하였다. 당시 케임브리지 대학의 지도자들은 하나님께서 어떤 사람에게는 영원한 생명을 주시는 것과 어떤 사람에게는 영원한 정죄를 하실 것을 고백하는 칼뱅주의 교리를 그대로 선언하였다. 1595년 11월 20일에 작성이 되고 11월 24일에 케임브리지 대학교에서 발표된 문서는 주교들이 일부 표현을 순화시키고 다듬어서 많은 이들이 공감하도록 만들어졌다.[42]

1. 어떤 사람들은 생명으로, 다른 사람들은 죽음으로 영원히 선택된다.
2. 생명에 대한 예정의 근거는 믿음과 선행에의 선행되는 지식에 근거하지 않고 오직 하나님의 기쁘신 뜻에만 의존한다.
3. 택함받은 자의 숫자는 변경되지 않고 확정적이다.
4. 생명으로 예정되지 않은 자들은 그들의 죄악에 대해 필연적으로 정죄를 받는다.
5. 택자들의 참된 믿음은 최종적으로나 총체적으로나 실패하지 않는다.
6. 참된 신자 혹은 의롭다하는 믿음이 장착된 자는 충분한 확신을 가지며, 그리스도 안에서 죄의 씻음과 영원한 구원을 확신한다.
7. 구원에 이르는 믿음은 모든 사람에게 다 소통되는 것은 아니다.
8. 성부가 인도하지 않고서는 그 누구도 성자에게 나올 수 없으며, 성부가 모든 사람들 다 인도해내지는 않으신다.
9. 모든 사람은 자신의 의지와 능력으로 구원에 이를 수 없다.

9개 조항은 새로운 법규는 아니었지만 예정과 선택 교리에 대해서 권위

있는 선언이었다. 하지만 이 조항들은 여왕의 재가를 얻지 못하고 말았다. 이것이 바로 국교회의 한계이자 모순이다. 교회의 중요한 신앙고백에 관해 어찌하여 여왕이 최종 권한을 갖는 것인가! 위의 조항들은 토마스 크랜머가 주도하에 초기 영국의 종교개혁자들이 발표한 「39개 조항들」(1563)에서 요약한 것이라고 확신했던 휘트기프트가 여왕의 허락을 받으려고 노력했지만 기대와 달리 여왕은 전혀 호의를 표하지 않았다. 오히려 그 반대였다. 휘트기프트는 이 조항들을 개인적으로 사용하되 신중하게 사용할 것을 당부했다. 위 조항들은 제임스 어서(James Usser, 1581-1656) 감독이 『아일랜드 신앙고백서』(The Irish Articles, 1615)을 작성할 때 기본적인 내용으로 활용되었다.[43]

엘리자베스 여왕은 이 문서가 자신의 허락도 없이 총회에서 다뤄진 것을 알고 매우 화가 났다. 그녀는 이 문서를 즉각 폐기하라고 대주교 휘트기프트에게 지시했다. 그녀는 전체적으로 국가교회를 거부하고 장로교회 체제를 주장하는 칼뱅주의 신학 사상에 대해서 불만이 많았다. 그녀는 1559년에 이미 자신의 종교 정책을 공표한 바와 같이, 교회가 중용의 길을 채택해서 부드럽게 타협적인 목회 활동을 해 줄 것을 희망했던 것이다. 그런데 자신의 허락도 없이 휘트기프트까지 나서서 칼뱅주의 예정론을 담은 신학 문서를 결정하게 되자 이를 무력화하려는 조치를 취한 것이다. 그녀는 점점 더 변화와 개혁을 주장하는 영국 종교개혁자들과 청교도들이 많아지는 것에 대해서도 심기가 불편해졌다.

엘리자베스의 기본적인 입장과 태도는 성경적인 기독교 신앙의 개혁에는 그다지 관심이 없었다.[44] 이미 여왕의 교회 정책은 귀족들과 시민들 사이에 뜨거운 논쟁거리가 되어 있었다. 잉글랜드 북쪽 가장 큰 땅을 차지하고 있던 요크셔의 윌리엄 스트릭랜드(William Strickland, ?-1598)가 청교도를 지지하면서 1571년에 의회에 개혁 청원서를 제출하였다. 그러나 여왕은 압력을 넣어서 의회를 무기한 연기시켜 버렸다.[45] 그 청원서에는 여왕의 포고와는 정반대로 성직자가 예복을 착용하는 것, 서명하는 것, 성만찬 시에 무릎을 꿇는 것 등을 폐지하자는 내용이 주요 골자였다.

로마가톨릭을 지지하는 귀족들과 청교도를 후원하는 귀족들은 양편으로 나눠져 격돌했다. 로마가톨릭에서는 스트릭랜드를 이단으로 정죄하면서 의회원의 자격을 박탈할 것을 주장했다. 다음 해 열린 최종 회의에서는 스트릭랜드의 의회 회원권도 재승인되고 개혁 방안도 받아들여졌다. 스트릭랜드는 초기 엘리자베스 여왕의 종교 정책에 맞서서 청교도 신앙을 지원했던 의회의 영웅이었다. 여왕은 국제 사회와 국내에서 자신의 정치적 입지가 확고히 세워질 때까지는 영국 국가교회의 목회적인 지침에서도 중용의 길을 택했고 청교도에 대한 탄압도 강력하지 않았다. 그러나 1583년 이후로는 그녀의 정치적인 위상이 견고해지자 모든 청교도를 국가교회에서 배제시키는 강경정책을 시행했다.

청교도가 예정론을 중요하게 취급한 이유는 그들이 강조했던 거룩한 삶과 경건한 성화의 과정이라는 택함받은 자들의 생활 속에서 예정의 성취가 담겨 있다고 보았기 때문이다.[46] 청교도는 목회의 유익을 위해서 예정 교리를 매우 중요하게 다루었던 것은 분명하다. 그들은 예정론을 자신들의 언어로 사용하기 위해서 개혁주의 정통 신학을 깊이 연구했다. 청교도 설교자들은 로마서 강해를 통해서 예정의 교리를 다루었다.

5. 퍼킨스의 예정과 선택 교리

예정과 선택은 구원의 서정, 즉 구원의 구조와 질서를 이해하는 데 있어서 가장 중요한 기초를 제공한다. 영원하신 하나님의 계획 안에서 하나님의 작정이 있었다는 것은 역사 속에서 구체적으로 택함을 받은 자들의 구원을 위해서 확실한 근거가 된다. 퍼킨스가 『황금 사슬』에서 가장 탁월하게 풀이한 것이 바로 그러한 점이다. 이 책은 하나님의 작정에 대해서 선택과 유기로 갈라지는 도표를 제시한 것이 특징이다.

테오도르 베자가 작정의 두 가지 내용을 그림으로 그려서 제시했었는데 위로부터 아래로 내려오는 형태로 구원의 진행과정을 설명하였다. 그런데 퍼킨스는 양쪽으로 내려오는 두 줄기의 그림 가운데에 한 줄을 더 첨가했다.

첫째, 퍼킨스의 도표에서 우리가 주목하여야 할 부분은 가운데 중심을 이루고 있는 선이다. 퍼킨스는 베자의 도표에 각 항목마다 그리스도의 생애와 사역을 중심에 놓고서 선택과 유기의 내용을 연결 지어 설명하였다. 이것은 칼뱅이 성육신하신 중보자로서 오심을 통해서 하나님의 자유와 주권을 드러내신 까닭에 그리스도 자신이 선택의 가장 위대한 실례로서 자신을 드러내셨다고 풀이한 부분과 일치한다.[47] 또한 이러한 기독론적인 중심을 강조하는 것은 1560년 『스코틀랜드 신앙고백서』(the Scotch Confession)에서도 두드러진 부분인데, 제 8장 전체가 선택에 관한 것으로 기독론에 관련해서 서술되었다.[48]

둘째, 이 도표를 가지고 개혁주의 신학 체계를 요약했다거나 구원론을 축약시키려 했던 것은 아니다. 단지 문자를 모르던 당시 성도에게 쉽게 설명하려는 목회적 동기에서 작성된 것이다. 이 도표에 무엇이 들어있는가에 대해서 논쟁하기 보다는 실용적 활용에 무게를 두어야 한다. 이 도표만으로 개혁주의 신학이 작정과 예정론을 신학의 중심 교리로 설정했다는 비판을 해서는 곤란하다.[49] 이 도표는 결코 신학의 기본 구조를 작정 교리와 예정론으로 압축시킨 것이 아니다.

퍼킨스는 로마서 8장 28절에서 30절을 『황금 사슬』이라고 풀이했다. 그리고 퍼킨스는 그 말씀에 근거해서 작성한 이 도표를 성도에게 설명하면서 아래로부터 위로 올라가는 방식으로 구원을 풀이했다. 귀납법적인 논리를 적용해서 구원의 단계마다 이해를 하려면 바로 그 위에 있는 것으로부터 빛을 비춰보면 더 잘 알게 된다는 것이다. 리차드 멀러(Richard A. Muller, 1948-) 교수의 해석과 같이 퍼킨스는 '구원의 서정'을 풀이한 것이지, 예정론 체계로 기독교 교리를 축소시킨 것은 아니다.[50]

셋째, 이 도표에서 시작하는 지점과 끝이 있는데 그리스도 안에서 하나님의 영광이다. 청교도 신학은 하나님의 영광에 대해서 모든 것을 연결 지었다. 구원의 결정도 하나님의 것이요, 구원이든지 정죄를 하든지 하나님의 영

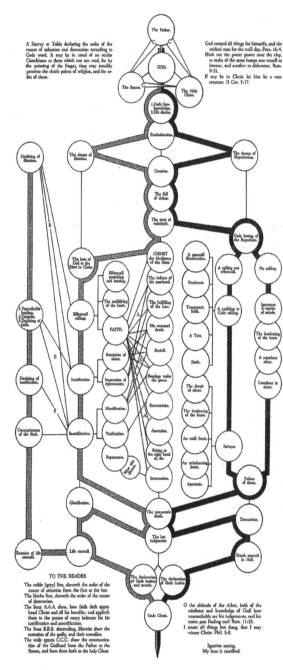

A Survey or Table declaring the order of the causes of salvation and damnation according to Gods word. It may be in stead of an ocular Catechisme to them which can not read, for by the pointing of the finger, they may sensibly perceive the chiefe points of religion, and the order of them.

God created all things for himselfe, and the wicked man for the euill day. Prov. 16:4.
Hath not the potter power ouer the clay, to make of the same lumpe one vessell to honour, and another to dishonour. Rom. 9:21.
If any be in Christ let him be a new creature. II Cor. 5:17.

William Perkins
1558-1602

Salvation: Introduction

William Perkins, an outstanding preacher, made great contributions to the Puritan movement despite the shortness of his life. He was born in Warton, Warwickshire, and educated in Christ College, Cambridge. In his early years he demonstrated scholarly ability, but his personal life was wild and sinful. After his conversion he became a strong exponent of Calvinism and always dealt sympathetically with those in spiritual need. He became a fellow at the college in 1578.

Perkins was later ordained and began his ministry preaching to prisoners in the Cambridge jail. He is said to have encountered a young condemned prisoner who was terrified not so much of death as of the impending judgment of God. The Puritan preacher knelt beside him to "show what the grace of God can do to strengthen thee." He showed him that Christ is the means of salvation by the grace of God and urged him with tears to believe in Him and experience the remission of his sins. The youth did so and was able to face his execution with composure, a glorious display of God's sovereign grace. This incident should be kept in mind while studying Perkins's chart of election and reprobation. It shows that his theology did not make him cold and heartless when dealing with sinners in need of a Savior.

Around 1585 Perkins was chosen rector of St. Andrews, Cambridge, and continued there until his death in 1602. His individual writings consisted mainly of treatises on the Apostle's Creed and the Lord's Prayer, and expositions of Galatians 1-5, Matthew 5-7, and Hebrews 11. He wrote the practical Cases of Conscience. His writings were popularly received and were translated into Latin, French, Dutch, and Spanish. They were collected in the three-volume *The Works of William Perkins* (1616-1618).

Perkins's "Golden Chain" is a basic guide to Puritan theology and preaching. Though not every Puritan preacher agreed with each detail of Perkin's Chain, it does represent Reformed doctrine as generally interpreted by the Puritans. His analysis and organization of soteriology is amazing, especially in relating the work of Christ to the elect believer. Perkins considers faith the result of God's effectual call rather than of sinful man's "free will." He also considers true repentance to result from sanctification and to lead to complete obedience.

Perhaps the most interesting feature of the "Golden Chain" is the religious zealot whose penitence is only temporary and arises from his sinful heart. In the twentieth century we need, more than ever before, to realize that such individuals are still unconverted and not merely "out of fellowship." Perkins's concept appears again in the selection on ecclesiology by Richard Baxter. The Puritans never considered church members saved just because they met outward requirements like baptism, confession of a creed, and response to an altar call. They preached the perseverance of true believers in obedience and good works as the result of true conversion. They were careful not to give people a false sense of assurance. The great problem of worldliness in our churches today can be solved only with this kind of preaching. Thus the emotional but false repentance of a Saul or Judas must not be taken as a sign of true conversion.

The Puritans generally also were wary of those "converts" who showed extreme religious "zeal." Not that they opposed spiritual zeal, but they recognized it could be a "cover-up" for deep, unrepented sin. Modern psychologists verify that many people with great religious or social zeal are attempting to sublimate guilt and anxiety. Again, today's ministers must urge their people to be as concerned about what they are as about what they are doing. In today's churches we see much activity but little real spiritual growth and godly living.

TO THE READER

The reddie [gray] line, sheweth the order of the causes of saluation from the first to the last.
The blacke line, sheweth the order of the causes of damnation.
The lines B.B.B. shew, how faith doth apprehend Christ and all his benefits: and applieth them to the person of euery beleeuer for his iustification and sanctification.
The lines A.A.A. shew, how faith doth apprehend Christ and all his benefits; and applieth them to the person of euery beleeuer for his iustification and sanctification.
The wide spaces C.C.C. shew the communication of the Godhead from the Father to the Sonne, and from them both to the holy Ghost.

O the altitude of the riches, both of the wisdome and knowledge of God! how vnsearchable are his iudgements, and his waies past finding out? Rom. 11:33.
I count all things but dung, that I may winne Christ. Phil. 3:8.

Ignatius saying,
My loue is crucified.

광을 위한 것이다.

넷째, 청교도의 선택 교리에서 중요한 것은 유효적 소명, 칭의, 성화, 영화였다. 이것은 개혁주의 구원론의 표준을 반영한 것이다. 유효적 소명은 왼쪽에 나오는 말씀 선포와 연결되어 있어 마음을 감화시키는 역할을 한다. 그로 인해서 믿음, 죄의 씻음, 의로움의 전가, 육체를 죽이고 영을 살리는 것, 마지막으로 회개와 순종에 이른다.

다섯째, 오른쪽 줄기는 저주받은 자들의 곤궁한 상태이다. 부르심에 대한 체험이 없다. 청함을 받지 못한 자들이다. 평생 굳은 마음을 갖고 있으면서 죄로 가득 차 있다. 복음은 누구에게나 똑같이 선포되는 것 같지만 누구에게나 효력을 발생하지는 않는다.

여섯째, 가장 왼쪽의 끝에 있는 네 가지 내용이 성도에게 희망을 준다. 택함을 받은 자도 의심에 빠지고 절망에 빠져서 믿음을 의심하기도 하며 칭의도 의심하고 육체의 욕망들에 빠지기도 한다.

구원의 서정에 대해서 생각할 때 개혁주의 신학에서 예정은 성도의 견인에 대해서도 뒷받침하고 있다. 성도는 구원에서 이탈될 수 없는데 성령에 의해서 믿음을 통해서 그리스도와 연합되어 있기 때문이다. 이것은 「램버트 조항들」 4항과 5항에서 다뤄졌었고, 『도르트 신경』(the Canon of Dort, 1619)에서는 다섯 째 항목으로 강조되었다.

예정 교리가 유럽 대륙의 종교개혁자들, 특히 칼뱅과 베자가 강조한 것과 퍼킨스와 영국 청교도가 가르친 것들 사이에 있는 차이를 평면적으로 대조하는 것은 별로 큰 의미가 없다. 영국에 살던 청교도가 구원의 확신을 강조하는 큰 변화가 있게 된 것은 경건의 연습을 실현하던 후기 종교개혁 시대의 상황이 변했기 때문이다. 청교도는 은혜의 체험을 강조했기에 예정 교리를 목회적인 훈련에서도 체험하게 하려 하였다.[51]

퍼킨스는 이런 시기에 케임브리지 대학에서 교수로 일생을 보냈다. 그는 「램버트 조항들」에 대해서도 잘 이해하였다. 이 책에서는 바로 다음 장에서 퍼킨스의 신학 사상을 전반적으로 다루고자 한다. 따라서 여기서는 간략하

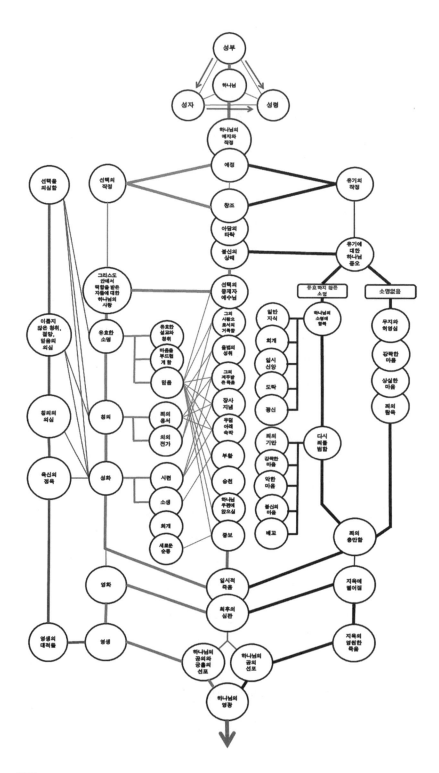

게 그의 예정교리의 특징을 기술하는 것으로 그친다.

6. 알미니안주의에 빠진 잉글랜드 국교회

청교도는 예정과 선택 교리를 구원론의 핵심 내용으로, 특히 구원의 확신을 주는 교훈으로 가르쳤다. 그러나 예정 교리를 거부하는 알미니안주의자들은 자유의지로 복음에 대한 반응을 선택할 수 있다고 주장했다. 이와 비슷하게 로마가톨릭의 요소를 오랫동안 간직해 온 잉글랜드 국교회에서도 예정과 선택 교리를 놓고 논쟁이 일어났다. 특히 국교회 목회자들은 청교도와 교회 체제를 놓고서 대립하여 왔기에 신학적 대립은 더욱 격화되었다. 로마가톨릭에서는 인간의 공로와 선행에 하나님의 은총이 결합한다는 "신인협력설"을 가르치기에 절대적인 하나님의 주권과 예정 교리를 거부했다. 로마가톨릭의 「트렌트 선언」(1545–1563)이 개혁주의 신학자들의 값없이 주시는 믿음으로만 의롭다하심을 얻는다는 칭의 교리에 대해서 '저주'(anathema!)를 선언했었다는 사실을 잊어서는 안 된다. 17세기에도 그리고 지금까지도 로마가톨릭의 입장은 전혀 바뀌지 않았다. 청교도는 눈에 보이는 국교회의 압박만이 아니라 보이지 않는 거짓 교리와의 영적인 싸움을 감당해야만 했었다.

더구나 잉글랜드 국교회에서는 국왕의 간섭과 지시에 따라서 종교개혁이 진행되었기에 위로부터 아래로 내려오는 조치들이 중요한 내용이었다. 그러한 국왕의 조치에 대해서 보다 더 교회를 개혁하고자 주장하던 청교도의 꿈은 좌절당하거나 매우 더디게 진행될 수밖에 없었다. 때로는 청교도의 생존이 위협을 받는 일들이 많았으므로 경건의 영향력을 발휘하기까지는 지불해야 할 희생과 고통이 너무나 컸다.

청교도 신앙의 정착을 위해서 수고했던 목회자들은 엘리자베스 여왕의 명령에 따른다는 서명을 하지 않은 목회자들이었다. 오직 예수 그리스도만이 교회의 머리가 되신다는 성경적인 확신이 있었기 때문이다. 비서명파 청교도들은 주로 장로교회이거나 회중교회를 성경적인 교회 제도라고 확신하고 있었기 때문에 1583년 이후로는 국가교회 체제 안에서는 설교와 목회활동을 할 수 없었다. 시련의 시기가 닥쳐오면서 청교도 신앙은 바람 앞에서 꺼질 듯이 위태로운 등불과 같았다. 비서명파 청교도는 들판에서 일하는 성도에게 찾아가서 예배를 올리기도 하고 산비탈에서도 모였으며 가정에서 소규모로 예배와 기도 모임을 가질 수밖에 없었다.

제임스 1세와 찰스 1세도 강압적으로 영국 성공회 체제를 정착시켰기 때문에 목양 사역의 주요 내용 속에는 로마가톨릭의 전통과 폐습이 그대로 살아 있었다. 17세기 청교도 운동은 이 왕들의 통치 시대에는 훨씬 더 심화되었지만, 여전히 로마가톨릭의 폐습이 거의 대부분 전체 잉글랜드 국가교회 안에 살아 있었다. 장로교회 제도와 권징 조례를 거부하는 것과 예정 교리를 거부하는 것이 서로 긴밀하게 연결되어 있었다.

17세기로 접어들었어도 잉글랜드 국교회의 상황은 전혀 개혁되지 않은 상태였다. 청교도가 1603년에 제임스 1세에게 제출한 「천명의 청원서」 내용을 살펴보면 그 당시 영국 성도들과 교회의 형편은 여전히 로마가톨릭에서 크게 벗어나지 못하고 있었다. 17세기 초엽에 이르게 되면 청교도가 시도한 영국에서의 종교개혁이 성공하느냐 아니면 일부 성도와 교회 안에서만 가르침을 베푸는 것으로 끝이 나느냐의 갈림길에 놓여 있었다. 청교도는 멈출 수 없는 교회개혁의 소망을 품고, 알미니안주의와 맞서서 강력한 말씀운동을 전개하였다.

「램버트 조항들」이 나오게 된 이유는 그 무렵 유럽 어느 나라를 가더라도 알미니안주의가 가장 큰 논쟁의 대상이었기 때문이다. 알미니우스는 네덜란드 사람이었으나 스위스 제네바에 가서 칼뱅의 제자 테오도르 베자로부터 공부를 하고 돌아와 1603년부터 라이든 대학교의 교수가 되었다. 그는 개혁주의 신학자들이 설명한 은총, 예정, 로마서 주석 등에 대해서 의구심을 품으면서 자신의 신학을 발전시켰다. 1588년에 암스테르담에서 목사로 안수를 받은 후에 10여 년 동안 이런 사상을 품고 있다가 1603년부터 1609년까지 라이덴 대학교의 교수가 되면서 논쟁의 중심에 등장했다. 그의 등장으로 17세기 유럽에서 예정 개념에 대한 논쟁이 불길처럼 확산되었다. 칼뱅이나 베자가 가르친 것과 같지 않은 사색을 펴내고 이미 전통적으로 이해되어 온 예정 개념을 거부하면서 불건전한 의도가 드러나게 되었다. 특히 베자가 주장한 타락전 선택설을 거부하면서 알미니우스는 새로이 완화된 예정론을 제기했다. 그가 제기한 내용은 아주 작은 부분의 변화였지만 하나님의 은혜와 예정에 대한 기존의 입장을 뒤엎는 효과를 갖게 되었다. 그는 죄의 영향에 대해서 아우구스티누스와 칼뱅의 견해보다는 완화된 입장을 취했고 구원에 이르는 은혜를 거부할 수 있는 가능성도 열어두었다.[52]

알미니우스는 칼뱅주의 예정론에서 가르치고 있던 무조건적 선택, 속죄의 범위 제한, 거부할 수 없는 은총을 받아들이지 않았다. 알미니우스는 '선행하는 은총'(prevenient grace)이라는 개념을 극대화해서 불신자에게도 선택할 수 있는 능력이 부여되어 있다고 하여 더 보편적인 은총론으로 확대시켰다.[53] 알미니우스가 사망한 후에 그의 신학사상을 따르는 자들이 「항론파의 5개 조항들」(Five articles of the Remonstrants, 1610)을 내놓으면서 각 지역 노회에서 논쟁이 극심했다. 도르트 총회(Synod of Dort, 1618-1619)에서 이들의 주장을 반박하는 18개 항목들을 결의했다.[54]

알미니안주의가 영국에 확산되자 국왕이 개입하게 될 정도로 예정론을 놓고서 격론이 일어났다. 제임스 1세는 기본적으로 엘리자베스의 국교회 정책을 그대로 고수했다. 제임스 1세는 1622년에 설교자들에게 교회에서는 국가적인 문제를 언급하지 말라고 금지시켰다.[55] 1623년에는 국왕이 예정론에 대해서는 논쟁을 금지한다는 성명서를 발표했다. 이런 조치들은 나중에 다시 수정되었지만 그만큼 정치적인 논쟁거리였다. 그렇다면 청교도는 구원의 교리를 어떻게 설교할 수 있었을까? 아무리 논쟁거리가 된다고 해서 설교 시간에 언급을 하지 못하게 된다면 과연 복음과 은혜의 시행을 바르게 소개할 수 없는 것이다. 알미니안주의자들의 공격에 대항하면서 예정론 신학을 옹호하려 했던 캔터베리 대주교 조지 애봇(George Abbot, 1562-1633)은 제임스 왕의 조치로 곤경을 겪게 된다. 특히 청교도에 우호적이던 그가 새로운 개혁주의 교회의 설립을 시도했기에 국왕이 개입한 것이다. 또한 1626년 찰스 1세의 궁정서명 문서는 다시 한번 예정론을 설교하지 못하도록 재갈을 물렸다.

잉글랜드 국교회의 심각한 타락상을 보여주는 대목이다. 어찌해서 왕들이 나서서 하나님의 말씀에 대한 금지를 공포하는가? 왕권이 얼마나 오만하고 타락했는가! 그들이 세상을 다스리는 권세를 갖고 있었지만 하나님의 통치권을 위임받았다는 사실은 전혀 인식이 없었다. 헨리 8세로부터 시작해서 잉글랜드 종교개혁에 관여된 여왕들과 다른 왕들이 진정한 기독교 신앙인들이었는지 모를 일이다. 하나님의 말씀에 대해서 진지한 관심이 없었다. 비서명파 청교도들이 용감하게 일어나서 하나님의 말씀대로 외치다가 국교회에서 설교권을 박탈당하고 감옥에도 던져지고 심지어 죽음을 당하기도 했다. 청교도는 참으로 의인들이었다.

알미니우스와 그의 라이덴 대학교 선임 교수 유니우스(Franciscus Junius, 원래 이름은 Francois de Jon, 1545-1602)가 당시에 유럽 개혁주의 교회가 대체로 받아들이던 예정론에 대해서 논박하고자 1597년부터 논의해 오던 것이 『친절한 회합』(Amica collatio, 1613)라는 책으로 출판되었다.[56] 이 책에서 알미니우스에게 보낸 유니우스의 의견이 개진되어 있는데, 예정을 받아들이게 되면 죄의 원인이 어디에 있는가 하는 문제를 제기했다. 유니우스는 프랑스 개혁교회 신학교 소무르에 초빙을 받아서 라이덴 대학교를 떠나려 했지만 흑사병으로 사망했다. 그의 자리를 알미니우스가 물려받았다.

알미니안주의가 확산된 이후로 선택과 유기에 대한 이중 예정론은 한 걸음 더 나아가서 거의 모든 신학자가 참여하여 논쟁이 가속화 되었다.[57] 개혁주의 신학자들 사이에서도 논의가 많았다. 타락전 선택설과 타락후 선택설이 쟁점으로 다뤄졌다.[58] 대략 세 가지 입장으로 정리되는데, 타락전 선택설이나 타락후 선택설이나 완화된 선택설(sub-lapsarianism) 모두 다 칼뱅주의자들이 하나님의 작정에 있어서 논리적 구조가 과연 어떻게 구성되는지에 관해 토론한 것에 불과하다. 충분히 예정론이라는 큰 구조 안에서 허용될 수 있는 작은 차이점에 불과하다. 이 세 가지 학설은 예정론을 거부하는 알미니안주의자들과는 본질적으로 다르다. 예정론의 구조에 대해서 여러 가지 학설이 있는 것처럼 예정과 선택 교리를 반대하는 것도 또 다른 신학의 이론으로 받아들이라는 것은 차원이 다른 문제이다. 알미니우스는 아주 영특한 잔재주를 부린 것이다. 이들 세 가지 학설은 예정과 선택 교리를 인정하고 그 안에서 논의를 하는 것이기 때문이다.

타락전 선택설은 예정의 작정이 타락에 관련된 작정보다 선행한다는 것이다. 따라서 하나님께서는 인간을 선택하시고 유기하시는 것을 인간의 죄악된 상태와 관계없이 진행하셨다. 이 체계 안에서는 인간의 타락이란 하나님께서 유기하신 자들에 대해 정죄하심을 위해서 사후에 정당화를 부여하는 것이 된다. 이중 예정의 체계가 필수적이다.

타락후 선택설의 체계에서는 먼저 인간의 타락에 관한 작정이 논리적으로 선행하고 그 후에 선택과 유기의 작정이 진행된다. 따라서 하나님은 죄악된 상태 그 타락에 관련된 인간들을 선택하신다. 이들 두 가지 입장은 매우 중요한 관점을 반영하고 있다. 타락전 선택설은 하나님의 주권과 영광을 강조하며 인간의 공로가 개입할 여지를 전혀 허락하지 않는다. 하나님의 우선권을 충분히 반영하는 입장이고, 하나님의 뜻대로 피조 세계를 지배하시는 관점을 제공한다. 타락후 선택설은 인간 역사 속에서 진행되는 구원경륜의 서정에 대해서 주목한다. 성경에 기록된 바를 그대로 살려내고자 하기에 하나님께서는 사람이 지은 죄에 대해서는 직접적으로 전혀 책임이 없다는 사실을 반영하고 있다.

개혁주의 신학자들은 이 두 가지 입장에 대해서 합의에 도달하지 못하고 있다. 테오도르 베자, 윌리엄 퍼킨스, 프란시스 고마루스(Franciscus Gomarus, 1563-1641)는 타락전 선택설의 입장을 고수했다. 프란시스 튜레틴(Francis Turretin, 1623-1687)은 타락후 선택설을 강조했다. 청교도 신학자 존 오웬은 이 두 가지 교리에 대해서 어느 입장도 취하지 않았다. 이처럼 다양한 입장이 있다는 것은 이 교리와 관련해서는 보다 더 깊은 연구를 해야만 한다는 것이요 다른 의견을 가진 입장들에 대한 관용적인 자세가 필요하다는 의미이다. 개혁주의 신학자들 내에서도 다양성과 범위의 편차가 용납되어야 한다.

헤르만 바빙크(Herman Bavinck, 1854-1921)는 하나님의 작정과 뜻이 우주적인 역사에 어떻게 관련되어 있느냐를 다루면서 단지 두 가지 개념으로만 제한시키는 것에 대해서 반대한다. 이런 논쟁 자체가 너무나 얄팍하다는 것이다. "하나님의 뜻은 영원한 계획이며"(eternal design), 이 세상을 포함하되 "그것을 뛰어넘는 모든 차원들이"(in all its dimensions) 관련되어 있다. 그는 타락전 선택설과 타락후 선택설 모두 피조물과 구원에 대한 하나님의 주권의 "복합성(complexity)을 너무나 단순화 시켜서 하나의 차원에가(on dimension)" 묶어놓는 바람에 이러한 주제들과 연관된 성경의 증언들이 너무나 난해하고 복잡하게 뒤섞어 버렸다고 평가했다. "피조세계를 관할하는 하나님의 주권성은 너무나 아름다운 것"이기에 두 가지 도식에 묶어놓은 채 단선적인 차원에서 다루는 것은 "대단히 축소시켜 버리는 결과"를 빚어내고 만다.[59] 바빙크가 우리에게 하나님의 주권성이 갖고 있는 다양한 차원과 유기적인 내부 관계성에 주목하라는 제안은 유익한 제언이라고 생각한다.

7. 『웨스트민스터 신앙고백서』의 예정 교리

감사하게도 그리고 너무나 다행스럽게도 우리가 다음에 살펴볼 『웨스트민스터 신앙고백서』에는 두 가지 입장에 관련한 언급이 전혀 없다.[60] 실제로 타락전 선택설과 타락후 선택설은 개혁주의 신학자들을 편가름 하는 교리가 될 수 없음을 보여주는 것이다. 존 머레이(John Murray, 1898-1975) 교수는 『웨스트민스터 신앙고백서』를 작성하는 과정에서는 타락후 선택설이 다수를 이루고 있었지만 타락전 선택설을 주장하더라도 서로 용납했다고 평가하였다.[61] 미국 장로교회와 개혁교회에서도 비슷한 입장이다.[62]

『웨스트민스터 신앙고백서』는 오직 성경에 근거하여 명확한 내용만을 중요하게 취급하였기에 어느 한 쪽의 입장만을 택해서 좁은 의견을 모아 놓으려 하지 않았다. 『웨스트민스터 신앙고백서』를 작성한 신학자들은 성경의 입장만을 합당하게 제시하고자 세밀하게 주의했고 노력했음을 보여준다.

청교도 신학 사상의 핵심은 오랫동안 토론한 끝에 만들어진 『웨스트민스터 신앙고백서』에 담겨 있다. 그 이전부터 전해온 종교개혁자들의 연구를 바탕으로 성경을 연구하고 기도하면서 결정한 문장이기에 이 문서에 담긴 내용을 존중하지 않을 수 없다. 하나님의 예정과 선택 교리도 역시 청교도의 경건한 신앙 조항에서 핵심을 차지하고 있다. 국회의사당의 귀족들부터 시골 자그마한 오두막의 촌부에 이르기까지 하나님과의 교통하는 삶을 살아가려고 노력하고 실천했다. 예정이라는 교리에 대한 이해가 청교도의 시대와 우리 시대와는 많은 차이가 있을지라도 구원의 소망을 가진 성도라고 한다면 누구든지 공감하는 주제이다.

청교도 신학의 정수가 담겨있는 『웨스트민스터 신앙고백서』에는 다음과 같이 예정과 선택의 교리가 정리되어 있다.

『웨스트민스터 신앙고백서』

제3장 하나님의 영원한 작정에 관하여

3-1. 작정의 바른 개념

1. 하나님께서는 장차 있을 모든 일을 영원한 때부터 그 자신이 뜻하신바, 가장 지혜롭고 거룩하신 계획에 의하여 자유롭게, 그리고 변치 않게 결정(작정)해 놓으셨다(엡 1:11; 롬 11:33; 히 6:17; 롬 9:15,18). 그러나 하나님은 죄의 조성자가 아니시며(약 1:13,17; 요일 1:5), 피조물들의 의지를 침해하시는 이도 아니시다. 도리어 제2원인들의 자유나 우발성을 제거시키지 않고, 오히려 확립하시는 분이시다(행 2:23; 마 17:12; 행 4:27-28; 요 19:11; 잠 16:33).

3-2. 예지와의 관계

2. 하나님께서는 모든 예상되는 조건들에 근거하여 장차 무엇이 일어날 수 있는 가를 알고 계신다(행 15:18; 삼상 23:11-12; 마 11:21,23). 그러나 그가 어떤 것을 결정하실 때, 그것이 장차 있을 것으로 아시기 때문에 예지하셨거나, 또는 그 가정된 조건들에 근거하여 반드시 일어날 것으로 예지했기 때문에 그 어떤 것을 결정하신 것은 아니다(롬 9:11,13,16,18).

3-3 이중적 예정

3. 하나님의 결정(작정)에 따라 하나님은 그의 영광을 나타내시기 위해서 어떤 사람과 천사들은 영원한 생명에 이르도록 예정되고(딤전 5:21; 마 25:41), 다른 이들은 영원한 사망에 이르도록 예정되어 있다(롬 9:22-23; 엡 1:5-6; 잠 16:4).

3-4 예정의 개별적, 불변적 성격

4. 이 천사들과 사람들은 이와 같이 예정되어 있기 때문에, 특별히 그리고 변치 않게 계획되어 있는 것이며, 그래서 그들의 수효는 확실하고 확정적이므로, 그것은 더하거나 뺄 수가 없다(딤 2:19; 요 13:18).

3-5 선택의 전적 은혜성

5. 하나님께서는, 생명에 이르도록 예정되어 있는 사람들을 창세 전에 자신의 영원하고 변함없는 목적과 그리고 그 뜻의 은밀한 계획과 선하시고 기쁘신 뜻을 따라서 오직 그의 거저 주시는 값없는 은혜와 사랑에 근거하여 그리스도 안에서 선택하시어 영원한 영광에 이르게 하셨으며(엡 1:4,9,11; 롬 8:30; 딤후 1:9; 살전 5:9), 그리고 모두 그의 영광스런 은혜를 찬미케 하셨다(엡 1:6,12; 전 3:14). 그러나 이러한 것은 믿음, 또는 선한 행위, 또는 그들 안에 있는 인내, 또는 피조물들 안에 있는 어떤 다른 것들은 하나님을 감동시켜 저희들을 선택하게 하는 조건들이나 원인이 아니다(롬 9:11,13,16; 엡 1:4,9).

3-6 구원의 수단들도 예정하심

6. 하나님께서 택한 자들을 영광에 이르도록 작정하신 것처럼, 그는 그의 영원하고 가장 자유로운 뜻과 의사에 의하여, 그것을 위한 모든 방법(수단)들을 미리 정하셨다(벧전 1:2; 엡 1:4-5, 2:10; 살후 2:13). 그러므로 선택받은 자들은 아담 안에서 타락했으나 그리스도로 말미암아 구속받으며(살전 5:9-10; 딛 2:14), 때를 따라서 역사하시는 성령으로 말미암아 그리스도 안에서 유효하게 부르심을 받아 믿음에 이르게 되며, 의롭다 함을 받으며, 양자되며, 성화되며(롬 8:30; 엡 1:5; 살후 2:13), 그리고 믿음을 통하여 구원에 이르기까지 그의 능력으로 보호된다(벧전 1:5). 이처럼 오직 택함 받은 자 외에는, 다른 아무도 그리스도로 말미암아 구속받거나 유효하게 부르심을 받거나, 의롭다 함을 받거나, 양자되거나, 성화되거나, 구원받지 못한다(요 17:9; 롬 8:28; 요 6:64-65, 10:26; 8:47; 요일 2:19).

3-7 버려두심의 목적

7. 하나님께서는 피조물들 위에 행사하시는 그의 주권적인 능력의 영광을 위하여, 그가 기뻐하시는 대로 긍휼을 베풀기도 하시고 거두시기도 하는바, 택함 받은 자 이외의 나머지 인류에게는 그 자신의 뜻을 측량할 수 없는 계획에 따라서 그들의 죄로 인하여 그들을 버려두시고, 그리고 그들이 치욕과 진노를 당하도록 작정하시기를 기뻐하셨으니, 이는 그의 영광스런 공의를 찬미케 하려 하심이다 (마 11:25-26; 롬 9:17-18, 21-22; 딤후 2:19-20; 유 4; 벧전 2:8).

3-8 예정 교리의 유익들

8. 아주 신비한 이 예정의 교리는 특별히 신중하고 조심성 있게 다루어져야 하는데 (롬 9:20, 11:33; 신 29:29), 이는 사람들이 하나님의 말씀에 계시된 그의 뜻에 유의하고, 그리고 거기에 순종하여 그들이 받은 유효한 부르심에 대한 확신감으로, 그들의 영원한 선택을 확신하도록 하기 위함이다(벧후 1:10). 그렇게 되면 이 교리는 복음을 성실하게 순종하는 모든 자로 하여금 하나님께 찬미와, 경의와 찬양을 드릴 수 있게 해 주며(엡 1:6; 롬 11:33), 또한 겸허와 근면과 풍성한 위로를

허락해 줄 것이다(롬 11:5-6, 20; 벧후 1:10; 롬 8:33; 눅 10:20).

하나님의 말씀을 강력하게 전파하는 성령의 충만하심이 17세기 동안에 특징적으로 드러났다. 청교도 시대의 성도는 은밀한 기도 시간을 준수하고, 가정 예배에 힘쓰며, 두 시간 동안 선포되는 설교를 경청하고, 추수감사 주간이나 금식으로 정한 규정들을 엄숙하게 지키고자 노력했었다. 이 모든 일을 억지로 준수한 것이 아니라 기쁨으로 감당했고 마땅히 지켜야할 성도의 본분이라고 생각했다.

하나님을 보다 더 잘 알고 그분에게 봉사하며 그를 즐거워하는 것이 존재의 위대한 목적이다라고 확신하였다.[63] 엄청나게 많은 사람이 설교를 통해서 회심을 체험했고 말씀과 함께 역사하는 성령의 체험을 나누었다. 1630년에 오 쇼트에 있는 교회에서는 존 리빙스턴(John Livingstone, 1603-1672) 목사의 설교를 듣고 약 500여 명의 성도가 진리의 강력한 도전 앞에서 회개하고 꺼꾸러졌다.

만일 알미니안주의자들이 말하는 바와 같이 그리스도가 모든 자를 위해서 피를 흘리셨다는 보편속죄론(Universalism)을 받아들인다면 지금 지옥에 있는 자들을 위해서 그리스도가 피를 흘리셨다는 말이 되는 것이다. 청교도 신학자 맨튼은 이런 생각은 그리스도에게 불경스럽고 신성모독에 해당한다고 비판했다. 그리스도의 공로도 부인하고 그리스도의 생명도 무가치하게 만들어 버리는 생각이다.

선택의 교리를 무시하거나 부정하는 것은 하나님의 완전성과 삼위일체되신 성부 성자 성령의 상호협력 사역을 외면하는 사상과 관련을 맺고 있다. 성부의 계획과 선택, 성자의 화해 사역, 성령의 성화와 적용 사역은 하나의 구원을 성취하는 긴밀한 연결이 담겨 있다. 청교도 신학자 맨튼은 알미니안주의자들이야말로 그리스도에게서 선택된 자들을 분리시켜 버리는 오류를 범하고 있다고 준엄하게 비판하였다.

청교도 시대 최고의 신학자로 활약했던 토마스 굿윈 목사는 귀족들과 최고위층이 모이던 국회에서부터 제일 가난하고 천하게 살던 사람에 이르기까지 경건이 무엇인가를 터득했고 사모하면서 더 높이 추구하였다고 토로한 바 있다. 17세기 스코틀랜드에서 살았던 역사가는 그들이야말로 하나님과 교통하는 천국과 같은 분위기에서 생활했다고 기술한 바 있다.

청교도의 철저한 생활과 그들이 신뢰했던 교리적 기초에 대한 탐구를 통해서 우리는 선택의 교리가 매우 중요한 가르침이었음을 재발견하게 된다. 복음의 핵심적인 주제 중에서 청교도는 하나님의 선택하심을 매우 중요시하였는데 아마도 현대 21세기 기독교인들이 가장 등한시하는 교리가 아닌가 한다. 청교도가 중요시했던 하나님의 선택 교리는 루터와 칼뱅에게서 비롯된 것이고 성경에 근거한 가르침이다. 그러나 안타깝게도 18세기와 19세기에 계몽주의 사상이 인간의 자율적 의지를 강조하고 자유주의 신학이 등장하면서 기본 교리를 왜곡시켰다. 하나님의 작정하심과 예정 교리는 진부하고 쓸모없는 가르침인가? 시대에 뒤진 폐물이고 쇠퇴시켜야 할 구시대적 가르침인가?

성경의 교리적 가르침을 수박 겉핥기식으로 다루는 교재들은 보석과 같이 중요한 선택의 교리를 간과해 버리고 말았다. 특히 칼 바르트와 베르카우어 등이 선택 교리에 대한 거부의 입장을 표명하자 소위 바르트주의자들이라는 무리가 선택의 교리에 의구심을 확산시켰다. 지성적인 신학자들이라는 사람들이 선택의 교리가 애매모호하다고 부추기고, 성경의 핵심적인 가르침이 쓰레기통에 던져지고 말았다.

8. 청교도의 예정론이 주는 유익들

17세기 이전에는 교회 개혁에 열심을 다하던 시기였고 17세기 이후에는 실천적 적용에 탁월한 열매를 맺게 되었다. 우리는 『웨스트민스터 신앙고백서』의 작성에 영향을 주거나 참여하거나 그 후에 영향력을 발휘한 신학자들의 설교나 주요 저서에서 예정 교리와 관련된 인용들을 살펴보고자 한다. 청교도의 예정 교리가 어떻게 실제로 활용되었는지 이해하는 것이 매우 유익하다. 교리에 대해서 깊이 연구해서 선언하는 것이 중요한 것이 아니다. 어떻게 하나님께 영광을 돌려드리느냐, 올바로 감격하면서 살아가느냐, 어떻게 열매를 맺느냐가 예정 교리의 가장 중요한 목표가 되어야만 하는 것이다. 이안 머레이(Iain H. Murray, 1931-)는 청교도 목회자들이 예정 교리를 어떻게 구체적으로 사용했는가를 간략하게 요약하였다.[64] 그가 인용한 청교도의 저술을 살펴보면 주로 청교도 운동 후기 작품이다.

선택은 하나님의 영원한 의지와 주권적인 즐거움을 실행하는 것이다

모든 청교도 신학자는 걸출한 성경학자 리처드 십스가 에베소서 1장에 대한 주석에서 설명한 것에 깊은 공감을 표시했다. 그는 한번도 영국 국가교회 체제 안으로 들어가지 않았던 청교도의 주류 목회자였다.

"하나님의 목적 가운데 사람들에 대한 영원한 분리가 있었다. 하나님의 목적을 이루고자 사람들을 엄격하게 다루는 작정은 피조물에 대한 하나님의 주권적인 행하심이다."[65]

잉글랜드의 시민전쟁 시기에 목사가 된 토마스 브룩스는 1662년, 「통일령」이 발표된 후 고통을 당하였다.

"하나님의 목적은 모든 만물의 근원이 되는 주권에서 나온다. 사람 안에 주신 것이나, 사람의 외부세계에 주신 것이나, 내적인 것이나, 외적인 것이나, 영원한 것은 모두 다 선하신 근원으로부터 나온다."

브룩스는 "사람을 위해서 영원 전에 선택하셨다는 것은 결코 과거에만 머무르는 사건이 아니다. 야곱이 태어나기도 전부터 사랑을 받았고, 택하심을 받았다는 것을 생각해 보면, 결코 현재적인 것만이 전부가 아님을 알 수 있다"라고 가르쳤다.[66]

"하나님은 모든 사람을 다 똑같이 대우하는 것은 아니다"라고 토마스 맨튼 (Thomas Manton, 1620-1677)은 설교했다.[67]

"어떤 이들에게는 은혜가 주어지고, 다른 이들에게는 주시지 않는데, 하나님의 영원한 작정에서 나온 것이다. 이 영원한 작정은 자유로운 선택이요, 하나님의 단순한 기쁨이며, 어떤 이들에게는 믿음을 주시는 것이고, 다른 이들에게는 주시지 않는다."

올리버 크롬웰의 종군담당 목사로 활약했고, 웨스트민스터 총회에서는 서기로 참여했으며, 왕정복고 후에는 1662년에 목회지에서 쫓겨나서 가정 예배를 인도했다. 지금은 덜 알려졌지만 그의 시대에는 존 오웬처럼 유명한 설교자였다.

요한복음 17장 2절은 "아버지께서 아들에게 주신 모든 사람에게 영생을 주게 하시려고 만민을 다스리는 권세를 아들에게 주셨음이로소이다"라고 되어 있다. 앤서니 버제스는 웨스트민스터 총회에 참석한 청교도로서 엄청난 양의 강해 설교를 출판했는데 그중에서도 앞에 인용한 요한복음 17장에 대한 강해서가 유명하다.

"우리는 여기서 성부가 권세를 가지시고 사람들의 영원한 구원과 멸망에 대해서 결정하셨음을 알게 된다. 여러분은 아버지께서 택하신 자들에게만 그 아들을 주신다는 것을 확실하게 알게 되었다. … 하나님의 주권적인 권능 가운데서 그가 구원을 주시기로 하시고, 그 밖에 사람들은 저주의 상태 속에 남겨두시기로 작정하셨다. 이것은 하나님에게 잔인하다고 할 수 없으며, 불의하다고도 할 수 없다. 왜냐면 그분은 모든 인류를 돌아보시기 때문이다."[68]

선택은 하나님의 불변적인 행위이다

『웨스트민스터 신앙고백서』3장 4항에 보면, "하나님의 불변적인 목적"(God's immutable purpose)에 대해서 기술하고 있다. 선택받은 숫자는 늘어나거나 줄어들지 않는다. 하나님께서는 영원한 구원을 위해서 필연적인 일들을 진행하시되 결코 오류가 없게 하신다.

청교도 사상의 핵심을 제시한 토마스 굿윈은 독립적인 회중교회의 목회자였다. 웨스트민스터 총회에 참석했고 옥스퍼드 대학의 막달렌 대학 학장으로 임명을 받아서 1660년까지 가르쳤다. 이러한 놀라운 진리에 대해서 다음과 같이 풀이했다.

"영원 가운데 계신 하나님의 행하심과 모든 방법은 그의 사랑에서 비롯된 것이다. 그런데 하나님의 지식과 진리 안에는 아무것도 새로운 것이란 없다."[69]

하나님의 불변하는 목적이 회심(유효적 소명), 칭의, 확실하게 택함 받은 자들의 견인을 이끌어 나가신다(롬 8:30). 브룩스는 "하나님의 사랑은 불변한다. 그가 사랑하는 자들을 영원히 사랑하신다."라고 했다. 요한복음 13장 3절에서 증거된 말씀의 내용이다. 하나님의 사랑은 자신에 관한 것과 같이 변함이 없으시다. 하나님의 사랑은 사람과는 다르다. 말라기 3장 6절, 야고보서 1장 7절, 예레미야 31장 3절에서도 증거되었다.

하나님의 불변하는 목적은 하나님의 선택과 예정이 필수적이며, 소명이나 칭의 등과 같은 다른 행동들을 작동시키는 원천이다. 로마서 8장 30절에서 이런 주제들이 선포되었다. 토마스 호튼(Thomas Horton, ?–1673)은 케임브리지 대학의 교수이자 학장으로 오랫동안 가르쳤으며 설교집이 여러 권 출판되었다. 로마서 8장에 대한 설교에서 그는 이렇게 말했다.

"하나님의 선택과 예정은 필수적이고 오류가 없이 다른 행위들과 함께, 소명과 칭의 등과 같이 진행된다는 것이 이 본문에서 명쾌하게 제시되어었다. 목적을 이루기 위한 수단들과 분리될 수 없이 결합되고, 연결되어 있다. 이것들은 황금 사슬로 연결된 반지들을 우리 앞에 제시하는 것이며, 서로 서로 결합되어서 분리할 수 없다. … 예정은 선행하는 것만이 아니라 유효적 소명의 원인이기도 하다. 하나님의 선하신 즐거움과 똑같은 은혜가 우리를 영생으로 결정했으며, 이 생명에 이르도록 수단들로 우리를 포용한다. … 하나님은 자신을 속일 수 없는 분이요, 자신의 목적을 중단하지도 않는다. 택함받은 자들은 영화롭게 될 것이며, 청함받지 못한 자들은 쫓겨날 것이다."[70]

선택은 그리스도에 대한 관계 속에서 시행된다

에베소서 1장 4절에 보면 "창세 전에 그리스도 안에서 우리를 택하셨다"라고 하는 선택과 예정 교리가 확고하게 제시되어 있다. 그리스도 안에서 택하셨다는 것은 신비로운 성격을 포함하고 있다. 청교도는 선택 교리를 부인하는 것은 복음의 본질을 부정하는 것으로 취급했다. 새 언약의 가장 영광스러운 부분은 하나님께서 친히 하나님 자신의 몫과 인간 편에서 담당할 몫까지도 완성하셨다는 점이다. 그리스도의 보호하심을 받도록 선택을 시행하심으로써 구원에 이르는 모든 은혜를 제공하신다. 중보자로서 그리스도는 하나님 아버지께서 죽도록 결정하신 명령에 복종하였다. "나는 내 양들을 위해서 내 목숨을 버리노라, 이것은 아버지께로부터 받은 명령이다"(요 10:11,15).

청교도의 저술에 보면 선택의 교리와 기독론의 연결이 매우 분명하다. 토마스 굿윈은 에베소서 1장 4절을 해석하면서 그리스도 안에서 주어진 선택임을 분명히 강조했다.

"우리는 처음부터 그리스도 안에 있는 존재들이다. 비록 우리가 타락했지만, 우리는 그리스도에 의해서, 그리스도 안에서 다시 살아날 것이다. 그리스도는 우리 모두에게 공통되는 인격이며, 우리를 위해서 일하신다. … 선택은 우리가 그리스도 안에 있다는 놀라운 특권이라는 것을 기억하라. 그리스도와 하나가 된다는 것은 다른 것들의 기초이자, 모든 최고의 것들의 근본이다."[71]

청교도 신학 사상은 예수 그리스도의 구속 사역을 중심에 두고 있다. 하나님의 모든 것은 예수 그리스도 안에서 충만하게 나타났다. 하나님을 아는 지식을 갖는다는 것은 예수 그리스도를 아는 것과 같다. 브룩스는 중보자로서 그리스도가 택한 자를 돌보아 주신다고 강조했다. "그리스도는 자신에게 주신 모든 자를 위해서 마지막 날에 응답하신다. 따라서 우리는 염려할 필요가 없다. 그리스도는 모든 권세를 동원하여서 모든 택한 자들을 지키시고 확실히 구원하신다. 그리고 그들의 부활의 날까지 확대될 것인데 먼지로 돌아간 그들을 영광 가운데서 다시 일으킬 것이고 하나도 잃어버리지 않고 마지막 날에 살아날 것이다."[72]

이와 같은 강조가 모든 청교도의 설교에서 발견된다. 토마스 맨튼은 "만일 선택받은 자들이 구원을 받을 수 없게 된다면, 그리스도는 자신의 임무를 완수하지도 못한 것이 되고 댓가도 받을 수 없다는 말이 되고 만다"라고 논증했다.[73]

크리스토퍼 러브는 장로교회 목회자로서 영국의 시민전쟁에 참가하였고 1651년에 순교했다. 그는 『유효적 소명과 선택 논의』에서 요한복음 6장 39절에 가르침이 이뤄지려면 성부 하나님께서 택하신 자들을 위해서 성자에게 부여하신 임무가 신실하게 지켜져야만 한다는 점을 강조하였다. 그리스도의 모든 사역은 선택의 교리와의 연계성에서 이해되어야만 한다. 실제로 그리스도의 보혈을 흘리심이라는 것은 모든 사람을 위해서 무작정 흘리심이 아니고 마태복음 26장 28절에서처럼 특별한 피흘리심이라고 규정되어야만 한다. 마찬가지로 칭의는 모든 자를 위한 칭의가 아니라 택함 받은 자들을 위한 칭의가 되어야 한다. 로마서 8장 33절에서처럼 교회를 위한 그리스도의 기도는 그냥 모든 사람을 위한 것이 아니라 특별한 기도이다(행 20:28).[74]

그리스도의 모든 사역은 선택의 교리와 연결해서 이해되어야 한다. 이 두 가지는 이것이 없으면 저것도 주장할 수 없게 된다. 윌리엄 펜너(William Fenner, 1600-1640)는 케임브리지 대학을 졸업한 후 옥스퍼드 대학에서도 수학했다. 그의 설교는 열정적이면서도 쉬운 문장이어서 모든 사람이 높이 평가했다.

> 그리스도의 피흘리심은 모든 자를 위함이 아니요, 특별한 피흘림으로서 오직 여러분을 만을 위한 것이다(마 26:28). 성화는 모든 사람을 위한 것이 아니요, 특별한 성화로서 오직 그가 택한 자들만을 위한 것이다(롬 8:33). 칭의는 모든 자를 위함이 아니요, 오직 여러분만을 위한 특별한 칭의이다. 그리스도의 구해내심은 모든 자를 위함이 아니요, 특별한 구하심이며 오직 그의 교회만을 위한 것이다(행 20:28). 그리스도의 기도는 모든 자를 위한 것이 아니요, 오직 여러분만을 위한 특별한 기도이다(요 17:9).[75]

먼저 우리는 청교도가 살았던 시대적인 상황을 기억해야만 한다. 선택과 예정 교리에 이웃나라 네덜란드로부터 흘러들어온 알미니안주의자들이 반론을 제기하고 있었다. 영국 국가교회에서는 적극적으로 이것을 받아들여서 청교도와는 대립적인 신학 구조를 만들고 있었다. 1590년대 이후로, 네덜란드 여러 곳에는 노회가 열리고 논쟁이 지속되었다. 마침내 1618년과 1619년에는 도르트 총회를 열고 본격적으로 다루어 알미니안주의자들을 강단에서 추방하는 일을 결정했다. 1600년대의 청교도 신학자들은 이러한 엄청난 파장이 영국 교회에 불결한 양식을 제공하게 될 것에 대해서 염려했다. 청교도 지도자들은 네덜란드와 이웃 저지대 개혁주의 교회들과 함께 알미니안주의자들이야말로 비성경적이며 반펠라기안주의자들이라고 규정했다.

9. 청교도 예정론의 적용

유럽 종교개혁자들의 성경 해석에 근거하였기에 큰 틀에서는 청교도의 예정 교리라고 해서 앞선 시대의 개혁신학과 별로 차이가 나지 않는다. 하지만 청교도 사상에는 보다 실제적이고 경건하며 가슴에서 나오는 경건이라는 특징들이 담겨 있다.[76] 비록 미세한 차이점이지만 우리가 이것을 간과해서는 안 된다.

첫째로 청교도는 예정 교리의 적용에 탁월해서 그 누구보다도 더 잘 설명했다. 그리스도가 누구를 위해서 십자가에서 죽음을 당했는가? 지옥에 떨어진 자들을 위해서 죽으셨다고 말할 수 없다. 그리스도는 천국에 올라갈 자들을 위해서 죽으신 것이다. 그들은 자유의지로 자신의 구원을 선택하였는가? 결코 하나님의 전적인 은혜가 아니고서는 구원을 얻을 수 없다.

칼뱅주의자와 알미니안주의자 사이에 격렬한 논쟁이 대두된 이후로 도르트 신경을 채택할 때(1618-1619) 예정과 선택 교리가 쟁점으로 부각된 것은 주로 사람의 자유의지를 근간으로 삼았기 때문이다. 그러나 하나님 중심으로 구원을 이해하게 되면 예정과 선택 교리를 부정할 수 없다. 그리스도가 성취하신 구원을 그가 적용시키고자 원하는 자들에게 베푸시는 절대적인 은혜를 부정하게 되기 때문이다. 1620년에 영국에서는 이 교리가 쟁점 사항으로 대두되었는데 많은 영국 국교회 지도자들과 성공회 목회자들이 알미니안주의를 받아들였다. 청교도는 결코 이런 신학적 혼란을 방관할 수 없었기에 알미니안주의자들이 거부한 예정 교리는 뜨거운 쟁점으로 부각되었다.

만일 알미니안주의자들이 말하는 바와 같이 그리스도가 모든 자를 위해서 피를 흘리셨다는 보편속죄론을 받아들인다면 지금 지옥에 있는 자들을 위해서 그리스도가 피를 흘리셨다는 말이 되는 것이다. 청교도 신학자 맨튼은 이런 생각은 그리스도에게 불경스럽고 신성모독에 해당한다고 비판했다. 그리스도의 공로도 부인하고 그리스도의 생명도 무가치하게 만들어버리기 때문이다.

둘째로 청교도는 선택 교리를 무시하거나 부정하는 것은 신론의 왜곡이라고 판단했다. 하나님을 아는 지식은 완전하신 하나님의 작정과 뜻을 존중하는 것이다. 예정과 선택은 하나님의 속성들과 연결되어 있다. 하나님의 완전성과 삼위일체 하나님, 성부 성자 성령의 상호협력 사역은 인류 구원의 경륜을 집행하는 데 있어서 예정과 선택을 근간으로 삼는다. 성부의 계획과 선택, 택한 백성을 위한 성자의 화해 사역, 택한 자들에게 부어지는 성령의 적용 사역들(소명, 중생, 믿음, 칭의, 회개, 성화, 양자됨, 견인, 영화) 은 긴밀하게 연결되어 있다.

청교도 신학자 맨튼은 알미니안주의자들이야말로 그리스도에게서 선택된 자들을 분리시켜 버리는 오류를 범하고 있다고 준엄하게 비판하였다. 윌리엄 퍼킨스는 알미니안주의가 주장하는 '보편속죄론'이라는 교리는 일반은총을 의미하는 것이 아니라 구원의 범위를 논의하는 주제임을 상기시켰다. 퍼킨스는 알미니안주의자들의 논지에는 결국 '보편적 무신론'(universal atheism)이 담겨있는 것이라고 지적하였다. 선택 교리를 부인하는 자들은 하나님께서 택함받은 백성에게 내려주시는 은혜의 방편들, 말씀, 성례를 무가치하게 만들어 버리는 일이다.

셋째로 청교도는 선택 교리를 받아들이게 되면 가슴에서 우러나오는 헌신과 복종을 한다고 강조했다.[77] 알미니안주의자들이나 로마가톨릭에서는 선택 교리를 확신하는 성도는 신앙생활을 하면서도 구원을 얻고자 노력하지 않게 되고 열심히 노력하지 않게 된다고 비판해 왔다. 하나님의 선택을 받은 성도는 근면하게 성화를 유지하고 거룩함을 이루고자 최선을 다하는 의지를 갖게 된다. 하나님께서 계시하신 뜻에 따라서 순종해야 한다는 것을 알기 때문이다. 믿음을 지키고자 힘쓰고, 성화에 최선을 다하는 성도는 신중하고 진지하게 선택 교리를 존중하는 자들이다.

넷째로 청교도 선택 교리는 성도에게 결단을 촉구하는 데 매우 유익한 내용으로 선포되었다. 현재 지옥에 있는 자들을 모욕하려는 것이 아니라, 자신이 선택받았다고 생각하면서도 죄악에 빠져있는 자들에게 회개하고 하나님께로 돌이키도록 하는데 중요하였다.

스코틀랜드 지방에서 청교도 부흥을 확산시킨 대표적인 신학자 데이빗 딕슨(David Dickson, 1583-1662)은 1620년대에 가장 뛰어난 설교자였고 가장 뛰어난 신학자가 되었다.[78] 딕슨은 예정 교리를 불신자에게 겸손함과 경고를 주고자 강하게 선포하였다. 디모데후서 2장 19절에 근거하여 딕슨은 선택 교리가 회개치 않은 자들에게는 엄청난 압박이 되고 아무런 의식 없이 살아가는 자들에게 절망을 안겨주게 된다는 점을 강조했다. 그리스도의 양은 그의 음성을 듣는다. 스스로를 그리스도인이라고 부르면서 하나님을 조롱하고 적당히 살아가려는 자에게 이 교리는 사악한 잔꾀에서 벗어나도록 촉구한다.

딕슨은 웨스트민스터 총회에서 1643년에 알렉산더 헨더슨(Alexander Henderson, 1583?-1646)과 데이빗 칼더우드(David Calderwood, 1575-1650)와 같이 「공중예배의 지침」을 작성했다. 1650년에 에든버러 대학교 교수로 취임하면서 『오류를 이기는 진리』(Truth's Victory over Error)를 라틴어로 발표했다. 훗날 조지 퍼거슨이 이를 영어로 번역해서 1684년에 출판되었다. 찰스 2세가 왕정복고를 단행하고 스코틀랜드를 방문했을 때에, '왕의 수위권'을 거부하는 의미로 에든버러 대학교에서 사직했다.[79]

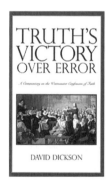

딕슨의 『웨스트민스터 신앙고백서』에 해설집.   그가 설교로 감동을 주었던 얼바인 교회.

청교도는 이 교리를 가지고 성도들이 무기력과 우울증을 극복하도록 격려하는 일에도 크게 활용하였다. 흔히 청교도에 부정적인 선입견을 가진 사람들을 발견하게 된다. 그들은 청교도가 인간이나 세상에 대해서 대단히 어둡고 소극적인 신앙 정서를 가졌다고 비판한다. 그렇지 않다. 청교도는 예정과 선택의 교리를 통해서 구원의 확신과 하나님의 사랑을 확인했다. 청교도는 스스로의 한계를 인식하고 죄의 무게가 너무나 무거워서 주저앉을 수밖에 없을 때 하나님의 택하심에는 결코 후회하심이 없다는 메시지를 통해서 힘을 얻었다. 하나님의 선택은 절대불변이라는 교리는 성도에게 위로의 교훈이 되었다. 값없이 주시는 은혜의 교리와 선하신 하나님의 돌보심을 증거할 때 특별한 위로와 격려를 받았다. 약속하신 하나님께서 영원까지 친히 자기 백성을 돌보시기 때문이다. 또한 성도의 안전과 특권을 강조하는 선택 교리는 하나님께서 주신 선택적 사랑에 대해 반응하도록 촉구하는 데 활용되었다.

10. 청교도 예정론에 대한 해석 논쟁

청교도 신학자 퍼킨스와 베자의 예정론에 대해서 몇 개의 학파가 서로 대립된 해석을 내놓고 있다. 이것은 청교도 신학의 가장 중요한 근거가 되는 칼뱅의 신학 사상에 대한 해석에서도 역시 동일하게 드러나는 현상이다. 역사적으로 위대한 인물의 사상에 대해서 서로 다른 해석이 대립하는 것은 현재 역사를 연구하거나 평가하고 있는 학자의 입장이 다르기 때문이다. 그래서 저명한 역사학자들마저도 역사란 소설이고 허구라는 말을 하고 있을 정도이다.

1961년에 케임브리지 대학의 역사학자 카(E. H. Carr, 1892-1982)는 『역사란 무엇인가?』라는 질문을 던졌다.[80] 역사가는 과거에 대해서 사실과 진실만을 말하는 것인가? 역사는 현재를 위하여 쓰여지는 것인가 아니면 자기 자신을 위해서 기술되는 것인가? 과연 그 당시의 형편에 맞게 역사를 기술하는 것이 가능한가? 우리는 과거에 살았던 사람에 대해서 도덕적인 판단을 내려야만 하는가? 역사가은 과거의 사실들 자체보다는 자신이 부여하는 의미를 새롭게 쓰고 있는 것은 아닌가? 우리는 객관적인 토론을 위해서 이런 질문들을 던지지 않을 수 없다.

1970년대 이후로 포스트모더니즘이 등장했고, 언어 비평학, 후기 구조주의 등이 과거 역사와 관련된 전통적인 해석들을 완전히 해체시켜 버리고 말았다. 미셸 푸코(Michel Foucault, 1926-1984)와 자크 데리다(Jacques Derrida, 1930-2004)와 같은 언어 철학자와 포스트모더니즘에는 역사란 진리가 아니다. 필자는 역사 속에서 진실을 찾는 작업이 힘들지만 반드시 필요한 과제임을 확신하기에 해체주의에 반대한다.[81]

청교도의 신학 사상 중에서 가장 중요한 것은 인간에 대한 이해와 구원의 은혜를 강조하는 내용이다. 오랫동안 로마가톨릭에서 습성적으로 살아왔던 대부분의 국교회 소속 목회자들은 케임브리지 대학에서 가르치는 종교개혁의 신학과는 엄청나게 다른 전통에 기초하고 있었다. 중세 말기의 로마가톨릭이 가르친 구원론과 종교개혁자들의 성경적인 이해와는 그 차이점이 엄청나게 컸다. 과거 역사에 대한 연구는 현재 중요한 의미가 있다. 우리는 이 정확한 교리의 이해를 위해서 앞선 시대를 현대로 끌어내리려는 작업을 하는 것인데 먼저 당시의 이러한 맥락과 분위기와 정서를 정확히 알아야만 한다. 17세기 청교도의 한 사례를 들면 엘나탄 파르(Elnathan Parr, 1577 - 1622)는 케임브리지 대학교 킹스 칼리지를 졸업한 후 수섹스에서 목회하면서 로마서 강해와 교리문답서를 작성하였고 예정론을 강력하게 가르쳤다.[82]

초기 청교도 운동과는 달리 엘리자베스 여왕 통치 말기와 17세기에 이르게 되면서 유럽 대륙에서는 알미니안주의가 예정론을 거부하면서 격렬한 논쟁을 일으켰다.[83] 마치 아우구스티누스와 펠라기우스가 인간의 본성을 놓고서 격론을 벌였듯이, 또한 루터와 에라스무스가 자유의지를 놓고서 대립하였듯이,[84] 중세 말기에 로마가톨릭에서 깊이 심취해 있던 반펠라기우스파와 아우구스티누스파의 은총론이 서로 다르듯이, 여전히 서로 다른 인간 이해를 바탕으로 삼는 두 체계가 청교도와 국가교회 목회자 사이에 신학적인 이해와 간격을 크게 벌어지게 하였다.[85] 청교도는 칼뱅주의 정통 신학의 입장에서 하나님의 영광을 높이고자 했기에 인간의 합리적인 이해를 더욱더 추구하는 알미니안주의와는 큰 차이가 발생하였다.[86] 더구나 당시의 왕실 정치와 연계되어서 왕권 강화에 편승하여 주교 정치를 극대화하려는 대주교 로드와 국가교회가 이를 이용하여 칼뱅주의 청교도를 강력하게 핍박하였다. 그럼에도 불구하고 청교도 신학자들은 결코 물러서지 않고 정통 개혁신학을 가르쳤다.

17세기 유럽 대륙에서 칼뱅의 후계자들이 정통주의 개혁신학을 구축하던 시기에 알미니안주의자들이 등장하여 예정론을 거부하려는 논쟁을 촉발했다. 1618년에 『도르트 신경』이 채택되기 이전부터 이미 10년 동안 이런 소식을 접한 영국의 청교도 예정교리에 대한 강조가 현저하게 드러난다. 17세기 청교도와 영국 종교개혁자들의 사상과 신앙생활에서 예정 교리가 어떤 역할을 했으며, 어떤 것이 이 교리에 대한 가장 정확한 이해였던가를 파악해 보려면 최근 연구를 무조건 다 믿어서는 안된다.

초기 청교도 신학에서 중요한 영향을 끼쳤던 윌리엄 퍼킨스에 대한 연구자들 사이에서 논쟁이 많았다. 옥스퍼드에 제출된 켄달의 박사학위 논문에서 기존의 청교도 연구자들이 주장한 것을 부정하는 '논제'가 제기되었기 때문이다. 켄달은 칼뱅과 후기 칼뱅주의자들이 서로 중심 교리가 다르다는 입장에서 출발하여 윌리엄 퍼킨스를 비롯한 영국의 청교도들이 예정론에서 다른 구조를 가르쳤다는 비판을 제기했다.[87] 켄달은 제네바에서 칼뱅이 '제한속죄'를 가르치지 않았으며(롬 5:18 참조), 예수 그리스도께서 오직 택함받은 자들만을 위해서 피를 흘리셨다는 예정론에 대해서도 말한 바가 없다고 주장했다. 그러나 이것은 결코 사실이 아니다. 켄달의 퍼킨스와 청교도 비판에서 문제점이 있듯이 칼뱅 연구에서도 그 이전의 칼뱅 신학자들과 차이가 크다는 것이 드러났다. 켄달의 칼뱅 연구와 해석은 칼뱅의 신학적인 설명들 속에 선택과 유기라는 이중 예정론이 있다고 주장하는 전통적인 칼뱅주의자들과 다르다. 그는 칼뱅의 후계자 베자와 퍼킨스에 대해서도 비판적으로 접근하였다. 베자의 저술들과 퍼킨스의 영향으로 잉글랜드 칼뱅주의 청교도들이 전개한 예정 교리가 차갑고 이론적인 체계로 전락하고 말았다고 비판하는 것이다.

개혁주의자들은 예정 교리를 다루면서 하나님의 작정을 완성하는 예수 그리스도의 속죄에서 그 해답을 찾으려 했다. 퍼킨스와 청교도는 예정 교리를 기독론에 연결하여 정립하였다. 예수 그리스도께서 십자가에서 흘린 보혈이 누구를 위한 희생이냐는 것이다. 속죄가 오직 택한 백성을 위한 것이라고 한다면 예정 교리를 받아들이지 않을 수 없다. 그러나 속죄의 범위가 온 인류를 위한 것이라 한다면 누구에게 효력이 적용되느냐를 다시 논의해야 한다. 우리는 이미 퍼킨스의 『황금 사슬』에서 네 가지 입장을 비교하여 살펴볼 수 있었다. 알미니안주의자들은 중세 말기에 로마가톨릭에서 받아들이고 있었던 보편속죄론을 활용하였고 하나님의 은총에 대해서 인간의 자유의지로 반응하는 것이기에 결국에는 신인협력설에 이르게 된다. 그러나 칼뱅주의 정통 신학자들은 오직 택한 백성을 위해서 희생하셨다는 제한속죄를 주장했고 하나님의 절대주권과 인간의 영적인 무능력을 일관되게 강조했다.

켄달은 '제한속죄' 교리를 받아들이지 않는다고 하면서, 소위 '네 가지 조항'만을 믿는 칼뱅주의자라고 주장한다. 우리는 이러한 사람을 '온건파 칼뱅주의', '네 가지 조항 칼뱅주의'(moderate Calvinism, four-point calvinism)라고 부른다. 그러나 네 가지 조항만을 받아들이게 되면 칼뱅주의자들이 체계화한 구원론의 교리 구조와 충돌이 일어난다. '제한속죄'가 빠지는 경우에는 전체 구조가 일관성을 유지할 수 없게 된다.[88] 켄달은 그리스도가 모든 사람을 위해서 죽으셨다는 것이 자신의 신학이며, 알미니안주의와 일부 연결되어 있음을 부인하지 않는다. 더구나 이러한 입장에 근거하여 퍼킨스와 베자를 공격한 것이다. 켄달은 알미니안주의를 받아들이는 것이 아니라고 주장하면서도 칼뱅주의자들이 강조하는 '제한속죄'에 대해서만 거부한다는 것이다. 그렇다면 켄달은 진정한 칼뱅주의가 아니다.

더구나 켄달은 도르트 신경에서 결정한 이 제한속죄 조항을 끝내 받아들이지 않는 입장에서 한 걸음 더 나아가 제한속죄를 받아들인 퍼킨스를 비판하고 있는 것이다. 케임브리지의 퍼킨스가 믿음의 역사적인 측면보다는 철학적인 이론을 강조해서 차가운 합리주의 체계로 칼뱅에게는 전혀 찾아볼 수 없었던 이중 예정론을 제시했다고 비판한다.[89]

또한 켄달은 퍼킨스가 예정에 대해서 실천적 삼단논법을 사용하여 구원의 확신을 의심하게 하는 도구로 잘못 사용했다고 주장하였다. 퍼킨스가 '실험적 예정론자'로서 대다수 '신조를 믿는 예정론자들'과는 거리감이 있었다고 보았다.[90] 두 가지 예정론자의 모습은 영국 종교개혁에서 상당히 그럴듯한 일반적인 이론이 되었다. 즉, 목회자들이 이들 두 가지 입장을 활용해서 확신의 문제를 다루었다가 모호하고 주관적이며 고통스러운 회고 등을 주로 논의하는 가운데 부정적인 결과를 빚었다고 주장한다.[91] 그러나 켄달이 주장한대로 칼뱅이 제한속죄를 가르치지 않았다는 것은 잘못된 해석이듯이, 베자와 퍼킨스와의 대조 연구에서 스콜라주의를 지나치게 강조하여 변질되었다고 말하는 것도 모두 다 사실이 아니다.[92]

칼뱅주의 정통 신학에 대하여 이처럼 부정적인 입장에서 접근하게 되면 17세기 초반의 예정 교리와 하나님의 작정에 대해서 '스콜라주의적'인 구조라고 비난하게 된다. 현대 신학자 중에서 일부는 칼뱅의 신학 사상에서는 없던 요소가 17세기 신학자들의 예정론에 담겨 있다고 비판한다. 베자와 퍼킨스의 의해서 하나님의 작정, 예정, 선택과 유기를 가르치며 무미건조하고 엄격하며 이론적인 신학으로 흐르고 말았다고 비판하고 있다.[93] 그러나 켄달의 주장은 새로운 것이 아니다. 그의 선임자였던 마틴 로이드 존스 목사는 켄달의 해석에 불만을 가졌고 불신임했다.

이처럼 청교도 신학의 해석이 다르게 되는 배경에는 청교도 운동의 뿌리에 있는 칼뱅의 신학 사상에 접근하는 연구자들 사이에서 대립적인 해석이 자리하고 있기 때문이다. 필자는 칼뱅 연구자들 사이에 첨예한 격돌을 정리한 바 있는데 칼뱅과 청교도의 연속성을 강조하려는 입장과 불연속성을 강조하면서 청교도를 비판하려는 칼 바르트의 입장이 대조적이다.[94] 바르트가

청교도와 예정론에 대하여 부정적으로 해석한 것이 지대한 영향을 끼쳤다.[95]

영국 청교도에게 가장 큰 영향을 끼친 칼뱅은 제네바에서 예정 교리를 거부하는 로마가톨릭 신부들과 여러 차례 치열한 논쟁을 하였다.[96] 최근에 예수 그리스도가 신학의 핵심 교리가 되어야 하느냐 아니면 예정론이 중심 교리가 되어야 하느냐로 나뉘어져서 칼뱅의 신학을 평가하는 연구서도 많이 나왔다.[97] 19세기에 독일에서 제시된 '중심 교리'를 분석하는 방법론은 개혁주의 신학을 '예정론의 구조와 체계'라는 인식을 갖게 하는 왜곡된 해석을 보여줬다.[98]

이처럼 현대 신학자들 사이에는 칼뱅 신학의 해석에서도 현저한 차이점을 드러내고 있는데 그러한 대립적인 안목들과 비판들을 그대로 가져다가 청교도 연구에 접목시킨 것이 켄달에게서 발견된다. 예정 교리를 놓고서 칼뱅과 칼뱅주의자들이 서로 다르다거나 종교개혁자들과 후기 종교개혁자들 사이에 중심 교리의 차이가 있다는 식으로 대조를 하는 것이다.[99] 켄달의 논제가 기인하게 되는 선행 연구자로 지적되는 바실 홀(Basil Hall, 1915-1994)은 기본적으로 영국 성공회에 소속된 학자이었고, 그의 입장은 자유주의적인 개신교회 에큐메니즘이었다. 그는 칼뱅을 인문주의 신학자로 취급하고 있는데 청교도 연구에서도 역시 바실 홀은 독일 자유주의 신학자 에른스트 트뢸취(Ernst Troeltsch, 1865-1923)에 근거하여 매우 비판적이었다. 홀은 청교도 운동은 1640년까지 영국 국가교회 체제에 순응하지 않으려 했던 불안정하고 다양한 분파주의자들이라고 주장하여 청교도 해석에서도 격론을 일으켰다.[100] 홀은 청교도를 규정할 때 국가와 교회에 반항하면서 칼뱅의 신학을 따라서 보수적이었고, 장로교회도 있지만 통일성이나 연속성이 없는 독립주의자들이라고 비판했다. 영국 성공회의 입장을 그대로 대변한 것이다. 그의 청교도 연구를 비판이라도 하려는 듯이 크리스토퍼 힐(Christopher Hill), 패트릭 콜린슨, 윌레스(Dewey D. Wallace, Jr.) 등의 저서들은 전혀 반대의 실상을 전해주고 있다.

청교도들 사이에서 예정 교리는 광범위하게 퍼져 있었다.[101] 콜린스 교수는 청교도에게 있어서는 칼뱅주의 개혁신학이 그 당시 가장 돋보이는 진리 체계였고 거의 모든 설교자가 가르쳤다고 지적했다.[102] 월레스는 청교도들의 딱딱한 예정교리 체계가 드러나는 것은 사실이지만 그럼에도 불구하고 대학교와 지역 교구 사이에 예정론에 관한 차이는 별로 없었음을 입증했다. 예정교리는 죄인으로서의 인간에 대한 긍정적인 자극을 주었으며 개혁주의 신학으로부터 빚어진 경건의 영적인 샘물과 같아서 성도에게 제공하는 큰 힘이 되었다고 설명한다.[103] 월레스는 청교도의 저술 속에서 "예정론을 믿는 자가 얻는 은혜의 경건"이라는 소제목으로 집약하였는데 청교도의 설교와 저술 속에서 예정론은 결코 딱딱한 사색이 아니었음을 지적했다. 그는 광범위한 자료 분석을 통해서 청교도가 강조한 예정은 경건의 실천에 연결되었다는 매우 유익한 해석을 제시했다.

케임브리지에서 연구한 맥그래스(Alister E. McGrath) 교수는 베자의 신학체계에서 예정 교리가 중심 진리로 전체 신학을 지배하는 원리이자, 출발지점이 되었다고 인정한다.[104] 이런 영향으로 청교도도 예정 교리를 스콜라주의자들의 방식처럼 신학에서 예정 교리를 가장 중요한 위치에다 올려놓았다는 것이다.[105] 리처드 멀러 교수는 칼뱅과 칼뱅주의자들의 예정 교리에 관한 저술들은 한결같이 일관되는데, 다만 역사적 상황에 맞춰서 강조점이 차이가 있을 뿐이라고 주장했다. 켄달의 논지에 대해서 멀러 교수는 강력한 반론을 제기하고 있다.[106] 멀러는 영국 종교개혁과 청교도는 결코 개혁주의 예정론을 변질시키지 않았으며 본질적으로 칼뱅의 신학과 차이가 없다고 보았다. 다만 개신교의 신학이 시대와 상황에 따라서 조직적으로 발전해 나가는 과정에 있었기에 진술방식과 채용한 논증 방법의 차이에 대해서는 긍정적으로 보아야 한다는 것이다. 폴 헬름(Paul Helm, 1940-)은 칼뱅과 칼뱅주의자들, 특히 영국 청교도들 사이의 교리적 연속성이 지속된다고 하면서 좀 더 넓고 큰 전망에서 다뤄졌음을 주목하라고 촉구했다.[107]

자신의 입장에서 과거를 평가하려고 하기 때문에 청교도 신학의 핵심에 해당하는 예정과 선택 교리에 대해서 이런 현저한 해석의 차이가 발생하고 말았다. 알미니안주의를 반대하던 청교도 주류의 입장에서 살펴보지 않고, 알미니안주의자의 입장에서 17세기를 비판하려는 자세는 결코 온당치 못하다.

알미니안주의자들은 제한속죄를 비판한다. 그들의 모순점에 대한 찰스 핫지(Charles Hodge, 1797–1878) 박사의 지적을 살펴보자. 성경을 읽다가 보면 요한복음 3장 16절과 같은 구절에서 그리스도가 세상을 사랑하사 그 안에서 살고 있는 모든 사람을 위해서 죽으셨다고 읽혀질 수 있는 여지를 남겨둔 것은 사실이다. "그러나 누구를 위해서 죽는다는 것은 그 사람의 혜택을 위해서 죽는다는 것이다. 그리스도의 죽음이 모든 세상에 혜택을 주고자 한 것이라면 사람들의 집행유예를 연장시켰을 것이고, 그들을 위해서 수없는 복들을 확보했을 것이며, 모든 사람들을 위해서 합당하고도 충분한 의로움을 예비했을 것이다. 이것이 그리스도가 모든 사람을 위해서 죽으셨다는 의미이다. 그러나 지금 우리가 목격하는 세상을 보면, 그리스도가 모든 사람을 위해서 죽으셨다는 것과는 전혀 다른 상황이다. 그의 죽으심은 잃어버린 자들을 위한 것이다."[108]

칼뱅주의 신학은 일관성 있게 그리스도가 자기 백성만을 위해서 죽으셨음을 강조한다. 만일 제한속죄를 거부한다면 온건한 칼뱅주의자가 되는 것이 아니라 아예 칼뱅주의자라는 말을 쓸 수 없다. 그리스도가 이 세상에 오신 것은 자기 백성을 구하기 위함이다. 그의 죽으심은 성부께서 성자에게 주신 자들을 위함이다. 따라서 그리스도는 모든 사람을 위해서 죽으신 것이 아니다.

하나님께서는 죄인을 구원하신다. 그런데 하나님께서 죄인들을 도와주셔서 그들 스스로 구원을 얻도록 하신다고 말하는 것은 개혁신학과는 거리가 먼 주장이다. 결국 그렇게 말하는 자들은 보편구원을 주장하는 것이다.

도르트 신경에 압축된 칼뱅주의 구원론은 전체를 하나의 구조로서 받아들이든지 아니면 전체를 다 거부를 하든지 둘 중에 하나를 선택해야만 한다. 하나를 받아들이면 나머지 다른 조항들도 아주 단순한 논리에서 받아들이게 된다. 켄달처럼 오직 제한속죄 교리에 대해서만 반대하고 나머지 네 가지 조항들을 받아들인다고 말할 수 없다. 다섯 가지 조항 중에서 단 한 가지라도 거부하는 사람은 무신론자가 시편 찬송을 부르는 것과 같다.

필자는 사람이 태어나는 것이나 죽는 것을 스스로 결정하지 못한다는 적나라한 사실에 대해서 재인식하게 되었다. 인간은 제 멋대로 자기가 원하는 시기에 태어난 것이 아니다. 하나님의 뜻대로 하시는 예정과 작정의 가르침을 받아들이지 않을 수 없게 되어 있다. 자기 마음대로 살고 싶다고 해서 지금 여기에서 태어난 것이 아니다. 자기가 오래 살고 싶다고 해서 장수하는 사람은 아무도 없다. 어차피 흙으로 돌아가게 되어있다. 누가 이러한 사람의 일생을 이런 식으로 만들었는가? 어느 누가 이런 체계를 피할 수 있나? 사람이 원하는 나라에 태어나는 것도 아니고 자신이 좋아하는 대로 죽을 수도 없다. 더욱더 적나라한 진실은 모든 사람이 다 죽음을 향해서 가도록 방향이 이미 결정지어져 있다는 사실이다. 절대적인 의미에서 자유의지는 이미 존재하지 않는다. 인간은 이미 죽음을 향해서 착고가 채워져 있는데 무슨 자유의지인가? 죽음에서 영향을 받고 있는 존재인데 어떻게 감히 완전한 자유의지가 가능한가? 하나님의 선고대로 가고 있을 뿐이다. 이것을 피할 수 있는 사람은 아무도 없다. 하나님의 의지대로 하나님의 작정대로 만물이 운행되고 있다.

주(註)

1 김재성, 『루터 V 칼뱅』(세창출판사, 2018), 『개혁신학의 정수』(이레서원: 2003) 1장을 참고할 것.

2 프랑스와 방델, 『칼빈, 그의 신학사상의 근원과 발전』, 김재성 역 (크리스챤 다이제스트, 1999).

3 김재성, 『구원의 길』(킹덤북스, 2014).

4 김재성, 『개혁신학의 광맥』(킹덤북스, 개정판, 2016), 162-164.

5 김재성, 『존 칼빈, 성령의 신학자』(기독교문서 선교회, 개정판, 2014), 30.

6 김재성, 『나의 심장을 드리나이다: 칼빈의 생애와 신학』(킹덤북스, 개정판, 2012), 578, 589.

7 Michael Horton, *For Calvinism* (Grand Rapids: Zondervan, 2011), 29: "John Calvin never identified predestinarian or election as a central dogma."

8 Joel Beeke, ed., *Puritan: All of Life to the Glory of God* (Grand Rapids: Reformation Heritage Books, 2019).

9 William Perkins, *Creed of the Apostles, in Works of Perkins* (London: John Legatt, 1612-13), I:279, "For faith and good works are the fruits and effects of God's election.".

10 Richard C. Gamble, *The Whole Counsel of God*, 2 Vols., (Phillipburg: P&R, 2009).

11 J. B. Mozley, *A Treatise on the Augustinian Doctrine of Predestination* (New York: 1878).

12 Nicholas Tyacke, "The Rise of Arminianism Reconsidered," *Past and Present*, Vol. 115 (May 1987): 204-7.

13 Cornelis Graafland, *Van Calvijn to Barth: Oorsprong en ontwikkeling van de leer der verkiezing in het Gereformeerd Protestantisme* (The Netherlands: Uitgeverij Boekencentrum, 1987).

14 "The Statement of the Council of Trent," in ed., by Philip Scaff, *The Creeds of Christendom: With a History and Critical Notes*, Vol. 2, *The Greek and Latin Creeds*, rev. David S. Schaff (1877; Grand Rapids: Baker, 1985), 92: "They, who by sins are alienated from God, may be disposed through his quickening and assisting grace, to convert themselves to their own justification, by freely assenting to and co-operating with that said grace."

15 J.B. Mozley, *A Treatise on the Augustinian Doctrine of Predestination* (London: John Murray, 1855).

16 *The Book of Concord*: XI. "The Eternal Foreknowledge and Election of God".

17 Robert Kolb, *Bound Choice, Election and Wittenberg Theological Method: From Martin Luther to the Formula of Concord* (Grand Rapids: Eerdmans, 2005).

18 John Calvin, *Concerning the Eternal Predestination of God*, tr. J.K.S. Reid (Louisville; Westminster John Knox, 1997). R. Scott Clark, "Election and Predestination: The Sovereign Expressions of God (3.21-24)," in *A Theological Guide to Calvin's Institutes: Essays and Analysis*, ed. by David W. Hall and Peter A. Lillback (Phillipsburg: P&R, 2008): 90-122.

19 John S. Bray, *Theodore Beza's Doctrine of Predestination* (Nieuwkoop: De Graaf, 1975).

20 J. C. McLelland, "The Reformed Doctrine of Predestination according to Peter Matyr," *Scottisch Journal of Theology*, Vol. 8 (1955):255-71. Frank A. James III, *Peter Martyr Vermigli and Predestination: The Augustinian Inheritance of an Italian Reformer* (N.Y.: Oxford University Press, 1998).

21 Cornelius P. Venema, *Heinrich Bullinger and the Doctrine of Predestination: Author of 'the Other Reformed Tradition?* (Grand Rapids: Baker, 2002).

22 Rebecca Harden Weaver, *Divine Grace and Human Agency: A Study of the Semi-Pelagian Controversy* (Washington D.C.: Catholic University of America Press, 1996).

23 Don Thorsen, *An Exploration of Christian Theology* (Grand Rapids: Baker, 2007), 20.3.4.

24 John H. Leith, *Creeds of the Churches* (Louisville: Westminster John Knox, 1983, 3rd ed.), 38-39.

25 Roger Olson, *Arminian Theology: Myths and Realities* (Downers Grove: IVP, 2006), 18.

26 Cornelius P. Venema, "Predestination and Election," in *Reformation Theology*, ed. by Matthew Barrett (Wheaton: Crossway, 2017), 241-281.

27 김재성, 『개혁신학의 광맥』 개정판 (킹덤북스, 2016), 50-52, 161-164.

28 Patrick Collinson, "England and International Calvinism: 1558-1640," in *International Calvinism: 1541-1715*, ed. by Menna Prestwich (Oxford: Oxford University Press, 1985), 214.

29 Carl R. Trueman, *Luther's Legacy: Savation and English Reformers 1525-1556* (Oxford: Clarendon Press, 1994), 202-250. idem, *The Claims of Truth: John Owen's Trinitarian Theology* (Cumbria, U.K.: Paternoster, 1998). idem, C. R. Trueman and R. S. Clark, eds., *Protestant Scholasticism: Essays in Reassessment* (Cumbria, U.K.: Paternoster, 1999).

30 Ernest Gordon Rupp, "Patterns of Salvation in the First Age of the Reformation," *Archiv für Reformationsgeschichte*, Vol. 57 (1966): 2-67.

31 Mark R. Shaw, "William Perkins and the New Pelagians: Another Look at the Cambridge Predestination Controversy of the 1590s," *Westminster Theological Journal*, Vol. 58 (1996):267-302.

32 Peter Milward, *Religious Controversies of the Elizabethan Age: A Survey of Printed Sources* (Lincoln: University of Nebraska Press, 1977), 158.

33 William Cunningham, *The Reformers and the Theology of the Reformation* (Edinburgh: Banner of Truth Trust, 1862;1989), 426.

34 Robert Kolb and Carl R. Trueman, *Between Wittenberg and Geneva: Lutheran and Reformed Theology in Conversation* (Grand Rapids: Baker, 2017), 104.

35 H. C. Porter, *Reformation and Reaction in Tudor Cambridge* (Cambridge: Cambridge Univ. Press, 1958), 378-403.

36 James Dennison, *Reformed Confessions of the 16th and 17th Centuries in English Translation, 1523-1693*, 4 Vols. (Grand Rapids: Reformation Heritage Books, 2008-14), 2:433-34. M. Horton, *For Calvinism*, 29.

37 Peter Lake, *Moderate Puritans and the Elizabethan Church* (Cambridge: Cambridge Univ. Press, 1982), 226.

38 Paul R. Schaefer, "Protestant 'Scholaticism' at Elizabethan Cambridge: William Perkins and a Reformed Theology of the Heart," in *Protestant Scholasticism*, eds., by Carl R. Truman & R. S. Clark (Carlisle: Paternoster, 1999),147-164.

39 Richard A. Muller, 'The Use and Abuse of a Document: Beza's Tabula Praedestinationis, The Bolsec Controversy, and the Origins of Reformed Orthodoxy," in *Protestant Scholasticism*, eds., by Carl R. Truman & R. S. Clark (Carlisle: Paternoster, 1999), 31-60.

40 J. V. Fesko, *Diversity Within the Reformed Tradition: Supra- and Infra-lapsarianism in Calvin, Dort, and Westminster* (Jackson, Miss.: Reformed Academic Press, 2001), 245.

41 Keith D. Stanglin, "'Arminius Avant la Lettre': Peter Baro, Jacob Arminius, and the Bond of Predestinarian Polemic," *Westminster Theological Journal*, Vol. 67 (2005): 51-74.

42 Philip Schaff, *The Creeds of Christendom: With a History and Critical Notes*, Vol 1. (New York: Harper, 1877), 658. James Dennison, *Reformed Confessions of the 16th and 17th Centuries in English Translation, 1523-1693*, 4 Vols. (Grand Rapids: Reformation Heritage Books, 2008-14), 3:746. William Gilbert Wilson & J. H. Templeton, *Anglican Teaching: An Exposition of the Thirty-nine Articles* (Dublin: Association for Promoting Christian Knowledge, 1962).

43 Edward Harold Browne, *An Exposition of the Thirty-Nine Articles, historical and doctrinal*, 8 Vols. (1856; Forgotten Books, 2018). 876.

44 Christopher Haigh, *English Reformations: Religion, Politics, and Society Under the Tudors* (Cambridge: Clarendon Press, 1993).

45 J. E. Neale, *Elizabeth I and her Parliaments, 1559-1581* (Jonathan Cape, 1953). G. R. Park, *The Parliamentary Representation of Yorkshire* (1886).

46 Dewey D. Wallace, Jr. "Puritan polemical divinity and doctrinal controversy," in *Cambridge Companion of Puritanism*, 207.

47 Calvin, *Institutes*, III.xxii.1.

48 *The Scots Confession* in Dennison 2:191-92.

49 James B. Torrance, "Strength and Weaknesses of the Westminster Theology," in *The Westminster Confession in the Church Today: Papers Prepared for the Church of Scotland Panel on Doctrine*, ed. A. I. C. Heron (Edinburgh: Saint Andrew Press, 1982), 40−54.

50 Richard A. Muller, "Perkins' A Golden Chaine: Predestinarian System or Schematized Ordo Salutis?," *Sixteenth Century Journal*, Vol. 9 (1978):69−81.

51 Joel R. Beeke, *The Quest for Full Assurance: The Legacy of Calvin and His Successors* (Edinburgh: Banner of Truth, 1999), 273 − 75; idem, "William Perkins on Predestination and Preaching," 47.

52 Richard A. Muller, *God, Creation, and Providence in the Thought of Jacob Arminius: Sources and Direction of Scholastic Protestantism in the Era of Early Orthodoxy* (Grand Rapids: Baker, 1991). Keith D. Stanglin & Thomas H. McCall, *Jacob Arminius: Theologian of Grace* (N.Y.: Oxford University Press, 2012). Caspar Brandt, *The Life of James Arminius*, D.D., tr. John Guthrie with an introduction by Thomas O. Summers (Nashville: Stevenson, 1857).

53 William Gene Witt, "Creation, redemption and grace in the theology of Jacob Arminius," (Ph.D. diss., University of Notre Dame, (1993), 259−60. F. Stuart Clarke, *The Ground of Election: Jacobus Arminius' Doctrine of the Work and Person of Christ* (Waynesboro, GA: 2006). Richard A. Muller, "God, Predestination, and the Integrity of the Created Order: A Note on Patterns in Arminius's Theology," in *Later Calvinism*, ed. Fred W. Graham (Kirksville: 1994):431−46.

54 The Canon of Dort, *Dennison, Reformed Confessions*, 4:121−53.

55 K. Fincham & P. Lake, "The Ecclesiastical Policies of James I and Charles I," in *The Early Stuart Church, 1603-1642*, ed. by Kenneth Fincham (Basingstoke, 1993), 37−41.

56 Arminius, *Amica collatio*, 684 (Works of Arminius, 3:197−198.

57 Richard Muller, "Arminius's Conference' with Junius and the Protestant Reception of Molina's Concordia," in *Beyond Dordt and De Auxiliis: The Dynamics of Protestant and Catholic Soteriology in the Sixteenth and Seventeenth Centuries*, Jordan J. Ballor, Matthew T. Gaetano, and and David Sytsma, eds., (Leiden: Brill, 2019), 103−126. Albert Gootjes, "Scotland and Saumur: The Intellectual Legacy of John Cameron in Seventeenth century France," in *Reformed Orthodoxy in Scotland: Essays on Scottish Theology 1560-1771*, ed. Aaron Clay Denlinger (Edinburgh: T&T Clark, 2014), 179.

58 Lewis Berkhof, *Systematic Theology* (Edinburgh: Banner of Truth Trust, 1971), 118−25.

59 Herman Bavinck, *Reformed Dogmatics*, 2:392.

60 Robert Kolb & Carl R. Trueman, *Between Wittenberg and Geneva*, 109−110.

61 John Murray, *Collected Writings of John Murray*, 4 Vols. (Edinburgh: Banner of Truth Trust, 1976−82), 4:209.

62 Berkhof, *Systematic Theology*, 125.

63 Iain Murray, *The Puritan Hope* (Edinburgh: Banner of truth, rep., 2014), ch. 5: "The Hope and Puritan Piety"

64 Iain Murray, "The Puritans and the Doctrine of Election," in *Puritan Papers*, Vol. 1 (Phillipsburg: P&R, 2002), 6.

65 Richard Sibbes, *Preface to Paul Baynes on Ephesians*. Nichol's Series of Commentaries (Hard Press Publishing, 2013), 3. Paul Baynes (1573−1617)는 14권의 성경주석을 펴낸 청교도이다. Mark Dever, *The Affectionate Theology of Richard Sibbes* (Orlando: Reformation Trust, 2018). Ronald Frost, *Richard Sibbes' Theology of Grace and the Division of English Reformed Theology* (London: University of London, 1996).

66 *Works of Thomas Brooks*, 5:317.

67 *The complete works of Thomas Manton*, D.D., 20:361−2.

68 A. Burgess, *One Hundred and forty-five Expository Sermons upon the whole 17th chapter of the Gospel according to John: or, Christ's Prayer before his Passion explained, and both practically and polemically improved* (London, 1656).

69 *Works of Thomas Goodwin*, 2:166−67. Mark Jones, *Why Heaven Kissed Earth: The Christology of the*

Puritan Reformed Orthodox theologian, Thomas Goodwin (1600–1680) (Göttingen: Vandenhoeck & Ruprecht, 2010).

70 Thomas Horton, Forty-six Sermons upon the whole Eighth Chapter of the Epistle to the Romans (London 1674) edited by Dr. William Dillingham. 500–507.

71 Works of Thomas Goodwin, 1:76–77.

72 Works of Thomas Brooks, 5:369.

73 The complete works of Thomas Manton, D.D., 5:213.

74 Christopher Love, A Treatise of Effectual Calling and Election (1658), 187.

75 William Fenner, Sermon on The Mystery of Saving Grace (1626).

76 Joseph A. Pipa, Jr. "William Perkins and the Development of Puritan Preaching," (Ph.D. Westminster Seminary, 1985). Mark Shaw, "The Marrow of Practical Divinity: A Study in the Theology of Conversion in the Theology of William Perkins," (Th.D. Westminster Seminary, 1981). Victor Priebe. "The Covenant Theology of William Perkins," (Ph.D. dissertation, Drew University, 1967).

77 Paul R. Schaefer Jr., The Spiritual Brotherhood on the Habits of the Heart: Cambridge Protestants and the Doctrine of Sanctification from William Perkins to Thomas Shepard (Grand Rapids: Reformation Heritage Books, 2011).

78 James Walker, The Theology and Theologians of Scotland: chiefly of the seventeenth and eighteenth centuries (Edinburgh: T. & T. Clark, 1888).

79 Robert Wodrow, A Short Account of the Life of the Rev. David Dickson (Edinburgh: The Wodrow Society, 1847).

80 Edward Hallett Carr, What is History? (Penguin, 1961).

81 Ann Curthoys and John Docker, Is History Fiction? (Anabour: University of Michigan Press; Revised edition, 2015).

82 David H. Kranendonk, Teaching Predestination: Elnathan Parr and Pastoral Ministry in Early Stuart England (Grand Rapids: Reformation Heritage Books, 2011).

83 김재성, 『개혁신학의 광맥』 개정판 (킹덤북스, 2016),361.

84 김재성, 『종교개혁의 신학사상』 (기독교문서선교회, 2017), 255–263.

85 김재성, 『루터와 칼뱅』 (세창출판사, 2018), 203.

86 Michael Horton, For Calvinism (Grand Rapids: Zondervan, 2011).

87 Robert T. Kendall, Calvin and English Calvinism to 1649 (Oxford: Oxford Univ. Press, 1979); idem, "The Puritan Modification of Calvin's Theology," in John Calvin: His Influence in the Western World, ed. W. Stanford Reid (Grand Rapids: Zondervan, 1982), 199–214.

88 "The Inconsistency of Four–Point Calvinism," the Banner of Truth (June 7, 2003). "he merely insists that Christ died for all."

89 J. Wayne Baker, Heinrich Bullinger and the Covenant: The Other Reformed Tradition (Athens: Ohio Univ. Press, 1980), 208–10, 213–14.

90 Robert T. Kendall, Calvin and English Calvinism to 1649, 24.

91 Dairmaid MacCulloch, The Later Reformation in England, 1547–1603, 2nd ed. (Bastingstoke, U.K.: Palgrave, 2001), 73–77; Peter Marshall, Reformation England: 1480–1642 (London: Arnold, 2003), 128–29; Benedict, Christ's Churches Purely Reformed, 321–22; White, Predestination, Policy and Polemic, 95; Charles L. Cohen, God's Caress (Oxford: Oxford Univ. Press, 1986), 9–11.

92 Joel Beeke, "William Perkins on Predestination, Preaching, and Conversion," 208, n.5. Paul R. Schaefer, "Protestant 'Scholasticism' at Elizabethan Cambridge: William Perkins and a Reformed Theology for the Heart," in Protestant Scholasticism, eds., by Carl R. Truman & R. S. Clark (Carlisle: Paternoster, 1999), 149,n.4.

93 Peter White, Predestination, Policy and Polemic: Conflict and Consensus in the English Church from the

Reformation to the Civil War (Cambridge: Cambridge Univ. Press, 1992). Ian Breward, "The Life and Theology of William Perkins, 1558 – 1602" (Ph.D. diss., University of Manchester, 1963), 196 – 201.

94 김재성, 『칼빈과 개혁신학의 기초』(합동신학대학원 출판부, 1997), 122−129.

95 Karl Barth, *Church Dogmatics*, III/4 (Edinburgh: T&T Clark, 1961), 8.

96 Fred H. Klooster, *Calvin's Doctrine of Predestination* (Grand Rapids: Baker, 1977). Philip Holtrop, *The Bolsec Controversy on Predestination, from 1551 to 1555* (Lewiston, N.Y.: Edwin Mellen Press, 1993).

97 J. K. S. Reid, "The Office of Christ in Predestination," *Scottish Journal of Theology*, Vol. 1 (1948): 5 – 19, 166 – 83.

98 Richard A. Muller, "Calvin and the "Calvinists": Assessing Continuities and Discontinuities between the Reformation and Orthodoxy, Part I," *Calvin Theological Journal*, Vol. 30 (1995):, 345−75; "Part II," *Calvin Theological Journal*, Vol. 31 (1996), 128−9, 151−7.

99 Basil Hall, "Calvin against the Calvinists," in *John Calvin*, ed. G. E. Duffield (Appleford, U.K.: Sutton Courtenay Press, 1966), 19 – 37.

100 Basil Hall, "Puritanism: The Problem of Definition" *Studies in Church History*, Vol. 2 (1965):283−296. idem, *Humanism and Protestants 1500-1900* (Edingurgh: T&T Clark, 1990).

101 Sean F. Hughes, "The Problem of 'Calvinism': English theologies of predestination c. 1580− 1630," in *Belief and Practice in Reformation England : a tribute to Patrick Collinson from his students*, eds., by Susan Wabuda and Caroline Litzenberger (Aldershot: Ashgate, 1998), 229−233.

102 Patrick Collinson, *English Puritanism* (London: The Historical Association, 1983), 37 – 38; Peter Lake, "Calvinism and the English Church 1570 – 1635," *Past and Present*, 114 (Feb. 1987): 34.

103 Dewey D. Wallace, Jr., *Puritans and Predestination: Grace in English Protestant Theology 1525− 1695, Studies in Religion* (Chapel Hill: University of North Carolina Press, 1982), 58−60.

104 Alister E. McGrath, *Reformation Thought: An Introduction* (Oxford: Blackwell Publishing, 1999), 141.

105 William Haller, *The Rise of Puritanism* (New York: Columbia Univ. Press, 1938), 83.

106 Richard A. Muller, *Christ and the Decree: Christology and Predestination in Reformed Theology from Calvin to Perkins* (Grand Rapids: Baker, 1986); idem, *The Unaccommodated Calvin: Studies in the Foundation of a Theological Tradition* (Oxford: Oxford Univ. Press, 2000). idem, *After Calvin: Studies in the Development of a Theological Tradition* (New York: Oxford Univ. Press, 2003); idem, "The Placement of Predestination in Reformed Theology: Issue or Non−Issue?" *Calvin Theological Journal*, Vol. 40 (2005):184 – 210.

107 Paul Helm, *Calvin and the Calvinists* (Edinburgh: Banner of Truth, 1982); idem, *John Calvin's Ideas* (Oxford: Oxford Univ. Press, 2006); idem, "Westminster and Protestant Scholasticism," in *The Westminster Confession into the 21st Century*, ed. Ligon J. Duncan (Fearn, Scotland: Christian Focus, 2004), 2:99 – 116.

108 Charles Hodge, *1 & 2 Corinthians* (Edinburgh: Banner of Truth, 1994), 149.

PART 2

/

스튜어트 왕정 시대의 청교도 운동

Chapter 11
청교도 신학과 알미니안주의와의 충돌

청교도 운동의 최고 절정은 왕당파와 의회파가 격돌한 시민전쟁의 승리와 신앙고백서 채택이었다. 이제 우리는 청교도의 그 위대한 승리를 이룩하기 위해서 참고 인내하는 시대를 돌아보고자 한다. 잉글랜드 국교회 쪽에서 로드 대주교가 청교도를 탄압하던 때의 슬픈 역사를 살펴보고자 한다. 어두움이 깊으면 반드시 새벽이 밝아오는 법이다.

고난의 시대를 견디면서 기도와 경건 훈련에 힘쓰던 잉글랜드 청교도는 기독교 역사에서 가장 위대한 문서이자 가장 성경적으로 정리된 『웨스트민스터 신앙고백서』를 작성하는 성과를 이룩하였다. 그리고 곧 이어서 한 세대 후에 오는 또 다른 박해와 실패에 직면하고 말았다.

1. 17세기의 고난과 성취

스코틀랜드에서 성장했지만 영국 왕위 계승자로 부임하게 된 제임스 1세와 그의 아들 찰스 1세를 거치는 동안에 기독교의 개혁 방안은 대체로 중용의 길(*via media*)을 지향했지만, 내면에서는 스튜어트 군주들과 국교도들, 로마가톨릭 전통주의자들, 알미니안주의자들과 청교도들 사이의 대립이 극심했다. 1603년에 새로운 왕 제임스 1세가 취임하자 청교도가 기다렸던 개혁 운동을 활발히 전개하고자 하였지만 큰 변화를 이루지 못했다. 그의 아들 찰스 1세는 청교도와의 극렬한 대립 후에 1649년에 처형당했다. 청교도의 이상과 꿈을 이루기 위해서 모든 교회는 또 다른 폭풍 속에서 고통을 감당해 내야만 했다.[1] 이 시기에도 청교도 운동은 왕권의 탄압으로 인해서 순탄치 않았기에 경건의 생활화를 도모하던 독특한 정체성이 더욱더 공고하게 형성되었다.

제임스의 통치 말기에는 네덜란드에서 칼뱅주의 정통 신학에서 나온 변질된 사상으로 정죄를 받은 알미니안주의가 등장하였다. 잉글랜드 국가교회는 이런 사상을 받아들여서 전혀 다른 양상으로 갈등을 부추겼고 신학적인 대립을 조장하였다. 정통 칼뱅주의 청교도 진영을 무너뜨리려는 대주교 로드와 알미니안주의에 물든 국교회 지도자들이 결코 물러설 수 없는 치열한 대결을 하다가 시민전쟁이 일어나게 되었다. 잉글랜드 알미니안주의자들은 고집 센 찰스 1세의 권세를 악용해서 거의 승리한 것처럼 보였지만 결국에는 내전에서 패배하고 말았다.[2]

제임스 1세는 귀족들과 시민이 무엇을 원하는지 잘 알고 있었다. 그의 아들 찰스 1세는 왕권신수설을 후광으로 삼으려 했지만 정치 감각이 무뎠다. 그의 아내는 로마가톨릭이었고, 국내외 정책들로 인해서 내적인 긴장이 고조되었다. 여기에 이웃 나라에서 들어온 알미니안주의가 확산되면서, 네덜란드 개혁교회와는 전혀 다른 양상이 국교회 안에 형성되었다.

그 다음 세대도 역시 불안한 흐름이 지속되었다. 청교도 운동을 강력하게 탄압한 대주교 로드에 대한 반감의 확산과 함께 귀족들이 제기한 의회 청원을 거역한 찰스 1세는 처형을 당하고 말았다. 올리버 크롬웰이 이끄는 의회파가 왕당파와의 전투에서 승리하고 영국의 장기의회가 개최되었다. 엄숙동맹과 언약 사상을 채택하게 되면서, 장로교회의 정치 체제가 영국에서 구체적으로 자리를 잡았다.

오랫동안 꿈꾸어오던 청교도의 비전과 희망이 활짝 그 화려한 꽃을 피우게 되는 시기가 서서히 다가오고 있었다. 일찍이 존 낙스가 왕실에 큰 영향을 발휘해서 1560년 『스코틀랜드 신앙고백서』가 채택되었고 장로교회가 국가적으로 정착되었듯이 잉글랜드에서도 장로교회가 마침내 승리한 것이다. 잉글랜드 청교도는 낙스의 비전에 공감하여 마침내『웨스트민스터 신앙고백서』와 표준문서들을 만들어냈다. 북쪽 스코틀랜드의 종교개혁은 하나님의 성령이 일거에 모든 것을 바꿔놓았는데, 남쪽 잉글랜드에서도 이렇게 되기까지 무려 백년을 기다려야 했었다. 청교도의 황금시대는 시민전쟁을 통해서 성취되었다. 이런 전쟁을 당시 영국 시민이 바랐던 것은 아니다. 북아일랜드의 도움을 받았던 찰스 1세를 제압하기 위해 청교도와 동일한 신앙을 나눴던 스코틀랜드 지원 부대의 희생이 엄청났다. 피의 희생을 치르고 난 후에 크롬웰이 승리하게 되면서 장로교회가 허용되어진 것이다. 마침내 1646년 3월 영국 전 지역에서 장로교회 체제를 허용하는 규정이 의회에서 통과되었다.

2.「천만인의 청원서」와 〈햄튼 궁정회의〉

새로운 왕 제임스 1세가 엘리자베스의 뒤를 이어서 등극하자 청교도는 예배, 교회 정치, 목회실제 등에 관하여 완전한 개혁을 요구하는 청원서를 국왕에게 제출했다. 그러나 새 왕은 상속권 문제를 해결하면서 로마가톨릭 측에 많은 것을 약속한 처지라 청교도에게 만족할 만한 대답을 하지 않았다. 제임스 왕은 정치를 멀리하고 사슴사냥에 빠져서 장기간 궁정을 비우는 일이 많았다. 약간 말을 더듬는 것과 두서없는 대화방식으로 사람을 혼란에 빠트렸고 기독교의 미래에 대한 관심도 없었다.[3] 그의 아내도 매우 사치스러운 생활에 빠져 있었는데 루터파에서 로마가톨릭으로 개종한 덴마크의 앤이었다.

잉글랜드에서 많은 성직자가 자신을 청교도라고 드러내기를 꺼려하던 시기였지만, 과감하게 자신들의 신앙을 위해서 큰 싸움을 전개했다. 그중에서 가장 유명한 것이「천만인의 청원서」(the Millenary Petition)이다.[4] 청교도의 핵심적인 개혁 과제가 무엇인가를 알려주는 문서이다. 대략 천여 명의 청교도 목회자들이 서명을 한 문서로서 청교도가 싫어하는 것을 세밀하게 문제제기를 하면서도, 왕의 권위가 손상되었다는 느낌이 들지 않도록 표현에서는 신중을 기했다. 왕의 면전에서 직접적으로 비난을 하는 것은 지혜롭지 못한 처사임을 청교도은 잘 알고 있었다.

천 명의 청교도 목회자가 교회 개혁의 세부적인 방안으로 제시한 것으로 고난 속에서 그들이 투쟁하면서 노력하던 모든 것이 압축된 것이다. 이 문서의 핵심 내용은 교회론과 목회 사역의 개혁 조치들이다. 청교도는 자신들이 결코 분리주의자들이 아니요 분열을 획책하려는 것이 아니라는 것을 강조했다. 이 문서에는 청교도가 교회에 관해서 느끼는 것을 일반적으로 거론하였는데 성경에 나와 있는 모습을 본 받아서 영국 국가교회의 예배와 권징에 대하여 변경을 요구하는 사항이 담겨 있었다. 로마가톨릭의 오점들을 개선하기 위해서는 영국 국가교회가 더 종교개혁을 추진해야만 한다는 것을 강조하였다.

청교도가 거부한 것들은 네 가지 분야다. 이것은 한마디로 청교도 신앙의 집약이자 당시 교회 개혁의 기본 과제가 압축된 것이다.

1) 교회의 목회사역에 있어서

세례를 진행하면서 십자가 형태로 물을 뿌리는 행위, 맹세하는 것,

평신도들이 세례를 집례 하는 것, 특히 산파들이 유아세례를 집례하는 것,

결혼식에서 반지를 교환하는 것, 예수님의 이름에다가 절하는 것 등을 금지할 것.

성직자 예복에서 중백의를 입는 것과 모자를 쓰는 것을 금지해야 한다.

주일을 엄격하게 성수해야만 한다.

2) 목회자의 자격에 있어서

목회자는 설교할 능력이 있고, 자격이 충분한 남자여야만 한다.

3) 성직자들의 직책에 있어서

한 성직자가 여러 가지 직책을 동시에 맡으면서 직책마다

사례금을 받는 것은 금지해야 한다. 또한 로마가톨릭에서 사용하던

제사장, 죄의 사면(Absolution), 흰 색의 제사 의복을 거부했다.

4) 교회의 권징과 출교에 있어서

오직 예수님께서 제정하신 대로 시행되어야 한다.

평신도나 귀족이나 정부 관리의 이름으로 이런 조치가 실행되어서는 안 된다.

아주 적은 금전 문제나 사소한 일로 이런 권징이 실행되어서는 안 된다.

목회자의 동의 없이 권징이 시행되어서는 안 된다.

권징의 권위가 주교에게 있어서는 안 되며, 이것을 가장 많이 바꿔야 한다.

그러나 제임스 1세는 청원서 내용 중에서 대부분을 거부했다. 하지만 청교도의 청원서에 담긴 염원은 결코 헛되지는 않았다. 이로 인해서, 제임스 1세는 두 가지 중요한 결정을 하게 된다. 하나는 지도자들과의 회의이고, 또 하나는 새로운 영어 성경의 번역이다. 간단한 결과로 나온 것이 네 사람의 청교도 대표자들이 국왕이 머무는 왕궁에 들어가서 함께 논의하는 〈햄튼 궁정 회의〉(the Hampton Conferance, 1604)였다.[5] 당시 이 궁전은 헨리 8세가 주로 사용했던 곳이다. 추밀원에서 선정한 대표자들은 에드워드 레이놀즈(Edward Reynold, 1599-1676), 토마스 스파르크(Thomas Sparke, 1548-1616), 로렌스 채더턴, 존 뉴스텁이다. 레이놀즈는 옥스퍼드 대학교 그리스도대학 학장이고 훗날 킹 제임스 흠정역 성경의 번역 책임자가 되었다. 채터턴은 케임브리지 교수로서 온건파 청교도이고, 뉴스텁은 케임브리지 출신의 장로교회 목회자로 토마스 카트라이트의 동료였다.[6] 스파르크는 옥스퍼드 졸업생으로 비서명파 목회자였다.

페스트로 약 4개월이나 연기된 후 1604년 2월에 소집된 첫 날의 회의는 국왕이나 청교도가나 매우 만족스러웠다. 청교도는 먼저 "위임"(Absolution) "확

정"(Confirmation)과 같은 로마가톨릭의 용어를 사용하지 않아야 한다고 주장했다. 국왕과 그의 주교단에서는 이를 받아들여서 방식을 수정하고, 사안들을 보다 명확히 한다고 고쳤다. 청교도는 개인적인 세례를 금지할 것과 여성이 베푸는 경우를 문제로 지적했는데 결국 국왕이 이를 금지하고 오직 남자 목회자만이 공개적으로 시행한다고 결정했다. 권징에 있어서 출교와 같은 결정은 단지 주교가 독단적으로 하지 않도록 수정하기로 했다.

〈햄튼 궁정 회의〉에서 제임스 1세는 청교도의『제네바 성경』(1560)을 대체하는 새로운 성경번역을 지시했다. 제임스 1세는 새 성경의 교회론으로 영국 국가교회의 체제를 지지하는 것이어야 하며, 모든 국가교회에서는 오직 이 번역만을 사용하도록 조치했다. 1611년에 출간되었다.[7] 그러나 청교도는 여전히 종교개혁자들의 해석이 들어있는『제네바 성경』을 선호했다.[8]

제임스 1세는 자신이 영국에 오기 전부터 근래에 15년 동안 엘리자베스 여왕이 통치하던 시절에 실행되어 온 국가교회의 체제를 완전히 고치는 것은 용납하지 않으면서도 기꺼이 공적인 대화를 경청하는 자세를 취했다. 그러나 자신의 판단에 따라서 비합리적인 요구는 거절했다. 결국 온건파로 분류되는 자들에게는 관용을 베풀었지만 위험한 요소를 내포하고 있는 과격한 자들에 대한 종교 정책은 전혀 바꾸려 하지 않았다.

국왕 제임스 1세는 이미 엘리자베스가 1583년에 휘트기프트를 통해서 만들어 놓은 조항들에 서명하는 목회자들만 국가교회 안에서 설교자로 사역할 수 있다는 방침에 흥미가 있었다. 이러한 모델은 그 후에도 17세기 내내 전혀 변하지 않았다. 서명하는 의식에 동참해야만 교회 내에서 받아들여지도록 강요했다.[9] 1609년까지 80명의 청교도 목회자들이 서명을 하지 않고 있다가 교회에서 쫓겨 났다. 경건한 평신도들은 이미 청교도 설교자에게서 깊은 감동을 받았기에 이들을 후원하고 거처를 마련해 주며 재정적인 도움도 주었다. 의회에는 모든 목회자가 서명해야만 하는 조항들 속에 의례적인 목회 사역을 넣지 말고 교리적인 것에만 서명하도록 하자는 개정안이 제출되었다.

햄튼 궁정회의 모습.

햄튼 궁정의 정문.

햄튼 궁정은 헨리 8세와 그 자손들이 왕으로 통치하던 장소이다. 일반에게 공개된다.

새로운 왕이 등장했지만 여전히 엘리자베스 여왕 시대의 규칙들을 준수한다는 흐름은 새로운 변화를 염원했던 청교도에게는 큰 실망을 안겨주었다. 채더턴과 카트라이트의 격려와 후원을 받으면서 새로운 스타로 떠오르던 윌리엄 브래드쇼(William Bradshaw, 1571-1618)의 희망이 송두리째 날아가 버렸다. 브래드쇼는 『영국 청교도주의』(English Puritanism containing the maine opinions of the rigidist of those called Puritans in the realm of England) 라는 책의 초판을 1605년에 출판했다. 서문은 윌리엄 에임즈가 썼다. 청교도가 처한 당시의 상황에서 문제점을 제기하는 『열 두 가지 논증들』(Twelve general arguments, proving that the ceremonies imposed upon the ministers of the Gospel in England, by our prelates, are unlawful)을 같은 해에 출판했다.

브래드쇼는 교회 안에서 사역하기 위해서 그 어떤 교회 치리기관에 복종할 의사가 없음을 피력했다. 그는 예식들을 그대로 따라가는 것에 대해서 강력하게 거부했다. 성직자가 세속 정부의 직위에 올라가서는 안 된다고 반대했다. 그는 분리주의자는 아니었다. 국왕 자신이 통치하는 국가에서 교회의 최고 권위자로서 모든 교회를 돌아보는 것에 대해서 반대하지도 않았다. 그는 이름을 밝히지 않은 채 많은 책을 출판했다.

퍼킨스의 교수직을 물려받은 폴 베인즈(Paul Baynes, 1573-1617)는 왕의 조항들을 받아들인다고 서명하지 않았다는 이유로 교수직을 박탈당했다. 베인즈는 리처드 십스를 회개시킨 것으로도 유명했는데, 수많은 청교도가(존 코튼, 존 프레스톤, 토마스 쉐퍼드, 토마스 굿윈 등) 그의 감화를 받았다.[10] 설교자가 되었다. 역시 같은 이유로 윌리엄 에임즈도 영국에서는 전혀 주목할 만한 활동을 하지 못했고 네덜란드로 피신해서야 활동할 수 있었다.[11]

제임스 1세는 1611년 3월 강력한 칼뱅주의 정신을 가진 전 옥스퍼드 대학의 학장 조지 애봇을 켄터베리 대주교로 임명했다. 리차드 반크로프트의 후임이다. 정치적인 입장에서 볼 때는 독립적인 영역을 주장하는 급진파 를교도를 제어하는 성공을 거두었지만 전혀 드러나지 않는 청교도 운동의 심화 과정이 진행되고 있었다. 많은 청교도가 그들의 집안에서 활동하

게 되었는데, 목회자의 자리에서 쫓겨나게 되면서 얻은 상처를 싸매는 일을
하게 된다.

1613년에는 제임스의 딸 엘리자베스(Elizabeth Stuart, 1596-1662) 공주를 독일
팔츠 선제후 프리드리히(Friedrich V, 1596-1682)와 결혼시켰다. 이들 부부는 서
로에게 헌신하면서 행복한 가정을 유지했다. 이 날의 결혼식은 교황권에 대
항하는 범유럽 개신교 세력을 구축하는 의미가 있었다. 결혼식 주례를 맡은
대주교 애봇은 유럽에서 개신교의 확고한 수호자로서 역할을 하고자 했다.
그러나 제임스 1세는 전쟁을 일으켜서 문제를 해결하기 보다는 평화를 항상
선호하던 통치자였다. 그의 아들 찰스 1세의 아내로 스페인의 가톨릭 공주와
결혼을 시키려 했다.

1610년대에 이르게 되면 네덜란드에서 퍼져있던 알미니안주의가 영국에
도 들어왔다.[12] 유럽에서 로마가톨릭 측 국가들과 개신교 측 국가들 사이에
30년 전쟁(1618-1648)이 시작된 해이다. 가장 참혹하고 비극적인 전쟁과 기근
과 흑사병으로 800만 명 이상이 사망하였다. 제임스 1세는 1622년에 설교자
에 대한 선포를 발표했는데 교회에서는 국가적인 문제에 대해서 다루지 말
라고 금지시켰다.[13] 1623년에는 국왕이 예정론에 대해서는 논쟁을 금지한다
는 성명서를 발표했다. 그 주제에 대한 설교가 점차 논쟁적이 되어가고 있었
다고 판단했기 때문이다. 제임스 1세는 알미니안의 공격에 대항하면서 허용
된 예정론 신학을 방어하려는 대주교 애봇의 정책에 대해서 제동을 걸고 새
로운 개혁주의 교회의 설립을 막으려 했다. 노년에 이르러서 왕은 다시 이
성명서를 철회했는데 또 다른 부작용이 수반되었다.

리처드 닐은 국왕 전속 목사였는데 또한 더럼의 주교이기도 했다. 알미니
안주의자들이 점차 늘어가면서 주로 닐의 주도하에 비공식적으로 모였기에
'더럼 하우스 패거리'(the Durham House set) 라고 불렀다. 이들은 테임즈 강 건
너편에 있는 대주교 애봇의 궁전에 상응하는 세력으로 부상했다. 제임스 왕
은 「스포츠의 법령」(Declaration of Sports, Book of Sports, 1617)을 공포하여 청교도
와 로마가톨릭 모두를 제어하려는 목표를 달성하고자 했다. 한편으로는 청

교도가 엄격하게 주일성수를 주장하자, 제임스 왕은 이를 제지하기 위해서 법령을 공포하였다. 다른 한편에서는 주일에 자신의 교구에 있는 교회의 예배에 출석하지 않는 로마가톨릭 신자들에게 경고하는 법이기도 했다. 1617년에 랭커셔에서 제임스 1세가 공표한 「스포츠의 법령」은 다음해에는 전국적으로 시행되었다.[14] 주일과 거룩한 날에 할 수 있는 운동과 놀이를 적어놓은 법령이다. 랭커셔 지방의 영주들과 청교도들 사이에 주일성수에 대한 논쟁이 심해지자 토마스 몰튼(Thomas Moton, 1564-1659) 주교가 이를 해결하기 위해서 국왕에게 건의하여 나온 문서이다.[15] 허용되는 운동들은 활쏘기, 춤추기, 뛰고 달리기, 뜀뛰기, 기타 해롭게 하지 않은 놀이 등이다. 여성에게는 교회 축일을 위해서 옛날 전통방식대로 장식하고 나가는 것을 허락했다. 그러나 볼링, 황소에게 개들이 공격해서 피를 흘리게 하는 경기, 곰에게 다른 동물을 미끼로 먹이는 것 등을 금지했다.

찰스 1세는 1633년에 다시 이 법령을 수정해서 공표했고, 로드 대주교가 이 법령을 지지하여 시행했다. 찰스는 그 어떤 목회자라도 이 법령을 거부하면 목회자의 직분을 박탈한다고 명령했다.[16] 청교도가 의회의 다수를 차지하게 되자 이 법령에 대한 반감이 고조되었고 청교도 혁명이 진행되던 1643년에 공개적으로 이 법령집을 불태웠다. 로드 대주교가 참수당하기 2년 전이었다. 청교도는 주일에는 오직 예배와 말씀 강연회에 참석하고 개인의 경건을 증진시키기 위해서 최선을 다하면서 보냈다. 이런 스포츠와 세속적인 놀이들은 결코 허용할 수 없었다.

3. 찰스 1세와 청교도와의 갈등

1625년에 찰스 1세가 왕위를 계승했지만 모든 점에서 알미니안주의를 장려했다. 이미 왕실에서 예배 인도자로 만난 랜슬롯 앤드류스가 이미 교활한 정치력을 발휘해서 알미니안주의를 주입시켰기 때문이다. 감수성이 예민한 젊은 왕자 시절부터 찰스를 자연스럽게 알미니안주의와 익숙하게 만들었다. 청교도 귀족들과 국가교회 귀족들은 여전히 대립하고 있었다. 영국에서 국가 권력을 장악한 왕실과 귀족들의 신앙이 여전히 바꾸기 어려웠고 종교개혁에 대한 두려움과 불만이 팽배해 있음을 보여주는 사건들이 연속되었다.

1628년에서 1638년까지는 청교도 목회자들이 서명파 목회자들과의 사이에 갈등을 겪었던 '불편한 시기'(these uncomfortable times)였고, 특히 1631년부터 1643년까지는 '위험한 시기'(dangerous times)라서 해외로 흩어지는 상태였다.[17] 더구나 찰스 1세의 통치 후기에 세력을 장악한 켄터베리 대주교 로드의 엄격한 예배 방식은 구시대의 미사를 방불하게 하는 것이어서 청교도는 타협할 여지가 없었다. 수많은 고난과 박해를 견디던 청교도 목회자들은 1630년대에 나라 밖으로 흩어졌고, 신대륙으로 건너가서 꿈을 실현하고자 했다. 청교도는 불편한 정치적 압박 하에서 더욱 거룩한 생활에 집중했다. 청교도는 각 지역의 국교회 교구 목사들과 갈등을 하지 않으면서 감동적인 설교와 말씀 집회를 인도하려고 노력했지만 편안한 생활을 유지하기가 어려웠다.

찰스 1세의 집권 초기에 벌어진 긴장된 사건은 청교도가 제기한 소청 사건이었다. 이것은 제임스 1세가 취임초기에 받은 청원서 사건처리 과정과 흡사한데 결과는 최악으로 치닫고 말았다.[18] 찰스의 통치 기간에 추구했던 교회정책들은 청교도 목회자들의 결속을 촉발했고 대립적인 국교회파 목회자들과는 더 거리를 벌여놓고 말았다. 청교도 목회자들은 가정에서 성경 공부를 인도하고 금식 기도와 겸손한 생활을 하면서 성도에게 위로와 격려, 상담과 권면, 계속적인 교육을 실시해서 역동적인 경건을 유지하게 했다. 이것은 사회적으로 발산되어서 구원공동체의 합의된 모습을 드러냈다. 예전 로마 가톨릭에서 그저 미사에 참석하는 것으로 그쳤던 생활과는 현저하게 차이가 나는 것이 경건한 청교도 목회자들의 설교와 말씀 집회였다.

가장 먼저 직면한 일은 1624년에 하원에서 결의된 한 권의 책에 대한 조사요청을 해결하는 일이었다. 찰스 1세가 즉위한 후에 이 문제를 처리할 방안을 찾게 되었다. 1626년 2월에 런던 요크 하우스에서 국왕이 신임하는 귀족들과 두 명의 교수가 회합을 열었다. 런던에서 개최된 〈요크 하우스 회합〉(The York House Conference)에서 주요 의제는 리처드 몬테규(Richard Montagu, 1577-1641)의 책 『늙은 거위를 위한 새로운 농담』(A New Gag for an Old Goose, 1624)에 대한 불평을 조사하는 것이었다.[19] 이 책은 로마가톨릭과 영국 국가교회가 별로 차이가 없다는 것을 주장했다. 또한 청교도와 칼뱅주의는 거의 같은 용어로 간주하면서 예배의 방식들에서부터 구원론의 주제들까지 다루었고, 알미니안주의를 정통으로 보아야 한다는 견해를 피력한 책이다. 반대편의 토론자로 나온 주교 토마스 몰튼은 로마가톨릭에 적극 반대하는 입장이었다. 케임브리지 학장 프레스톤(John Preston, 1587 - 1628)은 국교도이지만 청교도에 기울어 있어서 국왕과 비서명파 사이에서 가교의 역할을 하고 있었으며 그의 저술은 칼뱅주의 신학을 선전하는 것이었다.[20]

1620년대에 가장 영향력이 큰 신학자였던 존 프레스톤은 칼뱅주의를 받아들이면서도 어셔(Usser) 감독의 영향을 받아서 '가설적 보편주의'(hypothetical universalism)를 소개했다. 훗날 프랑스 개혁주의 신학자 아미로(Moise Amyraut, 1596-1664)의 견해라 해서, '아미랄디즘'(Amyraldism)이라고 부른다. 도르트 신경에서 대두된 알미니안주의와 정통 칼뱅주의를 결합한 속죄론이다. 예수 그리스도의 속죄는 모든 사람을 위해서 보편적인 것이지만 보혈의 효력은 오직 택한 자들에게만 주어진다는 가설이다. 정통 개혁주의 신학자들은 『웨스트민스터 신앙고백서』 3장 6항에서 '가설적 보편주의'를 반박했다.

3.6. 구원의 수단들도 예정하심

하나님께서는 택하신 자들을 영광에 이르도록 정하셨을 때 그의 뜻의 영원하고 가장 자유로운 계획에 의해 그것을 위한 모든 수단도 예정하셨다. 그러므로 아담 안에서 타락하였으나 선택함을 입은 그들은 그리스도에 의해 구속되고, 정한 때에 활동하시는 그의 영에 의해 효력 있게 부르심을 받아 그리스도를 믿고, 의롭다 하심을 얻고 양자가 되고 거룩해지고 그의 능력으로 믿음을 통해 구원에 이르도록 보존된다. 오직 선택된 자들 외에는 아무도 그리스도에 의해 구속되거나 효력 있게 부르심을 받거나 의롭다 하심을 얻거나 양자가 되거나 거룩해지거나 구원을 받지 못한다."

〈요크 하우스 회합〉 두 번째 회의부터는 리처드 몬테규도 직접 참여했고, 프란시스 화이트(Francis White, 1564?-1638)와 함께 국가교회 편에서 입장을 표명했다. 신학 논쟁이 종료된 후 중요한 변화가 일어났는데, 귀족들이 몬테규의 쪽으로 기울었다는 점이다.[21]

런던에서나 지방에서나 청교도 운동을 열심히 확산시킨다거나 설교를 통해서 교회를 바르게 인도하는 일이 점점 더 어려워지는 쪽으로 분위기가 흘러가는 것을 의미했다. 하지만 이러한 현상에도 국가교회와는 상당히 대립적인 경건의 훈련이 소규모 회합에서나 가정에서 일어나고 있었다. 또한 집안에서나 밖에서나 청교도 목회자들을 돕는 후원자들이 복음적인 자선 사업들을 추진하였다. 경건한 목회자들을 도와서 그들의 사역과 가정을 지켜 나가려는 움직임이 활발했다. 1626년에 런던에서 열 두 명의 목회자와 평신도가 모여서 기금을 조성하고 연대하는 조직을 만들어서 전국적으로 어려움에 처해 있던 설교자들을 돕기로 했다.

이와 함께 손을 맞춰서 가정집에서 신학교육을 실시해서 목회자를 훈련시키는 운동이 활발하게 시작되었다. 옥스퍼드나 케임브리지 대학에서보다 더 편안하게 교육을 시킬 수 있는 환경을 만들어 가려고 노력했다. 지방에 있던 귀족들은 청교도 설교자들을 도와서 새로운 세대가 하나님의 말씀을 따라서 양육 받게 하려고 노력했다. 가정에서 운영되는 신학교에서는 훌륭한 설교자들을 배출했다. 케임브리지 대학교에서 채더턴과 존 프레스톤이 떠난 이후로 더 이상 청교도 교수가 영향력을 발휘하지 못하였기에 지역과 교구에서 수학하던 목회자 후보생들에게는 경건 훈련이 더욱더 철저히 시행되었다.

청교도 운동은 국왕과 귀족들의 탄압에 눌려서 큰 진전을 성취하지 못하고 있었지만 실패와 좌절 속에서도 의미 있는 노력들이 전개되어졌다.[22] 작은 부분의 개혁들이 성공하고 있었고 엘리자베스 여왕 시대에 노력했던 것이 열매를 맺는 사례가 많아졌다. 온건한 청교도는 국가교회와 근본적인 문제로 대립하였던 것이 아니라 강조점의 차이가 있었다. 이점에 대해서는 최고 통치자들도 세심하게 주의를 하고 있었기에 어느 정도 긴장은 있었지만 청교도의 장점을 살려낼 수 있었다.

고난의 시기에 경건을 이루고자 하는 노력이 많은 결실을 맺었다. 우리는 앞에서도 엘리자베스 여왕의 통치 후반부 청교도가 박해를 받던 시기에 경건 훈련에 힘썼고 더 실제적인 경건 서적이 많이 출판되었음을 볼 수 있었다. 청교도의 헌신 가운데는 개인적인 경건 연습과 단체로서 함께 참여하는 노력이 있었다. 경건 훈련은 권징, 자기 점검, 기도를 통해서 집단적으로 진행 되려면 목회자와 성도 사이에 긴밀한 관계성이 유지되어야만 가능하다. 공적인 집회의 뒷면에는 제도적인 것과 자발적인 것이 함께 지원을 해야만 한다.

이렇게 하기 위해서는 제도적인 교회에서 청교도 설교자에게 기회를 주어야 하고 설교에 대해서도 침묵해야만 한다. 물론 지역 교구 내에서 예배를 인도하는 기회를 갖게 된 비서명파 목회자들도 어느 정도는 순종한다는 언어를 구사해야만 하고 교회의 권위를 인정하는 입장에서 협조를 해야만 한다.

경건의 사회적인 적용은 또 다른 발전을 가져왔다.[23] 개인적으로 경건 훈련에 매진하는 성도들은 내적인 훈련을 쌓은 결과로 공적인 영역에서 겸손하고 도덕적으로 흠결이 없도록 노력했다. 이것은 추가적으로 얻게 된 청교도 경건의 열매이다. 사회는 보다 더 좋은 태도를 갖춘 성도들로 인해서 부드럽고 온화한 관계가 유지된다. 교회 내에서의 훈련으로 그치지 않고 태도의 개혁이 달성된 것이다. 권징에서 문제가 되는 것은 춤추며 유흥을 즐긴다거나, 맹세를 남발하는 방랑자, 간음, 혼전 성생활, 주일성수 위반 등이다. 이것은 교회 내에서의 문제만이 아니라 사회를 혼탁하게 하던 사건들이었다. 청교도의 영적인 성실함이 외부적으로 반영되면서 사회가 맑아지고 깨끗해졌다는 결정적인 증거들이다. 변화를 위해서 노력함으로써 청교도는 그들 가운데 한 사람이 되지 않으려고 노력했다.

우리는 이 시기에 청교도를 보여주는 놀라운 이야기를 보려고 한다. 영국 도르체스터(Dorchester)지역 '거룩한 삼위일체교회'(Holy Trinity Church, 그 당시에는 성공회 소속이었으나, 건물을 다시 세우고 로마가톨릭에 소속되었다)에서 국가교회에 소속 목회자로 사역했던 존 화이트(John White, 1574-1648)의 활약은 놀라웠다. 그는 원래 옥스퍼드 대학교 근처에서 살고 있던 국교회 집안에서 출생했는데(The Manor of Stanton St John) 명문 가문의 후손으로 성장했다. 화이트는 옥스퍼드 대학에서 공부하는 동안에 토마스 카트라이트의 설교를 읽고 그를 존경하게 되었는데 그곳에서 교수로 가르치지는 않았지만 당시에 영향력을 발휘했던 것을 알 수 있다.

또한 칼뱅의 저서들을 가장 열심히 탐독했다.[24] 도르체스터의 대교구장으로 임명을 받은 후에 온건한 청교도 설교자로서 가난한 자들을 돕고 교육을 발전시키고 병든 자들과 약한 자들에게 도움을 주었다. 청교도가었던 지역의 지도자들은 그 지역사회를 변화시키는 데 앞장서서 이웃들과의 관계를 혁신적으로 개선하였는데, 풀러가 그 사역을 평가하면서 거지가 한 명도 보

웨스트민스터 총회에 참여한 신학자 존 화이트.

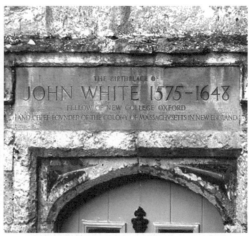
화이트가 출생한 집, 스탠튼 하우스가 여전히 남아있다.

이지 않았다고 했다.[25] 화이트는 비서명파 목회자들이 자유롭게 활동하는 뉴 잉글랜드 매사추세츠(Massachusetts)로 많은 성도가 이주하도록 찰스 1세에게 청원서를 제출했다. 1642년에 시민전쟁이 벌어지자 그 지역은 의회 편에 참여했고 웨스트민스터 총회에 정규적으로 참석하였다. 많은 성경강해와 강연집이 남아있다.

국가 및 지방 귀족들은 법률을 집행하려는 열성을 발휘하고 있었고, 교회의 강단에서는 성도들에게 경건한 삶을 촉구하면서 경건하지 않은 자들로부터 돌이키라고 도덕적인 지침을 강조하였다. 소극적으로는 그런 행도들에 가담하지 않으면 되지만, 적극적으로는 그런 불경건한 행위들을 당국에 고발하거나 탄핵하는 것이다. 어느 쪽을 선택하든지 정도의 차이는 있겠지만 불만족을 야기시키고 서로 간에 결별하도록 소외감을 갖게 하는 일이었다. 선한 것과 악한 것 사이에서, 이성적인 것과 광신적인 것 사이에서 도덕적인 판단을 해야만 하고 분리적인 결정을 내려야만 하는 일이었다.

4. 실제적이며 경건한 저술들

청교도는 자발적인 헌신에 힘쓰고 설교와 말씀 강좌에 참석한 후에 '메시지'를 가정으로 가지고 와서, 금식과 기도에 힘쓰고 영적인 분위기로 집안을 이끌고자 했으며 자기를 다스리며 돌아보는 시간을 가졌다. 순결하고 고상한 명예를 존중하고, 선한 일에 더욱 열심을 내는 삶을 추구했다.[26]

대부분의 청교도는 기성 교회인 국가교회 내에서 신앙생활을 하고 있었고 일부는 그 밖에서 따로 집회로 모였다. 그런데 왜 청교도가 기성교회의 성도들보다 더 존중을 받았던가를 살펴보아야 한다. 일반 교회와는 달리 박해 받는 상황 가운데서도 청교도는 '신앙적인 결심'(religious commitment)을 심각하게 생각하면서 지켜나가고자 했음을 주목해야만 한다.[27] 비서명파 청교도는 지역 사회에서 일반인들보다는 훨씬 더 신앙생활을 철저하게 감당했고 믿음을 지켜나가는 행동들이 신중했다.

앞에서도 거듭 강조한 바 있듯이 청교도 경건 생활화에는 놀라운 자양분을 제공하는 주옥같은 경건 서적이 엄청나게 제공되었다. 이미 엘리자베스 여왕의 통치 후반기에 이르면서 청교도 설교자들의 경건 서적이 빛을 발휘하기 시작했고 이러한 현상은 1630년대까지 지속되었다. 점차 이런 경건 서적들의 내용에 전투적인 성격이 가미되었다. 대부분의 출판업자는 청교도였고, 서점들은 대부분 청교도가 운영했다. 작은 소책자 형태로 나온 것도 많았고 교리문답서도 여러 종류가 나왔다. 종합적인 전집도 많았고 성경을 아주 자세히 설명하는 강해설교도 많이 출간되었다. 이미 작고한 청교도 지도자들의 저서가 많이 출간되었는데 윌리엄 퍼킨스, 리처드 십스, 리처드 그린햄, 존 프레스톤 등의 저술들이 그 가치를 높이 인정받고 있었다.[28]

이런 경건 생활의 지침서들은 먼저 사람의 변화를 추구했고 실제 사회적 갱신과 지역 사회의 개선을 목표로 한 것들이었다. 심각하게 신학적인 내용을 주제로 다룬 것이 아니라서 그리 어렵지도 않았고 특히 논쟁적이지도 않았다. 17세기 초반의 청교도 운동은 영국 국가교회의 주류를 변화시키고 개선하는데 초점이 맞춰져 있었기에 갱신과 변화를 촉구하는 내용이 많았다.[29]

5. 청교도 vs 로드 '11년 통치'

찰스 1세가 보여준 청교도에 대한 태도는 〈요크 하우스 회합〉 사건에서 잘 드러났다. 이미 앞에서 살펴본 바와 같이, 〈요크 하우스 회합〉은 장차 일어날 비극의 전주곡이라고 할 수 있을 것이다. 군주의 종교정책에서 결정적인 변화가 일어나지 않은 한 장차 일어날 비극적인 시민전쟁을 피할 수 없었다. 찰스 1세의 국가교회 위주의 정치는 1620년대 말까지 계속되었다.

1625년부터 1629년 사이에 의회는 기독교 교리적인 문제로 회의를 개최하고 때로는 전쟁의 실패와 요구 사항들을 함께 제기하였다. 국왕이 효율적인 전쟁 수행을 적합하게 하지 못했다는 것에 대한 불만족과 재정동원의 수단들이 잘못되었다는 것에 대해서도 불평했다.

여기에다 국왕의 조치들이 로마가톨릭의 요소와 알미니안주의를 첨가하도록 지시하는 것들이었고 국가교회의 갱신을 파괴하고 있음을 청교도는 파악하게 되었다. 1626년 11월에 나온 왕궁의 새로운 성명서는 알미니안주의자들이 반대하는 예정론 설교를 다시 한번 금지한다는 포고였다.[30] 경험적인 칼뱅주의 신학 사상에서 핵심이 되는 내용을 거론하지 말고 침묵하라는 지시는 청교도에게는 더이상 희망이 없다는 결론에 이르게 하였다. 로드에 대한 불만은 국왕의 조치에 대한 불신으로 가중되었다. 청교도가 권력자들의 무원칙과 파괴와 무질서에 대해서 비판할 수 있는 근거가 되었다.

청교도에게는 치명적인 사건이 발생하였다. 영국 군의 중위 존 펠튼(John Felton, 1595?-1628)이 1628년에 버킹햄의 공작 빌리어스(George Villiers, 1st Duke of Buckingham, 1592-1628)을 살해하는 사건이 벌어졌다.[31] 국왕 찰스는 버킹햄을 신뢰하고, 1625년 스페인과의 전쟁을 지휘하도록 했는데 기근과 질병으로 7천여 명의 병사가 사망하고 전쟁에서도 패하고 말았다. 1627년에도 다시한번 군대를 지휘하여 프랑스 군대와 전투를 벌였으나 5천여 명의 병사를 잃었고 역시 영국군이 패하고 말았다. 국왕의 명성에 치명적인 손상을 입히게되어 그 누구도 버킹햄 공작을 좋아하는 사람이 없었다. 펠튼은 자신의 대위진급과 빚을 탕감 받는 일이 뜻대로 되지 않자 공작의 계략이라고 생각했던 것이다.

이 사건은 교회에 대한 공격으로 받아들여졌는데 두 가지 복합적인 요인이 함께 제기되었다. 하나는 영국 국가교회의 체제의 통치 방식이요 다른 하나는 질서와 권위에 관한 문제이다. 1629년에 의회는 모든 교회가 신학적인 문제에 있어서 따라야 할 원리는 「램버트 조항들」이며,[32] 결정적으로 칼뱅주의 신학을 담아서 어서 총감독이 만든 「아일랜드 조항들」(Irish Articles, 1615)[33]과 도르트 총회의 결론들이라고 결정하였다. 일단 의회는 해산했지만 의원들 사이에는 상호 불신과 이해 부족으로 남겨진 과제가 더 많았다. 이미 한 세대 전 1595년도에 마련된 「램버트 조항들」은 온건한 칼뱅주의 예정론이 담겨 있었다. 이 문서가 정식으로 의회결의를 통과한 것이 아니요 엘리자베스 여왕이 발표를 한 것은 아니지만, 적어도 이 문서에 대해서 거의 모든 지도자들이 동정하면서 이해하고 있었다는 것은 상당히 많은 평신도 지도자들이 청교도 신앙을 받아들이고 있음을 의미하는 것이다.

국왕 찰스를 중심으로 하는 권력자 중에서 대주교 애봇이 힘을 잃었고, 윌리엄 로드와 일단의 주교들이 연합된 팀으로 국왕의 신임을 얻었다.[34] 로드는 무려 10여 년 이상을 기다리면서 암중모색해 오면서 대주교 자리를 노리고 있었다. 이들이 점차 교회의 통치권을 장악하게 되자 교리에 정통성에 대한 해석을 독점하고, 애봇이 심정적으로 동조하던 비서명파에 대해서 시행해 오던 완화된 규정들을 무력화 시켰다. 신학적으로는 칼뱅주의에 대해서 거의 합의가 되어 있었던 사항들마저도 자신들이 정한 시행 세칙으로 교체해서 교회에 하달하는 일방적인 권리행사를 감행하였다.[35]

로드는 대주교가 되기 전부터 1628년부터 런던의 주교로서 막후 실세로 교회 정치를 주도하기 시작했다. 왕궁 정치의 기밀을 가장 많이 알고 있으면서 재빨리 기민하게 귀족들과 어울렸고 자신의 편을 구축했다. 그는 주교들을 통한 감독제 정치로 자신의 권세를 발휘하고자 했기에 칼뱅주의 청교도가 주교 제도를 공격하는 점을 가장 싫어했다.[36] 그래서 칼뱅주의 신학 사상에 대한 반감을 가지고 알미니안주의를 강력하게 시행하였다. 그는 자신을 따르는 자들을 중심으로 예식서, 권징 조례, 구조 등을 완전히 바꿨다. 1633년에 켄터베리 대주교의 지위에 올라가자 『공동 기도서』대로 전혀 예외적인 변경이나 지역적인 완화조치도 없이 질서 있게 통일할 것을 요구했다. 이 규정대로 한다면 항상 성직자는 예복을 착용해야만 되었다. 한동안 그의 권세는 하늘 아래서 제일 높은 곳에 도달했지만 청교도의 분노는 그보다 더 높은 하늘을 찌를 듯 했다.

로드는 '11년의 폭정' 기간 동안에 의회에서 벌어지는 일을 중재하고, 추밀원의 명령을 전달하고, 법원의 결정을 담은 왕실 명령서를 집행하도록 조치하는 등 왕실 정치의 대명사로 군림했다. 그가 치밀하게 주도하는 것들이 마치 예수회의 반종교개혁에 버금가는 탄압과 공격들이었기에 청교도는 힘 겨웠다. 청교도는 로드의 모든 조치들이 반종교개혁 운동의 일환으로서 자신들을 위협하고 있다고 판단했다. 그동안에도 끊임없이 유럽 여러 곳에서 로마가톨릭의 공격으로 30년 전쟁이 진행되고 있었기 때문에 청교도는 강한 위협을 느끼고 있었다. 반대로 귀족 중에서 1640년경에 백작이 된 웬트워스 (Thomas Wentwarth, 1598-1641, the Earl of Strafford)는 청교도가 정치적으로 위험스러운 부류라고 생각했다.

이처럼 서로에 대해서 강한 불신을 갖고 있고, 두려움의 대상으로 경계하는 상황에서 로드의 강력한 국가교회 정책들은 사악한 것이었다. 로드가 대주교로 임명이 된 뒤 그리핀이라는 배가 로드의 정책에 불만을 가진 수많은 비판자들을 태우고 뉴잉글랜드로 떠나갔다. 로드는「통일령」을 내려서 교회의 일치를 도모한다고 주장했지만 다른 견해를 가진 청교도에게는 그의 모든 수단들이 핍박으로 느껴졌다. 이런 상황을 청교도는 결코 좌시할 수 없었다.

로드는 내부적으로 일어나는 주교들의 비판을 무시했는데, 링컨의 주교로 있던 존 윌리엄스(John Williams, 1582-1650)의 항명 사태가 발생했다. 그에게 여러 가지 조항들을 어긴 죄로 주교자리에서 물러나라고 로드가 명령했는데도 그의 기대와는 달리 퇴임하지 않고 버티고 있었다. 1637년 런던 타워에 감금되어 벌금을 물어야만 했던 윌리엄스는 알미니안주의를 반대하던 입장이었다. 윌리엄스는 로드를 탄핵해야 한다고 주장했다.

로드 대주교와 국가교회를 비판하는 출판물이 간행되어서 소동을 빚었다. 청교도 목사 헨리 버튼(Henry Burton, 1578-1648)은 선동적인 설교를 한 죄로, 의사 바스트윅(John Bastwick, 1593-1654)과 변호사 프린(William Prynne, 1600-1669)은 국교회를 비난한 죄목으로 심문을 당하고 벌금형과 양쪽 귀가 잘리는 형벌과 종신형 선고받았다. 그러나 국민은 이들 용감한 를교도를 모두 다 존경했다.

헨리 버튼은 케임브리지 대학을 졸업했고 로렌스 채더턴과 윌리엄 퍼킨스를 존경했다.[37] 그는 제임스 1세 치하에서 찰스 왕세자를 호위하고 스페인에 다녀왔다. 30세가 되어서 목회자로 헌신했다. 그는 1636년에 주교 중심의 감독 체제와 로드 대주교를 비판하는 책『하나님과 왕을 위하여』(*For God and King*)을 출판하였다는 죄목으로 1637년 2월 1일 플릿 감옥에 던져졌다. 감옥에서 다른 두 사람을 만나게 되었는데 1637년 11월에 버튼, 바스트윅, 프린 세 사람이 모두 다 형사법원(Star- chamber)에서

청교도 목사 헨리 버튼

심문을 받았다. 버튼과 바스트윅은 옥중에서 저서를 출판한 죄목이 추가되었다. 5천 파운드의 벌금과 웨스트민스터 사원에서 나무 형틀(pillory)에 머리를 넣고 사람에게 구경을 시켜주는 모욕과 양쪽 귀를 모두 잘라내는 선고를 받았다. 감옥에 있는 동안 잉크와 펜과 종이를 금지 당했다. 그런데 런던에서는 그의 글이 회람되었다. 그의 외동딸은 그 사이에 사망했다. 1642년 3월 의회의 결의로 석방되었고 벌금도 6천 파운드로 변상되었다. 감옥에서 콩팥이 손상되는 질병을 얻어서 고생하였다.

헨리 버튼은 양쪽 귀를 잘리고, 웨스트민스터 사원 앞에서 모욕당했다.

왕자들을 보살폈던 의사 존 바스트윅은 청교도 신앙을 표현하는 여러 저술을 남겼는데 이로 인해서 고난을 겪었다.[38] 그는 에섹스 주에서 태어나서

Great was surnamil GREGORIE of Rome. Our LITTLE by GREGORIE comes short Home.

And so yow will till Head from body part

O Mr Burton, I am sick at Heart

Raw-meat, o Bishop bredd sharp Cruelties
Eares from the Pillory? other Cruelties
As Prisoniments, by your high Inquisition.
That makes your Vomits have no intermission.

My disease bredd by to much Plenitude
Of Power, Riches: The rude multitude
Did aye invy, and curbing of the zeale
Of lamps, now shyning in the Common Weale.

[맨 윗줄 상단, 풍자 제목]

로드는 그레고리 대제의 지위에 오르는 위임장을 받았으나,
런던의 작은 그레고리가 그를 참수했다.
1645년, 로드의 참수형에 관련된 버튼과 로드의 풍자.
"버튼 씨, 나는 마음에 병이 들었다오"
"그래서, 당신의 머리는 몸으로부터 떨어질 것이요"

케임브리지 대학을 졸업했다. 네덜란드에서 의사가 된 후 고향으로 돌아와서 콜체스터에서 의료인으로 활약했다. 그가 네덜란드에 있을 때 펴낸 반가톨릭 저술들이 로드 대주교의 분노를 샀다. 1637년에 출판한 책에서 주교는 하나님의 대적들이요 짐승들의 꼬리라고 비판했다. 이 책이 문제가 되어 형사법원에 호출 당했다. 대중 앞에서 목에다가 나무 형틀을 끼우고 조롱을 당하는 모욕과 5천 파운드 벌금과 두 귀를 자르는 형벌과 종신형을 선고받았

청교도 변호사. 윌리엄 프린. 양쪽 귀를 절단
당했다.

다. 끔찍한 고통을 당하던 중에 1640년 11월 장기의회에서 석방을 결의했다. 자유의 몸이 된 후에도 1643년에 장로교회를 옹호하는 저술을 발표했다.

변호사 윌리엄 프린(William Prynne, 1600-1669)은 철저한 장로교인으로서 국가가 나서서 교회를 장악하고 지배하는 것이 옳지 않은 일이라고 비판했다.[39] 그는 옥스퍼드대학교를 졸업하고 존 프레스톤의 영향을 받은 후에 전투적인 청교도의 한사람이 되었다. 1627년에 첫 저서를 출판했고 그 후에 계속해서 알미니안주의를 비판하는 책을 간행했다. 하지만 그는 도르트 신경의 결론을 받아들이라고 성직자들에게 강요하는 것은 온당한 일이 아니며 반대로 칼뱅주의 교리에 저항하는 그 어떤 것도 정당하지 않다고 의회에 청원서를 보냈다. 1637년 6월 14일, 형사법원에서 국교회를 신랄하게 비난하는 출판물로 인해서 5천 파운드의 벌금과 평생 감옥에 던져지는 선고를 받았다. 두 번 씩이나 양쪽 귀를 잘리는 형벌을 받았고, '선동적인 범죄자'(seditious libeller)라는 낙인으로 'S. L'이라는 두 글자를 양쪽 뺨에 표식으로 새겨 넣는 치욕을 당했다. 그는 감옥에서도 여전히 저술에 전념했는데 의회파가 정치를 장악하면서 1640년에 석방되었고 변호사 직위도 복구되었다. 의회는 또한 그의 벌금을 배상하기로 결의했다. 그는 계속해서 유인물을 출간하면서 주교 제도에 대해서도 비판했는데, 로드 대주교에 대한

의사 존 바스트윅. 양쪽 귀를 잘리는 고통을
당했다.

심의가 열리자 모든 죄목들과 증거들을 조사해서 제출했다.

잉글랜드 국교회 지도자들은 청교도들과의 싸움을 벌이는 데 있어서 알미니안주의가 매우 필요하다고 생각했다. 청교도는 알미니안주의를 극히 싫어하였는데 국교회에서 알미니안주의를 전적으로 받아들였다. 알미니안주의와 잉글랜드 국교회는 같은 진영이라고 생각하면서 청교도를 공격하였다. 그러나 원래 네덜란드 알미니안주의자들은 자신들을 칼뱅주의 정통개혁주의자라고 생각하고 있었다.[40] 알미니안주의자들은 전혀 로마가톨릭과 협력하거나 다시 협상하려는 의도가 없었다. 알미니우스와 알미니안주의자들은 종교개혁에 적극 찬성하던 사람들이었고, 로마가톨릭의 신학과는 전혀 상관이 없으며 계승한 것도 아니다.[41] 그런데도 잉글랜드에서는 알미니안주의를 받아들여서 여러 가지 방식으로 종교개혁을 조롱했다. 알미니안주의를 신봉하는 요크의 주교 하스넷(Samuel Harsnet, 1561-1631)은 1630년에 윌리엄 퍼킨스와 『하이델베르크 교리문답서』의 저자 우르시누스의 저서들을 북잉글랜드에서 판매 금지했다.[42]

국교회 내의 알미니안주의자들이 빚은 대참사는 또 다른 어처구니 없는 일에서 드러났다. 청교도의 심장과도 같았던 케임브리지 대학에 고딕 양식으로 부활된 새로운 형태의 예배당을 세웠고 피터하우스 대학 교회의 내부에는 화려한 스테인 글라스로 장식하였다. 이것은 가장 칼뱅주의자들이 많았던 청교도의 상징이자 최고의 청교도 신학자들을 경멸하려는 행사였다. 반종교개혁의 바로크 양식과 고딕 양식으로 건물의 외관도 번듯하게 만들었다. 청교도는 아무것도 장식하지 않은 건물에서 예배를 드렸는데 전혀 반대되는 건물을 세운 것이다. 이곳을 바꾸는 것으로 그치지 않고 전국적으로 모든 교구 예배당을 소위 알미니안 양식으로 내부를 장식하도록 강요했다. 1624년 이후로 피터하우스는 엉망진창이 되고 말았는데, 로드의 계획에 따라서 만들어진 전국 교회의 성체대 난간들은 그가 교수형을 당한 후 다시 제거해서 모닥불을 피는데 쓰이고 말았다.[43]

케임브리지 피터 하우스 대학, 예배당 정면.

　그런데 이런 식의 상징적인 건물을 세워놓은 후 그들이 주장하는 구체제 교회를 대내외에 포고를 통해서 알리고 교회개혁에 제동을 걸고자 하는 것으로 그치지 않았다. 알미니안주의자들은 종교개혁 이전의 건물로 개조하면서 외적인 모양만 바꾼 것이 아니다. 소위 알미니안주의 예배 방식이라고 해서 은빛 헌금접시를 사용하기 시작했는데 마치 종교개혁 이전에 사용하던 성찬 배와 성반들의 모양과 비슷했다. 엘리자베스 여왕이 이미 조치한 대로 예배 시에 사용되던 헌금접시는 다 수거되었고 사용되지 않고 있었다. 국교회 체제에서는 성만찬에서도 모두 잔을 사용했다. 사실 영국 국교회 목사들은 알미니안주의 성만찬 신학이 무엇인지도 모르면서 종교개혁 이전에 로마가톨릭에서 하던 방식대로 다시 성도에게 제단을 귀하게 여기도록 강요했고 모두 그 앞에 나와서 무릎을 꿇고 빵과 포도주를 받도록 했다.[44] 잉글랜드 교회에서는 예배 시간에 예배를 방해하지 않는 한 개를 데리고 와서 어린 아이들이 다 함께 앉아 있도록 했었다. 로드 대주교는 고양이와 거북을 사랑하는 것으로 알려졌는데 개를 데려오는 것을 금지시켜서 많은 성도의

분노를 샀다.[45]

국왕 찰스 1세는 너무나 많은 권한을 로드에게 주었다는 것을 후회했다. 국왕은 자녀들에게 다시는 자신처럼 어떤 한 사람의 판단에만 지나치게 의존하지 말라고 조언했다. 그리고 부드럽고 자애로운 통치자가 되라고 충고했다.

1640년에 장기의회는 로드를 반역죄로 고소했다. 로드는 1641년에 런던 타워 감옥에 수감되었다. 그는 그곳에서 영국 시민전쟁의 초기 발생 과정을 지켜보았다. 아마도 그냥 자연스럽게 풀어 주어도 그의 나이가 이미 68세였으니 오래 살지는 못할 처지였다. 그러나 의회는 1644년 봄에 그에게 재판을 받도록 호출했다. 그가 반역했다는 증거는 제출되지 않았다. 의회는 그가 갖고 있던 모든 권리를 박탈한다는 청원서를 통과시켰다. 국왕의 사면권을 적용하지 않은 채 1645년 1월 10일 71세의 나이로 참수형을 당했다.[46] 알미니안주의와 로드의 폭정은 훗날 청교도와 개신 진영의 시민전쟁을 촉발하는 계기가 되었다.

1630년대에 청교도는 새로운 정치의 강압 조치 아래서 지독하게 시련을 당하고 있었다. 청교도의 경건 훈련에서 핵심 요소들로 실행되던 금식 기도와 말씀 집회는 국교체제를 전복하는 행위로 간주되었다. 교리를 배우는 소규모 학습이 자주 모임을 가졌고 경건한 생활에서 벗어나는 것은 모욕으로 간주했다. 설교를 통해서 보다 자신들을 절제하도록 교훈을 받았는데, 1633년에 스포츠에 관한 규정집이 새롭게 갱신되었을 때 청교도의 대응방안이기도 했다. 주일은 거룩한 예배 중심으로 엄수를 하면서 그 밖에 다른 모든 일은 최소화했다. 국가교회에서는 보여주는 화려한 예식으로 되돌아가고 있었지만 청교도는 설교를 가장 핵심으로 삼았다. 모든 예배 인도자들은 예식서를 완전히 준수해야만 되었는데 이것은 비서명파들이 조용히 사역을 할 수 있도록 관용했던 지난날의 조치에서 교훈을 얻어서 아예 융통성을 없애버리고자 한 것이다.[47]

극히 일부 청교도 목회자들과 평신도들에게 행운이 주어지기도 했지만

1630년대에 변화된 환경을 확실하게 보여주는 현상은 지방의 재산가나 영지 상속자들이 청교도 지도자들에게 적극적으로 지지를 보내지 않았다는 점이다. 시골 지방에 살고 있던 평신도 중에는 교회 재산의 영지 수령자들이 상당수 있었는데 그들은 청교도 목회자들의 활동을 도와서 가능한 많은 설교를 할 수 있도록 공적인 노력을 하지 않았다. 그들이 청교도 설교자를 돕는다는 것은 당시 교회의 질서를 무의식적으로 파괴하는 것처럼 보여 질 수 있었다. 국가교회 곁에서 말씀의 유효성을 보충해 주려고 시도한다는 것은 경건한 심령에서 나오는 선한 의도였다. 영지의 상속인들은 강단에서 하나님의 말씀을 선포하는 것이야말로 중요한 일을 수행하는 교회의 상징이라고 간주하지를 않았다.

찰스 1세 치하에서 청교도는 잉글랜드 알미니안주의자들의 압박 하에서 어떤 방향으로 대응했던가? 1630년대의 청교도는 다양한 방식으로 성도들을 지도했다. 회개와 회심을 하도록 양심을 뒤흔들어 놓는 예배의 방식이 가장 중요한 대처 방안이었다. 어떤 상황에서도 청교도 목회자들과 평신도들은 그 누구를 막론하고 기꺼이 시련을 감당하려는 의지가 있었다.

가장 성경적으로 합당한 예배는 강단에서 말씀을 선포하는 것이므로 이것을 약화시키려는 국교회의 예식서를 따르지 않았고 타협을 거부했다. 하지만 이렇게 청교도 예배 방식을 고수하게 되면 많은 목회자가 국교회에서 파면을 당하고 설교권을 박탈당하고 출교를 당하는 것을 의미하는 것이었다. 청교도는 다시 로마가톨릭과 유사한 방식으로 예배를 진행하라는 로드 대주교의 조치들로부터 뒤로 비겁하게 물러나지 않았다. 때로는 심각한 고통에 맞서서 순교를 하겠다는 각오로 임하였다.

많은 청교도 목회자들이 네덜란드로 피신하거나 뉴잉글랜드로 떠나가거나 잠시 머물러 있다가 1630년대 후반에 떠나가기도 했다. 이 무렵에 약 80여명의 목회자들이 해외로 떠나갔는데 그들 중에서 2/3는 이미 지독한 압박을 받았던 경험을 갖고 있었다. 참된 예배의 약속과 핍박으로부터의 탈출은 평신도들을 움직이는 중요한 동기 부여를 했다. 경건한 신앙생활을 마음 놓고 하고자 하는 동기에서 많은 평신도는 뉴잉글랜드로 떠났다.[48] 경건한 청교도 사이에서는 이민에 대해서 사회 전체적으로 긴장이 있었다. 잉글랜드로 이민을 떠난 청교도는 오래 전부터 성경에 나오는 '언덕 위의 도시'(city upon a hill)라는 비전을 품고 있었다.

성도들은 여전히 오후에나 주중에 계속되는 말씀 집회에 참석해서 청교도 설교자로부터 감동적인 은혜를 받았다. 주일 예배 시간에는 말할 필요도 없었으나 청교도 설교자가 없는 경우도 있어서 개인 경건에 최선을 다했다. 성경과 경건서적 읽기, 자기 점검을 위한 묵상, 일기 쓰기 등이 생활 속에서 거룩하게 살아가는 가장 중요한 방법이었다.[49]

맺는 말

청교도는 변화하는 상황 속에서 내적으로나 외적으로나 긴장 관계에 있었다. 경건한 사회공동체를 이룩하기 위한 열망과 합의된 정신이 지속적으로 발휘되었다. 끊임없이 경건을 향한 원칙을 준수하면서 하나의 정신으로 뭉쳐서 유익한 사회를 건설해 나가고자 노력했다. 청교도는 유럽 역사 속에서 '하나의 운동'이라고 충분히 명명할 수 있을 만큼 일치된 꿈과 염원을 갖고 있었고 비록 그들이 그 목표에 도달할 수 없을 만큼 높은 이상을 품고 있었지만, 40여 년의 세월 동안 변모하는 상황 속에서도 청교도 공동체가 유지되었음을 보여 주었다.[50] 이것은 청교도 운동에 대한 역사학자들의 순수한 평가이다.

지금도 이 운동은 역사 속에서 흐르고 있다. 지난 500여 년을 견뎌온 전통의 흐름 속으로 한 걸음 더 들어가 보면 청교도는 개혁주의 신앙을 품고 있었고 성경적인 기준을 확고한 근거로 삼아서 국교회의 방식들을 거부하면서 오직 하나님의 영광을 위해서 살아갔다.[51] 청교도는 하나님의 언약 백성이요 택한 백성이라는 예정 교리를 품고 있었기에 감사하는 마음으로 그 열매를 돌려드리고자 노력했던 것이다. 지금도 청교도 후예들이라고 자처하는 '단절파' 교회에서는 이 위대한 역사가 지속되고 있음을 느낄 수 있다. 이들 대부분은 소수의 교회들로 구성된 작은 교단을 운영하고 있다. 미국에는 제네바 대학, 청교도 개혁신학교, 퓨리턴 신학교, 개혁장로교회 신학교 등이 있고 영국 스코틀랜드에는 하이랜드 신학교가 운영되고 있다.

그러나 청교도 운동에 대한 비판도 겸허하게 받아들여야 하고 경청해야만 한다. 이 세상에 완전한 사람은 없으며 완전한 교회도 없다. 청교도 운동의 지도자들과 열성적인 청교도가 칼뱅주의 정통 신학을 확고히 세워나가면서 다른 사람에 대해서 정죄하려 하고 심판적인 안목에서 판단하려 했다는 비난을 받을 수도 있은 것이다. 심지어 청교도 정통 신학을 주장하였기 때문에 그들과 대결하는 입장에서 보면 청교도 역시 다소 경직되고 엄격한 사람으로 변모하였다고 평가할 수도 있는 것이다. 물론 청교도는 그 어느 시대 기독교인들보다 더 순수하고 깨끗하게 살면서 경건을 위해 노력했었고 나름대로 깨끗하다고 자부심을 갖지만, 다른 사람에 대해서는 악하고 더러운 일에서 맴돌고 있다는 식으로 단정해서 우월 의식을 가질 수도 있기 때문이다.

비슷한 예를 현대교회에서 찾아볼 수 있다. 로이드 존스 박사는 청교도 정신으로 교회를 섬기면서, 영국 성공회 내에서 신앙생활을 하던 복음적인 성도에게 교단에서 탈퇴하라고 촉구했다. 성공회 목회자로서 조직 내부에서 복음적인 선교 활동을 하던 존 스토트(John Stott, 1921-2011) 박사와 대립했다.[52] 훗날 스토트 박사가 사과를 했지만 끝내 합치된 복음주의 연맹을 이끌어내지 못했다.

한국 교회에서 찾아본다면 신사참배를 거부한 교회들과 교인들이 그렇지 못한 자들에 대해서 가졌던 심판적, 정죄적, 판단적인 태도로 인해서 교단이 갈라지고 말았다. 정통 개혁주의 신학을 유난히 강조하는 교회나 성도의 경우에도 역시 그러한 자세와 태도가 지나쳐서 결국에는 분리적인 입장을 취하게 되어진다. 다른 교회는 불건전하고 오염된 교회로 규정하고, 본인들이 속한 교회만이 더 순결하고 더 우월하며 더 구별되었다고 하는 자부심은 심히 유감이다. 필자는 이런 경우를 미국에서도 보았고, 영국에서도 캐나다에서도 그리고 지금 한국에서도 목격하고 있다.

주(註)

1 Roger Lockyer, *Tudor and Stuart Britain: 1485-1714* (London: Routledge, 2004), N. Tyacke, "Puritans, politicians and King James VI & I, 1587–1604," in *Politics, Religion and Popularity in Ealry Stuart England: Essays in Honour of Contrad Russell* (Oxford: University Press, 2002).

2 Peter White, "The via media in the Early Stuart Church," in T*he Early Stuart Church, 1603–1642*, ed. by Kenneth Fincham (Basingstoke, 1993), 211–230.

3 A. W. Beasley, "The Disability of James Vi and I," *Seventeenth Cuntury*, Vol. 10 (1995):151–62.

4 Henry Gee & William John Hardy, ed., *Documents Illustrative of English Church History* (New York: Macmillan, 1896), 508–11, "The Millenary Petition" (1603).

5 P. Collinson, 'The Jacobean Religious Settlement: The Hampton Court Conference' in H. Tomlinson ed., *Before the English Civil War* (1983).

6 A. Hunt, "Laurence Chaderton and the Hampton Court Conference," in *Beliefs and Practice in Reformation England: A Tribute to Patrick Collison by his Students*, eds., by S. Wabuda & C. Litzenberger (Aldershot: Ashgate, 1998). F. Shriver, "Hampton Court Revisited: James I and the Puritans" *The Journal of Ecclesiastical History*, Vol. 33 (1982):48–71.

7 David Daiches, *The King James Version of the English Bible: An Account of the Development and Sources of the English Bible of 1611 With Special Reference to the Hebrew Tradition* (Hamden, Conn: Archon Books, 1968). Adam Nicolson, *God's Secretaries: The Making of the King James Bible* (Harper Collins, 2003).

8 김재성, 「개혁신학의 정수」(이레서원, 2003), 제 3장, "제네바 성경" 137–164. Bruce Metzger, "The Geneva Bible of 1560," *Theology Today*, Vol. 17, no. 3 (1960): 339–352.

9 J. Eales, "The Continuity of Puritanism, 1559–1642," in *The Culture of English Puritanism, 1560-1700*, eds., C. Durston & J. Eales (Basingstoke: Palgrave, 1996), 186.

10 Kelly M. Kapic, & Randall C. Gleason, eds., *The Devoted Life: An Invitation to the Puritan Classics* (IVP, 2004), 41. Andrew Atherstone, *The Silencing of Paul Baynes and Thomas Taylor*, Puritan Lecturers at Cambridge, Notes and Queries (2007), 386–389.

11 Nicholas Tyacke, *Aspects of English Puritanism, c. 1530-1700* (Manchester: University Press, 2001), 112–119.

12 K. L. Sprunger, *Dutch Puritanism: A History of English and Scottish Churches of the Netherands in the Sixteenth and Seventeenth Centuries* (Leiden: 1982), 285–306.

13 K. Fincham & P. Lake, "The Ecclesiastical Policies of James I and Charles I," in *The Early Stuart Church, 1603-1642*, ed. by Kenneth Fincham (Basingstoke, 1993), 37–41.

14 Kenneth Parker, *The English Sabbath: A Study of Doctrine and Discipline from the Reformation to the Civil War* (Cambridge: University Press, 1988). L. A. Govett, *The King's Book of Sports: A History of the Declarations of King James I. and King Charles I. as to the Use of Lawful Sports on Sundays* (London: 1890).

15 James Tait, "The Declaration of Sports for Lancashire," *English Historical Review*, Vol. 32 (1917): 561–68.

16 James Craigie, ed., *Minor Prose Works of James VI and James I* (Scottish Text Society, 1982): 227–28.

17 Tom Webster, *Godly Clergy in Early Stuart England: The Caroline Puritan Movement, c.1620-1643* (Cambridge: University Press, 1997), 111, 149, 253.

18 Kevin Sharpe, *Politics and Ideas in Early Stuart England* (Pinter Publrs, 1989), 108–129.

19 N. Tyacke, *Anti-Calvinists – The Rise of English Arminianism c. 1590-1640* (Oxford: University Press, 1990).

20 Jonathan D. Moore, *English Hypothetical Universalism: John Preston and the Softening of Reformed Theology* (Grand Rapids: Eerdmans, 2007). John Murray, *Collected Writings*, 4:255–256.

21 B. Donagan, "The York House Conference revisited: laymen, Calvinism and Arminianism," *Historical Research*, Vol. 64 (1991):312–30.

22 Nicholas Tyacke, *Fortunes of English Puritanism, 1603-40* (London: Dr. Williams's Trust, 1990).

23 Webster, *Godly Clergy in Early Stuart England*, 15–35.

24 Frances James Rose–Troup, *John White: The Patriarch of Dorchester [Dorset] and Founder of Massachusetts: with an account of the early settlements in Massachusetts, 1620-1630* (New York: G.P. Putnam's Sons, 1930).

25 David Underdown, *Fire From Heaven: Life in an English Town in the Seventeenth Century* (Yale University Press, 1994). cf. "William Whiteway of Dorchester" His diary 1618–1635' (the Dorset record Society, 1991).

26 J. T. Cliffe, *The Puritan Gentry: The Great Puritan Families of Early Stuart England* (London: Routledge, 1984).

27 Judith Maltby, "'By this Book': Parishioners, the Prayer Book and the Established Church," in *The Early Stuart Church, 1603–1642*, 115–137.

28 P. S. Seaver, *Wallington's World: A Puritan Artisan in Seventeenth-Century London* (Lodon: 1985), 5. K. L. Parker, *'Practical Divinity': The Works and Life of Reverend Richard Greenham* (Aldershot, 1998).

29 D. Como, "Puritans, predestination and the construction of orthodxy in early seventeenth–century England," in *Conformity and Orthodoxy in the English Church*, eds., Peter Lake & Michael Questier (Woodbridge: Boydell Press, 1998).

30 Nicholas Tyacke, *Anti-Calvinists: The Rise of English Arminianism c. 1590-1640* (Oxford: University Press, 1987).

31 Thomas Cogswell, "John Felton, popular political culture, and the assassination of the duke of Buckingham," *Historical Journal*, Vol. 49.2 (2006): 357–385.

32 이 책의 장 "청교도 예정 교리"에서 "램버트 조항들"에 관한 설명을 참고할 것.

33 총 19개 주제에 대해서 104조항들로 구성됨. Raymond Leslie Wallace, "The Articles of the Church of Ireland of 1615," (Ph.D. diss., The University of Edinburgh, 1949), 1–15.

34 Barry Coward, *A Companion to Stuart Britain* (John Wiley & Sons, 2008), 259.

35 Mark Parry, "Bishop William Laud and the parliament of 1626", *Historical Research*, Vol. 88 (2015): 230–248.

36 C. Carlton, *Archbishop William Laud* (London: 1987), 13.

37 "Henry Burton," *Dictionary of National Biography*. London: Smith, Elder & Co. 1885–1900. "Henry Burton," *A Cambridge Alumni Database*. University of Cambridge.

38 John Bastwick, *Dictionary of National Biography*. London: Smith, Elder & Co. 1885–1900. Pauline Gregg, *Free-born John: The Biography of John Lilburne* (1961), 47–50.

39 Ethyn Williams Kirby, *William Prynne: A Study in Puritanism* (Cambridge, MA, Harvard University Press, 1931). William M. Lamont, *Puritanism and Historical Controversy* (Montreal, McGill–Queen's Press, 1996). Thomas Fitch, "Caroline Puritanism as exemplified in the life and work of William Prynne," (Ph.D. diss., Edinburgh, 1949).

40 Aza Goudriaan and Fred Lieburg, eds., *Revisiting the Synod of Dordt (1618–19)* (Leiden: Brill, 2010). I. Packer, "Arminianism," in *Puritan Papers*, Vol. 5:25–41.

41 Cornelis Fronk, *Expository Sermons on the Canon of Dort* (Calgary: Free Reformed Publication, 1999).

42 Graeme Murdock, *Calvinism on the Frontier 1600-1660: International Calvinism and the Reformed Church in Hungary and Transylvania* (Oxford: Clarendon, 2000), 65.

43 J. F. Merrit, "Puritans, Laudians, and the phenomenon of church–building in Jacobean London," *Historical Journal*, Vol. 41 (1998): 935–60.

44 Fincham, "The Restoration of Altars in the 1630s," *Historical Journal*, Vol. 44 (2001):919–40.

45 H. R. Trever-Roper, T*he Archbishop Laud 1573-1645* (London: Macmillan, 1940; 1988).

46 C.V. Wedgwood, *The King's War, 1641-1647* (London: Collins, 1958), 376-8.

47 Webster, *Godly Clergy in Early Stuart England*, 235-54.

48 R. Thompson, *Mobility and Migration: East Englian Founders of New England, 1629-1640* (Amherst: 1994).

49 J. Fielding, "Opposition to the Personal rule of Charles I: the Diary of Robert Woodford, 1637-1641," *Historical Journal*, Vol. 31 (1988):769-88.

50 Webster, "Early Stuart Puritanism," 62.

51 D. Como, "Puritans and heretics: the emergence of antinomian underground in early Stuart England," (Ph.D. diss., Princeton University, 1999). D. Como, "Puritans, Predestination, and the Construction of Orthodoxy in Early Seventeenth-Century England," in *Conformity and Orthodoxy in the English Church, c. 1560-1660*, Perter Lake & Michael Questier, eds., (Woodbridge: the Boydell press, 2000), 64-86.

52 Justin Taylor. "50 Years Ago Today: The Split Between John Stott and Martyn Lloyd-Jones," (TGC: The Global Coalition. 2016). Lim, Jouhoon, "Martyn Lloyd-Jones' View of Evangelical Unity, (Th. M. thesis, Flinders University, 2016).

Chapter 12
청교도의 힘: 언약 사상

청교도의 사상 중에서 가장 중요한 부분 중에 하나가 언약신학이다. 청교도는 성경에 나오는 언약에 대한 성경 공부를 하거나 그 개념을 이해하고 수용으로 그친 것이 아니라, 청교도 혁명이라는 과업을 수행하게 하는 폭발적인 동맹 의식으로 발전시켰다. 청교도 운동의 절정기의 심화되고 확산된 언약신학은 절대 군주의 폭정에 맞서서 세상을 완전히 바꾸어 놓았다. 수많은 청교도의 가슴에 역동적인 동지 의식을 심어준 언약 사상은 개인이나 교회나 사회와 국가를 새롭게 하는 힘을 발휘하게 하였다. 청교도 사상의 핵심으로서 결정적으로 빛을 발휘한 청교도 언약 사상에 대해서 살펴보자.

무엇이 중요한가? 어디까지 이해하고 있는가?

청교도는 스스로를 언약의 백성이라고 생각했다. 청교도 지도자들은 성경적인 언약 사상을 강조했다. 청교도 귀족들과 정치가는 언약 동맹을 맺은 군대를 이끌고 나가서 국왕의 군대에 맞서서 싸웠다. 언약 사상의 구체적이고도 실제적인 적용과 활용이 펼쳐진 역사적 사건들의 내용을 모른다면 청교도 연구는 그저 수박 겉핥기에 불과하다. 청교도 언약 사상의 뿌리에는 이미 유럽 종교개혁자들과 수많은 신학자들이 성경을 파헤쳐서 구축한 언약신학이 있었고 언약의 약속에 근거하여 개신교회가 믿는 구원의 교리를 견고

하게 체계화했다.[1]

성경의 가르침 중에서 언약 개념이 중요하다는 점을 가장 주목하였고 언약의 정신을 깨어서 지키고자 노력했던 신앙인은 놀랍게도 17세기 청교도가 었다. 청교도의 생각과 삶에는 언약백성의 다짐과 결연한 헌신이 깊이 스며들어 있다. 스코틀랜드의 언약 사상의 중요성을 드러내는 획기적인 문서는 "국가 언약"과 『엄숙동맹과 언약』(the Solemn League and Covenant, 1643)이었다. 이두 가지 언약문서들은 청교도의 진면목을 보여주는 위대한 신앙의 금자탑이자 청교도 운동의 기념비이다. 청교도 사상의 근간을 이루는 언약 문서들에 서명하고 전투에 나가서 목숨을 마쳤던 사건은 결코 간과해서는 안 된다.[2]

죠엘 비키 박사는 『청교도 신학』에서 '언약신학'에 관련된 내용들을 집약하고자 무려 100여 쪽을 할애하였다.[3] 언약 사상을 다룬 청교도의 저술과 이를 재해석한 주요 학술 자료가 집대성되어 있어서 후학들에게 매우 편리한 지침을 제공하고 있다. 다만 비키 박사의 책이 출판된 2012년 이후에 나온 괄목할 만한 연구서들이 보완되어야할 부분이다.[4] 존 페스코의 『구속 언약』에 관한 두 권의 연구서는 청교도 신학자들의 저서에서 탐구할 내용이 많다.[5] 또한 비키 박사의 언약신학에서는 필자가 지금 이 장에서 상세히 살펴보려는 스코틀랜드 언약도(covenanter)의 역사와 상황, 교회 정치에 관련된 해설이 전혀 없다. 유럽이나 북미주 학자들에게 있어서 청교도의 역사적 상황들, 특히 튜더 왕가와 스튜어트 왕가들의 교회관련 사건들에 대해서는 청소년기부터 다양한 독서를 통해서 능히 익숙할 사건이겠지만 한국의 목회자들, 신학도들, 일반 성도들에게는 모두 다 생소하기에 안내가 필요하다고 본다.

청교도에 관련된 연구서들을 살펴보면 종종 청교도 혁명이 빠져 있다거나, 언약도들이 목숨을 걸고 사수하던 확신과 신념의 뿌리에 해당하는 청교도 언약 사상을 다루지 않는 경우를 보게 된다. 필자는 개인적으로 안타까움을 금할 수 없으며 그러한 왜곡된 해석들에 대해서 철저히 대응해야만 한다는 입장이다. 이미 앞에서 개혁주의 예정과 선택 교리를 다룰 때 역사적 사실들이라도 해석자의 관점이 다르다는 것을 지적한 바 있으며, 이는 각각의 선입견과 전제가 다르기 때문임을 분석한 바 있었다. 고정 관념에서 나온 굳어진 안목으로는 결코 온전한 역사 해석을 창출해 낼 수 없다.

특히 반종교개혁자들의 주장과 로마가톨릭의 연구자들이 내놓는 종교개혁자들에 대한 비난과 비판은 결코 온당하지 않다. 종교개혁자들을 교회 파괴자들이라고 비난하고 모욕하는 것을 넘어서서 루터를 반항아라고 규정하고 칼뱅을 흡혈귀라고 비난하는 책을 내놓고 있다. 잉글랜드 성공회를 정당화하려는 전통주의 해석도 결코 공정하지 않다. 국교회주의자들의 잔인함을 있는 그대로 드러내지 않으려고 수많은 청교도의 피흘림을 가볍게 다루는 것이다. 이러한 왜곡은 또 다시 한번 그 지독한 국교회주의로 짓밟는 행위이기 때문에 현대 지식인들의 거짓에 대해서 필자의 마음에는 애통함과 분노의 감정을 동시에 느끼게 된다.[6]

21세기 학자들도 이처럼 공정하지 않을 수 있음에 유의해야만 한다. 로마가톨릭 쪽에서나 잉글랜드 성공회 쪽에서는 한결같이 청교도의 기여와 공헌을 정당하게 평가하고 높이 존중하지 않는다. 청교도의 꿈과 이상이 실현되기까지 스코틀랜드와 잉글랜드와 아일랜드에서는 얼마나 많은 핍박과 고통이 있었는지에 대해서 진솔한 접근이 있어야만 한다.

1. 청교도의 빛나는 언약 사상

우리는 성경을 읽으면서 언약이란 단어가 자주 나오는 것을 알게 된다. 따라서 그만큼 중요하다는 것을 알지만 그 의미를 파악하려고 신학자들이 설명한 것을 찾아보면 새 언약, 옛 언약 등으로 내용이 아주 복잡해져서 이해하기 어려운 용어가 되어버린다. 간단히 압축해서 설명하자면 언약이란 인간의 죄를 해결하기 위해서 나온 하나님의 계획과 방법에 담겨 있는 특수한 관계성을 의미한다. 하나님과 인간 사이의 관계를 특정짓는 단어이다.

이 관계성이라는 것을 알기 쉽게 이해하기 위해서 아주 비슷한 관계를 예로 들어보자. 나와 내 자녀들과의 관계는 '혈연관계'이다. 아주 자연스럽게 맺어진 가족 간의 관계이며 그 어느 관계보다도 중요하다. 나하고 아내하고의 관계는 하나님의 섭리 가운데 맺어진 '법적인 관계'이다. 이렇게 설명하면 조금 더 쉽게 이해가 되리라 기대한다. 하나님과 그의 백성과의 관계는 언약으로 맺어지는 아주 특수한 관계라는 말이다.

하나님께서 먼저 "내가 나의 언약을 세우리라"고 선포하셨다(창 6:18, 출 6:4-5).[7] 이런 의미에서 언약은 일방적이며, 단독적이며, 주도적이신 하나님의 우선적인 조치이다. 무조건적인 하나님의 예정을 특징적으로 반영하고 있다. 하나님은 자신의 언약에 대해서 신실하실 것이라고 약속하셨다(레 26:44-45, 신 4:31).

하나님께서는 죄인을 향해서 은혜를 베푸시면서 율법을 지키도록 요구하신다. 에덴 동산의 이야기 속에서 아담은 지켜야할 금지 명령이 있었다. 동산 안에 있는 모든 것을 그에게 제공하신 하나님께서는 단 하나의 조건만을 사람에게 요구하셨으니 곧 순종해야만 한다는 것이다. 만일 거역하여 죄를 범하게 되면 죽음이라는 형벌이 따라오는 규칙이다. 이처럼 중대한 조항이라면 아담은 매우 신중했어야 하는데 안타깝게도 그는 약속을 어기고 말았다.

하나님께서는 아담에게 애초에 말씀하신 규칙의 형벌 조항대로 벌을 내리셨다. 인간이 지은 죄의 대가로 에덴 동산에서 쫓겨 나서 흙으로 돌아가라는 죽음을 명하시고, 노동과 해산의 수고를 선고하셨다. 물론 진노 중에라도 은혜를 베푸시는 하나님께서는 미래의 복음을 듣게 하셨다(창 3:15). 그 내용의 성취과정으로 다시 아담의 후손인 노아에게, 아브라함에게 언약을 제정하셨다. 아담과의 약속에서처럼 하나님과의 특수한 관계, 즉 언약은 여전히 율법을 지키고 순종해야만 유지될 수 있는 것이다. 불순종하면 언약 관계가 파기된다.

빛나는 청교도 언약 사상이라고 말하는 이유는 청교도에 의해서 이 교리가 고난 속에 있던 교회에 빛을 비추는 축복을 가져왔기 때문이다. 청교도의 모든 성취들은 빛나는 언약신학이 근저에 자리하고 있다. 청교도 사상에서 가장 중요한 부분은 성경적 언약 개념을 정확하게 정립하여 기독교 진리 체계를 확실히 정착시켰다는 점이다. 청교도는 성경에서 깊은 물줄기를 발견할 수 있었는데 바로 언약의 체계를 통해서 하나님의 구원 역사가 연속성과 다양성을 파악하여 견고하게 교회의 순결함을 지켜 나가고자 헌신하였다.

청교도 언약 사상의 핵심은 성경적 이해에 그치는 것만이 아니라 생활 속에서 공동체의 집단적 이념으로 공유했다는 데 있다. 하나님의 나라를 구성하는 성도들은 단순히 민족적 애국심이나 자기 종족만을 위한 편협한 인종주의에 빠지지 않으면서도 언약 공동체 의식이 확고하였다. 청교도는 언약의 신념과 고백을 문서로 체계화해서 선포했을 뿐만 아니라 올리버 크롬웰이 지도하는 국가 공동체에 적용하였다.

결론적으로 말하면 가장 체계적으로 탁월하게 언약 사상을 종합한 문서는 『웨스트민스터 신앙고백서』인데, 세 가지 언약개념인 '행위언약', '은혜언약', '구속언약'이 정리되어 있다. 이 세 가지 언약 개념 중에서 가장 먼저 행위언약과 은혜언약의 두 가지 개념에 대해 초기 종교개혁자들이 정립하였다. 그리고 우르시누스와 로버트 롤록에 이르러서 보다 구체화되었다. 구속언약의 개념은 루터와 올레비아누스가 성부와 성자 사이의 언약을 언급했고, 스코틀랜드 신학자 데이비드 딕슨(David Dickson, 1583-1662)이 선명하게 제시하여 1638년 스코틀랜드 교회에서 채택하였다. 그리고 마침내 『웨스트민스터 신앙고백서』에서 세 가지 언약 개념이 정리되었다.

2. 언약 사상의 발전

청교도 언약 사상은 엘리자베스 여왕 시대에 등장해서 활짝 꽃을 피운다. 청교도 신학자들이 핵심적으로 가르친 교리가 되었다. 잉글랜드에서는 1585

년에서 1597년까지 언약을 다룬 수많은 저술이 쏟아져 나왔다. 청교도 신학자 중에서 더들리 펜너(Dudley Fenner, 1558-1587)가 제일 먼저 '행위언약'(라틴어로는 *foedus operum*)에 대해 가르쳤는데 그의 스승이 토마스 카트라이트었다.[8] 언약 사상은 퍼킨스가 물려받아서 그의 예정 교리와 함께 발전시켰다. 퍼킨스의 동시대 독일 신학자 폴라누스(Amandus Polanus, 1561-1610) 그리고 스코틀랜드에서는 존 낙스에 이어서 에든버러 대학교의 로버트 롤록과 하위가 등이 각각 집중적으로 언약 사상의 특징을 가르치고 확산시켰다.

퍼킨스의 사상은 청교도 신학자 존 볼(Ball, 1585-1640)이 심화시켰다. 볼은 옥스퍼드 대학교를 졸업하고 장로교회 목사가 되어서 스태포드셔의 위트모어에서 평생 한 교회의 목회자로 사역했다. 그가 쓴 『은혜 언약에 대한 고찰』 (*A Treatise of the Covenant of Grace*, 1645)은 가장 대표적인 저서로 그가 서거한 후에 출판되었다. 유럽 대륙의 언약 사상이 통일성과 다양성을 보이면서 발전해 내려오다가 마침내 『웨스트민스터 신앙고백서』 7장에서 행위언약, 은혜언약, 구속언약으로 정리되었다.[9]

종교개혁자들의 언약 사상

이처럼 많은 청교도 신학자의 언약 사상에는 유럽 종교개혁자들의 연구가 토대를 마련해 주었다. 유럽에서 일어난 종교개혁 시대에 성경을 깊이 연구하면서 비로소 언약 개념이 중요하게 등장하였다. 자카리아스 우르시누스와 올레비아누스가 작성한 『하이델베르크 교리문답서』(1563)에서 두 가지 언약 개념, 자연언약과 은혜언약을 정리했다.[10] 두 가지 개념을 율법과 복음의 범주에서 대조하였는데 그 이후 종교개혁자들에게 큰 영향을 주었다.[11] 올레비아누스는 성부 하나님과 성자 예수님 사이에 인간의 구원을 위하여 초시간적인 언약 개념이 있음을 제시했다. 잔키우스는 언약의 동기에 대해서 연구했다. 칼뱅과 우르시누스와 올레비아누스만이 아니라 요하네스 코케이우스 (Johannes Cocceius, 1603-1669)를 비롯한 네덜란드 개혁교회의 신학자들이 기여한 바 크다.

언약의 구조를 조사해 보면 하나님이 사람에게 요구하시는 것이 '율법'이다. 하나님께서는 값없이 주시는 은혜로 구원을 선물하시지만, 도덕이라는 관계성을 인식하여 사람의 도리를 다하라고 요구하신다. 구원은 하나님께서 무조건적으로 주시지만 그 성취 과정에서는 인간의 참여와 헌신을 통해서 이뤄지도록 만드셨기 때문이다. 출발은 일방적이요 단독적이며 은혜이다. 그 시행 과정에서는 조건적이요 양면성이 있다. 은혜의 보답으로서 사람의 거룩하게 살아가야만 하며 인내를 이루어야 한다. 하나님은 사람에게 순종과 사랑을 통해서 언약을 지킬 것을 요구하신다.

취리히의 개혁자 불링거는 이스라엘 백성에게 율법과 예배의 조항들을 요구하시는 하나님의 계획에 대해서 이해하게 되었다. 취리히에는 과격한 재세례파(Anabaptist)가 등장하여 반율법주의를 마치 은혜의 복음처럼 퍼트렸는데 이런 자들을 처리하는데 언약의 구조이해가 동원되었다.

청교도 펜너의 행위언약

영국의 젊은 신학자 펜너는 케임브리지에서 수학할 때 카트라이트의 신실한 제자가 되어서 장로교회를 공개적으로 받아들였다.[12] 카트라이트가 네덜란드 엔트워프로 피신을 하자 거기까지 따라가서 영어회중에게 설교를 하면서 목사 안수를 받았다. 다시 영국에 돌아온 후 그는 1583년에 엘리자베스의 여왕의「수장령」과『공동기도서』와 모든 조항들을 받아들이라는 압박이 가해지자 완전히 거부하다가 목사직을 박탈당한 켄트 주의 목사 17명 가운데 한 사람이다. 이로 인해서 한동안 감옥에 갇혀 있다가 자유를 얻었다.

펜너는 1585년에『거룩한 신학』(Sacra Theologia)를 펴냈는데 언약의 무조건적인 요소와 조건적인 요소가 있음을 제시했다. 펜너는 영국 청교도 중에서 최초로 서로 다른 언약의 특징들이 있음을 파악하여 '행위언약'의 개념을 언급한 신학자이다. "행위언약은 완전한 순종이 조건으로 부가된 언약이다"라고 규정하고, 그 반면에 "자유로운 약속의 언약은 그리스도와 그를 통해서 주시는 값없이 주시는 은혜의 언약이다. 단지 조건은 그리스도를 받아들이는 사람이라야만 한다"라고 설명했다.

펜너는 "조건적인 행위의 언약"(conditional covenant of works)이 천지 창조를 하시는 하나님의 일부로서 제시되었다고 보았다. 이 조건적 행위언약은 모든 인간이 관련을 맺고 있으며 하나님의 도덕법을 준수하게 되면 언약이 성취되는 것이다. 또 다른 종류의 언약이 성경에 나오는데, 예수 그리스도 안에서 참된 기독교 신자와 맺으시는 "무조건적인 은혜언약"(unconditional covenant of grace)이다. 펜너의 언약 이해와 아주 유사한 설명들이 퍼킨스와 폴라누스의 저술에 나오고 있다.[13]

언약 구조를 두 가지로 이해하게 되면 하나님의 구원 역사의 중요성을 잘 이해하게 된다. 죄를 범한 인간은 비극적인 궁지에 처해 있어서, 행위언약 안에서 볼 때는 하나님이 요구하시는 율법을 지킬 수 있는 능력이 없다. 하지만 은혜언약 안에 있는 자는 다르다. 은혜로 인하여 죄인이 얽매여 있는 행위언약의 올무에서 자유를 누릴 수 있다. 은혜언약 안에 있는 자는 감사하면서 하나님의 사랑에 의하여 선행을 할 수 있다. 언약 구조를 이해하게 되면 반율법주의에 빠지는 주장은 할 수가 없게 되는 것이다.

퍼킨스의 언약 사상

잉글랜드에서 언약 사상의 구체적인 발전은 퍼킨스가 성취하였다.[14] 기본적으로 칼뱅주의 개혁신학을 받아들인 퍼킨스는 예정 교리를 철저히 활용했다. 하나님께서 지옥으로 버리시고자 결정적으로 예정하신 자들은 '일시적인 믿음'을 갖고 살아간다. 택함을 받은 자들은 일시적인 믿음이 아니라 구원에 이르는 믿음이다. 일시적인 믿음을 가진 자들은 은혜언약이 아니라 행위언약 아래서 살아간다. 성도 중에서 열심인 체하는 것과 자기 의로움에 빠진 자에게 일시적인 믿음으로 살아가서는 안 된다고 하는 것을 목회자들이 경고해 주어야만 한다. 그들로 하여금 용기 있는 경건에 대해서 눈을 뜨게 하는데 유익한 교리이다.

일시적인 믿음은 구원의 확신에 대해서도 추론해 낼 수 없다. 성도 각자가 일시적인 다양한 믿음의 모습을 보이는 것으로 그치는 것인지 아니면 구원에 이르는 신앙을 자신이 갖고 있는지를 분별해 낼 수 있다. 은혜언약 안에 있다는 확신을 갖고 있으면서 행위언약을 지켜 나가려는 인식이 있다면 구원의 확신을 가질 수 있게 되는 것이다.

퍼킨스는 그의 사상의 중심부를 이루고 있는 일시적인 믿음에 대하여 깊이 고찰하고 있었기에 도덕적인 문제들과 개인의 경건에 대해서 집중적으로 거론했다. 성도의 신앙생활의 중심에 선택과 예정의 질문들을 핵심으로 거론하고자 했다. 퍼킨스는 성도들마다 자신의 신앙 체험에 대해서 결론에 도달하도록 요구하였다. 1600년경에 잉글랜드 청교도 사이에서는 신앙고백적인 일기가 하나의 문학적인 장르로 대두되었던 것은 결코 우연이 아니다. 그것은 하나님에 의해서 진정으로 택함을 받았다는 증거들을 스스로 검증하도록 고안된 것이다.

칼뱅주의자들의 체험적인 경건은 또 다른 양상으로 나타났다. 그들은 기성 교회에서 같은 생각을 가진 사람들의 모임을 찾게 되었고, 선택함을 받은 양심을 가지지 못한 자의 공동체로부터는 완전히 탈퇴해서 분리하는 것을 격려하게 되었다. 더 새롭고 순수한 기독교 공동체 건설을 위해서 뉴잉글랜드로 건너가는 청교도가 언약 사상을 중심에 품고 위험을 이겨내고 강력한 투쟁을 하면서 이상을 향해 나아가게 하는 힘을 제공했다.

3. 청교도 혁명의 「국가 언약」

위대한 청교도 운동과 교회 개혁의 추진 동력은 위대한 청교도의 언약 사상에서 빚어졌다. 메리와 엘리자베스 여왕의 통치시대에 전개된 '청교도 운동'은 단일 군주가 분수를 넘어서 절대왕정 통치주의를 이론화하여 변경된 「수장령」을 발동하고 전체주의를 시행하고자 할 때 '청교도 혁명'으로 바뀌게 되었다. 청교도 혁명을 주도한 지도자들은 절대 군주제가 아니라 정의롭지 못한 통치에 저항할 수 있다는 「국가 언약」을 신념으로 품고 있었다. 우리는 위대한 청교도 사상이 언약 사상으로 표출되었다는 점을 결코 과소평가하거나 잊어서는 안 된다.

청교도 언약 사상은 『웨스트민스터 신앙고백서』에 집약되었다. 지금까지도 웨스트민스터 신학자들이 정리한 바 '행위언약', '은혜언약', '구속언약'이라는 세 가지 개념은 가장 중요한 언약신학의 대헌장이다.

17세기 초엽 찰스 1세 통치기에 접어들면서 잉글랜드, 아일랜드, 스코틀랜드가 다함께 관여하고 참전하는 위기상황이 발생했다. 어떤 역사책에는 "영국혁명"이라고 하고, "시민전쟁," "종교전쟁", "거대한 반역", "세 왕국의 전쟁" 등등 여러 가지로 부르고 있다. 일반 역사서에는 "시민전쟁"(Civil Wars)이라고 통상 기록되고 있지만, 필자는 1876년, 가디너(Samuel Rawson Gardiner)의 책, 『청교도 혁명의 국법 자료들』(Constitutional Documents of the Puritan Revolution, 1625-1660)에서 사용한 대로, 모릴(John Morill) 교수의 해석에 따라서 "청교도 혁명"이라는 개념과 명칭을 채택하고자 한다.[15]

청교도는 국왕의 권세라도 교회에 의해서 제한을 받을 수 있음을 알게 하고자 노력했다. 메리와 엘리자베스 시대를 거치면서 수용주의자들은 서명을 했지만 비서명파 목회자들은 왕권의 탄압에 맞서서 이를 거부했다. 청교도는 국왕도 역시 교회의 권징과 치리의 대상이라고 생각했다. 청교도 운동이 어려움을 당하게 된 것은 국가와 교회 사이의 건전한 협력을 거부한 절대 군주제라는 주장 때문에 발생한 것이다. 초기 장로교회 지도자들은 모든 교회에 대한 왕권의 지배를 어느 정도 받아들였지만 결국에는 왕권의 무한대 요구로 로마가톨릭 체제로 회귀하려 할 때는 결코 좌시하지 않았다. 이런 정치적 요소들은 입헌 군주제, 대의 제도인 공화정 체제, 완전한 민주주의 제도로 발전해 나가는 초석이 되었다. 최근의 연구로 청교도의 혁명의 이러한 기

여와 성취에 대해서 충분한 근거자료가 제시되었다.[16]

잉글랜드에서 벌어진 왕권과 청교도 사이의 대립에는 교회 개혁에 관련된 조치들로 인해서 갈등이 고조되었는데 이것을 해결하는 과정에서 스코틀랜드의 군사적, 언약적 연대가 매우 중요하고도 결정적인 요소가 되었다. 청교도 혁명이 성공할 수 있었던 가장 중요한 요인으로 그들의 가슴 속에 칼뱅주의 신학과 정치 사상이 결합한 스코틀랜드 장로교회의 「국가 언약」(the National Covenant)이라는 사상을 확실하게 품고 있었기 때문이다.

근대 초기에 청교도 칼뱅주의자들은 의회와의 합의에 의한 왕권 통치, 노회 제도 안에서 목사들과 장로들의 동등권 인정, 인권 사상을 제시하였다.[17] 또한 개혁주의 정통 신학자들이 강조한 언약신학을 근간으로 해서 철저한 신앙생활을 다짐하였다. 튜더 왕가나 스튜어트 왕가의 군주들처럼 건전한 개혁주의 정치사상이 없는 통치는 혼란과 혼돈의 시대를 빚어내고 말았다.

청교도의 「국가 언약」 사상이 없는 조치들과 명령들은 모두 다 숨겨진 음모와 술수가 담긴 죄의 부산물들이다. 언약 사상이 없는 군주들의 임기응변은 결코 시민의 평안한 삶을 보장하는 선한 정치가 아니었다. 청교도 혁명 후에 일어난 각종의 혁명이나 운동들을 살펴보아도 역시 절대 군주들의 독재통치에서 크게 벗어나지 않았다. 프랑스 혁명이나 공산주의 혁명이나 소위 민주화를 위한 혁명들도 결국 마지막에는 주도적인 몇 사람의 사상과 왜곡된 전체주의를 강요하다가 실패하고 말았다. 그 어떤 지도자나 주역이라도 개인의 도덕적 죄악과 부패성을 벗어날 수 없다. 때문에 결국 사람을 영웅으로 삼는 그 어떤 정치 사상이나 혁명이라도 예외 없이 실패하게 되어있다.

그러나 청교도 혁명은 「국가 언약」이라는 원대한 공동체의 이상을 가지고 있었고, 국가 사회에 엄청난 영향을 끼치면서도 교회 중심의 운동으로서 유럽 사회에 긍정적인 변화를 가져왔다. 청교도가 품었던 언약 사상은 절대주의 군주제를 입헌 군주제로 바꿨고 결국 법치 국가의 기틀을 마련하게 되었던 것이다.[18] 청교도의 국가 언약은 결코 무질서와 반란이 아니라, 합법적인 노력을 통해서 국가와 사회가 발전하도록 유럽 사람들을 일깨울 수 있었다. 하지만 잉글랜드 역사가들은 언약 사상에 대해서는 아예 무시하거나 극히 일부만 다루고 있을 뿐이다.[19]

스코틀랜드 청교도의 공통 분모는 언약 사상에 기초한「국가 언약」이었다. 청교도는 설교라고 하는 강력한 수단을 활용할 수 있었고 국가 언약이라는 중요한 정치적 비전을 함께 나눌 수 있었다. 언약 백성의 맹약과 기백과 다짐이 그들의 가슴 속에 살아 있었기에 청교도는 왕권의 집요한 압박 속에서도 인내하였고 마침내 싸워서 승리를 쟁취할 수 있었다. 언약 사상의 신학적인 성취를 연구한 저술이 많이 있지만[20] 정치적이고 실용적인 청교도의 삶과 성취에서 기여한 부분들은 보다 더 밝혀져야 할 것이다. 청교도의 언약 사상은「국가 언약」이었는데, 자유로운 의회활동과 교회의 총회를 요구하고 쟁취하고자 왕권에 맞서서 싸웠다.[21]

거룩한 혁명을 이룩한 언약 사상

스코틀랜드 지역에서는 "언약"이라는 개념을 오직 교회 안에서만 사용하던 신학적인 용어가 아니라, 정치적인 결속을 위해서 훨씬 더 많이 사용되었다. 1557년 스코틀랜드 지역에서는 '경건한 동맹'이라는 결속을 다짐했고, 장로교회의 교리와 정책을 채택했다. 1581년에「스코틀랜드 교회의 국가 언약」(the National Covenant of the Church of Scotland)이 공포되었다. 이미 낙스의 개혁운동 이후로 군주와 의회가 서로 협의하도록 하였던 스코틀랜드의 정치와 교회정책은 잉글랜드의 교회와는 전혀 달랐다.

스코틀랜드에서는 낙스의 종교개혁이 정착되어 있었다. 에드워드 6세 통치 이후로 줄곧 로마가톨릭의 모든 제도와 예배를 거부하였다. 로마가톨릭이 다시 스코틀랜드를 장악하려고 시도하자 1581년 에든버러에서「국가 언약」(National Covenant)에 공개적으로 서명하는 일이 시작되었다.「국가 언약」은 이미 낙스가 발표한 『스코틀랜드 신앙고백서』(1560)를 근간으로 하여 다시금 로마가톨릭에 반대하는 세 가지 조항으로 압축된다.[22]

1. 왕은 1581년 존 크레익(John Craig, 1512?-1600)이 작성한 신앙고백을 할 것.
2. 미신적인 것들과 교황적인 예식들에 반대하는 의회의 결의안을 통과시킬 것.
3. 참되게 개혁된 종교를 유지하기로 정성을 다하는 맹세를 할 것.

존 크레익은 원래 로마가톨릭 도미니칸파 신부였는데 칼뱅의 저서들을 읽은 후 개신교회로 회심했다. 낙스의 종교개혁에 동참하여 스코틀랜드 종교개혁에 초기 결정적인 역할을 수행했다.

1596년 이후로 종교개혁의 절정기를 거치면서 평신도들이 훨씬 더 언약 개념을 이해하였고 마침내 국가 정치적인 신앙 문제에 적용하였다.[23] 잉글랜드에서는 국왕을 머리로 하는 국가교회의 회유와 비난을 감내하면서 청교도 개혁운동이 진행되어 왔는데 마침내 웨스트민스터 총회에서 표준문서들을 작성하여 발표하는 놀라운 업적을 이룩하게 된다. 그러나 그 과정에서 청교도가 견뎌 내야만 했던 정치적 상황은 너무나 험악했다. 찰스 1세가 동원한 왕의 군대에 맞서야 하는 처참한 상황에서 언약동지들이 수많은 피를 흘리게 되었다.

「국가 언약」이라는 개념이 스코틀랜드에서 그토록 보편적으로 사용될 수 있었던 것은 언약 사상을 이해하고 실제 생활 속에서 널리 실행하여 왔기 때문이다. 일상생활 속에서 언약을 지키는 일에 대해서 이 당시의 청교도는 모두 다 알고 있었다는 말이다. 언약 사상은 종교개혁의 시대를 거치는 동안에 거짓된 로마가톨릭의 관행들을 제거하는 오랜 투쟁의 역사 속에서 성도들의 마음에 깊이 각인되었기 때문이다. 언약 개념에 대해서 스코틀랜드 성도들은 매우 익숙했다. '함께 묶는다', '연합한다', '결속한다', '다짐한다', '연대한다' 등으로 널리 사용했다.[24]

존 낙스의 언약 사상

청교도는 지역마다 마주친 상황들 속에서 로마가톨릭의 집요한 공격과 국왕들의 압박을 견뎌 내면서 정당한 저항권을 발휘했다.[25] 불의에 맞서서 합당한 저항권을 강력하게 확산시킨 트럼펫은 낙스(John Knox, 1514-1572)의 종교개혁과 언약신앙을 통해서 스코틀랜드와 잉글랜드 전 지역에 울려 퍼졌다.

국왕의 불법적인 권세에 복종을 거부하는 낙스의 저항권 사상에는 그가 체험한 스위스 제네바의 칼뱅과 베자의 개혁 정신이 배경에 자리하고 있다.[26] 칼뱅은 밀과 가라지의 비유를 들어서(마 13:24-30), 그리고 가말리엘의 조언을 근거로 해서(행 5:334-39) 이단들과 거짓에 맞서서 싸워나갈 것을 촉구했다.[27] 사도들은 공회 앞에 끌려나갔지만 "사람보다 하나님께 순종하는 것이 마땅하다"(행 5:29)라고 대답했다. 제네바에서 성취된 칼뱅의 종교개혁과 교회의 모습을 보면서 영향을 받은 청교도는 훨씬 더 진일보한 저항 운동과 거부권을 행사했다. 국왕의 탄압 속에서도 로마가톨릭의 오점들과 왜곡을 철저히 거부하는 운동을 귀족들과 협력해서 전개하였다.[28]

스코틀랜드 교회에서 국가나 군주에 대항하여 저항권을 인식하게 하고 국가 언약의 기본 개념을 소개하고 강조한 지도자는 낙스였다. 언약의 개념을 소개하면서 낙스는 신학적인 것과 정치적인 개념을 상호 결합시켜서 적용했다. 그의 저술에서 언약이라는 단어는 연합, 결합, 동맹이라는 의미가 담겨 있다.[29]

종교개혁의 선구자로 낙스가 제시한 언약 사상은 『다윗의 6음절 시편』(*The Sext Psalm of David*, 1554)에서 두드러지게 나타난다. 다윗은 영적인 사람으로서 시편의 저자가 가져야 할 소망을 갖고 있는데 대적자들의 반대와 압박 속에서 역경에 처해있음을 토로한다. 다윗은 하나님과의 인격적인 관계를 맺고 있었는데, 언약 개념이 여기에 연계되어 있다고 낙스는 설명했다.[30] 하나님과 택함을 받은 자 사이에 교제와 연맹이 맺어져 있음에 대해서 낙스는 주목했다. 다윗이 하나님과 맺은 언약은 택함 받은 자로서의 예정을 실행해 나가는 데 관계가 깊다.

로마가톨릭의 우상숭배를 반대하여 낙스는 성도가 개인적이면서도 집단적으로 윤리적인 생활을 해야만 한다고 강조했는데 이것이 바로 하나님의 언약을 무시하지 않는 것이라고 하였다. 우상숭배는 참된 믿음이 결여된 상태이다. 낙스는 성경적 언약의 공식을 제시하면서 아브라함과의 언약을 강조했다. "하나님과 우리 사이의 동맹이다. 그는 우리의 하나님이 되실 것이고, 우리는 그의 백성이 될 것이다." 언약의 쌍무적 관계가 분명하게 강조되었다. 하나님 편에서는 은혜와 선하심으로 우리와 교통하시고 인간 쪽에서는 하나님께서 말씀에 제시하신 대로 지켜 나가고자 노력하는 것이다.[31]

언약의 개념을 정치적으로 적용해서 동맹이나 연맹으로 풀이했던 낙스는 유럽 대륙으로 망명하여 터득한 바를 활용해서 스코틀랜드의 귀족들을 격려함으로써 종교개혁의 목표를 성취했다. 그가 남긴 유명한 저서 『스코틀랜드 안에서 종교개혁의 역사』(History of the Reformation in Scotland, 1586-1587)에서 예수 그리스도의 복음을 설교하는 가장 강력한 능력으로 우상과 결탁한 사회를 퇴출하자고 맹약했다.[32]

청교도 종교개혁 운동은 각 지역에 흩어져 살던 개혁 운동의 주역들이 다 함께 한 단체에 소속되었다는 '언약 동맹'(covenant league)에 가담한다는 형제 의식(brotherhood)을 갖고 서로 뭉치고 단합하여 동맹을 맺었기에 가능했다.[33] 언약을 맺는다는 것은 로마가톨릭에 반대하는 동지가 된다는 의미였다.[34] 낙스, 존 로우(John Row, 1568-1646), 더글라스(John Douglas, 1494-1574), 로슨(John Lawson), 멜빌(Andrew Melville, 1545-1622) 등은 가장 위험한 시대를 함께 헤쳐 나갔던 언약의 동지들이었다.

앤드류 멜빌의 장로교 정치 구현

청교도 운동과 역사에서 앤드류 멜빌의 기여를 결코 간과할 수 없는데 그는 낙스의 뒤를 이어서 장로교회의 정치 체계를 완벽하게 구성한 장본인이다. 낙스가 가장 주도적으로 장로교회를 정착시키고 난 후 멜빌은 장로교회 치리서를 출판하여 권징 조례를 완성시켰다. 그러나 여전히 스코틀랜드 전 지역에서는 주교 제도가 남아 있어서 감독 정치가 살아나고 있었다. 특히 스코틀랜드 출신으로 잉글랜드까지 통치한 제임스 1세와 그의 아들 찰스 1세 시대에는 주교 제도와 감독 정치가 크게 역할을 하고 있었다.

감독 정치와 주교 제도를 철저히 반대한 멜빌은 제임스 1세와 국가 권력에 의해서 반역자로 체포되어 런던 타워에 4년 동안 감금되어 있었다. 펜, 잉크, 종이를 금지했기에 신발에 있는 쇠 장식을 사용해서 감옥의 벽에 침을 발라가지고 심경을 표현했다.[35] 1607년 프랑스 세당으로 망명을 간다는 조건으로 석방되었으나 왕은 그마저도 동의하지 않으려 했다. 프랑스 개신교도들의 도움으로 교수가 되었고 15년을 가르치다가 사망했는데 다시는 스코틀랜드로 돌아올 수 없었다. 평생을 독신으로 생활했던 그의 감동적인 경건은 옥중에서 쓴 시에 담겨있는데 언약도에게 큰 영향을 끼쳤고 합당한 정당방위를 확산시켰다.[36]

스코틀랜드 종교개혁자들. 중앙에 요한 낙스, 왼쪽에 핸더슨, 오른쪽에 멜빌.

4. 롤록의 은혜언약: 그리스도의 의로움의 전가

스코틀랜드 신학자들 중에서 언약 사상을 처음으로 책에 담아서 펴낸 로버트 롤록(Robert Rollock, 1555–1599)은 에든버러 대학교 교수가 되어서 많은 제자를 가르쳤다. 훗날 청교도 지도자들로 활약한 대표적인 인물들은 찰스 펠메(Charles Ferme, 1566–1617), 존 웰시(John Welsh, 1570?–1622), 존 로우(John Row), 데이비드 캘더우드 (David Calderwood, 1575–1650), 로버트 보이드(Robert Boyd, 1578–1627) 등이다. 롤록은

로버트 롤록(1555–1599).

칼뱅과 베자의 저서를 탐독했고 자신의『로마서 강해서』와『에베소서 강해서』를 베자에게 보냈는데 호평을 받았다. 롤록이 공부했던 세인트 앤드류스 대학에서는 토마스 카트라이트가 가장 알려진 청교도 장로교회 신학자였는데 롤록도 그를 매우 존경하였다. 롤록의 언약 사상에는 퍼킨스의『황금사슬』과 다른 저서들에서 영향을 받은 부분도 드러난다. 롤록은『하이델베르크 교리문답서』를 가지고 주일 오후에 교회에서 학생들을 가르쳤다. 따라서 롤록의 언약 사상은 우르시누스와 올레비아누스와 동일하다.[37] 하나님의 말씀이 언약적인 계시로서 기독교인의 교리를 총체적으로 보여주는 것이고 은혜언약의 증거라고 주장했다. 또한 행위언약의 완성자는 오직 중보자 예수 그리스도 뿐이며 동시에 그리스도는 은혜언약의 근거이다고 가르쳤다. 롤록은 스코틀랜드에서 언약 사상을 가장 강조한 신학자였다.

아담의 죄로 인해서 모든 사람에게 죽음이 찾아오게 되었다. 이것은 그 누구도 부정할 수 없는 사실인데 아담의 죄로 인한 책임과 형벌이 모든 자에게 '해당'된다는 말이다. 어떻게 이것을 설명한 것인가? 또한 그리스도를 믿는 자에게 올바른 행동과 선행이 없음에도 불구하고 의롭다고 하신다(창 15:6).

어떻게 이것이 가능한가? 그리스도의 의로움을 믿는 자들의 것으로 '전가'('간주하다', '인정하다', imputation)하기 때문이다. 청교도에게서 발전된 언약 개념에는 그 핵심에 아담의 죄책의 전가와 그리스도의 의로우심의 전가라는 개념이 들어있다.[38] 잉글랜드 청교도 가운데서 가장 탁월한 언약신학자로 손 꼽히는 롤록은 행위언약의 개념을 설명하면서 주로 우르시누스의『대교리문답서』(Large Catechism, 1561)와 저술들을 인용하였다. 또한 자신의 학생들에게 하이델베르크 교리문답서를 가르쳤다. 그는 우르시누스의 '자연 언약'이라는 개념을 인용하여, 행위언약의 핵심으로 재해석하였다.

질문. 율법과 복음의 차이점은 무엇인가?
대답. 율법은 창조에서 하나님이 사람과 함께 세우신 자연의 언약을 포함한다.

그 의미는 자연에 의해서 사람에게 알려졌다는 뜻이다. 이 언약은 하나님을 향하여 사람의 완벽한 순종을 요구하며 그리고 그것을 지키는 자들에게는 영원한 생명을 약속한다. 그러나 순종하지 않은 자들에게는 영원한 형벌이다. 하지만 복음은 은혜의 언약을 포함한다. 이것은 존재하고 있을지라도 모든 사람이 자연으로부터 다 알게하는 것은 아니다. 이 언약은 우리에게 그리스도의 의로우신 성취를 보여주는바 율법의 요구를 다 완성하시고, 그리스도의 영을 통해서 우리 안에서 회복시키며, 그를 믿는 자들에게는 그리스도로 인하여 값없이 영생을 약속하신다."[39] 다행히 한국 교회에는 우르시누스가 작성한『하이델베르크 교리문답』(1563)의 129개 문답과 성도들의 교육을 위해서 그가 더 광범위하게 만들었던『대교리문답서』의 322개 항목의 문답서가 최근에 소개되었다. (『하이델베르크 교리문답 입문』[부흥과개혁사, 2012]의 부록으로 우르시누스의 소교리문답과 대교리문답이 번역되어 실려있다.) 우르시누스에 영향을 받은 롤록은 비록 아담이 타락하여 에덴 동산에서 추방되었다 하더라도 행위언약은 폐기되지 않았다고 해석했다.[40] 인간이 타락하기 이전에 세워진 완벽한 순종의 조건 하에서 영생의 약속은 여전히 유효하다.

은혜언약 안에서 하나님의 의로움이 약속되었으니 믿는 자는 그리스도의 의로움을 전가 받아서 영생을 얻는다. 로마서 4장 3절에서 11절에 '아브라함이 하나님을 믿으매 이를 의로 여기셨다'는 표현이 모두 열 한 번이나 반복된다. 한국어로 '여기신다'고 번역된 단어는 헬라어 '$\lambda o\gamma i\zeta o\mu\alpha i$'인데 '간주한다', '인정한다', '호의를 베푼다'는 의미로 쓰여진다. 그리스도의 의로움은 모든 율법을 완전하게 순종하셨다는 것과 십자가의 고난과 죽으심과 부활을 통해서 의로움을 성취하셨다는 부분으로 구성되어 있다. 성도들은 율법을 지켜서 의롭다하심을 얻을 수 없으나 믿음으로 인하여 모든 그리스도의 의로움을 자신의 것으로 인정받게 된다.

롤록은 아담의 첫 번째 죄가 모든 사람에게 전가되었다는 점도 분명히 했다. 하나님께서는 아담의 죄와 그리스도의 의로움을 언약적 대표자로 취급하여서 그 안에서 인간에게 구원의 경륜을 베푸신다. 아담의 원죄가 후손들에게 자연적인 자녀 출산과정을 통해서 유전되는 것은 아니다. 죄책의 전가는 하나님께서 아담과 맺으신 언약과 말씀에서 나오는 결론이다.

아담의 죄가 인류에게 전가되고 그리스도의 의로움이 택함 받은 자에게 믿음으로 전가된다는 이중 전가의 교리는 롤록만 주장한 것이 아니라 느헤미야 콕스(Nehemiah Cox, 1688년 사망), 프랜시스 로버트(Francis Robert, 1609-75), 웨스트민스터 신학자 앤서니 버제스 등이 남긴 저술들 가운데서도 발전되었다.

프랜시스 로버트는 그의 언약 사상이 담긴 방대한 책『성경의 신비와 정수, 인간과 맺은 하나님의 언약들』에서 중요한 성경본문들을 다루었다. 로마서 5장 12절과 고린도전서 15장 22절의 중요성을 언급했다.[41] 여기서 로버트는 어떻게 하여 아담 한 사람의 죄와 그 책임이 모든 인류에게 해당되는가를 설명하였다. 그는 모든 사람이 죄를 범한 것이 아니라 단순히 죄의 뿌리 혹은 근원으로서 타락을 확산시키는 역할만을 했다는 펠라기우스의 개념과 죄의 유전이라는 설명도 거부했다. 바울 사도는 단지 두 대표자인 아담과 그리스도를 각각의 뿌리가 되었다거나 원천이라고만 말하는 것이 아니라 언약공동체성을 언급하는 것이다.

로버트는 언약 공동체적 성격과 전가 교리를 핵심으로 제시했다. 아담이 지은 죄가 실제 우리 각 사람이 범하는 죄가 되는 것은 아니지만 첫 사람 아담의 범죄 안에서 전가에 의해서 우리 인류는 모두 다 죄인이 되었다. 아담이라는 존재는 보편적인 인간이며 그 사람 안에 모든 인간은 하나가 되어 있어서 하나님과의 행위언약을 체결한 것이다. 아담 안에서 모든 인류가 하나의 언약적 공동체로 형성되었기에 아담이 죄인이라는 것은 모든 인류에게 해당된다고 로버트는 주장하였다.

『웨스트민스터 신앙고백서』 작성에 참여한 신학자 앤서니 버제스는 아담의 원죄가 모든 인류에게 전가되었음을 분명하게 설명했다.[42] 버제스는 각 사람의 영혼은 하나님께서 직접 창조하시는바 새롭게 창조된 인간의 영혼들이 어떻게 원죄로 인해서 부패하게 되었는가에 대해서 해명하고자 노력했다. 그것은 바로 아담 안에서 우리 모두를 향하신 하나님의 약속이자 작정이 들어있기 때문이다.

아담의 죄가 모든 인류에게 전가되고 예수 그리스도의 의로우심이 믿는 자에게 전가되는 가르침은 청교도 개혁주의 신학의 핵심 요소이다.

애버딘 대학교를 졸업한 하위는 유럽 대륙에 건너가서 친구 존스톤(John Johnston, 1570?-1611)과 함께 여러 곳에서 공부했다. 헤르본에서 3년간, 바젤에서 3년간을 연구하고 1591년에 스코틀랜드로 돌아왔다. 애버딘 대학교에서 잠시 가르쳤고 세인트 앤드류스 대학에서 30년 동안을 가르쳤다. 롤록은 하위와 전적으로 의견을 같이했다. 하위는 올레비아누스에게서 직접 수학했기에 동일한 언약 사상을 갖고 있다. 하나님의 약속이라는 측면은 단독적이며 편무적이지만, 언약의 적용이라는 측면에는 쌍무적이며 율법 준수의 책무가 요구된다. 스코틀랜드 언약 사상은 『하이델베르크 교리문답』의 내용과 대동소이하다.[43]

5. 구속언약과 딕슨과 길레스피

청교도 언약신학의 형성과 발전 과정에는 바다 건너 유럽에서 출판된 개혁주의 신학자의 저서들이 큰 도움을 주었을 뿐만 아니라 그들이 살았던 당시 신학적 논쟁들이 반영되어 있다. 청교도는 영국 국교회인 성공회가 받아들인 알미니안주의와 신학 논쟁을 거듭하였다. 1618년 네덜란드 개혁교회가 도르트에서 개최한 총회에서 알미니안주의자들을 배척하기로 결의하였을 때에, 그 모든 논쟁의 과정에 함께 대응하고 있었다. 기본적으로 알미니우스의 관심은 인간 쪽에서 어떻게 합리적인 설명을 할 수 있을까, 이성적으로 이해가 되도록 할 수 있을까에 모아졌다. 그래서 그는 기독교 구원의 교리를 구성하면서 주로 인간 편에서 어떻게 기여하고 참여하느냐에 관심을 두었다. 그러나 칼뱅을 비롯한 개혁주의 신학자들과 청교도는 하나님 편에서 어떻게 구원의 경륜을 주관해 나가시느냐에 대해서 세밀하게 주목하였다.[44]

"구속언약"이라는 성경의 가르침을 알게 되면 하나님의 구원 경륜이 어떻게 진행되었는가를 파악할 수 있게 된다.[45] 성부와 성자 사이에서 영원 전에 맺어진 구속언약은 현대 개혁주의 신학의 체계에서는 경륜적 삼위일체론 혹은 사역적 삼위일체론에서 다루어지는 부분이다. 개혁신학에서는 언약의 주체가 단지 성부와 성자 사이에서만 존치되는 것으로 이해하지 않고 성령도 함께 참여하시는 부분을 새롭게 추가하여 강조하고 있다.[46] 성자의 모든 구속사역은 성령과 상호 의존적으로 진행되기 때문이다.(사 48:16, 겔 36:25-27, 요 7:38-39, 14:17, 고전 15:45).

스코틀랜드 신학자 데이비드 딕슨은 언약신학에 기초하여 선택의 교리, 그리스도의 만족의 유효성, 자유의지의 본질, 견인 교리 등을 연결시키고 확장시켰다.[47] 딕슨이 1638년에 스코틀랜드 총회에서 최초로 명백하게 발표한 개념이 바로 구속언약인데 알미니안주의자들의 문제점을 파악하면서 논박한 것이다.[48] 알미니안주의자들이 성부와 성자 사이에 맺어진 영원언약에 대해서 전혀 심각하게 파악하지 못하였다고 딕슨은 탄식했다. 항론파들이 전혀 몰랐던 것은 아니었으나 구속언약의 개념과 은혜언약과의 깊은 연관성에 대해서 잘못 이해했다고 지적했다. 구속언약이 있으므로 은혜언약의 신성한 구조가 견고하게 세워지는 것이다. 하나님께서 은혜로 주시는 믿음에 의해서 그리스도의 의로움을 전가 받는 성도는 영원 전부터 맺어진 구속언약 안에 있기 때문에 결코 버려지거나 취소될 수 없다.

딕슨은 다섯 가지로 구속 언약이 은혜언약의 기초가 된다는 점을 밝혔다.[49] 첫째, 하나님과 그리스도 사이의 언약은 하나님께서 타락한 인간을 구원하시는 모든 사역의 기초가 된다. 둘째, 구속언약 안에서 선택받은 자들은 시간과 숫자와 이름이 확실하게 규정되어져 있다. 셋째, 구속의 대가는 그리스도의 죽으심이라는 것을 통해서 지불되었다. 넷째, 중보자께서 승리를 확정하셨고, 택함 받은 자들은 그에게 주어졌고, 그의 손 안에 그들의 구원이 달려있다. 다섯째, 주어진 하나님의 은혜를 그 누구도 빼앗아 가거나 구원의 확신을 훔쳐갈 수 없다. 구속언약의 열매이자 복음의 시행을 하나님의 지혜로 집행하기 때문이다.

딕슨의 구속언약에 관한 해설들과 알미니안주의에 대한 비판들은 즉시 스코틀랜드 총회에서 채택되었다. 이어서 『웨스트민스터 신앙고백서』에도 기록되었는데 새뮤얼 러더포드, 토마스 굿윈, 오바댜 세드윅 등이 주창했기 때문이다.

『웨스트민스터 신앙고백서』 8장 1항에서 소개되어 있다. 성부와 성자 사이의 영원한 언약을 입증하는 성경 구절로는 스가랴 6장 13절에 "이 둘 사이에 평화의 의논이 있으리라"라고 한 부분이다. 여호와 하나님과 여호와의 전을 건축한 제사장 사이에 '평화의 의논'이 있다는 구절에서, 구속언약에 관한 기초적인 서술이 나오는 것으로 대부분의 청교도와 개혁주의 신학자들은 주장하고 있다. 대요리문답 31문항에서는 그리스도와 그의 뿌리에 대해서 약간만 언급하였다. 웨스트민스터 고백서 해설을 담은 책자인 『구원받는 지식의 요약』(1649)에서 딕슨과 더럼(James Durham, 1622–58)은 다음과 같이 구속언약을 풀이했다.[50]

구속언약의 총체는 이것이다. 하나님은 자유롭게 생명을 주시고자 하는 자들과 일부는 잃어버릴 자들을 선택하신다. 그의 풍성하신 은총의 영광을 위하여 이 세상이 창조되기 이전에 그들에게 주어졌다. 성부 하나님은 성자를 구속주로 지명하여, 그 자신의 겸손하심을 통해서 인간의 영혼과 육체를 입으시고, 신성과 인격적인 연합을 이루었고, 율법에 자신을 복종하셨고, 십자가에 저주받은 죽음을 통해서 그들을 죄와 죽음으로부터 건지시고, 의를 이루었다. 구원하시는 은총으로 영생과 의로움을 그 자신의 지명이라는 수단들로, 효과적으로 그들에게 주어지게 하셨고, 그들 중에서 각자에게는 정해진 시간에 따라서 적용된다.

이러한 언약신학의 내용들은 스코틀랜드 성도에게는 널리 전파되었다. 17세기 후반에 이르게 되면 거의 모든 신학자들이 구속언약을 강조하게 된다. 청교도 언약신학자 패트릭 길레스피(Patrick Gillespie, 1617-1675)가 쓴 『언약궤가 열렸다』에서는 다른 성경 본문들을 섭렵하여 제시하였다.[51] 그는 철저한 스코틀랜드 언약도의 집안에서 성장했고 그의 아내도 역시 스털링의 언약도 목회자 패트릭 심슨의 딸이다. 세인트 앤드류스 대학을 졸업한 후 목회사역에 헌신했는데, 특히 그의 아버지 존 길레스피의 셋째 아들로서 글래스고우 대학교의 학장으로 재직했다. 웨스트민스터 총회에 스코틀랜드 대표로 참석했던 조지 길레스피(George Gillespie, 1613-1648)의 동생이며 형을 이어서 대중에게 큰 영향력을 발휘했고 올리버 크롬웰이 그를 지지했다.

패트릭 길레스피는 그리스도의 지명, 순종, 언약 개념을 함께 연결시켜서 몇 가지 본문들을 선별하여 주석하는 탁월한 능력을 선 보였다. 시편 2편 7절에 "너는 내 아들이라 오늘 내가 너를 낳았도다"는 말씀 속에서 길레스피는 '오늘'이라는 의미가 성자의 영원하신 출생이라고 풀이하지 않았다. 칼뱅은 이 구절에 대해서 이스라엘의 왕으로 다윗의 첫 취임에 관한 설명이면서 동시에 궁극적으로는 그리스도의 지명을 포괄한다고 풀이했다. 길레스피는 오늘이라는 의미에는 구속의 사역을 위해서 성자 그리스도의 '새로운 아들됨'이 더욱 중요한 요소이며 스스로 낮아지셔서 모든 형제 가운데 먼저 나신

분이시지만 죽기까지 복종하는 아들됨이라고 하였다. 빌립보서 2장 8절에서도 순종하는 아들이 죽기까지 복종한다고 되어있다. 히브리서 1장 5절에서는 아버지와 아들의 관계로 설정되어 있다.

길레스피는 구약성경 여러 구절에서 '명령'과 '언약'은 상호 교환적으로 사용되어졌다고 강조하였다(렘 31:35-36, 33:20). 시편 2편 7절에, "내가 여호와의 명령을 전하노라"고 선포했는데 이 본문에서도 명령 혹은 작정(decree)의 근본 뿌리에는 언약, 지명, 규정 등이 담겨져 있다고 길레스피는 풀이했다. 따라서 중보자로서 그리스도의 언약적 지명을 궁극적으로 선포하는 구절이라는 것이다.[52]

청교도는 언약의 약속이 두 방향에서 이뤄졌음에 주목했다. 과거를 거슬러 올라가면 삼위일체 하나님의 계획 가운데서 성부는 성자와 영원한 언약을 맺으셨다. 앞으로 나아가자면 성자가 그것을 구속 역사의 진행 과정에서 성취하도록 하였다. 하나님의 역사적 언약활동의 근원은 영원한 언약적 자료에서 나온 것이다. 하나님께서는 영원한 내적 삼위일체 사이의 언약을 역사 속에서 다윗과의 관계로 약속하셨고(시 89:3-4), 그것은 그리스도와의 관계로 드러내셨다.

구속언약을 뒷받침하는 개념으로 매우 중요한 구약성경의 구절은 시편 40편 6절에서 8절인데 길레스피는 이 구절의 궁극적인 해설이 히브리서 10장 5절에 나오는 속죄제사의 풀이에 인용되었다고 주장한다. 또한 성자 그리스도의 입술로 말하는 모든 표현은 성부 하나님을 향하여 아뢰는 것들이다. 이런 성부와 성자 사이의 언약은 이사야 53장 10절에서도 선언되어있다. 그리고 성자는 이것을 진정으로 동의하며 수행한다.

성부와 성자 사이의 구속언약이라는 개념을 중요시하더라도, 그리하여 성령의 사역과 영광이 훼손되어 버리거나 삼위일체 하나님의 존재와 사역을 축소시키는 어리석음을 범해서는 안 된다. 청교도는 그러한 문제점을 거의 다 파악하였던 것으로 보인다. 그래서 언약신학을 하나님에 관한 교리로서 신론에서 다루기보다는 기독론에서 취급하였다. 달리 말하면 언약의 결정은 삼위 하나님의 회의에서 나온 것인데 성부와 성자 사이에 언약의 수단들에 의해서 중보자로 그리스도를 지명하기로 결정하였다. 따라서 기독론의 일부로 다루더라도 결코 성령의 사역을 배제하면서까지 성부와 성자 간의 관련성을 중심으로 하여서 결국에는 삼위일체론을 손상시키게 되는 해설들은 나오지 않았다.[53]

청교도는 철저하게 삼위일체 되신 하나님을 가르쳤다. 그러한 대표적인 스코틀랜드 언약신학자가 새뮤얼 러더포드다. 그의 책『생명의 언약이 열렸다: 은혜언약의 논증』에서 분명히 삼위일체적인 배경을 살펴보아야 한다고 지적한다.[54] 성부와 성자의 논의에는 성령의 참여가 다뤄지지 않고 있지만 중보자로서 성자를 지정하는 성부와 성자 사이의 언약은 "삼위일체 하나님의 논의"(consilium Dei, council of God)에서 나온 열매라는 것이다.

더럼은 성부와 성자 사이의 구속언약을 하나님의 교리에서 다루어야 한다고 주장했고, 그 구조는 삼위일체론적인 관점을 갖고 있다.

> 참여자들에 대해서, 한쪽은 성부 하나님이 본질적으로 고려되어야 하고, 영광스러운 하나님의 세 위격들, 성부, 성자, 성령이 이 언약 가운데 모두 참여하여, 하나님의 논의를 결정하는 행동이 있었다. 이런 점에서 하나님은 언약의 한 편에서 잃어버린 죄인들을 위해서 만족하실만한 결정을 하시게 되었고, 이 만족을 받으려고 낮아지는 또 다른 당사자이기도 하시다.[55]

청교도 신학자들이 언약 사상을 중요시하고 확장 발전시켰기에 신론과 구원론 등 다른 주요 교리와의 관계성이 견고해지고, 하나님의 단독적인 통치와 주권을 근간으로 하는 성경적인 체계가 정립되어질 수 있었다. 구속언약은 인간의 죄악된 반응과는 전혀 상관없이 이미 삼위일체 하나님의 내적인 교통 가운데서 깊고도 영원한 계획이 진행되었음을 밝히 드러내 준다.

청교도 신학자들은 언약 사상을 계시, 예정, 칭의, 구원의 서정, 하나님의 사랑 등 여러 교리와 긴밀하게 연결했고 성경을 해석할 때에 광범위하게 활용되었다. 그리스도를 언약적 상황 가운데서 중보자로 지정하신 것이라면 그러한 결정은 구원받을 자에 대한 예정에서도 결코 의미 없는 선택이라고 할 수 없다. 청교도의 언약신학과 후기 개혁주의 신학자들의 예정 교리가 서로 긴장하거나 대립한 적이 없다. 딕슨과 더럼, 롤록과 길레스피 등이 앞장서서 주장한 청교도의 언약 사상들은 네덜란드 개혁주의 신학자들과의 교류 속에서 영향을 주었는데, 코케이우스(Johannes Coccelus, 1603-69), 보에티우스 (Gisbert Voetius, 1589-1676), 헤르만 비치우스(Herman Witsius, 1636-1708) 등이 체계화 했다.[56]

17세기 말엽은 성경적인 언약신학의 체계가 완전히 정착된 시기였다. 청교도 신학자 오웬과 토마스 굳윈(1600-68)의 언약 사상은 스위스에서 나온 일치신조(Formula Consensus Ecclesiarum Helveticarum Reformatarum, 1675), 튜레틴, 요한 하인리히 하이데거(Johann Heinrich Heidegger, 1633-1698)가 발표한 걸출한 저서들 속에서 발견된다. 종교개혁의 신학이 제자리에 머무르지 않고 언약 사상의 계승자들이 성경적인 개념을 찾아서 구속언약, 행위언약, 은혜언약으로 발전을 거듭했음에 주목하지 않을 수 없다.

우리는 최근에 나온 비판적 연구들에 대해서 주목해서 살펴볼 필요가 있다. 청교도 신학 사상이 과연 칼뱅의 신학과 연속성이 있느냐를 놓고서 현대 신학자들 사이에 토론이 많았다. 칼 바르트의 기독론적 신학은 로마서 9장에서 사도 바울이 개인별로 선택과 유기를 언급하였다는 해석에 반론을 제기한다. 바르트는 전통적인 예정 교리를 거부하면서 모든 사람이 그리스도 안에 있으되 그는 선택을 받은 자이고, 동시에 버림을 당한 자라고 하는 변증적이고, 형이상학적이고 보편주의적 개념을 제시했다. 언약 사상에서도 오직 은혜언약만을 받아들이고 있다.[57]

이런 비판적 해석들은 과연 하나님께서 야곱은 사랑하시고 에서는 버리셨다는 성경 말씀들(창 25:25-26, 롬 9:12)과 어떻게 조화될 수 있겠는가? 하나님께서는 야곱의 후손에게 약속의 땅을 주셨으나, 에서의 후손에게는 허락지 않으셨다. 주로 바르트를 따르는 자 중에서 베르카우어는 기독론 중심의 신학에 집중하면서 삼위일체 하나님 중심의 신학 방법론을 구분하였고, 기독론적 신학은 또 다시 성령론적 신학과의 차별화를 시도하려고 했다.

언약신학은 본질적으로 삼위일체 하나님의 내적인 관련성에서 시작하기에 '구속언약'을 파악할 수 있었다. 언약의 그리스도는 하나님이자 사람으로 오셔서 은혜언약을 성취하셨다. 믿음을 수단으로 하여 성도는 그리스도의 의로움을 자신의 것으로 전가 받는다. 성부 하나님은 성자 그리스도를 언약의 확실성을 위해서 지정하셨는데 그리스도의 의로우심은 능동적인 순종과 대속적인 희생으로 행위언약을 성취하셨다. 우리는 청교도 언약 사상을 통해서 하나님의 존재와 사역을 성경적으로 풍성하게 이해하고 확신하는 축복을 누리게 되었다.

주(註)

1 김재성, "칼빈과 종교개혁자들의 언약 사상," 『언약과 교회』 (킹덤북스, 2014):581-618. 김재성, "하이델베르크 교리문답과 『웨스트민스터 신앙고백서』의 언약 사상" 「한국개혁신학」 40 (2013):40-82.

2 Johannes G. Vos, *The Scottish Covenanters* (Edinburgh: Blue Banner Publications, 1940), 요하네스 보스는 프린스턴 대학교를 졸업하고, 웨스트민스터 신학대학원에서 목회학 석사(M. Div.)와 신학 석사(Th.M.)를 마쳤다. 이 책은 그의 신학석사 졸업논문이다. 그는 프린스턴 신학대학원에서 성경신학 교수로 유명했던 게할더스 보스의 아들이다. 요하네스는 중국 만주지역에서 선교활동을 한 후, 핏츠버그 제네바 대학교에서 교수로 후진양성을 하다가 생애를 마쳤다.

3 Jeol Beeke & Mark Jones, *A Puritan Theology: Doctrine for Life* (Grand Rapids: Reformation Heritage Books, 2012), 217-320.

4 Guy P. Waters, J. Nicholas Reid, John R. Muether, Ligon Duncan, eds., *Covenant Theology: Biblical, Theological, and Historical Perspectives* (Wheaton: Crossway, 2020).

5 John V. Fesko, *The Covenant of Redemption: Origins, Development, and Reception* (Göttingen: Vandenhoeck & Ruprecht, 2016). idem, *The Trinity and the Covenant of Redemption* (Ross-shire: Mentor, 2016).

6 Diarmaid MacCulloch, *The Reformation: A History* (N.Y.: Penguin, 2003), 502-533. 맥컬로흐는 자신이 성공회 신부이면서, 옥스퍼드 대학교 교수이다. 그는 동성애자로서 권리옹호에 앞장섰는데, 이 책에서는 자신과 같은 성향의 인물들에 대한 묘사가 많다. 그러나 웨스트민스터 총회와 스코틀랜드 언약도들에 대한 설명에서는 장로교회의 종교적 극단주의라고 표현하는 등 비판과 왜곡을 했다. 이 책은 많은 정보를 모아놓았지만, 신학대학원에서 종교개혁사 교과서로 사용하기에는 전혀 합당하지 않다.

7 Peter A. Lillback, "Covenant," in *New Dictionary of Theology* (Downers Grove: IVP, 1988), 173.

8 Fenner, *Sacra theologia, sive, Veritas quae est secumdum pietatem* (1588), 88. Michael McGiffert, "From Moses to Adam: The Making of the Covenant of Works," *Sixteenth Century Journal*, Vol. 19.2 (1988): 131-55.

9 A. W. Woolsey, *Unity and Continuity in Covenanal Thought: A Study in the Reformed Tradition to the Westminster Assembly* (Grand Rapids: Reformation Heritage Books, 2012), 3.

10 김재성, "하이델베르크 교리문답과 『웨스트민스터 신앙고백서』의 언약 사상" 「한국개혁신학」 40 (2013): 40-82.

11 『하이델베르크 교리문답서』 36문답. *An Introduction to the Heidelberg Catechism: Sources, History and Theology*, ed. Lyle D. Bierma et al (Grand Rapids: Baker, 2005), 168-69.

12 Patrick Collinson, "Fenner, Dudley," *Oxford Dictionary of National Biography* (Oxford University Press, 2004).

13 Richard A. Muller, "Divine Covenants, Absolute and Conditional: John Cameron and the Early Orthodox Development of Reformed Covenant Theology," *Mid-America Journal of Theology*, Vol. 17 (2006): 21.

14 Woolsey, *Unity and Continuity in Covenanal Thought*, 461-498.

15 Samuel Rawson Gardiner, *The First Two Stuart and the Puritan Revolution, 1603-1660* (London: Longmans, Green, 1876). John Morrill, "The Puritan Revolution," in *Cambridge Companion to Puritanism*, 67.

16 Chavura, *Tudor Protestant Political Thought*, 153-180.

17 John Witte, *The Reformation Rights: Law, Religion, and Human Rights in Early Modern Calvinism* (Cambridge: Cambridge University Press, 2007).

18 Stephen A. Chavura, *Tudor Protestant Political Thought 1547-1603* (Leiden: Brill, 2011), xv, 19-38. Mario Turchetti, "Calvin and Calvinism to the Birth of Modern Democracy," in *John Calvin's Impact on Church and Society*, 192-217.

19 John Morrill, *The Nature of the English Revolution* (London: Routledge, 1993; 2013), 91–116. Charles W.A. Prior, & Glenn Burgess, eds. *England's wars of religion, revisited* (Ashgate: 2013), 1–25. Christopher Durston and Judith Maltby, eds., *Religion in Revolutionary England* (Manchester: University Press, 2006).

20 Andrew A. Woolsey, *Unity and Continuity of Covenant Thought: A Study of the Reformed Tradition to the Westminster Assembly* (Grand Rapids: Reformation Heritage Books, 2012), 499–539. R. W. A. Letham, "Saving Faith and Assurance in Reformed Theology: Zwingli to the Synod of Dort," (Ph. D. diss., Aberdeen University, 1979).

21 Diane Purkiss, *The English Civil War: A People's History* (London: Harper Perennial, 2007), 77. Ann Hughes, *The Causes of the English Civil War* (London: Macmillan, 1991), Conrad Russell, *The Causes of the English Civil War* (Oxford: University Press, 1990), 11–12, 115–21.

22 S. W. Carruthers, *The Solemn League and Covenant; its text and its translations* (Scottish Church History Society, 1938), 232–251. Hamish MacPherson, "How the defiance of the Covenanters changed history?," *The National* (14th November, 2017).

23 G. D. Henderson, "The Idea of the Covenant in Scotland," in *The Burning Bush: Studies in Scottish Church History* (Edinburgh: Saint Andrew Press, 1957); 61–74.

24 J. King Hewison, "Bonds' or Covenants in Scotland, with a list of extant copies of the Scottish Covenants," in *Proceedings of the Socity of Antiquaries of Scotland*, Vol. 17 (1907–08):166–182.

25 Richard C. Gamble, "The Christian and the Tyrant: Beza and Knox on Political Resistance Theory," *Westminster Theological Journal*, Vol. 46 (1984): 125–139.

26 김재성, 『나의 심장을 드리나이다: 칼빈의 생애와 신학』 (킹덤북스, 2012), 541–575. Robert M. Kingdon, "Calvin and Calvinists on Resistance to Government," in *Calvinus Evangeli Propugnator: Calvin, Champion of the Gospel*, David F. Wright, Anthony N.S. Lane, Jon Balserak, eds., (Grand Rapids: Calvin Studies Soceity, 2006):54–65

27 Calvin, *Calvini Opera*, 8,472. Christoph Strohm, "Calvin and Religious Tolerance," in *John Calvin's Impact on Church and Society*, eds., Martin E. Hirzel & M. Sallmann (Grand Rapids: Eerdmans, 185,n.38.

28 Harro M. Höpfl, "The Ideal of Aristocratia Politicae Vicina in Calvinist Political Tradition," in *Calvin & His Influece, 1509-2009* (Oxford: University Press, 2011): 46–66. Robert M. Kingdon, "Calvinism and resistance theory, 1550–1580," in *The Cambridge History of Political Thought 1450–1700*, ed., J. H. Burns (Cambridge: University Press, 1995), 193–218.

29 W. J. Vesey, "The Sources of the Idea of Active Resistance in the Political Theory of John Knox," (Ph.D. diss., Boston University, 1961).

30 *The Works of John Knox*, ed. David Laing (Edinburgh: James Thin, 1895), 5:9–468. R. L. Greaves, *Theology and Revolution: Studies in the Thought of John Knox* (Grand Rapids: Christian University Press, 1980), 25–43.

31 Knox, *Works*, 3:190–191.

32 Knox, *Works*, 2:555–556.

33 Francis J. Bremer, *Congregational Communion: Clerical Friendship in the Anglo-American Puritan Community, 1610-1692* (Boston: Northeastern University Press, 1994), 14–15.

34 Janette Currie, "History, Hagiography, and Fakestory: Representations of the Scottish Covenaters in Non–Fictional and Fictional Texts from 1638 to 1835," (Ph.D. diss., University of Stirling, 1999), 3.

35 William Anderson, "Melville, Andrew" (1877), 140–144. T. M Crie, "Andrew Melville," in Robert Chambers, ed., *A Biographical Dictionary of Eminent Scotsmen*, Vol. 2: 566–572.

36 William Morison, *Andrew Melville* (Edinburgh: Oliphant, Anderson and Ferrier, 1899).

37 Woolsey, *Unity and Continuity of Covenant Thought*, 517.

38 J. V. Fesko, *Death in Adam, Life in Christ: The Doctrine of Imputation* (Ross–shire: Christian Focus Publications, 2016), 80–85.

39 Ursinus, *Large Catechism*, 제 36문항.

40 Robert Rollock, *A Treatise of God's Effectual Calling, in The Selected Writings of Robert Rollock*, ed. William Gunn, 2 vols. (Edinburgh: The Woodrow Society, 1849), I:52.

41 Francis Roberts, *Mysterium and Medulla Bibliorum. The Mysteri and Marrow of the Bible.* viz. God's Covenants with Man (London: George Calvert, 1657).

42 Anthony Burgess, *The Doctrine of Original Sin* (London: Thomas Underhill, 1959), III.xxiv.7.

43 Ibid., 524.

44 Jacob Arminius, "The Priesthood of Christ," in *The Works of J. Arminius*, 3 Vols. (1825–75; Grand Rapdids: Baker, 1996), I:416.

45   Richard A. Muller, "Toward the Pactum Salutis: Locating the Origins of a Concept," *Mid American Journal of Theology*, Vol. 18 (2007): 11–65. L. D. Bierma, *German Calvinism in the Confessional Age: The Covenant Theology of Caspar Olevianus* (Grand Rapids, 1996), 107–112.

46 S. M. Baugh, "Galatians 3:20 and the Covenant of Redemption," *Westminster Theological Journal*, Vol. 66 (2004): 49–70. Michael Horton, *Rediscovering of the Holy Spirit* (Grand Rapids: Zondervan, 2017), 139–146. "Of the first importance in understanding the Spirit's role prior to Christ's advent is to identify the covenantal context in which he is operative." (139). John Levinson, *Filled with the Spirit* (Grand Rapids: Eerdmans, 2009), 130–33.

47 John V. Fesko, *The Trinity and the Covenant of Redemption* (Ross–shire: Mentor, 2016), 8.

48 David Dixson, "Arminianism Discussed," in *Records of the Kirk of Scotland, containing the Acts and Proceedings of the General Assemblies, from the Year 1638 Downwards*, ed. Alexander Peterkin (Edinburgh: Peter Brown, 1845), 156.

49 Cf. Carol Williams, "The Decree of Redemption is in Effect a Covenant: David Dickson and the Covenant of Redemption" (Ph.D. dissertation, Calvin Theological Seminary, 2005).

50 David Dickson & James Durham, *The Sum of Saving Knowledge, With the Practical Use Thereof* (Edinburgh: Swintoun and Thomas Brown, n.d.), II.ii.

51 Patrick Gillespie, *The Ark of the Covenant Opened: Or, a Treatise of the Covenant of Redemption Between God and Christ. The Second Part* (London: Thomas Parkhurst, 1677), 8–12.

52 Fesko, *The Trinity and the Covenant of Redemption*, 13–15.

53 Gillespie, *Ark of Covenant*, 50. John Owen, "Exercitation XXVII: The Original Priesthood of Christ in the Counsel of God," Vol. 19:43. Robert Retham, "John Owen's Doctrine of the Trinity in its Catholic Context," in *The Ashgate Companion to John Owen's Theology*, ed. Kelly M. Kapic and Mark Jones (Surrey: Ashgate, 2012), 196.

54 Samuel Rutherford, *The Covenant of Life Opened: Or, a Treatise of the Covenant of Grace* (Edinburgh: Robert Brown, 1654), II.vii. (304–5).

55 James Durham, *Christ Crucified: or, The Marrow of the Gospel, Evidently Holden Forth in LXXII sermons, on the whole 53 Chapter of Isaiah* (Edinburgh: Andrew Anderson, 1683), sermon xxiii (157).

56 H. Witsius, *Economy of the Covenants*, II.iii.2.

57 Karl Barth, *Church Dogmatics*, 14 Vols., eds. T.F. Torrance & G.W. Bromiley (Edinburgh: T&T Clark, 1936–77), II/2:54, 140, 158.

Chapter 13
스코틀랜드 언약도의 개혁 운동

　지난 기독교 2천여 년의 역사 속에서 스코틀랜드처럼 단번에 그리고 확고하게 건전한 성경적 교회로 종교개혁을 단행한 곳을 찾을 수 없을 것이다. 종교개혁이 유럽에서 확산되어 나가고 있던 1560년 스코틀랜드에서는 존 낙스의 설교를 듣게 되었고 여왕과 왕실 회의에 참석한 귀족들이 단번에 장로교회로 개편하였다. 1581년부터 스코틀랜드에서는 로마가톨릭을 완전히 거부하고, 장로교회 체제로 개편하여 개혁주의 신학에 따라서 교회를 혁신하는 새로운 역사가 펼쳐졌다.[1] 1625년 찰스 1세가 국왕으로 등극하자마자 내놓은 종교 정책은 다시 로마가톨릭적인 예식들로 되돌아가는 것이었다. 스코틀랜드 귀족들, 지역 정치인들, 고위 지배층들은 장로교회 목회자들과 함께 동맹하여 왕의 조치를 거부하였다. 새 왕의 명령은 단순히 종교 정책에 국한되는 것처럼 보이지만, 그 내용은 사회 전반에 영향을 미치는 변화가 따라오게 되어 있었기에, 스코틀랜드 교회에서는 전면 거부하는 운동을 전개했다. 스코틀랜드는 이미 70여 년 동안에 낙스와 앤드류 멜빌의 탁월한 지도력에 힘입어서 로마가톨릭을 장로교회로 완전히 개편하여 칼뱅주의 개혁신학이 정착되었기 때문이다.[2]

　즉위 초기부터 찰스 1세는 왕권신수설을 강조해서 국가 대표기관들의 균형있는 권리를 공격했고, 스코틀랜드를 제압하려고 무리한 전쟁을 일으키다가 실패하고 말았다. 엘리자베스 여왕이나 다른 왕들도 이런 극단적인 모습과 폭정을 실행한 적이 없었다. 1629년에 의회의 회의를 해산한 후에 다시 개회를 하지 않았다. 오래된 관례에 따라 국가 경영의 중대사항들은 의회의 결의를 거쳐서 진행했는데 왕실의 재정을 확충하는 일에서도 군주에 대한 순종을 강요하였다. 새로운 종교 정책이나 정치 관련사항들, 재정 소비에 관한 일들은 모두 다 의회의 승인을 통해서 이뤄졌는데, 찰스는 전혀 무개념이었다.

찰스 1세 왕비 헨리에타 마리아(Henrietta Maria, 1609-1669)는 프랑스 공주로서 시집을 왔으니 철저히 로마가톨릭이었다. 그녀는 1626년 2월 2일 웨스트민스터 사원에서 열린 왕의 대관식이 개신교회 방식으로 진행되는 것에 불만을 가졌기에 참석을 거부했다. 찰스의 종교 정책을 자문하던 리처드 몬테규는 반칼뱅주의자였고, 청교도들이 가장 혐오하는 자였으며, 예정론을 거부하고 알미니안주의에서 영향을 받아서 자유의지를 옹호했다.[3] 1630년부터 알미니안주의를 반대하는 많은 청교도가 이민을 갔는데 특히 찰스에 반대하던 상류층과 귀족들이 신대륙이나 카리브해 식민지를 향해서 떠나면서 최고조에 달했던 불만이 해소되는 정도였다.

스코틀랜드에서 벌어진 정치적이며 신앙적인 불복종 운동을 우리는 '제2차 종교개혁'이라고 부르고 있는데 그 시기는 1638년부터 1640년대에 해당한다.[4] 이 기간에 국가 언약라고 명칭을 붙인 문서가 작성되었는데 여기에 서명한 사람들을 '언약도'(Covenanters)라고 부르고 있다. 이 문서에서 나온 언약도의 신앙과 헌신의 모습은 1638년부터 1643년까지 스코틀랜드, 잉글랜드, 아일랜드에도 퍼져나갔다.

이미 스코틀랜드에서는 언약을 맺는다는 말은 동맹에 참여한다는 뜻으로 이해되어 왔었다. 성경에 수없이 언급된 언약 개념을 중요하게 받아들이고 하나님 나라 건설이라는 확고한 신념을 가진 스코틀랜드 개혁 운동의 주역들이 바로 언약도들이다. 이 언약도라는 명칭이 가장 먼저 나온 것은 발표한 문서의 제목에서 찾아볼 수 있는데, 그들의 신앙적 결의와 정치적 동맹의식이 집약된 개념이었다. 국가 언약이라는 제목이 담긴 문서들은 스코틀랜드 장로교회 목회자들이 주도한 것인데 칼뱅주의 장로교회 제도에 근거해서 교회와 국가를 섬긴다는 것이다. 알렉산더 헨더슨(Alexander Henderson, 1583-1646) 목사가 초안을 정리한 것들인데, 개인적이 내적인 다짐과 집단적이며 공적인 것들이 동시에 담겨있다.

'국가 언약'이라는 명칭이 들어가는 문서가 두 번 발표되었다.

첫 번째는 1638년에 『스코틀랜드 국가 언약』(The National Covenant of Scotland)이라는 문서를 작성해서 스코틀랜드 내에서 국가와 교회가 서명운동을 전개했다. 그리고 지속적으로 찰스 1세와 국교회 세력들과 대결하여 교회를 지키고자 노력하다가 1642년에 '청교도 혁명'이 잉글랜드에서 벌어지자 군사를 보내어 왕당파와의 전쟁에 참전하였다. 두 번 째 문서는 1643년 스코틀랜드 의회와 장로교회 총회에서 청교도 목회자들의 주도하에 『엄숙동맹과 언약』(the Solem League and Covenant)라는 문서를 통과시켰다.[5] 이것을 다시 잉글랜드에서도 약간 변경해서 채택하게 되었다. 언약도는 두 번의 〈주교전쟁〉(bishop's war)에서 찰스 1세의 왕당파에게 승리했고, 제2차 청교도 혁명(1648-1649)과 전쟁, 제3차 청교도 혁명과 스코틀랜드 전쟁(1561-52)으로 확산되어나갔다.

거의 대부분 장로교회 목회자들과 정치지도자들이 주요 "언약도들"이다. 이들이 작성한 문서에서 언약이라는 개념이 강조되었기 때문이다. 또한 그들의 개혁 운동의 특징이 합법적으로 하나님과 맺은 언약을 지키고자 노력이라는 점을 드러냈기 때문이다. 스코틀랜드 장로교회 성도들과 같은 시대를 살아가던 잉글랜드 청교도는 구약성경에서 이스라엘 백성이 하나님과 맺은 언약을 본받아서 그대로 따라서 살려고 하였다.[6] 청교도 사상에서 언약신학이 차지하는 영향력을 보여주는 호칭이다.

청교도는 성경에서 하나님께서 아브라함과 맺으신 언약을 신앙의 모델로 삼았다. 청교도 언약 사상에서는 아브라함이 이삭을 바치라는 하나님의 요구 앞에서 전혀 주저함이 없이 모리아산을 향해서 나아갔던 결단력이 중요시 되었다(창 22:3). 비록 자신이 가장 아끼는 아들이지만 아브라함은 하나님과의 약속을 성실하게 지켰다. 그럼으로 하나님의 축복을 받아 누리는 믿음의 조상이 되었다. 아브라함의 믿음을 따라서 청교도도 국왕의 어리석은 강압정책에 맞서서 기꺼이 목숨을 바쳤다. 훗날 찰스 2세의 왕정복고로 인해서 1661년에서 1668년까지 극심한 박해가 이어졌는데 이로 인해서 스코틀랜드 지역에서만 1,800여 명의 순교자가 나왔다. 언약에 충실하고자 했던 청교도들은 역사적 개혁신앙을 지키고자 목숨을 바쳤다.[7]

1. 스코틀랜드 청교도들에게 닥친 시련들

찰스 1세는 그의 아버지 제임스 1세의 고향이기도 했던 스코틀랜드에서 태어났지만 전혀 방문을 하지 않다가 1633년에 홀리루드 궁전(Holyrood palace) 에서 대관식을 열었다. 잉글랜드 국왕이면서 동시에 스코틀랜드의 왕으로 등극한 것이다. 이때부터 스코틀랜드에서 모든 교회를 국가교회 형태로 되돌려 놓으려는 강압적인 조치를 발표했다. 스코틀랜드는 낙스의 종교개혁 이후로 거의 모든 교회의 성직자가 장로교회 목사들이었는데도, 갑자기 로마가톨릭 신부들이 입었던 중백의 예식 의복을 착용하라고 강요하였다. 스코틀랜드 전 지역에서 경악과 분노가 폭발했다. 더구나 스코틀랜드 대다수 주교는 개혁주의 칼뱅주의자들이었는데 찰스는 극히 소수에 불과하던 알미니안주의자들에게만 조언을 들었다.

찰스의 예식서 강요와 이에 대한 반발

1637년 찰스는 로마가톨릭적인 요소들과 알미니안주의가 가미된 『예식서』(*The Book of Common Prayer and Adminstration of the Sacraments and other Parts of divine Service for the use of the Church of Scotland*)를 스코틀랜드에서 사용하도록 명령했다. 이것은 결정적으로 스코틀랜드 교회의 반발을 불러일으켰다.[8] 이미 폐기한 지 오래 된 1552년 잉글랜드 예식서보다도 로마가톨릭적인 요소들을 훨씬 더 강조한 것이기 때문이다.

새로 나온 예식서에는 장로교회 목회자들이 거부할 수밖에 없는 내용이 많았다. 예를 들면 성만찬을 시행하는 책상(the table)을 '제단'(the altar)로 바꾸라고 한다거나, 설교 강단이 아니라 거룩한 속죄사역을 재현하는 곳으로 간주하라는 것이다. 또한 성례를 집례하는 동안에 성도들을 향해서 얼굴을 마주보고 하지 말고 뒤돌아서서 제단을 향해서 보는 자세로 서야만 한다고 되어있다. 종교개혁자들과는 달리 성만찬 모든 집기를 천으로 덮으라고 하였는데 이는 화채설의 신비적인 요소를 의미하는 것이다. 성만찬에 관련된 성경 본문보다는 예언서를 사용해야 한다는 것을 주문했고 중세 시대에 기념하던 절기들과 특별한 날들을 추모하면서 지키는 것도 첨부되어 있었다.

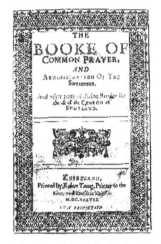

찰스 1세의 예식서(1637). 21개 조항이 규정됨.

제임스 1세의 예식서.

스코틀랜드 장로교회에서는 이 새로운 예식서를 전혀 채택할 수 없었다. 예식을 이런 내용으로 집례해야만 한다면, 혹시 유럽의 루터파 교회 쪽에서는 그대로 채택할 수 있을지도 모른다. 성탄절이나 부활절을 다시 지키라고 하는 것은 더 나은 예배의 내용으로 바꾸라는 것이 아니다. 이미 스코틀랜드 장로교회에서는 이것보다 더 높은 기준으로 1592년에 예배규칙을 정리했었다. 따라서 전혀 개혁교회에서는 이들 로마가톨릭적인 예식들을 시행하지 않았다.

제임스 1세 시대에 잉글랜드 국교회가 1618년에 「퍼트 5개 조항들」(the Five Articles of Perth)을 발표하였는데, 그것은 조금씩 예배 규정을 바꾸려고 시도한 것이다.[9]

1) 성만찬에서는 무릎을 굽힌다,

2) 개인적인 세례를 허용한다,

3) 병자와 노약자를 위해서는 개인적으로 성찬을 허용한다,

4) 주교에 의해서만, 유아세례자의 입교 서약을 한다,

5) 부활절과 성탄절의 축제를 허용하고, 거룩한 날들을 준수한다.

잉글랜드 국교회는 1618년에 총회를 개최하고 왕의 요청 사항이므로 어쩔 수 없이 받아들이기로 결의했다. 그러나 스코틀랜드 총회에서는 1621년까지 인준하지 않았다.[10] 1619년에 네덜란드 라이든에서 모이던 망명자들은 「퍼트 5개 조항들」을 비판하는 책을 출판했다. 이로 인해서 윌리엄 브뤼스터 (William Brewster, 1568-1644)가 체포되었다. 브뤼스터는 청교도 분리주의자였는데 훗날 메이플라워호를 타고 신대륙으로 건너가서 뉴잉글랜드 청교도의 지도자가 되었다.[11]

그러나 이제 찰스 1세의 통치 시대를 맞으면서부터는 아예 로마가톨릭을 따르는 내용으로 전면 개편하려고 시도한 것이다. 이러한 변환 과정을 지켜보아왔던 전체 스코틀랜드 장로교회의 인내가 폭발 직전의 한계점에 도달하고 말았다.

에든버러 성 자일스 교회 강단 투척사건

1637년 6월 13일 추밀원은 모든 목사에게 예식서를 2주 안에 두 권씩 모든 교회에 비치하라고 명령했다. 이에 따라서 스코틀랜드 교회 역사의 전환점이 되는 사건이 발행하고 말았다. 7월 23일에 에든버러 성 자일스 교회에

서 담당목사 한내이(Hannay)가 새로운 예식서를 읽으려고 최초로 시도했다. 예배당에는 국왕의 명령에 따라서 짓눌리는 목회자가 지시에 따라가는 모습을 목격하면서 긴장감이 돌았다. 한 여성도가 청중석에서 일어서서 자기가 앉아있던 발판을 한내이의 머리 쪽을 향해서 던지면서 소리를 질렀다. "지금 당신은 내 귀에 미사를 말하려는 거요?" 이것을 신호탄으로 해서, 예상치 못한 일이 벌어졌다. 거의 모든 성도가 성경책이나 발판이나 의자나 지팡이나 돌을 들어서 힘차게 목사의 머리 쪽으로 집어던졌다. 목사가 재빠르게 도망을 칠 수 있어서 그나마 다행이었다. 곧바로 권위 있는 이들이 나가서 장내를 정리하고 교회 문을 닫아놓고 나머지 예배를 다시 시작했는데 아무런 방해를 받지 않고 끝마쳤다. 이 사건은 시사하는 바가 크다. 분노한 성도의 배신감과 모멸감이 이처럼 중대한 상황에서 그대로 발휘되었다는 점이다. 훗날 1645년에 벌어질 청교도 혁명을 이해하는 데 있어서 중요한 대목이다. 결국 찰스 1세의 왕정을 무너뜨리고 교수형에 처하게 되고 만 것이다.

The Arch-Prelate of St Andrewes in Scotland reading the new Service-books in his pontificalibus assaulted by men & Women, with Cricketts stooles Stickes and Stones.

1637년 찰스 왕의 예식서에 대한 첫 번째 거부반응. 로마가톨릭의 예식을 거행하려고 하자, 설교자에게 의자, 성경, 지팡이 등을 던졌다. St. Giles' Cathedral, Edinburgh.

위의 그림에 나오는 언약도의 항의를 기념하는 표지판. St. Giles' Cathedral, Edinburgh.

　8월 25일 추밀원에서는 한걸음 물러나서 예식서를 구입은 하되 강제로 시행은 하지 말 것을 결정했다.[12] 스코틀랜드에서 전개되는 양상을 파악한 추밀원의 타협안이 나온 것이다. 그리고 같은 날 찰스 1세에게 스코틀랜드에서 벌어지는 상황을 보고했다. 국왕의 명시적인 명령이 없는 한 더이상 강요할 수 없게 되었다는 점을 강조했다.

　그러나 9월 10일자로 내려온 국왕의 답변서는 로드 대주교의 영향으로 작성된 것으로 알려졌는데 추밀원의 유예 조치를 꾸짖으면서 즉각 재시행을 하라고 재촉하는 내용이었다. 이 메시지를 받은 스코틀랜드 사람들은 분노에 가득 차게 되었다. 수많은 군중이 에딘버러에 모여들었다. 수 백 명의 목회자와 다수의 귀족과 상류층도 포함되었다. 9월 20일 예식서에 반대하는 청원서를 추밀원에 제출했다. 의회에서는 10월 17일자로 이 청원서에 대한 답변을 왕의 이름으로 공포했다.

　첫째, 낯선 자들은 도시를 떠나도록 할 것. 둘째, 의회와 대법원은 에든버러로부터 옮길 것. 셋째, 조지 길레스피(George Gillespie)가 작성한 책『잉글랜드 교황적인 예식들에 반대하는 논박』에 대해 정죄한다.

이 선언으로 군중의 반감을 한층 더 자극하였다. 왕의 답변서가 도착한 바로 다음날 10월 18일 귀족들, 고위층들, 목회자들, 지방의원들, 그리고 일반 시민들이 예식서에 반대하는 항의를 하기 위해서 의사당 건물을 가득 메웠다. 만일 왕의 명령대로 해야 한다면 스코틀랜드 교회에서 장로교회 체제는 힘을 잃게 되는 것이다. 장로교회의 예배가 파괴될 운명에 처해 있었다. 1592년에 제정한 스코틀랜드 예배와 법령은 완전히 무너질 위기에 처하게 되었다. 무엇인가 교회를 구하기 위한 즉각적인 행동을 하지 않으면 안되는 절박한 시점에 접어들었다. 종교개혁자들이 보여준 것은 '참된 종교'에 반하여 일어난 적대심과 반란적인 모든 사항에 대해서는 주저 없이 합리적인 저항을 한다는 것이었다. 따라서 의사당에 모인 청중은 저항하기로 합의하였다.[13]

〈네 개의 책상들〉 회의: 스코틀랜드 긴급 대표단 구성

1637년 11월 15일 추밀원 회의가 에든버러에서 소집되었다. 그 날이 오기 전에 이미 장로교회 총회의 주요 지도자들이 이 도시에 모여서 추밀원에게 압력을 가했다. 추밀원 회의가 열리는 날 귀족들은 시민들을 설득해서 귀가 조치를 하도록 했다. 상품 거래를 위해서 머물러야 할 사람은 제외하고 모든 사람이 가정으로 되돌아가도록 했다. 긴급하게 벌어지는 사태에 대응하기 위해서 대책 회의가 진행되었다. 주마다 2명의 대표자들과 각 노회에서 대표자 한 명의 목사와 지역마다 한 명의 지방의원으로 구성되는 대책 위원회가 구성되었다. 이렇게 해서 16명의 대표자들이 선출되었는데 그중에는 네 명의 귀족 대표단도 포함되었다. 이들을 네 그룹으로 나눠서 에든버러 의회 회의실에서 모임을 가졌다. 〈네 개의 책상들〉(the Four Tables, 1637)이라는 명칭이 생겨났다.[14] 각 모임에서 한 명씩 선출하여 최종 권한을 가지는 4인 회의가 최고의 권한을 갖도록 했다. 이런 특별위원회가 구성되자 에든버러에 살지 않은 장로교회 지도자들과 성도들은 각기 고향으로 돌아갔다.[15]

특별위원회가 왕에게 소청서를 제출했으므로, 스코틀랜드 장로교회는 왕이 스코틀랜드의 상황을 정확하게 파악하게 된다면 어느 정도 완화 조치를 취할 것이라고 확신했다. 그러나 왕은 이미 장로교회에 대해서 감정이 좋지 않았으며 로드 대주교가 왕에게 힘을 사용하라고 충고하는 바람에 상황은 더 악화되고 말았다. 1638년 2월 20일 왕의 선고문이 스털링에 게시되었다:

"모든 주교는 예식서의 저자들이라고 부당하게 피소되었다.
그들이 수행한 모든 것은 왕의 권위와 질서에 따른 것이다."
"장차 모든 교회의 예배는 이 책에 따라서 예식으로 진행되어야만 하며,
앞으로 이 문서에 저항하려는 어떤 모임이나 회합이나 다 금지한다.
어기는 자는 반란의 고통이 따를 것이며, 그 어떤 지방에서도 추밀원에
이 문제에 대한 청원도 금지한다".

찰스 왕의 공고문을 통해서 스코틀랜드 교회의 예배와 법령을 파괴한 주범은 대주교 로드와 고위 성직자들만이 아니라 찰스 국왕 본인이었음이 명백히 밝혀졌다. 국가와 교회 안에서 시행되던 전제주의가 바뀌려면 즉각적이고 필수적이며 연합하여 강경한 행동이 필수적이었다. 스코틀랜드 국가 언약은 장로교회가 주도한 운동으로 찰스 1세와 대주교 로드의 강압적인 정책에 맞서서 일어난 항거였다. 결국 왕권과의 대립에서 시민들이 당할 수밖에 없었으므로 엄청난 희생과 순교자들이 나오게 되었다.

각 지역 교회의 중요한 지도자들이 앞장을 섰다. 그동안 스코틀랜드 청교도가 품어온 언약 사상은 하나님의 백성과 자녀들이 자신들의 의무를 겸손하게 지켜 나가겠다고 다짐하는 것인데 이것은 조상들의 명예를 지키고 자녀에게 동일한 신앙을 물려준다는 것이다. 언약의 개념이 스코틀랜드 정치와 사회에 적용된 것이다. 언약도는 정치적으로나 신앙적으로나 신실하게 믿음을 지켜 나가기를 소망했다. 이미 제임스 1세가 1581년에 서명을 해서 존중되어온 신앙고백서를 유일한 신앙의 규칙으로 지켜왔었다. 그러므로 청

교도는 의회가 합법적으로 개정을 결의하지도 않은 채 단지 찰스 1세의 명령만으로 내려온 예식서를 받아들일 수 없었다. 청교도는 종교개혁의 정신을 지키기로 다짐하였고 유지해 오던 것을 지속적으로 지키겠다고 다짐하였다. 이들이 제출한 청원서에는 참된 종교를 거부하는 자들의 폭정에 대항하여 국가 전체가 동맹해서 언약을 맺는다고 하였다.

에든버러에서 1537년에 주교 제도를 거부하는 모임을 주도했던 알렉산더 헨더슨이 찰스 1세가 강요하는 예식서에 항거하자고 설교했다. 그는 25년 동안 평안하게 목회하던 교회에서 갑자기 로마가톨릭 예식을 시행하라고 강압하는 왕권의 오만과 불법에 저항하는 것이 마땅하다고 확신했다.[16]

데이비드 딕슨은 에버딘에서 교수들과 목회자들을 독려하여 왕의 명령에 반대하는 데 앞장을 섰다. 알미니안주의에 반대하는 강연을 했으며 글래스고우 대학에 새로 마련된 교수로 임명되었다. 앤드류 캔트(Andrew Cant, 1590 – 1663)는 장로교회 목사로 애버딘에서 목회하던 중에 언약도 서명운동에 지도자로 참여했다. 강력한 언약도이면서도 왕실에 대한 충성심도 높아서 찰스 1세가 에든버러에서 예배를 드릴 때에 설교를 하였다.

더럼은 청교도 혁명에 뛰어들어서 직접 전투를 치른 역전의 용사 출신인데 군대에서 대위로 복무하며 활약했다. 신중하고 사려가 깊은 성품을 갖고 있었는데 널리 알려진 장로교회 목사 헨더슨이 더럼의 부대에 찾아와서 자신의 부하를 위해서 기도해주는 것을 들으면서 깊은 영적 감화를 받았다. 목회자가 되기로 결심하여 글래스고우 대학을 졸업하고 설교자 자격을 취득했다. 그의 옛 친구들과 이웃은 그러한 변화에 놀라움을 금치 못했다. 훗날 크롬웰 앞에서도 설교했고 글래스고우 대학교의 신학교수가 되었다. 더럼은 앞서 언급한 바와 같이 데이빗 딕슨과 함께 언약신학을 강조했다.

로버트 베일리(Robert Baillie, 1602–1662)는 저명한 언약도의 한사람으로 참여했다. 글래스고우 대학을 졸업한 후 1631년 목사 안수를 받았다. 〈주교전쟁〉에 군목으로 참전했고 두 권의 설교집을 남겼다. 데이빗 딕슨과 함께 글래스고우 대학 교수로 봉직했다. 1643년 웨스트민스터 총회에 스코틀랜드 대표

목회자로 파송을 받아서 지도력을 발휘했다.

이들은 모두 다 중요한 청교도 언약도의 주창자들이었다. 왕권에 맞서서 용감하게 활동한 이들 목회자는 그동안 온당치 못한 내용으로 예배를 드린 국가와 교회가 심각한 훼손을 당했기에 자행한 범죄에 대해서 회개해야 하며 하나님과 그의 율법에 새로운 순종을 다짐해야 한다고 선포했다. 이들은 공적인 금식을 선포하고 각 교회의 목회자에게 스코틀랜드 국가와 교회의 손상, 1580년과 1581년에 제정한 언약의 갱신, 죄의 고백 등에 대해서 동일한 내용으로 설교할 것을 요청했다.

2. 『스코틀랜드 국가 언약』(*The National Covenant of Scotland*)의 서약

스코틀랜드 대표자들의 첫 모임은 1638년 2월 26일에 개최되었고 언약의 갱신을 결의하면서 『스코틀랜드 국가 언약』을 작성했다. 초안은 알렉산더 헨더슨과 판사이자 정치가 존스톤(Archibald Johnston of Wariston, 1611-1663)이 작성했으며, 로테스 지역의 백작들인 루돈(John Campball, 1st Earl of Loudon, 1598-1662)과 발메리노(John Campball, Ist Lord Balmerino, ?-1649)가 교정하는 일을 맡았다.[17] 세심한 주의를 기울여서 언약의 갱신을 준비하는 문서가 작성되었는데 반대하는 의견이 있으면 다시 수정되었고 그 누구의 양심에도 거리낌이 없도록 노력했다. 최종안에 대해서는 모두 다 만족했다.

1638년 2월 27일 모든 대표자가 논의하고 결의한 『국가 언약』의 주요 내용은 다음 세 가지이다.[18]

1) 1580년에서 1581년의 언약을 간추렸다.
2) 법률 부분, 의회의 결의에 대한 세부 항목으로 교황에 대한 정죄와 총회의 인정 및 추인. 이 부분은 존스톤이 주로 작성했다.
3) 실제적인 적용부분. 현재 상황에서 전체적으로 실행해야 할 일들에 대해서 헨

더슨이 작성했다. 개혁신앙과 장로교회 권징 조례를 강조하고, 국왕에게 충성
하는 것도 언급했다.

헨더슨 목사는 찰스 1세의 폭정에 맞서서
"신실하고 현명하게" 저항했다.

1638년 2월 28일 새벽 미명에 에든버러 그레이프라이어스 교회에 모여든 귀족들, 의원들, 장로들, 평신도들이 함께 모여서 국가적인 언약을 갱신하자는 문서를 공포하고 결의를 다졌다. 언약을 지키기로 다짐하고 문서에 서명하는 일은 오후에 시작되었다. 언약을 선언하는 내용은 양피지에 기록되었고 서명 부분도 준비되었다. 모임의 시작은 헨더슨 목사의 간절한 기도였다. 루돈의 백작이 문서의 취지와 모임의 성격을 설명했다. 존스톤이 언약문을 시민

들에게 다시 읽어주었다. 그 후로 한참 동안 침묵의 시간을 가졌다. 백작들은 누구라도 의문이나 양심의 가책이 있다면 이의를 제기하면 대답을 하겠노라고 광고했다. 루돈과 딕슨이 서부와 남부 지방에서 올라온 대표들의 질문에 설명했다. 헨더슨과 로테스(Roths)의 백작들은 북부와 동부 지방에서 온 대표자들에게 설명했다. 거의 질문자들이 없었고 모두 다 동의했다. 다시 침묵의 시간을 가졌다. 마지막으로 가장 연장자인 서덜랜드(Sutherland)의 공작이 앞으로 나와서 첫 번째 서명을 했다. 귀족들이 연속해서 서명했고, 목회자들이 그 다음에 서명했으며, 스코틀랜드 전 지역에서 올라온 시민들 모두다 서명했다.

언약의 서명자들은 "기독교 신자의 자유에 따라서 자신을 지키고, 모든 경건함과 착실함과 의로움에 있어서 다른 사람에게 모범이 될 것"을 스스로 다짐했다. 이것은 처음에 기독교 신자가 되기로 서약하는 것과 같은 방식이다. 에베소서 4장 24절에 "새사람을 입었다"라고 함과 같이 기독교 신자로서 살

아갈 것을 서약했다. 언약도의 서명은 오직 자기 자신을 지키며 살겠다는 것을 넘어서, "우리들, 우리의 후손들, 우리와 함께하는 모든 사람을 위해서도" 비난을 받지 않도록 노력하겠다는 다짐이 담겨있다. 이런 모습은 다른 지역에서는 찾아볼 수 없는 독특한 부분이다.[19] 신약성경 사도행전 2장에 나오는 믿음의 공동체를 따라 유무상통하고 서로를 돌아보는 사회를 만들고자 한 것이다. 하나님 아래에서 집단적으로 공동체가 믿음의 삶을 보여주겠다고 다함께 다짐하고 각자의 짐을 지고 가겠다는 맹약을 하였다.

『국가 언약』의 마지막 부분에서는 국왕의 권위를 의심하는 스코틀랜드 국민들의 합법적인 권리를 주장한다. 언약도의 동시대인이었던 폴록의 조지 맥스웰(George Maxwell of Pollock)은 주교이자 왕권신수설의 옹호자였는데 청교도를 '정치적인 기독교인'으로 비난했다.[20] 언약도는 두 가지 삶을 살아가고 있었기에 모두 다 만족시키는 생활을 한다는 것은 참으로 어려운 길이었다. 하나는 세속 국가의 시민으로서의 신분이고, 다른 하나는 기독교 신자의 삶이다.

『국가 언약』에서 서명하는 것은 언약도 운동이 시작된 첫 해에 강제로 하지는 않았다. 얼핏 보기에는 명령처럼 느껴지지만 언약도는 귀족들과 목회자들과 지주들을 설득해서 그들의 지원을 얻어낸 결과였다. 1638년과 1639년 사이에 언약도가 선언하거나 발표한 것들은 능동적으로 자신들을 방어하면서 일관되게 노력한 결과물이었다.

1638년 2월에 제안된 『국가 언약』은 교황 제도를 거부하고 장로교회의 체제와 신학에 대해서 확고한 지지를 밝혔으며 국왕 찰스 1세가 결코 법률 위에 군림할 수 없다는 점을 명쾌하게 보여주었다. 스코틀랜드 국민은 국왕이 전제군주가 아니라 법률대로 통치한다면 충성을 다할 것이라고 밝혔다.[21] 국가 언약은 결코 불법적이거나 반역적인 것이 아니라 그 땅에 대한 왕의 폭정에서 거부하고 반대한 것이다. 스코틀랜드는 입헌 군주제를 받아들였기 때문에 절대 군주제의 왕정 통치를 거부했다.

스코틀랜드 에든버러 『국가 언약』 서명 장면. William Allan(1782-1850)의 그림.

헨더슨 목사는 1638년에 11월 21일에 열린 스코틀랜드 장로교회 총회의 의장으로 피선되었고 왕과의 협상에서 신실하고 현명하게 대처했다. 잉글랜드에서 청교도 혁명이 일어나자 스코틀랜드 사람들이 참여하도록 격려했다. 헨더슨은 세 왕국이 연합하여 "엄숙동맹과 언약을 체결하는 중요한 역할을 했다. 웨스트민스터 총회에 스코틀랜드를 대표해서 참석했다.

달리 말하면 1638년은 한 해 동안 국왕 찰스 1세와 스코틀랜드 언약도 사이에 갈등이 고조되는 시기였다.[22] 국왕은 자신의 대리인으로 "해밀턴의 후작"(James Hamilton, 1st. Duke of Hanilton, 3rd. Marquis of Hamilton, 1606-1649)을 파송했다. 국왕은 5월 16일 자신의 지시 사항인 28개 목록을 해밀턴을 통해서 전달하도록 내려보냈다. 6월 4일에는 다소 완화하겠다는 왕의 서신이 공개되었다. 장로교회 지도자들은 약간의 시간을 얻게 되었다고 생각했다. 9월 9일에는 언약도의 청원이 허용되었다. 모든 예식서와 기도서를 폐지한다고 발표했다. 그러나 왕이 해밀턴에게 보낸 개인 서신에는 이런 공개적인 발표와는 전혀 다른 내용으로 되어 있다. 자유로운 장로교회 총회를 보장했지만 총회모임에서 왕의 대리인으로서 고위 성직자들의 심문을 거부하라는 것이다. 1638년 11월 21일 수요일에 스코틀랜드 장로교회 총회가 글래스고우 대예배실에서 열렸다.[23] 140명의 목사, 2명의 신학교수, 98명의 시무장로들이 대표자로 참석했다. 장로 중에는 17명이 귀족이었고, 9명은 기사 신분이고, 나머지는 영지 상속자들이거나 토지를 소유한 지방 귀족이었다. 이 총회는 30년 만에 자유롭게 열리는 모임이었다.

첫 안건은 고위 공직자들에 대한 심문이었다. 그러나 런던에 있던 고위 성직자들은 출석을 거부했다. 총회의장 헨더슨은 당사자들의 출석과 상관없이 이들의 문제를 처리할 것인지를 회중에게 물었다. 그러자 왕의 대리인 해밀턴이 나서서 안건에 대한 판단 진행중지를 요청했다. 또한 헨더슨이 기도한 후에 즉각 총회를 해산할 것을 국왕의 이름으로 요청했다. 헨더슨은 해밀턴의 요구를 거절하고 계속해서 총회 모임을 이어가려고 했다. 그러나 해밀턴이 나서서 총회의 종결을 선언하고 해산시켰다. 11월 29일에 일어난 일이다. 그날 왕의 명령으로 총회에 대한 불신임 선포가 있었는데 이 총회는 '가짜 총회'(pretended Assembly)이며, 총회 참석자들은 '가짜 대표들'이라고 불렀다. 모든 관계자는 24시간 이내에 도시를 떠나라고 명령했다. 그러나 총회 대표들은 협박에 굴복하지 않았다. 그 후로도 3주 동안 계속해서 회의를 진행했다.

총회가 마지막으로 종료될 때 참석했던 언약도는 광범위한 교회의 개혁을 추진해 나가기로 다짐했다. 감독 제도는 불법이기에, 장로교회의 노회를 회복시켰다. 주교들과 대주교들은 출교시켰다. 『퍼트의 조항들』은 불법적인 문서라고 선언했다. 총회는 찰스 1세가 개정한 예식서와 교회 법령들을 정죄했다. 총회는 1606년부터 1618년 사이에 개정된 조항들도 그들의 자유를 국왕이 침범한 것들이므로 무효라고 선언했다. 총회는 교회의 권위와 자유를 다시 한 번 공포했다. 에라스티언주의와 감독 제도와 성례전의 타락은 교회와 국가 안에서 권력을 폭력적으로 남용한 것들이기에 불법이라고 담대하게 신언했다.

1639년 8월에 다시 소집된 스코틀랜드 장로교회 총회에서는 1633년 이후로 그동안 찰스 1세가 변경시켰던 모든 조항을 무효화하는 결정을 내렸다.[24] 이 '교회의 지난 죄악들'에 대해서 여섯 가지 사항을 열거하는 결의를 했다. 1) 교회에 대해서 예식서를 강요한 것 2) 퍼트 조항들 3) 총회를 감독체제로 대체했던 것들 4) 감독정치의 세속적인 권세들 5) 총회의 부패함 6) 자유의 결핍과 합법적으로 총회를 구성하는 것. 이상의 내용은 총회에서 만장일치로 가결되었다. 왕의 대리인도 서명으로 동의를 표했다.

3. 장로교회냐 주교 정치의 복귀냐?

잉글랜드 지역에서는 이미 1570년에 토마스 카트라이트가 앞장서서 국교회와 싸우면서 장로교회 제도를 소개하다가 케임브리지 대학 교수직에서 쫓겨났던 일이 있었는데, 그동안 평안하게 지내왔던 스코틀랜드에서 동일한 사태가 훨씬 후대에 발생했다. 스코틀랜드에서는 이미 장로교회가 낙스 이후로 1560년부터 완전히 정착되어 있었는데 이제 와서 갑자기 주교 제도로 개편한다는 것은 도저히 받아들일 수 없었다. 국왕 찰스 1세는 스코틀랜드에서 전개되는 상황이 심각하다는 사실과 더욱이 그들의 단호한 거부에 대해서 파악하게 되자 경악했다.[25] 국왕은 이미 1638년 9월에는 언약도의 요구 사항들을 어느 정도 인정한다고 선언했었다. 그러나 왕실 정치가들과 스코틀랜드 지도자들 사이에 외교적이 협상인 결렬되자마자 그는 통치권을 발동해서 전쟁으로 위협했다.

1639년과 1640년에 브레친 성당에서 주교 휘트포드(Walter Whitford, 1581?–1647)가 집례한 예배가 국왕의 지시에 따라서 새로운 형식으로 진행될 때 군중의 분노가 폭발했다. 권총을 장전한 시민들이 주교를 거부하자 왕실에서는 군대를 파견했다. 두 번의 〈주교전쟁〉에서 스코틀랜드 지도자들이 찰스의 잉글랜드 군대를 패퇴시켰다. 이로 인해서 왕권의 폭정에 불만을 품은 귀족들과 청교도 지도자들이 의회를 장악하게 되었다. 찰스는 귀족들의 단합으로 소집된 단기의회를 해산시켰지만 이미 돌아선 민심을 돌이킬 수는 없었다.

제1차 주교전쟁

일반 역사에서 이 전쟁을 〈제1차 주교전쟁〉(the first bishop's war, 1639)이라고 부르는데, 그들이 싸움을 했던 핵심 사항이 주교 정치의 복원을 시도하려고 하는 찰스와 이를 저지하려 했던 장로교회 언약도 사이의 전쟁이기 때문이다. 주교들이 참여해서 실제로 전투를 했던 것이 아니고 주교들이 희생당한 전쟁도 아니다. 잉글랜드의 군대가 스코틀랜드를 침공하자 언약도들이 맞서서 장로교회를 지키기 위해서 싸운 전쟁이다. 스코틀랜드인들의 청교도 신앙과 동맹 의식이 두 차례 주교전쟁에서 승리하였다.[26]

1639년에 찰스가 먼저 자신의 군대 2만 명을 스코틀랜드로 투입했다.[27] 해밀턴의 후작 휘하에 5천 명을 애버딘으로 진군시켰다. 스코틀랜드 사람들도 왕의 군대에 맞서서 그들의 나라와 교회를 지켜 내고자 군대를 모집하고 방어에 들어갔다. 언약도도 1639년부터 1651년 사이에 2천 명에서 2만 4천 명으로 편재된 군대를 12부대 이상 창설했다.[28] 레슬리 장군(Alexander Leslie, 1582-1661)의 지휘 하에 국경 도시인 던스 로우(Dunse Law)지역에서 방어전선을 형성했다. 군대의 깃발이 올라갔는데 "그리스도의 왕관과 언약을 위하여"(FOR CHRIST'S CROWN AND COVENANT)라고 적었다.[29]

찰스는 스코틀랜드 추밀원으로 하여금 여러 차례 포고문을 발표하도록 조치했다. 먼저 「짧은 선언」(Short Declaration)을 유포했다. 그는 여전히 자신에게는 하나님으로부터 부여받은 통치자의 권세가 있음을 주장하면서 스코틀랜드에서 군사력을 사용하는 것이 정당하다고 변호했다. 또한 언약도는 '변절자들'이라고 비난했다. "선한 군주에게만 복종하여야 하는 것이 아니라, 악한 군주에게도 따라야 한다. 하나님이 너희들의 머리 위에 왕들을 세우셨다"라고 주장했다. 찰스는 군주로서 나라의 최고 통치자는 하나님이라고 주장

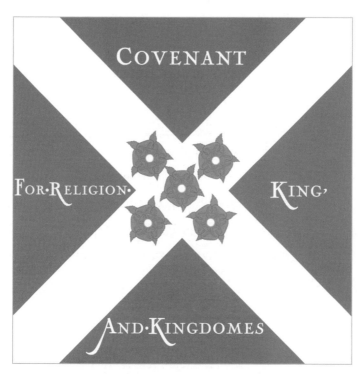

청교도 언약도의 깃발. "언약: 신앙과 왕, 그리고 왕국들을 위하여!"

스코틀랜드 국립 박물관에 소장되어 있는 언약도의 깃발.

하는 언약도에게 동의를 하지만 군주 제도에 대해서도 역시 완전히 복종하라는 것이 하나님의 뜻이라고 정당화했다. 하나님께서 왕들을 세우셨으므로 탄압이나 폭정들도 마땅히 하나님의 계획에서 나온 것이라고 하는 왕권신수설이라는 기본 논리를 악용하려 했다.

추밀원은 스털링으로 옮겨놓았고, 포고문은 런던에서 제작되었다. 소책자에는 에든버러에 있는 왕의 인쇄소로 되어있었지만, 실제로는 런던에서 했다. 이렇게 거짓된 표기를 한 이유는 아직도 왕이 스코틀랜드를 지배하고 있다는 인상을 심어주기 위함이었다. 1639년 말에는 "좀 더 긴 선언"(Larger Declaration)을 발표했는데, 이전 것보다 훨씬 더 격렬하게 언약도들을 비난했다. 왕정 통치주의자들은 종교와 정치에 있어서 수구적인 전통주의자들이었다. 목회자들이 교회를 잘못 인도하고 있다고 비난하면서, 마태복음 7장 15절을 인용했다.

언약도도 공개적으로 문서를 발표하여 자신들의 주장을 널리 알리고자 노력했다. 1639년에 두 가지 문서를 발표하였는데, 주로 잉글랜드 지역에 살포하여 동조적인 여론을 얻고자 노력했다. 『잉글랜드의 왕국 안에 모든 선한 기독교인들에게 알림』(Information to all Good Christians Within the Kingdom of England)과 『귀족들의 항의서』(A Remonstrance of the Nobility)가 살포되었다. 이 문서들은 스코틀랜드에게 가해진 교황주의를 성토하면서, 명시적으로 경고를 했다. 언약도는 성직자들과 평신도들이 당하는 고통과 어려움들을 간단하게 제시하면서, 신앙의 문제가 해결되기를 희망했다. 이렇게 주장하면서, 비언약도는 위선자들이요 타락한 자들이라는 점을 드러내고자 한 것이다. 강단을 통해서, 그들의 대적자들을 포위해버리는 수사학적인 전략도 병행되었다.

법이 왕이다: 입헌 군주제와 칼뱅주의 정치 사상

개혁주의 신앙을 가졌던 언약도의 저항권 발동에 이어서 불의에 맞서는 강력한 투쟁에서 나온 가장 뛰어난 정치 이론이 바로 입헌 군주제이다. 왕이라 하더라도 법에 따라서 충실해야 한다는 이 정치 사상은 절대 군주제가 시퍼렇게 살아있던 시대에는 감히 상상도 할 수 없는 놀라운 발상이었다. 그런데 이런 주장이 나올 수 있었던 것은 청교도 언약도들이 기본적으로 칼뱅주의 신학에 근거하여 하나님을 섬기면서 그 어떤 희생을 하더라도 교회의 독립권을 쟁취하려는 노력이 있었기 때문이다.[30] 종교개혁자들은 왕들의 불의에 맞서는 저항권에 대해서 정당성을 부여했는데 바로 여기에서 왕도 법을 따라야 한다는 입헌 군주제라는 열매가 나온 것이다. 고대로부터 내려온 절대왕정 체제를 벗어나서 근대 민주주의 제도의 시발점은 바로 철저한 장로교회 청교도들이 스코틀랜드에서 비로소 최초로 제시한 것이다. 칼뱅주의 개혁신학자들의 사상이 세상의 정치와 권력 사회를 바꿔놓은 것이다. 장로교회 제도는 대의 민주주의를 시행하는 제도이다. 개인의 독재와 소수의 궁정정치와는 전적으로 다르다. 목사와 장로로 구성된 당회와 노회와 총회는 간접 민주주의를 시행하므로서 다수의 지도자들이 평등하게 협의하여 지도해 나가는 집단 지도 체제이다.

이처럼 중요한 신학적인 권위개념을 실행해 오던 스코틀랜드에서는 절대왕권의 군주 제도에 대해서 무작정 따라가지 않았다. 전제주의 세속 군주제의 문제점을 파악한 장로교회 언약도는 왕정 통치의 독재에 대해서 거부하였다. 장로교회의 정치 제도를 세속 군주의 정치적인 원리에도 적용하여야 한다는 청교도 정치 사상을 집대성한 당대 최고의 학자는 새뮤얼 러더포드(Samuel Rutherford, 1600 – 1661)이다. 그는 에든버러 대학교를 졸업한 후 장로교회 목사가 되어서 1638년 2월 언약도의 총회에도 참석했었다. 세인트 앤드류스 대학교에서 탁월한 신학 교수로 봉사하면서도 1643년에는 스코틀랜드를 대표하는 4인 중의 일원으로 활약했고 웨스트민스터 총회에서도 연설했다.[31] 그의 유명한 책 『법이 왕이다: 법과 군주』(Lex, Rex, or The Law and the Prince, 1644)는 스코틀랜드 장로교회의 이상을 보호하기 위해서 국가와 교회 관계를 합법적으로 정립하는 내용을 다루고 있다. 유럽 정치 이론 중에서도 당시로서는 가장 필요했던 입헌 군주제의 대헌장과 같은 청교도 장로교회의 사상이 담겨 있다. 당시 찰스 국왕의 무례한 일방 통행을 체험한 스코틀랜드 모든 장로교회 목회자들과 귀족들과 정치인들이 동감하던 사상들인 절대 군주제의 반대, 언약과 법치 국가의 중요성을 책으로 묶어놓은 것이다. 루소(Jean Jacques Rousseau, 1712-1778)의 사회 계약론의 선구적인 안목을 제시한 것이요 존 로크(John Locke, 1632-1704)의 삼권 분립론을 향한 초석을 놓은 책이다. 이 책은 원래 왕권신수설의 추종자인 존 맥스웰 (John Maxwell) 주교의 책 『군주통치의 신성

새뮤얼 러더포드, 장로교회의 목사, 입헌 군주제를 집대성하다(이 초상화는 웨스트민스터 총회에 참석할 무렵으로 추정됨).

한 특권』(*Sacro-Sancta Regum Majestas*)에 대응하기 위해서 작성되었는데 훗날 찰스 2세의 왕정복고가 이뤄진 후에 불태워졌다. 찰스 2세가 스코틀랜드를 방문하였을 때 라틴어로 그 앞에서 설교한 적도 있었다.

러더포드는 알미니안주의와 독립파 분리주의에 대해서도 철저히 반대하여 『바울의 노회에 대한 합리적이고도 온건한 항변』(*A Reasonable and Temperate Plea for Paul's Presbytery*, 1640)을 출간했다. 스코틀랜드에서 로마가톨릭적인 목회 방식들이 더이상 살아나서는 안 된다는 것과 감독정치 체제로 다시 회귀해서도 안된다는 것을 지적하면서 우주적인 구원의 복음을 전파할 것을 촉구했다.[32] 러더포드는 철저하게 장로를 주장하면서 뉴잉글랜드 회중교회 지도자들(Thomas Hooker, John Cotton, Richard Mather)과 교회정치문제로 설전을 주고받았다.

또한 러더포드는 귀족들이나 그들의 부인들에게, 회중에게나 교구의 지도 목회자들에게, 그리고 심지어 전투에 참가 중이던 언약도의 군대 지휘관에게, 그리고 뉴잉글랜드의 이민자들에게도, 아일랜드에 있는 교회에게도, 정치문제와 정부에 관련해서 영향력 있는 사람에게 격려의 편지를 나눴다. 스코틀랜드에서 로마가톨릭의 잔재가 다시 부활하는 것을 거부하고 주교 제

도로 회귀하는 것을 단호히 거부했다. 후에 이것들이 모아져서『새뮤얼 러더
포드 서한집』(*the Letters*, 크리스천다이제스트, 2002)으로 출판되었는데 경건한 묵
상의 교재로 가장 탁월한 책이다.

러더포드의 편지가 앤워트(Anwoth)에서 킬마콤(Kilmacolm)에 있는 교구 담
당목회자들에게 도착했다. 찰스 1세와 언약도 사이의 군사적 충돌이 벌어진
격동의 시기에 해당하던 1639년 8월이었다. 이 편지는 언약도의 지도력이 어
떻게 순수한 신앙적인 측면을 높이 발전시켰는지를 보여주는 사례이다.[33] 러
더포드는 첫 인사말을 사도 바울의 서신서에 나오는 안부와 축복으로 시작
한다. 사도 바울이 비기독교 세상에 살고 있던 기독교인들에게 영적인 생활
과 일반인으로서의 삶에 관하여 지혜로운 조언을 하였듯이 러더포드도 역시
그러한 지혜로운 교훈들을 나누고자 하였다. 그의 편지들은 당시 많은 사람
에게 회자되었다. 문자 해독 능력이 없는 자에게도 비밀 기도회 시간에 읽혀
졌다. 그는 스코틀랜드 교회의 모습을 병에 걸린 환자처럼 비유했고 언젠가
열이 내리고 정상으로 되돌아 올 것이라고 격려했다. 현재의 모습은 약하지
만 도리어 그로 인해서 구원받은 자들은 강하게 될 것이다. 세상에서는 약한
자들이 도리어 그리스도 안에서 강한 자들이다. 궁극적으로 그리스도께서
매를 가지고 오신 것은 가장 행복한 것이라고 풀이했다.

데이비드 딕슨(David Dickson)이 군대를 방문해서 격려했는데 언약도는 왕
에게 저항하는 반란 군인이 아니라 골리앗에게 맞선 다윗과 같다고 설교했
다. 성경에서 전하는 메시지는 더 약한 그릇이었지만 하나님의 도우심으로
강한 자를 이긴다는 것이다. 왜냐하면 이 싸움은 주님을 위한 것이기 때문이
다(삼상 47장). 언약도는 스스로 왕의 불법을 응징하기 위하여 나선 것이므로
방어적인 전쟁이라고 확신했으며 합법적이고 공정한 수단을 동원한 것이라
고 확신했다.

찰스 왕도 스코틀랜드의 단호한 대처와 결정을 알게 되었다.[34] 그는 일단
조약을 맺자고 교섭했다. 6월 18일 애버딘 근처의 전투에서는 언약도의 군대

가 승리했는데 바로 그날에 일단 6마일(약 10킬로미터)에 걸쳐서 대치 상태에 있던 양쪽 군대를 해산한다는 조약 서명이 있었다.[35] 이 조약에서 국왕은 교회와 국가의 문제를 다루기 위해서 에든버러에서 8월에 의회와 총회를 개최한다는 데 합의했다.

새로운 총회가 소집되어서 이전 해에 글래스고우에서 결의한 바를 재확인했고, 의회에서도 주교 제도를 철폐하기로 가결했으며 찰스 국왕으로부터 자유롭다고 선언을 했다. 이렇게 주교 제도를 강화하고자 한 목적으로 군사 행동을 전개했기에 이 전쟁의 명칭을 〈제1차 주교전쟁〉이라고도 부른다.

제2차 주교전쟁

1640년 1월이 되자마자 국왕 찰스 1세는 아일랜드 출신의 토마스 웬트워스 경을 자문으로 호출하고, 군사력으로 스코틀랜드를 제압하기로 결정했다. 왕은 웬트워스를 스트라포드의 백작(Earl of Strafford)으로 임명했다. 웬트워스는 아일랜드 의회를 압박하여 스코틀랜드에 맞서서 함께 싸워야 하고 재정을 조달하라고 주장하는 한편 잉글랜드 의회를 열어서 재정 지원을 더 얻어내야만 한다고 왕에게 조언했다.

찰스는 즉위 후 11년 동안 독단적으로 왕정 통치를 실시해 왔는데, 처음으로 의회를 소집하였다. 1640년 4월 13일부터 5월 5일까지 열린 단기의회(the Short Parliament)가 개최된 것이다. 찰스 국왕은 스코틀랜드가 프랑스하고 결탁하는 것이 아니냐는 의심을 풀었다.[36] 많은 수의 스코틀랜드 사람이 프랑스에 건너가서 공부했는데, 특히 프랑스에서 희생된 개신교회 성도인 위그노들의 희생을 잘 파악하고 있었을 것이라는 불안이 가중되었다. 1562년에서 1598년 사이에 프랑스에서 로마가톨릭 정권과 칼뱅주의 개신교도들 사이에 벌어진 30년 종교전쟁은 참혹하기 이를 데 없었다. 인류 역사에서 가장 처참한 파괴라고 기록된 로마가톨릭 군대의 탄압으로 인해서 무려 800만 명이 희생된 것으로 추정하고 있다.[37] 찰스는 그러한 상황이 스코틀랜드에서 벌어지고 있음에 대해서 두려움을 느꼈다. 그래서 의회에 세금을 더 거둬들일 것과 교회 제도를 완전히 변화시킬 것을 요청했는데 도리어 의회는 왕의 요구 사항들은 부결시키고 시민들의 불평이 많은 것들을 해소하자고 요청했다. 찰스는 의회를 해산시켜 버렸다. 찰스는 스페인에게 자금 대출을 요청했고 그의 아내는 친 오빠가 되는 프랑스 왕 샤를르에게 호소했다. 그러나 이런 노력들은 아무런 효력을 발휘하지 못했다.

찰스의 군대는 1640년 8월에 요크와 노턴벌랜드에 집결했는데, 갑자기 징발된 사람들이라서 전쟁에 대비한 훈련이 전혀 되어있지 않았고, 그들에게 지급된 무기와 전쟁 물자도 충분하지 못한 상태로 출발했다. 월급도 받지 못했고 영양실조 상태였다. 스트라포드의 아일랜드 군대도 스코틀랜드로 진격해 올 만큼 충분한 여력이 없었다.

〈1차 주교전쟁〉에서 경험했던 병사들이 주로 참전한 스코틀랜드 부대는 약 2만 명이 다시 진영을 구축했다. 레슬리 장군의 지휘 하에 버윅의 방어기지를 뚫고 잉글랜드 석탄산지 뉴캐슬을 점령했다. 이곳은 런던에 연료를 공급하던 중요한 곳이다. 언약도는 더럼까지 점령해서 손쉽게 여러 남쪽 도시들을 통제하게 되었다. 스코틀랜드 언약도는 무조건 승리하기 위해서 무자비한 살상에 목적을 두지 않았기에 〈제2차 주교전쟁〉도 1640년 10월 26일 〈리폰의 협상 체결〉로 종결되었다. 더이상 무고한 시민들의 피를 흘리지 말아야 한다는 신념으로 신속하게 전쟁을 종식시켰다. 찰스는 매일 850 파운드의 전쟁 비용을 스코틀랜드에 지불해야만 했다. 1641년 중반기에 런던의 협상이 체결되었으나 이로 인해서 장기의회가 소집되어야만 했고 결국 최초의 내전으로 확전되는 결과를 빚고 말았다. 전쟁 패배의 오점을 책임져야 할 찰스는 의회에서 도무지 힘이 없었고, 거의 모든 것을 잃어버렸다. 의회는 두 명의 최고 자문위원 로드 대주교와 스트라포드의 백작 웬트워스를 퇴진시켰다. 후에 백작은 1541년 5월에, 대주교는 1645년 1월에 각각 참수형을 당했다.

스코틀랜드 장로교회 의회와 총회는 모든 주교직을 폐지했다. 에든버러와 덤바튼의 왕궁들은 오직 국가의 방어만을 위해서만 왕이 사용한다고 결의했다. 왕은 스코틀랜드 언약도들이 더이상 반역자들이 아니라고 선언했다. 전쟁 배상금으로 30만 파운드를 스코틀랜드에 지불하기로 했다. 최종 타결을 맺은 1641년 8월 10일, 런던의 협상안에는 잉글랜드와 아일랜드에서도 주교직을 폐지하기로 한다는 결의가 담겼다.

주(註)

1 I. B. Cowan, "The Covenanters: a Revision Article" *The Scottish Historical Review*, Vol. 28 (1949):43 – 54.

2 김재성, 『개혁신학의 광맥』, 461–472. Thomas M'Crie, (the younger), *The Story of the Scottish Church: from the Reformation to the Disruption (1529-1843)* (1843; Free Presbyterian Publications; 1988). G. Norman Collins, *The Heritage of our Fathers: the Free Church of Scotland: Her Origin and Testimony* (Edinburgh: Knox Press, 1974).

3 Pauline Gregg, *King Charles I* (London: Dent, 1981), 130–31.

4 Ian B. Cowan, *The Scottish Reformation: Church and Society in Sixteenth-Century Scotland* (New York: St. Martin's Press, 1982), 20.

5 Janette Currie, "History, hagiography, and fakestory: representations of the Scottish Covenanters in non–fictional and fictional texts from 1638 to 1835," (Ph.D. diss., University of Stirling, 1999). E. M. Furgol, "The Religious aspects of the Scottish Covenanting armies, 1639–51," (Ph.D. diss., University of Oxford, 1988). David Mullan, *Scottish Puritanism, 1590-1638* (Oxford: Oxford University Press, 2000).

6 J. K. Hewison, *The Covenanters: a History of the Church in Scotland from the Reformation to the Revolution*, Vol. 1 (1557–1649), 2 (1650–1690) (Edinburgh: Banner of Truth Trust, 1908). John Macleod, *Scottish Theology in Relation to Church History since the Reformation* (Edinburgh : Banner of Truth Trust, 2015).

7 Robert Wodrow, *The History of the Sufferings of the Church of Scotland from the Restoration to the Revolution*, 4 Vols. (Glasgow: Blackie & son, 1828 – 1830). Donald R. Kelley, "Martyrs, Myths, and the Massacre: The Background St. Bartholomew," *The American Historical Review*, Vol. 771 (1972): 1323 – 1342.

8 David George Mullan, *Scottish Puritanism, 1590-1638* (Oxford: University Press, 2000), 9. idem, "Theology in the Church of Scotland, 1618–1640: a Calvinist consensus?," *Sixteenth Cenutry Journal*, Vol. 26 (1995): 595–617. 저자 Mullan은 스코틀랜드 청교도 운동에는 장로교회만 있었던 것이 아니라, 알미니안주의와 국교회주의도 고려해야할 사항이라고 주장한다. 그는 여러 저술에서 16세기 스코틀랜드 장로교회 체제를 종교다원주의 입장에서 비판적으로 기술하고 있다. 필자는 오히려 Yeoman의 박사학위 논문에서 다뤄진 내용이 보다 더 정확한 분석이고, 당시의 전체적인 상황을 이해하는데 도움을 준다고 평가한다. Louise Anderson Yeoman, "Heart–Work: Emotion, Empowerment and Authority in Covenanting Times," (Ph.D. diss., St. Andrews University, 1991).

9 Ian R. MacDonald, "James VI and I, the Church of Scotland, and British Ecclesiastical Convergence," *Historical Journal*, Vol. 48 (2005), 885 – 903. Jenny Wormald, "The Headaches of Monarchy: Kingship and the Kirk in the Early Seventeenth Century" in Julian Goodare and Alasdair A.MacDonald, eds., *Sixteenth Century Scotland: Essays in Honour of Michael Lynch* (Brill: Leiden, 2008), 367 – 93.

10 Laura A. M. Stewart, "'Brothers in treuth': Propaganda, Public Opinion and the Perth Articles Debate in Scotland," in Ralph Houlbrooke, ed. James VI and I: Ideas, *Authority and Government* (Ashgate: Aldershot, 2006), 151 – 68.

11 Barbara Lambert Merrick, *William Brewster of the Mayflower and His Descendants for Four Generations*, 3rd Rev. Edn., (Plymouth, MA, 2000), 1 – 5, 30–35. Eugene Aubrey Stratton, *Plymouth Colony: Its History and People, 1620–1691* (Salt Lake City, UT, US: Ancestry Publishing, 1986), 251.

12 David Stevenson, *The Scottish Revolution, 1637-44* (2nd edn, Edinburgh, 2003), 64–79.

13 Gordon Marshall, *Presbyteries and Profits: Calvinism and the Development of Capitalism in Scotland, 1560-1707* (Edinburgh: University Press, 1981), 110.

14 James Gordon, *History of Scots Affairs, from 1637 to 1641*, Vol. 1 (Aberdeen: 1841), 1:38.

15 W. M. Hetherington, *History of the Church of Scotland*, 270.

16 Jackson, L. Charles, "For Kirk and Kingdom: The Public Career of Alexander Henderson (1637–1646)," (Ph.D. diss., University of Leicester, 2012). Thomas M'Crie, *Lifes of Alexander Henderson and James Guthrie*, T. Thomson ed., (Edinburgh: Printed for the Assembly's Committee, 1846).

17 Keith M Brown, *Noble Power in Scotland from the Reformation to the Revolution* (Edinburgh: University Press, 2011), 234–37.

18 Chris R. Langley, ed., *The National Covenant in Scotland, 1638-1689* (Boydell Press, 2020). David Stevenson, *The Covenanters: The National Covenant and Scotland* (Edinburgh, 1988), 28–44. David Stevenson, *The Scottish Revolution, 1637-44* (2nd edn, Edinburgh, 2003), 79–127.

19 David Stevenson, *Scottish Revolution, 1637-44: Triumph of the Covenanters* (Newton Abbot: David & Charles, 1973), 45–46.

20 Margaret Steele, "The 'Politick Christian': The Theological Background to the National Covenant", in *The Scottisch National Covenant in its British Context: 1638-1651*, ed. John Morrill (Edinburgh: University Press, 1988), 31–67.

21 J. H. Burns, "The Theory of Limited Monarchy in Sixteenth–Century Scotland," (Ph.D. diss., Aberdeen University, 1952), 8–47.

22 John C. Johnston, *Treasury of the Scottisch Covenant* (1887; Wentworth Press, 2016), 86–87.

23 David Stevenson, *Scottish Revolution*, 88.

24 Tim Harris, *Rebellion: Britain's First Stuart Kings, 1567-1642* (Oxford, 2015), 53–54.

25 Robert H. MacDonald, ed., *Willam Drummond of Hawthorn den: Poems and Prose* (Scottish Academic Press, 1976), 179–181.

26 Jeffrey Stephen, "Scottish Nationalism and Stuart Unionism," *Journal of British Studies*, Vol. 49 (2010): 55–58.

27 Mark Charles Fissel, *The Bishops' Wars: Charles I's Campaigns Against Scotland, 1638–1640* (Cambridge: University Press, 1994), 269.

28 Edward M. Furgol, "Scotland Turned Sweden", in *Religious Controversy in Scotland 1625–1639*, David G. Mullan, ed. (Edinburgh: Scottish Historical Society, 1998), 134–154.

29 Trevor Royle, *Civil War: The Wars of the Three Kingdoms, 1638-1660* (London: Little Brown, 2004). 90–94.

30 Donald Macloed, "The Influence of Calvinism on Politics". *Theology in Scotland* XVI:2 (2009): 5–19.

31 John Coffey, *Politics, Religion and the British Revolutions: The Mind of Samuel Rutherford* (Cambridge: University Press, 1997), 5–6. 114. Andrew Thomson, *The Life of Samuel Rutherford* (London: Hodder & Stoughton, 1884).

32 Samuel Rutherford, *A discussing of some arguments against Cannons and ceremonies in God's worship* in David G. Mullan, ed., 82–99.

33 Andrew Bonar ed., *Letters* (1984), *Letter*, 11. CCLXX, 559–565.

34 Peter Donald, *An Uncounselled King: Charles I and the Scottish Troubles, 1637–1641* (Cambridge: University Press, 1990), 131.

35 Dominic Pearce, *Henrietta Maria* (Gloucestershire: Amberley, 2015), 145.

36 D. Stevenson, *Scottish Revolution*, 183

37 Peter H. Wilson, ed., *The Thirty Years War: Europe's Tragedy* (London: Belknap Press, 2009), 787.

Chapter 14
청교도 언약 사상의 꽃:
『엄숙동맹과 언약』

청교도 사상의 정점은 언약 사상을 실제적으로 당시의 정치적 상황에 적용시킨 『엄숙동맹과 언약』에 담겨있다. 청교도들은 말로만 선언하는 것에 그치지 않고, 절대 군주제를 악용해서 신앙을 강요하는 찰스 1세와의 전쟁에 나섰다. 악한 왕의 명령에는 당연히 거부해야 하며 정당한 수단으로 맞서서 교회를 지키고자 싸웠다.

잉글랜드에서 소집된 장기의회 동안에 청교도는 무엇보다도 먼저 교회의 개혁을 시도했다. 그러한 청교도들의 열망을 담아서 그리고 여기에 참여했던 스코틀랜드 언약도의 분투가 빚어낸 두 번째 언약문서가 『엄숙동맹과 언약』이다. 찰스 국왕의 폭정에 항의하는 의회가 진행되는 동안에 스코틀랜드 언약도와 잉글랜드 청교도가 다 함께 공감하여 채택한 선언문이다. 스코틀랜드 『국가 언약』의 주도적인 지도자 헨더슨 목사가 초안을 작성했다. 그 배경에는 아일랜드 반란군들이 청교도들을 살해하는 끔직한 사건이 있었고, 이 문서의 발표 이후에는 '시민전쟁'이라고도 불리는 '청교도 혁명'이라는 전쟁으로 연결되어진다.

1. 언약 사상의 기념비를 세우다

『엄숙동맹과 언약』이 채택되는 역사적 맥락을 이해하는 것이 필요하다. 일반적으로 신앙고백서나 종교회의 결의문은 단순히 교회 관련 신학자들이나 교회의 지도자들이 모여서 문제를 처리하고 발표하는 것이다. 그러나 『엄숙동맹과 언약』은 잉글랜드와 스코틀랜드 교회 지도자들이 작성한 것을 의회가 승인하여 서명하였다는 점이 다르다. 이 문서를 통해서 개혁교회의 정치 원리를 선포함으로써 잉글랜드에서는 청교도가 주도하는 교회 개혁을 추인받기 위함이었고 스코틀랜드에서는 찰스 1세의 강압적인 주교 정치와 로마가톨릭적인 요소들을 무력화시키기 위함이었다.

1643년 8월 17일, 맨 먼저 스코틀랜드 의회에서는 알렉산더 헨더슨 목사가 초안을 작성한 『엄숙동맹과 언약』을 비준했다. 이어서 9월 25일 잉글랜드 의회와 웨스트민스터 총회에서 통과했다. 아일랜드 의회에서도 인준했다. 이들 세 지역에 있는 모든 교회가 오직 장로교회 제도만을 채택해야 한다고

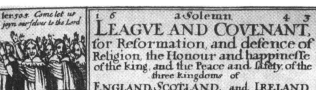

"엄숙동맹과 언약"의 선포문.

명시적으로 표현하지는 않았다. 잉글랜드 의회의 중요한 축을 형성하고 있던 독립교회를 포용하자는 생각에서였다. 또한 주교 제도나 로마가톨릭이나 분파주의자들도 적그리스도라고 규정했다. 이 문서는 잉글랜드 장기의회에서 통과했을 뿐만이 아니라 웨스트민스터 총회에서도 약간의 수정을 거쳐서 채택했다. 『엄숙동맹과 언약』은 찰스의 왕당파를 제압하였으나 곧 이어서 올리버 크롬웰(Oliver Cromwell)이 등장하는

올리버 크롬웰(1599–1658).

계기가 되었고, 스코틀랜드와 아일랜드가 참여하는 '세 왕국의 전쟁'으로 치닫게 되었다.[1]

『엄숙동맹과 언약』(*The Solemn League and Covenant*, 1643)[2]

잉글랜드, 스코틀랜드, 아일랜드 세 왕국들의 평화와 안전과 국왕의 명예와 행복, 종교의 개혁과 옹호를 위하여 엄숙동맹과 언약을 공포한다.

우리 귀족들, 남작들, 기사들, 신사들, 시민들, 자유민들, 복음의 목회자들, 그리고 잉글랜드, 스코틀랜드, 아일랜드 안에 있는 모든 계층의 사람들은, 하나님의 섭리에 의해서 한 왕의 통치하에 살아가면서, 하나님의 영광을 우리의 눈앞에 두고 있는 하나의 개혁된 신앙을 가지고, 우리 주님과 구세주 예수 그리스도의 나라의 확장과, 왕의 통치와 그의 후손의 명예와 행복을 도모하고, 그리고 왕국들의 참된 공적인 자유, 안전, 그리고 평화, 그 안에서 모든 사람의 개인적인 조건을 포함된다.
종교개혁이 진행된 이후로 지속적으로, 모든 지역들에서, 특히 세 왕국들 가운데서, 참된 종교와 신앙고백자들에 대항하는 하나님의 대적자들의 피흘리는 음모들과 배반들, 모략들, 시도들과 실제로 벌어진 일들에 대하여 기억하기를 호소한다.

얼마나 많은 그들의 분노, 권력, 억측들이 최근까지 있었는가, 그리고 이 시기에 증가되고 시행되었던가, 그에 따라서, 아일랜드의 교회와 왕국의 비참한 상태와, 잉글랜드 교회와 왕국의 곤핍한 상태와, 스코틀랜드의 교회와 왕국의 위험스런 사태가 현존하고 있으며, 또한 공적인 증거들이다.

우리는 지금에 이르러서야 마침내, 전적인 파멸과 멸망으로부터, 우리들 자신들과 신앙을 유지하기 위해서(청원, 항명, 항거, 그리고 고난을 이라는 다른 수단들을 갖게 되었는데), 이전 시대에 이 왕국들의 추천할 만한 실천에 따라서, 그리고 그 밖에 다른 나라들 가운데서 하나님의 백성의 사례들을 따라서, 심사숙고한 후에 우리 모두가 상호간에 서명하는 엄숙동맹과 언약 안에서 결의하고 또 결정하기에 이르렀다. 그에 대해서 우리 모두는 각자가 서명하고, 가장 높으신 하나님께 두 손들을 높이 들어서 맹세한다.

I. 우리는 하나님의 은혜를 인하여, 우리들 각자가 처한 곳에서 소명에 따라서 진심으로, 실제적으로, 그리고 지속적으로, 스코틀랜드 교회 안에서 개혁된 신앙의 보존에 매진하되, 교리, 예배, 훈련, 권징, 정치에서 우리들의 공통적인 대적자들에게 맞서서 진력할 것이다. 잉글랜드와 아일랜드의 왕국들 가운데서 신앙의 개혁에 진력하되, 하나님의 말씀과 개혁교회의 최고 모범 사례에 따라서 교리, 예배, 권징, 정치를 위해서 노력할 것이다. 세 왕국들 안에 있는 하나님의 교회들로 하여금 가장 근접하게 연결시켜서, 신앙의 일치, 신앙의 고백, 교회 정치의 형태, 예배를 위한 규칙서와 교리문답을 위하여 교범을 만들어 낼 것이다. 우리와 우리 후에 자손들은 믿음과 사랑 안에서 형제들로 살아가게 될 것이고, 또 주님께서 우리들 가운데 내주하시길 기뻐할 것이다.

II. 우리는 사람들의 직위와는 상관없이, 로마교, 감독 제도(즉, 대주교들, 주교들, 주교구 상서관들, 그들의 감독관들과, 참사회장들과 성당참사회들, 대집사들에 의한 교회 통치와 상하 계급제도에 의존하는 그 밖의 모든 교회들의 직책들), 미신, 이단, 분열, 부패, 그리고 건전한 교리와 경건의 능력을 거부하는 모든 것을 근절

시키도록 매진할 것이다. 우리도 다른 사람들의 죄에 동참하지 않도록 조심하고, 그들의 죄악의 오염에 빠지지 않도록 해야 한다. 세 왕국들 안에서 오직 하나님의 한 이름 아래 주님께서 하나 되도록 해주실 것이다.

III. 우리는 동일한 신실함, 진정함과 일관성을 가지고, 우리들의 다양한 직업들 가운데서, 우리들의 직위와 삶으로 상호간에, 의회들의 권리와 특전과 왕국들의 자유를 보호하도록 진력한다. 왕의 통치자로서의 위엄과 권위를 보존하고 또 수호해야 한다. 참된 신앙과 왕국들의 자유를 보존하고 변호함에 있어서, 세계가 우리의 충성심의 양심을 입증하게 될 것이며, 국왕의 권세와 위대함을 소멸시키는 그어떤 생각이나 의도들을 갖지 않는다.

IV. 우리는 또한 왕을 그의 백성으로부터 분리시키는 행위, 종교 개혁을 방해하는 악독하고 패악한 수단들, 선동들, 또는 다른 모든 유사한 행동을 색출하는데 신실하게 전력할 것이다. 또는 왕국들 중에서 한 왕국이 주도하거나, 국민들 사이를 분열시키고 파당을 짓는 그 어떤 행위, 즉 동맹과 언약에 반대되는 것은 공적 재판에 회부되어 합당한 처벌을 받을 것이다. 그들의 악행들의 정도에 따라서, 혹은 요구되는 바에 따라서, 각 왕국들의 최고 재판소가 합리적인 심판을 내릴 것이다. 효율적으로 하기 위해서 법적 권능을 가진 사람들이 편리하게 심판을 진행할 것이다.

V. 이러한 왕국들 사이에 있는 축복된 평화의 행복은, 우리 조상들이 과거에 부정하였음에도 불구하고, 사실 그것들은 우리에게 하나님의 선한 섭리에 의해서 주어진 것이었는데, 두 의회에서 의해서 최근에 정착되어지고 결론을 맺게 되어졌다. 우리는 우리가 각자의 위치와 관심을 따라서, 우리 모든 후손들에게 확고한 평화에 결속이 유지될 수 있도록 힘쓸 것이다. 그리고 정의가 고의적인 반대자들에 대해서, 그 이전에 작성된 문서들 가운데에 표현된 방법들 속에서 시행되어질 것이다.

Ⅵ. 우리는 우리들의 장소들과 소명에 따라서, 왕국의 평화, 자유, 종교의 공통적인 이유를 가지고, 동맹과 언약을 옹호하고 유지하기 위해서 모든 지원과 지지를 다 할 것이다. 그리고 우리는 이 복된 연합과 협력으로부터 철수하거나, 나뉘거나, 테러를 하거나, 설득하거나, 혹은 결합을 한다거나, 그 어떤 일이 있더라도, 직접적으로나 간접적으로나, 스스로 고통을 당하지 않을 것이다. 그 명분에 있어서 중립이거나 혹은 혐오스러운 무관심이거나, 반대하는 편으로 변절하든지 간에, 우리는 오직 하나님의 영광, 왕국의 선한 것, 국왕의 명예에 관심을 둘 것이다. 그러나 우리들이 살고 있는 현세에 유익만을 열성적이고 지속적으로 추구하는 것에 대해서 명백하게 반대한다. 그리고 우리들의 힘으로 똑같은 것들을 촉진시키려는 것에 대해서도 즉각적으로 모든 장애에 전력으로 대항할 것이다. 그리고 우리가 제압하거나 극복할 수 없는 것에 대해서는, 알려지고 드러낼 것이며, 적절한 시간에 중지시키거나 제거 될 것이요, 우리는 이 모든 것들을 하나님의 안목에서 할 것이다.

이들 왕국들이 하나님과 그의 아들 예수 그리스도를 대항하여 분노와 많은 죄들의 죄책이 있기 때문에, 우리들의 현재의 고통들과 위험들로 충분히 입증되는 그 열매들이 있다. 우리는 하나님과 세계 앞에서, 이들 왕국들의 죄들에 대해서, 그리고 우리들 자신들의 죄악들에 대한 우리들의 거짓없는 열망이 겸손하게 되어질 것이라고 고백하고 선언한다. 특히 우리는 복음의 측량할 수 없는 혜택들을 가치있게 높이지 않았으며, 순결함과 권능을 위해서 우리가 노력하지도 않았으며, 그리고 우리는 우리의 가슴속에 그리스도를 받아들이려고 최선을 다하지 않았으며, 우리의 삶에서 그분을 가치있게 여기지 않았고, 우리 가운데 다른 죄들과 범죄들의 원인들이 함께 묶여있었다. 우리의 참되고 거짓없는 목적, 열망, 노력은 우리 자신들과 우리의 권세와 지배하에 있는 모든 다른 사람들을 위하여, 공적인 부분에서나 개인적인 부분에서나 모두 다 하나님과 사람에 대한 우리의 모든 의무를 다하는 가운데서, 우리들의 삶을 수정하고, 참된 종교개혁의 모범 사례들 가운데서 우리 각자가 서로 나아가고, 그리하여 주님이 자신의 진노와 무거운 분노를 바꾸실 수 있으며, 진리와 평안 가운데 왕국들과 교회들을 세울 것이다. 그리고 우리는 모든 사람들의 마음을 감찰하시는 전능하신 하나님 앞에서 이 언약을 작성하는데, 장차 큰 날에 모든 마음의 비밀들이 드러날 것이요 우리가 답변하게 될 것이기에, 참된 의도로 똑같이 수행할 것이다: 이 목적을 위해서 가장 겸손하게 주님을 갈망하면서 성령으로 우리들을 강화시키사, 우리들의 열망과 성공적인 진행 과정이라는 복을 내려주시고, 자기 백성들에게 구출과 안전함을 제공하시고, 반 그리스도인의 탄압의 멍에를 메는 위험 속에서, 또는 고통 가운데서 기독교 교회들에 대한 격려를 주신다. 하나님의 영광을 향해서, 예수 그리스도의의 나라를 학장하기 위해서, 그리고 기독교인들의 왕국들과 복지국가의 평화와 평안을 위해서 연맹과 언약에 가입하고 언약을 맺는다.

『엄숙동맹과 언약』에 서명을 하지 않은 사람은 극소수였는데 그들은 국가에서는 왕정 절대주의를 신봉하던 사람들과 교회 안에서는 교황 제도를 찬성하는 자들 일부에 불과했다.

이 문서에 개혁교회에 대한 최고의 열망을 담았지만, 장로교회 제도가 명시되지는 않았다. 하지만 장로교회의 정치 체제를 의미하는 것으로 대부분 받아들였다. 왜냐하면 스코틀랜드 교회가 장로교회 제도로 통일되어 있었기 때문이다.

1644년에 스코틀랜드 장로교회 총회는 『엄숙동맹과 언약』을 법령화했다. 그러나 찰스 1세가 1646년에 스코틀랜드 군대에 의해서 포위되었을 때 그는 이 문서를 거부했다. 그러나 이 문서에 담긴 규정들은 스코틀랜드 대부분의 국민이 서명하도록 요구되었고 동의한다는 의사를 표명했다.

2. 찰스 1세와 청교도 사이의 전쟁들(시민전쟁)

그동안 계속해서 문제가 되어왔던 찰스 1세의 강압적인 폭정과 비타협적인 주교 중심 정책은 마침내 청교도와의 전쟁 혹은 시민전쟁(Civil Wars)으로 폭발하고 말았다.[3] 1638년부터 1651년 사이에, 두 번의 주교 전쟁, 아일랜드 반란, 1차에서 3차까지의 시민전쟁, 크롬웰의 아일랜드 정복까지 연속되는 전쟁 기간이었다. 이런 연속된 정치적 강압 조치와 변란들로 인해서 25만 명이 죽었다.[4] 그 당시 인구의 5%에 해당

찰스 1세(1600-1649).

한다. 이처럼 지속적인 전쟁 상황은 국가와 교회, 사회전반에 심각한 영향을 미쳤다. 모든 전쟁은 비극적인 결말을 수반한다. 국가가 두 쪽으로 나눠지고 의회와 교회가 나눠지고 가정이 나눠졌다. 아버지와 자식들이 서로 총을 겨누고 형제들끼리 갈라져서 싸웠다. 형(Sir Bevil Genville) 과 동생(Richard Grenville) 이 각각 왕당파와 의회파 군대로 나눠서 총을 겨눴고 처남과 매형이 서로 상대방을 향해 진격해 들어갔다.

청교도의 교회가 국왕에게 너무나 많은 것을 요구한 것이 아니라, 국왕이 교회에 대해서 지속적으로 가한 압박에 대한 반발이자 대가였다. 청교도는 질서있는 통치를 원했기 때문에 국왕은 교회의 요구에 대하여 응답할 책임이 있었다.[5]

제1차 시민전쟁(1642-1646)

1643년 여름 잉글랜드 의회의 개신교회 지도자들은 국왕 찰스 1세와 심각한 갈등 관계에 있었다. 앞서 언급한 대로 아일랜드에서 반란이 일어났기에

혹시라도 로마가톨릭을 지지하는 아일랜드 군대가 찰스 1세와 결탁하는 것에 대해서 극도로 불안해하고 있었다. 그래서 잉글랜드 의회가 스코틀랜드 군대의 합류를 요청했던 것이다. 스코틀랜드는 장로교회 언약도들이 주류를 이루고 있었고, 그들은 모두 찰스 1세에 극도의 반감을 갖고 있었기에 서로 협력할 수 있었다.

1643년 9월에 양쪽 의회가 『엄숙동맹과 언약』을 채택했다. 스코틀랜드에서는 장로교회 중심의 개혁교회가 지속적으로 보전되어 나간다는 보장과 같다. 잉글랜드의 경우에는 미진하던 종교개혁을 진일보시켜서 장로교회 신학과 제도로 더욱더 확장시켜 나간다는 것을 의미한다. 아일랜드에서는 하나님의 말씀을 따라서 장로교 개혁교회가 세워지는 것을 의미하는 것이다. 이 문서에 언약이라는 개념이 담긴 것은 알렉산더 헨더슨이 기초한 문서답게 주로 스코틀랜드 언약도의 신앙과 찰스 1세에 맞서기 위해서 일어선 자신들의 혁명을 정당화하는 내용으로 되어있다. 신앙적인 면에서는 장로교회 개혁 운동을 개인 구원과 마찬가지로 국가를 위하여 주신 은혜로 알고, 행위언약을 성취하여 나가겠다는 서약이 담겨졌다. 정치적인 면에서는 국왕에게 저항하는 권리가 세 왕국이 참여하는 혁명 운동가들에게는 필연적으로 받아들여졌다.

『엄숙동맹과 언약』에서 가장 급진적인 부분은, 이이 스코틀랜드에서 나왔던 『국가 언약』에 담겨있던 내용들을 문자 그대로 재현시킨 부분이다. 상호 조직체에 대한 연맹 의식과 결합의 다짐이 있었던 부분인데, 정당한 왕이라도 탄압을 할 때는 시민들이 거역할 수 있는 정당성을 다 같이 공유했다. 군주가 의회에 의해서 제한을 받는다는 것은 타협할 사항이 아니다. 군주가 의회와 상호 협력하여 권력을 행사한다는 개념은 스코틀랜드 언약도가 유럽의 종교개혁자들에게서 얻어온 것이다. 프랑스에서 위그노가 로마가톨릭으로부터 탄압을 당했고, 네덜란드에서는 개혁교회가 역시 엄청난 탄압을 당하면서 저항권의 정당성을 쟁취하고자 주장했던 것을 스코틀랜드가 받아들인 것이다. 이런 저항권의 확신은 1640년대 청교도 혁명의 가장 중요한 힘으로 작동하였다.[6] 잉글랜드 군대와 스코틀랜드 군대는 '결합'(union)이 아니라 '동맹'(confederation) 으로 굳게 결속되었다.

이 동맹의 결과로 스코틀랜드 언약도는 '제1차 시민전쟁'에서 의회파를 위해서 군대를 파송하여 왕당파와 싸움을 하게 되었다. 1644년 1월에 스코틀랜드 언약도의 군대가 잉글랜드의 의회파의 초대로 여러 도시에 진격해 들어왔다.[7] 이 군대를 '새로운 형태의 군대'(the New Model Army)라고 부른다.[8] 치열한 전투가 여러 곳에서 벌어졌는데 1644년 7월 연합군은 왕당파 군대를 말스톤 무어(Battle of Marston Moor) 전투에서 무찔렀다. 1645년 6월 네스비(Naseby)에서 크롬웰의 활약에 힘입어서 결정적으로 연합군이 승리했다. 겉으로는 양쪽 군대가 단합을 과시했지만 점차 아무도 원하지 않는 균열이 발생하였다. 1646년 5월 5일 국왕이 도망하려다가 체포되면서 첫 번째 시민전쟁은 승자가 결정되었다. 국왕은 섬에 있는 카리스브룩 성(Carisbrooke Castle, the Isle of Wight)에 감금되었다.[9]

그 당시에 교회와 국가는 거의 하나의 묶음으로 연결되어 있었기에 구분이 어려웠다. 교회 문제는 곧 정치쟁점의 핵심이었다. 대부분의 청교도들은 정치적으로는 보수적이라서 왕권 통치를 받아들였다. 그러나 잉글랜드 의회 내에서 장로교회 청교도들과 독립교회주의자들 사이에 긴장 관계가 형성되고 말았다. 잉글랜드 의회 안에서 의회파와 스코틀랜드 언약도들과의 사이에 갈등이 조성되었다. 독립교회파 혹은 회중교회파들은 상당히 과격한 수평주의자도 있었다. 중앙집권적인 국교회 제도에 대해서는 그 어떤 형태라도 반대할 뿐만 아니라 심지어 장로회 제도마저도 거부하였다. 교회 독립파 존 릴번(John Lilburne, 1614-1657)은 언약서에 서명을 하지 않고 의회에서 철수해 버렸다. 각 지역 교회가 독립적인 자유를 가진다는 보장을 받아내려 했던 독립적인 회중교회 성도가 의회파 군대의 주축을 이루고 있었다. 훗날 의회파 군대의 사령관이 된 올리버 크롬웰이 바로 독립적 회중교회 소속이었다. 또한 2차 주교전쟁에서 잉글랜드가 패배한 후 스코틀랜드 군대가 잉글랜드 북부 지역을 점령하고 있었는데 이 지역의 주민들이 불만을 제기하였다.

제2차 시민전쟁(1648-1649), 찰스1세와 밀약파 응징

크롬웰이 1647년 2월에 병으로 고생하면서 약 한 달가량 의회에 불참하게 되었다. 그 사이에 의회는 왕에 대한 처리 문제를 놓고서 양쪽으로 갈라졌다. 의회에서는 찰스 1세의 복귀와 장로교회 체제로 교회를 전환하자는 것이 다수 의견이었다. 그러나 크롬웰이 장로교회 체제를 전면적으로 실시하는 것에 반대했다. 그는 회중교회 제도를 지지하는 열렬한 독립파 청교도 신자였다.[10] 1647년 5월에 징집된 군대의 월급을 지불하는 문제, 왕의 복귀문제 등을 놓고 협상을 했으나 실패했다.[11] 이러는 동안에 왕당파 정치가들의 음모와 모략이 발동했다. 스코틀랜드에서 왕당파로 소문난 자는 해밀턴 공작이었는데, 스코틀랜드 교회와 시민들이 왕에 대한 충성심이 아직도 있다는 것을 이용해서 자신의 위치를 높이고자 했다.

2차 시민전쟁은 1648년에 스코틀랜드 왕당파 군대와 올리버 크롬웰의 의회파 사이에 벌어졌다. 2차 시민전쟁의 배경에는 역시 교회 문제가 얽혀있었다. 1차 시민전쟁에서 잉글랜드 왕당파 군인들이 패배한 후 스코틀랜드 왕당파들 일부와 감옥에 갇혀 있던 찰스 1세를 1647년 12월에 비밀리에 방문했다. 왕이 다시 잉글랜드 군주로 복귀하도록 스코틀랜드 군대를 동원하겠다는 '비밀조약'(Engagement)을 맺었다.[12] 그러나 스코틀랜드를 대표하여 웨스트민스터 총회에 참석하고 있었던 신학자들은 이 밀약을 거부하고 모든 스코틀랜드 목회자들에게도 이 밀약에 반대하라고 선언했다. 밀약을 주도한 해밀턴 경과 스코틀랜드 왕당파들은 그들의 정치적, 신앙적인 반대편 쪽, 즉 언약도들을 완전히 곤경에 몰아넣고 말았다. 1차 청교도 전쟁의 말기에 국왕 찰스 1세는 체포되어서 1647년 12월에 잉글랜드 의회에서 카리스브룩 성에 감금시킨 상태에 있었지만 문제는 바로 이들 밀약파들, 즉 일부 스코틀랜드 왕당파가 비극적인 전쟁과 참혹한 죽음을 자초한 것이다.[13]

1차 시민전쟁에서 승리하는 데 기여한 스코틀랜드 언약도는 처음에는 중립적으로 사태를 관망하고 있었다. 이미 스코틀랜드 언약도는 찰스 1세를 상대로 전쟁을 경험했기에 그를 전혀 신뢰하지 않았다. 스코틀랜드 언약도의 의회는 1638년 12월에 교회에서 주교들을 추방해버렸다. 이에 반발해서 찰스 1세가 보낸 군대를 상대로 해서 1639년의 1차 주교전쟁과 1640년에 2차 주교전쟁에서 승리하고 모든 로마가톨릭 주교들을 추방해 버린 것이다. 그 후로 국왕의 비성경적인 탄압에 맞섰던 언약도들이 스코틀랜드를 사실상 지배하고 있었다.[14] 이들 칼뱅주의자들은 나라의 법에 따라서 규모 있게 정비된 군주 제도를 지지했었고 하나님의 계획에 따라서 진행되는 역사의 일부로 받아들였다. 대다수의 언약도는 단일 군주제에 대해서는 불만이 많았음에도 불구하고 그러한 왕권 제도 자체는 받아들였다. 새뮤얼 러더포드의 입헌 군주 제도 역시 왕권의 통치를 인정하고 있었던 것이다.

그러나 스코틀랜드 언약도와 왕당파들 사이에는 교회와 국가 관계에 대한 인식이 현격히 커서 도저히 협상이 되지 않았다. 스코틀랜드 일부 왕당파 정치지도자들은 국왕이 교회 문제들에 대해서 최종 권위를 가진다는 것을 지지했다. 그러나 다수의 교회파 정치인들은 이를 거부했다. 각 개인별로도 정도의 차이가 심했다. 절대 다수는 국왕에 대해서 충성도 했고, 국가 언약을 지키기 위해서 싸웠다. 그러나 이미 스코틀랜드 군대는 아일랜드에 진군했었고, 잉글랜드에서도 1차 시민전쟁에서 국왕의 군대를 무찔렀다. 그것이 스코틀랜드 교회를 지키는 최선의 방법이라고 판단했기 때문이다.

스코틀랜드에서 일단 단일 군주제가 무력화되자, 다양한 정치적 그룹들이 주도권을 쟁취하려고 나섰다. 적어도 세 그룹이 있었다. 하나는 스코틀랜드 안에 있었던 일부 왕당파들과 온건파들이 있었다. 이들은 스코틀랜드가 잉글랜드와 동맹을 맺고 군대를 파견해서 하나로 뭉쳐서 국왕에 맞서서 싸우는 것에 대해서 반대하였다. 이들은 또한 스코틀랜드 의회가 교회 문제를 결정하는 것에 대해서 반대했다. 그러나 대다수 스코틀랜드 언약도와 잉글랜드 동맹군은 교회 분리주의를 주장하는 독립파를 온건파보다 더 나쁜 위협으로 간주했다.

그런가 하면, 이미 수년 동안 아일랜드에 진군해 있었던 스코틀랜드 군대도 울스터 지역에 주둔하던 중에 1646년 6월에 가톨릭 연합군에 패배하였다. 스코틀랜드 언약도의 군대는 이처럼 아일랜드와 잉글랜드 두 곳에 분산되어 있어서 이런 상황에서 힘을 쓸 수 없었다.

스코틀랜드 의회에서는 세 명의 대표자(Lauderdale, Lanark and Loudoun)를 국왕에게 보냈다. 1647년 12월에, 찰스 국왕은 앞으로 3년 동안 잉글랜드에서 독립파를 억압하고 장로교회를 돕겠다고 약속을 했지만 언약서를 받아들이는 것은 거부하자 스코틀랜드 지도자들 사이에 분열이 발생했다. 1648년 4월에 이르게 되면 대다수의 스코틀랜드 의회원은 국왕과의 협상안에 찬성하는 쪽으로 움직였다. 1648년 7월 스코틀랜드 교회 총회에서도 의회 결의를 통과시켰다. 그러나 일부 언약도의 교회를 대표하는 아가일 후작(Marquis of Argyll, Archibald Campbell, 1607-1661)은 국왕 찰스를 신뢰하지 않았다. 또한 왕당파들이 모의해서 추진하는 일들을 죄악이자 반역이라고 선언했다.[15]

밀약파들은 스코틀랜드에서 새로운 부대를 모집했다. 역전의 용사들은 다 빠져버렸고 참전을 거부했다. 왕당파가 겨우 결성된 것은 1648년 6월에서 인데 형편없는 군대 9천 명이 잉글랜드로 진군해 들어갔다. 잉글랜드에는 크롬웰이 이끄는 부대가 강력한 전투력을 발휘해서, 1648년 7월 프레스톤에서 벌어진 전투(the Battle of Preston)에서 두 배나 많은 스코틀랜드 왕당파 군대를 제압했다. 지휘관으로 나섰던 해밀턴(the Marquis of Hamilton)은 체포되었다가 1649년 3월에 교수형을 당했다.

시민전쟁의 사태가 계속 악화되자 올리버 크롬웰은 전쟁을 종식시키는 방안은 국왕을 심판해서 제거해야 한다는 주장에 따르기로 결심했다. 토마스 브룩스는 의회에서 민수기 35장 33절 "피흘림을 받은 땅은 그 피를 흘리게 한 자의 피가 아니면 속함을 받을 수 없다"는 말씀을 근거로 찰스 1세의 심문과 사형을 주장했다.[16] 올리버 크롬웰은 국왕과 의회를 대항하는 것이 하나님이 주신 합법적인 권위를 행사하는 것이라고 판단했다. 크롬웰을 포함하여 심판위원 59명의 서명에 의해서 사형이 결정되었다. 그러나 동맹군 사령관 페어팩스(Thomas Fairfax, 1612-1671) 장군은 서명하지 않았다.

크롬웰은 1649년 1월 30일에 찰스 국왕을 사형시키는 일을 감행하였다. 시민전쟁을 종식시키기 위해서는 불가피한 방법이었고(inevitable) 필연적인 조치(necessary)였다고 평가할 것이지만 그렇다고 해서 옳다고 할 수는 없을 것이다. 스코틀랜드 언약도와 잉글랜드 독립파 사이에 분열이 발생하고 말았다. 스코틀랜드 언약도는 국왕을 살해하는 것이야말로 하나님께 반항하는 행위라고 간주했다. 한번도 경험하지 못했던 국왕의 공석이라는 상황은 권력의 향배를 놓고서 의회파와 왕당파 사이에

1649년 1월 4일, 국왕 찰스 1세의 심문.

또한 의회파 내부에서도 여러 가지 논쟁과 대립을 초래했다. 훗날 전쟁이 끝난 후 의회는 크롬웰에게 왕의 자리에 취임할 것을 요청했으나 몇 달 간의 고심 후에 거부했다.

시민전쟁에서 스코틀랜드 군대의 사령관으로 잉글랜드 독립파 군대와 함께 동맹을 지켜오던 페어팩스 장군은 크롬웰이 국왕의 공개 심문과 처형에 대해서 동의할 수 없다는 입장 차이로 연합군 총사령관에서 물러났다. 스코틀랜드 언약도를 이끌고 있던 페어팩스 장군은 잉글랜드 군대를 이끌고 스코틀랜드로 진격하는 것을 차마 할 수 없었다. 페어팩스는 동료 스코틀랜드 교회파가 추진하는 정치적인 도모에 대해서도 결코 지혜로운 해결 방안이 아니라고 반대했으며 훗날 찰스 2세의 왕정복고에 앞장서게 된다. 그의 연합

군 총사령관 자리를 올리버 크롬웰이 물려받았다.

크롬웰의 승리에 기인해서 스코틀랜드에서는 다시 언약도의 입장을 대표하는 세력이 의회와 총회를 지배하게 되었다. 이들은 크롬웰과 협상을 시도했으며 청교도 교회를 지지하는 지도자들이 에든버러를 장악하게 되었다. 크롬웰의 후원을 받은 아가일(Argyll)이 스코틀랜드에 남아있던 밀약파들을 제압했다. 1649년 1월 23일 법령(the Act of Classes) 발표로 밀약파들과 왕당파들은 정치적인 직분이나 군대의 지휘관에서 제거되었고 교회파가 스코틀랜드 의회를 지도해 나가게 되었다.

그러나 찰스 1세의 사형은 스코틀랜드 교회와 의회를 다시금 바꿔놓고 말았다. 여전히 국왕에 충성심을 가지고 있었던 스코틀랜드 일부 귀족들이 1650년 초에 그들의 충성심을 표현하는 대표자들을 프랑스에 피신해 있던 찰스 2세에게 파송했다. 이것으로 인해서 결국 제3차 시민전쟁으로 치닫게 되었다. 스코틀랜드 의회는 프랑스로 피신을 간 찰스 2세가 스코틀랜드와 잉글랜드의 국왕이라고 선포했다. 1650년 5월에 스코틀랜드 의회는 찰스 2세와 「브레다 조약」(Treaty of Breda)을 맺었고 새 국왕은 의회의 제안을 받아들였다. 6월 16일에 찰스 2세가 스코틀랜드로 들어왔다. 그러나 사실 이런 정치적인 타협을 스코틀랜드의 모든 교회가 다 찬성한 것은 아니었다. 1650년 12월 23일 스코틀랜드 의회는 「징집령」(Act of Levy)을 통과시켰고, 교회에서는 이 법령의 시행을 놓고서 새로운 군대가 과연 이 시기에 허용될 것이냐에 대해서 논쟁을 벌였다.

스코틀랜드 언약도는 양쪽으로 갈라지고 말았다. 이들 양편은 증폭되는 원한 관계를 수년 동안 지속하였다. 옛날의 친구이자 동지들이 서로 창과 총을 겨누고 싸우게 되었다. 잘못 전달된 소문들이 비극을 부채질했고, 과장된 보고들이 왜곡된 해석을 낳았다. 데이비드 딕슨, 로버트 베일리, 제임스 우드(James Wood, 1639-1694) 등은 현실적인 '결심파'(the Resolutioners)에 속했다. 언약도의 정통 후예로 자처하는 제임스 거스리(James Guthrie, 1612-1661), 새뮤얼 러더포드, 앤드류 캔트, 패트릭 길레스피, 존 리빙스톤, 존스톤(Johnston of Wariston) 등 '항의파'(the Protesters)에 속했다.[17] 가장 강력한 반대파 지도자였던 거스리는 의회에 불복종한 죄로 에든버러 광장에서 화형을 당했다. 왕당파들은 새뮤얼 러더포드의 책을 불태우고 그를 청문회에 호출했는데 그러는 사이에 그는 건강 악화로 사망하고 말았다.

이들 양편의 대립은 지속되어서 훗날에는 결국 스코틀랜드 언약도의 총회가 분열되고 만다. 1652년 항의파는 결심파를 "불법적이고, 불의하다"고 결의했고 목회자 63명과 평신도 지도자 80여 명이 서명했다. 1653년에는 에든버러 성 자일스 예배당에서 두 파가 각각 총회를 개최했다. 결심파 총회의 의장은 데이비드 딕슨이었다. 그러나 크롬웰 군대의 현지 지휘관이 이들을 해산시켜서 멀리 떨어진 다른 장소에서 회의를 계속했다. 항의파는 크롬웰의 군대를 지지했다.

아일랜드 가톨릭의 반란사건 진압

아일랜드에서는 국가적인 반란(Irish Rebellion of 1641)이 일어났다. 불화를 거듭하던 로마가톨릭 측에서 개신교인들에게 끔찍하고 잔인한 공격을 가해서 개신교회 성도들이 거주하는 지역에서 수십만 명을 살해했다.[18] 1642년 5월에 아일랜드 로마가톨릭 진영에서 결성된 군대가 10월 23일과 24일 개신교회 성도들을 향한 분노의 보복을 자행했다.[19] 이런 분위기에서 아일랜드의 로마가톨릭 지도자들과 찰스가 비밀리에 협력하고 있다고 많은 사람은 믿고 있었다. 왕의 교활한 행위를 의심하던 청교도는 참된 신앙의 자유를 갈망하면서 거룩한 분노의 불길을 모았다. 왕의 군대는 청교도의 열정과는 비교할 수 없었다. 참된 교회를 회복한다는 명분을 가진 의회파 군대를 감당할 수 없었다. 올리버 크롬웰이 시민혁명에 참여하게 된 것도 아일랜드에서 벌어진 스튜어트 왕가의 교활한 술수로 수많은 피를 흘려야 했음을 간파했기 때문이다.

아일랜드인들은 엘리자베스 여왕의 통제를 받은 후로 잉글랜드의 지배를 받고 있었다. 따라서 아일랜드에서 오래된 로마가톨릭 교회들도 개신교회 체제로 전환되어서 영국 국교회 예배를 시행하고 있었다. 아일랜드 추밀원도 대부분 국가교회라는 개신교회에 소속되어 있었다. 그러나 반란군들의 배후는 울스터(Ulster) 지방을 중심으로 하는 캐릭 아일랜드인들(Carrick Irish)로 이들 소수의 지주들은 잉글랜드가 지배하고 있던 더블린(Dublin), 울스터, 콜르크(Cork) 지역에 개신교회의 문화가 정착하는 것을 반대하는 로마가톨릭 교인들이었다. 울스터 지역의 대학살에서 대략 1만 2천여 명이 살해를 당했다.[20] 그러나 실제로는 개신교회 성도들의 자녀들, 친척들, 친구들이 포함되었을 것이기에 15만 4천 명에서 20만 명에 달하는 성도들이 끔찍하고 잔악한 살해를 당한 것으로 추정된다.[21] 스코틀랜드 언약도와 잉글랜드 청교도는 경악을 금치 못했다. 그러나 찰스와의 정치적인 대립으로 즉각 군대를 파견하지 못했고, 청교도 전쟁이 발발한 후에 올리버 크롬웰이 1649년 8월 15일에 침공해서 다음해까지 중요한 전투에서 승리했고, 1653년에야 가톨릭 측 반란군들을 최종 제압했다.[22]

앞에서 살펴본 바와 같이 두 차례 스코틀랜드를 침공했던 찰스 1세가 패퇴하면서 이제는 그가 사수하려던 잉글랜드 국교회를 어떻게 운영할 것인가를 놓고서 웨스트민스터 의회를 장악했던 다수의 청교도 지도자들이 격돌했다. 찰스는 왕실 군대를 증원해서 잉글랜드 국교회를 지원하고자 했고, 의회의 다수 지도자들은 스코틀랜드 의회와 협의하여 장로교회를 정착시키고자 했다. 웨스트민스터 의회는 잉글랜드 국교회를 개혁하기 위하여 1643년에 총회를 개최했다. 결국 1649년까지 스코틀랜드 대표들이 포함된 웨스트민스터 총회는 칼뱅주의 장로교회의 신앙고백서와 표준문서들을 작성하게 되지만 그 과정은 상호 불신과 주도권 다툼으로 너무나 험난했다.

1643년 8월 중엽에 잉글랜드 의회의 청교도 지도자들은 찰스 1세와의 갈등 관계 속에서 혹시라도 아일랜드 가톨릭 군대가 합류할 가능성에 대비해서 스코틀랜드 군대에 도움을 줄 것을 요청했다. 스코틀랜드 장로교회 언약도는 잉글랜드에서도 스코틀랜드처럼 교회 정치 체제를 시행한다면 얼마든지 도움을 주겠다고 약속했다.[23] 잉글랜드 장기의회의 다수파는 이 조건을 받아들였다. 이미 잉글랜드 의회원 다수가 장로교회 청교도들이었고, 다른 파에 속한 자들은 시민전쟁에서 패하는 것을 원치 않았기에 스코틀랜드와의 동맹을 환영했다.

제3차 시민전쟁(1649-1651)

우리가 관심을 갖는 것은 시민전쟁의 승패가 아니다. 그들을 움직이게 만들었던 교회와 기독교 정치에 관한 것이다. 일부 스코틀랜드 귀족들이 찰스 2세와 비밀리에 결탁하고 왕권 복위을 획책하였고, 이런 움직임을 제지하려고 잉글랜드 군대가 출동하여 전쟁을 벌이게 되었다. 이것이 바로 제3차 시민전쟁이다.[24] 참으로 기가 막힌 전쟁이 벌어졌다. 어제의 혈맹이자 언약을 나눈 동맹군들이 서로 편이 갈라져서 싸우게 되었다. 스코틀랜드 교회들은 잉글랜드에서 진행되는 크롬웰 군대의 승리로 인해서『웨스트민스터 신앙고백서』가 전혀 지키지 않고 무력화 될 것이라는 우려를 하게 되었다. 2차 전쟁 이후로 스코틀랜드 교회파들이 의회를 장악하게 되자 찰스 2세가 잉글랜드에서 장로교회를 확산시켜 줄 것을 조건으로 그를 국왕으로 받아들이게 된 것이다. 1649년 2월 5일 스코틀랜드 의회에서 찰스 2세가 아일랜드와 스코틀랜드의 국왕이라고 선언했다. 찰스 1세가 처형된 지 불과 닷새 만에 그의 아들을 새 왕으로 추대한 것이다.

1650년 6월 23일 찰스 2세가 스코틀랜드에 들어가서 일부 귀족들과 결탁했다. 본인은 프랑스 공주 출신 어머니의 영향을 받아서 로마가톨릭 교인이자 잉글랜드 국교회를 지지하면서도『국가 언약』(1638)과『엄숙동맹과 언약』(1643)에 서명했다. 남쪽 잉글랜드 의회에서는 왕당파들의 행위에 격앙하였다.

그 사이에 크롬웰은 아일랜드 로마가톨릭 군대를 제압하기 위해서 잉글랜드 군대를 이끌고 1649년 8월 15일 바다를 건너갔다. 아일랜드는 로마가톨릭 진영이 개신교회 성도들을 살해한 1641년의 반란 이후로 계속해서 전쟁상태였다. 아일랜드 진영의 연합군은 찰스 1세 국왕이 체포되자 스코틀랜드 왕당파에 가담하기로 조약을 맺었다. 이들은 로마가톨릭적인 주교 정치에 동의하는 공감대가 형성되어 있었다. 국가적인 애국심과 정치적인 해결책이 결합된 동맹 관계가 새로 맺어진 것이다. 아일랜드 동쪽부터 장악한 크롬웰 부대는 9개월 동안 거의 대부분을 섬멸시켰다. 1650년 5월 말에, 크롬웰은 의회의 요청으로 다시 잉글랜드로 돌아갔고, 아일랜드 가톨릭 부대는 산발적인 공격을 가하다가 마지막 1653년 중반에 포위되어서 완전히 무너졌다.

제3차 시민전쟁은 잉글랜드와 스코틀랜드 사이의 전쟁으로 변해버렸다. 잉글랜드 군대는 극단적인 독립파가 주축을 이루고 있었다. 그들은 왕당파에 대해서도 반대하지만 장로교회 체제도 거부했다. 크롬웰의 부대는 보병 1만 명에 기병 5천 명이었다. 그 반대편 스코틀랜드는 훨씬 더 많은 군대를 동원했으나 훈련이 안 된 병사들이 대부분이었고 정치적인 입장도 일치하지 않았다. 스코틀랜드 부대 내에서는 전쟁의 한 복판에서 정치적이고 신앙적인 동의를 할 수 있는 사람인가를 평가하는 3일 동안의 점검을 실시했다. 이것은 결정적인 패인이 되고 말았다. 스코틀랜드 군대가 내부적으로 정치적인 입장들을 정리하는 동안에 80명의 장교와 3천 명의 군인을 잉글랜드 부대의 짧은 공격으로 잃어버리고 말았다.

크롬웰은 스코틀랜드 장로교회를 싫어하지 않았고 많은 지도자와 교분을 나누었기에 더욱더 전쟁을 피하고 싶었다. 8월 3일 스코틀랜드 의회에 보낸 편지에서 자신의 대적은 국왕과 스코틀랜드 성직자들이고 일반 국민들은 결코 아니라고 간청했다. 그러나 이런 호소는 스코틀랜드 사람들에게 전혀 감동을 주지 못했다.[25]

1650년 9월 3일 새벽에 던바 전투(the Battle of Dunbar)가 벌어졌다.[26] 보급물자를 수송하는 데 어려움을 겪었고 모든 여건이 불리했던 올리버 크롬웰의 잉글랜드 의회파 군대가 찰스 2세 국왕을 옹립하려는 스코틀랜드 군대를 무찌르고 대승을 거뒀다. 스코틀랜드 군인들 약 3천에서 4천 명이 죽었다. 각

지역에서 잡힌 포로들은 거의 1만여 명에 달했다.[27]

1651년 1월 1일 스코틀랜드 국왕으로 즉위한 찰스 2세와 스코틀랜드 왕당파 군대가 잉글랜드를 침공해서, 1651년 9월 3일 워세스터에서 전투를 벌였다.[28] 크롬웰의 군대는 전쟁에 경험이 많은 2만 8천명을 맞서고자 스코틀랜드 왕당파는 군대 1만 6천 명이 동원되었으나 상당수는 행군도중에 질병으로 사망했다. 찰스 2세는 프랑스로 피신을 했고 그를 따르던 부대는 거의 궤멸되고 말았다.

1653년부터 1658년까지 크롬웰이 '호국경'(Lord Protector)이 되어서 청교도를 후원하는 한편 도덕적이며 영적인 개혁을 추구했다. 교회는 양심의 자유와 경건의 시행을 격려했고 스코틀랜드에서나 잉글랜드에서나 장로교회 제도는 허용되었다. 스코틀랜드 북부 고지대에서 일부 왕당파들이 1653년부터 1655년까지 반란을 시도했으나 곧 제압당하고 말았다. 그 후로 비교적 평화롭게 스코틀랜드 의회를 잉글랜드 군대 지휘체계가 통치해 나갔다.

3. 왕정복고와 장로교회의 추방

올리버 크롬웰이 적극적으로 후원해서 제정된 위원회가 1654년에 장로교회 이외의 교회들에게도 관용을 시행하는 정책을 발표한 바 있었다. 그러나 거기에 이르기까지 청교도들이 흘린 피는 헤아릴 수 없었다. 의회파와 왕당파의 대립은 시민전쟁에서 올리버 크롬웰의 지도력으로 결말을 맺었다. 그토록 수많은 성도가 흘린 피가 채 마르기도 전에 1660년대에 이르게 되면서 영국 장로교회에 점차 이전 세대와는 다른 여러 가지 흐름들이 나타났고 결국 변질되어지기 시작했다.[29]

첫째는 왕의 자리에 오르기를 거부한 올리버 크롬웰이 사망한 후 1660년 5월 29일 찰스 2세 국왕이 다시 복귀하자 강력한 왕권 정치 제도가 정착되어 나갔다. 이때부터 영국 국가교회 체제 안에서 허용되었던 장로교회는 완전히 쫓겨났다. 왕권에 맞서서 전체 국가를 통활하는 장로교회 제도를 세우기란 불가능해져 버렸다. 영국은 다시 상하 구조로 이뤄진 성공회 체제로 되돌아가 버렸다. 이런 과정에서 장로교회의 지도자들은 전체 국가 조직 안에서 더 많은 이권을 얻어내려고 노력했다. 장로교회가 국가 조직체 밖으로 밀려나서 그저 용납되어지는 교회로 전락하는 것을 원치 않았다.

장로교 지도자들이 국왕과 만났을 때 교회란 죄와 맞서서 싸우는 단일연합체로서 하나의 공동체가 되어야만 힘겨루기에서 버텨낼 수 있다라고 하는 매우 현실적으로 중요한 논리를 깨닫게 되었다. 어서 감독이 바로 그러한 입장에서, 신학은 장로교회와 같으면서도 교회 체제는 감독제, 혹은 교구제도를 용납했던 것이다. 이런 구조는 장기의회와 웨스트민스터 총회에서 반대했던 것이지만 강력한 왕권이 등장하는 1660년 7월에는 상황이 완전히 달라지고 말았다.

영국인들은 국가와 교회의 특성이 서로 분리되고 각기 독립성을 갖춘 권세를 부여 받았다는 점을 잘 이해하지 못했다. 전통적으로 국왕 제도 하에서만 살아왔기에 국가적으로 높은 권세를 지지하면서 정체성과 소속감을 가졌다. 지금도 영국에서는 국왕의 휘장이 새겨진 왕립 대학교들이 가장 높은 지성의 전당으로 인정을 받고 있다. 국왕이 설립을 허가한 대학교라야만 남다른 역사와 전통을 가지고 있다고 하면서 그런 특성을 자랑하고 있다. 영국은 역설적이고 아이러니컬한 요소를 많이 갖고 있다. 가장 민주적인 국가를 세웠으면서도 여전히 시대착오적인 국왕 체제를 유지하고 있고 이러한 영국식 전통은 호주, 뉴질랜드, 캐나다 등에서도 통용되는 정서이다.

결국, 영국 성공회 체제가 강력하게 재정립되자 장로교회 내부의 분열이 오고 말았다. 완전히 지역 교구에서 벗어나서 장로교회를 지켜 나가자는 사람들이 있었고("Dons", 베이츠[Bates], 민튼[Manton]), 여기에 반대해서 국가교회 체제 안에서 장로교회로 유지해 나가자는 사람들("Ducklings", 앤슬리[Annesley, Samuel Annesley, 1620?-1696], 제인웨이[Janeway])로 갈라지고 말았다. 1672년에 발표된 국가 포고령에는 독립적인 교회들을 허용하는 내용이 들어 있었지만,

다음해에 장로교회들은 이 문서를 지지하지 않기로 결정하기에 이른다.

1660년에서 1688년까지는 잉글랜드 장로교회와 스코틀랜드 언약교회에는 가혹한 박해의 시기였다. 스코틀랜드 언약도의 꿈과 희망은 사라지고 말았다. 장로교회 체제를 지역마다 설치해서 전체 국가가 참여하게 만들고자 했던 염원은 국왕 복고와 함께 성공회 체제의 복귀로 인해서 완전히 무산되고 말았다. 단지 각각의 개별적인 교회들만이 장로들에 의해서 여전히 당회 제도를 지켜 나가게 되었을 뿐이었고 지역별 노회와 총회로 이어지는 전국 조직은 허용받지 못하고 말았다.

17세기에 네덜란드에서는 『도르트 신경』이 나왔고 영국에서는 『웨스트민스터 신앙고백서』가 채택되었지만 영국 성공회 체제 아래서는 정통 칼뱅주의가 점차 희석화되었다. 리처드 백스터가 '높은 칼뱅주의'라고 비판하는 사람들은 다소 딱딱하게 굳어진 교리와 역사적인 유산을 지키려 했던 입장에 있었다. 백스터는 그러한 논쟁에서 '반율법주의'라는 용어로 자신의 견해를 표방했다. 1688년에 그가 쓴 글에 보면 장로교회들은 완전히 독립교회들로 남아있어서 그들 사이에서도 통일된 형태가 없었다.

장로교회 신학의 변질을 보여주는 것은 백스터의 구원론이다. 보편구원론과 은총을 강조하는 아미랄디즘을 받아들인 백스터는 전통 칼뱅주의가 표방하던 이중 예정론과는 현격한 차이를 드러냈다. 백스터는 종교개혁자들이 그토록 강조했던 믿음에 의한 칭의 교리마저도 거부하면서, 하나님께서는 자기 백성들의 죄악을 보지 않는다고 주장했다.

왕정복고와 함께 케임브리지 대학교에는 '이성'과 '도덕'을 강조하는 플라톤주의 철학이 들어와서 기독교의 전체 진리 체계를 대체하고 말았다. 성공회에서는 알미니안주의가 확산되었고 신학적인 '관용주의'(라티튜니내리언이즘) 가 사람의 의무를 강조하면서 대세를 이루게 되었다. 존 로크의 저술이 주장하는 바는 '계시'에 의존할 것이 아니라, 그 대신에 '이성'을 따라가자는 것이었다. 신앙적 회의론자들이 하나님을 아는 교리 대신에 '이신론'(Deism)을 내놓았는데 타락한 인간 이성의 창작물이 아닐 수 없었다. 조셉 프리스트리(Joseph Priestly, 1733-1804)가 유니테리언이즘을 내놓으면서 영향력을 확산시켰다.

다시 정치적 소용돌이가 일어 명예혁명이 일어났고, 1689년에 관용령(The Act of Toleration)이 선포되어서 흩어진 장로교회가 재결합하게 되는 희망을 주었다. 피난을 갔던 장로교회 지도자들이 돌아왔다. 하지만 같은 장로교회에 내부에서도 신학적인 차이점이 드러나기 시작했다. 이런 형태가 백스터의 반율법주의 논쟁에서 드러났고 1719년에 장로교회의 대분열로 표면화 되었다.

1770년에는 잉글랜드에만 적어도 500개 노회가 조직되어 있었을 정도로 튼튼한 교단이 되었다. 그러나 1812년까지 흘러 내려오는 사이에 거의 절반가량이 유니테리언으로 넘어가고 말았다. 북부 잉글랜드는 스코틀랜드에 지리적으로 가까운 까닭에 좀 더 오래도록 강력한 장로교회 체제와 신학을 견지하다가 20세기에 자유주의 신학을 포용하게 되었다.

주(註)

1 John Morrill, "The Britishness of the English Revolution, 1640 – 1660," in *Three Nations—A Common History? England, Scotland, Ireland, and British History, c. 1600–1920*, ed. Ronald G. Asch (Universitätsverlag Brockmeyer, 1993).

2 *The Westminster Confession* (1646; Glasgow: Free Presbyterian Publications, 1995), 358–60. J. D. Douglas, *Light In The North : the story of the Scottish Covenanters* (Grand Rapids: Eerdmans, 1964), 206–208.

3 John Morrill, *The Nature of the English Revolution* (London: Routledge, 1993), 285.

4 Simon Schama, *A History of Britain 2: 1603-1776 British Wars* (London: BBC, 2001), 15.

5 Donald Macloed, "The Influence of Calvinism on Politics". *Theology in Scotland*, Vol. XVI–2 (2009): 5–19. Tim Harris, *Rebellion: Britain's First Stuart Kings, 1567-1642* (2014), 457.

6 Edward J. Cowan, 'The Making of the National Covenant', in John Morrll, ed. (1988), 75.

7 Stuart Reid, *Scots Armies of the English Civil Wars* (Osprey 1999).

8 M. A. Kishlansky, *The Rise of the New Model Army* (Cambridge, 1979).

9 C. V. Wedgwood, *The King's War, 1641-1647* (Penguin Classics, 1958; 2001), 40.

10 Maurice Ashley, *The Greatness of Oliver Cromwell* (London: Collier–Macmillan LTD, 1957), 187 – 190.

11 John Adamson, "The English Nobility and the Projected Settlement of 1647," *The Historical Journal*, Vol. 30 (1987): 567–602.

12 T. Royle, *Civil War*, 420–23.

13 John Rees, *The Leveller Revolution: Radical Political Organization in England, 1640-1650* (London: Verso, 2016), 103–5.

14 J. D. Mackie, Bruce Lenman, Geoffrey Parker, *A History of Scotland* (Hippocrene Books, 1986), 204–5.

15 Rosalind Mitchison, *A History of Scotland* (London: Routledge, 1970; 2002), 223–4.

16 Barry Coward, *Oliver Cromwell* (Pearson Education, 1991), 65.

17 David Hay Fleming, *The story of the Scottish covenants in outline* (Edinburgh: Oliphant, Anderson & Ferrier, 1904), xii.

18 John Kenyon, & Jane Ohlmeyer, eds. *The Civil Wars, A Military History of England, Scotland and Ireland, 1638–1660* (Oxford: University Press, 1998), 29–30. Trevor Royle, *Civil War: The Wars of the Three Kingdoms 1638–1660* (London: Abacus, 2004), 139.

19 Lenihan Pádraig, *Confederate Catholics at War, 1641–49* (Cork: University Press, 2001), 211–212.

20 H. Simms, "Violence in County Armagh: 1641," in *Ulster 1641: Aspects of the Rising*, ed. B. Mac Curarta (Belfast: 1993), 133–4. John Marshal, *John Locke, Toleration and Early Enlightenment Culture* (Cambridge: University Press, 2006), 58,n.10. Jane Ohlmeyer & John Kenyon, eds., *The Civil Wars: A Military History of England, Scotland, and Ireland 1638–1660* (Oxford: University Press, 1998), 278.

21 Trevor Royle, *Civil War: The Wars of the Three Kingdoms 1638–1660* (London: Abacus, 2004), 139. 이 책에는 아일랜드 내에서의 희생자만 약 20만 명으로 추정한다.

22 Antonia Fraser, *Cromwell: Our Chief of Men* (London: Phoenix, 1973), 407.

23 D. Stevenson, *Scottish Revolution*, 283.

24 Malcolm Atkin, *Worcestershire under Arms* (Barnsley: Pen and Sword, 2004), 51–58.

25 J. Buchan, *Oliver Cromwell* (London: 1934), 371 – 2, 378.

26 Stuart Reid, *Dunbar 1650: Cromwell's Most Famous Victory* (Oxford: Osprey Publishing, 2004), 64.

27 John Kenyon & Jane Ohlmeyer, eds., *The Civil Wars: A Military History of England, Scotland, and*

Ireland 1638–1660 (Oxford: University Press, 2000), 66.

28 Atkin, *Worcestershire under Arms*, 144–47.

29 Dewey D. Wallace, Jr., *Shapers of English Calvinis, 1660-1714: Variety, Persistence, and Transformation* (Oxford: University Press, 2011).

Chapter 15
청교도 신학의 결정판 :
웨스트민스터 총회

　필자가 앞 장에서 청교도 혁명의 여러 사건과 시민전쟁의 상황을 상세히 설명한 이유는 웨스트민스터 총회를 역사적으로 정확하게 이해하고 그 중요성을 강조하려고 하기 때문이다. 웨스트민스터 총회는 피로 얼룩진 전쟁터에서 모였다는 역사적 중요성을 기억해야만 한다. 동시에 신앙고백서와 표준문서들에 대해서 높이 평가하는 이유를 분명히 인식하기를 소망한다. 『웨스트민스터 신앙고백서』에는 스코틀랜드 언약도의 기여와 종교개혁자들의 언약 사상이 담겨 있음을 철저히 분석해서 제시하고자 한다.

　웨스트민스터 총회와 관련된 중요 사건 개요는 다음과 같다.

1643년 6월 12일	의회에서 신학자들의 총회 소집을 통과함
1643년 7월 1일	웨스트민스터 대사원에서 소집됨
1643년 9월 25일	『엄숙동맹과 언약』 의회와 총회가 서약함
1644년 8월 20일	신앙고백서 작성 위원회 구성
1644년 12월 11일	총회가 교회정치 제도에 관한 최종 자료를 의회에 송부함
1645년 1월 4일	공중예배 지침서를 의회가 승인함
1646년 12월 4일	신앙고백서를 의회에 송부함
1647년 4월 29일	의회의 요청에 따라서 신앙고백서에 성경 구절을 삽입함
1647년 8월 27일	스코틀랜드 장로교회 총회에서 신앙고백서를 채택함

1647년 10월 22일	대교리문답서를 의회에 송부함
1647년 11월 25일	소교리문답서를 의회에 송부함
1648년 4월 14일	두 문답서의 최종본을 의회에 송부함
1649년 1월 30일	찰스 1세의 처형
1649년 2월 22일	총회로서는 마지막 회기로 소집됨
1652년 3월 25일	목회자 심사 위원회로서 1649년부터 소집되어 온 총회 폐회

1. 시민전쟁 중에 집약한 청교도의 헌장

1638년 이후로 찰스 1세가 주교 제도를 강요해서 벌어진 스코틀랜드와의 두 차례의 전쟁인 아일랜드 가톨릭의 잔혹한 반란과 세 차례 지속된 왕당파와 청교도의 전쟁으로 인해서 25만여 명이 목숨을 잃어버리는 끔찍한 상황이 지속되는 가운데서 웨스트민스터 총회가 열렸다. 1643년 웨스트민스터 총회가 열리기 전부터 시작된 청교도들의 시민전쟁은 1653년 올리버 크롬웰이 승리하면서 끝이 났다. 의회의 권유에 따라서 교회의 통일된 신앙 조항들을 작성하기 위해서 총회가 소집되었는데 그들이 모임을 갖고 활동했던 기간 내내 청교도는 개혁신앙을 지키기 위해서 사투를 벌이고 있었다. 전쟁의 무성한 소문과 혼란스러운 위험 속에서 회의가 진행되었다. 또한 웨스트민스터 총회가 소집되어서 회합을 갖고 있었던 기간에 바다 건너 독일 남부 지역에서도 신성로마 제국의 페르디난드 2세(Ferdinand II, 1578-1637)와 프랑스 연합군이 독일 루터파 군주들과 동유럽 여러 지역에서 '30년 전쟁'을 하고 있었다. 스코틀랜드도 스페인과 프랑스에 맞서서 1625년부터 1630년까지 참여하고 있었으나 주로 루터파의 희생이 컸다. 유럽 전 지역에서 무려 800만 명이 죽음을 당했다.[1] 결코 과장된 숫자가 아니다.

그러나 『웨스트민스터 신앙고백서』가 이처럼 극도의 어려움 가운데서 모인 신학자들이 만들어낸 문서임을 아는 사람은 많지 않다. 우리가 웨스트민스터 표준문서들의 신학을 이해하려면 먼저 그 시대의 증언과 역사의 증거들을 읽어내야만 그 안에 담긴 신학적인 내용과 언약 사상에 대해서 풍성하게 이해할 수 있다.

1643년 7월 1일 121명의 청교도 신학자인 대표들이 웨스트민스터에서 첫 회의를 개최했다. 웨스트민스터는 당시 국가의 가장 중요한 사항들을 결정하는 중심지였다. 그 후로 1652년까지 총 9년 동안에 걸쳐서 1,244회 회합을 가졌다.[2] 나중에 여기에 의회대표자들 30명이 참관인으로 합류했다. 총 151명이 관여한 문서이다. 이 총회에서 결정한 표준문서들은 지금까지 장로교회와 개혁교회, 회중교회의 헌장으로 받아들여지고 있다.

웨스트민스터 총회는 모든 참석자에게는 몇 가지 공통분모가 있었다. 첫째는 이들 청교도는 찰스 1세의 주교 제도와 로마가톨릭의 잔재들 그리고 켄터베리 대주교 로드의 알미니안주의를 반대한다는 점이다. 둘째로는 참석한 대표자들이 종교개혁의 흐름을 가속화 시켜보려는 희망을 품고 있었다.[3]

17세기 청교도에 의해서 작성된 『웨스트민스터 신앙고백서』는 기독교인

웨스트민스터 대사원의 전체 모습과 정면 사진. 16명의 왕족 결혼식이 거행됐고, 3,300명의 시신이 잠들어 있다.

현재 새로 단장된 '새 예루살렘방'의 모습. 이곳에서 『웨스트민스터 신앙고백서』 작성에 참가한 주요 지도자들이 회의 직전에 기도하고 협의를 나누었다. 벽면에는 헨리 4세와 헨리 5세의 흉상이 걸려 있다. 그들의 장례식을 거행하기 직전에 이곳에 관을 두었다고 한다. 이곳을 "새 예루살렘방"이라고 명명한 것은 헨리 4세의 장례식을 치루기 위해서 관에 시신을 모셨는데 갑자기 국왕이 눈을 떴다고 한다. 주변에서 왕에게 "전하! 지금 어디에 계시는지 알겠습니까?"라고 묻자, "여기가 새 예루살렘이 아니냐!"고 대답한 뒤 다시 눈을 감았다고 한다.

들이 무엇을 믿고 있는가를 가장 잘 요약한 최고의 문서이다. 청교도는 자신들의 공적인 신앙을 문서로 고백하였을 뿐만 아니라 이 문서를 자녀들에게 가르치면서 날마다의 일상생활 속에서 적용하였다. 웨스트민스터 신앙 고백서는 모든 기독교인에게 가장 기본이 되는 교리들을 가르친다. 또한 더 성숙한 기독교인 되기 위해서 교회가 간직하고 있는 진리 체계를 명료하게 이해하는 것이 중요하다. 더욱이 한국에는 수많은 이단이 가짜 기독교, 사이비 복음을 증거하여 현혹하고 있기에 명시적으로 정리된 신앙고백을 확고하게 파악하고 있는 성도라야만 흔들리지 않을 수 있다. 웨스트민스터 총회에서 나온 문서들은 성경만이 실제로 하나님에 대해 가르치는 유일한 계시라고 믿는다. 이 말씀은 모든 시대와 모든 장소에 사는 전인류에게 적용해야만 한다. 교리는 하나님이 어떤 분이며 무슨 일을 하는가에 대한 설명이자 그리스도인들이 하나님에 대해서 생각하고 느끼는 것을 기술한 것이다.

유럽의 개혁주의 신학을 담고 있는 신앙고백서들은 『하이델베르크 교리문답서』, 『벨직 신앙고백서』, 『도르트 신경』인데, 이런 모든 문서는 스위스와 독일의 개혁주의 신학이 담겨있다. 그런데 이런 칼뱅주의 개혁신앙을 모두다 포함하면서도 훨씬 더 종합적인 고백서가 '웨스트민스터 표준문서들'(신앙고백서, 대교리문답, 소요리문답)인데, 스코틀랜드 장로교회에 뿌리를 두고 있다. 웨스트민스터 총회에서 주류를 형성한 장로교회는 통일된 신앙 표준문서를 작성하는 신학적인 성취를 이뤘다. 전세계 기독교인에게 신학적인 개요를 제시해 주는 금자탑이 세워졌다. 국왕이 금지했음에도 장기의회는 1643년 6월 22일 회의를 개최했다. 의회의 요구에 따라서 웨스트민스터 총회가 7월 1일 개회되었다. 그 핵심 업무가 거대한 예배당의 서쪽 낭하 끝에 있는 "새 예루살렘"이라고 불리는 방에서 시작되었다. 이곳에서 대표자들이 기도와 준비 모임을 가진 후에 헨리 7세의 예배실에서 지속적으로 회의가 소집되었다. 5년 반 동안에 작성된 『웨스트민스터 신앙고백서』, 『대교리문답서』, 『소요리문답서』가 나왔다. 여기에 「권징 조례」, 「예배 모범」까지 첨가되었다.

이들 세 가지 표준문서들은 성경에 담긴 교리들의 총체적 요약이다. 경건하고 열정적인 청교도 신앙의 고백일 뿐만 아니라 하나님을 아는 지식에 대해서 성경에만 근거하여 체계적으로 정리한 최고의 문서들이다. 신앙을 고백하는 기독교 신자는 이 고전적인 고백서를 통해서 자신이 무엇을 믿고 있는가를 확인할 수 있다. 또한 청교도는 신앙을 고백하는 수준에서 그치는 것이 아니라 실제 생활 속에 적용해서 날마다 그 은혜를 누리고 살아갔다.

이와 유사한 신앙고백서들이 수십여 개가 작성되었지만 『웨스트민스터 신앙고백서』와 표준문서들처럼 체계적으로 교리를 정리하고 신학적인 고려들이 풍성하게 담긴 것은 없다. 일부 현대 자유주의 신학자들과 바르트주의자들이 『웨스트민스터 신앙고백서』의 내용을 비방하고 왜곡하여 왔으나, 결코 정당한 평가가 아니다. 도리어 복음을 배우고 전하려 하는 사람에게는 성경의 가르침을 체계적으로 터득할 수 있도록 큰 유익을 주고 있다.

수년 전부터 영국 국가교회 체제를 개혁해야만 한다는 외침이 여기저기서 터져 나왔는데 열렬한 장로교회의 주창자 에드먼드 캘러미가 지속적으로 설교를 통해서 강조해 왔었다. 그는 웨스트민스터 총회에 참석해서 장로교회의 지도자이자, 비서명파의 입장을 충실히 피력했다.

사람들이 모여서 어떤 중요한 목적을 가지고 실행을 하는 것보다는 설교시간에 말로서 주장하고 강조하는 것은 훨씬 쉬운 법이다. 그러나 문서로 정리하여 합의를 이뤄내는 것은 정말로 어렵다. 웨스트민스터 총회는 어떻게 교회를 개혁해야 할 것인가를 놓고서 최종 결정을 내리는 데 집중했다.[4] 이 회의가 소집될 수 있었던 것은 의회파 군대가 잉글랜드의 국왕 찰스 1세의 부대를 제압하여 그의 권력이 행사될 수 없었기 때문이었다. 웨스트민스터 총회는 영국 교회의 구조, 예배, 고백을 결정해서 국가 전체적으로 시행하려는 책임을 부여받았다. 청교도가 오랫동안 꿈꾸었던 주장들을 종합하게 되었지만 이 총회의 한계는 의회의 승인을 얻어야만 한다는 것이었다. 정치가들의 의견이 반영될 수밖에 없다는 뜻이다. 또한 이 총회에는 오랫동안 참된 개혁을 주장해 오던 스코틀랜드 장로교회의 신학자 네 사람도 참석해서 활발하게 자신들의 신학을 펼치고자 했다. 이들은 영국의 남쪽 지방이 가장 확실한 개혁을 완성하고자 한다면 북쪽에서 교회가 가르치고 있는 것을 받아들이는 것이 가장 안전하다는 사실을 주지시키고자 했었다.

영국 여러 지방 교회에서는 여전히 설교를 잘 못하고 있던 목회자가 많았다.『웨스트민스터 신앙고백서』는 이러한 국가적인 요청에 부응해야만 한다는 것을 의식하지 않을 수 없었다. 교회정치 제도, 공적인 예배의 순서와 내용, 교리의 체계적인 설명, 교육을 위한 두 가지 문답서 작성, 외국교회들과의 관계에서 응답할 사항들을 종합하여 표준문서들을 작성하였다. 기독교 신자는 자신이 무엇을 믿고 있는가에 대해서 정확한 개념과 이해력을 갖고 있을 때 비로소 감격과 기쁨을 맛보게 된다. 교회에서는 기독교인들에게 어떤 교리를 믿음의 내용으로 갖고 있는지에 대해서 심각하게 살펴보라고 권하고 있지만, 사실 성도가 일목요연하게 정리하기는 쉽지 않다. 그래서 우리는 앞선 세대가 정리한 신앙고백서를 사용하여 자신의 정체성을 확인한다.

교리를 이해하고 중요한 진리들을 충분히 이해하는 성도는 신앙고백적인 기독교인이 될 수 있다.

에드먼드 캘러미와 그의 동료들이 웨스트민스터 총회의 소집을 보고서 뛸 듯이 기뻐했을 것 같지만 그들은 마냥 좋아할 수는 없었다. 그 이전에 작성되어 통용되던 문서들을 고치고 수정하는 작업이 생각한 것만큼 순탄하지가 않았다. 목회자들은 각자 자신들이 성경에 대해서 이해하고 있던 것에 대해서 말할 수 있었다. 그러니 하나로 모아서 정리된 문장을 만들어가는 것이 여간 어려운 것이 아니었다. 개혁을 원하는 구조가 너무나 다양하고 서로 간에 중요하다고 생각하는 것이 일치하지 않았다. 캘러미는 너무나 실망한 나머지, 과연 '종교개혁이라는 것이 무엇을 의미하는지 아는 사람이 한 명도 없다. 이것은 죄악이요 비극이다'라고 탄식했다.

정치적, 사회적 긴장이 고조되는 상황에서 교회 개혁을 다루는 총회가 열렸다. 먼저 잉글랜드 국교회의 개혁 방안을 토론했다. 찰스는 금지시켰지만 그럼에도 불구하고 장기의회가(1640-1653) 웨스트민스터 대예배당에서 회의를 소집하여서, 각기 다른 신앙의 주장들을 통일하려는 대안을 논의했다. 웨스트민스터 총회는 대주교 제임스 어셔와 국교회 체계를 고수하려는 자들에게는 불이익을 줄 수 있는 모임이었다. 엄밀히 말하자면 121명의 목회자가 모인 총회는 의회를 자문하려는 모임이었다. 대표단은 각 주에서 올라온 2명의 목회자들, 2명의 대학교수들, 웨일즈의 주에서는 각 1명씩, 런던에서는 4명, 국왕이 추천한 4명, 하원에서 추천한 20명의 평신도들, 의회가 추천한 10명의 대표자들 등이다. 스코틀랜드 대표단으로는 신학자 4명, 로버트 베일리, 조지 길레스피, 알렉산터 헨더슨, 새뮤얼 러더포드이다.[5] 스코틀랜드 대표단들은 3명의 장로들(John, Lord Maitland, Duke of Lauderdale, Archibald Johnston of Wariston, John, Earl of Cassilis)가 추가되었다. 왕권으로부터 완전한 신앙의 자유를 확보하려는 데 지대한 관심을 표명했다. 1643년에 『엄숙동맹과 언약』을 채택하는데 스코틀랜드 대표자들의 기여가 지대했다.[6]

2. 핵심쟁점, 잉글랜드 교회의 정치 체제

웨스트민스터 총회는 찰스 1세와 맞서는 의회파의 요청으로 소집된 신학자와 목회자들의 총회이기도 했다. 그래서 가장 개혁주의 교회의 순수성을 회의에서 집약시켜 내려고 노력했지만, 장로교회와 독립파의 다툼으로 한계에 부딪히고 말았다.[7] 개교회의 치리권을 어느 정도까지 허락하느냐가 관건이었다. 국가적인 교회가 되어서 전체 문제를 같이 논의할 것인가? 아니면 개별 지역 교회가 믿음과 신앙의 문제를 자체적으로 결정하게 할 것인가?

교회 개혁을 향한 청교도들의 오랜 꿈이 담긴 이들 문서들이 어떻게 신학 주제를 놓고 논의했던지를 연구한 부분은 일곱 권의 책을 따로 써야할 만큼 깊은 연구가 필요하다.[8]

잉글랜드 전 지역이 국가교회 체제로 조직화된 상태에서 장로교회는 대단히 낯선 체제였다. 단일 군주의 왕권 통치에 익숙했던 귀족들과 시민은 오랫동안 로마가톨릭에 익숙해 있었기에 차라리 국가교회 체제를 원하고 있고, 그 반대파들은 완전히 독립교회 체제를 희망했었다. 영국 정치상황이 혼

헨리 7세의 예배실에서 모인 웨스트민스터 총회장면. John Rogers Herbert의 그림.

란의 연속이었기에 스코틀랜드에서 확립된 장로교회가 소개되었지만 특정한 부분에서는 만족하지 않았다.

장로교회에 대한 이해가 부족하던 잉글랜드에서 교회와 정치 지도자들 사이에 분열이 있었다.[9] 장로교회의 정확한 본질에 대해서 의구심을 가진 사람들도 있었다. 1640년대에 결정적으로 등장한 장로교회 체제의 신학 사상이라면, 즉 초기 영국 장로교회의 정신이 무엇이냐를 규정한다면 곧바로 청교도 신앙이라고 말할 수 있다. 교회를 더욱더 순결하게 하고자 하는 열심을 가진 목회자들이 장로교회를 세웠다.

온건한 청교도 리처드 백스터는 장로교회의 진지함, 경건한 예배, 고백한 대로 살고자 몸부림치는 경건 생활 등에 대해서 감탄하였다. 이런 요소들은 자신이 이전에 청교도라고 부르던 것과 동일하다고 평가하였다. 장로교회에서는 경건한 설교자를 근간으로 사역을 전개하였다. 성경 말씀을 선포하는 초대교회의 설교를 회복하고 사도들처럼 예배를 드리는 순서를 제시하여 기독교를 바르게 정립하는 놀라운 변화를 일으켰다. 그러나 이런 것들은 로마가톨릭 체제에 익숙해 있던 사람들에게는 아직도 낯설기 그지없었다.

영국에서는 하나님께서 왕권을 세워 놓았다는 사실과 교회의 수장들도 세속 군주의 통치하에 있다고 하는 에라스티언주의에 근거하여 잉글랜드 국가교회 체제가 호소력을 갖고 있었다. 이러한 고민들이 반영되어 1644년에 출판된『교회 치리서』는 스코틀랜드와 잉글랜드의 다양한 형태의 장로교회 제도를 비교하였다. "하나님의 말씀 안에서 서술된 교회의 거룩한 치리"와 "교회의 요구과 총회의 결정으로 시행되는 총회적 치리"가 있다. 그런데 후자의 경우에는 명시적으로 하나님의 말씀의 권위와 부합하지 않는 경우도 있을 수 있다. 개별 교회에서는 당회가 있어서, 교회치리의 기본단위가 된다. 그리고 노회와 대회와 총회 제도가 도덕적 의무들과 순결성을 지키기 위해서 바람직하게 구성되었다.

영국 장로교회의 특징은 교회의 순수함을 확보하기 위해서 평신도 지도자들이 동참하는 가운데서, 경건 생활을 도모하는 치리에 힘쓰고 있었음을 기억해야만 한다. 치리가 없는 장로교회는 그 정신이 혼란해지고 무질서에 빠져버리고 만다. 하지만 공정한 치리가 되기 위해서는 모든 사람이 수긍하고 인정할 만큼 공의롭고 정당한 처리가 필수적이다.

3. 『웨스트민스터 신앙고백서』(1646)의 성경적 표현들

1646년에 웨스트민스터 총회는 기독교 역사에서 하나의 중요한 기념비를 세웠으니 새로운 '신앙고백서'를 완성했다. 마침내 발표된 33항목의 고백서는 난산 끝에 만들어진 것이므로 축하해야 마땅한 산물이었다. 물론 지금까지도 가장 중요한 교리서로 인정을 받고 있다. 유럽 종교개혁의 전통 속에서 축적되어 내려온 '칼뱅주의 정통 신학'이 고스란히 담겨진 압축판이라고 할 수 있다.[10] 신앙고백서의 핵심 내용은 성경 속에서 가르쳐지고 있는 약 30가지의 중요한 진리들을 간추려서 설명한 것이다. 이미 영국 국가교회에서 『공동기도서』 안에 「교회의 39개 조항」이라는 문서가 있었는데,[11] 거기에서 사용되었던 '조항'(article)이라는 표현과 체제를 그대로 되살려낸 것이다.[12] 총회는 100여 년 동안 이어져 온 청교도의 오래된 꿈을 이루는 중요한 기념비를 세웠다.

첫째, 이 신앙고백서는 어떤 한 사람의 개인적인 고백으로 서술된 것이 아니라 삼인칭으로 기록되어 있다. 이것은 공적인 안목에서 성경이 무엇을 가르치는지에 대해서 선언하는 형태이다. 모든 내용은 권위 있는 정통 신학의 선포였다.[13]

둘째, 이 고백서는 말씀 안에서와 세상 속에서 자신을 계시하신 하나님의 계시에 대한 놀라움을 즐거워하는 표현으로 시작한다. 성경의 명료성과 충분성에 대한 문단은 성경 66권의 권위와 최종성을 확고하게 제시한다. 헌신과 즐거운 마음으로 하나님의 완전하심을 생각하는 내용으로 이어진다. 존경과 놀라움으로 가득차서 웨스트민스터 신학자들은 하나님은 한 분이시요

세 위격이 있음을 확고히 제시한다. 영원하신 하나님의 영광은 문장마다 가득 차있다. 그분은 가장 사랑스럽고, 은혜로우시며, 자비로우신 분이시다.

신앙고백서 각 항목에는 우리들의 구원의 위대한 역사를 추적한다.[14] 타락의 끔찍한 실상들, 하나님과 사람과의 은혜로운 언약, 구원의 기적과 같은 선포, 영생의 확실한 소망 등 이 모든 것이 명쾌하고, 확실하게 설명되어 있다. 복음을 명료하게 제시하기 때문에『웨스트민스터 신앙고백서』는 최고의 반열에 올라있는 것이다.

개혁주의 회중교회들, 침례교회, 감리교회, 영국 성공회에서도 이 장로교회의 고백서를 높이 평가하고 있다. 교리의 설명에 있어서는 모든 고백서 중에서 가장 선명하다. 이 고백서는 가장 확실하게 성경을 소개하고 안내하는 문서이다. 조항마다 성경 말씀을 공부하도록 도움을 준다. 이 고백서를 공부하는 사람은 자신의 시간을 투자한 만큼 풍성한 대가를 얻게 된다.

조항들은 성경의 주요 주제들에 대해서 집중적으로 설명하되 종교개혁자들이 풍성하게 남겨 놓은 성경 해석을 근간으로 해서 가장 최상의 것만을 집약시켰다. 종교개혁자들이 참고했던 초대 교부들의 저술에서도 참고할 사항들을 가져왔다. 참석자들은 많은 노력을 기울여서 여러 자료와 저술을 종합한 나머지 12,000 글자로 이뤄진 고백서를 만들어 냈다.

셋째,『웨스트민스터 신앙고백서』에는 각 조항을 뒷받침하는 성경 구절이 담겨 있다.[15] 물론 인내하면서 각 구절과 성경 본문을 연결해서 생각해야만 한다. 각 조항에는 성경 내용에 대한 설명은 담겨 있지 않기 때문이다. 개혁주의 신학자들이 그 본문들에 대해서 주석한 것들을 참고하면 충분히 이해가 될 것이다. 각 본문에 대해서 해설하거나 설교한 것들을 철저히 조사도 해보고, 명상도 하고, 기도하면 총회 참석자들이 전해 주고자 했던 빛을 발견하게 될 것이다. 열심히 노력하고 공부하는 독자가 아니라면 쉽게 파악하지 못할 수도 있다.

넷째, 신앙 고백서에는 가장 중요한 교리들이 담겨 있기도 하지만 가장 어렵고 까다로운 교리들도 포함되어 있다. 악의 문제, 하나님의 작정, 의지의 자유와 속박 등은 매우 어려운 주제이다. 이런 항목들에 대해서 상세하게 설명하였을 뿐만 아니라 왜곡과 오류에 대해서도 지적하고 있다. 기독교에 입문한 지 얼마 되지 않은 초보자들이나 신학 공부를 많이 한 사람들이나 모두 다 이런 교리들에 대한 전체적인 구조를 이해하도록 도움을 준다.

기독교 교리를 새롭게 제안하려는 것이 아니라 종합적이면서도 간략하게 그리고 명쾌하게 제시하고 있다. 칭의, 속죄, 구원에 이르는 믿음 등 매우 중요한 교리들은 아무리 간략하게 압축시키더라도 전체 내용을 한 문단으로 완벽하게 제시할 수는 없다.

다섯째, 한 사람의 독자로서 『웨스트민스터 신앙고백서』는 결코 쓸데없는 반복이란 전혀 찾아 볼 수 없다는 점에 감탄하게 된다. 구원을 얻었다는 말이나 그리스도 안에 있다는 표현은 과히 다른 것이 아니다. 따라서 굳이 따로 많은 페이지를 할애할 필요가 없는 것이다. 칭의와 전가와 용서에 대해서도 역시 간략하게 규정되어 있다.

고백서의 조항마다 교리적인 개념과 정확한 성경 용어에 대한 해설이 첨가되었다. 성경의 저자들이 이미 각 권들 속에 교리를 포함시켜 놓았으므로 성경을 연구하는 성도들은 먼저 중요한 단어들을 세밀하게 살펴보지 않을 수 없다. 신앙심이 확고하고 생각하는 것이 깊은 기독교 신자라고 한다면, 하나님에 대한 생각은 결국 합당한 영광을 올려 드리는 것이라는 사실을 파악하고 있을 것이다. 성경은 하나님을 향하여 경배를 올리도록 가르쳐주는 책이다. 하나님의 이름을 경배하는 것과 찬양하는 것은 바로 경건한 영혼의 즐거움이다. 그리스도의 학교에 들어와서 진지하게 공부하는 학생이라면 하나님의 구원 계시라는 거대한 화폭 속에서 구원의 계획과 특별한 축복들을 발견하게 될 것이며 이를 즐거워하게 될 것이다.

헨리 7세의 예배실. 주로 이곳에서 신앙고백서에 대해 토론했다.

4. 고백서와 신학적인 정황들

『웨스트민스터 신앙고백서』를 작성할 때 특히 1646년에 이르게 되면, 청
교도 의회파가 국왕과의 1차 전쟁에서 승리했지만 국가 전체적으로 평화가

파괴되기 시작하였다. 국교회의 주교들과 대성당이 소유한 재산을 처분하는 일들도 자주 발생하고 있었다. 당시 잉글랜드 교회에 대해서 스코틀랜드 대표자 로버트 베일리는 "불충분한 국교회 장로교회 체제"(lame Erastian Presbytery)라고 평가했다.[16] 잉글랜드의 모든 교회들이 장로교회 체제를 유지한다는 것은 스코틀랜드 교회의 대표자들만이 가졌던 관심사항이 아니었다. 하나님의 뜻에 따라서 "엄숙동맹과 언약"을 채택한 청교도들의 기본적인 입장은 칼뱅주의 정통 신학에 기초하여, 중도를 표방하면서 어정쩡하던 잉글랜드 국교회를 새롭게 개혁하는데 있었다.

무엇보다도 웨스트민스터 총회의 관심사는 목사들의 설교를 갱신하고 강단에서 외쳐야할 신학을 정리하는데 초점을 두었다.[17] 웨스트민스터 총회에서 활약한 존 화이트는 당시 런던에서 퇴출시켜야 할 100여 명의 목사 명단을 발표하면서, 주교들은 이들 목회자의 추문들을 보고받으면서도 전혀 별다른 조치를 취하지 않았다고 탄식했다. 그들은 대주교 윌리엄 로드가 취한 반청교도 정책들로 인해서 청교도는 목회 현장에서 쫓겨나거나 압박을 받았다. 일단 청교도의 설교를 들어본 청중은 국교회 목회자들의 예배 인도와 설교에 대해서 전혀 만족할 수 없었다. 양심도 없는 자들이 예배를 주도하면서 이단적이고 신성모독적인 행동을 하는 부도덕한 일들을 일삼았고 왜곡된 구원론이 국교회의 교회론과 혼재되어 있었다.

웨스트민스터 총회가 열리던 시점에 잉글랜드 교회를 신학적으로 분석해 보면 정말로 복잡한 혼돈에 빠져 있었다. 웨스트민스터 총회에서 가장 비판적으로 다루었던 세 가지 신학 사상이 있는데, 첫째는 로마가톨릭주의, 둘째는 알미니안주의, 셋째는 반율법주의였다. 로마가톨릭의 영향력은 여전해서 1648년까지 잉글랜드 전체 교구의 ⅓이 옛 예식서를 사용하고 있었고 1656년경에는 거의 절반이 사용하였다.[18] 그러나 교구 목회자들의 절반은 청교도들이었고 열정적인 설교자들이었다. 잉글랜드에서 장로교회 체제를 정착시키는 데 실패함으로써 2천여 명에 달하는 교구 신부들의 지위를 임명하는 왕권이 강화되는 쪽으로 교회 문제가 처리되어 왔다. 반율법주의는 가장 빠르게 확산되면서 분파주의자들에게 강력한 영향력을 발휘하였다. 독립적인 16개의 기독교 종파들과 266명의 이단들, 심지어 칼뱅주의 독립파 교회가 강력하게 대두되었다. 이들의 왜곡을 철저히 배격하면서 가장 성경적으로 보편적이면서 공통적인 기독교 사상을 반영하고자 노력했다.

장로교회는 국교회의 예식서를 거부했고 이단적인 분파주의자들에 대해서도 맞서서 싸웠지만, 동시에 회중교회와 침례교회, 퀘이커파와 같은 독립파라고 불리는 또 다른 방심할 수 없는 제3의 세력들이 확산 되고 있음에 주목하지 않을 수 없었다. 교구 교회를 떠나서 분리된 회중은 숫자로 볼 때 5% 정도로 많지는 않았지만 올리버 크롬웰과 그의 승리에 기여한 전투 부대의 핵심 전사들이었기에 점차 가입자들이 확산되었다.[19] 회중교회를 지지한 존 오웬은 웨스트민스터 총회에서 활약하지 않았지만 크롬웰의 종군목사였고 옥스퍼드 대학교의 총장으로 활약했다.

5. 신학적인 핵심 주제들

오늘날 조직신학 교과서에 취급하는 주요 주제들이자 기독교 교리의 핵심 사항들이 전반적으로 집약되어 있다. 물론 고백서를 작성할 당시에 논쟁이 되었던 중요한 신학적인 주제들이 다 밝혀져 있다. 17세기의 신학적인 상황을 고려해서 그 본래의 의도를 되살려내어 학습하고 연구하는 것이 중요하다.[20]

성경, 삼위일체, 예정

제1장은 성경의 내용을 명확하게 구명하는 것으로부터 출발한다. 하나님의 영감으로 기록된 말씀이며, 오류가 없고, 구원있는 말씀이다. 종교개혁자들이 "오직 성경으로만"을 주장했는데 여기에 그 충분한 해설이 담겨있다.

하나님의 속성들에 대해서 풀이한 2장은 삼위일체되신 하나님의 교리를 정통 신앙으로 받아들였다. 그리고 3장에서 예정을 다룬다. 명백한 것은 알미니안주의를 배격했다는 점이다. 3장 2항에서 철저하고 분명하게 사람의 자발적인 결단을 하나님이 미리 아신다는 예지에 기초한 예정 교리를 철저히 배제했다.

> 3.2 비록 하나님이 모든 가상된 상황에서 일어날 수 있는 모든 것을 알지만, 그럼에도 불구하고 그가 어떤 것도 그것을 미래로, 또는 그와 같은 상황에서 일어날 수 있는 것으로 예견하기 때문에 작정하시는 것은 아니다.

4장은 창조 내용을 설명한다. 인간이 하나님의 형상으로 지음을 받아서 영원한 생명을 부여받았고, 피조물에 대한 지배권을 가진다. 6장은 인간의 타락으로 원죄와 전적인 부패가 초래되었다는 것을 말한다.

언약신학, 그리스도의 중보, 자유의지

언약신학을 다루는 7장은 하나님이 제시하시는 매우 다양한 언약들을 풀이했다. 행위언약에 이어서 그리스도 중심으로 제시된 은혜언약이라는 용어를 구체적으로 설명했고, 택함을 받은 자들에게 성령이 주시는 능력과 믿음이라는 적용 과정을 풀이했다. 언약부분에서 모세언약과 성경에 나오는 다른 언약들과의 관계성이라는 매우 복잡한 주제들이 포함된다. 오늘날 기독교인과 모세의 율법과는 어떤 관계에 있는 것인가? 적어도 다섯 가지 서로 다른 입장이 웨스트민스터 총회에서 논의되었다. 그러나 오직 한 가지 입장만 언급되었다. 토비아스 크리스프(Tobias Crisp, 1600-1643)이 제시한 견해이다. 그의 주장에 따라서 고백서 7장 5항과 6항에서는 은혜언약을 두 가지, 즉 구약과 신약이라고만 언급했다.

8장에서는 예수 그리스도의 3중직, 제사장, 선지자, 왕으로서의 사역을 다루고, 재림과 최후심판에 대해서 기대하는 것을 가르쳤다. 9장에서는 인간의 자유의지가 하나님을 기쁘시게 하려고 주어졌지만 타락으로 인해서 죄악된 본성에 노예 상태임을 지적했다.

구원

10장에서 18장까지는 구원의 여러 측면을 풀이하였다. 성령과 말씀의 선포를 통해서 하나님은 죄악의 상태에 있는 인간들을 불러내시고 그리스도에 대한 믿음을 갖도록 중생케 하신다.

11장은 칭의 교리를 다루었는데 1항에서는 어떤 성도가 보여주는 믿음의 행위에 가치를 두는 칭의를 거부했다. 로마가톨릭에서 주장하는 은혜 주입설과 선행에 의한 공로 사상을 철저히 배격했다. 구원은 오직 하나님의 은혜로 인하여 주어진 믿음을 통해서 그리스도의 의를 전가시킴으로 얻는다.

11.1. 하나님께서 유효하게 부르신 사람들을 그가 또한 값없이 의롭게 하시는데, 이는 그들에게 의를 주입함으로서가 아니라, 그들의 죄를 용서하고 그들의 인격을 의롭게 여겨 받아줌으로서 이다. 이는 결코 그들의 노력이나 성취 때문이 아니라 오직 그리스도를 위한 행위로서, 신앙 자체 즉 믿음의 행위나 그 외의 어떤 복음적 순종을 그들에게 그들의 의로 전가시킴으로서가 아니라, 그리스도의 순종과 만족을 그들에게 전가시킴으로서 이다. 그들은 그리스도와 그의 의를 믿음으로 받아들이고 의지하는데, 이 믿음도 그들 자신에게서 난 것이 아니고 하나님이 주신 선물이다.

14장에서는 구원에 이르는 믿음이란 영혼의 구원에 대한 확신을 성도들에게 불어넣는 힘이 있음을 강조했다. 구원에 이르는 믿음은 성령의 사역으로 인해서 말씀, 성례, 기도를 통해서 강화되고 확장된다. 15장에서는 구원받은 믿음에는 회개가 수반된다는 것을 가르친다. 17장에서는 성도의 견인교리를 다루었는데 알미니안주의를 배격하려는 내용이 충실히 반영되었다. 18장은 믿는 자들에게는 구원의 확신이 주어지는데, 곧바로 회심 후에 자동반사적으로(instantaneous) 가지는 것이 아니라 "그것을 얻기까지는 오래 기다리고, 많은 어려움들을 직면하게 된다"라고 가르쳤다.

율법, 기독교인의 자유, 예배

제19장에서는 하나님의 율법과 기독교인의 윤리를 가르친다. 십계명의 도덕법으로서의 유효성을 지적한다. 20장은 기독교인의 양심적인 자유함을 가지고 자신의 죄악된 행동을 정당화하는 데 사용할 수 없음을 지적한다. 21장에서는 개혁주의 예배 원리를 가르치는데, 청교도의 주일성수를 강조했다. 7항과 8항에서는 청교도의 대표적인 신앙이 반영되어서 철저한 주일성수의 내용을 반영하고 있다.

시민 정부와 결혼

23장은 시민 정부의 역할과 교회와의 관계를 다뤘다. 시민 정부는 정의와 평화를 유지하고, 악한 자들에게 형벌을 가하기 위해서 하나님에 의해서 세워졌다. 세속 권세자들은 하나님의 말씀을 선포하는 일과 관련해서 간섭할 권한이 없다. 기독교인들은 세금을 납부하고, 합법적인 명령에 순종할 의무가 있다.

24장은 결혼과 순결한 가정생활을 강조했다. 기독교 신자가 비신자, 로마 가톨릭 교인, 다른 우상숭배자들과 결혼하는 것을 권유하지 않았다.

교회

개혁주의 교회론에 대해서 정리한 25장은 보편성을 강조하고, 보이는 교회와 보이지 않는 교회를 구분하는 용어를 사용했다. 오직 예수 그리스도만이 교회의 머리임을 강조하고 교황은 적그리스도라고 규정했다. 26장은 성도들의 교통이란 그리스도와 함께하는 성도들의 영적인 연합이요 성도들끼리 은혜, 고난, 죽음, 부활, 그리스도의 영광 가운데서 상호 교류하는 것이다.

성례들

개혁주의 성례신학을 총정리하는 27장은 성례를 그리스도와 그의 혜택들을 제시하는 은혜언약의 상징이자 인침이라고 규정했다. 성례의 효력은 성령의 사역과 합당하게 받는 자들에게 혜택을 약속하신 말씀에만 의존한다.

28장에서 세례는 한 성도가 보이는 교회에 가입하는 것이요 그리스도와의 연합, 중생, 죄의 용서, 생명의 새로움을 상징한다. 물속에 잠기는 것은 필수적인 요소가 아니며 머리에 물을 붓든지 뿌리든지 허용되었다.

장로교회 성만찬 신학이 집약된 29장은 로마가톨릭의 미사를 명백하게 정죄하고, 6항에서는 성만찬에서 로마가톨릭의 화채설을 거부했다.

교회정치와 권징

교회 직분자들의 역할을 하나님 나라의 열쇠라고 규정하는 30장은 그리스도를 높이고자 무례한 자들에게 내리는 영적인 권징을 강조했다.

31장은 총회와 교회 회의들의 권위가 신앙적인 사항들에 한정하고, 교회 안에서의 비행과 예배에 관한 것들로 제한했다.

종말론

32장과 33장은 기독교인의 종말론에 대하여 요약한 부분이다. 죽음 이후에 일어날 일들에 대해서 설명하고 연옥설을 거부했다. 하나님은 최후심판에서 의로운 자에게는 영생으로, 악한 자들은 영원한 멸망으로 보응할 것이다.

신앙고백서에서 상대적으로 침묵하고 있는 교리들도 있다. 교회의 정치 제도와 직분자들에 대해서 명백한 규정을 남기지 않았다. 또한 군주의 권위와 추천에 따라서 교회의 직분자들을 세우는 것에 대해서도 상세한 언급을 피했다. 교리적인 자유의 영역에 해당하는 것들이 무엇인가에 대해서는 전혀 언급하지 않았다. 신앙고백서에서 다루지 못한 내용을 훗날 대교리문답서에서 정리된 것들도 있다.

6. 신앙고백서와 표준문서들의 수정본들과 재해석들

『웨스트민스터 신앙고백서』는 제정된 이후로 급변하는 세계 정세의 흐름과 생각의 변천이 따라오면서 여러 차례 수정본이 나왔다. 그에 따라서 원래 본문이 가진 의미를 재해석하는 참고 서적도 많이 출간되었다. 원래 표준문서들을 교단의 핵심 고백서로 채택했던 미국의 장로교회 총회에서 황당한 일이 여러 번 일어났다. 1788년에 상당한 부분을 수정하였고, 1887년, 1903년 그리고 1936년에 다시 수정하는 일이 있었다.

필자는 후대에 나온 여러 수정본을 읽어볼 때마다 참으로 안타까운 마음을 금할 수 없다. 당연히 원래 문장대로 유지를 하면서 시대 환경에서 다소 유연하게 대처해야 할 주의 사항들이 있을 때는 각주를 달아서 참고하도록 하는 것이 올바른 자세라고 본다. 오늘날 우리는 과연 어떤 신앙고백서를 가지고 있는지 꼼꼼히 대조하고 살펴보아야 한다. 원래 신앙고백서는 누더기처럼 덧씌워지고, 삭제되고, 수정되어지고 말았다. 과연 후대의 장로교회 신학자들이 무슨 자격으로 이미 역사적 문서로서 내려오는 것을 바꿀 수 있다는 말인가? 더우기 자유주의 신학으로부터 영향을 받게 된 후로 미국 장로교회 총회에서는 여러 차례 수정본을 채택했다. 그때마다 그 총회 참석자들은 자신들이 원하는 대로 집어넣거나 삭제를 감행했다.

몇 가지 수정 사례를 살펴보자.

교회와 국가 사이의 관계성에 대한 관점이 바뀌면서 『웨스트민스터 신앙고백서』 20장 4항, 23장 3항, 31장 2항이 수정되었다.

또한 미국 연합장로교회에서는 신앙고백서 25장 6항목을 고쳐버렸다. 20세기에 접어들면서 교회일치 운동(에큐메니즘)이 활발하게 일어나서 모든 교회가 교단과 교파를 초월해서 다 하나가 되자는 운동이 있었다. 그러한 관점을 담아서 로마가톨릭의 교황은 교회의 머리가 될 수 없고 "적그리스도"(Anti-Christ)라고 간주했던 『웨스트민스터 신앙고백서』의 참고 문구를 삭제해 버렸다. 이러한 행동은 훗날 미국 기독교(Christian Reformed Church, CRC) 교단에도 반영되어서 그들이 가장 중요시하는 『하이델베르크 교리문답서』에서도 똑같이 수정을 가하게 되어졌다.

또한 성령에 관한 것과 하나님의 사랑에 관한 것과 선교에 대해서 두 장을 추가했다.

『웨스트민스터 신앙고백서』 24장 4항에서는 배우자가 사망한 경우에 그 가까운 친척에게 재혼을 하는 것에 대해서 금지하고 있는데 미국 정통장로교회와 성경장로교회, 한국장로교회에서도 삭제하였고, 미국 남장로교회에서는 대폭 수정하였다.

미국 연합장로교회(the Presbyterian Church in the USA, PCUSA)는 1936년에 『웨스트민스터 신앙고백서』 16장 7항에서 불신자의 선행에 대한 것을 고쳐버렸다. 이것은 개혁주의 신학이 특별하게 주장하는 예정 교리를 삭제한 것은 아니지만 알미니안주의자들을 향해서 우호적인 내용이 되고 말았다. 22장 3항의 마지막 문장도 삭제했다. 그리하여 맹세를 해야만 하는 조건들을 완화시켜놓았다.

대교리문답서 109문항은 원래대로 하면 "거짓 종교에 대한 관용"을 금지하는 것으로 기술되어져 있다. 한국어 번역본에는 잘 표현되어 있지만, 미국에서 나온 18세기 수정본에는 더이상 이런 자들을 추방한다는 내용은 들어 있지 않다. 142문항에서도 단어를 바꿔놓았다. 원래는 십계명의 여덟 번째 계명에 나오는 대로 "도둑질하지 말라"는 것인데, 여러 가지 탐욕스러운 행위들을 금지하는 조항으로 해설하였다. 그런데 18세기 미국에서 나온 수정본에는 마치 미국 원주민들에게 속한 땅에 유럽 사람들이 계속 들어가서 정착하는 것을 금지하는 것으로 해석될 구절들이 들어있다.

정통장로교회 교단(the Orthodox Presbyterian Church, OPC)에서는 1903년 이전에 수정된 것까지만 채택하였다. 따라서 1903년에 수정된 것은 받아들이지 않는다. 『웨스트민스터 신앙고백서』 25장 6항에 대한 수정은 받아들이지 않기로 하면서도, 교황을 적그리스도라고 규정하는 참고 문구는 삭제하자고 결의했다. 22장 3항의 맹세에 관한 조항을 수정한 것은 받아들이기로 결정했다.

미국 장로교회(The Presbyterian Church in America, PCA)에서는 1936년 수정본을 다시 손질해서 사용하고 있는데, 『웨스트민스터 신앙고백서』 21장 8항인 안식일 준수 사항 중에서 스포츠를 허용하자는 것과 창조의 날과 시간이 엿새 동안이라고 되어있는 신앙고백서 4장 1항에 대한 재해석의 여지를 허용하고 있다.

필자는 1640년대에 나온 원래의 『웨스트민스터 신앙고백서』를 읽어보고 성경 구절들과 함께 연구하기를 추천한다. 최근 미국에서 출판된 존 바우어(John R. Bower)의 *The Westminster Confession of Faith: A Critical Text and Introduction*(Grand Rapids: Reformation Heritage Books, 2021)을 참고하라.

주(註)

1 Geoffrey Parker, *The Thirty Years' War* (Roultledge Pub.: London, 1997), 17 – 18.

2 Samuel T. Logan, Jr. "The Context and Work of the Assembly," in *To Glorify and Enjoy God: A Commemoration of the 350th Anniversary of the Westminster Assembly*, John L. Carlson & David W. Hall, eds., (Edinburgh: Banner of Truth Trust, 1994): Wayne R. Spear, "A Brief History of the Westminster Assembly," *Evangel*, Vol. 11 (1993): 73 – 76.

3 Robert Letham, *The Westminster Assembly: Reading Its Theology in Historical Context. The Westminster Assembly and the Reformed Faith* (Phillipsburg: P&R, 2009).

4 Chad Van Dixhoorn, *Confessing the Faith: A Reader's guide to the Westminster Confession Faith* (Edinburgh: Banner of Truth Trust, 2014), xvii.

5 Chad Van Dixhoorn, *God's Ambassadors: The Westminster Assembly and the Reformation of the English pulpit, 1643-1653* (Grand Rapids: Reformation Heritage Books, 2017).

6 Wayne R. Spear, *Covenanted Uniformity in Religion: the Influence of the Scottish Commissioners on the Ecclesiology of the Westminster Assembly* (Grand Rapids, MI: Reformation Heritage Books, 1976; 2013).

7 Chad Van Dixhoorn, "Unity and Disunity at the Westminster Assembly (1643 – 1649): A Commemorative Essay". *Journal of Presbyterian History*, Vol. 79 (2001): 103 – 117.

8 Chad B. Van Dixhoorn, "Reforming the Reformation: theological debate at the Westminster Assembly 1642–1652." 7 Vols. (Ph.D. diss., University of Cambridge, 2004).

9 Hunter Powell, *The Crisis of British Protestantism: Church power in the Puritain Revolution, 1638-44*. (Manchester: University Press, 2015):

10 Mark W. Karlberg, Engaging Westminster Calvinism: The Composition of Redemption's Song. (Eugene, Oregon: Wipf and Stock Publishers, 2013), 13.

11 영국에서 '조항'이라는 것이 종교개혁에 사용된 것은 헨리 8세 시대에 처음 나왔다. 1536년 7월에, "10개 조항들"이 공포되었다. 그 후에 "주교의 법령"(Bishop's Book, 1537), "6가지 조항들"(1539), "42개 조항들" (1553), "39개 조항들"(1571년)이 공표되었다.

12 Gerald Lewis Bray, ed., *Documents of the English Reformation 1526-1701* (Cambridge: James Clarke & Co, 2004). William Gilbert Wilson & J. H. Templeton, *Anglican Teaching: An Exposition of the Thirty-nine Articles* (Dublin: Association for Promoting Christian Knowledge, 1962). Edward John Bicknell, *A Theological Introduction to the Thirty-nine articles of the Church of England* (London: Longmans, 1955).

13 J. V. Fesko, *The Theology of the Westminster Standards: Historical Context and Theological Insights* (Wheaton: Crossway, 2014).

14 B. B. Warfield, "The Westminster Doctrine of Holy Scripture," in *The Works of Benjamin B. Warfield* (1931; Grand Rapids: Baker, 1981), 6:169–90.

15 Richard B. Gaffin Jr., "Biblical Theology and the Westminster Standards," *Westminster Theological Journal*, Vol. 65 (2003): 165–79., Vol.

16 E. Vernon, "A Ministry of the Gospel: The Presbyterians during the English Revolution," in *Religion in the English Revolution* (Manchester: 2006): 115–36.

17 Chad Van Dixhoorn, *God's Ambassadors: The Westminster Assembly*, 173–5. "the real story is not that people preached differently because of the Westminster Assembly but that different people were preaching. Preaching was reformed, in the main, by changing the preachers." (10)

18 J. Maltby, ' "The good old way": prayer book Protestantism in the English Revolution," in *Religion in the English Revolution*, 158–80.

19 M. Bell, "Freedom to form: the development of Baptist movements during the English Revolution," in *Religion in the English Revolution*, 181–204.

20 G. I. Williamson, *The Westminster Confession of Faith for Study Classes* (Phillipsburg: P & R, 1964). Williamson, *The Westminster Shorter Catechism for Study Classes* (Phillipsburg: P & R,

2003). Rowlad S. Ward, *The Westminster Confession of Faith: A Study Guide* (Wantirna, Australia: New Melbourne, 1996). John H. Gerstner et al., *The Westminster Confession of Faith: A Guide, Commentary* (Signal Mountain, TN: Summertown Texts, 1992). Robert Shaw, *An Exposition of the Westminster Confession of Faith* (Fearn: Christian Focus, 1998). Francis R. Beattie, *The Presbyterian Standards* (Greenville, SC: Southern Presbyterian Press, 1997). J. Ligon Duncan, ed., *The Westminster Confession into the 21st Century*, 3 Vols. (Fearn: Christian Focus, 2006−2007). Johannes G. Vos, *The Westminster Larger Catechism: A Commentary* (Phillipsburg: P & R, 2002).

Chapter 16
『웨스트민스터 신앙고백서』의 언약 사상

　청교도 사상을 총체적으로 집약시킨 『웨스트민스터 신앙고백서』에는 언약 사상이 깊이 흐르고 있다. 청교도들은 하나님의 구원 계획과 인류를 향하신 은총의 시행을 이해하는 지름길이 언약의 개념 속에 담겨있음을 정확하게 제시하고자 노력했다. 인류 구원의 역사를 언약의 역사로 파악하는 개혁주의 신학은 언약신학에 응축되어 있는 가르침을 중심교리의 하나로 채택해서 가르쳐 오고 있다. 언약 사상은 신구약 성경에 담긴 예수 그리스도의 복음을 깨닫게 하는 핵심 개념이다.[1] 대부분 개혁주의 신학자들이 언약 사상을 강조하고 심화시켜서 오늘날까지 개혁신앙의 기초를 견고히 하는데 크게 기여하고 있다. 하나님과 인간 사이의 구원을 설명하는 언약 사상이 『하이델베르크 교리문답서』와 『웨스트민스터 신앙고백서』 속에 담겨있다.

　『하이델베르크 교리문답서』와 『웨스트민스터 신앙고백서』에 담겨 있는 가르침 가운데서 언약에 대한 풀이에서 필자는 두 가지 의도를 펴보이고자 한다. 첫째로, 하나님의 구원 계획은 언약에 담겨 있으며, 칼뱅과 그 이후 두 중요한 신앙 문서에 담긴 통일성과 연속성 그리고 독특성에 주목해 보고자 한다. 하나님의 언약에는 구속 역사적인 시간의 흐름과 인간 역사의 진행 과정이 펼쳐져 있다. 1) 창조 2) 죄로 인한 타락 3)그리스도에 대한 약속 4)그리스도의 강림 5) 재림으로 이어지는 인류 구원 역사의 연속적인 진행 과정에는 언약의 통일성과 다양성이 들어있다. 사람들이 잃어버린 진정한 행복의 근원은 하나님과의 교제, 교통, 임재를 다시 회복하는 일이다. 이것은 바로 성경적으로 진정한 희망을 알려 주려는 것이다.

먼저, 언약신학이 비교적 초기에 정리된 문서는 『하이델베르크 교리문답서』이기에 어떻게 정리되어 있는가를 살펴보고자 한다. 칼뱅과 개혁주의 신학자들, 『하이델베르크 교리문답서』, 『웨스트민스터 신앙고백서』에 담긴 언약 개념들은 상호 관련성을 맺고 있어서 함께 살펴보는 일이 필요하다. 『하이델베르크 교리문답서』와 그것을 물려받아 발전시킨 『웨스트민스터 신앙고백서』에 흐르는 언약 사상을 비교 검토하면서 통일성과 연속성에 주목하여 파악하는 것이야말로 오늘날 성경적인 안목을 회복하는 데 도움을 주게 될 것이다.

1. 종교개혁자들의 언약 사상 계승

해 아래 새 것이란 없다. 신학 사상들도 아무것도 없는 진공상태에서 나온 것이 아니다. 기독교의 근본 진리를 소개하는 언약 사상이 체계적으로 정립되기까지 종교개혁시대에서부터 후기 개혁파 정통주의까지 오랜 세월이 걸렸다. 성경적인 구원의 전체 역사와 구조를 밝히 보여주는 언약신학은 초대교부들로부터 직접 언급되었다. 하나님과 인간 사이의 친교와 교제에 대해서 이레니우스(Irenaeus of Lyons, 130?-202?), 제롬(St. Jerome/Eusebius Sophronius Hieronymus, 342or347?-420), 갑바도기아 교부들(Cappodocian Fathers: 바질[Basil of Caesarea, 330?-379], 닛사의 그레고리[Gregory of Nyssa, 335?-395"], 나지안주스의 그레고리[Gregory of Nazianzus, 329?-390])과 아우구스티누스가 구조적으로 강조한 바 있다.[2] 터툴리안(Tertullian/Quintus Septimius Florens Tertullianus, 155?-240?)도 이미 아담의 타락으로 인간이 잃어버린 것은 하나님과의 교제라고 언급한 바 있다. 요한복음 15장 14절에 "너희가 내 명령을 행하면 나의 친구들"이라고 예수님께서 친히 제자들과의 관계를 설명하였다. 기독교는 하나님과의 긴밀한 교제, 친밀함을 근본으로 하여 유지되고 있다. 친밀한 관계성이 유지되려면 먼저 신뢰와 책임이 따르게 된다.

개혁신학자들이 언약 사상을 가장 중요하게 취급하게 된 것은 구원의 역사 가운데서 하나님과 인간 사이에 언약적인 관계가 흐르고 있다는 점에 착안하게 되었기 때문이다. 16세기 종교개혁의 성경적인 신학 연구에서 시작하여 가장 중요한 교리로 발전되다가 마틴 루터와 필립 멜랑히톤의 영향으로 독일 신학계에서 율법과 복음에 대한 연구가 활발하게 전개되었다. 그리고 스위스 지역에서 발전된 성경 연구가 반영되면서 더욱더 깊이 정리되는 계기가 마련되었다.

『하이델베르크 교리문답서』에서는 두 가지 언약이 다루어졌다. 『웨스트민스터 신앙고백서』 7장과 8장에서는 더 면밀하고도 정확한 개념을 담아서 세 가지 언약으로 정립되었다. 행위언약(혹은 창조언약, 율법언약, 생명언약, 자연언약 등으로 여러 학자들이 다양하게 표현함), 은혜언약, 구속언약 등이다.[3] 보스(Geerhardus Johannes Vos, 1862-1949) 박사는 『웨스트민스터 신앙고백서』야말로 언약교리를 모든 신학의 항목에 영향을 미치는 핵심 교리로 가르친 최초의 신앙고백서라고 평가하였다.[4] 이들 고백서들에 담긴 개혁주의 언약 사상은 광범위하게 영향을 끼쳤다. 네덜란드 라이덴 대학의 코케이우스가 1648년 『하나님의 언약과 증거들에 대한 교리요약』에서 최초의 언약은 행위언약이며, 후에 은혜 언약이 나왔고, 그 근원은 영원하신 구속언약이라고 하는 세 가지 언약을 정리했다.[5] 그가 브레멘(Bremen)에서 신학 공부를 할 때 대표신학과 언약신학을 가르친 개혁파 교수들(마디아스 마르티니우스[Matthias Martinius, 1572-1630], 루트비히 크로시우스[Ludwig Crocius, 1586-1655])의 영향을 받았다.

초기 언약신학에 관해서는 『하이델베르크 교리문답서』와 그 작성자들이 종교개혁자들의 사상을 정리하였고, 견고하게 유지함으로써 다음 세대인 17세기에 언약 사상을 매우 중요한 주제로 다룰 수 있도록 하는 깨우침과 안목을 열어주어 결정적인 공헌을 남긴 것이다. 필자의 추론으로 볼 때 언약 사상은 유럽 대륙과 영국에서 각각 발전시켜 나오다가 『웨스트민스터 신앙고백서』에서 가장 체계적으로 정립된 것으로 볼 수 있다.[6]

개혁신학은 여러 종교개혁자들이 세운 언약신학을 근간으로 한다. 칼뱅과 그 동시대의 개혁 사상을 물려받은 17세기 신학자들은 언약 사상에서 일반적인 일치와 동질성을 공유하고 있었다.[7] 피터 마터 버미글리, 츠빙글리, 불링거, 칼뱅 등은 동시대의 사상을 나누었고, 무스쿨루스(Wolfgang Musculus, 1497-1563), 우르시누스, 올레비아누스, 잔키우스, 롤록, 코케이우스, 비치우스까지 이어져 내려오면서 종교개혁 세대와 그 후 정통 신학자들에 의해서 발전되었다. 유럽 개혁교회의 다양한 신학적 강조점에서 가장 공통된 부분이 언약 사상이었다. 언약 사상에서 차이점이나 상이점은 많지 않았고, 동질의 개념에서 신론과 인간론, 구원론과 성찬론 전반에 걸쳐서 연결되어 여러 핵심 주제들의 근본을 형성하고 있다.

초기 종교개혁자들은 오직 하나의 언약만을 파악하고 있었다. 은혜언약이 시대마다 다양하게 연속적으로 전개되는 것으로 이해하였다. "자연언약"(foedus naturae)이라고 하여서 하나님께서 죄로 인한 타락이 있기 전에, 전체 우주 안에서 아담과 이브와의 관계에서 시행하신 것이라고 보았다. 이 언약을 낙원에서 구체적으로 언급하게 되는 것이 행위언약이라는 구분이다. 스위스에서는 취리히 개혁자들과 칼뱅의 제네바에서 강조하였고, 독일에서는 브레멘, 헤르본, 하이델베르크, 네덜란드의 개혁교회 등에서 다양하게 발전시켰다. 그리고 스코틀랜드와 프랑스에서도 나왔다. 그래서 언약 사상의 근원에 관해서 간략하게 정리해 본다.

언약신학은 한 두 사람의 종교개혁자가 만들어낸 교리가 아니요 개신교 교파 중에서 어느 특정한 지역이나 나라에서 만들어낸 사상이 아니다. 위에 언급한 바와 같이 유럽 전역에서 성경학자들이 하나님의 구원 역사를 주제로 하는 깊은 연구들을 교환하면서 상호 도움 속에서 발전되고 형성되어 나갔다고 볼 수 있다.

그러면 이제부터 성경에 나오는 구원 역사를 접근함에 있어서 『하이델베르크 교리문답서』는 과연 어떤 특징을 가지고 있는가를 밝혀 보고자 한다. 아리스토텔레스의 논리학을 채택해서 보다 체계적인 신학 방법론의 변화를 초래한 베자에 의해서 칼뱅의 사상이 공고하게 정립되었다고 주장하는 입장이 있다. 그런가 하면 정반대로 특별히 우르시누스가 라미즘을 받아들여서 베자와는 전혀 다른 신학을 세웠다고 보는 독일 학자들(위르겐 몰트만[Jürgen Moltmann, 1926-], 빌렐름 노이저[Wilhelm Neuser, 1926-2010])도 있다. 이미 필자는 2013년 6월에「하이델베르크 교리문답의 언약 사상」에 대해서 발표한 바 있다.[8] 여기서는 같은 내용을 간략하게 줄이면서『웨스트민스터 신앙고백서』에 담긴 세 가지 언약 개념에 이르기까지의 연계성을 제시해 보고자 한다.

우르시누스와 올레비아누스는 각각 신학적인 저술을 많이 남겼고 언약을 중요시하여 상세하게 풀이하였다. 그런데『하이델베르크 교리문답서』에서는 '자연언약'(혹은 행위언약)과 은혜언약으로 나누어서 구분하기도 하고, 때로는 언약의 본질은 하나라고 하여서 이 두가지를 중복시키기도 했다. 그리고 15문항과 18문항에서 그리스도의 중보자되심을 언급하는데 여기서 훗날『웨스트민스터 신앙고백서』에서 보다 상세하게 다루어진 '영원언약' 혹은 '구속언약'의 내용들이 다소 함축되어 있다.

『하이델베르크 교리문답서』에는 언약에 관련된 설명들이 거의 모두 성례를 다루는 부분에 들어있다.『하이델베르크 교리문답서』작성 당시 특히 하이델베르크에서 루터파의 성만찬 신학에 대해서 뜨거운 논쟁이 일어났기 때문에 이를 풀어내는 핵심 개념으로 다루어졌음을 알 수 있다. 성만찬에 임하는 그리스도의 인성 부분을 강조하는 루터파의 공재설과 스위스 츠빙글리파의 기념설, 칼뱅의 영적 임재설을 종합적으로 절충하려 했던 상황이 반영되었기 때문이다.『하이델베르크 교리문답서』제 68, 77, 79, 82, 84문항들은 모두 성례를 설명하는 부분인데 여기에 언약 사상이 연계되어 설명되고 있다.

다시 말하지만 언약은 우르시누스와 올레비아누스에게 있어서 구원을 베푸시는 하나님과의 관계를 풀어주는 매우 중요한 부분이었다. 성경 전체의 전망과 사도적 교리의 전체 구조가 언약 관계로 풀이된다. 신구약 성경을 관통하는 하나님의 구원의 목표를 제시하는 통합적인 원리가 언약임을 강조하였던 초기 종교개혁자들의 사상을 계승하면서 하나의 은혜언약을 상징하고

인치는 것으로 성례를 풀이하여 루터파와의 논쟁을 종식시켰다.[9]

우르시누스와 올레비아누스는 하이델베르크에서 벌어지던 루터파의 '공재설'이 개혁파와 대립하던 성만찬 신학의 긴장을 잘 이해하고 있었기에 개혁주의 언약신학으로 연결해서 풀이한 것이다. 언약에 참여한 백성들이 누리는 그리스도의 모든 혜택에 참여하는 것이므로 초월적이며 신비로운 연합으로 임하시는 임재, 즉 약속하신 성령을 통해서 참여케 하시는 은혜라는 것에 역점을 두었다.

우르시누스의 언약 사상이 어디에서 나왔는가를 추론해 보면 칼뱅의 언약 사상과의 사이에 통일성과 연속성이 발견된다. 철저하게 근원적인 행위자로서 하나님의 주권적 은혜와 시행에 대해서 칼뱅과 우르시누스는 일치하고 있다. 우르시누스는 예수 그리스도의 중보적 사역의 성격과 위치를 강조하는 언약 사상으로 인해서 더이상 비텐베르그에서 설명하는 율법과 복음의 대립을 따라갈 필요가 없었다. 루터는 언약에 대해서 주목할 만한 저술을 발표한 바 없었다. 7년 동안 멜랑히톤의 제자로 공부했던 우르시누스는 멜랑히톤의 『신학총론』에 주요한 주제로 다루어진 적이 없는 언약 사상을 스위스 종교개혁자들을 통해서 나중에야 터득하게 되었다. 우르시누스는 멜랑히톤처럼 "신인 협력적인 개념으로 언약신학의 출발점을 삼으려 하지 않았다."[10]

도리어 개혁신학과 일치되는 범위까지만 멜랑히톤의 교리를 취사선택 하였던 것이다. 『하이델베르크 교리문답서』에서 우르시누스와 올레비아누스를 통해서 언약 사상은 제네바와 취리히에서 초기 종교개혁자들이 발표한 것들을 통합하고 연속성을 지닌 하나의 교리로 더욱더 확고하게 정착되었다. 더구나 동시대를 살았던 테오도르 베자와 하이델베르크 신학자들은 오랫동안 상호 신뢰와 후원 관계를 유지했다. 베자는 우르시누스와 올레비아누스와 교분을 나누었고, 이들의 책이 제네바에서 출판되도록 후원하였다.

우르시누스와 올레비아누스가 『하이델베르크 교리문답서』를 작성할 때 칼뱅의 신학에서 강조된 것들을 참고하면서 영향을 받았다. 칼뱅의 신학적인 강조점들이 『하이델베르크 교리문답서』를 작성한 신학자들의 저술에 반영되어 있다. 칼뱅의 언약 개념에서 한 걸음 더 나아가서 우르시누스와 올레 비아누스가 율법언약과 행위언약으로 구별해서 설명하고 있다. 이런 구분법은 이미 칼뱅에게서는 '행위 대 언약'으로 정리되어 있었다. 하이델베르크 신학자들도 하나님의 언약에는 이중성이 있음을 파악하여 제시하는 칼뱅의 신학과 동일 선상에 있었던 것이다. 베자는 "행위의 교리"와 "은혜의 언약"으로 구분을 했는데, 교리를 빼고 '언약'을 넣으면 이중적인 언약 구조와 다를 바없게 되는 것이다. 이미 제네바의 언약 개념과 하이델베르크 언약 사상 사이에는 깊은 연관성을 발견하게 된다. 좀 더 자세히 언약 사상의 통일성과 연속성을 살펴보자.

2. 청교도 언약 사상의 총체적 집약

하나님께서 사람과 맺으신 관계의 특성을 드러내 주는 것이 언약신학이며 구원을 이해하는 근본적인 원리로 광범위하게 퍼져 있다는 것은 17세기로 넘어오면서 더욱더 강조되었다. 언약 사상의 다양한 발전 과정에 대해 탐구하려면 제네바의 칼뱅에서부터 유럽 대륙 여러 나라의 종교개혁자들과 스코틀랜드, 잉글랜드, 신대륙 등으로 광범위하게 조사 범위를 넓히지 않을 수없다. 메리 여왕의 통치 시기에 수많은 순교자가 피를 흘렸지만 망명객들이스위스, 독일, 네덜란드 등 유럽 대륙의 개혁신학을 호흡하고 체험하게 되었다. 망명 신학자들이 돌아와서 남긴 공헌은 결코 적은 것이 아니었다. 하나님의 통치를 이상으로 구현하려는 신학적인 비전을 품게 되었다. 청교도의근원에 장 칼뱅의 구조적인 신학 원리가 깊은 영향을 끼쳤다.[11]

『웨스트민스터 신앙고백서』가 가장 성경적인 언약 사상을 세 가지로 은혜언약, 행위언약, 구속언약으로 내놓게 된 배경에는 여러 가지 역사적인, 성경신학적인 변화가 함께 작용했다고 본다. 유럽의 종교개혁자들이 내놓은책들이 영어로 번역되었기에 칼뱅의 『기독교 강요』를 비롯하여 많은 연구를 영국에서도 접할 수 있었고 청교도의 새로운 약진과 도약이 있었다.

청교도 언약 사상의 형성

전세계 장로교회와 개혁교회의 신학적 기초를 제시한 고전적인 문서 『웨스트민스터 신앙고백서』에는 어떤 사상적인 배경이 흐르고 있었는가를 크게 몇 가지로 압축해 보고자 한다. 언약 사상이 어떻게 형성되었고 누가 영향을 미쳤는가를 살펴볼 필요가 있다. 한국 교회는 신학적으로 고전에 대한 이해와 확신이 더욱 필요한 상황이다.

첫째, 『웨스트민스터 신앙고백서』와 언약 사상은 단순히 개혁주의 전통에서 흘러나온 것은 아니라 영국 성공회와의 갈등과 대립 가운데서 형성된 청교도 사상의 결산이었다.[12] 잉글랜드에서도 스코틀랜드의 낙스와 같이, 칼뱅과 베자의 제네바 교회처럼 상하 명령 체제의 주교가 없는 교회를 세우려는 비타협파 개혁주의자들이 강력한 의지를 발동하여 박해 속에서도 국가교회로부터 분리된 교회를 설립하게 되었다.

영국 종교개혁 초기의 희생이 있은 후에 망명객들이 유럽에서 돌아오면서 청교도 사상의 지도력이 견고하게 형성되었다. 카트라이트이 제네바의 베자와 하이델베르크, 바젤, 네덜란드 여러 신학자들과 교제를 나누었다. 특히 같은 망명객 멜빌과 교제하고 1585년 말에 스코틀랜드 남서부로 돌아왔다.[13] 카트라이트의 영향으로 『웨스트민스터 신앙고백서』 작성과 후기 청교도 운동에 일대 전기가 형성되었다.[14] "잉글랜드의 칼뱅"이라고 불리던 카트라이트는 행위언약이 먼저 있었고 후에 은혜언약이 제정되었다고 보았다. 그리스도를 중심으로 하는 언약의 통일성과 시행의 연속성을 강조하였다.

언약에서 하나님 주도적인 측면과 인간의 의무를 강조하는 조건적인 측면을 모두 다 균형있게 제시한 퍼킨스와 그의 제자 에임즈가 『웨스트민스터 신앙고백서』와 언약 사상에 남긴 영향은 매우 심대하였다.[15]

둘째, 알미니안주의가 카메론(John Cameron, 1579-1625), 그의 제자 아미로에 의해서 영국에 퍼지게 되었는데, 이를 받아들인 윌리엄 로드가 1633년 캔터베리 대주교가 되어 모든 칼뱅주의자들과 대립하였다.[16]

정치적으로 결탁한 알미니안주의와 반율법주의를 배척하고, 오래된 가톨릭 신학자들과 성공회의 은혜 주입설에 압력을 가하는 대안은 그리스도의 은혜를 강조하는 언약신학 뿐이다.[17] 웨스트민스터 총회가 열리던 1640년대 잉글랜드에서는 반율법주의자들의 행태가 매우 심각했다. 그들은 예수 그리스도의 능동적 순종과 희생적 순동을 가볍게 여기고 무지한 생각과 분파적인 행위를 서슴지 않았다.[18] 도덕적인 율법을 지키고 순종하는 의무를 가볍게 생각하고 무시해 버린 자들이 증가해서 웨스트민스터 총회에 참석자들의 최대 적수로 등장했다.

알미니안주의를 반대하는 카트라이트의 저서들은 동시대인들에게 기념비적인 역할을 감당했다. 카트라이트의 절친한 동지, 더들리 펜너(Dudley Fenner, 1558-1587)는 칼뱅주의 신학의 확고한 정착을 위해서 전면에 나섰는데, 행위언약과 은혜언약으로 확고하게 구분하였다. 1585년에 펴낸『거룩한 신학』에서 펜너는 그리스도와의 언약적인 연합에 관하여 확고하게 발표하였다.

『웨스트민스터 신앙고백서』의 배경에는 알미니안주의를 배척하고 견고한 칼뱅주의 신학 사상을 세우려는 신학자들의 노력이었다.[19] 칼뱅의 저술은 그 어느 책보다도 훨씬 더 많이 보급되었으며, "영향력 면에서나 인기도 면에서나 엘리자베스 여왕 통치 시대 영국 교회의 신학 형성에 가장 중요한 신학자로 인식되고 있었다. 칼뱅은 최고의 신학자였다."[20] 칼뱅주의는 잉글랜드 청교도주의(Puritanism)의 가장 견고한 기초가 되는 성경의 권위를 확고히 세우도록 영향을 끼쳤고『웨스트민스터 신앙고백서』의 언약 사상 속에 반영되어 나타났다.

17세기 국가 언약과 언약도들

17세기 스코틀랜드 언약 사상가들에 의해서 성경적이며 신학적인 구원이

해인 언약 사상이 전체 국가적으로 언약을 맹세하고 참여하고 실현하는 '언약 사상의 절정기'에 이르게 되었다. 더구나 이들 스코틀랜드 국가 언약 신학자들이 웨스트민스터 총회에 4명이 참석했는데, 로버트 베일리, 조지 길레스피에, 알렉산더 헨더슨, 새뮤얼 러더포드 이었다. 이들이 큰 영향을 끼쳐서『웨스트민스터 신앙고백서』에 세 가지 언약이 정립된 것이다.[21]

'언약적인 공동체'(covenanted community)라는 개념이 개혁의 전면에 등장하게 되면서 헨더슨(Alexander Henderson)과 존스톤(Johnston of Wariston)에 의해서『국가 언약』(National Covenant)에 서명하는 운동이 전개되었다.[22] 1638년 글래스고우 총회에서부터 시작되어서 1640년에 스코틀랜드 국왕이 서명함으로써 열매를 맺었다. 이처럼 언약신학은 17세기에 가장 중요한 통합의 주제가 되었고 의회 정치의 변혁을 시도하는 정치적 격동기에 큰 영향을 발휘하였다. 스코틀랜드 언약신학자 로버트 롤록의 저술은『웨스트민스터 대교리문답』과 거의 유사하다. 또한 올레비아누스의 제자 로버트 하위의 언약 사상이 잉글랜드 청교도에게 각광을 받았다.[23]

스코틀랜드에서는 1637년부터 1651년 사이에 국가 언약을 세우려는 장로교회 지도자들의 사투가 벌여졌다. 절대왕권을 주장하는 국가와 성공회의 로드 대주교가 예배 모범과 성례 절차에 대한 절대주의를 선포하는 것에 맞서서 싸우고 있었다. 1638년 2월 28일 언약조항을 내걸고 새로운 서명 운동을 시작으로 언약자들의 사회 변혁이 시행되었다.[24]

법률에 대한 사고가 크게 바뀌게 되어서 언약 사상의 형성에 영향을 끼쳤다는 연구가 관심을 끌었다. 홉스(Thomas Hobbes, 1588-1679), 로크, 루소 등으로 이어지는 사회 계약론과 성경적인 언약을 계약으로 이해하는 관점은 과연 상호 연관성이 있다는 것이다. 17세기 사회계약법의 대두는 그 시대의 변화된 사회상을 반영하는 것임에는 틀림없었다. 단순하게 절대왕정 제도와 봉건 제도로 구성되어 있던 유럽 사회의 구조가 점차 유연한 시민참여 구조로 대체되어 나갔다. 사회 구성원들의 열망을 반영하는 이런 시민 권리의 신장은 전반적으로 영향을 미쳤다. 따라서 언약 사상을 군주와 백성들 사이의 계약으로 이해하려는 신학자들의 새해석이 나오게 될 만큼 엄청나게 시대가 변화되었던 것은 틀림없었다. 사회계약법이 나온 17세기에 그 시대의 사회상이 반영이 되어져서 법적인 구조가 강조되었다는 것이다.[25] 그러나 이런 종교 사회학적인 원인들로 인해서 언약 사상이 중요하게 다루어졌다는 새로운 해석들은 그 상관 관계를 충실하게 밝혀내지 못했다는 비평을 받고 있음도 주지의 사실이다.

올레비아누스의 경우에는 언약 개념을 더욱더 실제적으로 밝혀내기 위해 로마 시대의 계약법을 깊이 연구했음에 주목하게 된다. 제네바에서 신학을 연구한 올레비아누스는 그 이전에 이미 프랑스 부르쥬 법과대학원에서 법학을 공부했었는데 그곳은 당대 유럽 최고의 로마법 연구 중심지였다. 칼뱅처럼 프랑스 최고의 대학에서 먼저 법학을 전공한 올레비아누스도 이미 신학을 공부하기에 앞서서 요즘으로 말하자면 법학 박사의 학위를 마친 상태였었다. 그래서 올레비아누스는 언약적인 약속을 "시작"(*stipulatio*)이라고 해석했고, 언약 자체는 두 당사자들 사이에 맺은 상호 합의(*mutuus inter partes assensus*)라고 하였다.[26]

취리히의 언약 사상과『하이델베르크 교리문답서』에서 영향을 입은 코케이우스의 경우에도 언약 사상의 정립에 있어서 법학자였던 친동생과의 교분에서 많은 영향을 받았다고 알려져 있다. 플라네커 대학(Franeker University)에서 코케이우스의 동료 교수로 가르치던 요하네스 클로펜버그(Johannes Cloppenburg, 1592–1652)는 행위언약(당시에는 영원한 언약이라고도 불렸음)의 약속을 "상호 타협 혹은 유인책을 사용하지 않고 단순하게 협약하는 것"이라고 정의하였다. 코케이우스는 인간의 편에서 동의한다는 측면과 은혜언약으로부터 나오는 의무 조항이, 간략하게 규정하자면 "착수"(*adstipulatio*)와 "귀결"(*restipulatio*)이라는 용어로 대체될 수 있다고 보았다.[27]

우리는 17세기 사회 계약론이 신학과 교리의 형성에 영향을 끼쳤다는 것에 대해서 충분한 증거들과 재료들을 발굴하지는 못하였다. 과연 당대의 신학자들이 성경적인 개념을 더욱더 중시했다고 한다면, 오히려 성경에서 언약 개념을 상호 연관지어서 풀이했을 것이다. 그러나 제시된 연구처럼 17세기에 접어들면서 당대에 강력하게 제기된 사회 계약론과 법학적 지식들이 언약 사상을 규정하는데 핵심 요소로 작동을 했는지 아니면 그저 약간의 참고자료 정도로 그쳤는지에 대해서는 아직도 더 연구가 필요한 상태다.

3. 웨스트민스터 언약 사상의 독특성

『웨스트민스터 신앙고백서』에는 담겨있는 언약신학의 특징들과 독특성들을 몇 가지로 짚어보고자 한다.

하나님의 낮아지심

첫째, 언약의 근본적인 출발을 제시하는 문장에서 『웨스트민스터 신앙고백서』는 매우 중요한 신학적인 동기와 강조점을 내포하고 있다. 하나님과 사람 사이에 맺어지는 언약 관계의 특성을 밝히는 부분이 매우 독특하게 다루어지고 있는 바, 하나님의 낮아지심(divine condescension)을 통해서 이루어졌음에 주목하고 있다. 『웨스트민스터 신앙고백서』 제7장 "사람과 맺은 하나님의 언약"과 제8장 "중보자", 제19장 "하나님의 율법"에서 언약 개념을 풀이하고 있는데, 먼저 하나님과 사람 사이의 거리가 엄청나다는 것에서부터 시작하면서 "하나님의 낮아지심"을 언약의 근거로 지적하고 있다.

『웨스트민스터 신앙고백서』 7장 1항은 하나님과 인간과의 관계성을 설명하면서 창조주와 피조물 사이의 관계가 너무나 크다고 언급한다.

1. 언약의 기본 성격

하나님과 피조물의 차이는 매우 크기 때문에, 비록 이성적 피조물들이 그들의 창조자인 하나님(그)에게 마땅히 순종할 의무가 있을지라도, 그들은 결코 그에게서 나오는 어떤 열매도 그들의 복과 상급으로 가질 수 없으며, 오직 그가 언약의 방식으로 표현하기를 기뻐하신 하나님 편에서의 어떤 자발적인 낮추심에 의해서 뿐이다.

위에 고백서의 한 문장을 인용해 보면, 제 7장 1항에 "오직 그가 언약의 방식으로 표현하기를 기뻐하신 하나님 편에서의 어떤 자발적인 낮추심에 의해서 뿐이다(a voluntary condescension on God's part, which he had been pleased to express by way of covenant)." 웨스트민스터 언약 사상은 은혜에 의해서 출발하기 보다는 먼저 "자발적인 하나님의 낮아지심"이 강조되고 있다.[28] 칼뱅과 『하이델베르크 교리문답서』와 『웨스트민스터 신앙고백서』 사이에 흐르고 있는 통일성과 연속성의 요소가 바로 하나님의 우선적이며 일방적이요 주도적이며 은혜로 우신 행하심이다. 칼뱅과 『하이델베르크 교리문답서』에서와 같이 『웨스트민스터 신앙고백서』에서도 역시 언약 관계가 신인협력적인 개념으로 형성되지 않았음을 기본적인 출발점으로 제시하고 있다.

"하나님의 낮아짐"을 표현하는 히브리어 "야라드"(yarad)가 등장하는 출애굽기 3장 8절에서 "하나님께서 내려가셨다"는 개념에는 아브라함과의 언약이 실현되는 표현이다. 곧 언약 사상을 인식하게 하는 구절이다. 고난과 핍박 속에 신음하던 이스라엘 백성에게 먼저 찾아오신 하나님께서 구원의 약속을 성취하신다. 하나님께서는 떨기나무 불꽃에서 모세에게 언약적인 관계를 설명하신다. "나는 아브라함의 하나님이요, 이삭의 하나님이요, 야곱의 하나님이시다"라고 하셨다.[29] 모세의 조상들에게 하나님이 되셨듯이 자기 백성들을 구원하시는 관계성을 상기시킨 것이다. 어리석은 인간을 위해서 찾아오신 예수 그리스도, 곧 하나님의 낮아지심이란 하나님의 성품과 속성과 인격성에서 나오는 것이다.[30]

하나님의 낮아지심이라는 표현과 하나님과 인간 사이의 거리가 너무나 멀리 떨어져 있다는 구조 이해는 칼뱅주의자들의 공통적인 신론이었다. 칼뱅은 계시 자체가 하나님께서 우리 인간들이 수용 가능한 수준으로 낮아지심

(accommodatio)이라는 초대 교부들의 개념을 채택하였다.[31] 창조주와 피조물 사이의 엄청난 차이를 강조한 칼뱅의 신학적인 구조가『웨스트민스터 신앙고백서』언약 사상에 들어있는 것이다.

『웨스트민스터 신앙고백서』의 전체 구조는「아일랜드 신조들」(Irish Articles of Religion, 1615)에 나오는 20제목과 104개 항목에서 크게 영향을 받았고 발전된 것으로 간주된다. 아일랜드 더블린 어셔 감독의 주도로 작성된 "아일랜드 신조들"이『웨스트민스터 신앙고백서』와 교리문답 작성에 크게 참고 자료가 되었던 것이다. 아일랜드 신조 21장 37항목에서 "아담에게 주어진 율법의 언약"이 강조되어 있고, 어셔의『신학의 체계』에도 하나님께서 아담과 맺은 관계에는 언약적인 구조가 담겨 있다고 되어있다.[32] 미첼은『웨스트민스터 신앙고백서』의 역사를 검토하면서, 어셔에게 직접적으로 영향을 준 스코틀랜드 신학자들(제임스 플러턴[J. Fullerton, 1563?-1631], 제임스 해밀턴[J. Hamilton, ?-1666])이 칼뱅주의자 멜빌에게서 감화를 입은 바 있음을 상기시키면서, 동시에 고백서의 언약 사상들은 잉글랜드의 카트라이트, 퍼킨스, 에임즈, 프레스톤, 볼 등이 남긴 저술들과 매우 유사하고, 스코틀랜드의 롤록과 하위의 저술과도 본질적으로 동일하다고 평가하였다.[33]

로마가톨릭에서는 하나님이 만들어낸 자연, 창조의 세계가 타락하게 되자 은총이라고 하는 덧붙임을 만들어서 이중 구조로 되어있다고 풀이했다. 그러나 종교개혁자들은 이런 구조는 이원론에서 나온 것으로 보고 타락으로 인해서 인간이 받아야 할 것은 육체가 새로워지는 것이 아니라, 마음의 부패와 가슴의 무지함에서 벗어나는 것이라고 근본적으로 다르게 설명했다.[34]

『웨스트민스터 신앙고백서』의 언약 사상과 관련해서 주목해 볼 신학자는 존 볼이다. 1628년까지 무려 12판을 출판한『종교의 원리들에 대한 소교리문답』(A Short Catechism containing the Principles of Religion)과 여러 저술은『웨스트민스터 신앙고백서』와 교리문답들과 깊은 연관성을 가지고 있다. 특히 1645년에 출판한『은혜언약에 관한 논찬』(A Treatise of the Covenant of Grace. Where the gradual breakings out of Gospel-grace from Adam to Christ are clearly discerned)에는『웨스트민스터

신앙고백서』와 유사한 설명이 많이 들어 있다. 볼은 하나님의 편에서 먼저 은혜롭게 낮아지셨다는 배경을 근거로 한다는 점을 강조한다. 구원의 은혜가 주어진 언약을 성경적으로 바르게 이해하는 초석이라고 주장했다. 하나님과 인간 사이의 언약을 가장 합당하게 이해하려 한다면 이 관점을 비춰주어야 한다는 것이다.

> "하나님께서는 자신의 피조물과 함께 묶여지기를 기뻐하셨다. 그것이 은혜이다. … 하나님께서 인간에게 무엇을 주셔야 한다거나, 인간에게 무엇을 해야만 하는 아무런 의무가 없었다. 그 어떤 보상의 약속을 하지 않아도 된다. … 인간이 행복을 유지하는 길은 은혜가 지속되어야만 한다."[35]

하나님께서는 스스로 먼저 낮아짐 가운데 하나님께서 먼저 자신을 언약에 묶으신 것이다. 인간을 순종의 조항에 묶어 놓으시기 이전에 먼저 하나님께서 기쁘고 자유로운 순종을 만들고자 하신 것이다. 인간의 용어상으로 볼 때 언약은 항상 상호간에 동등하게 의무와 책임이 결부되어진 합의라고 생각되어진다. 그러나 하나님과 사람 사이의 언약은 아브라함과 아비멜렉 사이의 언약, 다윗과 요나단 사이의 친분 관계 등과는 본질적으로 다른 관계를 설정하고 있다는 것이다.

하나님과 사람과의 현격한 차이 하나님의 낮아지심을 강조하는 언약 개념은 알미니안주의자들의 오류를 시정하려는 의도가 명백히 담겨 있다. 하나님과 인간 사이의 언약은 결코 대등한 사이에 맺어지는 조약이나 계약이 아니다. 인간의 자기 결정이나 자발적인 결단이이라는 것은 훨씬 먼저 이루어진 하나님의 차원과는 본질적으로 다른 것이다. 하나님의 은혜를 왜곡하지 않으려 한다면 먼저 '하나님의 낮아지심'을 인식해야만 한다.

행위언약과 아담의 불순종

둘째로,『웨스트민스터 신앙고백서』는 행위언약에 대한 분명한 제시를 통해서 아담의 순종을 강조한다. 제 7장 2항 "행위언약"은 "사람과 맺으신 첫 언약은 행위언약이었는데, 거기에서 완전한 개인적 순종을 조건으로 아담과 그 안에서 그의 후손 에게 생명이 약속되었다."

『웨스트민스터 신앙고백서』제 19장 "하나님의 율법" 1항목 "아담에게 주신 법"에서 다시 한번 행위언약이 언급되어 있다. "하나님께서는 아담에게 행위언약으로서 한 법을 주셔서 그것에 의해 그와 그의 모든 후손을 인격적인, 완전한, 정확한 그리고 영속적인 순종의 의무 아래 두셨고, 그것의 실행에 근거한 생명을 약속하셨으며, 그것의 위반에 근거하여 죽음을 경고하셨고, 그것을 지킬 힘과 재능을 그에게 부여하셨다."

행위언약이라고 명명하는 것은 그 안에 생명이 아담에게 약속되어져 있었고, 완전하고도 개인적인 순종의 조건 하에서 번영과 행복이 그에게 주어진다는 것이다. 첫 창조의 설명에서 우리는 순종해야 할 율법이 제정되어져 있음을 주목하게 된다. 지금 일부 학자들은 "창조언약"이라고도 풀이하고 있다. 창조의 설명에 나온 언약이라는 것이다.

행위언약은 본질적으로 은혜의 시행이다. 행위언약의 개념을 부정하려는 신학자들은 율법과 사랑을 대립적으로 대조시키려한다. 그러나 이것은 하나님과 인간 사이의 언약 관계로 오해하고 있는 것이다. 하나님과 이웃에 대한 사랑을 합당하게 행사하는 것을 율법의 근본 정신이라고 하였다(마 22:37-40). 율법은 사랑이 없는 무자비한 법조항이 아니었다. 사랑은 율법과 분리시킬 수 없다. 사랑이란 법률적인 개념이 들어 있으면서도 동시에 감정적인 용어이다.[36] 행위언약이라는 문맥에서 아담에게 요구된 것은 사랑의 의무를 분명하게 제정하여 놓은 것이었다. 만일 아담이 순종했다면 자신의 창조주를 위해서 사랑 언약을 이해하였더라면 생명나무의 열매를 먹고 영원한 평안과 의로움을 확정했을 것이다. 우리 인류의 언약의 머리가 자신과 후손들의 번성을 위해서 합당한 권리를 획득했을 수 있었다.

구속언약의 포괄적 선언

셋째, 『웨스트민스터 신앙고백서』에는 그 당시에 유럽에서 발표된 그 어떤 고백서나 교리문답서보다도 더 "구속언약" 혹은 "영원언약"(pactum salutis, covenant of redemption)을 포괄적으로 제기하고 있다. 훗날에 명명하게 되는 성부와 성자 사이의 언약이 선명하게 제시되어 있다. 물론 『웨스트민스터 신앙고백서』에는 "구속언약"이라는 용어는 사용하지 않았다. 하지만 그 내용들은 후대에 나온 신학자들이 훨씬 더 성숙한 내용으로 발전시켰다.

『웨스트민스터 신앙고백서』에서는 구속언약의 개념이 제8장 "그리스도의 중보사역"에서 언급되어 있다. 성부와 성자 사이의 영원언약이 창조 이전에 먼저 있었고, 인간의 창조 이후에는 행위언약이 시행된 것으로 이해하고 있다.[37] 삼위일체 사이에 구원 계획이 먼저 있었고, 성자의 성육신과 구속 사역이 어느 때에 주어질 것인지 논의되었고, 성자께서 하나님의 율법에 완전하게 순종하시고자 고난의 잔을 마시고 죄와 죽음의 권세를 이기셨다. 구속언약이란 성부와 성자 사이 맺어진 언약인데 선택받은 자들의 머리이자 구속주로서 아들을 주시되 자발적인 자리에서 감당하신 것이다.

창세 전에 이루어진 하나님의 영원한 계획이 역사적인 언약들의 모형으로 자리하고 있다는 것이 구속언약의 본질이다. 둘째 아담으로서 성부와 그리스도와 맺어진 구속언약을 강조하는 것은 로마서 5장 12절에서 21절과 고린도전서 15장 21절에서 22절, 47절에서 49절에 설명된 언약의 통일성과 대표성에서도 드러난다. 성부와 성자 사이의 언약은 『웨스트민스터 신앙고백서』 제 8장 1항에서 영원하신 목적에 따라서 주어진 것임을 설명하였다.

"하나님께서는 그의 영원하신 목적을 따라 그의 독생자 주 예수를 하나님과 사람 사이의 중보자, 선지자와 제사장과 왕, 교회의 머리와 구주, 만물의 상속자, 그리고 세상의 심판자로 선택하시고 정하시기를 기뻐하셨고, 그는 영원 전부터 그에게 한 백성을 그의 씨로 주셔서, 때가 되면 그로 말미암아 구속함을 얻고 부르심을 받고 의롭다 하심을 얻고 거룩해지고 영화롭게 되게 하셨다."

『웨스트민스터 신앙고백서』제8장 2항에서는 성자가 구속 사역을 감당할 때에 삼위일체적인 성격을 지니고 있음을 강조한다.

"삼위일체(Trinity)에서 두 번째 위격이신 하나님의 아들께서는, 아버지와 한 본질을 가지시며 동등하신 참되고 영원하신 하나님이시지만, 때가 찼을 때 성령의 능력으로 처녀 마리아의 태에서 그의 본질을 가지고 잉태되시므로, 사람의 본질과 그것의 모든 필수적 특성과 공통적 연약성을, 그러나 죄는 없이 취하셨다. 그래서 두 개의 전체적이며 완전하며 구별된 본질들 곧 신성과 인성이 변질이나 혼합이나 혼란이 없이 한 인격 안에서 나눌 수 없이 결합되었다. 그 인격은 참 하나님이시요 참 사람, 그러나 한 그리스도 곧 하나님과 사람 사이의 유일한 중보자이시다."

위와 같은 부분은 대교리문답 31항에서 언급되어 있다.

구속언약이라는 단어가 성경에 나오는 것도 아니요 역시『웨스트민스터 신앙고백서』에서도 명시적으로 사용된 것은 아니다. 하지만 성부와 성자 사이에 상호 관계, 약속들, 조건들이 성경에 충분하게 제시되어 있다. 하나님이 인간을 향하여 가지신 영원한 구원 계획은 그리스도에 대해서 맺어진 약속들의 기본이 되는 것이요 본질적으로 언약적이다(요 5:30, 43; 6:38-40; 17:4-12). 그리고 누가복음 22장 29절에 "내 아버지께서 나라를 내게 맡기신 것 같이 나도 너희에게 맡긴다"라고 말씀하셨다.

결론

청교도 언약 사상은 단순히 성경에서 개념과 의미의 중요성을 발견한 것이 아니라, 실제 그들이 처한 교회 탄압에 대응하는 국가 언약으로 적용되었다. 수많은 전쟁과 혼란 속에서 청교도 언약도는 분명한 확신을 갖고, 교회의 개혁을 위해서 힘을 모았다. 시민전쟁의 갈등과 혼란에서도 언약 사상은 가장 중요한 판단의 기준이며 행동의 동기가 되었다.

칼뱅을 비롯한 초기 종교개혁자들의 저술들과 『하이델베르크 교리문답서』와 『웨스트민스터 신앙고백서』에는 언약 사상의 통일성과 연속성이 확연하게 드러난다. 은혜언약, 행위언약, 구속언약으로 풀이하는 웨스트민스터 신앙고백에서는 하나님의 낮아지심에 주목하여서 신적 주권성이 보다 분명하게 성경적으로 강조되었다. 성부의 뜻에 따라서 성자의 편에서 순종하는 성경적인 구조에 주목하면서 알미니안주의를 배척하는 '구속언약'의 구도가 자리잡게 되었다.

영국 청교도들의 독특한 언약 개념은 "구속언약"이라는 명칭을 사용한 것에서도 드러나는데 이는 유럽 대륙에서도 비슷한 시기에 동일한 개념을 사용하고 있었다. 1648년에 코케이우스가 자신의 저술에서 언약 개념을 설명하면서 구속언약의 구조를 소개하였다. 또한 헤르만 비치우스가 '구속언약'에 대해서 체계적으로 설명하여 후대 세대에서도 동일한 맥락을 받아들이게 되었음을 확인하게 된다.[38]

성경은 성부와 성자 사이에 관계성을 풀이하면서 "구속언약"(*pactum salutis*)이라는 용어가 체계적으로 자리잡게 되어졌다. 첫째, 구속언약은 성자가 순종의 의무를 완수하게 되면 그 보상의 약속이 있다는 것을 조건화했다는 증거에 입각한 것이다. 둘째로, 이런 관계성이 언약적이라는 성격으로 성경에 표현되어졌다. 셋째로, 구속언약은 시간을 초월하는 성격을 지니고 있으니 영원 전부터 영원토록 세워진다.

구속언약은 행위언약과 은혜언약으로 역사 속에서 시행되는 언약의 근거가 된다. 그리고 노아, 아브라함, 모세, 다윗 등과 맺은 역사적인 언약들 모두 다 포함하는 개념으로 개혁주의 고전적인 관점이 되었다. 갈라디아서 3장 15절에서 20절과 스가랴 6장 13절의 해석을 통해서 지금도 개혁주의 언약 사상은 적극적으로 옹호되고 강조되고 있다.[39]

그러나 하나님의 영원한 뜻이자, 작정이라고 할 수 있는 언약신학의 세 가지 개념 혹은 구조가 성경적인 교훈들을 충실하게 반영하고자 하려면 반드시 생략하지 말고 고려해야만 하는 요소들이 있다. 첫째, 성부와 성자 사이의 관련성은 명쾌하게 설명했지만, 성령의 사역이 생략되면서 이 교리의 핵심에서 제외되고 말았다는 지적에 대해서 보충해야만 한다.[40] 성령의 사역으로 인해서 구속언약이 진리로 알려지게 되는 것이요(요 14:26, 15:26), 즐거워하게 된다.[41]

둘째, 구속언약의 내용에서 성자의 역할들이 충분히 설명되지 못하거나, 아예 잘못 가르쳐지게 되면 동등한 영광과 존엄함을 갖고 있는 성부 성자 성령의 위격과 사역에 대해서 오해될 소지가 있게 된다. 반드시 성자께서 복종하는 형식을 취하고 있고, 동시에 성자의 단독적인 결정이라고 성경에 나와 있지만, 이런 표현들도 성경 전체의 가르침을 따라서 균형있게 반영해야만 한다. 하나님의 뜻과 영원한 계획을 세우는 것이며, 동시에 성자와 성령의 협력적인 사역임을 제시해야만 한다. 성자의 종속됨이라거나, 열등함이 결코 아니다.

소시니언주의자(Socinian)들과 알미니안주의자들의 문제점을 극복하기 위해서 존 오웬과 비치우스는 삼위일체의 존재론적 종속주의에 빠지지 말고 경륜적인 관계성에 주목하라고 역설하였다. 개혁신학자들이 구속언약에 대하여 매우 강조하게 된 것도 이런 역사적인 상황이 반영된 것이다. 구속언약을 성경적으로 이해하게 될 때 구원의 계획과 경륜적인 시행이 성부, 성자, 성령 하나님께서 상호 공유하시고 상호 교류하시면서 이룩하시는 것임을 더욱더 확신하게 된다.

최근 일부 신약학자들이 내놓은 "바울의 칭의론 관한 새관점"은 이러한 개혁주의 신학과 전통적인 신앙고백서의 내용들을 완전히 부정하고 있다.[42] 새로운 관점이 나와서 개혁신학이 오랫동안 가르쳐 온 교리를 거부하는 것은 과연 옳은 것일까? 새로 나온 치료방법이 오히려 질병을 더 악화시키는 역할을 하고 있을 뿐이다.

공로주의와 행위 구원을 내세우는 샌더스의 "언약적 율법주의"가 결코 성경적인 칭의론과 성화론이 아니다. 우리는 고전적인 개혁주의 고백서에서 하나님의 뜻을 따라서 예수 그리스도께서 완벽하게 율법을 성취하시므로 모든 요구를 이룩하셨고, 성령으로 인해서 새롭게 되어서 그것을 즐거워하며 감사하고 살아가고 있음을 확신하게 된다.

"바울 신학의 새 관점"을 제시하는 현대 신학자들은 역사적인 신앙고백서에서 거론된 내용들을 반박하면서 큰 혼란을 일으켰다.[43] 새관점주의자들은 언약 사상을 다루면서도, 고전적이며 전통적인 개혁주의 신학에 대한 역사적 탐구에 대해서는 전면 거부하고 있다. 이런 충돌로 인해서 개혁주의 신학계에서 칭의론과 언약, 율법의 이해를 놓고서 논쟁이 지속되고 있다.[44] 언약 사상이 초기 기독교 저변에서 중요한 역할을 하였다는 것에는 일치하면서도, 그 내용에 대한 설명은 종교개혁자들이나 정통 개혁신학자들과는 아주 다르게 제시하였다.

유대주의에서 깊은 영향을 입은 반펠라기우스주의자 샌더스(E. P. Sanders, 1937–)는 "단일–언약설"(mono–covenantalism)을 주장한다. 그 핵심은 율법과 은혜가 통합된 유대주의가 바울의 칭의론이라고 억지에 가까운 해석을 내놓았다. 바울의 칭의론이란 오직 그리스도의 온전하고도 충분한 순종에 대한 믿음만이 있을 뿐이며 그리스도의 의로움을 전가 받음으로서 성도가 율법의 저주에서 벗어난다는 종교개혁자들의 가르침에 반기를 들었다. 유대교는 은혜 없는 율법주의가 아니었다는 샌더스의 주장은 결국 둘 다 약화시켜버리는 결과를 초래하였다.

샌더스는 제2성전기의 유대주의를 "언약적 율법주의"(covenantal nomism)라고 규정하면서 유대 종교의 패턴이었다고 주장하였다. 샌더스는 고전적인 종교개혁자들이 유대주의를 율법주의로만 치부했다고 비판한다. 루터의 갈라디아서 주석에 발견되는 것과 같이 그리스도의 의로움을 전가 받는다는 개념, 즉 외부로부터 오는 칭의 개념은 사도 바울에게 없었다고 주장한다.[45]

샌더스가 말하는 언약적 율법주의라는 패턴은 세 가지로 요약된다. 첫째로, 우리 개인의 순종이 칭의의 조건이지만 그러나 그것이 칭의가 엄밀하게 말해서 공로라고는 말할 수 없다는 것이다. 둘째로, 율법과 복음, 행위언약과 은혜언약 사이에는 아무런 질적인 차이가 없다. 셋째로, 우리가 "은혜로 받아들여지면서 순종에 의해서 그 안에 머물러 있어야 한다"라고 샌더스는 주장한다. 즉 샌더스의 칭의론과 언약 사상은 행위에 의하여 최종 칭의를 얻는다는 것이다. 이처럼 과연 순종이 칭의의 조건이었던가를 규명하는 것은 구원의 계획과 시행을 이해하는 데에서 매우 필요한 논의가 된다.[46]

톰 라이트(N. T. Wright, 1948–)는 기본적으로 샌더스의 가설에 찬동하면서 자신의 신약성경 연구를 종합하는 개념으로 "언약의 정점"을 내세운다. 특별히 바울신학의 칭의론에 담긴 핵심 사상이 언약 사상이라고 규정하면서도 중세의 공로 사상과 루터파의 칭의론 모두 다 거부하였다.[47] 지난 16세기와 17세기 신학자들의 연구들을 모두 다 물리쳐 버리고 오로지 1세기 문서에 대한 해석으로 돌진하는 라이트 자신의 새로운 해석만을 받아들이라고 강조한다. 거의 2천년동안 조직적으로 바울의 칭의론을 왜곡했다고 비판한다. 그러나 이러한 해석들은 결코 성경적으로 합당하지 않고 신학적으로도 근거가 없다.

주(註)

1 그동안 언약신학에 대해서는 주로 개혁주의 입장에서 수많은 책이 나왔는데, 최근에 침례교와 세대주의 입장에서도 많은 연구자들이 나왔다. Peter J. Gentry & Stephen J. Wellum, *Kingdom Through Covenant: A Biblical-Theological Understanding of the Covenants* (Weaton: Crossway, 2012); Alister I. Wilson, Jamie A. Grant, *The God of Covenant: Biblical, Theological, and Contemporary Perspectives* (Leicester: Apollos, 2005); 전통적인 개혁주의자들도 계속해서 언약 사상을 중요하게 제시하고 있다; Michael Horton, *God of Promise: Introducing Covenant Theology* (Grand Rapids: Baker, 2006). David Van Drunen, "A System of Theology? The Centrality of Covenant for Westminster Systematics," in *The Pattern of Sound Doctrine: Systematic Theology at The Westminster Seminaries* (Phillipsburg: P&R, 2004); 194–222.

2 Carolinne White, *Christian Friendship in the Fourth Century* (Cambridge: 1992). 이 책에서는 Synesius of Cyrene, Ambrose, Pauline of Nola, John Chrysostom, Olympias 등 교부들이 하나님과 사람과의 사이에 나누는 교제에 대해서 언급한 부분들을 검증하고 있다.

3 Peter Y. De Jong, *The Covenant Idea in New England Theology 1620-1847* (Grand Rapids: Eerdmans, 1945), 49. B. B. Warfield, *The Significance of the Westminster Standards as a Creed* (New York: Scribner, 1898). R. S. Paul, *The Assembly of the Lord* (Edinburgh: 1985). 김재성, 『개혁신학의 광맥』 (킹덤북스, 개정판 2012), 제 2부, 5장 "언약신학".

4 G. Vos, "The Doctrine of the Covenant in Reformed Theology," in *Redemptive History and Biblical Interpretation* (Phillipsburg: P&R, 1980), 239.

5 Johannes Cocceius, *Summa Doctrinae de Foedere et Testamentis Dei* (1648). W. J. van Asselt, *The Federal Theology of Johannes Cocceius* (1603–1669) (Kolen: Brill, 2001), 340, 353.

6 J. MacLeod, "Covenant Theology: the Need for a Reappraisal and a Reaffirmation," *The Monthly Record of the Free Church of Scotland* (August, 1983), 147.

7 Andrew A. Woolsey, *Unity and Continuity in Covenantal Thought: A Study in the Reformed Tradition to the Westminster Assembly* (Grand Rapids: Reformation Heritage Books, 2012), 3. Michael S. Horton, "Which Covenant Theology?" in *Covenant, Justification, and Pastoral Ministry: Essays by the Faculty of Westminster Seminary California*, ed. R. Scott Clark (Phillipsburg: P&R, 2007), 206. Peter Golding, *Covenant Theology: The Key of Theology in Reformed Thought and Tradition* (Ross-shire; Mentor, 2004), 18. Johannes G. Vos, *The Scottish Covenanters* (Edinburgh: Blue Banner, 1940), 14.

8 김재성, "하이델베르크 교리문답서와 언약 사상" 「국제신학」 15권 (2013):149–206.

9 Weir, "Foedus Naturale," 187. Woolsey, *Unity and Continuity in Covenantal Thought*, 438, 110. 와 이어는 성례신학에 대해서는 하이델베르크의 신학자들의 언약 사상이 아무런 발전적인 기여를 하지 않았다고 비판했으나, 울시는 정반대로 성례신학과 언약 사상은 밀접하게 연관되어져 있다고 반박했다.

10 Lillback, "Ursinus' Developement," 268.

11 John De Witt, "The Place of the Westminster Assembly in Modern History," *Presbyterian and Reformed Review*, Vol. 35 (1898): 377; "The idea of the absolute sovereignty of the living and ethical God, who executes His purpose mediately or immediately as He pleases, entered as a new power into the life of England and of the English Church. Then, English Puritanism was born; its positive principle, the constitute principle of the theology of John Calvin." P. Collinson, *Elizabethan Puritan Movement* (London: 1967), 81–83, 109–110.

12 J. F. H. New, *Anglican and Puritan: The Basis of their Opposition 1558-1640* (London; 1964), 64. E. W. Kirby, "The English Presbyterians in the Westminster Assembly," *Church History*, Vol. 23 (1964):418–428.

13 Ernest R. Holloway, *Andrew Melville and Humanism in Renaissance Scotland 1545-1622* (Brill, 2011).

14 S. B. Ferguson, "The Teaching of the Confession," in *The Westminster Confession in the Church*

Today, ed. A. I. C. Heron (Edinburgh: 1982), 38. M. W. Dewar, "How Far Is the Westminster Assembly of Divines an Expression of 17th Century Anglican Theology?" (Ph.D. diss. Queen's University, 1960).

15 R. A. Muller, "Covenant and Conscience in English Reformed Theology: Three Variations on a 17th Century Theme," *Westminster Theological Journal*, Vol. 42 (1980):308-334.

16 J. B. Marsden, *The History of the Early Puritans From the Reformation to the Opening of the Civil War in 1642* (London: 1850), 348-356. G. Davis, "Arminian versus Puritan in England ca 1620-1640," *Huntington Library Bulletin*, Vol. 5 (1934):151-179.

17 Whitney G. Gamble, *Christ and the Law: Antinomianism at the Westminster Assembly* (Grand Rapids: Reformation Heritage Books, 2018).

18 J. K. Jue, "The Active Obedience of Christ and the Theology of the Westminster Standards: A Historical Investigation," in *Justified in Christ: God's Plan for Us in Justification*, ed. K. S. Oliphint (Fearn: Montor, 2007), 109-130.

19 B. B. Warfield, "The Westminster Assembly and Its Work," *Princeton Theological Review*, Vol. 6 (1908):181.

20 Andrew Pettegree, "The Reception of Calvinisn in Britain," in *Calvinus Sincerioris Religionis Vindes*, eds., W. H. Neuser and Brian G. Armstrong (Kirksville: Sixteenth Century Essay & Studies, 1997): 267-289. 김재성, 「개혁신학의 정수」, 21.

21 C. Van Dixhoorn, "Scottish Influence on the Westminster Assembly: A Study of the Synod's Summoning Ordinance and the Solemn League and Covenant," *The Records of the Scottish Church History*, Vol. 37 (2007): 55-88.

22 J. Aiton, *The Life and Times of Alexander Henderson* (Edinburgh: 1836); R. L. Orr, *Alexander Henderson: Churchman and Stateman* (London: 1919).

23 A. A. Woolsey, *Unity and Continuity in Covenantal Thought*, 512-540.

24 Johannes G. Vos, *The Scottish Covenanters* (1940; Edinburgh: Blue Banner Productions, 1998), 51. William Maxwell Hetherington, *History of the Church of Scotland* (1852), 269.

25 F. A. Stolzenburg, *Die Theologi des Jo. Franc Buddeus und des Chr. Matt. Pfaff* (Berlin, 1926); Gottlob Schrenk, *Gottesreich und Bund in alteren Protestantismus vornehmlich bei Johannes Cocceius, zugleich ein Beitrag zur Geschichte des Pietismus und der heilgeschichtlichen Theologie* (Gütersloh, 1923).

26 Olevianus, *Expositio symboli apostolici sive articulorum fidei* (Francoforti, 1584), 76.

27 W. J. Van Asselt, "The Origins of Federal Theology," in *The Federal Theology of Johannes Cocceius*, 331.

28 K. Scott Oliphint, *God with Us: Did Condescension and the Attributes of God* (Wheaton: Crossway, 2012), 13. 109. Michael Horton, *The Christian Faith: A Systematic Theology for Pilgrims On the Way* (Grand Rapids: Zondervan, 2011), 421.

29 John Owen, *Works*, 1:401; "This fire was a type or declaration of the presence of God in the person of the Son. For with respect unto the Father he is called an Angel, the Angel of the covenant; but absolutely in himself, he was Jehovah, the 'God of Abraham.'"

30 Peter Golding, *Covenant Theology* (Fearn: Mentor, 2004), 106.

31 Calvin, *Institutes of the Christian Religion*, I.xiii.1. 김재성, 「칼빈과 개혁신학의 기초」 (합동신학대학원 출판부, 2007), 145.

32 Articles, 21.xxxvii; "the Covenant of law... whereby God did promise unto him everlasting life, upon condition that he performed entire and perfect obedience unto his Commandments, according to that measure of strength wherewith he ws endued in his creation, and threatened death unto him if he did not perform the same."

33 A. F. Mitchell, *The Westminster Confession of Faith: A Contribution to the Study of its Historical relations, and to the Defence of its Teaching* (Edinburgh: 1886), 8-12, 33-42.

34 Calvin, *Institutes of the Christian Religion*, II.1.9.

35 Ball, *Covenant of Grace*, 7.

36 Delbert Hillers, *Covenant: The History of a Biblical Idea* (Baltimore: Johns Hopkins University Press, 1969), 153.

37 Cocceius, F. Turretin, G. Vos, H. Bavinck, L. Berkhof 등 개혁주의 신학자들이 이 견해를 지지하고 있다. R. Gamble, *The Whole Counsel of God*, Vol. 1 (Phillipsburg: P&R, 2009), 286.

38 Herman Witsius, *Economy of the Covenants between God and Man*, tr. William Crookshank (1667; Phillipsburg, P&R, 1990), II.2.16. J. Mark Beach, "Doctrine of the pactum salutis in the Covenant Theology of Herman Witsius," *Mid-America Journal of Theology*, Vol. 13 (2002):111−13.

39 S. M. Baugh, "Galatians 3:20 and the Covenant of Redemption," *Westmisnter Theological Journal*, Vol. 66 (2004):49−70. Michael S. Horton, *God of Promise: Introduction Covenant Theology* (Grand Rapids: Baker, 2006), 78−82. Meredith G. Kline, *Kingdom Prologue: Genesis Foundations for a Covenant Worldview* (Overland Park: Two Age Press, 2000), 145; idem, *Glory in Our Midst: A Biblical Theological Reading of Zechariah's Night Visions* (Overland Park: Two Age Press, 2001),219−20.

40 Robert W. Letham, *The Work of Christ* (Downers Groves: IVP, 1993), 53. G. C. Berkouwer, *Divine Election*, tr. Hugo Bakker (Grand Rapids: Eerdmans, 1960), 162.

41 Herman Bavinck, *Reformed Dogmatics*, III:214. J. van Genderen & W. H. Velema, *Concise Reformed Dogmatics* (Phillipburg: P&R, 2008), 202−203.

42 N. T. Wright, "New Perspectives on Paul," in *Justification in Perspective*, ed. Bruce L. McCormack (Edinburgh: Rutherford House, 2006):243−264.

43 Richard A. Gaffin, "Paul, the Theologian," *Westminster Theological Journal*, Vol. 62 (2000): 121−41; Michael B. Thompson, *The New Perspective on Paul* (Cambridge: Grove, 2002). Peter Stulmacher, *Revisiting Paul's Doctrine of Justification; A Challenge to tne New Perspective; with an Essay by Donald A. Hagner* (Downers Grove: IVP, 2001). Stephen Westerholm, *Perspetives Old and New on Paul: The "Lutheran" Paul and His Critics* (Grand Rapids: Eerdmans, 2004); D. A. Carson, Peter T. O'Brien, and Mark A. Seifrid., eds., *Justification and Variegated Nomism*, 2 Vols. (Grand Rapids: Baker, 2001,2004).

44 E. Calvin Beisner, ed., *The Auburn Avenue Theology, Pros and Cons: Debating the Federal Vision* (Fort Lauderdale: Knox Theological Semianry, 2004). V. J. Fesko, *Justification: Understanding the Classic Reformed Doctrine* (Phillipsburg: P&R, 2008), x.

45 E. P. Sanders, *Paul and Palestinian Judaism* (Minneapolis: Fortress, 1977), 492, n.57.

46 샌더스의 언약적 율법주의 개념을 비판한 저술들로는 다음의 자료들을 추천한다; Mark A. Elliott, *The Survivors of Israel; A Reconsideration of the Theology of Pre-Christian Judaism* (Grand Rapids: Eerdmans, 2000); Iain M. Duguid, "Covenant Nomism and the Exile," in *Covenant, Justification, and Pastoroal Ministry*, ed. by R. Scott Clark (Phillpsburg: P&R, 2007); 61−87.

47 N. T. Wright, *The Climax of the Covenant: Christ and the Law in Pauline Theology* (Minneapolis: Fortress, 1992), 146. idem, *What Saint Paul Really Said: Was Paul of Tarsus the Real Founder of Christianity?* (Grand Rapids: Eerdmans, 1996), 117; "First, it is covenant language − not in a sense of that word made famous through some sixteenth− and seventeenth− century discussion, but in the first century− Jewish sense."

Chapter 17
청교도 사상을 집대성한 신학자, 존 오웬

존 오웬(Jon Owen, 1616-1683)

    청교도 신학의 정점에 해당하는 시기는 시민혁명의 피와 희생으로 이룩된 것이요, 그 열매가 『웨스트민스터 신앙고백서』이다. 그 격동의 시대 속에서 가장 큰 영향력을 발휘한 두 사람의 청교도 신학자가 오웬과 백스터이다. 수많은 청교도 신학자 가운데서 당대에 가장 많은 영향을 남겼고, 또한 뛰어난 저술을 남겼던 오웬과 백스터에 대해서 살펴보고자 한다. 이들 두 사람은 청교도 신학의 최대 정점에서 오랫동안 신학 논쟁을 하던 사이였다. 오웬과 백스터를 세부적으로 대조하면서 살펴보면 청교도 사상의 걸출한 모습이 드러나게 될 것이다. 청교도의 최고 정점에 있었던 두 사람을 연구하는 저술이 가장 많다는 것은 이들에게서 최상의 수확을 확인할 수 있기 때문이다. 오웬과 백스터는 청교도 시대의 안정기에 학문을 닦았고 찬란한 황금기에 학문적 수확을 거둬들였으며 국가적인 영향력을 발휘했다.

1. 최고의 청교도 신학자, 존 오웬

청교도 신학을 집대성한 신학자요, 가장 탁월한 저술을 많이 발표한 인물은 단연 존 오웬(Jon Owen, 1616-1683)이다.[1] 그는 올리버 크롬웰의 최측근 목사로서 『웨스트민스터 신앙고백서』를 만드는 데 배후에서 큰 공헌을 했고, 남다른 지성의 능력을 겸비하여 신학적인 문제들을 손쉬운 언어로 풀이하는 학자의 사명을 탁월하게 수행하였다. 그의 신학은 논쟁적이면서도 실제적이었고 그 누구도 흉내 낼 수 없는 결의론적인 통찰력도 겸비하였다.

오웬은 잉글랜드가 국가적으로 해결점을 찾아야 했던 여러 가지 주제들을 다뤘다. 그를 청교도 신학자 중에서 최고로 손꼽는 것은 광범위한 정치 문제에 대해서도 해결 방안을 제시하였기 때문이다. 오웬은 항상 근면하게 연구하였고 탁월한 식견을 내놓은 총명한 신학자로 손꼽히고 있다. 17세기 영국 청교도 신학자 가운데 청교도 초기 학자들인 토마스 카트라이트와 윌리엄 퍼킨스에 대해서 정통했고, 존 번연, 윌리엄 에임즈, 리처드 십스, 새무엘 러더포드, 리처드 백스터와 토마스 굿윈 등 동시대의 선후배들과 사상적으로 교감을 주고받은 신학자였다. 후대의 학자들은 오웬을 "잉글랜드의 칼뱅"이라고 불렀다.

2. 불꽃처럼 열정적이었던 최고 신학자

청교도 최고의 신학자 오웬이 태어나던 해에 셰익스피어가 사망했다. 1649년 1월 31일 서른 두 살의 나이에 잉글랜드 의회에서 설교를 했다. 그날의 의회는 평범한 모임이 아니었다. 바로 그 전날 의회에서 찰스 1세 국왕을 심문하였고 하루가 지나가기 전에 참수하였다. 이처럼 중요한 순간에 설교를 맡았던 인물이다. 그는 겸손하게 지속적으로 개혁과 갱신을 이루라고 촉구했다. 이처럼 가장 중요한 순간에 잉글랜드가 나가야 할 방향과 지침을 제시하면서 국가적으로 존경을 받던 신학자가 바로 오웬이었다.

36세에 옥스퍼드 대학교 총장에 임명되었다. 올리버 크롬웰의 적극적인 후원으로 결정된 것으로 거의 청교도 혁명이 완성되던 시기였다. 그리고 십수 년간 최고의 지도자 크롬웰과 함께 청교도 혁명의 불꽃을 활활 불태우다가 1662년 잉글랜드 교회가 다시 국교회 체제로 환원되면서 예배 시간에 예식서 사용을 거부한 다른 2천 명의 청교도 목회자들과 함께 퇴출당했다. 체포당하는 위험 속에서 비서명파 회중교회를 인도했다. 생애의 마지막 순간에는 런던에서 회중교회의 목회자로 사역했다.

오웬이 국가교회가 주도하는 옥스퍼드 대학교를 졸업했음에도 불구하고 국교회 서명파가 아니라 회중교회 목회자로 살게 된 것은 아버지의 영향이 컸다. 그의 아버지가 회중교회 목회자로 평생을 봉사했기 때문이다. "나는 유년기부터 아버지의 보호 아래서 자라났는데 그는 평생동안 비서명파였으며 주님의 포도원에서 고통스러운 노동을 감당했었다."[2]

경건의 사도이자 하나님의 위대한 사람인 오웬에 대해서 패커는 극찬을 아끼지 않았다.

"오웬은 영국의 신학자 가운데 가장 위대한 신학자의 한 사람으로 손꼽히고 있다.
위대한 영웅들이 많던 시대에 그는 그 중에서도 가장 높이 우뚝 선 신학자였다."

스펄전(Charles Haddon Spurgeon, 1834-1892)도 역시 오웬을 신학자들의 왕(the prince of divines)이라고 불렀다. 오웬의 생애와 사역에 대해서 필자가 "불꽃같이 타오른 청교도"라고 했는데, 결코 과장된 허풍이 아니다. 데이비드 클락슨(David Clarkson, 1622-1686) 목사가 존 오웬 박사의 장례식 설교에서 했던 말을 인용해 보자.

목사요, 신학자요, 최고의 거장에 속하는 학자였습니다. 경건함이 그의 다른 성취들에 빛을 발휘하게 하였습니다. … 나는 여러분이 잘 알고 있는 이 사람에 대해서 다음과 같이 설명할 필요가 전혀 없다고 봅니다. 그의 위대한 계획은 인간의 삶에서 거룩함을 증진시키려는 것이었고 여러분 가운데 그것을 실행하는 것이었습니다. 그의 주변의 사람들 속에서 영적인 쇠퇴를 고치려는 것이 그의 관심의 전부였고, 열정을 다 바쳐서 한 일이었습니다. 그는 붉게 타오르면서 광채를 발하는 불빛이었고, 여러분들은 그의 빛 가운데서 한동안 즐거움을 맛보았습니다. 아하! 하지만 잠시 동안 뿐이었습니다. 우리는 아마도 그것을 다시 즐거워할 수 날이 있을지 모르겠습니다.

오웬은 선친들과 집안의 형제들로부터 청교도 정신을 물려받았으며, 고상한 학문과 청결한 양심을 가정과 학교에서 배양하였다. 그가 청교도 신학의 절정을 이룬 인물로 기록되는 것은, 그가 『웨스트민스터 신앙고백서』를 작성하는 데 기여한 많은 신학자 가운데서 가장 탁월한 인물 중 한 사람으로 기억되는 것은 바로 이러한 성장배경에 원인이 있었다. 청교도 집안의 3대에 걸친 기도와 학문을 밑거름으로 하여 이처럼 거대한 신학자가 탄생된 것이다.[3]

오웬은 1616년 스타드햄(Stadham, 오늘날에는 스태드햄톤[Stadhampton]이라고 부른다)의 옥스퍼드셔(Oxfordshire) 마을에서 청교도 목사의 아들로 태어났다. 옥스퍼드 대학교에서 남동쪽으로 16킬로미터 되는 도시이다. 그 지역에서 목회를 하던 아버지 헨리 오웬의 둘째 아들로 태어난 것이다. 그의 형 윌리엄도 목회자가 되었다. 두 동생들이 있었는데 헨리는 군대에 복무했고, 빌레몬은 군복무 중에 아일랜드에 벌어진 전투에서 1649년에 사망했다. 여동생이 한 명 있었는데 알려지지 않았다.

이미 할아버지 험프리 오웬 때부터 벌써 명문으로 널리 알려진 개혁파 신앙인의 집안이었고, 외가 쪽 할아버지 루이스 오웬 등은 웨일즈 지방의 청교도였다. 할아버지 험프리 오웬에게 15명의 자녀가 있었는데 가장 막내였던 헨리 오웬을 신앙적으로 잘 양육하여 옥스퍼드 대학교를 졸업한 훌륭한 목회자로 성장하게 하였다. 존 오웬은 세 명의 형제들과 한 명의 누이 가운데서 성장하였다.

목회자이자 옥스퍼드 출신의 걸출한 신학자 아버지와 외할아버지의 영향이 남아있는 가문에서 성장하면서 하루에 4시간 만 잠을 자면서 너무나 열심히 공부하여서 훗날 건강으로 인해 많은 어려움을 겪기도 했다. 성경 언어를 능숙하게 익혔고, 라틴어와 다른 고전어들을 매우 우수한 성적으로 수학했고, 옥스퍼드 대학교 퀸즈 칼리지에서 학사와 석사 과정을 거치는 동안에 많은 독서와 탐구능력을 길렀다. 1632년 6월 11일 옥스퍼드 대학교에서 학사학위를 수여받았고, 1635년 4월 27일 석사학위를 받았다. 그 후에 신학사 과정을 7년간 공부하였다. 이러한 과정을 거치면서 아마도 리처드 백스터와 만났을 것으로 보이는데, 그는 오웬의 2년 선배로서 학창 시절을 함께 보내면서 리처드 십스의 영향을 많이 받았다. 훗날 절친한 동료가 된 토마스 굿윈과 함께 오웬은 옥스퍼드 대학교로부터 명예 신학박사(doctor of divinity) 학위를 수여 받았다. 학위를 받은 후 대학의 설교자로 부름을 받아서 가르치는 지위를 부여받았다.

그러나 당시 대학의 행정가들을 마음대로 지배하고 있던 대주교 윌리엄 로드(William Laud) 가 로마가톨릭에서 내려온 온갖 미신적인 장식과 가톨릭적인 의식을 강화했고 거기에다가 새로운 수리를 하면서 온갖 장식을 고치고, 새 동상을 세우자는 고압적인 압력을 행사하는 일이 발생하였다. 청교도들이 반발하는 분위기였고 이런 기운이 감돌자 젊은 오웬은 가장 앞장서서 이러한 정치 목사의 행태에 비판을 가하고 강력히 거부하는 운동을 전개한다.

1637년 옥스퍼드 대학교의 설교 목사직과 강사직에서 쫓겨 나고 말았다. 엘리자베스 여왕 시대로부터 청교도들은 '목회자의 특권'과 '고상한 양심의 자유'를 침해한 행동을 하지 않으려 노력했고, 마땅히 거부해야할 인간의 명령에 대해서는 철저히 거부해 오고 있었다. 청교도들은 화형 속에서도 굴하지 않았던 리들리와 라티머 목사를 높이 추앙해 왔던 것이다. 오웬과 청교도들은 대주교 로드의 명령에 복종하지 않았다. 로마가톨릭을 약간 변형시킨 상하 구조의 국가 체제를 따르는 '고교회(High church)'주의를 강요했기 때문이다.

오웬의 생애는 청교도들의 혁명전쟁 기간이었다. 1차 시민전쟁이 1642년에서 1645년까지 왕당파와 의회파가 처절하게 격돌하였다. 오웬의 생애를 바꾼 하나의 사건이 1642년에 런던에서 일어났다. 그는 청교도 신앙을 물려받았고 옥스퍼드 대학교를 졸업한 20대 중반에 해당하는 청년이었다. 그 자신이 그리스도에게 속해 있다는 확신을 갖지 못하고 있었다. 그러던 중에 어느 주일 유명한 청교도 설교자 에드먼드 캘러미(Edmund Calamy)가 담임목회를 하고 있던 앨더만버리의 성 메리 교회에 출석하였다. 그런데 그 주일 캘러미가 몸이 아파서 설교를 할 수 없었고 잘 알려지지 않은 임시 설교자가 말씀을 증거했다. 그 설교자는 "믿음이 적은 자여, 어찌하여 네 속에서 불안하여 하는가?"(마 8:26)라는 예수님의 폭풍 속에서의 음성을 마치 그 자리에서 재현하는 것과 같이 감동을 주었다. 오웬은 그 설교를 통해서 깊은 감동을 받았다. 오웬은 즉각적으로 설교와 확신에 대해서 깨닫게 되었다. 성경 본문에 대한 이미지와 해석을 생동감있게 하는 방식을 터득할 수 있었던 것이다. 그는 이 감동을 자신의 모든 저서에 반영하였다.

1642년에 처음으로 펴낸 책이 『알미니안주의 해부』(A Display of Arminianism)였다. 이 책에서 그는 당시의 문제점을 파악하고 처음부터 끝까지 알미니안주의를 비판하여 독자들로부터 호응을 얻었다. 이 책은 원래 그의 목회직을 심의하는 위원회에 제출한 것으로 1643년 에섹스에 있는 포드햄(Fordham)의 깊숙이 떨어져 있는 시골 교구목사로 부임하게 되었다.[4] 그 첫 사역지에서 첫 번 째 부인, 메리 루크(Mary Rooke)와 결혼하였다. 모두 11명의 아이를 출산했으나 오직 딸 한 명만 장성하였다. 이 사랑스러운 딸은 훗날 결혼이 불행스럽게 파경에 이른 후에 짧은 생애를 마치고 말았다. 첫 목회사역은 1646년에 종결되었는데 그 지역 교회의 후임자가 청교도 목회자를 인정하지 않았기 때문이다.

오웬은 이미 전국적으로 명성을 얻고 있었다. 1646년 4월 29일 의회의 초청을 받고 설교를 하였다.[5] 8월 18일 에섹스 지방 콕지쉘(Coggeshall)에 있던 성 베드로 교회(St. Peter's Church)에 부임했는데 성도들도 많았다. 웨스트민스터 총회에서 활약했던 오바댜 세드윅이 뛰어난 목양 사역을 했던 교회에 후임자가 된 것이다. 여기에서 오웬은 지역의 회중교회 목회자들과 교류하면서 교회관의 변화를 겪어서 장로교회 제도보다는 더 온건한 회중교회주의자가 되었다. 이러한 교회론을 정립하여서 『목회자들과 회중들의 구별된 임무』라는 저술로 담아냈다.[6] 오웬은 뉴잉글랜드 회중교회 목회자 존 코튼의 『하늘나라의 열쇠들』(The Keys of the Kingdom of Heaven)을 읽고 난 후에 교회정치 제도에 대해서 확신을 갖게 되었다. 코튼은 미국 매사추세츠 주의 보스톤에서 활약했던 청교도 지도자였다. 지금도 일부에서는 오웬의 교회정치론에 대해 논쟁을 하고 있다.

오웬의 생애는 2차 시민전쟁과 연결되면서, 국가적인 사건에 연결되었다. 제2차 시민전쟁이 1648년에 발발했다. 오웬은 1648년 여름 토마스 페어팩스 장군이 이끄는 의회파와 스코틀랜드 연합군 주둔지에 군인들을 위한 설교자로 부름을 받아서 하박국 3장 19절을 설교했다.[7] 이때부터 주요 지휘관들과 교제를 갖게 되었고, 그들 중에 크롬웰의 사위, 헨리 이레톤(Henry Ireton, 1611–1651)이 있었다. 점차 국가적으로 널리 알려진 설교자가 되었다. 2차 시민전쟁은 1649년 1월 30일 찰스 1세를 처형하는 것으로 끝이 났다. 오웬은 그 다음 날 의회에서, 고난의 연속 가운데 있을지라도 겸손하며 지속적으로 진행하라고 설교했다. 3개월 후에 오웬은 다시 한번 의회에 초청되었는데 올리버 크롬웰도 그의 설교를 들었다. 크롬웰은 오웬을 곧바로 아일랜드 전쟁터로 초청했고 군인들을 위한 목회자로 참여했다. 이미 그 전쟁터에는 오웬의 친동생 빌레몬이 전투병으로 참여하고 있었다. 오웬은 12,000명의 군사들에게 격려하는 설교를 했다.

올리버 크롬웰이 총사령관으로 나섰던 3차 전쟁은 1649년에서 1651년까지 진행되었다. 오웬은 1651년 다시 한번 옥스퍼드 대학교의 그리스도 교회의 목회자로 지명을 받았고 이듬해 이 대학교의 총장에 임명되었다. 그러나 그가 이런 자리를 야심을 갖고 희망했던 것은 아니었다. 이 시기에 그가 출판한 책이 그를 유명하게 만든『죄의 죽이기에 대하여』(On the Mortification of Sin)이다.[8] 1655년도에도 옥스퍼드 대학교에서는 국왕에게 충성스러운 자들이 있어서, 중요한 지도자가 앞장서서 청교도 신학을 지키고 대학을 사수해야 하는 책임을 갖게 되었기 때문에 취임한 것이다. 당시의 정치적 상황은 매우 혼란스러워서 오웬은 절친한 친구 토마스 굿윈과 교대로 대학교회에서 설교했다. 옥스퍼드는 다섯 개의 대학을 통폐합하고, 일부 교사에서는 군인들이 주둔하고 있었다. 오웬은 우울한 대학교에 새로운 바람을 불러들이고 뛰어난 교수진들을 세우고 학생들에게 배움의 기쁨을 제공하기 위해서 놀라운 지도력을 발휘했다.

오웬은 정치가들과 목회자들에게 수없이 많은 시간을 할애해서 자문에 응했다. 1658년 10월에 개최된 독립교회들이 런던의 사보이 궁전에 모이는 총회에 참석했다. 회중교회는 결코 교회를 분열하려는 독립주의자들이나 이단자들이 아니라는 것을 선언하고자 회집되었다. 이 자리에서 채택된『사보이선언』(Savoy Declaration)은『웨스트민스터 신앙고백서』(1647)를 받아들이기로 결정하였다.[9] 특히 크롬웰이 왕의 자리에 올라가야만 모든 혁명의 염원을 이룩해 낼 수 있었는데 그가 거절하면서 다시 옛날의 왕정 체제로 복귀하고 말았다. 결국 말라리아 열병으로 크롬웰이 갑자기 사망하자 그의 아들 리처드가 아버지의 지위를 계승했다. 그때에도 오웬이 설교했다. 그러나 왕당파 정치가들이 펼치는 음모가 성공하여 1660년에 찰스 2세가 복귀하고 의회파는 퇴출당했다. 오웬은 약 10년간에 걸친 옥스퍼드 총장으로 뛰어난 지도력을 발휘하여 많은 성과를 냈지만 왕당파의 복귀에 따라서 사임했다.

1661년에 조정법이 발동되어서 비서명파 청교도들은 모든 공직에서 퇴출당했다. 1662년 다시 발효된 통일령에 따라서 비서명파들은 교회의 직분에서 배제되었다. 따라서 오웬도 옥스퍼드 대학교에서 물러나서, 고향 스타트햄튼의 교회로 돌아가게 된다. 그는 존 코튼으로부터 뉴잉글랜드 매사추세츠 주 보스톤 제일 장로교회에서 초빙을 받았지만 거절했다. 1665년 잉글랜드는 지독한 흑사병이 확산되었다. 14세기 이후로 가장 치명적인 흑사병의 대유행이었다. 런던에서만 15%의 인구가 사망했다. 그중에는 한 주간동안에 7천명이 사망하기도 했다. 1666년에서야 전염병이 잦아들었는데, 대화재가 발생했다. 이런 일련의 재난들은 비서명파 목회자들에게 잔인하게 대했던 국왕과 귀족들에 대한 하나님의 재앙이라고 여겨졌다. 그러나 오웬은 동료 목회자들에게 기회가 있는 대로 악행을 한 자들에게 관용할 것을 호소했다. 이 시기에 오웬의 놀라운 통찰력들은 1667년에 『대사면과 관용을 고찰함』(Indulgence and Toleration Considered)과 『평화 제안』(A Peace Offering)이라는 저술로 출판되었다. 그는 조용히 숨어 지내면서도 독립회중파 목회자들을 돕는 일에 진력했다. 이런 일을 하다가 여러 차례 구속될 위기를 맞이했지만, 다행히 감옥에 갇히지는 않았다.

이 무렵에 오웬은 감옥에 갇혀있던 존 번연의 석방을 위해서 노력했기 때문에 큰 불이익을 당했다. 번연의 책 『천로역정』이 출판되도록 인쇄업자에게 은밀히 도움을 주었다. 오웬과 번연의 전기를 작성한 사람이 다음과 같은 유명한 일화를 남겼다. 어느 날 국왕 찰스 2세가 오웬에게 번연에 관해서 질문했다고 알려져 있다. "당신은 어째서 아무런 교육도 받지 않은 무식한 '땜쟁이'(tinker)를 그렇게 높이 평가하는가?" 그러자 오웬이 대답한 말은 다음과 같았다. "전하, 제가 만일 설교에 있어서 그 땜쟁이의 능력을 가질 수 있다면 저는 기꺼이 저의 모든 지식들을 송두리째 포기하겠습니다."[10]

오웬은 노년기에 천식과 여러 질병으로 고생하였다. 하지만 그의 놀라운 저술들은 비교적 바쁘게 돌아다니지 않아도 되었던 바로 이 시기에 나왔다. 웨스트민스터 총회에 참석했던 목회자 요셉 카릴의 회중을 물려받아서 아주 작은 그룹의 성도들을 돌아보게 되었다. 설교하는 일과 저술하는 일과 다른 사람에게 조언을 해주는 일에 몰두하다가 67세를 넘기면서 하나님의 부름을 받았다. 죽기 전날 밤에 친구 찰스 프릿우드에게 보낸 편지와 다음 날 동료 한 명과 나눈 대화가 알려졌다.

나는 이제 내 영혼을 사랑하시는 분에게 돌아가려고 한다. 아니 그분은 영원토록 나를 사랑해 주신 분이시다. 그것만이 나의 위로의 총체적인 근거이다. ⋯ 나는 폭풍 속에다가 교회의 배를 남겨두게 되었지만, 위대하신 선장께서 가련한 뱃사공들의 희생을 결코 허용하지 않으실 것이다. 삶과 기도와 희망과 실천은 절망에 빠질 수 없다. 그분은 결코 그대를 떠나지시지 않으리라고 약속하셨으며, 그것은 결코 무너지지 않을 것이다.[11]

다음 날 1683년 8월 24일 아침, 그가 사망하던 날 쇠잔해져 가면서 기쁜 소식을 들었다. 오웬은 마지막 10여 년 동안에 가장 탁월하고도 많은 저술을 남겼는데, 최고의 걸작 중에 하나가 『그리스도의 영광에 대한 묵상들과 강의들』(Meditations and Discourses on the Glory of Christ)이다.[12] 바로 이 책이 인쇄에 들어갔다는 보고를 접한 것이다. 오랜 꿈이 실현되었음에 정말로 기뻐했다. 이날은 유럽 종교개혁의 역사에서 가장 슬프고 비참한 날이기도 했다. 프랑스에서 1572년에 개혁교회 성도들을(적어도 5천 명에서 3만 명 정도로 추정되는 바) 학살했던 바로 그 "성 바돌로매의 날"이었다. 잉글랜드에서는 찰스 2세에게 2천 여 명의 청교도 목회자들이 쫓겨 난 지 21년째 되던 해였다. 런던의 교외 던힐 묘지에 장사되었다. 그곳에는 존 번연, 데이비드 클락슨, 찰스 플릿우드 등이 차례로 먼지가 되어서 모였다. 그리스도의 양떼들의 목자, 그리스도의 복음의 설교자, 그리스도의 우주적 교회의 교사가 부활의 영광을 기다리고 있다.

3. 청교도 신학의 대집성

젊은 날에 오웬은 하루에 수면을 4시간 정도만 할애하고 몸을 너무나 가혹하게 사용했다. 그는 지칠 줄 모르는 언쟁의 능력을 겸비하여 논쟁적인 신학을 주저하지 않았으니 그가 주로 비판한 대상들은 죽음의 독을 퍼트리는

"세 종류의 독사들"이었다. 곧 알미니안주의자들, 소시니언주의자들 그리고 로마가톨릭 등이다. 종교개혁 시대에 퍼져나간 소시니언주의는 오늘날 유니테리언이즘의 선조라고 할 수 있다. 오웬은 그리스도의 제사장 직분을 약화시키는 이들에게 강력하게 대응했다.[13] 오웬이 이들에 대해서 반대한 이유는 이성에 무게 중심을 두려는 성향 때문이었다. 그런가 하면 오웬은 조지 폭스(1624-91)가 주장하는 '내적인 빛'에 의존하는 '퀘이커파'에 대해서도 단호히 비판적인 입장을 취하였다.

실천적 신학을 지향하여 그는 무엇보다도 성령의 활동하심 전체를 가장 앞세우고자 노력했다. 그것은 자신이 먼저 가슴으로 체험하였기 때문이다. 물론 말씀의 규칙에 따라서 이해하였다. 그 밖에 것들은 모두 다 주변으로 제쳐놓고, 그는 실제적으로 인식시키고, 깨우침을 주고자 노력했으며, 그가 저술하는 것들은 하나님과 복된 교제가 되도록 만들었다. 마치 천국에서 하나님과 밀접하게 교제하여 그분을 확고히 아는 자가 이 세상의 땅을 두루 여행하는 것과 같은 심정으로 글을 썼다. 인생의 노년기에는 각 교파의 차이점을 해소하고 일체감을 향상시키는 일에 힘썼다.

양심의 문제나 선악의 문제를 교회의 표준으로 결정지으려고 노력하였기에 오웬의 글은 매우 복합적인 문제들에 대해서 참고해야만 할 하나님의 예언자의 가르침으로 간주된다. 한 사람의 저술가로서 오웬은 하나님의 나라에 대해서 모든 분야를 가르쳤으며 복음의 순수한 등불이었다. 개인적으로도 여러 분야에서도 진리를 비춰줄 뿐만 아니라 강단에서는 공적으로 더욱 많은 것을 가르쳐 주었다. 그는 인쇄된 작품들을 통해서 동일한 목표를 향하도록 감동을 주었다. 모든 사람에게 같은 생각과 목표를 바라보게끔 영향을 끼쳤다. 점차 전국적으로 알려지면서 오웬의 설교와 저술이 더욱 빛을 발휘하게 되었다. 국가적으로 유명한 인사가 된 이후에도 그는 자신의 모든 능력을 다 소진할 때까지 최선을 다하였다. 그의 거룩한 영혼은 하나님만을 더욱더 즐거워하였고, 한때는 건장했던 그의 육체가 완전히 쇠잔해져서 약해지고 말았다. 잦은 질병으로 고통을 당하고 고된 업무로 인해서 완전히 탈진 상태에 빠지기도 여러 차례였다. 그는 자신의 모든 것을 하나님의 영광을 위하여 사용하였다.

오웬은 고된 연구를 주장하였는데, 우리 중에 그 누구도 그것의 가치를 과소평가해서는 절대로 안될 것이다. 아마도 그의 작품들을 읽고 생각하거나 또한 간추린 요약들을 보면서 시대의 차이를 극복하는 연결에 있어서 도움을 입게 되어져서, 심지어 오웬이라는 사람을 전혀 들어보지 못했던 사람조차도 그 작품들을 큰 소리로 반복해서 읽을 것이며, 주님으로부터 배운 사람으로부터 깨닫게 되는 바가 많을 것이다.[14]

오웬은 뜨거운 가슴으로 사역했던 목회적인 신학자였다. 그의 전 생애를 걸쳐서 여러 주제들을 다루었는데 가장 역점을 두었던 것은 거룩한 생활과 신자들 사이의 단합이었다. 그의 말을 직접 들어보자.

내가 진실함을 갖기를 원하는 바 하나님을 향한 나의 가슴 속의 열망과 하나님의 선하신 섭리 가운데 위치한 나의 인생의 최우선적인 계획이 나를 지배해서, 자신을 죽이는 일과 보편적인 거룩함이 나의 인생에서, 다른 사람들의 길에서, 그리고 가슴들 속에서 증진되어서 하나님께 영광을 돌려드리기를 소망한다. 우리 주님과 구세주 예수 그리스도의 복음이 언제나 높임을 받게 될 것이다.[15]

오웬의 문체는 세미한 부분까지 주목해야 할 정도로 다소 성가신 부분들도 많고 비비 꼬는 것으로 낙인이 찍혀있다. 사실 오웬의 글은 시세로(Marcus Jullius Cicero, B.C.106-B.C.43)의 라틴어 문체로서 유려하고 장엄하고 광대하다. 오웬의 산문을 설교체적인 수사학적 문장으로 큰 소리로 읽어 내려가면 단어의 도치, 치환, 고어체 그리고 새로운 조어 등이 튀어나와서 다소 모호해지고 거슬리게 된다. 끝까지 읽은 사람은 오웬의 풍부함에서 나오는 시사점과 그의 집요함으로 기름진 자양분을 얻게 되는 것이다.

펠라기우스주의에 반대하기 위하여서 서양 신학의 삼위일체론적 전통을 배경으로 하고 있는 오웬의 신학 사상 전반에는 구원론적 관점과 구원론적 강조점이 들어있다. 스코틀랜드 에버딘 대학교에서 오웬에 대한 연구로 박사학위를 받고 미국 웨스트민스터 신학대학원에서 역사신학을 가르쳤고 지금은 그로브시티 칼리지에서 교수로 재직하고 있는 칼 트루먼 박사는 오웬의 중요성을 강조하고 있다. 오웬은 정통 개혁신학을 옹호하면서도 동시에 잉글랜드에 전개되던 단일 군주제 폐지와 근대적 입헌 군주제의 발전을 주도하는 입장이었다. 그럼에도 오웬의 신학이 완전히 무시당해 왔던 이유를 몇 가지로 지적한다.[16] 영국의 주요 대학교에서는 청교도 사상과 역사를 연구하되 신학적으로 저명한 인물이나 신앙적인 주제와 연관된 사상에 대해서는 경시하는 풍조가 매우 고조되어 있었다. 오웬은 보수주의 신학자들과 근본주의자들의 관심 대상이 되었기에 자유주의 신학자들이나 종교 관용주의자들이 기피하는 인물이 되고 말았다.

17세기 신학자들의 방법론이 어떤가를 살펴보면 역시 오웬에게서도 그러한 흔적을 발견할 수 있다. 오웬의 신학 방법론에는 유럽의 개혁파 스콜라주의와 일맥상통하는 매우 지식적인 논리, 즉 아리스토텔레스의 형이상학과 이성의 사용을 보게 된다.[17] 특히 여기서 조심해야 할 사실은 오웬이 이러한 지성주의적인 논증을 시도하더라도 그것은 어디까지나 신학의 근간을 세우고 평가하는 인간 이성과 논리를 무제한적으로 사용하려는 이성주의에 대항하여 자신의 논리를 방어하기 위해서라는 점이다. 여기서 오웬이 이성을 사용하는 신학의 한계를 지적한 부분을 살펴보면 일반계시는 객관적인 의미를 가지고 있지만 그것은 창조주로서의 하나님을 알 수 있을 뿐이며 구속주로서의 하나님은 알 수 없다는 것이다. 따라서 삼위일체 하나님은 오직 특별계시의 영역 안에서만 알 수 있으며 자연신학이나 이성을 통해서는 도달할 수 없다는 것이다.[18] 그런데 삼위일체 하나님을 알지 못한 이성이란 사실은 신학의 문제를 다루는 데 있어서 아무런 도움이 되지 못할 뿐만 아니라 믿음에 종속적으로 사용되어야만 어느 정도 유용하다. 오웬의 신학에서 이성주의는 결코 찾아볼 수 없다. 이성은 오직 신앙이란 전제하에서 사용할 수 있기 때문이다. 삼위일체를 다루는 신학이란 이성만으로서는 도저히 도달할 수 없으며, 그 교리는 전체 신학의 기본 구조를 이루고 있다. 오웬의 신학에서는 신론이 매우 광범위한 기초를 이루고 있다.

오웬의 구원론적인 방법론은 창조주와 피조물 사이의 엄격한 구별을 강조하는 언약 사상과 토마스 아퀴나스주의자들의 형이상학적 구조가 적합하게 재구성되어 있다. 섭리론에서 오웬은 모든 사역을 삼위일체 하나님의 외적 사역으로 이해하고 있는 바 구원과 예정에 있어서 성육신의 중심성에 강조를 두고 있다.

그리스도의 성육신은 그의 인격과 사역을 보여주는 매우 중요한 요소이며 정통 기독론에서 중요하게 취급하던 주제였다. 오웬도 역시 기독론의 역동성과 풍성함에 대해서 많은 강조를 하고 있는데, 이런 교리들은 거의 다 영원한 구속 언약과 역사적 발전을 균형있게 이해하는 가운데 제시되고 있다.

오웬의 신학을 잘못 이해하고 곡해하는 견해도 없지 않다. 알란 클리포드(Alan C.Clifford)가 쓴 최근 저술에 보면 청교도 신학자들, 특히 오웬의 신학 사상에는 새로운 통찰력이나 바른 이해를 제시하는 것을 전혀 찾아볼 수 없다고 비판했다.[19] 그러나 클리포드가 설명하는 오웬의 신학은 존재하지 않는다. 그는 여러 해석자들의 글에서 인용된 2차 자료만을 근거로 다루고 있기 때문이다. 진정으로 오웬의 핵심을 인용하여 설명하지 않고 있다.

계몽시대 이후로 자유주의, 신자유주의, 포스트모더니즘 등 이론적인 개발에만 몰두하는 너무나 한심한 신학자들이 많다. 다만 그의 의도는 신청교도 근본주의를 배격하려는 전제를 성취하려는 의도에서 나온 것일 뿐이다. 클리포드의 주장은 주로 최근에 쓴 저술들에서 17세기 신학을 비판하는 브라이언 암스트롱(Brian Armstrong)과 켄달의 논지에 근거하고 있어서 후기 개혁파 스콜라주의자들은 이성적이며, 귀납법적이고, 아리스토텔레스적인 예정론자들이라고 비판하는 입장을 취하고 있다. 이들 일단의 학자들은 칼뱅과 칼뱅주의자들을 따로 나눠서 검토하려는 전제를 갖고 있다. 후기 칼뱅주의

자들에게서는 잘못된 것들이 많고 오직 칼뱅에게는 진정한 신학을 찾을 수 있다는 것이다. 클리포드가 제시하는 칼뱅 이후 가장 긍정적인 역할을 했던 영국 개혁신학자들로는 리처드 백스터, 존 틸로슨(John Tillotson, 1630-1694), 그리고 존 웨슬리(John Wesley, 1703-1791)이다. 그러나 클리포드의 가설은 매우 잘못되었다.[20]

4. 그리스도의 영광

예수 그리스도 안에서 나타난 하나님의 풍성하심과 영광이 가장 중요한 성경의 가르침이라고 말할 수 있다. 오웬을 청교도 신학의 최고 학자로 존중하는 것은 정통 신학을 물려받으면서도 청교도에게 큰 도움을 주는 성경적인 해석을 제시했기 때문이다. 특히 오웬의 저술을 읽으면 모든 개념이 명쾌하고 무엇을 이해해야만 하는지를 명료하게 파악하게 된다. 그는 왜곡된 해석들의 문제점이 무엇인가에 대해서 혼돈을 극복하게 해 준다. 오웬은 그 누구도 제시하지 않았던 독창적인 사상이나 학설을 제시하는 데 주력한 학자가 아니다.

오웬은 우리에게 현대 자유주의 신학자들이 잊고 있는 기독론의 본질을 제시해 준다.[21] 오웬의 신학적 출발은 기독론이었다. 그의 신학적인 서술의 핵심에는 예수 그리스도에 관한 인식이 확고하게 자리하고 있다. 그가 기독론에 관한 성찰에 충실하고자 노력했던 것을 알 수 있다. 오웬은 자신의 신학에 대해서 설명한 부분을 보면 기독론적인 안목이 가장 두드러진다. 그는 다음과 같이 네 가지로 기독론을 다루고 있다.

1. 하나님의 아들에 있어서 인격적인 본질에 대한 우리의 본성에서 본 탐구
2. 두 본성이 하나의 인격에 연합되는 것에 대한 것
3. 이들 구별된 신성과 인성, 두 가지 인격들의 상호 교류

4. 연합과 교통에서 추론한 그리스도의 인격에 관한 선언들 혹은 단정들[22]

오웬의 기독론에서 첫째 주제는 그리스도의 인격이다. 그리스도는 성육신하신 분이다. 우리 인간의 본성을 택하여 입고 오신 분이다. "전에는 육체도 아니요, 사람도 아니었던 분이 이제는 육체를 취하셨는데 우리와 똑같은 몸을 입으셨다."[23] 바로 여기서 두 본성의 연합인 가설적 결합이라는 이론을 설명한다. 그리스도 안에서 이루어진 두 본성의 연합은 삼위일체의 연합과는 다르다. 또한 우리 인간이 가진 정신과 육체의 결합과도 다르다. 정신과 육체는 연합하여 완전히 하나의 인격체를 구성하고 있다. 그러나 예수 그리스도 속에 결합된 두 본성인 신성과 인성은 연합 이후에도 각각의 본성이 완전히 남아있는 연합이다. 우리 인간은 영혼과 육체가 결합하여 하나의 새로운 인격체로 탄생하는데 그리스도는 그 안에 인성을 택하여 취하신다 하더라도 새로운 인격자가 되는 것이 아니다. 그리스도는 두 본성이 결합하여 새로운 제3의 본성으로 혼합물이 되는 것이 아니다. 그리고 한 본성이 다른 본성으로 변화되는 것도 아니다. 그리고 그리스도와 성도들 간의 연합과도 다르다. 이와 달리 네스토리우스는 그리스도를 양성 이중적 존재로 설명하여 그리스도의 한 인격을 두 인격으로 분리시키고 만다.

그리스도의 모든 사역에는 그의 신성과 인성이 동시에 참여하고 간여한다. 그리스도는 중보자로서 양편의 모든 성품이 그분 안에 있다. 현대 신학자들의 기독론에 보면 이러한 두 성품의 연합과 상호 교류에 대해서 '정신과학적인 분석'을 시도하여, 그의 인성부분은 신적인 역할을 하는데 있어서 적합하지 않았다는 판단을 하는데 이것은 매우 적합치 않다. 오웬은 하나님과 인간이신 그리스도에 관하여 네 가지 성경적 기초를 제시한다.

첫째, 그리스도의 인성은 모든 참된 종교와 예배의 직접적인 원인이다. 하나님은 그리스도 안에서 그의 영원하신 지혜, 진리, 선하심, 권능을 유일하게 보여주셨고, 그리하여 하나님이 영원토록 영광을 받으셔야만 하며 존귀

하게 되셔야 한다."²⁴

둘째, 그리스도의 인격은 하나님의 모든 구원 목표들의 기초이다. 교회의 성화와 구원을 위한 하나님의 목적들은 하나님의 영광을 드러내게 하려는 것인데, 이것을 그리스도의 인격 안에서 나타내셨다. 그리스도와 함께 모두 다 효력을 발휘하게 만드셨다. 모든 목적들은 '그리스도 안에서, 그리스도와 함께' 이루어진다.

셋째, 그리스도의 인격은 하나님과 그의 뜻의 위대한 계시이다. 그리스도는 하나님의 가장 영광스러운 부분들을 우리에게 하나의 복된 방식으로 드러내신 것이다. 그리고 하나님의 뜻의 전체를 드러내신 것이다.

넷째, 그리스도의 인격은 그의 사역의 기초이며, 우리 구원의 기초가 된다. 오웬의 사상에 있어서 매우 중요한 부분이다. 그는 그리스도의 인격이 어떻게 우리와 하나님 사이의 교통의 통로가 되어질 수 있는지를 논증한다. 중보자와 구세주의 역할을 하려면, 주님의 독특한 인격이 있어야만 했음을 강조한다.

오웬의 기독론에서 두 번째 주제는 그리스도의 직분이다. 오웬은 디모데전서 2장 5절을 근거로 하여 하나님과 사람 사이의 유일한 중보자라는 점을 그리스도의 사역의 핵심으로 강조한다.²⁵ 그리스도는 하나님에 의해서 중보자로서 지명을 받았다. 이를 수행하는 그리스도는 영적인 은사들과 은총을 부여받았다. 그리스도는 이 직분을 기꺼이 수납하시고 중보자의 직분을 수행하고자 원하셨다.

오웬의 기독론에서 세 번째 주제는 그리스도의 사역이다. 현대 기독론에서는 잘 다루지 않기 때문에 오늘날 교회에서 자주 간과해 버리는 부분이기도 해서 우리가 오웬에게서 배워야 할 내용이다. 오웬은 그리스도의 삶에서 순종을 가장 중요한 내용으로 제시하였다. 하나님의 뜻에 따라서 그리스도는 자신을 드렸으며 하나님의 모든 율법에서 요구하는 것들을 완전히 성취하기 위해서 순종하였다.²⁶ 오웬은 로마서 5장 18절에서 19절 "그런즉 한 사람으로 많은 사람이 정죄에 이른 것같이 의의 한 행동으로 말미암아 많은 사람이 의롭다 하심을 받아 생명에 이르렀느니라 한 사람의 순종치 아니함으로 많은 사람이 죄인된 것 같이 한 사람의 순종하심으로 많은 사람이 의인이 되리라"는 말씀을 매우 중요한 근거 구절로 삼았다.

첫째로, 주님의 순종은 모든 율법의 요구들, 그것이 자연의 율법이든지, 도덕적 율법이든지, 제사법적인 것이든지, 재판상의 율법이든지 이것을 성취하고자 이 땅에 오신 분이시다. 둘째로, 주님은 중보자로서 자신에게 요청된 모든 것을 실행하였는데 이것은 우리가 흉내조차 낼 수 없는 것으로 십자가에서 죽으시는 일을 하였다.

그리스도의 죽으심은 값을 치루는 것이며 구원이 효력을 발휘하였다. 구원의 본질은 값을 치르심으로서 멍에 혹은 갇혀 있던 것으로부터의 자유함이다. 우리를 자유케 만든 대가는 그리스도의 보혈이다. 그리스도의 죽음은 희생이며 그 효과는 화해와 속죄이다. 화해는 양쪽의 우정을 다시 새롭게 하는 것이다. 그리스도의 죽음은 처벌이며 그 효과는 성화이다. 우리가 하나님께 대해서 지고 있던 빚을 예수께서 저주를 받으심으로써 이제 우리는 그 저주로부터 벗어나게 되었다. 갈라디아 3장 13절에 "그리스도께서 우리를 위하여 저주를 받은 바 되사 율법의 저주에서 우리를 속량하셨으니"라고 말씀하였다. 고린도후서 5장 21절에서는 "하나님이 죄를 알지도 못하신 자로 우리를 대신하여 죄를 삼으신 것은 우리로 하여금 저의 안에서 하나님의 의가 되게 하려 하심이라"라고 분명히 증언한다.

그리스도의 사역의 목표는 하나님의 영광이다. 이 목표를 위해서 하나님의 영광스러운 품성들, 특히 그의 의로움 그리고 의로움에 기초를 둔 자비하심을 우리에게 나타내셨다. 이 의로움을 우리가 얻게 하고자 그리스도께서 죽으셨고 그리스도의 의를 우리에게 전가시켜 주신 것이다. 그리스도는 자신이 성취한 모든 혜택을 그의 백성에게 적용하고자 하신다. 그리스도의 봉헌은 모든 믿는 자의 대표로서 하늘에서 계시면서 죄를 위해서 흘리신 보혈을 효과적으로 만드신다. 중보자의 본질은 영광 가운데서 권위을 가지신 주님을 제시하심으로써 드러내셨다. 우리의 의로움으로써 그리스도의 순종하신 삶의 교리는 정통 교리이며 성경적으로 확실한 교리이다. 중보자로서의 사역과 칭의 사역은 그리스도의 죽으심과 살아나심의 연합으로 드러났다.

이러한 오웬의 기독론은 하나님의 모든 뜻을 계시하는 자로서 그의 영광과 충만하심을 드러냄으로써 그리스도를 우리의 구세주로서 예배하고 우리의 생애를 걸쳐서 붙잡도록하는 것이다. 오웬의 기독론은 우리가 그리스도에 대해서 얼마나 미약하게 알고 있는지를 깨우쳐 준다. 이와 같은 겸손한 바울 사도의 고백을 빌립보서 3장 8절에서 발견한다. "모든 것을 해로 여김은 내 주 그리스도 예수를 아는 지식이 가장 고상함을 인함이라 내가 그를 위하여 모든 것을 잃어버리고 배설물로 여김은 그리스도를 얻고 그 안에서 발견되려 함이니." 오웬의 기독론은 또한 빌립보서 3장 13절에서 14절에서 "형제들아 나는 아직 내가 잡은 줄로 여기지 아니하고 오직 한 일 즉 뒤에 있는 것을 잊어버리고 앞에 있는 것을 잡으려고 푯대를 향하여 그리스도 예수 안에서 하나님이 위에서 부르신 부름의 상을 위하여 좇아가노라"라고 고백하는 심정을 본받게 한다.

5. 성령의 교통하심

오웬은 종교개혁이 발생한 지 150년이 지난 후에 성령론을 발표했다. 따라서 그는 개혁신학의 발아와 진행과 찬란한 꽃봉오리 등을 모두 평가할 수 있었다. 그리고 그것들을 17세기 청교도 신앙인들의 사회 생활 속에다가 적용시켰다. 그는 종교개혁이 복음의 재발견에서 가장 핵심적인 것은 성령의 지위, 인격 그리고 권능이라는 점을 확신하게 되어졌다. 성령론은 개혁주의 기독교의 확실한 차이점을 만들어낸 것이다.

이런 점에서 적어도 오웬은 16세기 말 예수회 선교사로서 영국에서 활동했었으며 저술로도 상당히 유명했던 에드문드 캠피온(Edmund Campion, 1540-1581) 과 같은 신학자와 같이 물론 전체 신학적 입장은 서로 판이하게 다른

관점을 갖고 있지만, 적어도 성령론이 중요하다는 사실에 있어서는 일치하였다.[27]

나보다 앞서서 성령의 사역과 효과와 같은 전체 경륜을 드러내는 의도에서 저술된 것이 없다는 것을 알게 되었을 때... 나의 작업의 어려움이 가중되었고 그리하여 주제의 본질로 요구되며 목표되고 있는바에 대해서 하나의 방법이나 규칙적인 제시를 하지 못한다 하더라도 나의 실수에 대해서 변명의 여지가 있음을 이해하기 바란다.[28]

글을 쉽게 보관하는 컴퓨터 시대인 오늘날에도 1200 페이지에 달하는 방대한 성령론을 쓴다는 것은 결코 흔한 일이 아니다. 이 책은 후대의 학자들로 하여금 감탄을 자아내게 하였다. 스미튼(George Smeaton)은 이 책이야말로 성령에 관해서 쓴 가장 탁월한 저술이라고 극찬을 아끼지 않았다.[29] 카이퍼(Abraham Kuyper, 1837-1920)는 그 누구의 저술로도 능가할 수 없으며 비교할 수 없는 압권이라고 높이 평가한다.[30]

오웬은 종교개혁의 정수를 드러냈던 칼뱅의 신학에서 매우 중요한 근본적인 진리는 성령의 신학이라고 생각했고, 나중에 워필드(Benjamin Breckinridge Warfield, 1851-1921)가 이해한 것처럼 칼뱅을 성령의 신학자라고 인식하였다. 성령론이야말로 종교개혁의 신학에서 가장 독특한 부분이라고 확신하였는데, 정곡을 간파한 해석이다.

이렇게 성령론이 중요하다는 이유는 과연 무엇이며, 그것이 과연 정당하고 옳은 판단이라고 할 수 있을 것인가? 성령의 사역에 대한 종교개혁자들의 강조는 구원을 로마가톨릭의 손에서 빼내오는 것과 같은 기능을 하게 되기 때문이다. 구원은 하나님의 주권에 달려 있으므로 상하 구조로 이루어진 성직자들의 집단인 로마가톨릭으로부터 하나님 자신에게로 원위치시키게 되는 것이다. 구원은 비록 사람이 도구로 사용되고 있지만, 전적으로 하나님의 사역에 달려있음을 잊어서는 안 된다. 이것이 오웬이 깨닫고 지켜 나가고자 했던 개혁신학의 정수였다.

성령론을 저술하게 된 세 가지 이유를 지적하고 있다. 첫째로, 오웬은 그때까지도 성령에 대해서 완벽하게 소개하는 책이 별로 없다는 점에 착안하였다. "나는 성령의 효력이나 역사하심이나 부수적인 행하심을 다루면서 성령의 전체 사역을 제시하고자 쓰여진 저술이 내 이전에는 전혀 없다는 것을 알았다."[31] 그리하여 그가 처음 저술한 『죽음의 사망』이라는 책에서 그리스도의 속죄 범위에 관하여 작성하던 20대 후반으로부터 나이가 두 배나 되는 무렵에 성령론을 쓰게 되었다.

둘째로, 아주 실제적인 목적 때문이었는데, 오웬의 성령론은 당대의 신학적인 논쟁에서 성령에 관한 사상들이 잘못 가르쳐지고 있는 것을 고치려는 의도에서 쓰여졌다. 그는 당대의 이성적인 신학과 성령론에 대해서 전혀 아무런 여지를 남겨두지 않는 인본적인 신학에 대해서 묵과할 수 없었기에 성경적인 성령론을 제시하고자 했던 것이다. 인간의 자율성이라는 착각에 사로잡혀서 거기에서만 무엇인가를 기대하고 자꾸만 이성 중심으로 흐르고 있었던 것이다. 그래서 합리적이고 자연적인 기독교가 초자연적인 은혜를 대체하는 것이 당연한 것으로 받아들여지던 시대의 무지를 깨우치고자 했다.

셋째로, 다른 한편에서는 비성경적인 성령주의자들에 대항하고자 했다. 성령 사역의 직접성에 비중을 두면서 개인적인 성령의 계시를 강조하는 무리들이 있었다. 이들은 성경의 중요성을 약화시켜 버렸고 소위 성경의 그리스도를 능가하는 '내 속에 있는 그리스도'를 주장하였다. 또한 하나님의 말씀의 빛 위에 있는 '내적인 빛'을 추구하고 있었다.

오웬은 성령의 중요성을 강조한 나머지 성경의 위치를 약화시키다가는 마침내 성경을 폐기처분하고 말 것이라고 판단하였다. "성령을 아주 말씀으로부터 분리시키려고 하는 자는 자신의 성경을 태우는 것이 좋은 것이라고 생각하는 자와 같은 것이다."[32]

칼뱅이 디모데의 신앙에 관하여 언급한 바와 같이, 오웬도 어머니의 젖을 먹으면서부터 경건에 관하여 익히고 호흡하였다. 하지만 자신이 훗날에 경험한 바에 의해서 배운 바가 많았는데 그가 깨달은 것은 '진리의 지식'과 '진리의 능력에 대한 지식'과는 차이가 있다는 사실이었다. 오직 '능력 있는 진리'만이 정말로 중요한 것이다. 그런데 이런 영적인 것은 오직 성령의 능력으로만 알게 된다.

오웬의 전기 작가들이 지적하는 것은 젊은 시절에는 그가 하나님의 은총에 대해서 개인적인 확신을 갖고 있지 못했으며 그런 상당한 세월 동안 그가 신앙적인 확신의 문제로 어려움을 겪었다고 적고 있다. 오웬은 청교도 신학을 확신하던 집안에서 성장하였다. 그는 자신의 집안에 관한 이야기를 남긴 적이 거의 없는데 한 곳에서는 자신의 아버지에 대해서 '한평생 성공회와 타협하지 않았던 목사요, 하나님의 포도원에서 고통스러운 수고를 마다하지 않았다'고 회고한 바 있다. 따라서 자신도 그러한 수고를 감당하려 하고 있음을 언급한 것이다.[33]

오웬이 이런 성령의 은혜를 확신하고 깨닫는 체험을 하게 된 것은 성령의 사역 패러다임을 알게 되면서부터다. 성령은 주권적으로 사역하고 그리스도 중심적이며 성경적으로 사역한다는 것이었다.[34] 따라서 오웬은 광범위하게 박식한 신학자라거나 논객으로 생각해서는 안 된다. 그는 진실된 신자로서 성령에 관하여 저술한 체험적 신앙인이었다.

6. 개혁파 독립교회

신학자들이 하나님의 구원 사역에 대해서 확고하게 깨달은 바가 클 때 당대의 기독교 사회에 미치는 영향은 매우 크다. 하나님께서는 오웬을 사용하셔서 당대의 현실 문제에 관한 선지자로 삼으셨다. 오웬은 타협을 거부하여 고난의 길을 자초한 목회자요, 신학자였다. 시대마다 많은 희생자들이 기독교 신자들 가운데서 나왔다. 독일 히틀러 통치 시대에 나치즘(Nazism)은 종교를 가장 배척하고 경멸했다. 히틀러(Adolf Hitler, 1889-1945)는 자신의 인기를 위해서 때로는 루터파 지도자들과 헬라 정교회 대표자들을 초대하여 국민에게 선전하기도 했다. 이를 거부한 사람은 모두 감옥에서 고생하거나 추방되었다.[35]

오웬의 시대에 영국 청교도 내부에서 신학적 갈등이 빚어진 것은 교회정치 제도에 관한 견해 차이가 심각해졌기 때문이었다. 이러한 현상이 빚어진 이유는, 종교개혁 후기 개신교회의 쇠퇴기에 접어들면서 일어나는 혼란된 정서에서 비롯된 것이라고 볼 수 있다. 청교도들이 국가교회 체제와 싸울 때에는 너무나 부패하고 타락한 영국 국교회의 문제점이 한심하기 이를 데 없어서, 국민들의 지지와 열렬한 성원을 받았다. 성공회는 오랜 귀족 사회에 적합한 체제였으며, 이는 평민들과 하층 서민들의 종교가 아니었다. 이점은 프랑스나 이탈리아에서 로마가톨릭을 배척하게 된 이유와 다를 바 없었다.

오웬은 당시에 새롭게 전개되는 정치적인 양상을 매우 주의 깊게 간여하고, 때로는 고언을 아끼지 않았던 의회파 개혁 진영의 열렬한 지지자였다. 따라서 그는 고상한 종교적 명문가의 후계자가 되어서 마치 귀족처럼 누릴 수 있는 제도적 특권과 안정된 생활이 보장되는 모든 특전을 박탈당하고 말았다. 오웬은 기본적으로 장로교회 제도를 지지하는 목회자였지만 논쟁이 있을 때마다 점점 회중교회 제도를 지지하는 쪽으로 기울었다. 당시 국가교회 체제로 묶어 놓으려는 성공회의 입장에 반대하는 사람들이 많이 늘어나고 있었으며 이러한 사상을 모아서 「목사들과 지도자들의 의무」라는 책으로 펴냈다.

오웬이 전국적으로 유명하게 된 것은 1646년 의회에서 설교하게 되면서부터다. 이날 오웬은 자신의 회중교회적인 의지를 강하게 선포하였다. 오웬의 이날 설교는 이미 자신의 교회 정치관을 잘 드러낸 저술『교회정치에 대한 사상들』(*Thoughts on Church Government*)속에 포함되어 출간되었다. 1646년까지 에섹 지방의 포드햄에서 살면서 결혼도 하고, 후에 11명의 자녀를 낳아 기르면서 어려움을 많이 겪었다. 에섹 지방의 코게샬(Coggeshall) 장로교회에서 청빙을 받았지만 회중교회를 개척하였다.

여기서 우리는 같은 시대를 살았던 리처드 백스터와 존 호른(John Horne, 1602-1684) 같은 탁월한 지도자들이 존 오웬과의 갈등이 있었음에 대해서 생각해 보자. 코게샬에서 회중교회 목회를 하던 1648년 오웬은 대학 교육을 받지 않은 백스터와 논쟁을 하게 되는 데 오웬의 저술이 상당히 반율법주의 경향을 갖고 있다는 비판을 받았기 때문이다. 칼뱅주의자들 사이에 아주 흔하게 벌어지던 논쟁이 바로 반율법주의 논쟁이다. 청교도 신학에서 가장 중요한 논쟁이라서 다음 장에서 자세히 다룰 것이다.

오웬은 "구원은 거룩하신 예수 안에서의 선택이다"(*salus electorum, sanguis Jesu*)는 논지의 글을 발표하였다. 오웬은 일찍이 당대의 소장 학자로서 네덜란드에서 벌어진 칼뱅주의자들과 알미니안주의자들의 논쟁을 잘 파악하고 있었다. 1642년 『알미니안주의의 해부』(*The Display of Arminianism*)을 준비했고 런던에서 다음해에 출간하여 철저하게 칼뱅주의 신학에 의지해서 교회를 지키고 알미니안주의가 침투하지 못하도록 주력하였다.

이 무렵 오웬은 매우 위급한 처지에서 관용을 발휘하도록 설득과 기지를 발휘하기도 했다. 왕당파의 한 귀족이 오웬이 살고 있던 도시에서 청교도 지도자들을 감옥에 가두는 만행을 저질렀고 이를 응징하려고 의회파 군대의 지도자였던 페어팩스가 도착했다. 그는 에섹 지방의 코게샬 감옥에 갇힌 의회파 지도자들을 구출하라는 명령을 받고 왔던 것이다. 코게샬은 에섹의 상업 중심지역으로 약 5마일 거리에 떨어져 있는 시골 도시인데, 그곳에 장군이나 귀족이 머물면서 핵심 기지로 사용하고 있었다. 바로 여기에 오웬이 섬기던 회중교회가 있었는데 약 2천 명의 성도들이 모여들었다.[36] 찰스 1세의 통치 말기에 뜻하지 않은 양측의 대립 속에서 만행이 벌어졌다. 왕의 친구였던 귀족이 이 클로체스터 감옥에다가 이 지역 의회의 지도자들을 감금하였던 일을 알게 된 의회파에서 페어팩스 휘하에 군대를 보내서 구출하려 했던 것이다.

오웬은 급하게 편지를 보내서 종교가 다르다고 핍박을 하는 것은 절대로 안 된다고 페어팩스 경을 설득하면서 관용을 주장했다. 의회파 군대가 약 10

주 동안 코게샬을 포위하고 있었는데 아마 오웬은 성안에 있었던 것 같다. 그는 "위험에 처한 관찰자"라고 자신을 묘사하면서 두 번의 주일 설교를 했다. 만일 성 밖에 있는 포위군이 이기면 청교도는 살아날 것이지만, 성 안에 있는 왕당파 군대가 이기면 감옥에 갇힌 지도자들이나 청교도 성도들은 어떤 일을 당해야 할지 모르는 위험한 처지였다. 이런 긴박한 상황 속에서 맞이한 첫 번 째 주일날은 추수감사절이었는데, 성 안에 있는 클로체스터의 병사들에게 항복하라고 부탁하는 설교였다. 두 번 째 주일날에는 그들이 구출되고 난 후에 맞이하는 날이었다. 럼포드(Rumford)에 있던 의회파 모임에서다. 이 설교는 하박국 1:1−9절을 본문으로 한 것으로 훗날 출판되었다.

1649년 1월 30일 찰스 1세 국왕이 살인자요 폭군이라는 의회파의 선고를 받고 처형되었다. 바로 그 다음날 오웬은 의회에 설교자로 초빙을 받아 매우 인상깊은 설교로 감동을 주었다. 예레미야 15장 19절에서 20절을 본문으로 하여 "하나님의 보호하심에 의해서 격려를 받는 의로운 열정"(Righteous Zeal Encouraged by Divine Protection) 이라는 제목으로 설교했다. 전날의 사건에 대해서는 단 한마디도 언급하지 않은 채 남용과 과용과 불법을 다스리시는 하나님의 진노와 정의에 대해서만 선포했다. 특히 종교의 잘못이나 실수는 사회의 안정을 해치지 않는 한 절대적인 자유를 누려야 한다고 강조하였다. 세상의 권세와 국가의 권력이 종교의 영역을 침범해서는 안 된다는 신념을 지켜나가자고 강조했다. 물론 세상을 어지럽히고 질서를 파괴하는 것은 세속 정부의 통제를 받아야 마땅하다. 오웬이 강조한 기독교 국가의 이상적인 정책들은 일찍이 스위스 북부 취리히의 종교개혁자 츠빙글리에게서도 발견되는 것이다.

이러한 설교가 계기가 되어서 오웬은 올리버 크롬웰과 만나게 되었고, 스코틀랜드 귀족들이 의회 정치를 거부하여 크롬웰과 전투를 할 때 군목으로 참가하여 설교하였다. 아일랜드 전투에도 역시 크롬웰을 지지하여 함께 동행하였다. 1657년 오웬은 가장 훌륭한 경건 서적을 출간하였다. 옥스퍼드 대학교 부총장으로 있던 시절에 설교했던 것을 모은 것이다. 이것은 최고위직에 관련된 일을 하면서 하나님과 가까이 하면서 살아갔던 산 증거이기도 했다. 이 경건을 추구하는 그의 작품 속에는 하나님과 인간 사이의 구별된 교통이 잘 풀이되어 있는데 우리를 푸른 초장과 쉴 만한 물가로 인도하기에 충분한 내용들로서 하나님 안에서 그리스도와 함께 하는 그리스도인의 감추어진 생명의 샘물과 영원히 마르지 않는 복음의 축복이 잘 설명되어 있다.

이러한 활약에 힘입어서 1651년 의회파가 승리한 후에 하원 투표에 의해서 장로교회 지도자였던 레이놀즈 박사를 제치고 옥스퍼드 대학교의 학장 즉 "그리스도의 교회"(Christ's church) 교수회장으로 선임되었다.[37] 오웬의 탁월한 행정력은 혼란스러웠던 옥스퍼드 캠퍼스에 눈부신 업적을 남겨 놓게 된다. 최고의 학자들을 초빙하여 대학 강의를 맡게 하는 한편 경건과 신앙심을 고취하였다. 물론 일반 교육수준을 크게 높이는 등 대대적인 개혁을 단행하였다. 많은 인재들이 큰 감동을 받고 배출되었다. 1652년 부총장이 되었고 다음해 영국 해군이 화란의 함대를 무찌르고 드리는 추수감사 예배 시에 의회에서 설교하였다. 1658년까지 이 영향력 있는 자리에서 많은 설교와 저술을 발표하였다. 그는 종교의 자유와 관용을 강조하였다. 유대인들을 다루는 일에 관한 회의에도 참가하였고, 신학적으로는 삼위일체를 왜곡한 소시니언주의자들의 속죄론이 만족설을 약화시키는 입장에 서있음을 발견하고 이를 배척하는 논문을 발표하였다.

하지만 오웬은 왕의 호칭을 거부하던 올리버 크롬웰이 '백성의 보호자'(Lord Protector)라는 이름을 수여 받으면서 마치 왕처럼 대관식을 거행하려 하자, 이에 대해서 반대하여 마침내 청교도 주류 진영을 떠나고 만다. 1658년 런던 '사보이 총회'에서 독립교회 지도자들의 모임을 주선하였고 신앙고백서를 따로 작성하고 오웬이 서문을 썼다. 그러나 올리버 크롬웰의 죽음으로 인해서 오웬의 생애는 급작스런 변화를 겪게 되었다. 옥스퍼드 대학교 총장의 자리는 다시 레이놀즈 박사로 교체되었다.

오웬은 신대륙 뉴잉글랜드에서 장로교회가 회중교회를 핍박하는 일이 발생하자 이를 격렬하게 항의하였다. 보스톤의 교회에서나 하버드 대학의 총장으로 부름을 받았을 때도 이를 지적하면서 수락을 거부하였다. 더구나 오웬의 철저한 비타협적 자세는 다른 독립교회주의자들과 견해 차이가 컸다. 결국 교회 체제는 독립적이지만 칼뱅주의 신학을 기초하는 청교도 교회로 발전시키고자 했던 오웬의 꿈은 이루어지지 못하고 말았다. 독립파 교회들의 변화를 구체적으로 실현하지 못하고 말았다. 크롬웰 시대에 잉글랜드에서 청교도 교회를 이끌어 나가고 있던 주도적인 목회자들은 거의 다 칼뱅주의자들이었다. 그들은 장로교회 제도를 약간 변형시켜서 유연하게 운영하거나 회중교회를 포용하는 제도적 개선책을 삽입하는 포용력을 발휘하지 않았다.『웨스트민스터 신앙고백서』의 근본적인 수정에 있어서도 소극적이었고 회중교회들을 수용하려는 의지보다는 경쟁적으로 상대했기에 더이상의 영향력을 발휘하지 못했던 것이다.

훗날 공화정 시대가 끝나고 왕정복고가 실현되어서 찰스 2세가 다시 등장하게 되자 청교도는 박해를 받게 되는 어려운 상황이 재현되었다. 1673년 리처드 백스터의 제안으로 장로교회와 독립적인 회중교회들이 연합하자는 운동에 오웬은 적극 찬성하였다. 백스터는 그동안 오웬의 비타협적 독립교회 제도에 철저히 반대 입장을 견지하던 청교도 지도자였다. 그런가 하면, 오웬은 로마가톨릭처럼 상하 관계가 형성되는 교회의 교구 제도에 극렬히 반대하였다. 오웬은 한 교구 내에는 그 지역을 담당하는 하나의 교회만을 세우되 이를 노회 단위로 모이게 하는 일에도 반대하였다. 이에 관한 많은 설교 원고와 강좌 원고가 남아있다. 오웬은 개신교 진영의 교회들이 연합하는 일은 매우 절실하였던 과제라는 점을 잘 알고 있었다. 언제나 국가 전체의 공적인 일에 관여하여 왔던 오웬이었기에 그는 즉각적으로 장로교회와 회중교회의 연합을 환영하면서 참여하였다. 하지만 1571년 의회는 비국교도들에게 관용을 허용치 않는다고 발표하여 결국 청교도들에게는 고난과 어려움을 안겨주었다.

7. 교회 분열의 문제

이제 우리는 오웬의 신학적인 특성을 보여주는 중요한 주제를 다루고자 한다. 마틴 로이드 존스 박사가 오웬 신학의 핵심으로 다뤘던 교회의 '분열'에 대한 것이다. 오웬이 처한 시대는 국가교회 체제를 갖춘 장로교회와 회중교회, 더 자유를 원하는 독립교회 사이의 교회정치에 관한 논쟁이 치열하던 시기였다. 이것을 교회의 분열로 보지 않고 상호 교류를 선언하는 신학적인 협의를 도출하도록 오웬은 매우 큰 업적을 남겼다.

앞에서 잠깐 언급한 바와 같이 오웬은 1658년 '사보이 총회'라고 알려진 독립교회 운동을 위해서 그 자신도 참여하는 새로운 신앙과 교회 제도에 관한 신앙고백서를 준비하는 독립교회 지도자들을 만나서 많은 도움을 주었다. 하지만 크롬웰의 죽음과 찰스 2세의 왕정복고로 1661년에 모인 '사보이 회합'은 전혀 다른 방향으로 흐르고 말았다.[38]

독립교회는 날로 숫적으로 증가하고 있었고 성공회를 떠나서 자유로운 교회를 세우는 것이 바람직하게 보여졌다. 크롬웰은 자신의 집무실과 같은 곳에서 이런 모임이 있는 것을 거부할 수 없었다. 그는 이미 『웨스트민스터 신앙고백서』를 만드는 과정을 지켜보면서 질투심과 염려를 동시에 느껴 보았기 때문이다. 하지만 이미 10여 년 전에 강력하게 독립교회를 희망하는 성도들은 새로운 땅 뉴잉글랜드(미국)를 향해서 떠나갔다. 남아있던 사람들 사이에 장로교회, 독립회중교회, 침례교회 등에 신앙의 자유가 주어진 것은 1645년 무렵이었다.

'사보이 총회'에 각 교파에서 파송된 대표들은 모두 200여 명으로, 크롬웰의 궁정 관리들이 모임을 가졌던 왕궁내의 중요한 장소에서 회집되었다. 그곳은 원래 사보이 공작(the Duke of Savoy)이 살던 궁전이었다가 병원으로 쓰여졌던 건물이다. 회의 기간 동안 오웬과 토마스 굿윈이 아침마다 선언할 교리의 기초를 미리 준비하여 총회 참석자들 사이에 토론하도록 하는 책무를 맡았다. 여기서 토론된 교리들은 대체로 『웨스트민스터 신앙고백서』의 내용을 그대로 수용하는 것이다. 오늘날 목회자들이나 성도들이나 모두 다 자신들의 정서를 반영하는 이 공적인 문서의 중요성을 간과할 때가 많다. 사보이 총회에 관한 발표문의 서문은 오웬이 작성한 것으로 보이는데 이 모임의 경건한 분위기는 정말로 진지하고 순수하였음을 전하고 있다. 그전에는 전혀 이런 종류의 모임에 참여한 적이 없다고 말할 만큼 매우 품위 있고 신앙적인 것이라고 평가받는다. 사보이 총회에서는 장로교회와 회중교회와의 차이점에 대해서 같은 동료 봉사자들이라는 것 외에는 차이가 없다고 선포하였다. 이것은 경건한 회의의 자연스러운 결과였다. 다른 교회들을 향해서 하나의 몸과 머리를 함께 섬기는 자들이라고 포용하는 말을 하게 된 것이다. 건전한 신앙을 갖고 있고 회심을 체험한 성도들로 구성된 교회들은 서로 교류하는 것을 금지해서는 안된다고 강조했다. 비록 각 교회들이 교회 정치와 질서를 서로 다르게 설명하고 있다 하더라도 상호 교제가 있어야만 한다.

교회는 바른 믿음을 가진 사람들과 건전한 대화를 하는 사람들로 구성되어지는데, 비록 그들이 모두 다 하나의 교회 제도와 규칙에 따라서 모든 것을 처리하지 않는다 하더라도 서로 대화하는 것을 거부해서는 안 된다. 『사보이 선언』이 이들 독립파 교회 지도자들 사이에서 보편적으로 채택된 것은 아니다. 하지만 이 고백서의 초판이 출간됨으로써 영향이 커지게 되었다. 적어도 교단적인 차이보다는 교회의 본질적인 통일성에 대해 확실한 주장을 발표하였다. 국가 전체에 걸쳐서 선한 사람들의 기질 속에 큰 변혁이 일어났으니 평화와 단합에의 강한 의지가 확산되었다.

국가를 보호하던 통치자의 정책에 근거하여 이러한 연합에의 의지를 표현한 부분들이 효과를 내게 되었을 것이라고 오늘날 우리는 그저 추측만 할뿐이다. 사보이 총회가 그러한 의도를 갖고서 모임을 갖기 이전에 올리버 크롬웰은 하얀 담을 친 궁전에서 치명적으로 기분 나쁜 일련의 생각들과 투쟁하고 있었다. 그가 가장 사랑하던 딸 클레이폴(Lady Claypole, 1629-1658)의 죽음이 가져온 충격을 극복해야만 했었고, 서로 다른 교회 체제를 놓고서 신학적으로 대립하고 있는 나라를 어떻게 통치해야만 하느냐의 문제를 안고 있었다.

우리가 존 오웬의 사상을 이해하기 위해서 역사적 사건들을 정확하게 되짚어 보려할 때마다, 그의 생애와 신학에 깊이 연결된 올리버 크롬웰을 언급하지 않을 수 없다. 크롬웰이 없었다면 오늘의 오웬이라는 위대한 신학자도 탄생하지 못했을 것이다.[39] 1658년 9월 3일 올리버 크롬웰은 자신의 위대한 승리를 기념하는 날 갑작스럽게 말라리아 열병으로 죽음을 맞을 수밖에 없었다. 전혀 예상치 못한 죽음이었다. 세상의 나라를 떠나서 영원한 하늘나라로 가버렸다.[40] 이 위대한 장군의 성격이나 신앙적인 신실함에 대해서 진지하게 탐구하는 역사가는 많지 않다.[41] 그의 실수에 대해서는 크게 확장시키고 길게 늘어놓는 사람이 더 많다. 그의 성격에 대해서도 가설적인 이론을 내놓는 사람도 많다. 그러나 결코 확인되지 않는 이야기들이 그저 판에 박힌 듯이 전설처럼 널리 유포되어 있는 경우가 더 많다.

오웬은 크롬웰을 가장 가까운 거리에서 지켜본 사람이었다. 우리는 크롬웰에 대해서 정치적으로나 신앙적으로 비판하는 저서들을 목격할 수 있는데, 만일 크롬웰이 그처럼 나쁜 이중인격자였고 독재 정권을 유지하면서 개신교 신앙인으로 위장했던 가증스러운 사람이었다면, 어떻게 해서 그의 시대에 잉글랜드가 그 이전에 결코 생각지도 못했던 신앙적 자유를 누릴 수 있었는지 한번 생각해 보아야 할 것이다.[42] 그가 집권하기 이전의 영국 왕들의 시대에는 전혀 생각지도 못했던 영역에까지 발전을 가져와서 당시 유럽에서 제일 번영해 가는 반열에 올려놓을 수 있었음을 어떻게 설명할 것인가? 오웬은 크롬웰의 갑작스러운 죽음에 대해서 매우 충격을 받았고 심각한 불안을 느끼게 되었다. 크롬웰의 강한 지도력으로 종교적인 자유를 누릴 수 있었고 그렇게 원하던 안정을 찾을 수 있었는데 이제는 그 모든 것들이 사라질 위기에 처한 것이다. 이제 모든 것에 대한 혼란이 또 다시 찾아올 것임을 충분히 예상할 수 있었다.

크롬웰 사후에 청교도 지도자들은 북군 몽크(George Monck, 1st Duke of Albmarle, 1608-1670) 장군의 군대가 다시 런던으로 진군해 들어오는 것을 막지 못하였다. 장로교회 지도자들이 의회의 다수를 점유하고 있었음에도 불구하고 몽크가 불가해한 가면을 벗어버리고 무력으로 선동하는 바에 따라서 권력의 중심이 회귀하고 말았다. 결국 잉글랜드의 전통 회귀를 바라는 귀족들의 희망을 따라갈 수밖에 없었고 찰스 스튜어트 왕과 귀족, 평민 체제로 다시 복귀한다고 결의하게 되었다. 이것은 수많은 청교도가 흘린 피의 희생을 짓밟아 버리는 행위였다. 몽크 장군의 무장한 세력이 만들어낸 것이기도 했다. 수많은 성도의 희생을 팽개쳐 버리는 결정이었음에도 의회가 소극적으로 몽크의 제안을 받아들인 것은 "엄청나게 중대한 역사적 실수였다."[43] 찰스 2세는 왕위에 복귀하였고 다수의 국민은 이러한 변화를 즐거워하고 반가워하는 듯이 보였다. 청교도 신학은 잉글랜드 교회를 개혁하려 했던 희망을 내려놓아야만 했다. 장로교회 체제를 잉글랜드 국교회에 적용하려던 계획은 결코 수월하지 않았다. 한때는 독립교회가 주도적이었고 그다음에는 장로교회가 주도적이었던 의회가 이제는 다시 위기에 빠지고 말았다.

오웬은 종교적 자유를 강력하게 주장하여 개혁주의 의회에 영향을 주었지만 힘의 논리가 지배하는 세상으로 뒤바뀌면서 이제 다시는 그런 주장을 펼 기회마저 잃어버릴 위기에 처했다. 왕정복고는 다시 개신교 칼뱅주의자들과 왕권주의자들 사이에 전쟁의 시작이었다. 잉글랜드 국교회는 이미 15년 전에 추방당한 로드 대주교의 체제로 다시 복귀하게 되었다. 상하 계급 구조로 구성된 교회 제도가 들어서고 사회의 계급 구조가 들어서고 예배와 교회의 제도도 이전으로 회귀하고 말았다.

1657년에 오웬은 로마가톨릭이 종교개혁자들을 성공회가 장로교회와 독립교회들을 분열주의자들이라고 공격하는 문제를 놓고서 매우 중요하고 오래 동안 지속된 논쟁에 휘말리게 된다. 마침내 그는 공격자들에게 대항하여 논문을 출판하였다. 그 당시에 압도적인 종교적 위치를 점유하고 있던 로마가톨릭은 그들과 다른 차원의 교회를 세운 종교개혁자들을 분리주의자들이라고 공격했다. 마찬가지로 영국 성공회에서는 장로교회에 대해서 동일한 주장을 하고 있었다. 분열이란 매우 심각한 죄악이요 가볍게 취급할 주제가 아니었다.

당시의 교단 흐름을 보면 극단의 성공회주의자들에 대항하여 장로교회와 독립교회만을 허용해야 한다는 강력한 주장이 맞서고 있었다. 그리고 그 중간에 좀 온건한 장로교회 지도자들이 있었는데, 장로교회 쪽에서는 백스터와 맨튼같은 지도자들이 있었고 성공회에서는 레이놀즈 같은 주교가 그러했다. 1661년 런던에서 모인 '사보이 회합'에서는 양측에서 각각 15명씩 참석하였다. 주교의 치리권을 거부하고 노회의 치리에 따라야 한다는 주장과 『공동기도문』을 좀 더 성경적으로 개정해야 한다는 장로교회와 독립교회 진영이 핵심 쟁점을 놓고서 격돌하고 말았다. 그러나 이들 모두에게 복수심을 갖고 있었던 성공회주의자들이 협조하지 않음으로 타협은 실패하고 말았다.

오웬은 교회의 분열에 반대하는 설교와 연설을 여러 차례 했고 글을 남겼다. 『분열에 대하여』(*Of Schism: the true nature of it discovered, and considered with reference to the present differences in region*)라는 책에서 오웬은 먼저 이 문제를 바르게 접근하라고 호소하고 있다. 그리고 『분열의 참된 본질에 대한 고찰』(*A Review of the true nature of Schism*)이라는 책을 출간하여 자신을 공격하는 사람들에게 답변하고자 했다. 그리고 스틸링프리트(Edward Stillingfleet, 1635-1699) 박사가 바울 교회의 학장으로 재직할 당시에 설교했던 것에 대한 답변으로 『분열이라고 공격당하는 비타협주의자들을 위한 짧은 옹호』(*A Brief Vindication of the Nonconformists from the Charge of Schism*)를 썼다. 스틸링프리트는 빌립보서 3장 15절에서 16절을 근거로 성공회에 타협하지 않는 자들은 분열주의자라고 공격했던 것이다. 오웬은 『분리가 이성적이 아니라는 스틸링프리트 박사의 책에 대한 답변』(*An Answer to Dr Stillingfleet's Book of the Unreasonableness of Separation*)을 또 다시 출간하였다. 그리고 오웬은 『교회의 평화와 일치: 복음적인 사랑에 관한 강의』(*A Discourse Concerning Evangelical Love, Church Peace and Unity*)를 저술하였다.

하지만 이런 논쟁들을 하게 된 실제적인 배경에는 영국 독립교회 성도들과 장로교회를 보호하기 위함도 있었지만 교회의 본질이란 과연 무엇인가를 깊이 생각하고 있었기 때문이다.[44] 그의 책, 『복음적인 교회들의 근원, 성격, 구조, 권능, 질서에 관한 탐구』(*An Inquiry into the Original, Nature, Institution, Power,*

Order, and Communion of Evangelical Churches)와 보다 폭넓은 연구를 반영하는 또 다른 책 『복음의 본질 혹은 신약 교회』(The Nature of a Gospel or a New Testament Church)에서 다룬 것들은 오웬의 궁극적 관심을 반증하여 주고 있다. 우리는 주로 이 탁월한 책에서 주목할 만한 그의 사상들을 많이 인용할 것이다.

여기서 한 가지 우리가 꼭 배워야 할 것은 오웬의 논쟁 방법이다. 그는 성급하게 상대방의 허점을 지적한다거나 극도로 자신을 방어하려 하지 않는다. 오웬은 즉각적으로 상대방을 반격하거나 직접적으로 지적하는 일이 결코 없다. 그는 자신의 논리 전체를 모두 논쟁적인데다가 쏟아 붓는 다혈질적인 성격의 소유자가 아니었다. 어떤 문제를 다루든지 "글쎄요, 우리는 이제 여기에 관한 근본 원리가 무엇인가 생각해 봅시다", "이런 문제는 어디서 오는 것일까요?", "성경 전체의 가르침과 교리를 먼저 생각해 볼까요?" 하는 식이다. 따라서 '분열'을 다루는 데 있어서도 직접적인 언급을 잘 하지 않는다. 모든 사람들이 이런 식으로 싸우면서 상처를 입고 있음을 너무나 잘 알고 있었고, 자신들이 가장 옳다고 생각하면서 그렇게 주장하고 있는 것이다. 하지만 사실상 논쟁하는 양측이 모두 다 잘했다고 볼 수는 없었다. 오웬의 글 어디에도 직접적인 논쟁은 찾아볼 수 없다. 온건한 의견차이를 드러내려 노력하는 것일 뿐이다.

오웬은 논쟁을 하면 결론적으로 모두 다 잘못하게 된다고 생각하였다. 왜냐면 누구도 우리의 분쟁을 그칠 방법이 무엇인지에 대해서 해답을 주지 못하기 때문이다. 따라서 그는 성경으로 돌아가서 무엇을 말씀하는지 찾고자 하였다. 하나의 특별한 교회 회원들 사이에서 근거없는 차별화와 논쟁들로 이루어지는 분열은 성경에 설명된 바와 같이 사랑과 신중함과 자제와는 정반대 되는 것으로 서로 간에 실천에 옮겨야만 가능하다. 성경에 대한 매우 해박한 지식과 교회사 지식을 동시에 소유한 오웬이었다는 점을 간과해서는 안 될 것이다.

분열 논쟁에 관련하여 두 가지 결론이 제시된다. 어떤 교회로부터 분리되는 것은 그 자체가 곧바로 본질적인 분열은 아니다. 억지로 분열주의자로 만들어서는 안 된다. 그리고 다른 한편으로는 이미 분열해 나가 있는 교회들이 자신들을 정당화하면서 부패와 폭정에 의해서 분열은 필수적이다라고 간주해 버리려는 사람들이 있는데 그들이야말로 진정한 분열주의자들이라고 규정했다. 그에게 성공회 측에서는 해먼드 박사(Henry Dr. Hammond)가 반론을 제기해 왔고, 장로교회 측에서는 카드리(Cawdrey, 1588-1644)가 이의를 제기하였다. 특히 카드리는 오웬이 젊은 날에는 장로교회에 속한 사람으로서 교단적 입장을 가졌었는데 새로 나온 책은 그와는 정면으로 모순된다고 지적했다. 오웬의 주장에 대해서 장로교회 측에서도 별로 공감을 갖고 있지 않았음을 시사하는 대목이다. 그러나 오웬은 이 교회에 관한 여러 주제에 대해서 가장 전문가로서 인정을 받고 있었다. 카드리에 대한 답변에서 오웬은 거듭 문제의 핵심을 지적한다. 분열에 대한 전체적인 문제의 핵심은 그들이 교회의 문을 닫고, 마음을 닫고, 들으려 하지 않으며, 교훈을 받으려 하지 않으면서, 개혁을 거부하는 것이다.

오웬은 왜 독립적인 회중교회 제도를 선택하였는가? 그가 선택한 교회정치 제도의 변화는 어디에서 온 것인가? 그는 오직 장로교 목사들에게만 교육을 받아왔기 때문에, 회중교회 정치 제도에 대해서 듣지도 못하고, 알지도 못했는데, 장로교회와 회중교회에서 내놓은 출판물을 면밀하게 성경과 비교해 본 후에 하나님이 주신 능력으로 판단을 내렸다고 해명하였다.[45] 그 중에서도 그가 가장 존중하게 된 사람은 뉴잉글랜드 회중교회 지도자 졸 코튼의 저술들이었다. 그리하여 오웬은 자신의 양심이 지시하는 바에 따라서 독립교회에 대한 성경적 확신을 갖게 되었다. 비록 오늘의 우리와 입장이 다르다고 하지만 이것이 바로 청교도 신학의 최고를 달성한 태도라고 본다. 성경의 기준에 입각하여 판단하는 것이야말로 우리가 가장 본받아야할 자세이다. 우리는 어떤 근거보다도 성경에서 출발해야 하고 성경에서 해답을 찾아야 한다.

회중교회 제도를 채택한 오웬은 그럼에도 불구하고 교회의 분열을 심각하게 직시하고 있었다. 자신이 교단을 바꾸는 것과 교회의 분열은 다른 성격의 것임을 밝혔는데 특히 분열의 죄악성을 밝혀주는 분명한 근거를 성경에서 찾아 발견하게 되었기 때문이다. 오웬은 고린도전서에서 다루어지고 있는 분열상에 주목한다. 그리고 신약성경을 전체적으로 조망해 보면서 교회 내의 분규와 분파 작용을 사도 바울이 비판한 것을 지적해 주었다. 서로를 향해서 사랑과 겸손과 오래 참음을 시행하지 않고 살아온 것을 뉘우쳐야 하는 것이다. 분열을 다음과 같이 규정한다.

> 예수 그리스도의 권위를 무시하는 것이다. 주님의 지혜에 도전하는 것이다. 그것으로 분열과 분규를 방지하도록 교회 안에서 모든 것을 시행하라고 하셨다. 그들은 그것을 무시한 것이다. 세 번째는 그리스도의 은총과 선하심이 역시 무시 당하고 도전을 받았다는 점이다. … 이제 일반적으로 우리에게 요청해야할 것은 분열은 연합을 찢어버리는 것이요, 이것에 내가 합리적인 요청을 첨언하자면, 이 연합은 주 예수 그리스도의 지시에 따른 연합이라는 것이다.[46]

이 연합은 복음에 따라서 하나님께 대한 예배의 목적으로 이루어진 연합이다. 그리스도에 의해서 제정된 연합이라는 묶음을 끊어버리는 행동이 바로 분열이다.

오웬은 네 가지 연합의 정신을 제시한다. 첫째로 우리가 복음 안에서 유지하라고 요청받고 있는 이 연합은 영적인 것이다. 둘째로 우리는 한 분 하나님에 대한 믿음의 연합, 즉 동일한 신앙의 고백과 동일한 신학적 진리를 유지해야 한다. 믿는 바가 다르다면 신앙의 연합이란 불가능하고 있을 수 없다. 셋째로 사랑의 연합이 있어야 한다. 넷째로 우리 주 예수 그리스도의 왕적인 권위에 따라서 규칙들과 예배를 위한 직분들을 마태복음 28장 19절에서 20절과 에베소서 4장 8절에서 13절에 입각하여 모든 교회를 위해 지켜 나가야 한다.

이런 연합을 어떻게 지켜 나갈 수 있는가? 오웬은 로마가톨릭이야말로 분열의 책임을 져야한다고 확신하였다. 그들은 신약성경의 기본적 원리들을 제멋대로 수정하고 개량시켰기 때문이다. 그리고 성례에 대한 교리들도 마음대로 만들어서 역사상 어느 교회가 범한 분열의 죄악보다도 더 큰 죄악을 범하였다.

로마가톨릭에서는 모든 개신교회는 분열주의자들이라고 비판하였다. 이 점에 대해서 오웬은 진정으로 교회란 무엇인가?에 관한 질문을 던지고 있다. 교회론에서 오웬이 강조한 에베소서 4장 11절에서 16절은 교회를 세우신 주님의 목적을 언급하고 있다. 그리고 예수님이 안식일에 대해서 가르친 것과 같이 교회가 성도를 위해서 세워진 것이지 성도가 교회를 위해서 존재하는 것은 아니다는 점을 지적한다. 교회는 교직제도를 위해서 세워진 것이 아니라 오직 성도들의 영적인 덕을 함양하기 위함인 것이다. 성직자에게 순종하는 것이 하나된 교회의 미덕을 지켜 나가는 것이 아니다. 더구나 오웬은 교회 회의가 모든 권한을 가진다는 것에 대해서도 동의할 수 없었다.

마지막으로 오웬의 중요한 교훈 중에 하나를 빠트려서는 안 될 것은 분열과 분리(separation)를 구분하면서 때로는 분리하는 것이 어떤 시대에는 불가피하다는 점을 지적한 부분이다. 디모데후서 3장 5절에 보면 "경건의 모양은 있으나 능력은 없는 자들에게서 돌아서라"라고 말씀하였고, 데살로니가후서 3장 6절과 계시록 18장 4절에서 사악한 생활과 타락한 자들과는 교제를 같이 하지 말라고 하였으므로, 비사도적 교회로부터는 단호히 분리하는 것을 오웬은 적극적으로 지지한다. 이러한 명령들의 초점은 오직 예수 그리스도의 마음에 따라서 그분을 예배하는 일에만 최선을 다해야 한다는 사실이다. 따라서 영국 교회가 로마가톨릭을 떠난 것은 너무나 당연하고 자연스러운 것이요 선한 이유에서 비롯된 것이다. 오웬은 당대의 영국 교회가 이런 확실한 근거들과 여건 때문에 로마가톨릭으로부터 분리하지 않을 수 없었음을 지적한다. 그 당시 로마가톨릭은 예루살렘에 대항하는 바빌로니아와 같았다.

그럼에도 불구하고, 우리는 복음적인 연합을 추구하면서, 오늘날 교회연합의 운동에 참여하여 그리스도께서 지시한 연합을 위해서 노력하지 않으면 안 된다. 우리들의 마음 속에 하나님의 크신 사랑과 지혜와 동정심으로 채워주셔서 모든 분열과 대립을 넘어서고, 서로를 향해서 오래 참음으로 대하며,

동일한 신앙을 고백하도록 이 지상의 교회들과 함께 노력해야 할 것이다. 오웬의 충고들은 청교도의 "성숙함"(maturity)을 보여주는 것으로서, 오늘날 왜 청교도 사상이 필요한가를 역설하게 하는 대목이기도 하다.[47]

8. 신학적인 유산들

오웬은 『성경의 신적기원, 권위, 자증적인 빛과 권능: 성경책이 과연 하나님의 말씀이라는 것을 어떻게 알 수 있는가라는 질문과 관련하여』라는 논문을 발표한 적이 있다. 성경의 외적인 증거들을 제시하고 성경에 담겨있는 것은 신적인 기원을 갖고 있는 진리의 본질임을 입증하려 한 글이다. 여기서 오웬은 "신구약 성경은 하나님 자신으로부터 즉각적으로 그리고 전적으로 나온 것이다"고 주장하였다. 로고스가 되신 주님과 교회를 향한 하나님의 사랑 가운데, 하나님의 선하심과 은혜로우신 섭리적 하사로 인하여 하나님의 말씀이 한 부호나 한 단어, 한 문장도 변형시킬 수 없는 진리의 원형으로 인간적 수단을 통해서 주어졌다. 물론 이것은 원문 속에 전적으로 담겨져 있었고, 우리에게 주어졌다.

하지만 브라이언 월튼(Brian Walton)이 쓴 매우 주목할 만한 저서인 『런던 폴리글롯』(London Polyglott)의 신학서론과 부록에 담긴 글을 읽으면서, 오웬은 매우 심각함을 느끼게 되었다. 월튼과 그의 부속 사제들에 의해서 작성되고, 원고의 형식으로 배포된 글에서 성경의 권위가 심각한 위기에 처했음을 느꼈기 때문이다. 그래서 한번 더 최근 성경 총론의 서론과 부록에 대한 몇 가지 고찰에서 『신약과 구약의 히브리어와 헬라어의 순수성과 순결성에 대한 주장』(A Vindication of the Purity and Integrity of the Hebrew and Greek Texts of the Old and New Testaments, in some considerations on the Prolegomena and Appendix to the late Biblia Polyglotta)을 작성하였다. 이 글에서 월튼이 지나친 판단에 대해서 과장을 함으로서 자신의 의견을 교묘하게 삽입하고 있다는 것을 지적하였다. 그리고 만일 월튼의 원리를 따른다면 교황주의에 의존해야 하거나 아니면 아예 신앙심을 포기해야 할 것임을 밝혀냈다. 의심을 갖고 성경을 읽는다면 얼마든지 부정해 버릴 수 있을 것이다. 이것은 두말 할 필요가 없는 것이다. 오웬은 월튼과 그의 조력자들이 탁월한 성경 학자들로서 영감된 정경에 대한 우리의 신뢰를 무너트리는 데 기여하게 될 것이라고 염려하였다.

월튼은 자신의 입장을 다시 변호하는 글(The Considerator considered, and the Biblia Polyglotta Vindicated)을 발표하여, 지식인들의 세계에서 오웬을 조롱거리고 만들고자 했다. 청교도의 최고 권위자에게 겸손하지 않는 월튼의 거만함은 교회 정치적인 감정에서 나온 것으로서 단순한 학문적인 논쟁을 넘어서서 많은 사람으로 감정적이라는 빈축을 사게 만들었다. 이 논쟁에서 얻을 수 있는 귀중한 교훈은 청교도 시대라고 해서 인간들 사이에 대적자들이 전혀 없었고, 모든 성도는 성경의 권위와 교회에 대한 신뢰를 확고하게 가졌다고 말할 수 없다는 점이다. 잘못된 이념을 가지고 있으면서도 '새로운 빛'을 가진 사람으로 인정받을 수도 있고, 그런 주장을 하는 사람들과 그것에 열심을 내는 사람들이 자신들보다는 훨씬 학문적으로 낮은 수준의 사람들을 현혹할 수도 있다.

이런 불쾌한 논쟁을 하는 동안에 오웬은『미혹』(Temptation)에 대한 매우 탁월한 글을 발표하였다. 이 글에는 그 당시 오웬이 이런 공개적인 논쟁에서 느끼던 감정들이 소상하게 담겨있다. 우리의 도덕적인 본성의 원리들과 추구들이 무엇인가를 밝혀주는 교훈이다.

하나님의 깊은 발자취들은 우리로서는 알 수 없으며, 비록 복잡하고 얽혀 있더라도 섭리적인 세대가 될 것이다는 요지의 주장을 하고 있다. 크롬웰이 선장으로 키를 조정하다가 사라진 이후에 그 후계자가 취한 빠르고 강한 돌풍에 직면하면서 오웬은 깊은 불안과 경고를 느꼈던 것이다. 그는 몇 달 동안 매우 조용히 지냈던 것으로 보인다.

철저한 비타협적 원칙론자였던 오웬의 학문과 지도력과 분석은 많은 것을 생각하게 만든다. 특히 그가 성공회 국가 교회주의자들과 장로교회로부터 동시에 배척을 당하면서도 어떤 교파에 대해서든지 종교의 이름으로 관용을 베풀어야 한다고 주장하였다는 것은 당시의 정치적 어려움을 감당하고 있던 학자가 주는 큰 감동이 아닐 수 없다. 더구나 그는 훗날에 옥스퍼드 대학교에 영향을 미치지 못하도록 감시를 당하였다. 통일된 소속 교단에 익숙해온 한국 개신교 교회에게는 회중교회나 독립교회의 교회행정이나 교회정치의 관행이 전혀 큰 영향을 미치지 못하고 있으며 사실상 아무런 도움을 주지 않는 듯 하다. 앞으로 다양화되는 시대를 맞이하게 될 터인데 우리는 '교회 밖에 있는 기독교 단체들의 전도운동'(para-church movement)에 대한 포용력을 준비해야만 할 것이다.

주일성수에 관한 오웬의 글은 청교도 신앙의 동료였던 리처드 백스터나 다른 청교도의 글에 찬동하는 내용으로 되어 있다. 그는 평안과 안식의 하루라고 강조하면서 하나님께서 교회의 뜰 안에서 이러한 축복을 누리도록 철책을 쳐 놓은 규정이라고 보았다. 따라서 의식적으로 규정을 지키듯이 억매여서는 안 되며 육체적인 의무 조항을 준수하는 것만으로는 부족하다고 강조하였다.

오웬은 정치와 실천의 영역에서 강력한 영향력을 발휘한 지도자였다. 이러한 영향력의 확대가 오늘날에도 절실히 필요하다. 좀더 한국 교회의 목소리를 전세계를 향해서 제시할 수 있는 지도자들이 많이 나와야 한다. 한국인들의 정서와 정치의식을 반영하는 한국 교회와 정부와의 관계, 그리고 미국에서 오랜 전통 속에서 형성된 정치와 종교의 분리안은 때때로 많은 갈등과 충돌을 빚고 있다. 그동안 가장 큰 문제로 제기된 것들은 진화론에 대한 기독교 학교의 강의, 낙태, 동성 연애, 공립 학교에서 기독교 신자인 학생들이 모여서 기도하는 일, 노방 전도의 자유에 대한 제재 조치 등 신앙을 가진 성도들이 공적인 행사장에서 원하는 일을 할 수 없는 어려움들이다.

로드 대주교의 주도하에 이루어졌던 성공회 체제가 다시 왕정복고로 영국을 지배하게 되었다. 1660년부터 1662년 사이에 다시 정권이 바뀌어서 영국 성공회로 대체되던 시기가 도래하자 약 1760명의 목사들 가운데 약 10%

만 영국 국가교회의 『통일령』(the Act of Uniformity)을 거부하였다. 지도급 인사들이 주로 런던에서 신앙 강좌를 담당했던 까닭에 이곳에 있던 청교도 지도자들은 62명의 목회자 가운데 단 7명만 서명했을 뿐이다.[48] 하지만 1662년 서명 거부자들에 대한 강력한 추방이 있게 되자 다수의 장로교회 목사들이 성공회의 신부로 서약했고 자신들의 교구에 남게 되었다. 그들은 리처드 백스터의 표현처럼 "이전에는 장로교인들로 불려지던 늙은 목사들"이 되어버렸으나, 그들 가운데 상당수는 "한때는 매우 실력있고 유능하며 가치 있던 사람들"이었다. 그들 가운데 상당수는 "재산과 아내와 자식들을 가지고 있었는데 이런 것들이 미혹의 요인들"이었다.[49]

1662년 10월 국왕은 「설교자들에 대한 지침서」를 새로 발표하였다.

> 순수한 하나님의 말씀을 선포하고 믿음과 거룩함을 세워나가는 대신에 매우 불편하고 당파적인 정신을 갖고서 분주하게 움직이는 자들이 통치자들의 사악한 견해를 회중들에게 주지시켜주는 것을 자신들의 주요 임무로 알고 있는 바 … 그러한 불건전하고 위험한 원리들을 가지고 상당히 결실을 거두고 있으니, 그들로 하여금 불순종, 분열 그리고 반역을 하도록 인도하고 있는 것이다.

1665년 말이 되면, 대주교 쉘던(Gilbert Sheldon, 1598-1677)이 등장하여 강력한 통제를 지시하게 되지만 여전히 오늘날까지도 일부 청교도는 신실하게 하나님의 말씀을 지켜오고 있다.[50]

주(註)

1 오웬의 신학 사상에 대한 최근의 연구는 영국 에버딘 대학교에서 Sinclair B. Ferguson이 쓴 박사학위 논문이다. *John Owen on the Christian Life* (Edinburgh: Banner of Truth, 1987). 이 책이 출판되면서 청교도들에 대한 관심을 고조시켰고 오웬의 신학을 좀 더 손쉽게 이해하게 되었다. 퍼거슨 박사는 "John Owen On The Spirit In The Life Of Christ," *the Banner of Truth Magazine*, Vols. 293–294 (Feb.–March, 1988)에서 청교도 신학자들의 성령론이 얼마나 훌륭했던가를 밝혀 새로운 관심을 촉발시켰다. 영국 복음주의 신학자 피터 툰 박사도 오웬 연구의 중요성을 인식하고 논문과 저술을 발표하였다. Peter Toon, "New Light on Dr. John Owen," *Baptist Quarterly*, Vol. 22 (1968): 443–446; idem, *God's Statesman: The Life and Work of John Owen, Pastor, Educator, Theologian* (Exeter: Paternoster Press, 1971); *The correspondence of John Owen (1616-1683); with an account of his life and work*; edited by Peter Toon, foreword by Geoffrey F. Nuttall (Cambridge, James Clarke, 1970).

2 *The Works of John Owen*, ed. W. H. Good, 24 Vols. (Edinburgh, 1850–53), XIII:224. 이 책들 Banner of Truth Trust에서 1991년에 재출간했다.

3 오웬의 생애를 다룬 연구들은 다음을 참고할 것. Robert Asty, "Memoirs of the Life of Dr. Owen," in *A Complete Collection of the Sermons of the Reverend and Learned John Owen, D. D.* (London: John Clark, 1721); William Orme, *Life of the Rev. John Owen, D. D.* (Choteau, Montana: Gospel Mission Press, 1981); Andrew Thomson, "Life of Dr. Owen," in *The Works of John Owen, D. D.*, Vol. 1 (Edinburgh: Banner of Truth Trust, 1976); Dewey D. Wallace, Jr., "The Life and Thought of John Owen to 1660: A Study of the Significance of Calvinist Theology in English Puritanism," (Ph.D. diss. Princeton University, 1965).

4 *The Works of John Owen*, X:1–137.

5 *The Works of John Owen*, VII:2.

6 *The Works of John Owen*, VII:3.

7 *The Works of John Owen*, VIII:73, "Ebenezer: A Memorial of the Deliverance of Essex County, and Committee."

8 *The Works of John Owen*, VI:1–86.

9 A. G. Matthews, "Introduction," *The Savoy Declaration of Faith and Order 1658* (London: Independent Press, 1959), 12.

10 Toon, *God's Statesman*, 162.

11 Peter Toon, *Correspondence of John Owen* (Lutterworth: James Clarke, 2000), 174.

12 *The Works of John Owen*, I:273–415.

13 Owen, *Vindicae Evangelicae* (1655). 이 책을 오웬은 크롬웰에게 헌정했다.

14 스펄전이 평가한 부분에서 인용하여 본다. "He [Owen] requires hard study, and none of us ought to grudge it. Perhaps these summaries and interactions with his work may help bridge the gap so that many others who would not have even heard of Owen, would dare pick up his works, read them aloud repeatedly, and learn from one who learned from the Master" (cf. Phil 4:9).

15 Owen, "I hope I may own in sincerity, that my heart's desire unto God, and the chief design of my life in the station wherein the good providence of God hath placed me, are, that mortification and universal holiness may be promoted in my own and in the hearts and ways of others, to the glory of God; that so the gospel of our Lord and Saviour Jesus Christ may be adorned in all things."

16 Carl R. Trueman, *The Claims of Truth: John Owen's Trinitarian Theology* (Carlisle: Paternoster Press, 1998), 229.

17 Carl R. Truman, "A Small Step Towards Rationalism: The Impact of the Metaphysics of Tommaso Campanella on the Theology of Richard Baxter," in *Protestant Scholasticism*, edited by Carl R. Trueman and R. Scott Clark (Carlisle: Paternoster Press, 1999); 147–164. idem, "John Owen's Dissertation on Divine Justice: An Exercise in Christo–centric Scholasticism," *Calvin*

Theological Journal, Vol. 33 (1998): 87-103.

18 *Works*, 17:54-5, 340-1.

19 Alan C. Clifford, *Atonement and Justification: English Evangelical Theology, 1640-1790: An Evaluation* (New York: Oxford University Press, 1990).

20 Sinclair B. Ferguson, *Some Pastors and Teachers* (Edinburgh: Banner of Truth Trust, 2017), 21-38, 167-308. 이미 앞장에서 이에 대한 잘못을 지적한 바 있듯이, 퍼거슨과 트루먼의 같은 개혁주의 학자들의 논문과 저술들을 살펴보면 오웬에 대하여 진행되어 온 왜곡된 해석들을 파악할 수 있다.

21 F. R. Entwistle, "John Owen's Doctrine of Christ," in *Puritan Papers Volume Two*, 281-304.

22 John Owen, *The Person of Christ-God and Man* (1679), in *Works*, I:224.

23 Ibid., I:225.

24 Ibid., I:46.

25 John Owen, *Meditations and Discourses on the Glory of Christ* (1684-96), in *Works*, I:323.

26 Owen, *Of Communion with God*, 2:156-162.

27 Edmund Campion, A Historie of Ireland (Dublin: 1571); A true report of the disputation or rather private conference had in the Tower of London (London: 1583).

28 Owen, *Works* III:7.

29 Smeaton, *The Work of the Holy Spirit* (Edinburgh: Banner of Truth, 1974), 329.

30 A. Kuyper, *The Work of the Holy Spirit*, tr. Henri de Vries (N.Y.: Funk and Wagnalls, 1900), x.

31 Owen, *Works*, III:7; "I know not any who ever went before me in this design of representing the whole economy of the Holy Spirit, with all his adjuncts, operations and effects."

32 Owen, *Works*, III:192; "He that would utterly separate the Spirit from the word had as good burn his Bible."

33 *Works*, XIII:224; "a Non-conformist all his days, and a painful labourer [i.e. one who 'took pains' in his work] in the vineyard of the Lord."

34 *Works*, VI:324.

35 마찬가지로, 한국 교회에서도 주기철 목사와 수많은 순교자들, 출옥 성도들이 존경을 받고 있다. 이분들은 비록 소수였지만, 일제하에서 정치 세력과 타협했던 일부 기독교 지도자들과는 달랐다. 신사참배를 국가에 대한 예의라고 타협하는 시대 풍조에서도 신앙의 지조와 순수한 양심을 지키다가 순교하거나 고난을 당했기 때문이다. 2002년에 들어와서 한국 기독교 장로회의 갱신운동을 주도하는 목회자들이 자신들의 선배이자 한국 신학대학의 전신인 조선신학교를 세운 지도자들의 신사참배에 대해서 뒤늦게나마 회개하자는 운동을 준비하고 있다는 소식이 보도된 바 있다.

36 "Life of Dr. Owen," in *Works*, I:xxxv.

37 H. E. Salter & Mary D. Lobel, ed. "Christ Church" in *A History of the County of Oxford*, Vol. 3 (The University of Oxford, Victoria County History, 1954), 228-238.

38 G. Thomas, "The Savoy Conference, 1661," in *Puritan Papers*, Vol. 1, 101-113.

39 "Owen, John". *Encyclopædia Britannica*, Vol. 20 (11th ed.). (Cambridge University Press, 1911), 392.

40 H. F. McMains, *The Death of Oliver Cromwell* (University Press of Kentucky, 2015), 75.

41 I. Roots, ed., *Speeches of Oliver Cromwell* (London: 1989). Christopher Hill, *God's Englishman: Oliver Cromwell And The English Revolution* (Dial Press, 1970).

42 C. Durston, "Policing the Cromwellian Church," in *The Cromwellian Protectorate*, ed. P. Little (Woodbridge: 2007), 188-205. J. Collins, "The Church Settlement of Oliver Cromwell," *History*, Vol. 87 (2002):18-40.

43 Thomas, "The Savoy Conference," 103. D. Neal, *History of the Puritans*, part iv (New York, 1863).

44 D. M. Lloyd-Jones, *The Puritans: Their Origins and Successors: Addresses Delivered at the Puritans and Westminster Conferences, 1959-1978* (Edinburgh: Banner of Truth, 1987), 74.

45 Ibid., 77: "Of the congregational way I was not acquainted with any one person, minister or other; nor had I, to my knowledge, seen any more than one in my life. My acquaintance lay wholly with ministers and people of the presbyterian way. But sundry books being published on either side, I perused and compared them with the Scripture and one another, according as I received ability from God.'

46 Ibid., 79.

47 J. I. Packer, *A Quest for Godliness*, 22.

48 A. G. Matthews, *Calamy Revised: being a revision of Edmund Calamy's account of the ministers and others ejected and silenced, 1660-2* (Oxford: Oxford University Press, 1988), 74.

49 *Autobiography of Richard Baxter*, 177.

50 Christopher Hill, *Society and Puritanism in Pre-Revolutionary England* (London : Secker & Warburg, 1964), 122–123.

Chapter 18
리처드 백스터의 명저들과 논쟁점들

청교도에게는 밝은 아침과 어두운 밤이 연달아 찾아왔었다. 리처드 백스터가 남긴 다음과 같은 아름다운 글귀가 어둠 핍박의 계절을 다시 견뎌야만 했던 당시의 청교도에게 유일한 위로가 되었을 것이다.

일반적으로 하나님은 여름과 겨울의 변화를,

낮과 밤을 번갈아 주신다.

여름과 같은 계절을 맞이하여

교회는 외부적으로 번창하기도 한다.

반대로 겨울이 오는 경우에는

급속히 내적으로 움츠러든다.

보통 그러한 밤이 낮보다는

더 오래가는 법이다.

그리고 그런 날들엔 폭풍우가 동반되고,

불운의 시달림도 있는 것이다.

리처드 백스터는 후기 청교도 신학자로서 여러 가지로 흥미진진한 인물이다. 그의 학문적 공헌은 오웬에 필적하므로 제대로 평가하려면 한 편의 논문으로는 불가능하다. 그의 경건한 실천적 삶은 두 가지 면에서 돋보인다. 하나는 불후의 명작들 속에 용해되었다는 점이고, 다른 하나는 그가 드라마틱한 고난의 여정에서도 굴하지 않고 청교도의 승리를 보여주었다는 점이다. 그가 남긴 위대한 저술들과 고난 속에서 헤쳐 나가는 그의 용기와 집념과 신념은 모두 다 하나의 원천, 곧 그의 청교도 신앙에서 나온 것임을 잊어서는 안 될 것이다.

그러나 백스터의 신학 사상에는 정통 청교도의 흐름에서는 도저히 용납될 수 없는 내용이 많다. 당대 신학자 존 오웬이 백스터에게서 후기 청교도 사상의 혼합과 혼란을 간파하여 논쟁한 점을 기억해야만 할 것이다.

1. 고난과 영광으로 점철된 생애

백스터는 1615년 11월 12일 쉬롭셔의 로우톤(Rowton in Shropshire) 외할아버지 집에서 태어났다. 경건한 가정에서 자라났지만, 그는 거의 대부분 유명한 청교도들과는 달리 어느 대학에도 다닌 적이 없이 독학으로 뛰어난 지식을 터득하였다. 초등학생 나이에 아마도 존 오웬이 교장으로 있던 학교에서 배운 것이 전부일 것이다. 14살 때 회심하여 어린 시절부터 열심히 신앙과 학문적인 두각을 나타내더니 런던에

리처드 백스터(Richard Baxter)

서 법정 보조원으로 일한 다음 신학으로 전념하고자 다시 고향으로 돌아와 목사고시에 합격하였다.[1] 점차 뛰어난 설교자로 알려지면서 몇 교회에서 설교하는 직분을 얻었다.

백스터는 영국 국교회와 비타협주의자들 사이의 논쟁에 대해서 깨닫게 되면서 고난의 길을 택하였다. 그는 주교 체제를 거부하였다. 하지만 장로교회 체제만을 고집하지는 않았기에 '온건한 비타협주의자'라고 부르는 것이 옳을

것이다. 그의 나이 26세가 되던 해에 공화정 수립과 함께 시민전쟁이 발생하자 여러 곳을 찾아다니면서 군목으로 설교하였다. 올리버 크롬웰이 아이론 사이드에서 군목으로 도와달라고 할 때 그가 처음부터 참여하지 않은 것을 후회한 적도 있었다. 의회파가 극심한 어려움에 처해 있을 때 그의 설교는 의회파 시민군에게 확신을 줄 수 있었다. 그는 이 직책을 1647년 2월까지 계속하였다. 그리하여 크롬웰의 시대에 의회와의 결속된 지도력을 발휘할 수 있었고, 그러한 인맥을 발판으로 장로교회, 성공회, 독립교회 사이에 흩어져 있는 청교도의 새로운 연합을 위한 모임을 주도하는 일에 몰두하였다. 그의 탁월한 행동의 결과는 초대교회 시대에 여러 지역의 교회를 돌보기 위해서 수고했던 사도와 같은 것이라고 말할 수 있을 것이다.

1662년 찰스 2세의 왕정복고 때 '사보이 회합'에서 국가교회 체제에 복종하기를 거부하는 움직임에 주도적으로 참여하였던 백스터는 동료 2,000여 명의 목사들과 함께 성공회 교회에서 쫓겨나서 옥에 갇히고 핍박을 당하는 등 갖은 수모를 견뎌냈다. 그때까지 그는 키더민스터에서 가장 많은 성도가 모이는 교회를 13년간 목회 하면서 오웬과 비견되는 지도력을 발휘하고 있었다. 왕정복고 후에 그는 런던에 주로 머물면서 설교하였고 1662년 영국 국교회의 강압적인 조치가 취해지기까지 최선의 묘안을 찾고자 노력하였다. 국교회의 회복이 다가오고 있던 혼란된 시점에 백스터는 '사보이 회합'에서 개혁주의 의식서를 제안하였는데 가장 탁월한 방안으로 받아들여졌었다.

1662년은 왕정복고가 몰고 온 「추방령」(The Great Ejection) 공포가 시작된 때였다. 그 후로 1687년의 「개신교회 자유령」이 나오기까지 무려 25년간 동안 백스터와 잉글랜드 후기 청교도들은 혹독한 박해를 견뎌야만 했다. 비록 1672년에 목사 자격증이 다시 교부되어서 런던에서 설교하기도 했지만 그의 시련은 거기서 끝나지 않았다. 1680년 다시 자신의 집에 연금되었고, 그 이후에 풀려나기를 거듭하면서 이제 신체적 한계 상황에 도달하여 거의 서있을 수도 없었다. 연일 그의 집에서는 청교도 지도자들이 모였는데 하루에 세 차례씩 회합을 갖고 대책을 상의하였다.

그의 생애에 가장 고통스러운 일은 1685년 5월 제프리스(George Jeffreys, 1645–1689) 판사가 백스터의 『신약성경에 대한 해설』(Paraphrase on the New Testament, 1684)을 문제 삼아서 왕궁 감옥에 집어넣는 판결을 내린 일이었다. 마치 미친 사람처럼 광분한 제프리스 판사는 도저히 믿을 수 없는 책임 추궁을 가해왔다. 이 재판 진행상황은 지금까지도 영국 법조계에서 가장 잔인한 왜곡 중 하나로 기억되고 있다. 재판관은 법률과 양심에 따라서 가장 최상의 결정을 내려야만 하는데 그의 판결에는 뒤에서 영향을 미치고 있던 왕권의 입김이 작용하였다. 절대군주 시대에 판결이란 권력의 영향에서 벗어나기 어려웠을 것이다. 따라서 사주를 받은 제프리스 판사는 '당신은 키더민스터의 주교라고 부르지 않았느냐, 결국 당신은 장로교회의 주교가 아니냐, 그런데 어찌하여 주교를 거부하느냐'라고 거짓 증인을 세우고 추궁하였다. 판사는 500마르크(혹은 400파운드)를 벌금으로 부과하면서 이 돈이 다 채워질 때까지 감옥에 있어야 한다고 선고했다. 벌금을 내지 못한다면 7년 동안을 감옥에서 얌전히 있어야 한다고 판결하였다. 백스터는 70세가 된 노인인데도 불구하고 감옥에서 지내야만 했는데, 2년 동안 감옥에 있던 중 '명예혁명'이 일어났고, 청교도에게 신앙적 해방이 주어져서 옥에서 풀려났다.

오랫동안의 핍박과 「추방령」의 깊은 상처로 인해서 몸과 마음이 쇠약해진 백스터는 각종 질병으로 고난을 당해야 했다. 그의 육체가 당해야 했던 고통은 점차 늘어났지만 저술가로서 그의 위대한 역량이 발휘되기 시작하였다. 무려 168편의 저술을 남겼는데 어떻게 그가 이렇게 많은 글을 쓰고, 그 주제의 다양함과 깊은 내용들로 풍성할 수 있었을까? 이는 정말로 불가능한 기적이라고 할 수 있다. 그의 다양한 삶의 경험과 근면한 노력에서 나온 것임에 틀림없다. 특히 46세라는 매우 늦은 나이에 결혼하게 된 백스터는 여러 가지 수모를 당하면서도 21살이나 어린 여인 마가렛 찰튼(Margaret Charlton, 1636–1681)과 가정을 이뤘다. 부유하고 지체 높은 집안에서 성장한 그녀는 하나님께서 백스터의 오랜 고난을 위로해 주시기 위해서 마련한 보상과도 같은 존재였다. 사랑스럽고 신실한 믿음을 가진 그녀는 모든 난관을 함께 나누었고 감옥에도 따라갔으며 백스터의 부드러운 성품을 작품을 통해서 드러내도록 조력을 다했다.

1687년부터 백스터는 잃었던 평화와 명예를 회복한 시기를 맞이하였다. 지속적으로 설교도 하고 저술도 출간하면서 다시금 모든 일에 영향을 발휘하여 거의 필적할 상대가 없을 정도의 명성을 쌓게 되었다. 비록 그가 항상 여러 가지 질병에 시달리고 흑사병 등으로 고생했지만, 그는 동시대인들에게 영감을 주었다. 그가 죽음에 이르기까지 그의 집에는 끊임없이 많은 사람이 찾아와서 상담을 하고 도움을 청했다고 한다. 교회를 잃어버린 후에 런던으로 옮겨와서 저술과 간헐적인 설교에 전념하다가 생애를 마쳤다.[2] 1691년 12월 8일 런던에서 사망하자 국민 전부가 슬픔을 표했다.

2. 하나님의 손에 있는 펜

야윈 뺨과 날카로운 눈이 특징인 백스터의 생애는 고뇌할 수밖에 없는 일이 지속적으로 발생하였다. 그래서 아무나 쓸 수 없는 저술을 남기게 되는 체험을 했는데 실제적이요 논쟁적인 그의 글들은 모두 다 '하나님의 손에 들어있는 펜'이었다. 그는 모든 글을 자신을 위해서 쓴 것이 아니라 성도들의 유익을 위해서 썼다. 오늘날 쓸모없는 책들이 너무나 많이 쏟아져 나와서 가히 책의 홍수 시대가 되었다. 성도에게 도움을 주지 못하고 그리 필요성도 없는 책들은 인류의 정신 건강을 해치는 공해가 된다. 목회적 동기에서 출발한다고 하더라도 개인적인 명성을 위해서 펴내는 책이 된다면 '야망의 펜'이 될 뿐이다.

가장 뛰어난 작품으로 손꼽히는 것은 백스터의 『자서전』(*Reliquiae Baxterianae, or Mr Richard Baxter's Narrative of the most memorable Passages of his Life and Times*)이다. 그

의 시대와 그의 삶을 기억나는 대로 정리한 책으로 각 사건에 대하여 그의 신실한 개인적인 지식을 그대로 보여주는 작품이다. 또한 그의 영적인 발전과정을 보여주는데 기독교인의 자애로움을 불러일으키는 탁월한 저술이다.

1640년에서 1662까지 크롬웰의 지도력과 청교도들의 전성기에 일어난 모든 일은 교회의 정립을 위한 투쟁과 노력과 관련이 있다. 그 사이에 청교도는 양심의 문제와 씨름하여 왔고 오염되고 비성경적인 제도에 그대로 순응하고 타협할 것인가를 놓고서 심각한 투쟁을 하였다. 이것보다 더 중요한 특징은 없었다. 청교도는 진리가 무엇인가를 발견하는 데서 그치지 않고, 그것을 실천에 옮기는 데 있어서 그 어떤 희생이 따르더라도 대가를 지불하는데 주저하지 않았다.[3]

백스터는 학문적일 뿐만 아니라 매우 실천적이며 경건한 작품을 많이 남겨서 오늘날까지도 전 세계에 깊은 감동을 주고 있다. 그가 쓴『성도의 영원한 안식』(The Saint's Everlasting Rest), 『기독교 총람』(The Christian Directory), 『회심하지 않은 자에 대한 부름』(A Call to the Unconverted) 등은 경험과 가슴에서 우러나오는 글로서 수세기를 걸쳐서 감동을 주는 불후의 명저들이다. 실천적인 측면을 다루고 있는 이런 저술들은 따뜻하고 경건하며 구체적이다. 또한『개혁주의 목사』(The Reformed Pastor)는 오늘날까지도 전세계에 영향을 끼쳤다.

하지만 다른 한편으로 백스터의 신학적인 저술들에 담겨 있는 논리를 들여다보면 매우 견고한 아리스토텔레스의 삼단논법에 근거하고 있으며 철학적이요 형이상학적인 측면이 발견된다. 앞에 소개한『성도의 영원한 안식』에서, 안식이란 "움직임의 마지막이요, 완전함이다"고 정의한다.[4] 경건의 고전으로서 읽으면 읽을수록 방법론적으로 스며있는 딱딱하고 정교한 스콜라적 논지보다는 내용에 감동을 받아 다르게 느껴진다.

정규 대학교육을 받지는 못했지만 백스터가 독학하면서 터득하게 되는 당대의 철학적 기조는 아리스토텔레스의 '형이상학'을 삼고 있다. 심지어 17세기 중엽의 칼뱅주의자들은 알미니우스가 채택한 철학은 플라톤이나 플로티누스에게서 나왔다고 생각하는 경향마저 있었다. 그리고 청교도 신학의 선조들인 윌리엄 퍼킨스와 윌리엄 에임즈가 사용하던 '이분법적 신학 방법론' 혹은 '라미즘'(Ramism)은 한동안 청교도의 논리적 신학기술 방법 면에 있어서는 매우 큰 영향을 받았으나 오직 이 방법만 고집했던 것은 아니다.[5] 라미즘은 수사학, 논리학, 교육학에서 사용하는 방법론을 의미한다. 프랑스 위그노였던 피터 라무스가 발전시켰다 하여 그의 이름을 따르고 있다. 백스터는 이런 이분법적인 방법에 불만을 토로한 바 있고 그래서 삼중적 설명을 더욱 애용하였다. 칼뱅주의 철학자 피터 라무스의 논리와 수사학적 방법론인 라미즘의 영향을 입은 퍼킨스와 에임즈의 경우 한 주제에 대해서 두 가지로 나누어서 설명하였다. 모든 것을 두 가지로 나누어서 설명하는 라미즘의 배경에는 중세 아그리꼴라의 수사학 이론이 있었다.

백스터는 더구나 삼위일체적인 하나님을 설명하는 데 있어서나, 계시의 삼위일체적인 성격에 맞는 것은 오히려 삼중적 구조라고 보았다. 그리고 이것은 아리스토텔레스의 방법론을 배척하고자 노력했던 르네상스 신학자 캄파넬라(Tommaso Campanella, 1568–1639)의 영향을 입은 것으로 보인다.[6] 캄파넬라는 수년간 감옥에서 고통과 고문을 당해야 했고, 그의 과학적이요 철학적인 사상은 급진주의자로 비쳐서 로마 교황청으로부터 항상 감시를 받아야만 했었다.

3. 주일성수로 지켜낸 신앙

청교도 신학의 핵심이 잘 반영된 주일성수는 영국에서 처음으로 시도되어진 신앙 윤리의 창작품이다. 유럽 대륙에서는 국가적으로 결의하여 시행한 일이 없는 초유의 성취였다. 백스터는 이 날을 지키면서 "영국은 이 종교개혁의 바로 이 부분에서 가장 행복한 삶을 느꼈다"라고 말하였다.[7] 주일성수의 신앙전통을 세우기까지는 무려 100년의 투쟁과 노력이 있었다. 16세기 말경에는 주일 예배가 마치고 난 후에 여러 가지 운동과 게임을 즐겼다. 낚시,

카드놀이, 사냥, 테니스, 볼링, 곰을 미끼로 유인하기도 하고, 잔치도 자주
했다. 그러나 점차 진지하게 신앙적으로 살려는 청교도가 늘어나면서 이 문
제에 대해서 관심을 갖기 시작하였다. 드디어 리처드 그린햄의 『주일에 관한
논문』(Treatise of the Sabbath) 이 나왔고, 그 뒤 몇 년이 지난 후에 니콜라스 바이
필드가 쓴 『주일에 관한 참된 교리』(Treatise of the Sabbath, 1595)에 청교도의 포괄
적인 견해가 집대성되었다.

제임스 1세 국왕은 청교도의 철저한 저항을 파괴하고자 1618년 「스포츠
선언」(Declaration of Sports)을 선포하면서 황소나 곰 사냥, 경기장에서 모이는
것을 제외하고는 모든 평일의 게임과 오락을 주일 예배 후에도 즐길 수 있다
고 발표하였다. 제임스 1세의 선포는 사실 종교개혁 초기의 주일에 해당하는
것을 재선포한 것이라고 볼 수도 있을 것이다.[8] 그러나 이 선언은 청교도 목
사들과 성도들의 강력한 저항을 불러일으키고 말았다. 1633년에 다시 한번
찰스 1세가 이 조항을 재공포하였다. 모든 강단에서 목회자들이 이를 발표하
도록 주교들을 통해서 명령하였다. 이를 강력히 거부하는 목회자들은 죽음
에 맞기도 했고, 다수는 그들의 담임목사직을 내놓아야 했다.

백스터는 당시 국가 전체의 상황을 잘 대변한 바 있다.

내가 어릴 적에 내 아버지의 소작인 중의 한 명은 마을의 나팔수였다. 모여서 춤
을 추는 장소는 우리집 문에서 백야드 정도가 채 못되는 곳이었다. 우리는 주일
에는 책을 읽거나 기도하거나 교리문답을 공부하거나 노예들을 가르치거나 했
다. 그러나 파이프를 불거나 소리를 지르거나 금지된 일들은 하지 못했다. … 우
리는 거리에서 모든 서민들의 조롱을 받았다. 청교도라고, 엄격주의자들이라고,
위선자들이라고 불렸다. 왜냐면 우리가 그 사람들이 하는 것보다도 더 성경을 읽
는 일에 열중했기 때문이다 … 그런데 그 책에 의해서 (1633년의 선포), 공적인 예
배 시간 외에는 게임도 하고 춤도 출 수 있게 되자, 길에서 파이프 소리와 놀이가
끝나기까지 독서자들은 기꺼이 남아 있으려 하였으나, 스포츠를 즐기려는 마음
을 떼어 놓기가 아주 어려워지고 말았다. 때로는 가장무도회 복장을 한 사람들이

전통 복장과 긴 천으로 된 옷을 입고 교회당 안으로 들어오기도 했다. 공중기도가 읽혀지자마자 그들은 게임을 하러 가기 위해서 서둘러서 마친다. 이런 식으로 급하게 끝내는 것들이 하늘의 대화인가?"[9]

그러나 백스터의 설교와 가르침은 효과를 발휘하였다. 키더민스터에서 백스터의 목회의 결과로 술에 취하고, 시끄럽게 떠들며 비종교적으로 살던 사람들이 변하여서 더이상 주일에는 길에서 무질서한 행동을 찾아볼 수 없게 되었다. 그 대신에 수백여 가정에서 찬송을 부르며, 설교를 반복하여 생각하는 일이 벌여졌다. 청교도가 목회하는 지역은 주일 풍습이 여타의 지역과는 매우 달랐다. 장기의회와 그 후손들은 청교도 신앙을 확신하여 주일에 게임이나 상거래나 여행을 모두 금지하는 법령을 공포하였다.

1677년 청교도가 정치적 힘을 잃게 되자 주일성수 규칙을 새롭게 가결하였다. 이제는 상업적인 거래, 여행, 세상적인 노동, 일상적인 직업에 관계된 일은 할 수 없지만 경건과 참된 종교의 의무는 개인적으로나 공적으로나 허용되었다. 잉글랜드에서 시민들이 주일성수를 인정하는 공감대를 형성하도록 만든 것은 청교도들이었다. 아무리 국왕의 정치와 타협하려는 자들이 새롭게 개정된 입법 조치를 내린다 하더라도 그 취지는 분명히 청교도의 가르침을 배제할 수는 없었다. 왕당파든지 의회파든지, 타협주의자이거나 비타협주의자거나, 모두 다 기본적으로 주일성수에 대해서 공감하였던 것이다. 청교도는 주일성수만큼은 일종의 국가적인 의식으로 창출해 낸 것이다.

4. 그리스도인의 거룩한 생활

백스터의 신학은 경건한 실천신학이다.[10] 청교도의 신학의 핵심이었던 성화에 대한 훌륭한 가르침은 그의 모든 저술에 거듭해서 반복되고 있다. 그는 견고한 논리적 기술을 사용한 체계적 제시에 얽매이지 않고 진리를 권고하는 일에 힘썼다.

백스터는 실천적 신앙을 가지고 회심을 체험한 사람답게 기독교 신자의 생애는 회심에서 출발하게 된다고 역설하였다. 불신자는 반드시 주님께 자신을 철저하게 드려야만 하고 무조건적으로 지난날 자신이 살아왔던 사악함에서 돌이켜야 한다. 백스터는 이것을 여러 차례 반복하였다.

> "여러분 자신들을 주 예수께, 여러분의 영혼의 의사이신 그분께 바치시오. 그러면 그분의 보혈로 여러분을 용서해 주신다오. 그분의 성령으로 여러분을 성화시킨다오 … 이 일을 조금도 지체치 말고 신속하게 하시오 … 주저하지 말고 하시오, 절대적으로 그리고 완전하게 하시오."[11]

이처럼 결정적으로 자기를 드리고 난 후에라야 하나님과의 언약과 계약에 들어가는 것이다.

회심에서 하늘나라까지

기독교신자자의 첫 번째 시작은 회심이지만 그것을 유지하고 지켜나가야 할 것도 역시 강조하였다. 시작으로만 그치는 것이 아니다. 백스터의 언약사상은 쌍무적인 관계성에서 나오는 인간편의 지속적인 순종을 매우 강조하는데 이것을 그는 구원의 최종 순간까지 조건으로서 지켜야 한다고 생각했다. 따라서 선행은 필수적인 요소이며 성도의 견인을 지켜나가야만 하는 것이다. 그는 당대에 퍼져있던 반율법주의자들의 경향에 대해서 경계했다. 사업의 세계에서도 그리스도인의 일관성이 유지되어야 한다고 강력하게 주장하였다.

백스터는 죄를 지으면서 자기 스스로 합리화를 하지 말 것을 촉구했고, 모든 형태의 죄악에서 돌아서며 절제할 것을 권고하였다. 성경을 읽을 것을 권유했고, 좋은 책을 읽을 것, 공적인 예배에 열심히 참석할 것, 개인적인 기도에 힘을 기울일 것, 그리스도인들과 교제를 가질 것, 미래에 대한 진지한 명상을 할 것, 거룩한 성화의 삶을 이루기 위해서 가슴에 담고 지내는 친구를 한 사람 선택할 것 등을 권했다. 거룩함이란 "습관이며 전체를 드리는 헌신이요, 영혼과 몸과 생명과 우리가 가진 모든 것을 하나님께 바치는 것이다. 육체의 풍요와 모든 즐거움에 앞서서 하나님만을 찾으며 섬기며 사랑하며 존중하는 것이다."[12]

온전한 거룩에 도달하는 것이 그리스도인이 가지는 최고의 관심이 되어야만 한다. 그리스도인들은 사랑, 진실, 친절 그리고 부드러움이 자신들의 성격적 특징이 되도록 덕을 함양해야 한다. 선을 행하는 데 피곤하거나 지쳐서는 안 된다. "여러분의 삶은 하나님께 대한 봉사의 내용으로 가꾸어야 한다. 여러분이 할 수 있는 한 선한 일을, 경건하고, 의롭고 그리고 자애로운 일을 실천 하십시오."[13] "살든지 죽든지 착한 일을 하는 것이 여러분의 관심이자 사업이 되게 하십시오."[14] 백스터는 착한 일에 힘쓰라고 거듭해서 촉구하고 강조하였다.

그리스도인의 삶이 절정에 도달하는 것은 하늘에서다. 백스터는 여러 차례 죽음의 문턱에 다다랐던 경험이 있었다. 하늘을 바라보면서 책임 있게 살아가고자 노력했다. 그래서 유난히도 죽음에서 교훈을 얻으라고 주위 사람들에게 말하였다. "무덤에 들어가는 사람처럼 살아가라."[15] 매일 죽음을 준비하고 있으며, 모든 일에 있어서 우리가 반드시 영원히 머무를 곳으로 가야만 한다는 사실을 기억해야 한다. 매일의 삶은 다른 종류의 천국을 예배하는 것이다.

돈을 벌 때: 거룩한 삶의 윤리로서의 노동과 물질

거룩한 삶은 일상의 노동이나 직업을 버리라는 것이 아니다.[16] 모든 사람은 일하라는 부르심을 받았다. 이마에 땀을 흘려야만 먹고 살아가도록 명령하셨다. 만일 열심히 일하지 않은 사람이라면 그는 도무지 하나님이 예배하신 음식을 먹을 자격이 없는 것이다. 심지어 부자들도 일하라는 명령을 거스르고 게을리 살아서는 안 된다. 목회자들은 영적인 노동을 하고 있으므로 세상의 육체적인 노동에서 제외된다. 그러나 그의 모든 일은 선한 일이라야 한다.[17]

세상의 직업이 영적인 삶을 파괴시키는 일이어서는 안 된다. 살인이나 도박에 관여하는 일은 분명히 죄를 짓는 것이다. 세상에 유익이 되지 않는 직업을 피해야만 한다. 17세기 후반 백스터의 안목에서 그리스도인이 선한 일에 종사하면서 세상에 도움이 되는 일에 종사하려면 교사, 의복 제조, 공무원, 낙농이나 농업 등이라고 추천하였다. 공적인 선을 위해서 법조인으로 일하는 것은 가장 훌륭한 일로 칭송을 받았다.

제4계명에서 우리는 엿새 동안 세상에서 열심히 일하라고 명령을 받았다. 게으름은 은총을 망각하는 인간의 죄악이다. 성경은 "세월을 아끼라"고 말씀하신다. 기도하거나 명상하는 시간만이 소중한 것이 아니라 모든 세상 일에 전념하는 것도 소중하다. 우리의 모든 시간을 하나님을 위해서 사용하되 각자 가진 시간을 좋은 일에 사용해야만 하고 또한 가장 최선의 일에 사용해야 한다. 우선 순위를 지켜서 사용해야 한다. 시간을 낭비하는 자들은 잠을 자는 데 힘쓰는 자, 게으르면서 말하기를 일삼는 자, 불필요한 스포츠에 소비하는 자, 정처 없이 생각에 빠지는 몽상가, 불필요한 독서 등은 시간을 도둑질하는 사람들이다. "심판대 앞에서 어떻게 시간을 사용했는가에 대해서 듣게 될 것임을 생각하고 주의하라"[18]

특히 백스터는 지주들과 종들과 상인들에게 특별한 조언을 하였다. 백스터는 항상 현실주의자로 평가된다. 그의 생각은 하늘나라에 고정되어 있었으나, 그의 두 눈은 주변에서 벌어지고 있는 일에 대해서 크게 열려 있었다. 17세기에 그가 탄식하며 통곡하는 잘못된 일은 지주들이 가난한 소작 농민들을 탄압하는 일이었다. 백스터는 국가 전체적으로 땅을 소유하고 있던 부유층들이 가난한 농부들의 고통을 외면하고 있는 현실에 대해서 성토하였고, 사람이 사람에게 해야 할 일은 정의와 자비이며 이를 거역하는 탄압은 중지해야 한다고 주장했다.

무엇보다도 비싼 임대료에 대해 백스터는 정죄하였다. 그는 물가 상승이 있기에 매년 지주들이 고정된 수입을 얻기 위해서 정당한 임대료를 올릴 수 있다고 보았다. 그러나 이것은 소작인이나 임차인이 지불 가능한 범위 내에서 올려야 한다. 비록 지주나 건물주가 돈이 부족하더라도 긍휼을 베푸는 것이 최우선적으로 고려해야 할 일이다.

둘째로, 백스터는 당시 사람들이 "옷걸이 임대"라고 불렀던 높은 이자율이 성행하고 있음을 비판했다. 고액의 이자를 받거나 높은 월세를 받으려는 마음에는 사치심이 자리하고 있다고 정죄하였다. 백스터는 임대업을 하는 사람들을 향해서 돈을 사랑하는 자, 마음이 굳어버린 자, 무감각한 자들이라고 경고하였다.

셋째로, 백스터는 자선을 호소하였다. 강압적인 임대를 낮출 수 있는 방법이라고 보았다. 집주인은 세입자들이 사는 형편을 찾아가 보고 무엇이 필요한가를 돌아보아야 하며, 효과적으로 그들의 부족을 채워 주어야 한다고 했다.

백스터는 이와 동시에 작은 집을 임대하여 살던 농부들의 영적인 싸움에 관심을 가졌다. 사람은 다른 짐승들처럼 땀을 흘리는 것으로 그쳐서는 안 된다고 강조하였다. 일하는 것 외에는 다른 어떤 것에도 시간을 내지 못한다면 그들은 영혼을 무시해 버리는 사람이라고 충고했다. 땅은 사람이 무신론, 무신앙 그리고 야만인으로 전락시켜 버리고 만다. 극도의 가난과 지나친 노동은 농부들이 전혀 교육을 받지 못하게 하여 성경이나 다른 책을 전혀 읽을 수도 없어서 하나님께 가까이 나가지 못하게 된다. 사실 대부분의 농민은 글을 읽지 못하던 문맹이었다.

백스터는 노예를 고용하고 있던 부자들에게도 동일한 충고를 했다. 노예들은 게으름을 부릴 시간적인 여유를 주어서는 안 되지만 기도하고 성경을 읽고 영적인 성찰을 할 시간을 주어야 한다. 노예의 주인들은 그들의 세상에서의 필요만을 충족시켜 주었다고 족한 것이 아니라, 영적인 필요를 채워 주고 돌아보는 특별한 책임을 부여받았음을 잊어서는 안 된다고 하였다.

주인을 정하고 일을 맡게 될 때 하인들이나 종들은 편한 것, 높은 급료, 그들의 기준에서 좋은 것만을 택하려 하지 말고, 그들의 영혼을 구하고 하나님을 기쁘시게 할 것이 무엇인가를 생각해야만 한다. 만일 하인들이 가장 좋은 주인과 직업을 구하려고 한다면 먼저 스스로가 근면하고 신뢰심을 주며 천한 일을 마다하지 않는 참을성이 있어서 다른 사람을 능가해야 가능한 것이다. 좋은 반드시 자신의 주인을 명예롭고 높이고 복종해야만 하며 열심히 일해야 한다. 반심을 품고 일하는 자는 자신에게 급료를 주는 주인을 기만하는 자이며 도둑이나 다름이 없다. 게으름은 주인이나 다른 사람에게 바쳐야 할 시간을 도둑질하는 행위이다. 백스터는 불평이나 늘어놓고 정직하지 않는 하인들을 꾸짖었다. 그들은 주인을 위해서 기도하며 열심히 일하고 훈계를 잘 들어야 한다.

청교도는 양심에 거리끼는 것을 삼갔다. 청교도 윤리의 핵심이 되는 초기 결의론에는 모든 장사하는 사람들은 죄를 짓고 있는 것이라고 정죄 하였다. 그러나 백스터가 살던 시대에는 상인들이 점차 중요한 지위를 차지하고 있었다. 그래서 백스터는 상인들은 공공의 선을 위해서 부름을 받은 사람들이다라고 인정하였다. 상인들은 정의와 신앙의 두 가지 목표, 즉 이웃을 사랑하고 자기를 부정하면서 모든 거래를 하고 계약을 맺어야만 한다. 사업은 종교적인 생활의 일부라고 간주해야 한다. 상업적인 실거래는 하나님의 법에 의해서 지배를 받아야만 한다. 이중적인 기준으로 거래를 해서는 안 된다. 인생이란 방수가 잘된 칸막이 속에서 사는 것이 아니다. 실용주의자들이 주장하는 목표는 누구든지 자신의 능력이 있으며 이득을 얻을 수 있는 한 얼마든지 얻도록 시장 상가에서는 보장되어 있었다. 그러나 백스터는 "그리스도인들은 그렇게 해서는 안 된다. 보편적인 양심과 진리를 버려서는 안 된다"라고 반박하였다.[19]

그리스도인은 어디에서 예외적이라고 할 만큼 정직해야만 하며 다른 사람의 유익을 구하는 것을 첫째로 삼아야만 한다. 받아야 할 적법한 이윤을 추구해야 한다. 무조건 값을 올리는 매점매석 행위는 금해야 한다. 물건을 팔 때 지나치게 이윤 극대화에만 집착해서 시장의 질서를 파괴해서도 안 된다. 적당한 이윤을 상호 보장받도록 노력해야만 한다. 그리고 파는 물건은 그 값에 상응하는 가치를 지니고 있어야만 한다. 속임수를 써서 창문에 보이는 것은 그럴듯한 물건이지만 정작 다른 물건을 파는 것도 조심해야 한다. 백스터의 교훈은 진리와 양심과 타인의 유익을 우선적으로 생각하라는 것이다.

돈을 쓸 때: 물질을 맡은 청지기일 뿐이다

부유함은 근면의 대가이다. 성경이 가난을 이상적인 것이라고 말하지는 않는다. 백스터는 "성공이란 하나님께서 보통 근면한 자에게 일시적인 보상으로 주시는 것이다"라고 보았다.[20] 부를 얻는 것은 하나님의 축복의 한 가지 표시임에 틀림없다.

하지만 부유함이 때때로 구원에 위험을 주기도 한다. 하나님을 위하여 부를 추구하는 것은 옳은 일이요 선하다. 물질적인 부요함이 결코 인생의 목적이어서는 안 되며, 오직 하나의 일시적인 방법일 뿐이다. 그리스도인의 가슴은 하나님을 섬기는 하늘에 있어야만 하며 돈의 노예가 되어서는 안 된다. 모든 만병의 뿌리는 돈을 사랑하는 데 있다. 이 세상을 사랑하는 것은 하나님 사랑의 적이다. 부자들이 구원을 받는 것은 특별히 어려운데 그 이유는 많은 유혹이 있기 때문이다.

물질적 풍요는 잘못 사용해서는 안 된다. 백스터는 부자들이 물질의 진정한 용도를 잘 모르고 있다고 보았다.

"그들은 자신이 가진 물질이 자신의 것이라고 생각한다. 그래서 자신이 즐거울 때 그것들을 사용하려고 한다."[21]

물질은 청지기에게 하나님이 맡겨주신 것이며, 돈은 하나님의 영광을 위하여 사용해야만 한다. 과소비적인 음식과 과음, 사치스런 옷과 집에 치장하는 낭비와 불필요한 오락 등이 모두 다 부자들이 범하는 죄악들이라고 보았다.

백스터는 부자들이 갖고 있는 물질에 대해서 하나님은 모세에게 이미 사용 기준을 말씀하였다고 본다. 율법에서 이자를 금하지는 않았으므로 합당한 금리를 인정한다. 그러나 부자들은 반드시 자애로운 마음을 버려서는 안된다. 정의롭지 못하거나 동정심이 결여된 이자는 죄악이다. 이자 없이 빌려주어야 할 상황에서 그런 필요를 외면하는 것은 죄악이다.

물질적 풍요는 반드시 새로운 가치를 창조하는 투자에 사용해야 한다고 백스터는 주장하였다. 즉 다른 사람을 돕는 일에 사용해야만 그 참된 가치를 확대하는 것이다. 이것은 하나님을 영화롭게 하는 것이다. 사람은 단지 하나님의 청지기로서 신실하게 관리하는 자세를 가져야 한다. 백스터는 이웃에 대한 자선과 구제에 대해 매우 높이 평가하였다. 그런 일은 하나님을 기쁘시게 하는 것이요, 선행을 통해서 하나님을 닮은 사람이 되는 것이다. 자선 행위는 하나님을 신실하게 섬기는 우리의 믿음을 표현하는 것이다. 이것은 성경에 강하게 촉구된 바 있으며, 명령되어 있다. 하지만 백스터는 얼마의 재물을 이웃을 위해 사용해야 하는가에 대해서는 율법주의에 빠질 위험성이 있다고 하여 정해진 규정을 설정하지는 않았다.

"당신들의 십일조는 어떤 사람에게는 너무 많다고 생각되기도 하고, 어떤 사람에게는 너무 적다고 생각되기도 할 것이다. 하지만 대체로 나는 그 정도를 생각하고 있다."

그래서 성도들의 돈이 병원이나 학교나 건물을 세우는 하나님의 사역에 쓰이기를 소망하였다. 더구나 그리스도인의 물질은 국내외를 막론하고 이단들이 회개하는데 도움을 주도록 사용해야 하며 가난한 아이들을 돕고 가난한 사람들을 구제하는 일에 사용되기를 바랐던 것이다.

하늘의 하나님을 생각하며 살기를 바랐던 백스터는 돈을 벌 때에나 돈을 쓸 때나 하나님이 영광을 받으시기를 원했다. 우리는 반드시 우리의 소명을 따라서 일하면서 성공하도록 최선을 다해서 죽도록 일해야 한다. 그리고 우리가 많은 재물을 갖게 되었을 때, 하나님의 사람임을 드러내야만 하고, 하나님께 감사하면서 그분에게 봉사하기 위해서 사용해야만 하며, 가능한 한 선한 일에 사용해야 한다.

5. 백스터 신학의 평가

필자는 아주 민감하면서도 중요한 주제로 등장한 백스터의 신학을 평가하고자 한다. 스코틀랜드 17세기 후반과 18세기 신학자들은 백스터의 영향으로 인해서 '신율법주의'라는 경향을 띠게 된다.[22] 백스터의 후계자들의 신학적인 강조점은 변질된 칼뱅주의라고 비판받고 있다. 그 이유는 백스터의 후계자들의 가르침이 알미니안적인 행위의 새로운 법과 그리스도인을 위한 생명을 얻기 위해서 그런 요구에의 순응을 강조하였기 때문이다. 우리는 그러한 도덕적 특징을 드러내서 구원에 이르는 믿음의 확신을 얻으려 했던 신율법주의자들에 대해서 비판할 만한 충분한 여지를 발견하게 된다. 칭의는 온전히 값없는 선물이라고 가르쳐 왔던 칼뱅과 종교개혁자들의 입장과 상당히 다른 강조를 보게 되기 때문이다. 엄격한 순종과 의무를 강조하는 실천적 노력은 '신율법주의'라는 경향을 강하게 띠게 되어서 잉글랜드 청교도주의의 변형을 초래하게 되었다.

백스터는 시민전쟁과 청교도 혁명의 시기에 성도들의 경건 훈련이 완전히 무너지고 말았기에 새로운 부흥을 향한 대안이라고 주장하였다.[23] 대단히 안타까운 일이지만 백스터의 칭의론은 확실해 변질된 칼뱅주의에 해당한다. 엄격한 주일성수와 철저한 성도들의 의무 조항들을 너무나 강력하게 주장함으로써 빚어진 파행들이었다. 무엇이든지 너무나 한 쪽으로 치우치면 그에 대한 반발이 나오게 되어있는 것이다. '반율법주의'자들의 무질서함에 대한 반작용으로 '신율법주의'라는 대응이 나온 것이다. 백스터의 철저한 실천신학은 본인이 원치 않았을 '백스터주의자들'이 발생하는 여지를 남겨 주었고, 그의 후계자들 시대에 이르러서는 같은 칼뱅주의자들 사이에서도 '백스터주의자들'과 대립적인 그룹들이 생겨나고 말았다. 스코틀랜드 카메론주의자들이 백스터와 유사하게 '새로운 방법론'을 제시하여 개혁주의 신앙과 알미니안주의적인 인간 행위와의 절충을 시도하면서 도르트 신경의 다섯 조항들을 축소시키는 흐름을 만들어내고 말았다.

그러나 백스터의 긍정적인 측면을 간과해서는 안 된다. 우리가 백스터와 같은 온건한 노선의 청교도들에게서 배우는 것은 하나님에 대한 연구와 성경의 진리들을 그저 매끈하게 정리한 조직화된 학문으로만 제시하는데 그치지 않았다는 점이다. 한편으로는 마음의 습관을 철저히 하여 언어적으로도 하나님을 향한 도덕적 열매를 맺으려 하였고, 매일의 삶 속에 영향을 미치는 구체적인 훈련과 방법을 습득하는 실천적 요소들을 갖고 있었다.[24]

하지만 분명한 것은 백스터와 같은 신율법주의 청교도들의 실천적 노력은 훗날 영국의 방법론주의자들인 웨슬레안(Wesleyan)의 특성들과 유사한 것들로 다시 나타나 큰 영향을 미치게 되었다는 점이다. 기독교신자들이 교회에서나 개인적인 경건 생활에서나 방법을 개발하고 프로그램에 따라서 노력하려는 것을 무조건 비판하려는 것은 아니다. 하지만 백스터와 유사한 신학 구조를 갖게 된 웨슬레안은 신학적인 사유에 있어서 잘 훈련된 방법들, 표준화된 체계, 합리적 법칙과 규칙들을 세우고자 노력하고 있다.[25] 이것은 매우 위험한 발상이다. 현대판 유대주의자들이라는 인상을 지울 수 없는 것이다. 심지어 오늘날 장로교회 목회자들마저 특정한 목회 방법론에 심취해서 따라가려고만 하고, 신앙생활 전체를 프로그램화하고 있으며, 소그룹 훈련과정만을 절대적으로 중요시하는 경향이 있음을 보게되는데 이것은 매우 위험한 발상이다.

결론적으로, 청교도의 실천적 노력은 18세기 중엽에 나타날 감리교도들과는 달랐다. 적어도 칭의론에 있어서 부패한 인간에 대한 신념과 절대적 하나님의 주권에 입각한 은총을 믿으면서 보다 실제적으로 모든 삶의 현장에서 믿음을 따라서 살고자 노력하였기 때문이다.

주(註)

1   H. Boersma, *A Hot Peppercorn: Richard Baxter's Doctrine of Justification in Its Seventeenth-Century Context of Controversy* (Zoetermeer: Boekencentrum: 1993). F. J. Pwicke, *A Life of the Reverend Richard Baxter 1615-1691* (N.Y.: Houghton Mifflin, n.d.); G. F. Nuttall, *Richard Baxter* (London: Nelson, 1965); J. I. Packer, "The Redemption and Restoration of Man in the Thought of Richard Baxter" (Ph.D. diss., University of Oxford, 1954); Gavin J. McGrath, "Puritans and the Human Will: Voluntarism within Mid−Seventeenth Century Puritanism as Seen in the Thought of Richard Baxter and John Owen." (Ph.D. diss., University of Durham, 1989).

2   Charles F. Kemp, *A Pastoral Triumph: The Story of Richard Baxter & His Ministry at Kidderminster* (New York: Macmillan, 1948); N. H. Keeble, *Richard Baxter: Puritan Man of Letters* (Oxford: Clarendon Press, 1982). William M. Lamont, *Richard Baxter and the Millennium* (London: Rowman and Littlefield, 1979).

3   Irvonwy Morgan, *The Nonconformity of Richard Baxter* (London: The Epworth Press, 1946).

4   Baxter, *Practical Works* 3 (London: 1707), p. 10.

5   라무스는 1572년 8월에 벌어진 성 바돌로매의 대학살 때에 개신교 진영의 일원으로 살해당했다. 참고, W. J. Ong, *Ramus: Method and the Decay of Dialogue* (Cambridge: Harvard University Press, 1958), 127−8.

6   B. M. Bonansea, *Tommaso Campanella: Renaissance Pioneer of Modern Thought* (Washington: Catholic University of America Press, 1969); J. M. Headley, "Tommaso Campanella and the end of the Renaissance." *Journal of Medieval and Renaissance Studies*, Vol. 20 (1990): 157−74. idem, "Tommaso Campanella and Jean de Launoy: The Controversy over Aristotle and his Reception in the West." *Renaissance Quarterly*, Vol. 43 (1990): 529−50.

7   Baxter, *Works* (1838), 3:906.

8   W. B. Whitaker, *Sunday in Tudor and Stuart Times* (1933), p. 95.

9   *Works*, 3:904.

10   D. R. Wooldridge, "Richard Baxter's Social and Economical Teaching," in *Puritan Papers*, Vol. 1, pp. 225−234.

11   *Works*, 2:515.

12   *Works*, I:7.

13   *Works*, I:102, 103.

14   *Works*, I:493. "Living and dying, let it be your care and business to do good."

15   Wo*Works*rks, I:725.

16   Alexandra Walsham, "The godly and popular culture," in *Puritanism*, 277−290.

17   *Works*, I:106, 3555. III:450.

18   *Works*, I:222.

19   *Works*, I:805−23.

20   *Works*, II:527.

21   *Works*, I:294.

22   John Macleod, *Scottish Theology* (Edinburgh: Banner of Truth Trust, 1943), 136, 139.

23   P. Lim, *In Pursuit of Purity, Unity, and Liberty: Richard Baxter's Puritan Ecclesiology in Its Seventeenth-Century Context* (Leiden: 2004): 191−223.

24   *Works*, XXI:162ff.

25   Thomas C. Oden, *The Living God: Systematic Theology: Volume One* (N.Y.: Harper Collins, 1987), 362: "the study of God requires learning to think according to well−established, standardized, well−tested, proper rules. The inquiry into method in the study of God seeks to review these elementary rules."

Chapter 19
뉴잉글랜드 청교도들: 건국의 아버지들

미국 동북부 지방을 "뉴잉글랜드"라고 부르는데, 뉴욕의 북쪽 방향으로 올라가면서 캐나다와의 국가 경계 지역에 이르기까지, 아름다운 산맥과 울창한 숲, 거대한 경작지들과 농장들이 끝없이 펼쳐져있다. 청교도들이 도착해서 광활한 대지 위에다가 맨손으로 농장을 만들고, 새로운 터전을 일궈나갔다. 하나님의 소명을 받았다는 사명감과 근면과 의지가 없었다면 생존이 불가능했을 것이다. 초기 건국의 조상들은 우리가 상상할 수 없는 거친 날씨와 척박한 환경 속에서 고통과 고난을 견뎌냈다. 이 지역은 겨울에 엄청나게 눈이 많이 내린다. 5개의 거대

"청교도"라는 제목의 이 동상은 어거스터스 세인트 고든스(Augustus Saint-Gaudens, 1848-1907)가 만든 것으로 미국 건국의 아버지들과 자랑스러운 조상들을 기념하기 위해서 스프링필드(매사추세츠 주의 서부도시)에 세운 것이다. 이 동상에 관련된 이야기들은 제임스 앳킨슨(James Atkinson)의 *In Homage to Worthy Ancestors: The Puritan, The Pilgrim*(2011)에 담겨있다. 미국 자선단체인 the Laurence Levine Charitable Fund, Inc.,에서 기금을 후원했다.

한 호수들 주변 지역에서는 10월이 되면 이미 겨울이 시작된다. 봄과 가을은 눈부시게 아름답다.

초기 청교도의 삶을 엿볼 수 있는 대목이 바로 매년 11월 넷째 목요일에 지키는 "추수감사절"의 역사와 유래에서다.[1] 플리머스에 도착한 청교도들은 풍토병에 걸려서 1년 이내에 절반이나 사망했다. 원주민들이 농사하는 방법과 뱀장어를 잡는 방법 등을 알려주어서 첫 수확에 성공하였고 생존할 수 있었다. 첫 수확으로 얻은 양식들은 이내 다가올 추운 겨울을 견뎌내는 생명줄이었다. 청교도들은 소중한 양식을 거둔 후에 하나님께 감사드렸다. 원주민들에게 받은 칠면조 고기에 자신들이 수확한 옥수수, 감자를 으깬 것, 푸른 콩, 크랜베리 열매, 겨울 호박 등을 먹었다. 특히 식후에 디저트로는 펌킨 파이를 각 가정에서 반드시 즐겨 만든다. 신앙적인 감사제가 이제는 그 지역의 문화로 정착했고, 지금까지도 아메리카인들은 조상들의 음식들을 기념으로 먹고 있다. 초대 대통령 조지 워싱턴(George Washington, 1732-1799)이 기념일을 성대하게 지켰고, 아브라함 링컨(Abraham Lincoln, 1809-1865) 대통령이 국가 공휴일로 공포했다.

뉴잉글랜드 지방의 대도시는 말할 필요도 없고, 소도시마다, 타운마다, 중심 교차로에는 어김없이 중후한 예배당이 세워져 있다. 그 주위에는 초기 청교도들의 공동묘지가 보존되어있다. 시내 한 복판 중심가에도 묘지가 있

추수감사절에는 모든 사람이 고향으로 돌아가서 전 가족들이 함께 즐긴다.

다. 청교도들의 초기 정착기에는 지금의 묘지 자리가 한산했을 것이다. 미국의 서부에서나, 남부 도시에서나, 중부지역 등, 다른 어떤 지역에서도 도무지 찾아볼 수 없는 뉴잉글랜드 순례자(Pilgrim) 신앙의 흔적들이다. 세월 속에 잠긴 초기 건국의 조상들의 헌신적인 삶의 자취들이 교회와 그 주변에 있는 공동묘지에 새겨져 있다.

뉴잉글랜드 지방에서는 교회가 가장 먼저 중심부에 세워졌고 그 주변에는 상가를 비롯한 도시의 중심부가 형성되고 시청과 주요 관공서가 들어서 있다. 청교도들은 가장 먼저 교회를 세우고자 했고 그들의 중심 속에는 하나님을 경외하는 자유롭고 활기찬 나라의 꿈이 있었다.[2] 모두 다 잉글랜드를 떠나온 청교도들과 건국의 아버지들이 땀과 정성을 바쳐서 건설해 놓은 것들이다. 매사추세츠 주의 플리머스에 도착한 초기 청교도들이 성공적으로 건설한 도시가 보스톤이었고 여기에 세계 최고의 권위와 명성을 자랑하는 하버드 대학교 등 많은 교육기관들을 세웠다. 코넷티키 주의 예일대학교를 위시해서 역사와 전통 속에서 위대한 지도자들을 배출한 명문대학교들도 역시 대부분 청교도들이 세운 것이다. 이러한 인재들이 지난 400여 년 동안 위대하게 신앙의 꿈을 실현하면서 아메리카 합중국이라는 국가가 형성되었고, 전 세계의 복음화를 위해서 가장 많은 선교사를 파송하였다. 마침내 1884년 9월 20일 미국 북장로교회 파송 알렌(Horace Newton Allen, 1858-1932) 선교사가 한국에 들어오면서 복음의 빛이 어둠에 전파되었다.

뉴잉글랜드에서 청교도 교회의 모습을 보여주는 가장 최고의 장소는 조나단 에드워즈가 목회했던 노스햄턴의 회중교회이다.[3] 이 소도시는 중심부 예배당을 기점으로 하여 확장된 전형적인 청교도 타운이었다. 서쪽 언덕 위에는 여자 대학으로 세워져서 손꼽히는 명문으로 성장한 스미스 대학이 자리하고 있는데, 뉴잉글랜드 청교도들의 노력으로 세워진 흔적들을 만날 수 있다. 도시 입구의 거대한 묘지에는 에드워즈의 외할아버지 솔로몬 스토다드(Solomon Stoddard, 1643-1729)를 위시하여 에드워즈의 자녀들이 잠들어 있다. 지난날 청교도의 꿈과 그 성취의 역사를 말없이 증언하고 있다.

또 다른 청교도 중심부 역할을 했던 교회는 펜실베니아와 뉴저지 주의 경계지방인 벅스 카운티(Bucks County)에 있던 윌리엄 테네츠의 교회이다. 지금까지 이 교회를 섬겨왔던 수백여 명의 성도들이 예배당의 뜰에 잠들어 있다 (the Neshaminy Cemetery, 1495 West Bristol Road, Warminster, PA 18974). 이곳이 '통나무 대학'으로부터 시작해서 '프린스턴 대학교'로 발전해 나간 청교도의 요람이었다. 테네츠의 네 아들 모두가 목회자로 성장했고, 그들은 에드워즈와 함께 1734년부터 전개된 '대각성 운동'에 기여하였다. 에드워즈는 확장된 프린스턴 대학교의 초대 총장으로 부임해서 이곳에서도 설교를 했었는데 안타깝게도 질병에 걸려서 55세에 사망했다.

1. '교회 언약': 청교도 신앙의 기초를 확립하다

청교도의 언약 사상과 실제적인 실행 방법들은 뉴잉글랜드에서 신앙적인 삶을 살아가는 성도에게도 직접적으로 영향을 주었다. 1638년과 1643년에 제정된 잉글랜드의 『국가 언약』이라는 문서가 만들어지면서 언약 사상이 가장 중요했다는 점을 살펴보았다. 또한 그 언약 문서들에 주요 지도자들과 교회의 구성원들이 모두 다 서명했다고 하였다. 목숨을 걸고 왕의 명령에 저항하면서 국가 전체가 하나님의 뜻을 따라서 정의롭고 건전한 나라를 건설해 나가야 한다는 것을 역설했었다. 성경에 나오는 언약 사상을 사회 정치적으로 적용하고자 분투노력했었고, 마침내 전제군주를 처형하고 올리버 크롬웰이 정치를 펼치는 '청교도 혁명'을 이루었다.

초기 뉴잉글랜드 이민자들은 그들이 떠나 온 잉글랜드와 스코틀랜드의 청교도 언약 사상을 그대로 간직하였다. 그래서 새로운 땅에서도 『국가 언약』을 잊지 않으면서, 더 뜨거운 심장으로 언약의 백성답게 살아가고자 노력했다.[4] 잉글랜드에서 체험했던 청교도들의 경건한 공동체를 만들고자 했던 열망이 그들의 심장에 있었기 때문이다. 종교개혁이 일어나기 이전부터 영국의 지도자들과 신학자들과 젊은 대학생들은 옥스퍼드 대학, 케임브리지 대학, 지역 교회에 모여서 교회에 변화가 필요하다는 것을 열렬히 토론했었다. 엘리자베스 여왕 초기에 설교자들을 통해서 전파된 것은 오직 성경에만 의존하는 복음, 하나님의 말씀이었다.

뉴잉글랜드에서는 '교회 언약'(church covenant)이 강조되었다. 새로운 땅에서는 완전히 성경적인 교회를 건설하는데 집중했고, 모든 생활의 중심에는 교회가 있었다. 가장 중요한 장소에 교회를 세우고, 하나님께 영광을 돌리는데 집중하는 경건한 삶을 추구했다. 교회가 최우선으로 중요한 위치를 차지했다. 교회에 속한 회원으로서 지켜야 할 의무와 약속이 가장 중요한 신앙의 개념으로 자리 매김을 했다.

'교회 언약'을 중시했던 뉴잉글랜드에서의 교회의 형태는 모든 성도들이 자발적으로 참여하는 회중교회 모습이었다. 잉글랜드에서 청교도들이 가장 왕성하게 활동했던 에섹스 지방, 데드햄에서는 설교자들의 회합을 열어서 그들이 만나는 성도들의 문제들을 다루는 경건한 설교의 기회들을 논의했다.[5] 그리고 주일성수를 강조하기로 합의하였다. 앞에서 설명했듯이 각 지역에서는 '말씀 강좌'라는 모임을 통해서 교수들이나 저명한 목회자들이 지역의 교구 목회자들이나 성도들에게 강단 설교의 진수를 전달했다. 이런 날에는 하루 종일 강의를 듣고 저녁 식사를 함께 나누었다. 성도들도 신앙과 윤리의 문제를 놓고서 조직화된 토론 모임을 이어갔다. 성경의 진리를 보다 더 잘 이해하려고 강의를 듣고 토론을 하는 노력을 기울였다. 거기에는 그 어떤 이들이 높고 더 위대하다고 하지를 않았고 모두 다 평등했다. 일부 지도자들은 월등한 감화력과 설득력을 발휘했지만 주교나 대주교처럼 위로부터 아래로 명령하지 않았다.

바로 이와 같은 방식이 뉴잉글랜드에서 그대로 펼쳐졌다. 윈스럽에 이어서 도착한 토마스 후커(1633), 존 데이븐포트(John Davenport, 1597-1637), 휴 피터(Hugh Peter, 1635) 등은 지방 도시에서 함께 모여서 협의하는 방식을 채택했다. 이것은 새로운 기초이자 중요한 기둥을 세우는 사역이었다. 게다가 일부 목회자들은 이미 네덜란드에서 영국인들을 대상으로 하는 목회를 했었는데 이러한 경험들이 가미되었다.

'교회 언약'이라고 부를 수 있는 회원으로 가입하는 자들의 엄숙한 신앙서약과 맹세가 뒤따랐다. 교회 언약의 실제적인 시행은 물론 세례와 성찬을 근간으로 하였으며 칼뱅의 성례론을 따라서 성경적인 약속과 하나님의 임재하심이 강조되었다.[6] 우선 모든 성도가 자유롭게 교회에 들어올 수 있으며 신앙의 성장을 도모하고 바르게 교육을 받도록 허용되었다. 그러나 일단 교회의 회원이 된다는 것은 교회의 지도자들을 선출하여 성도에게 손을 얹고 사역을 하는 영적인 임무를 맡기게 되는 것이고, 또한 자신도 피택될 수 있는 권리를 갖는 것을 의미한다. 따라서 여기에는 자신도 함께 감당해야할 의무가 주어진다. 이상적으로는 교회가 두 명의 목사를 갖고자 했는데 평상적인 설교를 하면서 성도들을 심방하는 목회 목사와 교리를 분별하여 설명하는 신학적인 교사 목사를 갖고자 했다.

청교도가 교회에 관련해서 가장 중요하게 생각했던 점은 교회의 자치권과 독립성이다. 존 코튼이 앞장서서 주장했던 바 회중마다 독립성을 확보하여, 자체적으로 결정할 권한을 갖도록 하였다.[7] 한 지역 교회가 세워지면 그 회중을 중심으로 모든 결정을 보장하는 것이다. 교회를 지배하는 그 위에 높은 기관이나 혹은 교황청과 같은 중앙집권적인 체제란 있을 수 없었다는 말이다. 뉴잉글랜드 청교도는 로마가톨릭과 잉글랜드 국가교회 체제를 완전히 거부하는 구조를 실행에 옮겼다.

다만 회중교회의 문제점이 전혀 없는 것은 아니었다. 회중교회 체제가 장점을 갖고 있지만 이처럼 각 지역 교회가 자체적인 결정권을 가진다면, 가히 무제한적인 결정을 남발하는 사례가 나올 수 있다는 점이다. 교회마다 자기들의 고유한 결정을 주장하게 되면 결국 무정부 상태에 놓이게 될 것이다. 그래서 가장 중요한 점은 교회를 이끌어 나가는 목사를 선정하는 일이었다. 기본적으로 교육을 잘 받은 사람 중에서 개인적인 경건을 입증하고, 성경에 담긴 하나님의 뜻을 잘 선포해서 성도를 인도해 나갈 수 있는 목회자를 선택하였다. 초기 뉴잉글랜드 청교도의 교회 구조를 살펴보면 말을 하는 소수의 귀족적인 지도자들과 말하지 않고 침묵하는 다수의 성도로 구성되는 민주주의 체제가 서로 결합해 있었다. 회중은 목회자의 결정에 대해서 존중하는 자세로 임했고 절제된 판단을 할 수 있었다.

매우 중요한 문제를 결정해야할 경우에는 지역 교회 목회자들의 모임이 큰 역할을 했다. 보이지 않게 하나 된 기독교 공동체의 모임이 유지되었다. 지역 교회 목회자들은 비공식적으로 회합을 열어서 새로운 회원들을 받아들이고 관리하는 형식을 취해서 장로교회의 노회와 같은 기능이 시행되었다. 그러나 미국에 정식으로 장로교회의 노회가 필라델피아에서 결성된 것은 초기 청교도들이 이미 회중교회 체제를 결성한 훨씬 후에 1706년에 회집되었다.[8]

뉴잉글랜드 청교도의 예배중심 생활은 이미 앞에서 살펴본 청교도의 경건한 열정을 가장 대표적으로 보여주고 있다. 뉴잉글랜드에서는 기존 국가교회 체제에서 완전히 자유로운 환경이었으므로 로마가톨릭의 주교 정치의 잔재를 완전히 털어냈다. 청교도의 예배는 완전히 개혁교회의 모델로 구성되었다. 물론 아직 거대한 건물을 세우지 못했기에 지방에서는 지역모임을 갖던 공회당을 사용하는 경우도 많았다. 책상 하나를 앞에 두고서, 목회자가 진행하는 단순한 예배 형태를 취했는데 성찬을 위해서 사용되거나 회의를 위해서 사용되는 도구였을 뿐이다. 잉글랜드에서는 『공중기도서』에 나오는 대로 예배를 진행해야만 했었는데 청교도는 그 일부를 따르지 않았었다. 그러나 뉴잉글랜드에서는 예배 지침서가 전혀 없었다.

교회 언약의 핵심은 엄격한 주일성수로 실행되었다. 주일을 온전히 성수하는 것은 언약 백성이 시행할 조건을 따라가면서 순종하는 삶으로 인식되었고, 잉글랜드와 스코틀랜드에서처럼 여전히 뉴잉글랜드에서도 중요한 경건의 요소였다. 설교는 목회자가 성경 한 장의 분량을 읽고 난 후 그 본문을 토대로 강해를 하는 것이었다. 대부분의 회중교회들은 시편 찬양을 했다. 어떤 교회에서는 예배 시간에 성도의 간증을 발표하기도 했고 메시지에 대해서 좀 더 명확한 설명을 해 달라는 질문을 허용하는 교회들도 있었다. 기도와 축도로 주일 오전 예배가 폐회되었다. 오후 예배에서는 회중이 모여서 동일한 예배를 다시 드렸는데 오후 예배에는 꼭 그 교회 소속 교인들이 아니어도 지역 사회의 일반 시민들도 참여하는 경우가 많았고 말씀을 듣는 데에 집중했다. 오전 예배는 멀리 떨어져 있던 교회에 나갔다가 오후 예배 시간에는 가까운 곳에 찾아오는 경우들도 있었다. 아무튼 오후 예배 시간에도 모든 성도들이 다 똑같이 다시 모이도록 노력했다. 지금도 청교도 신앙을 유지하고 있는 교회들은 여전히 아침 예배와 오후 다섯 시에 모이는 저녁 예배 출석하는 인원이 거의 동일하다. 필자는 그러한 청교도 예배를 인도한 적이 있었는데 현대인들이 살아가는 바쁜 세상에서 온전히 주일을 예배에만 집중하는 성도들을 만나는 일은 정말로 놀라운 체험이다.

목회자가 없는 경우에는 평신도가 설교하기도 했는데, 존 윈스럽이 바로 그러한 인물이었다. 보편적인 경우에는 전문적인 신학 수업을 하고 담임목사로 청빙을 받아서 온 안수를 받은 목사가 설교를 전담했었다. 하지만 목회자가 청빙 과정에 있거나 건강이 악화되었거나 특별한 경우에는 설교하는 권한을 허락받은 평신도들이 대행했다.

뉴잉글랜드 청교도들은 한 달에 한 번 주일 오전 예배 시간에 성만찬을 나눴다. 목회자가 기도를 드리고 빵과 포도주에 대해서 축복의 권면을 한 후에 오직 회원 성도들에게만 나눠주었다. 마치는 기도로 폐회했다. 세례는 오후 예배 시간에 주로 시행했는데 물을 뿌리거나 씻는 행위가 수반되었다. 유아 세례의 경우에는 부모 중에서 한 쪽만 출석하는 교인이면 누구나 자녀들에게 시행되었으며 로마가톨릭처럼 영적인 부모 대행제도(god-parents)는 전혀 시행하지 않았다.

2. 정통 기독교의 토대 구축

청교도들은 은혜의 복음을 널리 확산시켰다. 경건한 훈련과 강렬한 신앙 유지가 요청되었기에 헌신자들이 해야 할 의무가 많았다. 영혼을 위해서 돈을 뿌리게 되면 신령한 축복으로 되돌아온다는 확신을 가졌다. 1651년경에 이르면 약 2만여 명의 이주자들이 정착하였고, 30개의 타운이 들어섰으며, 지역마다 새로이 청교도 교회가 설립되었다. 그로부터 약 한 세대가 지나가는 동안에 인구는 35만 명으로 늘어났고 청교도 교회들은 약 500여 개로 확장되었다. 청교도가 세운 마을들과 도시들은 조상들의 신앙을 지켜나가는 과정에서 엄청난 경제적 발전을 성취했다.[9]

뉴잉글랜드 청교도는 첫째로 회심체험, 둘째로 칼뱅주의 정통 개혁신학에 입각한 정통 교리, 셋째로 도덕적이고 윤리적인 생활을 가장 큰 특징으로 갖추고 있었다.[10] 언약 백성을 향한 하나님의 돌보심에 대한 확신과 그에 따른 사명감의 완수를 강렬하게 느끼고 있었다.[11] 이 중에서도 회심 체험이나 윤리적인 생활은 매우 주관적으로 평가할 수 있지만 기독교 정통 신앙을 정립하고 지켜나가는 것은 다수의 신학자들과 목회자들의 의견을 종합할 때에 가능한 일이었다. 청교도가 지켜온 기독교의 정통 신학은 물론 칼뱅주의 개혁신학을 의미했다.

그러나 대단히 안타깝게도 청교도의 핵심 교리는 도전을 받았고 논쟁의 대상으로 떠 올랐다. 로마가톨릭의 구원론과 잉글랜드 국교회의 어정쩡한 목회실제들을 거부하고 대부분의 청교도들은 하나님의 택하심을 확신하면서 칼뱅주의 예정 교리를 받아들였다. 이 교리가 알미니안주의에 물든 잉글랜드 국교회를 청산하는데 중요하게 취급되었고 유용했지만 실제 교회 현장에서는 왜곡된 형태로 받아들여지고 말았다. 하나님의 택함을 받은 참된 기독교인들은 책임감도 없고, 아무런 노력을 하지도 않아도 되는 것으로 인식되었기에 도전을 받았다.[12] 또한 교회론 부분에서 개별적인 회중교회가 누리는 독립적 자주권에 대해서는 이의가 없었지만 교회마다 성도들은 자신들의 교회가 정통 신앙의 토대 위에 확고하게 세워지기를 소망했다.[13] 그런데 문제는 서로 다른 입장으로 통일이 되지 않는 부분들이 많이 발생하고 말았다. 각 개교회의 입장을 어디까지 관용하고, 어느 부분에서는 결코 받아들일 수 없을 것인가의 기준 설정이었다.[14] 그 한계와 범위를 결정하는 문제는 청교도들이나 국가교회에서나 참으로 복잡한 일이었다.[15]

초기 뉴잉글랜드 교회들이 어느 정도까지 개인의 자유와 교회의 독립성을 허용할 것인가를 놓고서 논쟁할 때 직면했던 문제 중에 모든 사람에게 영향을 준 두 사례가 등장하였다. 로저 윌리엄스(Roger Williams, 1603~1683)와 안느 허친슨(Anne Marbury Hutchinson, 1591~1643)의 주장들은 뉴잉글랜드 교회가 받아들일 수 있고 허용할 수 있는 범위 안에 있지 않았다.

로저 윌리엄스는 런던에서 태어난 후 케임브리지 대학에 재학하던 1630년에 청교도 신앙을 받아들였고 뉴잉글랜드로 건너왔다. 그는 뉴잉글랜드에서 교회에 등록하기를 거부했는데 여전히 국가의 권위 아래 있다고 판단했기 때문이다. 그는 예배의 거룩함을 유지하기 위해서 여성들은 반드시 머리에 천을 둘러야만 한다고 주장했다. 존 코튼을 비롯해서 지도자들이 그를 설득했지만 극단적인 종교 자유를 외친 까닭에 매사추세츠 주에서 추방되었다.[16] 그리하여 그는 로데 아일랜드의 프로비덴스(Providence) 지역을 개척하였다. 1639년에 프로비덴스에 정착한 후 침례교회에 가입하였다. 그는 기본적으로는 칼뱅주의 신학을 주장하면서도 독립적인 교회관을 고수했다.[17]

모든 청교도 신자들은 하나님의 율법을 범한 자신들의 행위에 대해서 책임이 있으며, 하나님 앞에서 정죄를 받을 수밖에 없는 죄인이라는 사실, 그리하여 하나님의 은혜로 주어지는 구원을 얻도록 선택함을 받았다고 믿었다. 잉글랜드에서나 뉴잉글랜드에서나 대부분의 청교도가 가졌던 신앙은 칼뱅주의 혹은 개혁주의 정통 신학이라고 말하는 체계 안에 있는 내용들을 기초로 하고 있었다. 구원의 확신에 대해서는 다소 설교자들마다 차이를 드러냈다. 청교도들의 구원론에서 가장 중심적인 부분이 구원의 확신에 관한 교리였다.

청교도들의 주류와는 달리 상당수는 구원의 은혜를 남용하고 구원의 확신을 왜곡하는 급진적인 반율법주의가 상당히 확산되어 있었다.[18] 안느 허친슨은 초기 뉴잉글랜드 정통 신학자들과의 충돌을 보여주는 대표적인 인물이다. 1634년에 뉴잉글랜드로 건너온 후 존 코튼이 목회하던 보스톤 제일 교회의 성도가 되어서 열심히 교회를 섬겼다. 그녀는 선행이 구원의 증거가 될 수 있느냐는 문제를 제기했다. 허친스는 하나님께서 기뻐하시는 자들에게 구원을 베푸신다는 점을 믿었고, 인간의 반응이나 노력이 결코 영향을 끼칠 수 없다는 점을 받아들였다. 그녀의 신념은 행위언약을 강조하는 목회자들에게 반기를 든 것이어서 1636년에 반율법주의 논쟁이 촉발되고 말았다. 1637년 8월, 보스톤과 그 주변 목회자들이 케임브리지에서 회집되었는데 허친슨의 반율법주의는 이단적인 견해라고 정죄했다.[19] 보스톤 제일교회에서도 그녀를 만장일치로 제명했다. 로데 아일랜드에서 잠시 거주하다가, 뉴욕 롱 아일랜드 지역으로 이주했는데, 1643년 인디언 폭동으로 살해당했다.

때로는 신앙적인 문제에 대해서 뉴잉글랜드 청교도들이 서로 다른 의견을 피력하기도 했지만, 최고 집행부에서는 금식과 기도의 날을 규정했다. 식민지의 평화를 회복하도록 하나님의 도우심을 간구하였다. 존 휠라이트(John Wheelwright, 1594-1676)는 반율법주의 논쟁에서 핵심에 섰던 청교도 설교자였는데 케임브리지 출신으로 비서명파로 지내다가 1636년에 보스톤으로 건너왔다. 휠라이트는 청교도 정통 신학에 대해서 확신을 갖고 있었기에, 새로운 목회자들이 하나님의 일반은총에 대해서 강조하면서 불신자들에게도 주어진다는 설교에 대해서 비판했다. 인간의 순종을 반드시 필수적으로 실천해야 한다는 점을 강조하였는데 하나님의 행위언약이라는 구조 안에서 시행한다는 점을 주지시키는 내용이었다. 보스톤에서 금식일에 설교하면서, 휠라이트는 영적인 무장을 하고 "주님의 말씀으로 적그리스도들을 죽여라"라고 강조했다. 휠라이트는 평화주의자였다. 그러나 잉글랜드, 스코틀랜드, 아일랜드에서는 청교도들의 전쟁이 실제로 벌어지고 있었다. 휠라이트는 자신을 지지하는 20가정을 규합하여 뉴햄프셔 지역으로 옮겨 가서 교회를 개척하였다.

청교도는 하나님의 사랑으로 이웃을 긍휼히 여기는 마음을 실행하고자 하는 한편 잘못된 신앙을 고백하는 자들에게는 그들의 영혼과 다른 사람들을 위해서라도 철저하게 징벌을 가하는 것이 타당하다고 생각했다. 하나님은 근원적으로 사랑이시면서도 정의를 실현하시고자 진노를 펼치신다.[20] 이 두 가지 하나님의 사역에서 근본적인 원리는 하나님의 긍휼하심이기에 서로 모순되는 것도 아니며 하나님의 성품에서 충돌하는 것이 아니다. 청교도가 자주 정통 신앙의 근거로 참고했던 장 칼뱅의 저술에서도 하나님의 사랑과 그리스도인들의 실천적 자애심이 강조되었다.[21] 누가복음 24장 25절에서 예수님은 엠마오로 가는 두 제자에게 어리석고 깨달음이 느리다고 깨우치셨는데, 여전히 청교도들의 시대에도 하나님과의 언약을 맺은 공동체 안에서 윤리적으로 실행하여야 할 사항들에 대해서 왜곡하는 자들이 적지 않았다.

3. 언약도의 정치 사회적인 토대 구축

1629년에 매사추세츠 주의 베이지역에 식민지를 건설하고, 청교도 이주자들의 정착촌을 건립한다는 '허락'이 잉글랜드 국왕으로부터 주어졌다. 뉴잉글랜드에서는 매년 주지사와 그의 집행부를 선출하고 법정에서 지역 통치의 문제들을 다루도록 조치가 내려졌다. 원래 아메리카 대륙의 원주민들이 광범위한 지역에 흩어져 살아가고 있었지만 더 큰 나라의 정복자들이 세계 도처에 자신들의 식민지를 건설하던 시대였으므로, 잉글랜드 귀족들에게 새로운 땅에 대한 투자를 허락한다는 형식이었다. 펜실베니아의 광활한 토지는 윌리엄 펜이 원주민들에게 토지 대금을 주고 구입하는 형식을 취했다. 잉글랜드 케임브리지 대학교에 모인 투자자들은 만일 대법정에서 자신들에게도 이주를 허용한다면, 새로운 땅으로 건너가고자 하는 의지를 피력했다.

여기서 뉴잉글랜드의 청교도 교회를 구성하던 성도의 수준과 교양과 재산들을 파악하도록 도움을 주는 요소들을 점검할 수 있다. 누가 뉴잉글랜드로 건너 올 수 있었느냐?에 관한 부분이다. 아무나 본인들이 원한다고해서 누구든지 나라를 떠나 갈 수 없던 시대였다. 오직 소수의 '자유로운 시민들과 그들을 돕던 자들'만이 식민지로 이주를 할 수 있었다. 아주 적은 소수가 모든 권력을 독점하고 있었다는 말이다. 그러나 윈스럽의 강권에 의해서 자유로운 시민권이 뉴잉글랜드에 도착한 모든 사람들에게 확장되었다. 새 땅에 도착한 거의 모든 남자들은 이러한 조치들로 인해서 과거와는 상관없이 시민의 권리를 가질 수 있게 되었다. 물론 초창기에는 오직 교회의 회원권을 가진 사람에게만 뉴잉글랜드의 시민권이 허용되었다. 교회의 회원심사가 자유시민의 자격을 부여하는 데 결정적인 역할을 했었다.

존 윈스럽이 주지사로 시민 사회의 정치를 주도할 때 그의 성경적인 모델 '언덕 위에 도시'는 결코 권세를 가진 어떤 소수의 지배층이 전횡을 하면서 지배하는 식민지가 아니었다. 더구나 도시 문화가 아니라 농경 사회였고, 노동 집약적인 작업을 해야만 하였기에 이민자들은 집단 거주지를 형성하여서 상호 도움을 주었다. 뉴잉글랜드에서의 초기 정착기에는 한 사람이 무기를 동원하여 남의 땅을 빼앗거나 넓은 땅을 소유하고 그 안에 살고 있던 원주민들을 다스리는 식민지가 아니었다. 농업을 기반으로 하는 생활을 하려면, 많은 노동력이 필요했기에 더 많은 이민자들이 있어야만 가능했다. 주로 청교도가 많이 살았던 잉글랜드 에섹스 주에서 함께 이민을 온 사람들이 많았는데 그룹으로 정착 도시를 개척하는 것이 필요했기에 때문이다. 이들은 식민지에서 서로 언약을 맺었고 공동으로 소유하는 대지들과 그들 자신의 문제들을 해결해 나가도록 하는 데 참여했고 지방 관리들을 선출하는 일에도 동참했다. 식민지에서는 가장이 집안의 가족들을 교육시키도록 의무를 부과했고, 곧 이어서 지역마다 학교를 건설하는 비용을 모금했다. 1636년에 하바드 대학이 최초로 세워졌다.

이러한 정치적 기반을 구축하는 데 잉글랜드 청교도의 특징이 강력하게 반영되었다. 그들은 잉글랜드에서 교회에 대한 국왕의 강압조치에 반기를 들었다. 주교 체제로 통제를 하려고 하면서 경건한 믿음과 생활을 오히려 억제시키고 있었기에 거부했었다. 이와 마찬가지로 뉴잉글랜드에서 활약했던 초기 지도자들은 중류층 농업인들과 기술자들이 기꺼이 지역 도시의 공무원이나 지도자로 선출되는 길을 열어주었다. 지방정부의 권력을 서로 나누어서 사용했던 것이다. 복지국가의 이상과 신앙적으로 축복을 받는 것이 서로 긴밀하게 연결되어 있었다. 전제 군주에 반감을 가진 인문주의와 개신교회 신앙인들의 꿈이 낭만적으로 결합되었다고 할 수 있다.[22]

뉴잉글랜드를 찾아서 바다를 건너간 초기 개척자들은 제임스 1세의 통치 시대에 신앙의 자유를 꿈꾸면서 새로운 세상으로 나갔던 사람들이었다. 윌리엄 브래드포드(William Bradford, 1590-1657)을 따라서 1620년에 '메이플라워'(mayflower)호를 이용했었는데, 정기 여객선이나 상선들도 전무하던 시절에, 집단적인 이주를 감행하기까지 신앙적인 결속력을 유지했었다. 그들은 이미 10여 년 간 네덜란드에 건너가서 정착을 꿈꾸던 '분리주의자들'이 대부분이었다.[23] 1630년 3월 청교도 지도자로서 변호사이던 존 윈스럽은 자신과 함께 잉글랜드 사우스햄튼을 떠나는 남자들, 여자들, 자녀들에게 뉴잉글랜드에 새로운 나라를 건설할 것이라고 설교를 했다.[24] 우리는 이들을 '청교도들'이라고 부르는데 찰스 1세가 주교 정치를 강요하자 이에 반발하여서 그들의 신앙 때문에 경건을 추구하여 떠났기 때문이다. 그들은 신앙적인 개혁을 도모할 뿐만 아니라 예배의 순결을 더욱더 진일보시킬 수 있다고 확신했다.

『기독교인 자선의 모델』(A Model of Christian Charity)이라는 제목의 설교에서 윈스럽은 장차 진행될 사회적인 복음을 선포하였다. 그들은 뉴잉글랜드에서 하나의 결속된 사회 조직으로서 서로의 약함과 강함을 보완해주고 즐거움과 슬픔을 함께 나누고 행복과 고통을 서로 나누는 사회를 구성하고자 했다. 이것을 통해서 청교도는 하나님과의 언약 관계에 들어갔다. 자신들의 삶을 향상시킬 뿐만 아니라 하나님을 보다 더 잘 섬기는 자가 되려고 다짐하였다. 그들이 자신들의 의무를 성실하게 지키게 되면 하나님께서 그들과 동행하실 것을 확신했다. 그래서 그들은 자랑스럽고 복 받은 공동체로서, '언덕 위에 도시'가 될 것을 믿었다.[25]

그러나 윈스럽이 앞으로 건설될 뉴잉글랜드 청교도 국가의 청사진을 다 제시한 것은 아니다. 그래서 초기 10여 년은 지속적인 대화를 통해서 새로운 지역에서 세워지는 시 정부의 건설을 대비해 나갔다. 식민지에 정착하는 동안에, 과연 공동체를 어떻게 구성해야 하느냐의 문제가 남아있었다. 뉴잉글랜드에 들어오는 개척자들은 영국의 여러 지역에서 왔고, 청교도들이 아닌 사람들도 있었다. 윈스럽은 영국에서도 손꼽히는 청교도 왕국출신으로, 하나님의 뜻에 따라서 모든 일을 치리하던 지방에서 건너왔다. 런던은 영국의 중심부이지만, 다양한 그룹이 살던 곳이라서, 청교도라고 해도 그리 단순하지는 않았다.

1637년에 존 윈스럽이 매사추세츠 주의 주지사로 선출되면서 일부 과격한 자들과 열정주의자들이 일으키고 있던 분란을 해결해나갔다. 뉴잉글랜드 남부에 살고 있던 "피쿼트 부족"(the Pequot tribe)과의 갈등이 최고조에 달하고 있었다.

한편으로 뉴잉글랜드에 도착한 청교도는 잉글랜드의 상황을 위해서 기도하였다. 결코 보스톤의 성도들은 잉글랜드 곳곳의 교회들이 고난을 당하고 있음을 잊을 수 없었다. 상호 교환된 서신들과 책자들에 이러한 정황이 잘 반영되어 있다.[26]

1638년 찰스 1세와 스코틀랜드가 〈주교전쟁〉을 하게 되자, 뉴잉글랜드 청교도들은 날마다 개혁의 새로운 바람이 불어서 나라가 개방될 수 있도록 기도하고 면밀히 주시하였다.[27] 뉴잉글랜드 청교도들은 의회파를 지지하였고, 1640년대에 벌어진 전투에서 올리버 크롬웰의 군대가 승리하기를 기도했다.[28] 정기적으로 교회에 모여서 하나님의 대적들이 패망하기를 금식하면서 간절히 간구했다. 상당수의 열성적인 성도들은 잉글랜드로 돌아가서 의회파 군대에 가담하여 직접 싸웠다. 목회자들도 다시 잉글랜드로 되돌아가서 교구 목회자가 되기도 하고 새로운 회중으로 교회를 설립하기도 했다. 1642년에 하버드 대학교의 첫 번째 졸업생이 모두 10명이 배출되었는데, 이 중에서 7명이 잉글랜드와 아일랜드의 개혁교회를 섬기기 위해서 되돌아갔다. 이들은 훗날 하버드 대학생들로 성장하게 될 새로운 젊은이들을(나다니엘[Nathaniel], 새뮤얼[Samuel], 인크리스 매더[Increase Mather] 등, 1639-1723) 뉴잉글랜드로 파송하였다.

　뉴잉글랜드 청교도들도 웨스트민스터 총회에 초대를 받았다. 존 코튼, 토마스 후커, 존 데븐포트 등이다. 그러나 이들은 참석하는 것을 거부하고 자문하는 위치로 머물렀다. 스코틀랜드 장로교회 지도자 로버트 베일리(Robert Baillie)가 내놓은 강력한 장로교회 정치 제도에 대해서 뉴잉글랜드 청교도들은 회중교회를 지지하는 논쟁을 하였다. 이들이 남긴 저서들은 초기 뉴잉글랜드 청교도의 교회론에서 가장 중요한 역할을 하였다. 논쟁이 가열되면서 회중교회를 지지하는 뉴잉글랜드 지도자들(존 엘리엇[John Eliot], 토마스 코빗[Thomas Cobbet], 존 노튼[John Norton] 등)이 더 가세하였다.

　잉글랜드에서 웨스트민스터 총회가 개최된 1646년부터 1648년 사이에 뉴잉글랜드 케임브리지에서도 이와 유사한 총회가 개최되었다. 식민지에서 나름대로의 총회를 모아서 기준을 정하는 의미 있는 모임이었다. 여기에서 채택된 신앙고백과 교회 운영방침을 모아서 펴낸 것이 「케임브리지 정책구상」(The Cambridge Platform)이다. 각각의 개별 교회가 스스로의 독립성과 자치권을 갖는 회중교회 형태를 지향했지만 뉴잉글랜드 전체적으로 교회가 '대회'(synod), '총회'(general assembly)를 모이는 것에 대해서도 인정을 하였다. 하지만 그 역할과 위치는 어디까지나 교회의 중요한 사안들에 대해서 조언을 하고 자문을 하는 모임으로 설정했다. 예를 들면 어떤 사람에게 세례를 베풀수 있다고 인정할 것인가? 여러 가지 방안이 제시될 수 있을 것이다. 더구나 앞으로 교회와 국가와의 관계를 어떻게 설정하는 것이 성경적인가? 명확하게 기준을 설정하기에는 아직도 모호한 문제가 많았다. 이런 것들은 총회에서 모여서 논의를 한다는 정도이다. 하지만 뉴잉글랜드에서도 마땅한 기준을 정하기 어려워지자, 1658년 런던에서 모인 '사보이 총회'의 강령들과 신앙기준을 그대로 채택하기로 결의했다. 이래서 사보이 총회를 주도했던 당대 최고의 청교도 신학자 존 오웬의 저술들이 매우 중요하였다는 점을 기억해야만 한다.

　존 코튼은 찰스 1세를 처형했다는 소식을 접한 후에 의회와 군대의 결정이 정당하다는 설교를 했다. 크롬웰은 던바 전투에서 승리한 후 포로들을 모두 다 뉴잉글랜드로 후송하였다. 전쟁에 나왔던 젊은이들로 하여금 일손이 부족하던 신대륙에서 새로운 삶을 살아가라는 것이다. 크롬웰은 또한 존 코튼에게 자문을 구했다. 코튼은 윌리엄 후크()와 존 데이븐포트를 잉글랜드로 보내서 청교도 군대의 군목으로 활약하면서 "호국경" 크롬웰에게 큰 도움을 주었다.

그러나 크롬웰이 질병에 걸려서 사망하게 되면서, 뉴잉글랜드에 미치는 영향이 완전히 달라지고 말았다. 이로 인해서 사실상 청교도의 꿈이 무너지고 말았다. 절대군주의 시대에 모든 권력은 왕에게 귀속되어 있었고 유난히 전통주의에 젖어있던 잉글랜드 사람들은 또다시 스튜어트 왕가를 의지하고자 했다. 찰스 1세의 아들로 프랑스에 망명해 있던 찰스 2세가 다시 왕정에 복귀하였기 때문이다. 하나님의 새로운 계획이 있으리라 기대하면서도 살아남아야 할 방법을 추구해야 될 처지에 떨어지고 말았다.

4. 2세대를 거치고 3세대에서 변질되다!

뉴잉글랜드를 개척했던 청교도의 처음 세대가 세상을 떠나갈 무렵에 대표적인 두 인물 중 한 사람인 주지사였던 윈스럽은 1646년에 서거했고, 보스턴 제일교회 담임목사 존 코튼은 1652년에 사망했다. 이처럼 뉴잉글랜드에서 저명한 지도자들의 세대교체의 시기와 맞물려서 잉글랜드에서도 거대한 정치적 격변이 일어났다. 뉴잉글랜드의 첫 100여 년의 역사 중 중반기와 후반기(1660-1730)에 이르게 되면서 서서히 변질되어갔다. 동시대에 잉글랜드에서 먼저 정치적 변고가 발생했다. 청교도 지도자 올리버 크롬웰이 질병으로 사망하였고, 혼란을 극복하기 위한 왕당파 귀족들의 권모술수에 의해서 1660년에 찰스 2세의 왕정복고가 이뤄졌다. 새 국왕은 약속과 달리, 강력한 국가교회 체제로의 복귀를 시행하였기에 이제 더이상 잉글랜드에서는 이전 세대의 청교도 신앙은 전혀 용납되지를 않았다.

뉴잉글랜드에서도 2세대와 3세대 지도자들이 등장하여 영국의 통치자와의 타협을 모색하게 되었다. 여전히 초기 청교도들의 신앙지침을 따라가고 있었지만 1648년 뉴잉글랜드 청교도들의 교회 조직과 관련한 규범으로 「케임브리지 강령」(Cambridge Platform)을 제정하였다.[29] 칼뱅주의 신학을 기초로 하되 장로교회와는 달리 회중교회의 독립성과 자치권을 강조하는 입장과 생동감이 넘치는 체험적인 청교도 신앙이 반영되었다.[30] 『웨스트민스터 신앙고백서』를 근간으로 채택하였고, 하나님의 뜻을 지키고자 하는 언약적인 의무감을 지속적으로 유지하면서, 금식의 날과 기도, 감사절의 전통을 유지했다. 존 코튼과 뉴잉글랜드 초기 지도자들(리차드 매더와 덕스베리의 랄프 파트리지 [Richard Mather and Ralph Partridge of Duxbury], 1579-1658)의 지침에 따라서 거의 모든 사회생활 전체가 청교도 운동의 활동방향에 따라서 지배를 받고 있었는데 이것을 그대로 반영하였다.

그러나 큰 변화가 초래된 것은 청교도의 후예들이 1647년의『웨스트민스터 신앙고백서』를 생활 속에서 날마다 실천하여 나갈 것인가의 문제였다. 첫 세대는 신대륙에 도착한 이후로 먼저 교회를 짓고 그 다음에 학교를 세웠고 마지막으로 자신들의 집을 지었다. 그러나 다음 세대, 또 그 후에 태어난 세대들은 개척자들의 강인한 청교도 신앙이 없었다. 젊은 세대는 더 어린 나이에 집을 분가해 나갔고 이로 인해서 새로운 도시가 형성되어졌다. 1650년대와 1660년대에 유아세례를 받은 세대는 그들의 자녀들이 복음과 접촉해서 성장하도록 지도하는 일에 실패하였다.[31] 점차 수많은 청교도 후손들이 유아세례를 받은 교회를 떠나서 대도시로 집결하면서 옛 신앙과의 관계성이 단절되었다.

뉴잉글랜드 청교도 집안의 후손들이 어떻게 변화해 갔는지는 존 윈스럽의 가정이나 리처드 매더 가문을 살펴보면 쉽게 파악할 수 있다. 2세대를 거쳐서 3세대가 어떻게 변화했는지를 보여준다. 청교도 지도자 집안으로 우리가 잊어서는 안 되는 집안이 바로 매더 가문이다.[32]

리처드 매더는 청교도 목회자이자, 회중교회 제도를 옹호하였던 지도자였다. 잉글랜드 리버풀에서 태어난 후 옥스퍼드 대학에서 수학했고, 1619년에 목사안수를 받았다. 그러나 찰스 1세의 정책에 서명하지 않았기에 1633년 정직을 당했다. 1635년에 보스톤에 정착했고 회중교회를 지지하면서 새뮤얼 러더포드와 논쟁을 했다.

인크리즈 매더(Increase Mather, 1639-1723)는 리처드 매더의 아들로 성장하여 하버드 대학을 졸업하고 아일랜드 더블린에서 석사학위를 마쳤다. 다시 뉴잉글랜드로 돌아와서 보스톤 '제2교회'의 교사로 평생을 봉직했다. 1674년 하버드 대학교의 교수가 되었고 후에 총장으로 선출되었다가 1701년에 퇴직했다. 그는 하버드 대학에 과학 분야 학과목을 개설하였다. 약 130여 권의 책을 저술했는데 그 중에 아버지의 전기도 있다. 인크리즈 매더는 뉴잉글랜드의 쇠퇴를 걱정하면서 솔로몬 스토다드(조나단 에드워즈의 외할아버지)가 주장하던 보다 더 자유로운 방식에 대해서 비판했다. 옛 회중교회의 방식과 신학을 고수하고자 분투했다. 인크리즈는 존 코튼의 딸 마리아 코튼과 결혼하였고, 그 아들이 코튼 매더이다.

코튼 매더(Cotton Mather, 1663-1728)는 청교도 목회자이자 신학자로 활약했다. 1678년 하버드 대학을 졸업하고, 석사학위는 1681년에 받았다. 아버지의 동료 목사로 보스톤 제2교회에서 섬기다가 하버드 대학의 교수가 되었다. 코튼 매더는 469권의 저술을 남겼는데, 그가 살던 시대의 보스톤 지역에서 벌어지는 모든 사건에 대해서 언급한 것들이다. 1620년에서 1680년까지의 뉴잉글랜드 교회의 역사에 대한 것들도 많이 남겼다.

코튼 매더는 전통적인 방식을 옹호하면서도 뉴잉글랜드 교회에 변화가 불가피하며 필요하다는 것을 받아들였다. 일생동안 그가 관계한 다양한 분야에서 경건하고도 깐깐하며 다소 건방지다는 평을 들었다. 여러 명의 주지사들과 교제를 하면서 정치가들에게 영향을 끼쳤다. 예일대학교의 설립에 지대한 관심을 갖고 후원했다.

새뮤얼 매더(Samuel Mather, 1706-1785)는 코튼 매더의 아들이자 보스톤 제

2교회의 설교자로 섬겼다. 하버드에서 학사학위를 받았고 예일대학교에서 석사학위를 받았다. 글래스고우 대학교에 건너가서 석사학위를 마쳤고 훗날 애버딘 대학교에서도 석사학위를 받았다. 하버드 대학교는 그에게 1773년에 신학 박사학위를 수여했다. 보스톤에 새로운 교회가 설립되자(the Tenth Congregational Church) 담임목회자가 되어서 1785년까지 섬겼다.

우리가 잊어버리지 않아야 할 것은 뉴잉글랜드 청교도들이 초창기부터 아메리카 원주민들에 대한 선교에 지대한 노력을 기울였다는 점이다. 물론 상호간에 서로의 입장을 이해하고 평화를 유지하고자 노력하였다. 그 이면에는 선교적인 관계성을 갖고자 노력한 사역자가 많이 있었다. 1663년에는 존 엘리엇(John Eliot)이 원주민들의 언어로 번역한 성경이 출판되었다.

1690년 이후로는 잉글랜드와 프랑스가 전쟁을 하게 되었고 그 여파가 뉴잉글랜드에도 퍼졌다. 유럽 대륙으로부터 '계몽주의' 운동이 확산되어 밀려들어오면서 철학자들의 이성중심주의가 뉴잉글랜드의 학교에서 중요하게 다뤄졌다. 또한 실용주의라는 미국적 철학은 개인주의(individualism) 시대를 향해 문호를 활짝 개방하였다. 개혁주의 신학자들은 자유주의 신학에 대응하는 방안이 뚜렷하지 못했고 찰스 피니(Charles G. Finney, 1792-1875)의 부흥운동과 체험적인 종교 현상들이 성행하였다. 안타깝게도 18세기에 접어들면서 자유주의가 영향을 끼치게 되자 하버드 대학에서는 '성부유일신론'(Unitarianism)을 지지하는 신학자들이 늘어났다.

1730년대에 조나단 에드워즈가 '대각성 운동'(Great Awakening)을 통해서 새로운 갱신과 부흥을 주도하면서 청교도 신앙이 다시 회복되었다. 워싱턴 장군이 이끄는 군사 작전의 승리로 1776년 미국은 완전히 자유 독립국가임을 선언하게 되었다.

주(註)

1 William Bradford, [1620 – 1647]. Samuel Eliot Morison, ed., *Plymouth Plantation, 1620–1647* (New York: Alfred A. Knopf, 1952).

2 Mark A. Noll, *America's God: From Jonathan Edwards to Abraham Lincoln* (Oxford: the University Press, 2002). Greg L. Frazer, *The Religious Beliefs of America's Founders: Reason, Revelation, and Revolution* (Univ. Press of Kansas, 2012).

3 Nathan Hatch, Harry O. Stout, eds., *Jonathan Edwards and the American Experience* (New York and Oxford: Oxford University Press, 1988).

4 E. Brooks Holifield, *The Covenant Sealed: The Development of Puritan Sacramental Theology in Old and New England 1570-1720* (New Haven: Yale University Press, 1974), 14.

5 P. Collinson, J. Craig, B. Usher, eds., *Conferences and Combination Lectures in the Elizabethan Church: Dedham and Bury St Edmunds, 1582-1590* (Woodbridge: Boydell Press, 2003).

6 D. A. Weir, *Early New England: A Covenanted Society* (Grand Rapids: Eerdmans, 2005), 136, 172.

7 James F. Cooper, Jr., *Tenacious of Their Liberties: The Congregationalists in Colonial Massachusetts* (Oxford: The University Press, 1999), 12. 저자는 미국의 개인주의 사상을 회중교회의 자유권 확보와 시행이라는 역사적 근거에서 추적해 내고 있다.

8 David Turley, *American Religion: Literary Sources and Documents* (Philadelphia: Taylor & Francis, 1998), 373. Ezra Hall Gillette. "History of the Presbyterian Church." *Congregational Quarterly*, Vol. 1, October 1877, 24. David Turley, *American Religion: Literary Sources and Documents* (Philadelphia: Taylor & Francis, 1998), 373. Thomas Murphy, *The Presbytery of the Log College; or The Cradle of the Presbyterian Church* (Philadelphia: Presbyterian Board of Publications and Sabbath School Work, 1889), 58.

9 Mark A. Peterson, *The Practice of Redemption: The Spiritual Economy of Puritan New England* (Stanford: Stanford University Press, 1997).

10 Charles Hambrick-Stowe, *The Practice of Piety: Puritan Devotional Disciplines in Seventeenth-Century New England* (Chapel Hill: University of North Carolina Press, 1982).

11 Charles Cohen, *God's Caress: The Psychology of Puritan Religious Experience* (N.Y.: Oxford University Press, 1986), 3, 47.

12 David D. Hall, *The Puritans: A Transatlantic History* (Princeton: Princeton University Press, 2019), 17. 351. idem, *The Faithful Shepherd: A History of the New England Ministry in the Seventeenth Century*, 2nd edn. (Cambridge, MA: Harvard University Press, 2005).

13 A. Walsham, *Charitable Hatred: Tolerance and Intolerance in England, 1500-1700* (Manchester: 2006).

14 Timothy Wood, *Agents of Wrath, Sowers of Discord: Authority and Dissent in Puritan Massachusetts, 1630-1655* (Princeton: Princeton University Press, 2002).

15 John Coffey, *Persecution and Toleration in Protestant England 1558-1689* (Harlow (U.K.): Longman, 2000).

16 Edwin Gaustad, *Liberty of Conscience: Roger Williams in America* (Grand Rapids: Judson Press, 1991).

17 P. Miller, *Roger Williams: His Contribution to the American Tradition* (Atheneum: 1953). E. S. Morgon, *Roger Williams: The Church and the State* (New York: Harcourt, Brace & World, 1967).

18 T. D. Bozeman, *The Precisionist Starain: Disciplinary Religion and the Antinomian Backlash in Puritanism to 1638* (Chapel Hill: The University of North Carolina Press, 2004). David R. Como, *Blown by the Spirit Puritanism and the Emergence of an Antinomian Underground* (Standford: Stanford University Press, 2004).

19 David D. Hall, ed., *The Antinomian Controversy, 1636-1638: A Documentary History* (Middletown: Wesleyan University Press, 1968). E. Battis, *Saints and Sectaries: Anne Hutchinson and the*

Antinomian Controversy in the Massachusetts Bay Colony (Chapel Hill: The University of North Carolina Press, 1962).

20 Michael S. Horton, *Lord and Servant: A Covenant Christology* (Louisville: Westminster John Knox, 2005), 10.

21 Thomas D. Hawkes, "John Calvin: Prophet of God's Love," *Westminster Theological Journal*, Vol. 82 (2020):39–60.

22 George Haskins, *Law and Authority in Early Massachusetts* (N.Y.: Macmillan Company, 1960). Jonathan Scott, *Commonwealth Principles: Republican Writings of the English Revolution* (Cambridge: the University Press, 2004), xi.

23 김재성, 『개혁신학의 전망』(이레서원, 2004), 제 4 장, "뉴잉글랜드 청교도 신학," 166–192.

24 Francis J. Bremer, *John Winthrop: America's Forgotten Founding Father* (N.Y.: Oxford University Press, 2003), 173–84.

25 Harry S. Stout, *The New England Soul: Preaching and Religious Culture in Colonial New England* (Oxford: the University Press; 2 edition 2011), 13. Joseph A. Conforti, *Saints and Strangers: New England in British North America* (Baltimore: The Johns Hopkins University Press, 2006), 33.

26 Carla Gardina Pestana, *The English Atlantic in an Age of Revolution, 1640-1661* (Harvard University Press, 2004). Francis J. Bremer, *Congregational Communion: Clerical Friendship in the Anglo-American Puritan Community* (Boston: Boston, MA: Northeastern University Press, 1994).

27 William Hooke, *New England's Sence of Old England and Ireland Sorrows* (London: 1645).

28 Francis J. Bremer, "Oversees dispatches I. The view from America: New England, the Civil Wars and Oliver Cromwell," *Cromwelliana*, 2nd series, I (2004):87–99.

29 W. Walker, *The Creeds and Platforms of Congregationalism* (N.Y.: 1893).

30 James F. Cooper, Jr. *Tenacious of Their Liberties: The Congregationalists in Colonial Massachusetts. Religion in America* (New York: Oxford University Press, 1999), 69–76.

31 M. M. Ramsbottom, "Religion, Society, and the Family in Charlestown, Massachusetts, 1630–1740" (Ph.D. diss., Yale University, 1987).

32 R. Middlekauff, *The Mathers: Three Generations of Puritan Intellectuals, 1576-1728* (Berkely: University of California Press, 1999).

Chapter 20
청교도의 종말론과 미래 비전

　잉글랜드 청교도는 '교회 언약'이라는 사상을 발전시켰음을 앞 장에서 설명했지만 그렇다고 해서 단순히 교회의 예배 개혁이나 교회 내의 정치 제도를 바꾸는데 그치지 않았다. 뉴잉글랜드에서 교회는 그저 수많은 사회단체 중에 하나로 취급되던 시대가 아니었다. 교회는 국가와 사회 전반에 걸쳐서 하나님 나라가 실현되도록 하는 중추적인 요람이었다. 뉴잉글랜드에는 아직 학교도 부족했기에 성도들은 교회를 통해서 사회적 역량과 활동 범위를 확충하여 나갔다.

　1640년대에 잉글랜드와 스코틀랜드에서 일어났던 엄청난 청교도 혁명과 힘의 근원은 언약 사상이라는 명분과 대의에 있었고, 하나님의 뜻을 실현한다는 자신감을 불어넣었기에 큰 호소력을 갖고 있었다. 찰스 1세와 왕당파 군대에 맞서 '시민혁명'에 도달하기까지 청교도들은 그들의 가슴속에 새겨진 신앙에 대한 견고한 확신이 있었기에 목숨을 바친 행동에 돌입할 수 있었다. 청교도에게 제공된 확고한 성경적 신학의 내용들이 없었더라면 그 앞 세대의 왕권 통치에 속수무책으로 당하기만 하던 일이 반복되고 말았을 것이다. 일부 성도만이 가혹한 박해를 당하고 청교도 신앙은 그냥 소멸되었을 것이다.

　그러나 스튜어트 왕가의 통치 시대로 넘어가면서 청교도는 칼뱅주의 예정 교리를 따르는 신앙에서 나오는 구원의 확신이 있었다. 교회를 이끌어 가는 국가 권력과 그들의 하수인들, 특히 윌리엄 로드가 주도하던 주교 체제의 감독 정치를 결코 허용해서는 안 된다는 결의가 분명했었다.[1] 청교도는 주일성수와 예배 중심의 생활, 칭의 교리, 성찬론 등에 있어서도 성경에 근거한 입장을 추구하였기에 당시 국가교회의 지침이나 규정과는 현저하게 달랐다.[2]

이제 청교도 사상에서 또 하나의 중요한 측면을 살펴보고자 한다. 청교도들의 견고한 신앙과 정치적인 결단에는 로마가톨릭이나 잉글랜드 국가교회가 제공하지 않았던 종말 사상이 크게 자리하고 있었다. 특히 천년왕국에 대한 개념들이 소개되어서 청교도들은 미래에의 큰 비전을 품고 살았으며 희망과 꿈을 간직하고 활동했다.[3]

1. 청교도의 기본적인 종말 신앙

종말에 대한 신앙은 청교도에게나 한국 성도들에게나 그 어디에서나 강력한 호소력을 갖고 있다. 초대교회에서도 종말론 집단들이 있었고 그 후에 교회사를 살펴보면 자주 반복되어졌다. 종말론은 성도들을 자극하기도 하고 왜곡된 시각을 갖도록 호도하기도 할 만큼 강력한 흡인력을 가진 교리이다. 모든 사람은 불안한 인생을 살면서 그 누구도 확신하지 못하는 미래에 대한 관심은 크다. 자신의 미래에 대해서도 걱정하면서 살아가는데 더구나 세상의 종말에 대한 이야기를 듣게 되면 혼란에 빠질 수 있다. 종말은 그 누구도 정확하게 설명할 수 없기에 그럴듯한 징조들을 가지고 혹세무민하는 이단 교주들이 성도들에게 거짓말로 속임수를 쓸 수 있는 것이다. 종말론 사상은 정통 신학을 연구하지 않은 신비주의자들과 사이비 종교들의 전유물처럼 되어있다. 한국에서는 종말을 대비한다고 해서 신앙촌을 건설한 자들도 있었고, 다미선교회와 같은 이단들의 극단적인 선택도 있었다. 지금도 계시록 해설을 빙자해서 교회를 혼란에 빠트리는 자가 많다.

청교도 운동이 시작되었던 1550년대부터 시작해서 약 100여 년이 흐르는 동안에 이 세상의 종말과 재림에 대한 신앙은 청교도의 마음속에 매우 큰 관심을 끌었다. 천년왕국에 대한 희망과 기대가 고난 속에서 살았던 그들에게 큰 용기를 주었고 확고하게 자리를 잡았다. 엄격하게 말해서 '천년왕국'이라는 단어는 성경에 나오지 않는다. 요한계시록 20장에 등장하는 정확한 단어는 예수님의 재림 시에 첫 번째 부활이 있고 순교자들이 땅에서 주님과 함께 "천 년 동안 왕 노릇"을 한다는 뜻이다. 교회가 이 땅위에 머물러 있는 동안에 하늘에서는 그리스도 안에서 죽임을 당한 순교자들과 성도들이 그리스도와 함께 다스린다(계 20:4).

그런데 사도 요한은 천 년이 채워지면 마지막 재림 직전의 때에 잠깐 동안 사탄이 풀려나게 된다고 하였다. 대부분의 청교도들은 바로 이 시기가 적그리스도로부터 교회가 핍박을 당하는 기간이라고 보았다. 세상의 권세를 장악한 "곡과 마곡"이라는 세력과 마지막 전쟁이 있을 것이고 심판의 날이자 마지막 부활의 날로 끝이 날 것이다. 마지막 시기에는 하나님의 나라로 들어가는 수많은 사람이 박해를 당하게 되는데 택함을 받은 자들이 은혜와 믿음의 길에서 벗어나게 되는 근본 이유는 아니다.

초대교회의 교부들은 예수 그리스도께서 세상을 통치하시되 사람을 통해서든지 혹은 자신의 성도들을 통해서든지 지난 천 년의 세기 동안에 다스려 오셨으며 언젠가는 그 종말에 이르게 될 것이라고 가르쳤다. 이레니우스, 터툴리안, 저스틴 마터(Justin Martyr, 100?~165?), 히폴리투스(Hippolytus of Rome, 170?~235) 등이 저명한 교부들로서 종말 신앙을 가르쳤다. 청교도의 종말론 이해는 대체로 요한계시록 20장이 문자적으로 진행되는 일련의 사건들이라고 보았다. 가장 중요한 종말의 증거로는 마지막 때에 유대인들의 회심이 대대적으로 진행될 것이며 그 이후에 예수 그리스도의 지상 왕국이 진행될 것이라고 이해했다.

『웨스트민스터 신앙고백서』를 작성하기 위해서 청교도들이 1643년에 총회로 모였을 때 미래 종말에 대한 신앙은 매우 중요한 관심 사항으로 대두되었다. 대체로 아우구스티누스가 가르친 바에 따라서 미래의 천년왕국이 도래할 것이라고 기대하고 있었다. 아우구스티누스의 종말론적 교훈들은 먼저 현재 복음의 시대가 천년동안 진행될 것이고 잠깐 동안의 핍박과 환란의 시대가 닥쳐올 것이며 그리스도가 재림하시게 된다. 이어서 죽음 자들의 부활이 이어지고 최후 심판이 있게 되며 교회가 다스리게 될 것이다.

아우구스티누스의 강력한 영향으로 인해서 기본적으로 천년왕국에 대해서 해석하는 종말 신앙은 크게 바뀌었다. 아우구스티누스는『신의 도성』제20권에서 요한계시록 20장에 대해서 설명했는데 천년이라는 기간은 그리스도가 강림하신 후부터 최후의 심판을 하시는 시기까지를 설명하는데 적합한 숫자라고 보았다. 이에 따라서 주후 431년 에베소 공회의에서는 현재 자신들의 모임과 교회만이 문자적으로 천년왕국이라고 주장하는 자들을 정죄하였다. 하나님께서는 이 기간 동안에 강권적인 권능으로 사탄을 장악해 놓고서 택함을 받은 백성들이 구원에 이르도록 지켜주신다. 히포의 감독은 사탄이 택함을 받은 백성들을 시험하고 미혹하지만 하나님께서 제공하는 구원을 받아들이지 못하도록 절대적으로 방해할 수 없다고 확신하였다.

종교개혁 후반부에 나타난 종말론은 대체로 아우구스티누스의 해석에 기초하고 있었다. 주후 431년 에베소 공의회에서 아우구스티누스의 해석을 채택한 바에 따라서 중세 후기 로마가톨릭도 대체로 받아들이고 있었다. 그러나 루터가 아우구스티누스적인 종말론에 큰 변화를 가져왔다. 1522년에 요한계시록 번역을 마쳤지만 그 해설부분에서 천년왕국에 대해서는 많은 의문을 남겨놓았다. 하이코 오버만(Heiko Augustinus Oberman, 1930-2001) 박사는 루터가 천년왕국설을 강하게 믿고 있지는 않았지만 유토피아를 꿈꾸던 종말 사상을 결코 무시하지는 않았다고 강조하였다.[4] 1530년에 쓴 글에 보면 루터는 종말의 날에 대한 예언적인 부분에 대해서 확신을 가지고 있었는데 로마교황이야말로 마지막 시대에 출현한 '적그리스도'라고 강조했다. 장 칼뱅은 요한계시록 20장에 나오는 천년을 문자적으로 해석하는 것을 경계하였다. 교황이 적그리스도라는 판단은 칼뱅에서 조나단 에드워즈에 이르기까지 받아들여졌다.[5]

기독교 종말 사상이 청교도에게 깊이 영향을 끼치게 된 계기는 메리 여왕의 박해 시기였다. 개신교회를 철저히 증오하던 메리를 피해서 유럽에 피신을 오게 된 많은 목회자와 신학자들이 유럽 대륙에서 피신처를 찾고 있는 동안에 상당수가 취리히에 거처를 정했다. 그들은 불링거의 설교와 저술에서 큰 영향을 받았는데 단순히 상징적이며 영적인 해석에서 벗어나서 문자적이고 역사적인 해석을 배우게 되었다. 불링거는 메리의 박해를 종말론적인 사건으로 해석했다. 불링거를 비롯하여 일부 개혁자들은 '천년'을 문자적으로 해석하는 입장이었다. 유럽에서 중세 시대에는 천년왕국을 가르치지 않았고 로마가톨릭에서는 강조하지도 않았다. 그러나 종교개혁자들에 의해서 이해된 천년왕국의 개념이 『제네바 성경』에 담겨있는데 불링거 이외에도 폭스, 라이덴의 프란시스 유니우스, 하이델베르크의 데이비드 파레우스(David Pareus, 1548-1622) 등이 천년을 문자적이며 숫자적으로 해석하였다.[6]

16세기와 17세기 유럽 개신교회들은 거의 모든 영역에서 로마 교황과의 갈등을 겪었고 막강한 군사력과 권세를 행사하는 교황에 대해서 큰 두려움을 갖고 있었다. 잉글랜드에서도 역시 예수회가 간교한 세력들을 파송해서 목회자들을 추방하도록 부추기거나 스페인의 군사적 침략이 있을 것이라는 소문들, '화약 암살음모 사건'(The Gunpowder Polt, 1605) 등이 공포심을 조성하였다.[7] '화약 암살 음모사건'은 로버트 캐츠비를 비롯한 공모자들이 잉글랜드의 제임스 1세를 암살하려고 모의하였으나 실패하고 말았다. 이들은 「수장령」에 반발하여 성공회를 거부하는 잉글랜드 가톨릭 신도들이었다. 개신교회 성도들은 1618년 동유럽 보헤미아 지방을 침략한 로마가톨릭 진영과의 '30년 전쟁'으로 인해서 큰 공포심에 빠져 있었다. 제임스 1세의 사위 독일 팔라틴 지방의 군주 프레데릭(Frederik V, 1596-1632)이 보헤미아 지방의 지배자도 겸하게 되는 취임식을 하자, 로마가톨릭에서 반역이라고 침공한 것이다. 30년 전쟁의 초기 1620년경에는 루터파 프레데릭이 로마가톨릭 군대에 참패를 당했지만 1630년대에는 스웨덴 구스타프스 아돌푸스(Gustavus Adolphus, 1594-1632)가 승리하여 독일 루터파 개신교회들의 희망이 되살아났다.

종교개혁 시대에 성경을 집중적으로 연구하게 되면서 천년왕국에 대한 관심이 증가하였다. 일반적으로 알려진 바와 같이 종말론은 종교개혁 시대의 주요 교리가 아니었다. 구원 교리의 핵심을 믿음과 칭의에서 얻었기에 아우구스티누스의 종말론이 전통으로 굳어져 내려오고 있었고 약간의 변형된 가르침들이 있었다. 그러나 종교개혁 이후로 성경에 대한 강조가 집중되면서 칭의론에서 한 걸음 더 나아가서 종말론으로 확산되어 연구가 활발하게 진행되었다.

종교개혁 시대에도 종말 신앙이 칭의론과 함께 가르쳐졌는데 큰 논쟁의 주제가 되지 못했을 뿐이었다. 믿음을 가진 성도들은 당연히 예수님의 재림에 대해서 기대하게 되어 있으며 그 시기와 방식도 관심을 갖지 않을 수 없었다. 영국 복음주의 신학자 피터 툰 박사는 청교도 시대에 종말론이 중심 주제로 떠오른 이유에 대해서 다음과 같이 일곱 가지 요소들을 지적하였다.[8]

첫째, 모든 성경은 하나님의 말씀이라는 사실에 대해서 종교개혁 이후에 자라난 세대의 신학자들이 주목하였다. 계시록과 다니엘서에 담긴 예언의 말씀들을 세밀하게 연구하게 하였다. 이제 청교도들은 마태복음만이 최종 권위를 가지는 것이 아니라 모든 각권 성경이 똑같이 권위를 갖고 있으며 똑같이 중요하다는 사실을 인식하게 되었다.

둘째, 종교개혁의 성경해석 방법은 본문의 말씀을 가능한 문자적으로 쉽게 적용하려고 노력한 점인데, 그러한 영향을 받아들여서 청교도는 요한계시록 20장에 대한 해석에서도 문자적 해석 원리를 적용하게 되었다.

셋째, 초대 교부들의 저술을 재발견하던 중에 이레니우스와 같은 교부들이 '천년'에 대해서 그냥 막연한 미래가 아니라 문자적으로 그 숫자를 해석하였음을 확인하게 되었다.

넷째, 종교개혁자들은 로마가톨릭의 교황을 적그리스도, 사탄이라고 규정하였는데 이러한 해석은 계시록 18장에 나오는 짐승에 대한 풀이에서 공통적이었다. 따라서 계시록 17장에서 19장에 대한 역사적인 관점이 그대로 20장으로 연결된다고 청교도는 해석하였다.

다섯째, 더 나은 미래에 대한 희망을 바라보던 청교도는 17세기 초 유럽의 사회, 경제, 정치, 종교적인 상황들 속에서 점차 위기의식을 갖게 되었다.

여섯째, 자신들이 살아가는 나라만이 아니라 바다 건너에 다른 지역에도 많은 사람이 살고 있음을 깨닫게 되었다. 복음화를 진척시켜서 마가복음 13장 10절을 성취하게 되면 그리스도의 약속이 실현된다고 청교도는 믿었다.

일곱째, 중세 말기였던 14세기에 사탄을 얼마간 풀어주었다가 다시 잡아 가두게 될 것이라고 생각했었는데 실제로는 그런 일이 발생할 수 없음을 인식하게 되었다. 만일 사탄을 그런 식으로 제압한다면 1600년 이전에 예수님께서 재림하실 수 있었을 것이다. 그러나 실제 역사로 사탄을 장악하는 일이 일어나지 않음을 청교도는 깨닫게 되었다.

2. 잉글랜드 청교도의 종말론

청교도 종말론 신학자로 가장 널리 영향을 끼친 토마스 브라이트만(Thomas Brightman, 1562-1607)은 케임브리지 대학교 퀸즈 칼리지를 졸업한 성경 학자였다. 그의 계시록 주석과 다니엘서 해설은 가장 널리 보급되었다. 특히, 로마가톨릭의 미래주의적 종말론자 리베라(Francis Ribera, 1537-1591)의 저술에 대해서 정면으로 비판한 내용이 핵심을 이루고 있다.[9]

브라이트만은 계시록 초반에 나오는 소아시아 지방 일곱 교회들을 향한 편지에 대해서 기독교 역사 속에 연이어서 등장하는 일곱 시대라고 해석했다. 이러한 해석의 근거는 미약하지만 자신들의 시대에 대한 명시적 예언이라고 주장함으로써 계시록에 대한 관심을 증폭시켰다. 첫 편지 에베소에게 보내어진 편지는 사도 시대에서 콘스탄틴 대왕(Constantinus Magna, 272-337)까지이고, 서머나 교회에 보낸 편지는 그 후로 380년까지이며, 버가모 교회에 보낸 편지는 380년에서 1300년까지, 두아디라 교회에에 보낸 편지는 1520년까지이고, 사데 교회에 보낸 편지는 루터 교회들에 대한 내용들이고, 빌라델

피아 교회에 보낸 편지는 칼뱅주의 교회들에 대한 예언이며, 라오디게아 교회에 보낸 편지는 "뜨겁지도 않고, 차지도 않는" 영국 교회를 향한 내용들이라고 주장했다.

계시록 20장에 대한 해석을 보면 브라이트만은 천년이라는 숫자를 문자적으로 이해하여 콘스탄틴 대왕의 통치(306-337)를 시작으로 간주해서 1300년까지의 기간이라고 보았다. 이 기간 동안에 사탄은 묶여 있었는데, 터어키가 유럽을 침공하고 14세기에 유럽 가톨릭교회에 변화가 일어나는 근간으로 작용하게 되는 바, 그 시기에 얼마동안 풀려나게 되었음을 의미한다고 보았다.

1618년 도르트 신경을 작성한 공의회에서부터 1643년 웨스트민스터 총회 사이에 확산된 종말론은 미래에 대한 문자적 천년 왕국론과 이 땅에 임하는 하나님의 나라가 어떤 성격이냐를 규정한 내용으로 압축해 볼 수 있다. 이 시기에 청교도들에게 가장 유명한 종말론은 알스테드와 죠셉 미드의 종말론이었다.

요한 하인리히 알스테드(Johann Heinrich Alsted, 1588-1638)는 유럽 여러 유명 도시들인 마르부르크, 프랑크푸르트, 스트라스부르그, 바젤 대학교에서 수학한 후에 헤르보른에서 신학교수가 되었고 도르트 총회에도 참석하였다.[10] 그는 요한계시록이 주후 94년에 기록된 것으로 보았는데 아우구스티누스의 해석을 따라서 작성된 요한계시록 20장에 대한 주석 『사랑스러운 도성』(The Beloved City)이 1643년에 영어로 출판되었다. 스코틀랜드 저명한 청교도 신학자

요한 하인리히 알스테드. 백과사전과 종말론으로 저명한 신학자.

로버트 베일리에게 많은 영향을 끼쳤다. 알스테드의 스승, 요한네스 피스카토르(Johannes Piscator, 1546-1625)가 이미 천년왕국을 해석한 저술을 발표했지

만 알스테드의 저술이 훨씬 더 큰 반응을 일으켰다. 안타깝게도 알스테드는 30년 전쟁이 벌어졌기 때문에 고향을 떠나서 살아야만 했다. 따라서 그의 천년왕국의 소망은 간절했다. 현재는 고난 속에 있지만 영광스러운 천년왕국과 성도들의 통치가 다가올 것이라고 강조했다.

청교도 종말론을 가장 탁월하게 제시한 조셉 미드(Joseph Mede, 1586-1638)는 알스테드 보다는 훨씬 더 안정된 삶을 누렸다. 그는 케임브리지 대학교 헬라어 교수로서 계시록 20장에 대한 해설을 출판했다. 미드는 천년왕국의 시작과 끝은 부활로 장식될 것이라고 강조했다. 순교한 성도들이 부활하여 하늘에서 그리스도와 함께 통치하게 될 것이고 땅위에서도 부활한 성도들과 함께 다스릴 것이다. 미드는 예수 그리스도께서 부활하실 때 예루살렘에서도 성도들이 다시 살아났다는 점(마 27:52-53)을 상기시켰다. 천년왕국은 적그리스도의 권세가 붕괴되면서 시작될 것이고, 그것은 종교와 정치에 대한 교황권의 실추와 같은 것이요 유대인들의 회심과 회복이 시작되는 시점이라고 해석했다. 사도 바울이 회심한 것은 유대인들의 회개를 보여주는 전형이라고 보았다.

미드는 1620년대와 1630년대에 정치적이고 교회적인 토론에 나가서 자신의 천년왕국설을 강력하게 주장했다. 그의 계시록 해석에는 혼합적인 계산 방식이 사용되었는데, 문자적 해석을 근간으로 하면서도 역사적으로 중요한 사건들을 계시록의 각 환상들에게 대입시키는 방식이었다. 교황과 로마가톨릭은 여전히 권세를 장악하고 있는데, 미드는 자신의 생애 기간에 이러한 '사탄'을 결박하고 그리스도의 천년왕국이 세워질 것이라고 믿었다. 자신의 주장을 뒷받침하기 위해서 초대 교부들의 글과 심지어 유대 문서들에서도 인용하였다. 그의 지성적인 탐구들은 당대 대학생들과 동료 교수들, 청교도 지도자들에게 큰 영향을 끼쳤다.

후대의 개념으로 정리하자면 알스테드와 미드는 정확하게 일치하지는 않지만 대체적으로 전천년기설에 해당하는 천년왕국설을 가르쳤다고 할 수 있다. 미드의 저술은 홀란드 지방에서도 인기가 있었다. 웨스트민스터 총회에서 활약했던 윌리엄 트위세(William Twisse, 1578-1646), 토마스 굿윈, 제레미야 버로우스, 윌리엄 브릿지 등이 미드의 영향을 받은 지도자들이었다.

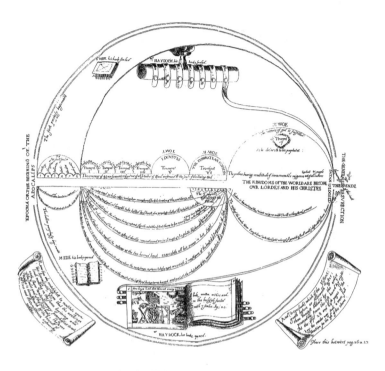

미드의 요한계시록 강해에 나오는 도표.

청교도에게 미드의 천년왕국에 대한 비전은 지대한 영향력을 끼쳤지만 여기서 우리가 분명히 지적해야할 것은 미드가 결코 청교도가 아니었다는 사실이다.[11] 찰스 1세가 왕위를 계승한 1625년 이후로 잉글랜드 교회는 극심한 대립과 분열로 빠져들었다. 대주교 윌리엄 로드의 의식적인 예배 방식과 강압적인 조치들은 큰 반감을 불러일으켰고, 특히 성만찬에서 설교를 없애라는 지시는 청교도의 가장 큰 반발을 불러일으켰다. 청교도가 이런 조치들을 따라가면서 잉글랜드 교회가 다시 로마가톨릭으로 복귀하게 되는 것이 아닌가 하는 두려움을 가졌다. 이러한 의구심과 적대감이 확산되어 있던 가운데 천년왕국에 대한 교훈들과 새로운 해석들은 역동적인 역할을 하게 되었다.

청교도에게 있어서 신앙적인 문제들은 단순히 교회 내에서의 토론 주제로 그치는 것이 아니라 당시 정치와 사회 정책에 맞물려 있어서 매우 복합적이 었다. 청교도는 구체적으로 정치 조직을 만들지는 않았지만, 깊은 동지 의식을 가지고 있었다. 미드가 계시록에 나오는 예언들을 했지만 로마의 교회 정책을 옹호하려는 입장이었다. 미드는 로드 대주교의 교회 정책과 신학 사상을 공개적으로 비판을 하지 않았다. 미드는 칼뱅주의 청교도가 아니었다. 당시 청교도는 아마도 이러한 미드의 신학적인 입장을 완전히 파악하지 못하고 있었을 것이다. 결국 청교도는 미드가 강조한 천년왕국에 대한 비전을 품고 있었지만, 그것은 청교도 종말론의 결정판이라고 할 수 없다.

1633년 로드 대주교는 청교도의 안목에서 해석된 계시록 강해서들의 출판을 금지하는 조치를 했다. 로마가톨릭과 교황을 계시록에 나오는 적그리스도라고 지적하는 종교개혁자들과 청교도의 저술을 유통하지 못하도록 금지시켰다. 청교도는 분노했고 미드도 역시 이 행위에 대해서 통곡했다. 미드도 역시 로마가톨릭과 교황을 사탄적인 기관이라고 규정했다. 미드는 디모데전서 4장 1절에 나오는 사단의 거짓 교리들이 바로 로마가톨릭의 성자숭배 행위라고 비판했다. 미드는 천년왕국이 시작되면서 이러한 거짓들과 적그리스도가 몰락할 것이라고 풀이했다. 그래서 미드의 저술이 청교도로 하여금 로드 대주교에게 저항할 수밖에 없다는 확신을 불어넣었다고 볼 수 있다.

천년왕국에 대한 메시지가 청교도와 국왕 사이에 벌어진 시민전쟁이라는 혼란의 상황에서 더욱더 중요한 교회의 메시지가 되었다. 미드는 청교도 전쟁이 벌어지기 직전인 1638년에 사망했지만, 천년왕국에 대한 꿈과 비전은 그 이후로도 계속해서 청교도들에게 강력한 영향력을 발휘했다. 스코틀랜드에서는 로드의 정책에 반대하여 『국가 언약』에 서명하였고, 찰스 1세의 군대에 맞서서 잉글랜드 북부지방을 공격했다. 의회파 청교도들은 잉글랜드의 남쪽 지방을 장악했다. 아일랜드 로마가톨릭 세력들은 10만여 명에 달하는 개신교회 성도들을 살해했다. 청교도는 적그리스도야말로 교황이라는 확증을 갖게 되었다.

의회에서 선포된 청교도 설교자들의 메시지에는 계시록에 관련된 표현들이 많았다. 여러 목회자들(제레미야 버로우스[Jeremiah Burroughes], 스테판 마샬[Stephen Marshall], 윌리엄 브릿지[William Bridge] 등)은 의회를 향해서 적그리스도들에 맞서서 싸워야만 한다고 강력하게 요청했다. 여러 소책자도 잉글랜드의 상황에서 천년왕국을 바라보는 내용을 담고 있었다.[12] 1641년에 출판된 제레미야 버로우스의 책 『시온의 영광을 바라봄』(A Glimpse of Sion's Glory)과 아처의 『지상 위에서 그리스도의 인격적 통치』(John Archer's Personal Reign of Christ upon Earth, 1642) 등은 청교도의 미래를 희망적이라고 격려하였다. 리처드 모어가 미드의 계시록 연구서를 출판하면서, 적그리스도의 하수인으로 전락한 찰스와 주교들에 맞서서 싸우는 청교도들을 격려했다.

물론 모든 잉글랜드 사람들이 과격하고도 극렬한 일부 청교도들의 전쟁에 대해서 긍정적으로 지원하지는 않았다. 청교도가 받아들인 천년왕국 사상이 국왕에 맞서서 전쟁도 불사하게 만드는 결정적인 요인이라고 말할 수는 없을 것이다.

웨스트민스터 총회에서 다룬 신학적인 주제 중에는 천년왕국과 종말론이 핵심사항은 아니었다. 장로교회에서는 엄숙동맹과 언약, 국가 언약 등을 가장 중요한 요소들로 취급하였다. 그러나 일부 영향력이 큰 신학자들 중에서는 종말론에 깊은 관심을 가진 사람들이 있었다. 토마스 굿윈을 필두로 하여, 윌리엄 트위스, 윌리엄 브릿지, 존 더리 등이 종말론에 관심을 가졌었고, 스코틀랜드 신학자 로버트 베일리도 역시 천년왕국에 대해서 깊이 다루었다.

찰스 2세의 왕정복고 이후에 수천 명의 청교도가 목회직에서 쫓겨났지만 천년왕국의 희망을 포기하지 않았다. 토마스 굿윈과 존 번연 등은 천년왕국의 도래를 기대하였다. 청교도만이 아니라 잉글랜드 국가교회 내에서도 조셉 미드의 신학적인 입장과 태도가 널리 알려져 있었다. 찰스 2세 통치시기에 잉글랜드 국가교회에 소속된 자들은 로마가톨릭에 반대하고 있었기에 천년왕국이 도래할 것이라고 기대했다. 극단적인 로마가톨릭쪽에서 찰스 2세를 암살하려는 모의가 있었다는 의심을 받고 있었는데 이에 상응해서 국가교회 쪽에서는 그의 동생이자 가톨릭 교인이던 제임스 왕자를 살해해야 한다고 생각했었다.

미드의 제자이자, 그 후임으로 케임브리지에서 가르치던 헨리 모어(Henry More, 1614－1687)가 다니엘서와 계시록에 대해서 다양한 연구를 출판해서 천년왕국에 대한 관심을 촉구하였다. 화란의 법학자이자 알미니안주의자인 휴고 그로티우스(Hugo Grotius, 1583–1645)와 리처드 백스터가 교황이 적그리스도가 아니라고 주장했는데, 헨리 모어는 이를 비판하는 글을 여러 편 발표했다.

헨리 모어의 제자로 케임브리지 출신 국가교회 소속 신학자이자 목회자 드루 크레스너(Drue Cressner, 1638–1718)는 로마가톨릭의 교황이 적그리스도라고 주장을 하면서도, '새로운 방식'으로 미드의 종말론 해석을 출판했다.[13] 크레스너의 새로운 해석들은 프랑스 천년왕국론자 피에르 주리우(Pierre Jurieu, 1637–1713)의 저서에서 크게 영향을 받은 것이다.

3. 뉴잉글랜드 청교도들의 종말 신앙

청교도는 광야로 나가라는 소명의식을 갖고 있었고 세상의 종말에 대한 신앙도 분명했다. 하버드 대학교에서 뉴잉글랜드 청교도 신앙과 역사를 연구하고 가르쳤던 페리 밀러(Perry Gilbert Eddy Miller, 1905－1963)의 저서들에 보면 하나님과의 언약을 맺은 백성, 이스라엘이 구약시대에 살아갔던 삶을 활용해서 이민자로서 자신들의 위치에 대입시켰다고 해석했다.[14] 대체로 뉴잉글랜드에서 태어난 후손에게 구약성경에 나오는 이름을 많이 지어주었던 것도 무관치 않다. 이집트의 속박에서 벗어나서 광야를 거쳐서 '약속의 땅'으로 들어가는 이스라엘의 행보를 뉴잉글랜드 청교도들이 모형으로 삼았다는 것이다. 초기 뉴잉글랜드 건국의 조상들은 북아메리카를 '약속의 땅'이라고 불렀다.

밀러가 무신론자로서 지성사의 핵심 연구주제로 청교도와 특히 조나단 에드워즈를 중요하게 다뤘다는 점에서 독특성을 갖고 있다. 하지만 그 해석의 객관성과 진실성 여부를 놓고서는 후대의 학자들이 계속해서 논쟁을 하고 있다.[15] 필자도 페리 밀러가 뉴잉글랜드 지도자였던 존 윈스럽이 강조한 '언덕 위에 도시'가 되어서 전 세계에 빛을 발하는 나라를 건설하자는 비전이 과연 무엇에 근거한 것인가에 대해서 살펴보면서, 밀러가 천년왕국 사상에 근거한 것이라고 주장한 바를 결코 받아들일 수 없다. 일부 학자들은 밀러의 주장을 받아들여서, 잉글랜드를 떠나서 새로운 나라로 건너온 청교도들이 자신들을 '새로운 이스라엘'이라고 규정하였으며, 언약적인 약속들이 모두 다 수행될 것이라고 확신했다는 것이다.[16] 본질적으로 뉴잉글랜드가 하나님의 백성으로서의 이스라엘을 대체했다는 것이다. 과연 뉴잉글랜드의 언약사상이 어떤 특성을 가졌던 것인가? 필자는 천년왕국 신앙에 심취했던 것이 이민자들의 결정적 판단에 작용했다는 밀러의 해석은 도저히 받아들일 수 없다. 도리어 새 언약의 중보자이신 예수 그리스도와의 연합 의식에서 교회를 섬기고, 교회 언약을 지켜 나가고자 노력했던 것이 아니냐는 의문을 제기하지 않을 수 없다. 밀러는 윈스럽의 신앙적인 확신보다는 천년왕국 사상을 품고 있었다고 해석하면서 두려운 현실적인 감정에서 결정을 했다고 주장하고 있다.

존 코튼, 인크리즈 매더, 존 엘리엇 등등 초기 뉴잉글랜드 청교도 설교자들이 천년왕국 사상을 가슴에 품고 있었던 것은 사실이지만 그들이 잉글랜드를 떠나서 새로운 땅으로 건너가고자 했던 진정한 동기는 따로 있었다. 당시 잉글랜드에서 핍박을 받던 비서명파 목회자들이 '신앙의 자유'를 원했기 때문이다.[17] 신앙의 박해를 피해서 잉글랜드를 떠난 첫 이민자들은 주로 분리주의자들(Brownists)이자 과격한 행동주의자들이었는데 먼저 네덜란드에 건너갔었다. 그러나 존 브라운(Robert Browne, 1550-1633)을 중심으로 하는 그룹들은 약 십여 년을 살면서 그 곳에 정착하려고 하다가 자녀들이 영어를 잃어버리고 현지 언어와 문화에 젖어드는 모습에 불안을 느껴서, 다시 1620년에 "메이플라워"호를 타고 신대륙으로 건너왔다. 이와 유사하게 1630년에 신대륙으로 건너간 사람들은 찰스 1세의 무모한 절대 군주제에 대해서 강한 반감을 갖고서 신앙의 자유를 찾아서 잉글랜드를 떠났던 것이다.

뉴잉글랜드 초기 이민자들이 자신들이 살던 터전을 버리고 새로운 땅으로 건너가게 된 것은 이스라엘 백성들이 가졌던 청교도 천년왕국 사상 때문이라고 볼 수 있는 논리적인 근거가 거의 희박하다. 남겨진 자료들과 편지들을 조사한 연구에서 확실히 확인할 수 있다. 뉴잉글랜드는 사탄이 지배하고 있는 나라라서 그리스도의 왕국을 건설해야 한다는 언급이 없다. 앞으로 그러한 세력들이 일어나면 조심해서 대적해야만 한다고 경계했다. 미드의 천년왕국론에는 잉글랜드와 뉴잉글랜드가 다 포함이 되었기에 굳이 천년왕국의 실현을 위해서 뉴잉글랜드로 건너갈 필요는 없었다.

천년왕국의 도래를 꿈꾸던 종말 신앙에서는 유대인들의 회심이 매우 중요한 요소가 된다. 인종적으로 유대인들의 회복은 천년왕국의 시작에 해당하기 때문이다. 로마서 11장에서 사도 바울이 언급한 바가 실현되는 것을 의미한다. 뉴잉글랜드 초기 지도자들도 이러한 성경 해석을 그대로 채택했음이 분명하다. 그러나 한 인종국가로서 이스라엘의 회심이 일어나는 것이 아니라 각 개인별로 성경의 역사를 통해서 회심이 일어나게 된다. 뉴잉글랜드 청교도들은 하나님께서 펼치시는 인류 구속의 전개 과정에서 그들 자신이 이스라엘을 대체해서 부르심을 받았다고 강조했다. 뉴잉글랜드 성도들은 구약성경에 나오는 모든 언약을 물려받은 언약의 후손들이라고 하는 확신을 가졌었다.[18] 유대인에게 주셨던 언약 사상이야말로 뉴잉글랜드로 건너간 청교도들의 정치적, 신학적, 사회적 결단에 있어서 가장 중요한 본질이다.

뉴잉글랜드 청교도들의 천년왕국에 대한 꿈과 비전은 선교적인 안목을 강화시켜 주었다. 존 엘리엇은 1633년에 보스톤에 도착했는데 아메리카 원주민 선교 사역에 착수했다.[19] 그는 원주민들을 접촉하여 "알곤퀴언"어 (Algonquian language)로 성경을 번역했다. 인디언들이 사용하는 언어의 문법을 공부하여 선교하는 일에 힘썼다. 엘리엇은 혹시 인디언들이 유대인 중에서 사라진 부족 중에 하나가 아닐까 의심하면서 만일 이들이 회심하게 된다면 국가적인 회복이 가능하리라 믿었다. 잉글랜드에서 찰스 1세를 처형하고 크롬웰이 호국경으로 통치하던 기간에 엘리엇은 천년왕국이 다가오는 것으로 판단하였다.

끝으로 청교도들은 성경을 연구하면서 '천년왕국'에 대한 종말 신앙을 갖게 되었다. 17세기에는 체계적인 계시록 연구서들이 출간되면서 청교도 전쟁과 박해에 맞서서 고난을 견디는 신앙 그리고 대서양을 건너는 두려움을 모두 이겨낼 수 있는 강력한 원동력을 제공했다.

그러나 청교도가 영향을 끼치던 시대에 영국과 유럽에서 교회를 섬기던 성도들 모두가 종말 신앙을 가지고 예수 그리스도의 재림을 고대하면서, 미래에 대한 희망을 품고 밝은 마음으로 살았던 것은 아니다. 혼란스러운 극단주의자들의 종말론도 있었기 때문이다. 존 아처(John Archer)는 예수 그리스도의 나라가 이 땅위에 완벽하게 이뤄질 것이라고 주장했다. 아담에게 에덴동산을 다스리는 권세가 있었다면 둘째 아담에게도 세상을 다스리는 권세가 주어진다는 것이다. 그는 다니엘서 2장 31절에서 46절을 그리스도의 미래 통치에 대한 예언이라고 가르쳤다. 네 왕국의 마지막은 로마 제국으로 1642년에 멸망하게 되며 그 안에 영국도 포함된다고 해석했다. 그리고 '마지막 날'에 등장하는 다섯 번째 왕국이 그리스도의 왕국이 될 것이라 하였다. 그 시기에 등장한 올리버 크롬웰의 의회파가 증거라고 주장했다.

그러나 존 오웬은 1653년에 의회지도자들에게 편지를 보내서 이러한 성경 해석에 대해서 반대 입장을 표명했다. 하나님의 왕국을 당시 왕정 시대의 정치구조 안에서 해석했던 사람들의 오류와 한계를 현재 민주주의 시대를 살아가는 우리는 쉽게 분별할 수 있다.

청교도가 종말을 어떻게 기도하면서 준비했던가?『웨스트민스터 신앙고백서』32장과 33장은 아우구스티누스의 종말론을 따르고 있음이 분명하다. 대교리문답서 191번 문항도 역시 성도에게 유대인의 회심을 기도하도록 요청하고 있다.

오늘날 조직신학 종말론에서는 서로 다른 천년왕국에 대한 해설들을 종합해서 역사적 전천년기설, 세대주의적 천년기설, 무천년설, 후천년기설 등으로 정리하고 있다. 이 중에서 뉴잉글랜드 청교도들의 천년왕국설은 후천년기설에 해당한다. 조나단 에드워즈가 강조하였고 워필드 박사도 신념처럼 간직했던 것이 바로 후천년기설이다. 그리스도의 교회가 영광스럽게 되어서 지상에서 꽃을 피우고 난 후 그리스도가 이 땅에 재림하신다는 것이다. 이처럼 교회의 영광을 염원하던 뉴잉글랜드 청교도들은 적극적으로 새로운 땅에 그리스도의 나라가 성취되도록 노력했다.

4. 청교도의 꿈과 비전

미국 휘튼 대학교 라이켄(Leland Ryken) 교수가 쓴 '청교도 문학'에 관한 연구서와 해설을 살펴보면 청교도의 꿈이 무엇이었는지를 살펴볼 수 있다.[20] 청교도 사상이 반영된 17세기의 명저 두 권을 살펴보면서 청교도의 꿈과 비전에 관해서 추론해 보고자 한다.

국왕의 종교 지침에 서명하지 않은 설교자라는 죄목으로 감옥에서 12년 동안에 고초를 겪으면서 존 번연이 쓴 『천로역정』(Pilgrim's Progress)은 독보적인 청교도 문학 작품으로 전 세계 성도에게 감동을 주고 있다. "기독도"가 순례자의 삶을 살아가면서 만나게 되는 순간들에 대해서 상상 속에서나 존재하는 풍자로 된 내용들이다. 막연하게 구성된 것이 아니고 실제 상황으로 환치시킬 수 있는 정확한 신앙의 지침들이 담겨져 있다. 번연은 16살의 나이로 제1차 청교도 전쟁에 참여하여 3년간 병사로 싸웠던 경험을 살려서 작품에 반영했다.[21] 훗날 감옥에서 석방된 후 베드포드의 설교자로 유명하게 된 번연은 전신갑주(엡 6:14–17)를 입고 싸워나가는 바울 사도의 권면을 실천하는 성도의 모습을 강조하였는데, 이 탁월한 풍자 속에다가 탁월하게 풀어놓았다.『천로역정』에서 번연이 제시하고자 하는 청교도의 영웅은 중세 시대의 기병들이나 검객들의 모습이 아니다. 구원의 소망을 가슴에 품고 조용히 자신의 의무를 감당하고자 세상에서 분투하는 이름 없는 성도가 바로 청교도의 영웅이다. 자신을 기독교인이라고 주장하면서 그저 말만 앞세우는 사람이 아니었다.

청교도 목회자들이 설교에서 강조한 바는 조직적이고 형이상학적인 개념으로 풀이되기보다는 도덕적으로 살아가는 것과 실제 생활에서 선한 의도를 중요시하는 것들이었다. 진리에 대한 과신과 오판을 하지 않도록 청교도는 회의론에 빠져들지 않도록 경계했다. 청교도에게 있어서 신학이란 실제적인 삶이다. 청교도 설교와 경건한 저서들 속에는 부패한 인간 본성과 타락한 인간의 생활 환경에서 믿음을 실행할 수 있도록 조언해 주는 심리적이고 교훈적인 것이 많이 담겨 있다.

존 밀턴(John Milton, 1608 - 1674)은 청교도 최고의 시인이자 문학자요 정치가였다. 그는 케임브리지 대학교를 졸업하기까지 라틴어, 히브리어, 헬라어, 스페인어, 프랑스어, 이탈리아어, 화란어 등을 터득하여 뛰어난 문장력을 구사하는 능력을 갖추게 되었고, 잉글랜드 의회 정부와 올리버 크롬웰을 위해서 홍보와 외교문서 작성 분야에서 분투했다.[22] 그가 남긴 문서들에는 '표현의 자유, 언론의 자유'가 강조되어 있다.[23] 그는 크롬웰을 뛰어나고 위대한 인물로 묘사했는데 당대 저명한 종말론 신학자 미드로부터 영향을 크게 받았다. 밀턴은 1660년 왕정복고 이후로 완전히 두 눈을 실명했기에 남은 생애를 조용히 마쳤다.

밀턴은 실명한 후 1658년부터 1664년까지 불세출의 대작『실락원』(*Paradise Lost*)을 완성했다. 비록 청교도 혁명은 실패로 돌아갔지만 인간의 가능성에 대한 낙관론이 펼쳐지고 있으며 여기에서 중요한 인물로 아담을 다루었다.[24] 에덴동산에서 아담과 이브가 사랑하며, 음료를 마시며, 식사를 하고, 작은 정원을 가꾸는 일상이 그려져 있다. 아담은 결혼을 한 사람이요 그러한 평상적인 모습이 가장 중요한 부분으로 다뤄졌다. 이브의 창조는 낙원의 완전성과 완성됨을 보여주는 것이다. 그녀가 없으면 아담은 만족할 수 없음을 강조했는데, 이러한 문장들은 청교도들의 신앙을 보여주는 것으로 중세 시대 로마가톨릭의 독신주의와 금욕주의를 반박하려는 의도가 배경에 담겨져 있다. 밀턴은 1560년에 번역되어진 "제네바 성경"을 참고했다. 낙원의 행복은 아담과 이브의 사랑스러운 나눔에 있었으나, 예상치도 못하게 그 낙원을 잃어버리게 되고 말았다.

밀튼은 신학자도 아니요 설교자도 아니요 교수도 아니었지만, 그의 신앙은 청교도 칼뱅주의에 기초하고 있었으며 중세 시대로부터 내려오던 영웅의 이미지를 완전히 무시했다. 전통적인 개념에서 볼 때 영웅이란 무기를 가지고 싸우는 전쟁터의 용사들이었으나 밀턴은 고난과 핍박 가운데서 인내하는 성도들과 순교자들이야말로 영웅이라고 묘사했다. 그리스도의 나라는 이 땅에 있는 세속 군주들의 나라와는 다르다고 강조했다. 요한복음 18장 36절에 보면 예수님은 평화주의를 가르쳤고, 따라서 적그리스도에게 대항하기 위해서 일어선 청교도의 군대라 하더라도 마땅히 해야 할 일이 무엇인가를 분별해야만 한다고 강조했다. 밀턴은 후에『삼손의 절규』(Samson Agonistes, 1671)에서 인간의 한계와 우매함을 통렬하게 드라마로 엮었다.

청교도는 모두 다 각자 주어진 상황 속에서 기독교적인 영웅이 되어야만 하였다. 엘리자베스 여왕의 통치 시대에 청교도는 실천적인 경건에 도달하고자 최선을 다했다. 1640년대 청교도들은 정치적인 상황에 대응하기 위해서 투쟁을 강조했다. 청교도 설교자들은 대부분 케임브리지 대학을 졸업하였기에 회심체험을 강조하고 영적인 동지 의식을 불어넣었으며, 성도들의 의무와 성품을 확실하게 드러낼 것을 선포하였다. 날마다의 일상생활에서 신앙적이며 영적인 삶을 추구하였던 청교도에게는 사업하는 것이나 가정을 돌보는 일이나 국가적인 사항을 취급하는 일에서나 결코 분리되거나 이중성을 띠지 않았다.

주(註)

1 Nicholas Tyacke, *Aspects of English Protestantism C.1530–1700* (Manchester: University Press, 2002), K. Fincham, ed., *The Early Stuart Church, 1603-1642* (London: Palgrave, 1993). M. Todd., ed., *Reformation to Revolution: Politics and Religion in Early Modern England* (London: 1995).

2 N. Tyacke, *Anti-Calvinists: The Rise of English Arminianism, C. 1590-1640* (Oxford: University Press, 1987). John Morrill, *The Nature of the English Revolution* (London: Routledge, 1993), 33.

3 Crawford Gribben, *The Puritan Millennium: Literature and Theology 1550-1682* (Eugene: Wipf and Stock, revised ed., 2008). A. Milton, *Catholic and Reformed: The Roman and Protestant Churches in English Protestant Thought, 1600-1660* (Cambridge: University Press, 1995).

4 H. A. Oberman, *Luther, Man between God and the Devil* (N.Y.: Yale University Press, 1989), 61–74.

5 John Calvin, *Institutes of the Christian Religion* (Philadelphia: Westminster, 1559), III.xxv.

6 Heinrich Bullinger, *A Hundred Sermons upon the Apocalips of Jesus Christ* (London: 1561). I. Backus, *Reformation Readings of the Apocalypse; Geneva, Zurich and Wittenberg* (Oxford: University Press, 2000), 102–12.

7 Antonia Fraser, *The Gunpowder Plot: Terror and Faith in 1605* (Orion Pub. Co., 2004).

8 Peter Toon, ed., *Puritans, the Millennium and the Future of Israel* (Cambridge: James Clark, 1970).

9 Andrew Crome, *The Restoration of the Jews: Early Modern Hermeneutics, Eschatology, and National Identity in the Works of Thomas Brightman* (Cham: Springer, 2014), 29.

10 H. Hotson, *Paradise Postponed: Johann Heinrich Alsted and the Birth of Calvinist Millenarianism* (Dordrecht, 2000).

11 Jeffrey K. Jue, "Puritan Millenarianism in Old and New England," in *Puritanism*, 264.

12 J. F. Wilson, *Pulpit in Parliament: Puritanism during the English Civil Wars 1640-1648* (Princeton: University Press, 1969), 201–7. B. Capp, "The Political Dimension of Apocalyptic Thought," in *The Apocalypse in English Renaissance Thought and Literature*, ed. C. A. Patrides & Joseph Wittreich (Manchester: 1984), 109–10.

13 Jeffrey K. Jue, *Heaven Upon Earth: Joseph Mede (1586-1638) and the Legacy of Millenarianism* (Dordrecht: Kluwer Academic Publishers, 2006), 166.

14 P. Miller, *Errand into Wilderness* (Cambridge: Harvard University Press, 1956).

15 Rivka Maizlish, "Perry Miller and the Puritans: An Introduction," Society for U.S. Intellectual History, Blog, (the MAY 8, 2013).

16 Sacvan Bercovitch, *The Puritan Origins of the American Self* (New Haven: Yale University Press, 1975), 57. E. Elliott, *Power and the Pulpit in Puritan New England* (Princeton: University Press, 1975). M. Lowance, Jr., *The Language of Canaan: Metaphor and Symbol in New England from the Puritans to the Transcendentalists* (Cambridge: Yale University Press, 1980).

17 T. D. Bozeman, *To Live Ancient Lives: The Primitivist Dimension in Puritanism* (Chapel Hill & London: University of North Carolina Press, 1988).

18 R. Smolinski, "Israel Redivivus: the Eschatological Limits of Puritan Typology in New England," *New England Quarterly*, Vol. 63 (1990): 357–95.

19 R. Cogley, *John Elliot's Mission to the Indians before King Philip's War* (Cambridge: Harvard University Press, 1999), 76–104.

20 Leland Ryken, *Worldly Saints: The Puritans As They Really Were* (Grand Rapids: Zondervan, 1990).

21 John Bunyan, *Grace Abounding to the Chief of Sinners*, 1666. *The Works of John Bunyan*: With an Introduction to Each Treatise, Notes, and a Sketch of His Life. 1. (Blackie and sons. 1853). Beth Lynch, *John Bunyan and the Language of Conviction* (DS Brewer, 2004).

22 William BridgesHunter, *A Milton Encyclopedia* (Lewisburg: Bucknell University Press, 1980), 99. A.

N. Wilson, *The Life of John Milton* (Oxford: Oxford University Press, 1983).

23 Anna Beer, *Milton: Poet, Pamphleteer, and Patriot* (New York: Bloomsbury Press, 2008). Gordon Campbell & Thomas Corns, *John Milton: Life, Work, and Thought* (Oxford: Oxford University Press, 2008).

24 Christopher Hill, *Milton and the English Revolution* (London: Faber, 1977).

Chapter 21
청교도의 찬란한 유산: 사회의 갱신, 심령의 부흥, 선교의 확장

"미국의 정체성은 두 가지, 자유의 정신과 신앙의 정신이다. 이는 청교도의 뿌리에서 나온 것이며, 나의 조국 프랑스와는 거리가 먼 것이다"

토크빌(Alexis de Tocqueville, 1805 – 1859)[1]

청교도 운동은 지난 사백 여 년 전에 역사 속으로 사라진 것 같지만 인류 역사를 돌이켜보면 그냥 지나칠 수 없는 중요한 기여들을 했고, 그 영향은 지금까지도 미치고 있다. 근대 사회의 발전된 국가와 삼권 분립을 통한 견제와 균형을 이루는 정치 제도가 어떻게 해서 탄생하였는가를 돌아보면 우리는 청교도 사상에서 받은 영향과 유익들은 이루 다 말로 표현할 수 없을 정도이다. 청교도 운동은 교회의 개혁과 신앙 윤리의 갱신과 사회경제 발전에 그친 것이 아니라, 총체적으로 유럽의 근대 정치 제도와 도덕적 가치 기준을 제시하는 견인차 역할을 했다.

특히 오늘날 세계 최고의 영향력을 발휘하는 미국과 그 밖에 번영을 구가하는 세계 일등 국가들의 문화적 정서를 설명하는 데 있어서 '민주주의'와 '자본주의'(Capitalism)라는 두 가지 가치 체제가 가장 대표적인 개념으로 정착되어졌다. 그런데 이러한 현대적인 가치 체계가 과연 어디에서 비롯되었으며 어떻게 형성되어 왔는지 조금이라도 차분히 생각한다면, 뉴잉글랜드 건국의 조상이 가졌던 청교도 사상을 말하지 않을 수 없다. 프랑스 사상가 토크빌

(Charles Alexis Cierel de Tocqueville, 1805-1859)은 미국의 발전하는 상황과 그 근원들에 대해서 청교도 사상이라고 정확하게 진단하였다.

1. 현대 복음주의는 청교도에게서 배워라

청교도 운동이 남긴 유산을 가장 많이 계승한 기독교 운동이 현대교회에 널리 확산되어져 있다. 1970년대 이후로 미국 교회 내에서 "복음주의" 운동 (Evangelicalism)이 활발하였고, 정통 신앙의 대명사처럼 "복음적인 교단"이라는 말을 사용하고 있다. 그러나 복음주의자들이 주장하는 내용들을 면밀히 살펴보면, 거의 다 "청교도 신앙과 경건"(Puritanism) 을 재활용하고 있음을 알 수 있다. 미국과 영국의 역사를 조금만 더 거슬러 올라가면, 청교도 저술가들의 경건서적들이 엄청나게 제공하고 있는 신앙생활의 지침들을 오늘날 부흥운동과 복음주의 운동을 하는 설교자들이 재사용하고 있는 것이다. 단지 청교도 신앙이라는 용어 대신에, 복음주의 정신이라고 바꿔서 사용하고 있을 뿐이다. 그렇게 하다 보니, 내용도 모호하고, 신학 사상도 혼합적인 용어 "복음주의"라는 개념을 만들어내려고 노력하였다. 안타깝게도 현대 미국 복음주의 지도자들은 그들이 성취하려는 가치관을 먼저 제시하였던 "청교도 신앙"을 구체적으로 연구하고, 수용하는 데 더욱 시간과 노력을 바쳐야만 순수한 기독교 교회의 운동으로 자리매김하게 될 것이다.

청교도 사상이 다 옳았다거나 청교도 시대의 사고 방식과 교회 봉사가 원칙이라는 말이 아니다. 우리는 절대로 과거로 회귀할 수 없고 그럴 이유도 없다. 다만 어디에서 나온 것인지 분별하는 지혜를 가지라는 말이다. 청교도는 다소 오래된 '구식 신앙'(Old Truth)이고, 복음주의는 세련된 현대적 신앙처럼 착각하게 현대 신학자들이 왜곡시켰다. 그러나 청교도 신앙이야말로 '고전적인 복음주의'(Old Evangelicalsim)이다.[2] 이안 머레이가 남긴 청교도 연구에 의하면 우리가 주목해야 할 청교도의 유산은 두 가지다. 교회의 갱신과 신앙의 부흥이다. 청교도 목회자들은 열정적인 설교를 통해서 갱신과 각성을 촉구했고, 영적인 훈련을 통해서 견고한 신앙을 유지하도록 노력했다. 현대 복음주의가 지향하고 있는 것도 동일한 내용이라고 한다면, 상업주의와 세속화의 물결에 뒤섞인 현대 교회가 정신을 차려서 청교도에게 귀를 기울여야만 할 것이다.

청교도는 유럽의 종교개혁을 받아들이면서, 칼빈주의 개혁신학을 정통 신앙으로 채용하였다. 청교도의 마지막 세대로 알려진 조나단 에드워즈(1703-1758)까지 개혁주의 정통 교리가 그대로 계승되어 내려왔음에 주목해야만 한다.[3] 칼빈주의 정통 신학의 의미와 체계에 대해서는 19세기에 자유주의 신학이 대두하면서 '구학파'와 '신학파'로 나뉘어지게 되었다. 이러한 변화의 고통을 감내하면서 미국 장로교회의 요람이던 프린스턴 신학대학원이 나뉘어졌다.[4]

오늘의 복음주의 교회들은 청교도의 열정을 본받아서 '열심'을 내어야 한다. 청교도의 열정은 부흥 운동가들과 감리교회에서 강조하는 자발적인 결단으로 대체될 수 없는 경건의 요소인 하나님의 영광을 목표로 하는 거룩한 두려움을 본질로 하고 있다. 청교도 신앙은 '뜨거운 개신교회'라고 부르지만, 부흥회에서 집단적으로 열광하면서 종교적 감정에 휩싸이는 신비적 체험 운동이 아니었다. 조지 휫필드(George Whitehield, 1714-1770)가 분별력 있게 알미니안주의자들의 문제점을 간파하였듯이 초자연적인 현상으로 치우치는 현대 은사운동을 경계해야만 한다.

뉴잉글랜드 청교도 신앙은 회중교회와 장로교회가 계승했는데 일부 회중교회들은 알미니안주의와 유니테리언이즘으로 기울면서 고전적인 칼빈주의 신학을 거부했다. 대각성 운동에서 인기 영합주의와 감정주의를 배척한 에드워즈는 칼빈주의 신학을 견고하게 유지하면서도 지성적인 배움을 멀리하지 않았다. 하버드 대학교를 중심으로 유니테리언이즘이 널리 확산되었는데 이러한 흐름은 청교도의 영향이 아니라 자유주의 신학의 파괴적인 공격으로 빚어진 신학 사조이다. 17세기 청교도 신앙은 '옛 시대의 종교'라는 취급을 받고 있지만, 결국 그 배경에서 남북 전쟁을 거친 후 민주주의 제도를 꽃피웠다. 왕권의 강압과 지배를 거부했듯이, 19세기 중반에 남북전쟁을 통해서 잘못된 인종차별의 희생자들을 구출해 낸 것이다.

2. 청교도 사상과 근대화

17세기 청교도 사상과 청교도 운동은 유럽의 근대화에 훨씬 더 넓고 큰 영향을 발휘했음에 대해서 살펴보고자 한다. 18세기 이후로 오늘에 이르기까지 미국을 비롯한 세계 최고의 문명국가들을 지켜내고 있는 것은 청교도 사상이요 청교도 정신이기 때문이다. 전 세계 인류가 오늘의 행복과 평화를 누리게 된 것은 결코 청교도들이 남긴 유산과 무관하지 않다. 다만 그것이 청교도 사상에서 유래되었고 그래서 수없이 많은 피를 흘린 사람들의 희생에 근거해서 발전되어져 나온 것임을 모르고 있을 뿐이다.

청교도의 기여와 성취는 뉴잉글랜드에 건설된 미국에서 찾아볼 수 있다. 인류 역사의 근대화에 대한 수많은 이론들이 난무하지만 먼저 미국의 역사와 뿌리에 대해서 생각해 보라. 청교도 운동이 남긴 위대한 유산 중에서 미국의 정치와 사회를 지탱해 나가는 결정적인 원리들이 청교도에게서 나온 것임을 잊어서는 안 된다.

전 세계는 오랫동안 신분제 사회로서 한 사람의 국왕에게서 출생한 후손들이 절대 권력을 가지고 마음대로 폭정을 하는 일들이 지속되었다. 그 주변에는 일부 귀족들이 지역을 나눠서 다스리던 봉건 체제가 뒷받침하고 있었다. 청교도는 성경의 가르침에 따라서 국왕도 국가의 법률을 지켜야만 한다는 "입헌 군주제"를 제기하였다. 청교도 혁명을 일으켜서 귀족들과 시민들의 의견을 전혀 무시하고 의회를 폐지하며 하나님의 교회를 짓밟은 찰스 1세를 처형하였다. 전제군주 시대에서 사회 계약론으로 넘어가는 첫 단계인 근대 사회라는 엄청난 변화의 관문을 청교도가 열어놓았다. 뉴잉글랜드 청교도들은 국왕의 전제정치에 맞서서 독립국가를 성취하였고, 시민들의 참여와 평등한 인권 존중의 나라 아메리카 합중국을 건설하였다. 이러한 결정적인 근거는 청교도 운동의 강력한 영향력이 발휘되었기 때문이다.

16세기와 17세기가 지나가고 난 후, 근대 민주주의 운동과 혁명의 시대가 다가왔었다. 그러나 프랑스혁명(French Revolution, 1789–1794)과 볼세비키 공산주의 혁명(Bolshevik Revolution, 1917)은 혼란과 무질서와 계급화를 빚어냈고 실패하였다. 청교도 운동은 심령의 감화를 통해서 직업과 가정과 사회를 새롭게 하였고 하나님의 나라가 이 땅 위에 임하도록 하는 진리의 기준과 윤리를 확고히 제시하였다.

첫째는 청교도들에 의해서 근대 사회의 경제 체계를 뒷받침하는 '자본주의'(capitalism)가 잉태되고 발전되었다는 평가는 매우 주목을 받아왔다. 독일의 사회학자 막스 베버(Max weber, 1864–1920)의 책,『프로테스탄트 윤리와 자본주의 정신』(Die Protestantische Ethik und der Geist des Kpitalismus, 1904–5)은 지금까지 그 주제에 대해 논쟁이 되고 있다. 베버의 논지는 경제 발전에서 문화적인 요소들이 중요한 역할을 감당했다는 일반적 주장이다. 그는 특히 잉글랜드 청교도들의 윤리적인 생활에는 근면, 성실, 절약 등이 드러나는데 이러한 윤리적 생활이 곧 자본주의를 축적하게 했다는 것이다. 베버의 사회 진단에서는 문화적인 요인들이 자본주의 정신의 탄생에 있어서 근원적인 요소로 자리하고 있었다는 것이고, "청교도들의 생활 철학은 근대 경제적인 인간의 요람이었다"는 것이다.[5] 결정적으로 그 이면에는 칼빈주의 예정 교리가 자리하고 있어서 잉글랜드와 미국의 경제적인 역동성이 형성되도록 기여했다고 진단했다. 또한 베버는 "시간은 돈이다"(time is money)는 벤자민 플랭클린(Benjamin Franklin, 1706–1790)의 말을 인용하면서, 하나님께 영광을 돌리려고 하는 청교도는 사치를 죄악이라고 생각하는 노동 윤리에 대해서 주목했다.

이 책이 나온 후 지금까지 '베버의 논지'는 근대 사회과학 분야에서 가장 뜨거운 논쟁의 대상이 되고 있다. 하버드 대학교 경제역사 교수 데이빗 란데스(David Landes, 1924–2013)는 한 국가의 풍부와 빈곤을 추적하면서 문화적 요소들이 결정적으로 차이를 만들어 낸다는 베버의 논지를 옹호하고 있다.[6] 베버 학파에서는 사회 변화를 정확히 진단하는데 있어서 물질적인 요소들보다 정신적인 요인들이 더 중요하다는 주장을 하는 것은 아니다. 순수하게 이념적인 요소들만이 더욱더 중요하다고 강조하려 했던 것도 아니다.

청교도가 칼빈주의 예정 교리의 영향을 받아서, 매우 근면하게 살아가는 심리적인 상태를 형성하게 했다는 부분은 대단히 많은 논쟁을 불러일으켰다. 베버는 청교도의 마을은 풍요하고 부유하지만 오랫동안 변화를 겪지 않은 로마가톨릭 마을사람들은 전혀 성취의욕도 없고 열심히 노력하려는 자세가 없었다고 지적했다. 기본적으로 청교도 신앙의 핵심이 예정 교리라는 것은 사실이다.[7] 청교도 신학을 집약시킨 『웨스트민스터 신앙고백서』와 대소요리문답서에 집약되어 있기 때문이다.

베버가 검토한 바 청교도는 구원의 확신을 갖고서 거룩한 삶을 추구하면서 그들의 수입을 저축하고 투자했고 경제적으로 성공한 삶을 살았다. 청교도들은 칼빈주의 교리를 철저하게 신봉하면서, 세속화된 사회에 물들지 않고 금욕주의를 실현하였으며 자본주의가 잉태되는 정신적인 토대를 제공했다고 보았다.[8] 1958년 미국 경제 사학자 렌스키가 더 많은 근거들과 통계 자료를 제시하면서 베버처럼 요한 웨슬레도 역시 동일한 입장으로 청교도 정신을 높이 평가했다고 주장했다.[9]

칼빈주의와 자본주의를 연계시킨 베버의 저술은 찬성하는 입장과 반대하는 입장으로 완전히 양분되어 있다. 베버와 뜻을 함께하는 연구자들은 주로 사회학자들이 많다.[10] 미국 기독교 사회학자 토니(R.H. Tawney)는 청교도가 17세기에 경건의 생활화로 개인적인 경제 활동을 하면서 이익을 축적하는 자본주의를 새로이 형성했다는 데 동의한다. 이러한 논지를 지지하는 사회학자들이 많은데 국가적으로 시민들의 복지를 지향하는 경제적인 구조를 창출해 냈다는 것이다.[11] 막스주의학자 크리스토퍼 힐(Christopher Hill, 1912–2003)은 경제적인 변화로 나타나는 것은 이데올로기적인 발전의 원동력으로 간주한다. 미국 경제발전을 연구하는 학자들도 청교도 윤리가 결정적인 요인이 되었다고 주장한다. 이러한 이론은 '신 베버주의'(Neo-weberianism)라고 부른다.[12] 그러나 어디까지나 청교도들의 경제활동은 아직 근대 산업사회의 생산 구조가 아니었음을 기억해야만 한다.

둘째, 청교도의 의회 정치가 근대 혁명을 가져온 정치적 발전의 전형이자 근거가 되었다는 평가도 주목하여야 한다.[13] 프랑스 자코뱅 혁명과 볼세비키 혁명을 거치면서, 유럽의 정치는 엄청난 변화를 겪었는데 그들이 등장하기 이전에 청교도 혁명이 더 근원적인 정치 발전을 이뤄냈다는 평가를 받을 만하다. 16세기와 17세기에 프랑스와 독일, 스위스, 네덜란드 등에서는 로마가톨릭과 개신교 사이에 종교전쟁이 지속되었었다. 청교도 혁명은 근대 개인주의 혁명과는 차이점이 크지만 근대 민주주의 인권 존중 사상이 시작된 발아지점이었던 것은 분명하다. 왕정복고와 함께 전제군주제와 주교 체제, 귀족주의와 전통적인 문화로 되돌아가 버렸지만 결코 청교도 혁명의 노력들은 영국 민주주의 발전에서 헛되지 않았다.[14]

오늘날의 미국은 너무나 많이 달라졌다. 하지만 청교도의 신앙과 정치적인 이상은 미국의 정체성과 정치적인 기준을 세우는데 결정적으로 기여했다. 청교도를 이해하지 못하면 결코 오늘날 세계 최고 강국으로 등장한 미국의 정체성을 결코 파악할 수 없다.[15] 제임스 모론(J. Morone)의 정치적인 분석은 지금까지도 가장 널리 인정을 받고 있다. 미국에서는 무한대의 자유를 주장하는 개인주의와 세속화된 국가주의가 판을 치고 있는 것 같이 보이지만 결코 그렇게 겉모습만을 드러내는 한 두 가지 사건들에 의존해서 평가해서는 안 된다. 미국의 초, 중, 고등학교에 재학하는 모든 학생은 1630년대의 보스턴과 청교도 윤리와 정신을 배우고 익히면서 자라난다. 지미 카터 전 미국 대통령 시대에도 미국이 전 세계를 향하여 도덕적 정치를 강력하게 주장한 바 있었다. 미국인들의 정치적 기초는 탁월하고 고상한 청교도적 도덕에 기인하고 있다. '언덕 위에 빛나는 도시'를 건설하려던 청교도들은 거룩한 공동체를 꿈꾸었다. 철학자 찰스 테일러(Charles Taylor, 1931-)는 청교도들이 노동과 결혼을 긍정적으로 받아들이면서 일상적인 삶의 교리를 발전시켰다고 평가했다.

셋째, 로버트 머튼(Robert Merton)은 청교도 운동이 새로운 탐구와 근대 과학의 발전에 크게 기여했음을 높이 평가하는 주장을 제시하였다.[16] 청교도 운동의 중심지였던 케임브리지 대학교와 미국의 하버드 대학교가 자연과학을 중점적으로 발전시킨 학교는 아니지만 중요한 자연과학의 발전에 기여한 인물들이 청교도 후손들이라는 점은 기억할 만한 부분이다.

한국 교회에 소개된 기독교복음은 최초의 평양신학교에서 가르쳤던 청교도 신앙의 후예들이 헌신적으로 심어준 진리들을 중심으로 삼고 있다. 성경에서 하나님과의 언약을 맺은 백성으로서 약속을 지키고자 전심전력하던 청교도는 교회와의 언약을 실행하면서 지역 사회에 뿌리를 내렸다. 모든 청교도는 '뜨거운' 성도들이었다. 청교도의 열심인 자기 목숨을 던져서 국왕과 국가교회를 거부했던 정신을 이어 받아서 찬란한 유산을 남겼다. 사회를 갱신하고 심령의 부흥과 회심을 강조하며 하나님의 나라를 전 세계에 확산하기 위해서 선교에 최선을 다하고 있다. 지금도 미국 교회가 전 세계에 최다 선교사를 파송하고 있는 배경에는 청교도 신앙이 자리하고 있는 것이다. 한국 교회가 든든히 뿌리를 내리고 있도록 토대를 마련하여준 청교도 신앙의 자양분을 충분히 활용하여서 세상의 빛과 소금의 사명을 감당하게 되기를 소망한다.

주(註)

1   Alexis Charles de Tocqueville, *Democracy in America* (London: 1994), Part, 1. ch. 2.

2   Iain H. Murray, *The Old Evangelicalism: Old Truths for a New Awakening* (Edinburgh: Banner of Truth, 2005).

3   E. B. Holifield, *Theology in America: Christian Thought from the Age of the Puritanism to the Civil War* (New Haven: Yale University Press, 2003).

4   D. G. Hart, *Calvinism: A History* (New Haven: Yale University Press, 2013), 248. Mark A. Noll, *America's God: From Jonathan Edwards to Abraham Lincoln* (N.Y.: Oxford University Press, 2005), 253.

5   Max Weber, *The Protestant Ethic and the Spirit of Capitalism*, tr. Talcott Parsons (1930; London: 2002), 117.

6   D. Landes, *The Wealth and Poverty of Nations* (N.Y.: 1998); idem, "Cultures makes almost all the difference," in *Culture Matters*, L. Harrison & S. Huntingdon eds., (N.Y.: 2000), 2–13.

7   Gianfranco Poggi, *Calvinism and the Capitalist Spirit: Max Weber's Protestant Ethic* (Amherst: University of Massachusetts Press, 1983).

8   Roger O'Toole, *Religion: Classical Sociological Approaches* (Toronto: McGraw Hill, 1984). Frank Parkin, *Max Weber* (London and New York: Routledge, 1983).

9   Gerhard Lenski, *The Religious Factor: A Sociological Study of Religion's Impact on Politics, Economics. and Family Life* (Revised Edition, Garden City, N.Y., 1963), 350–352.

10 G. Marshall, *Presbyteries and Profits: Calvinism and the Development of Capitalism in Scotland, 1560-1707* (Oxford: University Press, 1980). D. Little, *Religion, Order, and Law: A Study in Pre-Revolution* (N.Y.: 1969). D. Zaret, *The Heavenly Contract: Ideology and Organization in Pre-Revolutionary Puritanism* (Chicago: 1975).

11 R. H. Tawney, *Religion and the Rise of Capitalism* (London: 1926). C. Hill, *Society and Puritanism in Pre-Revolutionary England* (London: 1964). R. Brenner, *Merchants and Revolution* (Princeton: University Press, 1993).

12 Stephen Innes, *Creating the Commonwealth: The Economic Culture of Puritan New England* (N.Y.: W. W. Norton & Company, 1995).

13 R. B. Perry, *Puritanism and Democracy* (N.Y.: 1944). W. Haller, *Liberty and Reformation in the Puritan Revolution* (N.Y. 1955). G. Maddox, *Religion and the Rise of Democracy* (London: 1995).

14 Simon Schama, *A History of Britain* 2, 1603–1776. *The British Wars* (London: BBC, 2001), 163–199.

15 J. Morone, *Hellfire Nation: The Politics of Sin in American History* (New Haven: Yale University Press, 1993), 31.

16 I. B. Cohen, ed., *Puritanism and the Rise of Modern Science: The Merton Thesis* (New Brunswick: 1990). J. Morgan, "The Puritan thesis revisited," in *Evangelicals and Science in Historical Perspective*, D.N. Livingstone, D.G. Hart, M.A. Noll, eds., (N.Y.: Oxford University Press, 1999), 43–74.

인명색인

주제색인